渝金课 中

重庆市高校线上线下混合式一流本科课程示范案例集

姚友明 郑州 主编

西南大学出版社
国家一级出版社 全国百佳图书出版单位

图书在版编目(CIP)数据

渝金课.中,重庆市高校线上线下混合式一流本科课程示范案例集 / 姚友明,郑州主编.-- 重庆：西南大学出版社, 2023.10
ISBN 978-7-5697-1945-1

Ⅰ.①渝… Ⅱ.①姚…②郑… Ⅲ.①高等学校－本科－课程建设－研究－重庆 Ⅳ.①G642.3

中国国家版本馆CIP数据核字(2023)第186927号

渝金课(中)
重庆市高校线上线下混合式一流本科课程示范案例集
YU JINKE (ZHONG)
CHONGQING SHI GAOXIAO XIANSHAGN XIANXIA HUNHESHI YILIU BENKE KECHENG SHIFAN ANLI JI

姚友明　郑州　主编

责任编辑：徐庆兰　邓　慧
责任校对：曹园妹
装帧设计：殳十堂_未氓
排　　版：夏　洁
出版发行：西南大学出版社
　　　　　地址：重庆市北碚区天生路2号
　　　　　邮编：400715
印　　刷：重庆新金雅迪艺术印刷有限公司
成品尺寸：185 mm×260 mm
印　　张：35.5
字　　数：736千字
版　　次：2024年5月第1版
印　　次：2024年5月第1次印刷
书　　号：ISBN 978-7-5697-1945-1

定　　价：398.00元(上、中、下三册)

编委会

主　任　陈　瑜　姚友明

副主任　郑　州　刘革平

成　员　李　翔　张　琦　曹　星

主　编　姚友明　郑　州

副主编　张　琦　蒋　凯　曹　星

编　者　赵永兰　余　鑫　谭培亮　杨　霞
　　　　　罗　超　石利翔　肖焕菊

(说明：本书各案例署名作者也在编者之列，限于篇幅，不一一罗列)

重庆市高等教育教学改革研究重点项目"高校一流课程'建、用、学、管'创新实践与策略研究"(项目编号:212174)阶段性成果

重庆市2023年度教育综合改革研究课题"数字课程公共服务体系建设赋能高等教育高质量发展研究"(项目编号:23JGZ13)阶段性成果

重庆市高等教育教学改革研究数字化转型专项项目"在线课程公共服务体系支撑高等教育数字资源共建与应用研究"(项目编号:234150)阶段性成果

序 言

◎ 杨宗凯[①]

当今世界,教育处于百年未有之大变局,"教育何为、教育应该往何处去"成为世界各国共同思考的命题。教育是国之大计、党之大计。党的二十大报告将"建成教育强国、科技强国、人才强国"纳入2035年国家发展的总体目标,吹响了教育高质量发展的号角。

"致天下之治者在人才,成天下之才者在教化。"本书稿之"重",其"重"有三。一是重高度。高质量教育是高质量发展整体布局下的应有之义,也是满足人民群众对美好生活之盼的应有之责。"百年大计,教育为本",教育高质量发展就体现了教育为了人民、依靠人民,成果由人民共享,始终将追求质量作为核心主线,是落实"以民为本"的务实举措。二是重深度。习近平总书记指出,"办好中国的世界一流大学,必须有中国特色"。这就是说,要办好人民满意的世界一流大学,必须扎根中国大地,体现中国特色。此次上百个优秀课程示范案例从做好"金课"出发,既立足当今社会,又放眼未来,聚焦新兴科技与产业发展,服务"国之大者",响应"强国建设、教育何为"这一时代之问。三是重温度。时代是思想之母,实践是理论之源。这种"拉练式"磨课,老师们肯定付出了非常多的心血和精力,能让人感受到老师们所特有的"行远自迩,笃行不怠"的教育情怀,以及躬身实干的职业素养,这是老师生涯中难得的精神财富。

[①] 杨宗凯,教授,博士生导师,现任武汉理工大学校长,曾任华中师范大学、西安电子科技大学校长,教育部高等学校教学信息化与教学方法创新指导委员会主任委员,教育部虚拟教研室专家组组长,国家数字化学习工程技术研究中心和教育大数据应用技术国家工程实验室主任。

"文章合为时而著,歌诗合为事而作。"今天中国发展进入新时代,恰逢世界教育再一次面临百年未有之大变局,这是中国教育的重要发展机遇。当代中国教育必须以高度的使命感和责任感把握机遇,用好机遇。《中共中央关于制定国民经济和社会发展第十四个五年规划和二〇三五年远景目标的建议》中,明确了"建设高质量教育体系"的任务要求,教育部在2019年启动一流课程建设"双万计划",也就是"金课建设"计划。"金课"目标提出以来,"因发展谋改革",在促进教育转型升级、更新教育理念、变革教育实践方面打造了很多标杆。优秀课程示范案例所呈现的新元素,集中地反映了这种变革趋势。

本书收集了重庆市本科高校210篇优秀课程示范案例,深入总结和立体地呈现了重庆市一流本科课程的建设经验与成效,紧密围绕建设高质量课堂和提高课堂育人效果等任务,既有实践内容,又有理论剖析;既从方法上启发思路,又从模式上提供借鉴;还从实践上引导创新,达到了怀进鹏部长提出的"让优质资源可复制、可传播、可分享"的目标。希望本书能够为后续一流本科课程建设提供参照样本,并以此为契机,吸引更多高校优秀教师更加关注和进一步参与课程建设,为我国教育高质量发展、推动高校"双一流"建设奠定更加坚实的基础。

杨宗凯

前　言

发展高等教育,核心是提高教学质量,基础是一流课程建设。2019年《教育部关于一流本科课程建设的实施意见》(教高〔2019〕8号)发布以来,我国一流本科课程坚持高阶性、创新性、挑战度的标准,取得了快速发展,课程质量逐步提升,课程类型更为丰富,参与范围不断扩大,示范作用逐步彰显。我国高质量"双一流"建设体系初步形成,为全面建设社会主义现代化强国提供了有力支撑。按照重庆市高等教育教学改革研究重点项目"高校一流课程'建、用、学、管'创新实践与策略研究"、重庆市2023年度教育综合改革研究课题"数字课程公共服务体系建设赋能高等教育高质量发展研究"、重庆市高等教育教学改革研究数字化转型专项项目"在线课程公共服务体系支撑高等教育数字资源共建与应用研究"等3个研究的计划安排,本书是这些研究项目的阶段性成果之一。

为加快推动重庆市高校"双一流"建设,在重庆市委、市政府的坚强领导和重庆市教委的精心指导下,重庆市高校在线课程资源中心(重庆市教育信息技术与装备中心)近年来共推出1600余门市级一流本科课程,重庆市一流本科课程建设跃上新台阶。此次一流本科课程案例评选,我们精选出210篇具有代表性的案例汇编成册,并组织相关课程团队对案例进行修改完善,得到各单位的高度重视和大力支持,并按照出版要求修改定稿。从内容上来看,本次精选出的210篇一流本科课程示范案例,深刻展现了重庆市各高校先进的课堂教学理念与方法、优秀的教学成果,既有特色,又有亮点;既有鲜活的实践做法,又有经验的提炼升华;既能体现重庆市高校一流课程的发展特点,又能突出教学改革创新举措;既能从教学模式上提供借鉴,又能从发展实践上引导创新,为重庆市各高校加快探索一流课程"建、用、学、管"应用模式、助推"双一流"建设提供了丰富的实践样本,不断实现以"学习革命"推动高等教育人才培养的"质量革命"。

本次一流课程优秀示范案例的汇编出版是在区域高校内涵式发展要求下,"金课"建设实现"变轨超车"的一次有益尝试。在今后的工作中,我们将会继续遴选不断涌现出的一流课程优秀示范案例,供各教育部门及高校一线教师参考、借鉴,并期望通过这项工作为地方高校继续开展和改进"双一流"建设工作提供重要参考。

全书共分上、中、下三册:上册为重庆市高校线上、虚拟仿真一流本科课程示范案例集,中册为重庆市高校线上线下混合式一流本科课程示范案例集,下册为重庆市高校线下、社会实践一流本科课程示范案例集。

本书案例共210篇,囿于涉及篇目多,内容涵盖丰富,各篇目完稿时间不一,书稿中"截至目前""最近五年""最近三年"等说法均以各篇目完稿时间为基点,无法逐一修改注明,特此说明,请读者谅解。

目 录

001 | 第三章　线上线下混合式一流本科课程示范案例

003 | 基于理实一体的电气控制的混合式教学设计

009 | 精心规划　创新融合　铸就一流
　　　——"电子商务概论"混合式一流课程建设与应用

016 | 融入工匠精神的工程制图产教一体化混合教学模式

023 | 目标引领　融会贯通
　　　——"客户关系管理"课程示范案例

029 | 基于科教融合的机械设计线上线下混合教学新模式

035 | 数字电子技术

040 | PBLL-C教学模式下激发深度学习的混合式课堂转型
　　　——以"学业素养英语3"为例

047 | "三位一体"教学设计理念助力"管理学基础"课程多目标平衡发展

053 | 科教融合·学思践悟
　　　——线上线下横纵向一体化的"学术论文写作"学习案例

061 | "逻辑学"混合式课程教学示范案例

066 | 基于"两性一度"与课程思政的"动物生理学"一流课程建设

072 | 基于建构主义教学观，打造"一心一面两融合"实验课程
　　　——"理化测试IIA"课程案例

080 | 基于"四性融通"的"世界近代史"课程教学示范案例

086 | 基于职业素养的"土力学"课程育人教学示范案例

092 | 全信息化混合式教学案例

096 | 经法融合,德法兼修:基于SPOC的"经济法学"六步式混合教学法探索

102 | 微软—爱尔兰案对网络安全审查和数据合规的启示

108 | "立德树人"目标下犯罪心理学教学与课程思政深度融合的创新实践
   ——课程思政与犯罪心理学相融合的课程案例

115 | "生物化学"课堂教学的重塑、创新与应用

122 | 岗位胜任力导向的"护理管理学"课程创新案例

128 | "生理学"教学中的线上线下多元混合课程体系

135 | 以"一中心""两融合""四位一体"教学模式,育新型护理人

142 | 混合教学模式应用于传染病学的实践探究

151 | 坚持教学创新　深化"四个融合"
   ——"医学超声影像学"混合式课程案例

157 | 线上线下混合式一流课程
   ——"语文教学策略与教学设计"P-BL2M混合教学模式实践案例

169 | "Python程序设计"课程思政融合创新应用案例设计

175 | 基于"一树三花四核"的师范院校机器人课程思政与内容建设

181 | 信息化课程的线上线下混合式教学模式创新
   ——以"遥感概论"为例

191 | 科研驱动型"力学"课程教学模式的探索与实践

197 | "双融"引领下旅游管理专业能力养成型实践课程模式建构与实践

203 | 影视专业课混合式教学改革与实践
   ——以摄像专业课为例

209 | 思政引领的"项目+翻转"智慧教学模式
   ——"国际职场文化"线上线下混合式课程案例

215 | "中国近现代史纲要"课程混合式教学模式建设与应用

220 | 交通强国背景下"路基路面工程"一流课程实践

229 | 基于MOOC的线性代数"三融三创"混合式教学新模式

235 | 信息融合、智慧联动、润物无声
——"计算机与互联网"课程建设

240 | 基于"一链四阶六环"CDIO模式的"栖居漫谈"
——"人居环境概论"课程教学创新与实践

248 | 基于"PBLs跨学科融合教学模式"的"环境心理学"课程混合式教学设计

255 | "数学建模"构建"教赛结合"立体化实践教学新模式

262 | 创新交通景观艺术设计,筑牢正确的艺术观、创作观

271 | 对标加快建设世界一流企业财务管理体系的要求 打造又红又专的"金课"
——"财务管理案例"一流本科课程示范案例

277 | "基础会计学"基于业务场景的会计逻辑构建

286 | "大学体育
——排舞""443"课程体系创新与实践

293 | "时政+思政"线上线下混合式英语视听说课程

301 | "中国思想史及经典文本选读"混合式教学

307 | "交替传译"混合式教学:以译为桥、互联互通

313 | 虚实融合 混合交互
——FGD口译教学案例

320 | 信息可视化设计数说文化与生活
——四川美术学院"信息架构与可视化"线上线下混合式课程案例

327 | "实验动画"课程案例

335 | 以技为本,以美为媒
——课程思政背景下"影视摄影技术"课程案例

343 | 价值引领,分级教学,知识共享,效能优先
——"艺术与文化"课程案例

350 | "大学物理学"线上线下混合式课程建设

358 | 体系创新+科教融合的"信号与系统"课程
——重庆理工大学线上线下混合式课程案例

367	"线上线下、虚实结合"的"工业机器人技术及应用"混合式教学模式探索与应用
374	线性代数"BOPPPS+PAD"混合教学示范案例
382	"概率论与数理统计"课程"4S4R"线上线下混合式案例
389	服务营销"三联五融五整合"混合式教学改革与实践
397	"纪录片创作"课程线上线下混合式教学改革探析
402	基于"一中心,三融合"的混合式"电力电子技术"教学案例
410	"德艺双修 育人传薪"
	——"中国古典舞身韵"课程案例
417	专业适配、实践赋能的"工程图学基础"混合式教学创新与实践
421	凸显地方特色的"食品化学""双螺旋"混合式一流课程建设与应用
428	"C语言程序设计""四阶段四层次多维度评价"混合式教学设计与实践
435	案例生活化、生活绿色化、绿色艺术化
	——"艺术与绿色生活"课程思政案例
442	校外专家进课堂,用"四性"缩小"四类"差距
	——"钢结构原理"线上线下混合式案例
450	传感器与测试技术基础
458	应用牵引 创新驱动:"单片机原理及应用"的"3+2"教学新模式
466	以家国情怀育家国英才
	——"家庭教育学"线上线下混合式教学改革案例
473	培养"知童善教"的乡村小学全科教师
	——"儿童发展与教育心理学"探索与实践
479	"警械武器使用"数字化教学创新应用与实践
484	新媒体推广网络调研
	——产品调研
491	"普通教育学"
	——"一动一静、一专一广"的双平台混合式教学模式实践
498	基于国才考试的"高级商务英语"线上线下混合式研究模式
504	基于"解我、知本、爱国、践实"的日语"诵讲辩"教学

511 | 基于混合式教学模式的课程思政育人体系建设
——"英语阅读与写作"为例

516 | 基于BOPPPS理论的"工程项目管理"课程创新实践

523 | 基于"病例推演—多元课堂—精准评价"的心血管病混合式教学创新与实践

529 | "多院校—学科融合"培养通科型高原医学人才的混合式课程建设创新与实践

534 | 基于ADPG+AOI流程的"管理学原理"线上线下混合式教学案例

541 | 以学员学习能力为导向的"营房建筑学"混合式课程建设与实践探索

547 | 以学员为中心的"经济学基础"课程教学模式创新实践

第三章

线上线下混合式一流本科课程示范案例

基于理实一体的电气控制的混合式教学设计

侯世英　孙韬　周静　肖馨　胡熙茜

重庆大学

一、案例介绍

"电工电子学"是高等院校为非电理工科专业学生开设的一门电类基础课程,具有知识面宽、实践性强的特点。"三相异步电动机的电气控制"是本课程的重要知识模块之一,本案例展示了理实一体的电气控制的混合式教学设计。

（一）教学目标

根据布鲁姆分类钻石模型的六大认知维度,从知识、能力和素质三个层次制定本模块的教学目标。(图1)

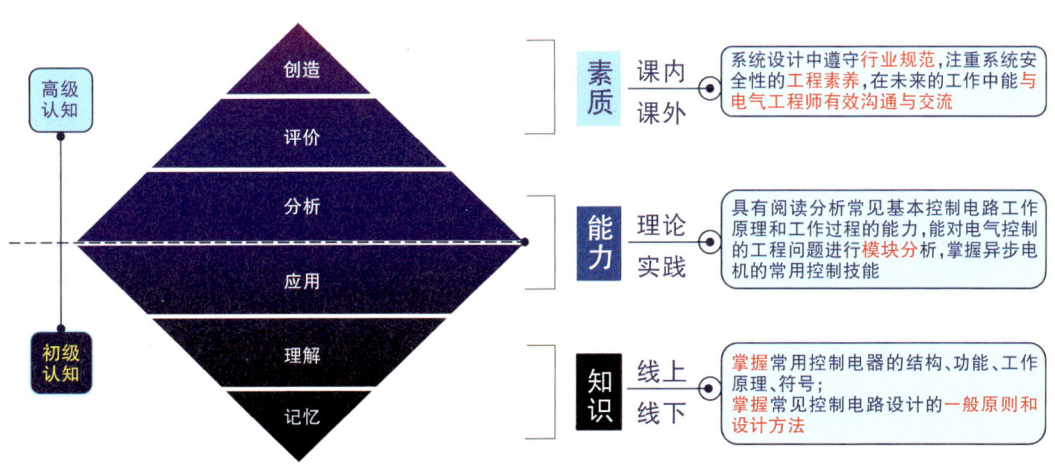

图1　教学目标

(二)教学资源

课程——本课程于2020年入选国家首批线上线下混合式一流课程、重庆市线上线下混合式一流课程,2021年被评为重庆市线上一流课程。

教材——授课教材为教学团队自主编写的"十二五"国家级规划教材,由高等教育出版社出版,该教材于2020年入选重庆市重点建设教材。

在线资源——在中国大学MOOC平台上长期开放在线课程"电工电子学(下)",相关资源包括"第6章 继电接触器控制系统"和"第7章 可编程序控制器"两章的13个理论教学视频、10个典型教学案例视频、6个综合实验视频,以及在线习题等配套教学资源。

实验项目设置——对应于该教学单元可开设19个实验项目,其中异步电动机的起停控制和行程控制是所有学生的必做项目,另外,将PLC交通灯控制、四层电梯控制、彩灯控制、伺服控制、机械手、自动生产线等综合实验项目,以小组为单位选题,自主开放完成。

二、教学实施流程

本课程的教学实施分为三个阶段。(图2)

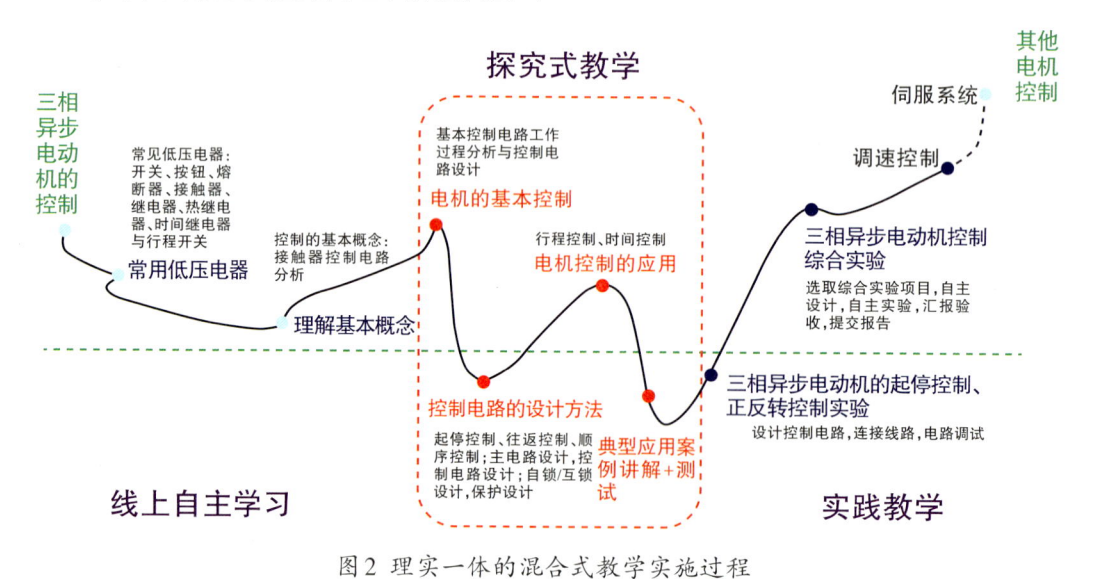

图2 理实一体的混合式教学实施过程

(一)第一阶段

第一阶段为线上自主学习阶段,关键在于有效地激励学生主动学习。

(1)在中国大学MOOC平台发布教学资源,让学生结合课前导学,带着问题完成视频观看、线上讨论和课后练习。

(2)教师和助教通过雨课堂、QQ群随时进行在线答疑,跟踪学生的学习进度,对学习滞后的同学进行一对一的交流,督促其学习。

(3)教师通过雨课堂发布待讨论和分享的题目,让学生以小组为单位开展"资料查阅、方法探索、方案论证、资源挖掘"等研学活动,激发学生进行深入学习,强化知识的迁移和应用。

(4)课程思政元素——通过对电机控制功能的不断扩展地讲解,让学生在理论知识的初级认知阶段养成分析问题的科学思维;在学生以小组为单位设计2台电机的独立运行和联动运行方案时,指导学生引入编程方案简化电路的结构,在项目的优化过程中注重培养他们的创新精神。

(二)第二阶段

第二阶段为探究式教学阶段,关键在于互动,内化知识学习。

(1)课堂分享,以教为学,巩固所学知识。课堂上,学生通过自由陈述、提问,提出改进建议等方式开展讨论和分享。这个过程是强化学习的过程,是对相关知识的深入理解和应用的过程。(图3)

图3 课堂分享

(2)重难点讲解,知识体系梳理和答疑。教师通过了解到的学生的线上学习情况,讲解例题、错题,分析重要知识点。这个阶段是线上学习的检验,也是线上学习的查漏补缺过程。(图4)

(3)总结与单元测验,也叫课后阶段,检测线上线下混合式学习效果:要求学生必须参加单元测试,评估其学习成效,单元测试的成绩将按比例折算到课程总评成绩中。

图4 重难点讲解

(4)课程思政元素——在分享环节中,通过互动提问开展研讨学习,深化对知识的理解和方法的应用,并注重培养学生的批判性思维能力。教师在点评与总结环节,通过补充讲解工程实用案例,激发学生用科学的方法、视角、思维去探索世界的本质与规律,提高其运用知识的能力。

(三)第三阶段

第三阶段为实验教学环节,将知识变为技能,主要实施措施如下:

(1)基础实验,夯实基础。基础实验在教师引导下,学生自主实验,完成以下教学目标:理论与实践相联系;强化安全意识,遵守规范;练习动手操作技能。

(2)采用做中学,利用"开放实验室",采用"线上+线下"的自主实验模式开展综合实验(图5)。教师针对实践性强的内容开发一系列综合实验项目。首先,教师提前发布实验任务;其次,学生自主设计实验,并利用开放实验室进行实验验证;最后,采用答辩、验收、提交报告的方式考查学生的完成情况。这个阶段是激励学生学以致用、检验学习成效的重要阶段。

图5 开放自主式综合实验

(3)课程思政元素:在实验过程中,教师以身作则,通过行动感染学生。当复杂系统的功能需求与政治、经济、生态环境等要素相违背时,教会学生如何避免和解决这些矛盾,以提高他们工程伦理的决策能力。在系统的实物验收和答辩汇报中,培养学生大系统拆解分析与组合评估的工程意识,同时提倡追求工作效率和尽善尽美职业要求,激发学生的钻研潜力,形成正确的价值观、劳动观和工匠精神。

三、考核方案

建立以过程考核为主线的考核办法,把"知识学习+能力培养+素质提升"落实到教学过程中。具体做法如下:

(1)理论课考核分为自主学习、互动讨论、测评成绩三大模块,各模块细分考核点,考查学生自主学习的强度与效果:自主学习模块包括视频学习、线上习题和课后习题等考核点;互动讨论模块包括线上论坛、课堂分享讨论、雨课堂/QQ讨论等考核点;测评成绩模块包括线上测试、单元测验两个考核点,主要考查学生对知识的学习及掌握情况。

(2)在实验教学环节设置综合实验项目,通过设计实验、方案论证、实作测试、汇报验收及撰写报告等环节,考核学生的实践能力及综合素质。

四、案例成效

本案例所设计的理实一体混合教学模式采用"理论实践融合,线上线下结合,课内课外互补"的方式进行教学,教学实施过程、考核要求与教学内容的特点高度契合统一。2019年开展的针对本课程教学效果的调查显示,该教学模式极大地提升了教学效果,其主要体现在三个方面。

(1)成绩评价:参与混合教学的学生平均成绩略高于平行班平均成绩。

(2)能力评价:50%以上的同学认为与老师、同学的交流显著增加,近30%的同学学习习惯有所改进,自学能力有所提升。

(3)对后续工作/学习的影响:在对往届学生的跟踪调查中,同学们均反映本课程实现了"对灌输式教学的断奶式成长",锻炼了学习能力和自控能力,能更好地适应后续学习。可见,混合式教学有效地平衡了知识、能力、素质三方面的教学目标。

教学模式改革的长期累积效应初现,主要体现在如下两个方面。

(1)培养了一批非电专业的杰出学生——非电专业学生进行跨学科、跨年级组建团队参加创新创业竞赛的数量逐年增加,将基于PLC控制的自动化生产线等综合实验项目提升为竞赛项目,参加"三菱电机杯"全国大学生电气与自动化大赛,获得一等奖1项、二等奖3项。2014级车辆工程专业的李清坤,现在清华大学攻读博士研究生并担任驾驶模拟综合实验平台实验室管理员;2015级机自专业的古俊杰,现在清华大学攻读博士研究生并参加清华大学—亚琛工业大学双学位项目;2015级车辆工程专业的刘巍,现在重庆大学攻读硕士研究生,获得全国大学生机械创新设计大赛一等奖,中国TRIZ杯大学生创新方法大赛一等奖,并拥有实用新型专利授权3项、发明专利公开2项。

(2)带动了团队教师的成长——基于该单元教学开发和改进的3个综合实验项目:基于PLC的传送带自动控制实验、基于PLC控制的智能生产综合实验、基于PLC控制的四层电梯系统的设计,由团队3位教师以它们为题参加全国电工电子基础课程实验教学案例设计竞赛,分别于2016年、2017年和2019年获得全国一等奖。

2015年以来,本案例所属"电工电子学"课程在重庆大学校内SPOC平台选课人数达3000余人,在学堂在线、中国大学MOOC平台的选课人数已超过20000人,获批国家混合一流本科课程。团队教师做报告20余次,分享混合教学模式改革的心得体会,累计听众超过2000人次,教学改革得到同行的高度评价。

五、案例特色

(1)在教学设计上,按完整教学单元精心设计教学活动,而不是按一节课设计教学,促使理论—实验、线上—线下、课内—课外教学过程融通,教学目标—教学模式—考核方法统一,实现"通过线上线下结合强化知识学习、通过理论实践融合达成能力提升、通过课内课外互补促进素质养成",形成教学内容、教学资源、教学方式、考核办法全方位混合的教学模式。

(2)在教学模式上,合理布局师生联结网络节点,营造"时间+空间"(给出时间、空间坐标)一体的立体化学习氛围(图6)。在时间上,坚持课前发布学习任务,课中关注与互动,课后测验与总结。在空间上,充分利用雨课堂、QQ(群)、微信和SPOC平台论坛,将时间轴上的"课前—课中—课后"形成网状联结,做到实时跟踪、及时反馈,激发和调动学生的参与性,将"自主"学习的效果最大化。

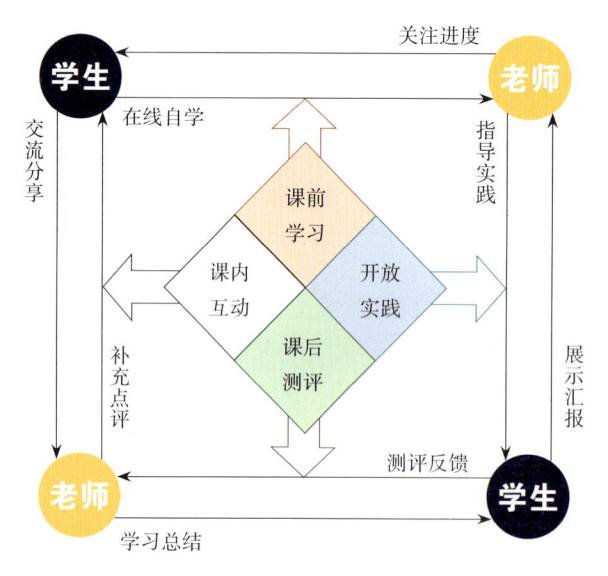

图6 理实一体的混合式教学模型

(3)在教学内容上,构建教学案例库资源,设计课堂讨论题,以讨论题引导学生以小组为单位开展探究性学习,通过"看MOOC—选题讨论—分析交流—求同存异—汇报分享—互动提问"等环节,实现知识的内化,训练学生合作、沟通与表达能力。针对实践性强的教学内容,开发贴近生活实际、与生产实践紧密结合的实验项目,以综合实验项目为引导,理论分析与实验验证相结合,通过"边学习、边思考、边动手",认识复杂工程问题,建立工程意识。

精心规划　创新融合　铸就一流
——"电子商务概论"混合式一流课程建设与应用[①]

邵兵家　花拥军　董晓华

重庆大学

一、案例介绍

重庆大学电子商务课程是国家首批线上一流课程。为了更好地发挥优质课程资源的价值,在进行在线开放运营的同时,2018年课程组即在本校及其他高校开展了一系列线上线下混合式教学改革实践。在课程内容优化、课程资源建设、课程思政元素的有机融合、混合式教学设计创新、课程考核方式的改革等方面,课程组定期开展教学研讨,不断总结提升,探索出了一套具有可操作性、可推广性和创新性的教学模式。课程负责人在全国进行了20余场线上线下混合式教学模式的专题报告或成立工作坊,积极分享课程资源和改革成果。特别是在2020年,全国有122所高校的教师,利用本课程资源和教学模式,依托中国大学MOOC平台,为13750名同学开展授课,有力助推了教学工作的持续开展。

二、案例详述

(一)精心规划课程团队建设与能力提升

"电子商务概论"课程教学团队在教育部一流本科教学思想指导下,积极开展创新实践。精心规划并确立了团队建设的思路和目标:①培养和提升教学能力;②推进课程创新改革;③加强课程资源建设;④夯实教学和科学研究的融合;⑤有计划地培养拔尖人才。

[①] 本案例为重庆市高等教育教学改革研究重点项目"互联网+背景下高校在线课程建设与应用的研究"(项目编号:172001)、重庆大学"研究性学习"教改研究重点项目"以'研究性学习'为导向的翻转课堂教学范式研究"(项目编号:2018D03)阶段性成果。

为了达到团队建设目标,建立了"听课助课—授课督导—教学研讨—能力提升—思想凝练"五阶段优质师资培养模式。根据学校的创新人才培养目标,制定了"优化课程体系—加强优质教学资源建设—科学多元评价"的课程建设思路。

(二)精心设计课程内容与资源建设应用

以课程组主编的国家级规划教材《电子商务概论》的内容体系为基础,根据混合式教学模式的特点,对课程内容进行了优化设计。基于认知、分析、实践等层次,设计了由认识电子商务、透视网络交易、策划网络营销、解密电商支付、加速电商物流、把握电商动向、启动电商梦想等7个模块49个知识点以及21个延伸材料组成的在线开放课程体系。知识点授课视频的时间设计在7—15分钟,并且以故事案例引入,以面对面谈话式,使学生产生师生个人交流的沉浸体验。(图1)

图1 知识点讲授情景

根据课程教学目标,精练出了互联网企业的产品与收入模式分析、电子商务企业的营销推广措施分析、电子商务企业客户满意度因素分析、电子商务平台开店流程与规则分析等4个调查分析报告作业,设置了网络零售的优劣势、解剖菜鸟网络、电子商务新动向、电子商务前沿等4个讨论话题。

在对在线课程内容体系进行优化设计的同时,也对传统的教材开展了修订。《电子商务概论(第4版)》国家级规划教材于2019年3月由高等教育出版社出版。新教材通过二维码的方式,连接起MOOC与课堂的知识环节,有机融合了线上资源与线下课堂。

课程的内容不仅用于面向本校学生的教学,同时通过MOOC和SPOC模式,为全国100多所高校的教师和学生以及社会人员提供免费应用,参与学习的学生超过20万人。

(三)精心落实线上线下混合式教学设计创新融合

根据教学计划安排了20学时的在线自主学习和20学时的线下课堂学习。另外,每个学生大约会花20学时的时间进行课程作业的完成和研讨资料的准备工作。

每班限额36人,基于MOOC课程平台,学生线上看讲解视频、做笔记、提问题、参与主题讨论、完成作业和研讨资料准备;线下见

图2 一周电商新闻播报

面课堂开展一周电商新闻播报(图2)、专题分组研讨、学生之间互动、课堂测试、老师点评归纳等系列教学活动,能较好地解决学生的疑问。

将现代信息技术与教育教学深度融合,课程知识和课程思政元素有机融合,发挥传统课堂授课和在线自主学习的各自优势。①在线视频:主要讲解基本概念和理论知识及其扩展与延伸。②案例教学:结合国内外最新、最具有代表性的电子商务案例进行讨论与汇报,培养学生分析问题和解决问题的能力,爱岗敬业、诚信经营的优良品质,以及综合运用各种知识的能力,加强学生的团队精神。通过同学之间的讨论,可以起到互相启发的良好效果,也锻炼了学生的口头表达能力。③电商新闻评论:跟踪电子商务发展现实实践,了解党和国家对电子商务发展的政策和举措,关注国家发展。④在线讨论:鼓励学生发现问题、提出问题并解决问题(回答同学的提问)。学生在讨论板块提出的每一个有效问题都会得到相应的分值,提出或回答的问题质量高的可以得到额外的加分,同时也便于教师发现学生对概念和知识的误解之处,及时加以纠正或引导。

(四)精心组织课程教学内容实施

课程开始前,授课教师会把本课程的教学目标、教学内容、教学模式、考试方式等给学生做明确的介绍,以方便学生灵活安排时间。每次课前和课后,均对本次课的教学安排和课后任务进行说明,使学生的学习更有针对性。

授课教师建立课程微信群,利用手机APP,丰富教学内容,提高学生自主学习的兴趣,加强与学生的联系。在混合式教学中,传

图3 案例讨论

统的教师讲授已经完全转移至线上,由学生自主学习,通过观看授课视频、阅读辅助材料、完成作业、进行线上练习、与老师和助教进行线上线下沟通答疑等多种方式实现对知识的理解和掌握;而课堂教学环节则主要是以问题为导向,通过提问、案例讨论(图3)等方式加深对知识的理解,并通过课堂手机APP的随堂测验检查学习效果,及时发现问题、解决问题。

课内教学与课外研讨相结合,主要是鼓励学生通过阅读、讨论和辩论等多种形式,将课堂教学内容充分消化、理解,并有更深的认识。

(五)精心制定成绩评定考核方式

课程成绩评定方式以过程性评价成绩为主,课程考试成绩为辅。考核内容主要包括课前在线课程学习和自测(占总成绩的20%)、课堂活动或小组作业报告(占总成绩的40%)、专题讨论参与(占总成绩的10%)、期末考试(占总成绩的30%)。

在线课程学习情况以系统记录的学习过程的数据为主,每章自测成绩由系统自动完成记录。课堂活动中,小组作业等级由其他小组根据分级标准进行评定(表1),具体分数根据总体完成情况确定。专题讨论综合课堂发言和在线论坛发言数量和质量确定。期末考试根据教学目标要求,设计了客观判断题、选择题、简答题和综合分析题等题型。

表1 分组评价表

组别	详情	得分情况
A组	2甲2乙1丙	91.00
B组	3乙2丙	88.00
C组	4甲1丙	93.00
D组	3甲2乙	93.00
E组	3乙2丙	88.00
F组	3甲2乙	86.00

三、案例成效

(一)案例特色与创新点

本课程始终以构建具有中国特色的电子商务课程体系为目标。在内容体系上,顺应了数字经济时代电子商务新发展和课程思政的要求;在媒体形式上,以国家级线上一流课程为学习和交互载体,将纸质教材与数字化资源深度融合;在应用模式上,采用在线自主学习与课堂互动研讨相融合的研究式教学模式,为课程"两性一度"目标的实现提供了有力支撑。

1.优化了课程体系及教学内容

突破了传统的课程章节模式,基于认知、分析、实践等层次,设计了由7个模块49个知识点组成的课程体系。根据课程教学目标,精练出了4个调查分析报告作业,设置了4个讨论话题。

2.提高了学生的学习自主性

将相对稳定的知识点内容通过视频、文档等方式发布到网络平台,学生可以在规定的时间段内自主观看教学内容和阅读文档,也可以自行设置视频的播放速度,学生在学习的进度和内容方面的自主性增强。系统可以记录学生的学习进程、掌握知识的领域和程度等数据。

3. 加强了教与学的互动交流

学生在观看视频的过程中，随时可以就所学知识点向教师提出问题，教师确保不漏过任何学生的疑问。通过设置教师在线答疑、在线交流讨论等学习活动学生可以发表自己的观点，疏通教师与学生、学生之间的交流渠道。通过网站和邮件公告，及时提醒课程的进度，督促学生按时完成相关的作业和测试。通过见面课，对理论和实践发展动态进行分享，对学习重点难点进行讨论，对调研成果进行交流，使教学更具有针对性。

4. 改进了课程评价模式

突破了原有教师评价在时效性和个性化方面的局限，在每个知识点后均设计有自我测试，每章有小的测验，系统可以在提交后自动给予评价，便于学生及时获得自己的知识掌握情况。在作业的评阅上，实施学生互评，参照课程提供的评分标准进行评价，一方面可以互相学习，另一方面可以提高学生的判断能力。

（二）教学改革成效及解决的重难点问题

课程改革主要解决了以下重难点问题。

1. 课程知识体系的稳定性和前沿性

电子商务的发展变化大，需要把握实践发展和学术研究新动向，及时把新模式、新成果吸收到课程中。

2. 课程案例内容的国际化和本土化

国外的经典教材一般以西方发达国家特别是美国的企业案例来介绍，缺乏近几年中国迅速发展兴起的跨境电子商务、农村电子商务、直播电商等模式内容。还缺乏对以中国为代表的新兴经济体电子商务实践的详细解读和对比分析。

3. 课程学习方式的标准化和个性化

基于不同的学习能力和目的，针对每个学生的个性化体现不足、积极性和主动性没有调动起来等问题，课程建设上，应充实并完善教学内容，形成"电子商务概论"学生积极主动参与、教学相长、以学生为中心的教学模式。有效推动课程建设规划制定，课程教学团队建设、课程教学条件建设，促进课程建设常态化管理机制建立，形成高水平的优质教育教学资源，发挥优质课程的示范引领作用，促进教学质量登上新台阶。

(三)取得的主要成效、成果等方面内容

以MOOC和SPOC方式开展"电子商务概论"线上线下混合式教学,教学成效改进显著。学生的参与积极性明显提高,在课程的学习、作业完成、研讨准备等环节的时间投入增加,学生在课程知识的掌握、方法的理解和综合应用等方面的能力得到了提升。

2017级市场营销专业赵同学在本课程学习总结中写道:"这门课程干货满满,同时授课方式新颖有趣,我学到了基本的电子商务知识,每周都能了解到最前沿的电商资讯,与小组成员的交流与合作日益默契,演讲、表达、PPT制作等各个方面的能力有了全面的提升。"

课程教学模式获得了市级教学成果奖(图4),同时课程负责人应邀到全国高校做了20余场专题报告会(图5),分享混合式教学的模式,受到参会教师和领导的一致好评。

图4 教学成果奖获奖证书　　图5 课程负责人做专题报告

四、未来计划

本课程将根据国家对高等教育教学改革创新的新要求,国内外电子商务理论和实践的新发展,互联网、大数据和人工智能等新科技的新应用,不断完善课程教学内容和教学手段。

面向本校和其他高校与平台合作,以SPOC的形式每年开设两次及以上的教学应用。在高校积极推广混合式教学改革,在线课程的学习与课堂见面的研讨有机结合,发挥两种教学模式和两种资源的优势。

探索与其他高校相关课程教师一起,基于课程负责人建立的面向全国的重庆市市级"电子商务虚拟教研室",构建开放的课程建设团队,不断更新和完善课程知识点,构建针对不同层次(理论为主、应用为主)的授课体系。

在内容方面，针对国内外电子商务的迅速发展及新模式的不断涌现，跟踪电子商务理论和实践的发展，积极吸收最新的研究成果，把相关的概念、模式、发展状况以多种方式及时发布。同时，制定激励措施，鼓励相关教师和电子商务企业共享教学和发展经验，不断完善案例库和作业试题库。

通过全国高校电子商务数字教育发展联盟和教学研讨会等方式宣传课程，吸引更多的有志之士参与到课程的建设中，为相关的高校教师提供课程解决方案，通过建立面向授课教师的微信群、QQ群、公众号等途径，促进课程资源的共建共享，不断提升全国电子商务的教学水平。

融入工匠精神的工程制图产教一体化混合教学模式

肖贵坚　冉琰　罗远新　李奇敏　王四宝

重庆大学

一、案例介绍

工程制图作为一门理工科学生的重要专业基础课程,对学生的知识综合运用能力和实践能力要求高,在强化职业素养、培养大国工匠方面起到重要的理论基础作用。在"大思政课"的背景下,通过对"工程制图"课程思政的建设,强化教师育人意识,提升学生综合素养十分重要。团队针对工程制图教学内容知识碎片化、学生兴趣不足、重知识、弱工程、教学手段单一、信息化技术不足等现状,以在线课程建设推动信息技术与工程制图教学的深度融合,应用混合式教学模式,丰富教学形式与手段。同时,结合线下企业参观、实习的方式,面向企业工程实际需求,将教学与工程实际结合起来,提升学生的综合设计能力与"大工程观"。

二、案例详述

(一)课程团队建设与能力提升

"工程制图"教研室前期教学积淀深厚,长期注重"传帮带",不断自我革新,教学效果水平一直处于我校工科大类课程前列,在全国有一定影响力。1994年被评为校优秀课程;1995年被评为四川省重点课程;2001年通过重庆市重点课程验收;2003年被评为首届国家精品课程;2013年入选第二批国家级精品资源共享课。自2015年以来,依托信息技术,以提升学生工程思想表达能力为中心对课程体系进行系统性改革,创新性地建立了工程制图在线课程资源。

(二)工程制图传统教学面临的挑战

随着新技术和新产业的快速发展,对机械专业人才培养提出了更高的要求。作为机类、近机类专业本科生重要的教学内容,工程制图传统教学存在的问题如下:

(1)教学内容知识碎片化、关联性不紧密,教学内容相对陈旧,学生兴趣不足,难以激发学生创新精神;

(2)重知识、弱工程、轻素养,学科前沿知识薄弱,多学科交叉融合度低、缺乏挑战度、学生缺乏"工程视野";

(3)实验教学模式单一,信息化技术与教学深度融合不足,难以有效提升学生的学习兴趣、学习有效度和满意度。

在新工科建设的背景和要求下,如何深化教学内容与课程体系改革,切实提高学生解决实际工程问题的能力是当前面临的主要任务和挑战。

(三)课程内容与资源建设

1.基于线上线下混合创新教学模式

以在线课程资源丰富工程制图课程,推动现代信息技术与教育教学深度融合,丰富教学形式;在现有相对单一的教学内容的基础上,采用案例教学的模式,利用三维软件,建立"需求分析—设计—绘图—仿真"全流程实验教学体系,采用软件再现复杂工程问题,提升学生解决复杂工程问题的能力。

针对不同教学内容,制定多种教学模式:投影理论以线上学习为主,工程表达以线下教学为主,实体构型和工程软件以线上/线下混合教学为主。对于机械大类学生,开设软件进阶学习课程,以学生机械制图协会组织线下朋辈学习,采用"线上学习+在线指导+线下翻转"混合教学模式,综合训练项目采用线上分组、线下完成、在线互评、老师点评等方式开展。

通过前期SPOC探索和后期向MOOC扩展,加强教与学的互动交流,学生可以通过弹幕随时向教师提问;通过设置教师在线答疑等环节,学生可以发表自己的观点,疏通师生和生生之间的交流渠道;通过网站和邮件公告,及时提醒课程的进度,督促学生按时完成相关作业和测试。(图1)

丁一老师的在线讲解 　　　　　　罗远新老师的在线讲解

李奇敏老师的在线讲解 　　　　　　肖贵坚老师的在线讲解

图1　在线课程教学

2. 基于产教融合的教学内容重构

重组教学内容，突出产教融合特色。通过企业交流实践的方式，让学生更多地参与到实际的工程需求中，培养学生面向复杂工程问题的大工程观。通过综合创新项目加强三维建模、自底向上或自顶向下设计及工程信息表达的实践应用，培养学生应用现代设计方法开展创新设计的能力和解决实际工程问题的能力，促进学生真正将知识内化。通过将理论与工程实践相结合的教学方式，提高学生的创新实践能力。（图2）

图2　重庆大学本科生认识实践及参观实习

3. 融入工匠精神的思政教育模式

强调课程思政，激发学习热情。将思想政治教育内化为课程内容，以提升学生的专业素养，激发学生的学习热情。例如，第一章讲述我国与西方国家图学与几何发展简史，使学生对课程特点及发展历史有整体认识；在宏观把握我国图学发展历程的同时，让学生感

受到我国的灿烂文明和先贤的智慧；在课程教学中以工程导入，对接国家需求和学科前沿，弘扬社会主义核心价值观，鼓励学生为强国之路做出贡献。同时，将工匠精神的内涵有针对性地融入教学过程中，从而培养学生"敬业、专注、精益、创新"的工匠精神。（图3）

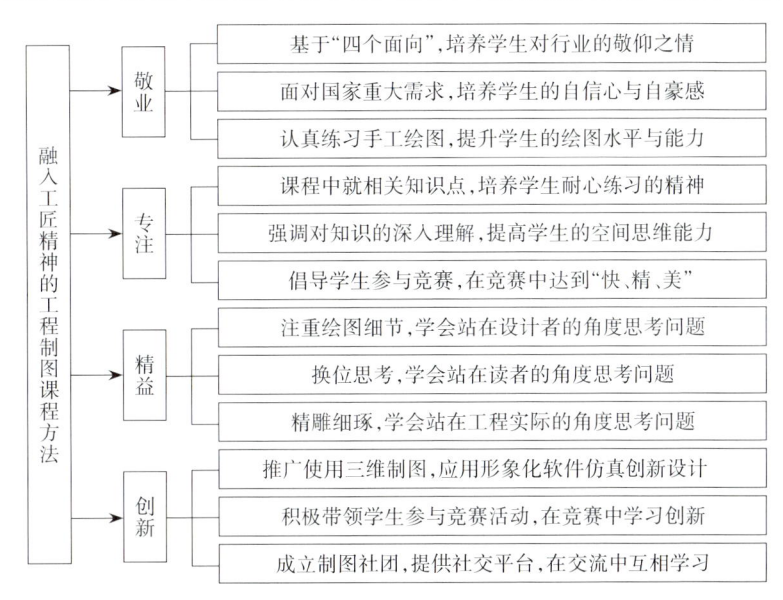

图3 融入工匠精神的工程制图课程方法

（四）课程成绩评定方式

采用基于过程的考核评价方式，通过四个环节科学、客观地评价学生的能力与知识掌握程度。

（1）线上学习：考查对教学目标、教学内容的认识。

（2）过程评价：学习过程中对课堂练习、案例的理解。

（3）期末考试：评价知识的掌握能力。

（4）产教实践：评价学生解决实际工程问题的能力。

本课程综合成绩=线上学习成绩（15%）+过程评价成绩（15%）+期末考试成绩（40%）+产教实践成绩（30%）。

三、案例成效

（一）案例特色与创新点

（1）建立了基于线上线下混合创新教学模式，突破了学生被动接受的传统"填鸭式"规模教学模式，建设中国大学MOOC、学堂在线等在线教学资源；普及了三维软件教学，实现了信息化及数字化教学工具与工程制图教学深度融合。

（2）基于产教融合的教学内容重构，结合特色学科背景，聚焦风力发电、机器人等研究热点，引入学科前沿研究成果，更新教学内容，同时参与企业交流与实习，实现了产业技术与学科理论融合，提高了课程的高阶性与先进性。

（3）基于思政一体化教学的工程制图课程教学改革探索是一种新的教学改革，融入"工匠精神"的工程制图课堂更是大势所趋。不断提高教学质量，培养出优秀的学生，将来去造福社会，为"中国制造2025"输入源源不断的动力。

（二）教学改革成效

课程教学采用线上自主学习、线下产教结合以及融入思政教育三大教学模块相结合的混合教学模式。学生通过线上自主微课学习，明确做什么、如何做。对综合设计性的作业任务，采用启发式、讨论式教学，激发创新思维，培养团队合作精神；学生根据自己的构思，采用三维软件仿真验证，学院还设有慧鱼比赛专用的组装件，学生可以通过组装件加强对设计作品的认识。同时，通过产教结合的方式，让学生懂得实际工程的需求，明白工程制图的重要性。

（三）取得的主要成果

（1）授课期间，指导学生参加全国慧鱼工程技术创新大赛，获一等奖数量翻番，处于同类高校领先水平。同时，出国深造的学生数量有所提高，有1/3的学生继续攻读研究生，就业率达100%。自2016年以来，学生已连续参加全国大学生机械创新设计大赛、"挑战杯"、"互联网+"等创新创业大赛，荣获全国特等奖、一等奖、二等奖等奖项30余项。（图4）

图4 获奖证书

(2)在教学期间,团队指导教师严于律己,积极参与相关教学比赛,在比赛中向其他高校的优秀教师学习,不断提升自我。曾获第六届全国高等学校教师图学与机械课程示范教学与创新教学法观摩竞赛二等奖、第二届卓越大学联盟高校青年教师教学创新大赛三等奖、优秀指导老师等若干奖项。(图5)

图 5 教学相关成果

(3)在与学生相互探究的课程学习中,意识到自己的知识面可能还不够,从而激发自己不断地学习和探索该领域的学科前沿问题,并且学习和接受符合社会发展的教育理念,开发创新教学方法,不断提高自己的教学质量。在教学的几年中,团队教师获得了2021年中国产学研合作创新与促进奖产学研合作创新成果奖一等奖、2018年中国机械工业科学技术奖一等奖和国防科技进步三等奖各1项、2017年重庆大学科技进步一等奖1项、2016年度重庆大学"黄尚廉院士青年创新奖"个人创新奖1项。(图6)

图 6 个人相关科研荣誉

四、未来计划或启示

不断融入新的学科建设与科学研究成果,持续建设多学科交叉融合的教学体系。加强科、教、学、研融合,构建基于"大工程"视野的课程教学体系。

进一步研究基于线上线下混合的多元化、多维度的学生学习考核评价机制,形成有效的多元化能力评价体系。持续完善基于过程的多元化、多维度学生学习考核评价机制,科学客观地评价学生的知识、能力及素质水平。

围绕立德树人目标,培养学生设计工程师的基本素质和不怕困难、勇于探索创新的科学态度。挖掘重庆大学机械工程学院老一辈科学家潜心教学、专心科研等案例,激励学生的科学精神、家国情怀和职业担当。

目标引领　融会贯通
——"客户关系管理"课程示范案例

钱丽萍　花拥军

重庆大学

一、案例介绍

作为市场营销专业课程，"客户关系管理"课程在教学中面临学生缺乏专业自信、综合能力不强、教学内容不能满足学生多元化需求等问题。针对上述问题，课程组坚守"立德树人"初心，坚持"目标引领、融会贯通"理念，构筑了长期导向、德能并重的教学目标，搭建了由浅入深、多元融合的教学内容，重塑了线上线下、多元立体的教学资源，形成了方式多样、主动参与的线上线下混合式教学组织方式，设立了全程视角、标准多维的评价体系。该教学创新方式有效解决了以往课程教学中存在的问题，确保了知识获取、能力锻造和素质提升的多重教学目标达成。近五年，学生在学术训练（学术论文发表与科研训练项目）、创新创业与竞赛等方面均有不俗表现。本课程在2020年入选国家一流线上课程、在2021年入选重庆市一流线上线下混合式课程、在2022年入选重庆市本科高校课程思政示范项目。

二、案例详述

（一）课程团队建设与能力提升

自2004年开设本课程以来，课程团队始终坚持以学生综合能力提升为核心，以教学改革为契机，不断提升课程团队能力。2010年，课程团队基于以往的授课经验，出版了教材《客户关系管理（第二版）》，并开始研讨型教学改革，提升课程团队能力。2014年，课程团队开始打造线下课程资源，着重课程案例库的建设工作，撰写完成了《OFO：校园里走出来的共享单车》案例,并获评"2016中国工商管理国际最佳案例提名奖"。2016年,建设完成线上课程资源,并陆续上线中国大学MOOC、智慧树等平台,至今已开设8轮次,累计选课人数超6万人。2017年在校内开展了线上线下混合式教学,迄今已实行了7轮次。2022年,基于多年的教学实践经验,完成了教材《客户关系管理》的改版工作,并于2023年3月正式出版。(图1)

图1 课程建设历程

基于课程创新实践,课程团队建设和能力得到了多方面的肯定。2020年,获批重庆市高等教育教学改革研究一般项目,现已顺利结题。主讲教授获评重庆市中青年骨干教师称号,并荣获2021年重庆市高校教师教学创新大赛正高组三等奖、2022年第四届全国高校混合式教学设计创新大赛"设计之星"。2022年,荣获重庆市教学成果奖一等奖一项,2021年荣获重庆大学教学成果奖一等奖、二等奖各一项。(表1)

表1 课程团队建设成效

类型	级别	时间	名称
人才称号	省部级	2020年	重庆市中青年骨干教师
教改项目	省部级	2020年	重庆市高等教育教学改革研究一般项目
教学成果	省部级	2022年	重庆市教学成果奖一等奖
	校级	2021年	重庆大学教学成果奖一等奖
	校级	2021年	重庆大学教学成果奖二等奖
教学比赛	省部级	2022年	2021年重庆市高校教师教学创新大赛正高组三等奖
	国家级	2022年	第四届全国高校混合式教学设计创新大赛"设计之星"

(二)课程内容与资源建设及应用

课程团队紧扣"培养什么人、怎样培养人、为谁培养人"这一根本性问题,注重学生长期发展。首先,立德与树人并重。课程思政与知识内容有机融合,充分发挥课程思政的感染力、向心力、引导力。其次,长期目标与短期目标相结合。从学生能力提升和发展规划入手,课程目标不仅注重短期的知识获取,也注重中期的能力锻造,更看重长期的素养提升。

在课程内容与资源建设方面,课程团队以"思政铸魂、内容培根、资源启智、交互润心"为基本原则,设计多元融合的教学内容,并打造线上线下多元立体的教学资源。

1. 多元融合的教学内容

在教学内容设计上,注重教学内容与学科前沿、企业实践的融合,构建基础理论、管理实践与研究前沿交互融会的课程内容体系。如何将课程思政融入教学内容之中是实现课程目标的关键。根据课程特点,课程团队采用两个抓手将课程思政融入教学内容。其一是以课程内容为本,融入课程思政。本课程涉及客户满意、客户投诉、客户忠诚等教学内容,授课内容本身蕴含了强烈的人文关怀,强调企业应当换位思考、关爱他人。其二是以企业实践为核,以抽丝剥茧的方式,倡导"营销向善、科技向善"。

2. 多元立体的教学资源

课程团队构建了多元立体的教学资源,包括线上资源、线下讲义、课程案例和课后资源,匹配不同的教学用途。上述资源既能满足学生自主学习所需要的时空异步资源,也能够满足线下面授教学中所需要的时空同步资源。考虑学生线上线下学习的特点,线上资源注重基础知识,线下讲义注重重点、难点内容,课程案例与课后资源则是侧重对线上线下知识体系的支撑和拓展。(图2)

图2 多元立体的教学资源

3. 线上线下混合式教学设计创新

线上线下混合式教学设计中的难点是线上线下教学内容的分配与协同。对此,课程团队以学情分析为教学设计的起点,注重基础知识、高阶知识的组合,以及线上线下教学方式的融合。

(1)合理分配学时与内容,线上线下学习互补强化

本课程共计40学时。其中,20学时用于线上自主学习,学生需要通过线上学习掌握课程基本概念和知识点;20学时用于线下课堂学习,在线下课堂中,教师解析重点、难点问题。此外,每个学生大约会花20学时用于完成课程作业和拓展学习。

(2)教学活动形式多样化,激发学生持续学习的潜力

利用重庆大学SPOC平台、云班课以及微信,构建线上学习、自主练习、讨论与交流渠道;以知识讲授、关键问题讨论、典型案例研讨等方式丰富线下课堂教学活动组织形式;以课后作业、问题思考、实践解析、拓展阅读等方式,巩固课程知识,培养学生的学习习惯,树立未来发展方向与目标。

4. 课程教学内容及组织实施

课程团队构建以学生为主体、兴趣为导向、互动研讨为重心的教学模式。以课前、课中、课后为时间节点,构建师生、生生学习共同体,通过线上自主学习、线下课堂研讨学习、课后拓展提升,依托"获取、内化、升华"路径,实现知识获取、能力锻造、价值塑造的教学目标,激发学生学习的主动性和自觉性,落实立德树人根本任务。

5. 成绩评定考核

课程考核坚持学生短期知识获取与长期素养能力提升相融合,从主体变化(教师+学生)、全程视角(过程+结果)、内容多样(基础+能力)设立评价体系。首先,改变考核主体,将教师和学生都作为考核主体。其次,考核方式以过程考核为主、结果考核为辅,学生在线学习过程、线下学习表现、作业完成情况将作为考核的重要依据。对学生完成的小组作业,采用师生共同评分的方式,赋予学生评价其他同学作业的权利。(表2)

表2　全程视角、标准多维的评价体系

平时成绩:60%			
线上		线下(课堂)	
成绩来源	成绩分布(占比)	成绩来源	成绩分布(占比)
视频与章节测试	5%	课堂表现	10%
参与互动	5%	课后作业	40%
考试成绩:40%			

三、案例成效

(一)案例特色与创新点

课程团队秉承立德树人、长短期目标相结合的理念,将塑造学生客户关系管理的思维、激发学生客户关系管理实践潜能视为实现课程理念和目标的核心抓手。在客户关系管理思维构建上,持续将新企业实践、新发展需求、新课程思政融入教学内容,助力构建商业向善的客户关系管理思维体系。在客户关系管理实践潜能激发上,打造多样化的教学形式、多元化的教学手段、进阶式的课程任务,全面激发学生的实践潜能。

本案例的创新点主要体现为三点。①以"树人"为核心,构建自主学、论中学、做中学的多维度学习模式,实现学生知识、能力、素质的全面提升。②发挥传统授课与数字化教学工具的优势,搭建融合课堂、SPOC、云班课的全景式教学体系。③改革考核方式,从以结果考核为核心转变为以过程考核为核心。在考核形式上,采用在线测试、课堂练习、课后案例分析等多种形式。

(二)主要成效和成果

1.课程建设成效显著

近五年课程荣获国家、省部级等多项奖励,如表3所示。本课程在2020年入选国家线上一流课程,2021年获评重庆市一流线上线下混合式课程,2022年获评重庆市本科高校课程思政示范项目。同时,本课程的混合式教学案例也获得了高校电商教指委的认可,获评优秀教学案例。

表3 课程所获奖励

序号	获奖时间	成果名称(内容)
1	2020年	国家线上一流课程
2	2021年	重庆市一流线上线下混合式课程
3	2022年	重庆市本科高校课程思政示范项目
4	2020年	高校电商教指委遴选的"基于MOOC(慕课)的混合式优秀教学案例"
5	2017年	2016中国工商管理国际最佳案例奖提名奖

2.学生学习满意度提升

从学生反馈看,学生在课程知识的掌握、方法的理解和综合应用等方面的能力得到了提升。从学生评教反馈看,本课程在评教中一直名列前茅,深受学生好评。

3.学生综合素质显著提升

课程团队认为育人应当突破课程学时的限制,注重学生的兴趣和发展目标,将课程知识与个人长期发展相结合,开展多项学术与能力训练。秉持这一理念,课程团队鼓励学生参与科研训练、创新创业项目和各类竞赛,并取得不俗成绩,如表4所示。

表4 学生综合发展

类型	级别	时间	内容	等级
论文发表	CSSCI	2021年	学术论文发表于《商业经济与管理》	核心期刊
科研训练项目	省部级	2022年	第十三届大学生科研训练计划项目	良好结题
科研训练项目	省部级	2019年	第十届大学生科研训练计划项目	良好结题
创新训练项目	省部级	2022年	2021年重庆市大学生创新训练项目	优秀结题
创新训练项目	国家级	2017年	第十届国家级大学生创新训练项目	良好结题
创业训练项目	国家级	2017年	重庆大学第五届国家级大学生创业训练项目	优秀结题
竞赛项目	省部级	2017年	"九龙杯"重庆市大学生创新创业精品赛	一等奖

4.推广应用价值

在推广方面,依托中国大学MOOC面向全国高校学生和社会人士开设本课程,截至2022年,已开设8轮次,累计选课人数超6万人;2020年开始在智慧树平台面向高校及公众开设本课程。从2021年开始,陆续在上海财经大学、西北大学、陕西师范大学、天津理工大学等学校开展课程建设报告,推广课程建设经验。

基于科教融合的机械设计线上线下混合教学新模式[①]

金鑫 李良军 杜静 宋朝省 石万凯

重庆大学

一、案例介绍

针对"机械设计"课程教学内容相对陈旧、缺乏挑战度、重知识、弱工程、教学手段单一、信息化技术不足的现状,课程组紧跟学科前沿,科教融合,通过在线资源建设,应用混合式教学模式,丰富教学形式与手段,课程内容覆盖复杂齿轮传动设计、传动轴系设计、轴承设计选型、螺栓校核等课程关键零部件设计。将机械工程领域最新发展状况和技术思想介绍或传授给学生,在提升解决复杂工程问题能力的同时,讲好中国故事,强调"机器功能+中国制造+重庆大学贡献"。教研成果固化为教材建设,先后开发"机械设计"数字课程、在线试题库及组卷系统,在高等教育出版社出版;建成机械设计MOOC在线课程资源,在学堂在线上线。教学模式得到了机械基础课程教指委相关专家的高度评价和认可。

二、案例详述

(一)课程团队建设与能力提升

2021年重庆大学机械基础教学团队牵头建立西南地区机械基础课程群虚拟教研室,包括西南大学、昆明理工大学、贵州大学、广西大学、重庆交通大学、重庆工商大学、重庆理工大学、长江师范学院等高校参与,由渝、云、贵、川、桂西南五省市院校的机械制图、机械原理、机械设计、机械基础实验等机械基础课程群的320位教师组成。

[①] 本案例为重庆市高等教育教学改革研究项目"新工科背景下机械设计课程内容重构及教学资源建设"(项目编号:213023)阶段性成果。

在机械设计教学研究会基础上,组建虚拟教研室"一流课程+名师"专家团队,遴选各校机械基础课程群骨干教师,形成"专家—骨干教师—课程团队"智慧+研修共同体。通过定期线上线下结合举办专题教学学术讲座、教学改革研讨、示范观摩课、教学竞赛等活动,共建共享建设成果,在课程群中形成"比、学、赶、帮、超"的教学文化环境,推进教学"传帮带",共同提升教学能力和水平。

以虚拟教研室为纽带,结合教育部援疆师资计划和慕课西行计划,取得的教研成果辐射到以新疆农业大学为代表的新疆地方高校机械基础教学活动中。通过慕课、线上线下混合式教学、"同步课堂"、"克隆班"等方式,采用智慧教学平台、智慧实验室等手段提升新疆地区的师资教研水平。

(二)课程内容与资源建设及应用

整合课程体系和教学内容,规划出版了"机械设计"数字课程(图1);将国家重点研发计划、国家科技支撑计划项目、国家自然科学基金中涉及机械设计关键零部件的内容,开发完成大型齿轮箱结构设计与分析虚拟仿真实验平台,培养学生精益求精的大国工匠精神;制作MOOC视频并在中国大学MOOC等平台开放;编写出版《机械设计在线试题库及组卷系统》(图2)。

图1 数字课程　　图2 《机械设计在线试题库及组卷系统》封面展示

(三)线上线下混合式教学设计创新

1.机械设计传统教学面临的挑战

在新工科背景下,机械设计课程虽前期积淀深厚,但仍面临以下问题:(1)课程体系内容与机械工程新工科建设不匹配的矛盾日益突出;(2)传统教学评价方法缺乏对学生能力全过程的评价和有效监控;(3)机械设计课时压缩,学时少与内容多存在矛盾。

2.基于科教融合的机械设计课程教学设计创新

针对问题(1):引入教学团队教师主持、参与的国家重点研发计划"大型网电齿轮箱工业性验证平台研制与综合性能评价技术"中的行星轮系设计分析;国家科技支撑计划"国家近海5MW海上风电机组整机设计、集成及示范"中变桨、偏航、增速传动中轴承、螺栓设计分析;世界目前最大功率"涡轮压裂车传动系统"研发中高速重载齿轮传动设计;等等。实现科教融合,覆盖机械设计课程关键零部件设计,升级课程教学内容,将机械工程领域最新发展状况和技术思想介绍或传授给学生,提升学生解决复杂工程问题的能力。科研转化项目与成果如表1所示。

表1 科研转化项目与成果

序号	类别	名称	教学转化内容
1	国家自然科学基金	细—宏观双尺度关联下海上风电变桨轴承裂纹扩展机理研究及风险评估	轴承设计 螺栓设计
2	国家自然科学基金	小交错角大偏置准双曲面齿轮传动啮合机理与设计方法研究	齿轮设计
3	国家科技支撑计划	国家近海5MW海上风电机组整机设计、集成及示范	轮系
4	重庆市基础与前沿研究计划项目	电动车高速轮边齿轮传动减振降噪关键技术研究	齿轮设计
5	国家重点研发计划	大型网电齿轮箱工业性验证平台研制与综合性能评价技术	轮系
6	重庆市重大科技攻关项目	风力发电机组系统设计关键技术研究	轴承
7	企业横向项目	1MW风电机组传动系统性能仿真及优化	轮系
8	企业横向项目	活塞式航空发动机数字化设计优化技术	齿轮设计
9	企业横向项目	涡轮压裂车传动系统研发	齿轮、蜗杆设计
10	企业横向项目	GW2MW-115 GWI.5MW——93变桨领航轴承计算分析	轴承设计

针对问题(2):提炼课堂教学、创新实践、专题研讨、项目研究、学科竞赛5大教育环节,自主探究、沟通表达、创新思维、建模分析、团队协作、解决问题6大创新能力要素,形成面向教学过程、产出导向的综合考核方法。

针对问题(3):采用"线上学习+在线指导+线下翻转"混合教学模式,通过线上分组、线下完成、线上展示、在线互评、老师点评等方式开展,疏通师—生和生—生之间的交流渠道。在此模式下,部分内容从课堂移到线上和课外,不但"释放"了课堂教学时间,而且拓展了教师与学生之间的信息通道。

(四)课程教学内容及组织实施

1. 教学方法改革

(1)基于OBE理念。以预期学习产出为中心,据此组织、实施和评价教学活动的关键环节,即确定学习成果—构建课程体系—确定教学策略—自我参照评价—逐级达到顶峰。

(2)采用BOPPPS教学策略。采用BOPPPS策略,促进有效教学和有效学习,遵循导入(B)—目标(O)—前测(P)—参与式学习(P)—后测(P)—总结(S)有效教学流程。

(3)应用STEP教学法。在教学过程中应用STEP教学法,将软件工具(Software)、理论教学(Theory)、实验(Experiment)、项目实践(Project)贯穿于整个机械设计基础工程实践环节。

2. 课程组织实施

(1)利用QQ群、微信群、中国大学MOOC在线等,实现"课前—课中—课后"紧密无缝连接,做到学习过程多环节实时跟踪与反馈。

(2)前沿工程案例导入—点醒学习目标—课前网上知识学习效果检测+梳理回顾—参与式学习(机械零件分析数学模型+工程软件分析零件强度校核+方案对比优选)—知识检测+能力检测—内容总结。

(3)采用大型齿轮箱综合设计分析工程化虚拟仿真实验与理论教学相结合的混合教学模式,通过虚拟仿真实现原理验证。

(五)成绩评定考核

基于OBE理念,通过构建创新能力量化评价模型,形成面向教学过程、产出导向的综合考核方法,打破"一考定终身"的评价,采用多层次综合评价,在项目训练环节、网上组卷、专题作业、自主学习互动等环节设置分类驱动,在结果统计环节按类统计,呈现多元过程评价报告,为课程学习效果评价提供了客观的方法和手段。

三、案例成效

(一)案例特色与创新点

1.面向新工科EQC课程教学新模式构建

聚焦新工科建设,通过EQC("工程牵引—问题驱动—能力导向",Engineering requirement—Question driving—Capability oriented)课程教学新模式,引入先进机械设计核心理论和成果,以学科前沿工程案例为导向,融入思政元素,提升课程高阶性、创新性、挑战度,培养学生家国情怀和综合创新能力。通过"创境激疑—独思共议—解惑识质—实践升华"的教学过程,打破传统课堂"满堂灌"的教学方式,逐步培养学生的实践能力、创新能力。

2.教学活动围绕课程目标"两性一度"展开

应用目标导向理念对教学设计进行指导,引入先进机械设计核心理论和成果,提升课程高阶性、创新性、挑战度。由于"机械设计"课程涵盖内容多,对具有实际应用价值的核心内容,作纵深方向发展;对大纲要求不高,作横向扩展或增加前沿问题,开阔学生眼界。

3.教学资源建设实现多层次、立体化

基于新型内容体系,融入数字化资源,编写新型一体化《机械设计》教材,实现纸质教材动态化、形象化、情景化;建成了重庆市一流线上课程、中国大学MOOC在线优质课程资源,实现课堂灵活化、自主化、共享化;建成创新实践案例库、机械传动虚拟仿真实验体系以及机械设计在线试题库及组卷系统,打造一流的机械设计自主学习和终身学习平台。

(二)取得的主要成效、成果等方面内容

课程建设得到校内外专家的高度评价。国家教学名师、著名机械工程教育专家吴鹿鸣教授高度评价:"教材内容充实、丰富,具有先进性与前瞻性,是一本优秀的、有鲜明特色的教材。"机械基础课程教指委主任委员阎绍泽教授评价:"理论知识授课与思维探索方式相结合,引导学生自主探索,取得了显著成绩。"副主任委员王德伦教授评价:"在课程体系重塑上进行了富有成效的创新和改革。"副主任委员王黎钦教授评价:"课程资源体系完整、教学方法恰当、课程服务稳定,具有自己鲜明特色。"

学生充分了解制造业面临的困境与挑战,更加激励了其使命担当。学生课后感言:"上课所列举的一些生活、工程中的例子,具有很强的应用背景,又跟书中的基本概念联系得十分紧密,使我们既能对基本概念有一个直观的认识,又能思考这些例子里面所蕴含的一些深刻道理。"

四、未来计划或启示

总结课程前期建设经验教训,不断融入新的学科建设与科学研究成果,加强科教融合、学研融合,结合实际科研项目,不断充实工程案例,增加复杂工程案例,持续建设多学科交叉融合的教学内容,实现创新项目训练的迭代更新。

总结"机械设计"教学模式与课程教学体系,开展具有大工程视野的机械工程专业知识构架形成性教育研究,编写新版《机械设计》数字教材,实现课程教材的迭代更新。

围绕目标达成、教学内容、组织实施和多元评价需求进行整体规划,形成有效的多元能力评价体系。针对教学目标、教学内容、教学组织等采用多元化考核评价,实现过程可回溯。

数字电子技术

曾孝平　曾浩　何伟　林英撑　陈新龙

重庆大学

一、案例介绍

"数字电子技术"是电子信息类专业的一门工程基础课程。本课程强调工程实践能力和自主学习能力的培养,坚持"学""用"结合、"教为不教"的教育理念,让学生不但在学习中结合实际应用知识,而且养成良好的自主学习习惯,从"学会"走向"会学";坚持兴趣是最好的老师,追求让学生"乐学、善学"。课程以学生为主体,通过线上、线下互动,课内、课外互动,利用SPOC、雨课堂和网上MOOC三个平台,拓展导学、督学、促学、助学方式,使学生切实掌握数字电子技术的基本知识、基本理论和基本技能,培养学生解决数字系统分析和设计中的复杂工程问题的能力,为最终培养掌握现代电子信息技术理论和系统设计方法,具备强烈的社会责任感和宽广的国际视野,拥有自主学习能力和科技创新意识的电子信息领域高素质复合型人才奠定坚实基础。

"数字电子技术"一直是重庆大学电子信息类专业的核心课程,也是校级平台课程。目前课程任课教师16人,出版课程相关教材3部,授课对象包括通信工程、光电信息科学与工程、自动化等9个专业的学生。2016年,本课程率先采用线上线下混合式教学方式。2017年,课程先后在学堂在线、中国大学MOOC等平台上线,入选重庆市高校首批精品在线开放课程。2020年,课程获评为国家级线上线下一流课程。课程教学团队和成员先后获得教育部教学成果奖二等奖2项,获批国家级教学名师、国家级精品课程、国家级教学团队等国家级人才培养质量工程荣誉7项。

二、案例详述

(一)课程团队建设与教学能力提升方面

课程教学团队在学校和学院的政策支持下建立了新教师培育机制,要求新教师作为助教参与教学与教研活动2—3年,3次试讲合格后才能正式上讲台;主要吸纳科研方向为数字芯片设计、数字系统设计、FPGA技术应用等与课程内容紧密相关的教师加入团队,以便教师科研与教学的融合,确保教师在本课程教学中的专业性和对技术前沿发展的准确把握;组织课程教学团队教师联合申报教育部产学协同育人等课程改革项目,持续开展教学研究活动,紧跟行业发展改革教学内容;构建制度化的教研机制,结合教学名师讲堂、课程教学大纲修订研讨会、课程教学计划讨论会、课程中期考试情况分析讨论会、师生交流会、课程期末总结讨论会等课程组教研活动,以及课程目标达成度量化评价工作推进课程和任课教师教学工作的持续改进;鼓励教师通过参加学校、省市教育管理部门、教育部学科教指委等组织的讲课比赛,琢磨教学技巧,提升教学能力;派遣课程教学团队教师参加教学培训和课程相关教学研讨会,与全国高校相关课程教学的老师进行交流,取长补短。

(二)课程内容与资源建设及应用方面

课程教学团队在多年的教学过程中结合行业发展、教学方式革新、教学要求变化等因素不间断地对教学内容和教学资源进行建设和改革。一系列的教学改革项目和教学质量工程推动了本课程教学内容和教学资源的多轮次变革。2003年,电子技术系列课程成为重庆市重点建设课程,并在2006年获国家级精品课程建设支持。2009年,电子技术系列课程教学团队获重庆市级教学团队支持,2010年又获国家级教学团队支持。2009年,本课程在首轮重庆大学学科平台课程建设中成为全校平台课程。2016年,本课程率先采用线上线下混合式教学方式。2017年,课程先后在学堂在线、中国大学MOOC等平台上线。2018年,学校资助本课程进行第二轮线上资源建设。2019年,重庆大学再次把电子技术系列课程作为"一流本科"建设的重点课程,课程教学团队完成了新一轮的教学内容调整,结合在线教学需要,先对课程知识点进行了珍珠链化整理,然后以知识点为单位完成了超过150多个教学PPT重设计和教学视频制作,设计了一系列对应的习题集和试题集,重新在重庆大学SPOC平台、学堂在线、MOOC平台上线。同学们借助在线教学资源开展课前预习和课后复习,拓展了课程学习的时间和空间,同时利用线上教学平台统计同学们的学习情况,实现"促学"和"督学"双重功能。2022年,结合国家集成电路产业的快速发展和"硬件软化"的电子信息行业发展趋势,对本课程与"EDA技术基础"课程教学内容进行了重构,把硬件描述语言部分调整到了本课程教学内容中。

(三)线上线下混合式教学设计创新方面

线上线下混合式教学是教育信息化变革的必然产物。本课程线上采用重庆大学SPOC平台,线下结合雨课堂平台进行,辅以教学班QQ群,实现了整个教学全过程的信息化记录和师生随时随地交互。"数字电子技术"课程应用性强,需要学生在课外开展大量基于EDA软件和口袋实验室的实践活动,在线课程平台和QQ群可为师生提供课外学习交流环境。在不断压缩的课程学时下,线上教学平台和资源很好地拓展了学生课程学习的时空。学生在完成线上预习的基础上开展课堂学习可有效提高课堂效率,让课堂教学更好地聚焦在学生不能理解的问题上,展开专题讨论,在帮助学生学透的同时,引导学生深入思考工程知识的数理基础与应用,并提升学生的专业表达能力。另外,把线上教学平台的学习痕迹作为课程教学形成性评价的一部分,更好地督促学生养成良好的学习习惯。

(四)课程教学设计和实施方面

课程教学团队遵循教学与认知规律优化教学设计。一方面,注重教学内容的内在逻辑联系,以知识点为单位全面设计问题导向的启发式教案,更好地帮助学生实现在理解基础上的知识内化;另一方面,注重教学过程设计,从人类注意力持续时间难以在同一状态下维持超过15分钟的客观规律出发,教案设计中以90分钟一次的教学过程为单位,全面设计精细化课堂规划,实现语义级的信息化课堂管理与反馈,保证课堂呈现教师讲授、学生翻转讲解、讨论、提问、练习等形式多样化结合,每个环节不超过15分钟,保证课堂活力。(图1)

图1 精细化课堂规划示例

(五)成绩评定考核方面

成绩评定考核采用"过程评价与系统考试相结合"的方式,重视反映学习过程的形成性评价,激发学习积极性,提高学生的学习主动性,促使学生从"为成绩期末突击复习"向"在教学过程中掌握知识"转变。当前本课程成绩构成:期末考试成绩占比50%,线上学习表现占比10%,期中测验成绩占比10%,课后作业占比10%,课外项目占比10%,课堂讨论表现占比10%。

三、案例成效

本案例经过近3年的实施,取得了以下几方面成效。

(一)强调自主学习,总体上完成了学生从"学会"到"会学"学习观念的转变

课程坚持"教为不教","以学生为中心,出口为导向,持续改进"的工程教育理念,把培养学生解决复杂工程问题能力作为课程目标,采取"产教融合"的协同育人模式,对教学内容、教学方式、教学资源进行改革和建设,激发兴趣,培养学生的自主学习能力。课程知识在发展中不断增加,但学时反而有所降低,通过教学资源的提供和学习要求的引导,学生逐渐能够按照要求完成课外学习内容的自主学习。

(二)通过加强学生学习效果的形成性评价,调动了学生学习积极性,改善了学风

将"学习过程"、"实践能力"和"课程考试"相结合,把SPOC、雨课堂平台的学习过程记录、课堂表现、课外实践项目与过程评价直接挂钩,将平时成绩比重加大到40%,改变学生"期末突击复习,临时抱佛脚"的现象。学生争相在课外时间到开放实验室开展课程相关实践活动,在QQ群中对课程学习中遇到的问题展开激烈讨论,"尚学,乐学"的学风基本形成。

(三)从学生学习规律出发精细化设计教案与教学PPT,大幅提升了课堂教学质量

根据人类单一事件注意力持续时间不超过15分钟这一规律,合理设计教案和教学PPT。教学过程中做到了讲解、提问、讨论的科学结合,改变了老师一堂课从头讲到尾的授课方式,消除了同学们因课题枯燥等原因在课题学习中开小差、走神等情况,做到了在课堂上把知识点学透,课堂教学质量提升明显。

（四）课程教学中有机融入了课程思政，立德树人成效初显

数字电子技术作为信息类专业基础课程，内含丰富的数字芯片应用和设计基础知识，涉及EDA软件的应用。课程结合以上内容，以EDA设计软件大多数被国外垄断的"卡脖子"之痛、"卡脖子"之忧，激发学生的爱国之心，报国之志。老师以严谨的教学态度、高度的敬业精神以身作则地影响学生，教育学生。学生在课程学习中，逐渐养成了严谨的工程思维和工程逻辑，提升了工程实践能力，也在学习中了解了行业的技术现状和国际形势，一定程度上萌生了作为现代电子信息人才的社会责任感。

四、未来计划或启示

课程教学团队将围绕"引导主动学习，永葆课堂活力，优化资源配备，注重能力培养"的宗旨持续开展课程建设与改革工作，计划2年内完成教学内容新一轮更新和课程在线教学资源的二次建设，5年内把课程打造成具有"两性一度"特征的全国知名本科一流课程。

本课程目前需要进一步解决的问题主要有：①数字电子技术发展迅速，新技术、新方法不断涌现，导致当前部分课程教学内容过时陈旧；②教学资源有待进一步优化和丰富，尤其课外实践资源不够丰富和课外实践场地供给不足，导致趣味性、实用性强的课程知识点未能与工程应用紧密结合；③仍旧有一定比例学生的学习兴趣难以调动，学习主动性差；④部分教师教学手段未能适应线上线下混合式教学新模式，教学质量有待提高。

针对这些问题，我们拟采取以下措施：①以"科教融合"为手段，根据教指委课程教学新要求和行业技术发展，把硬件语言内容融入相关章节，系统更新教学内容；②优化线上教学资源，做好理论课与实验课的有机衔接，拓展课外实践条件，利用口袋实验室和课外实践项目，把理论与实践相结合；③不断发掘SPOC和QQ群的线上时空拓展优势，加强过程评价，结合课外实践作业的趣味性和实用性来激发学生学习兴趣和主动性；④完善教师培训和课程组教学研究长效机制，激发教学研究动力，提升教师授课水平。

PBLL-C教学模式下激发深度学习的混合式课堂转型
——以"学业素养英语3"为例

李小辉　石姝　雷蕾　杜瑾　欧玲

重庆大学

一、案例介绍

本案例课程"学业素养英语3"是重庆市一流线上线下混合式课程、重庆市高等学校课程思政示范课程。课程基于重庆市一流线上课程"新大学英语阅读与思辨"教学资源，践行具有中国特色的项目学习法（PBLL-C）教学理念，在大学英语课程中开展项目学习，推行激发学生深度学习的混合式课堂教学模式的转型，落实高质量的以学生为中心的课堂教学。

PBLL-C教学模式强调以世界文明和中国故事为教学内容，以通信技术支持的新型学习型社区为环境，以培养学生的中国情怀和世界眼光为思政目标，以高质量课程项目开展为主要手段，落实以学生学习为中心的教学实践，实现课堂由教师"教"向学生"学"的转换，最终达到学生知识、能力、素质协调发展。

二、案例详述

（一）课程介绍

"学业素养英语3"是重庆大学大学英语核心基础课程，授课对象为具有较好英语基础的一年级学生（入学分级考试三级，CSE4—CSE5级水平），共4学分，分两个学期完成。本课程聚焦提升学生英语综合素养，充分发挥英语教育的人文性、思想性、启迪性、融合性和实践性，旨在通过强化写、说表达能力的培养，促进学生英语语言交流能力；通过协调语言、文化、思维三者的关系，提升学生语言思维论证能力；通过使用英语开展说写活动，提升学生学术能力；通过引入真实的语言应用场景，提升学生职场竞争力。

(二)PBLL-C课程教学模式

PBLL(Project-based Language Learning)践行成果导向的教育哲学原理,核心思想是引导学生探索现实世界中的真实问题,从而促使学生获得与应用新的英语语言知识和相关能力发展。该模式强调"做中学""知行合一",学生是学习的主体,教师起着更多的引导、辅助和支撑作用。PBLL基本教学流程如图1所示:

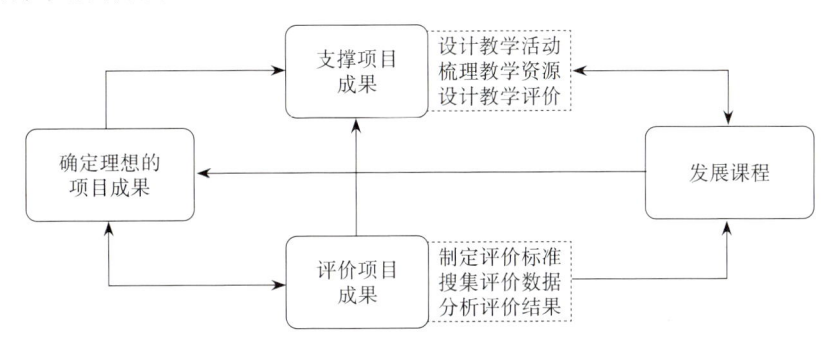

图1 PBLL基本教学流程

第一步:确定理想的项目成果。师(生)综合考虑多方因素,确定项目应该以什么样的成果展现。

第二步:支撑项目成果、评价项目成果。根据设定的项目成果,设计相应的教学活动、梳理必要的教学资源、设定必要的教学评价。同时,师(生)制定明确的评价标准,搜集必要的评价数据,反思项目成果设定是否合理,项目支撑是否有效。

第三步:发展课程。根据项目运行各阶段评价结果,进一步发展课程,从而调整项目成果支撑体系,修订预设的项目成果。

PBLL-C教学模式本着"立德树人、育人为本"的课程定位,在"学业素养英语3"课程实践中从多个维度突出"C"的特征:

第一,教学内容立足"讲好中国故事,提倡文明互鉴",突出课程的China特征。学生要能够用英语向世界阐释"中国实践、中国经验、中国理论"。

第二,教学目标强调"中国情怀、世界眼光"的核心课程价值(Core Values),以及知识、能力、素养协调发展(Comprehensive abilities)。

第三,教学手段强调依托通信技术(Communication technology),打造混合式教学新形态。

第四,教学环节通过建立学习型社区(Community),促进学生交流,实现学习转向,推动教师发展。

（三）激发深度学习的课堂教学转型

PBLL-C教学模式下的"学业素养英语3"教学实践实现了"主体性学习"、"对话性学习"以及"协同性学习"，也实现了课程学习从"表层学习"向"深层学习"的发展。

1. 主体性学习

强调学生能够控制自身的学习，主动解决问题，对学习过程和学习成果都有预设，并在学习前、中、后都有反思。（图2）

图2 研究计划与学习反思

2. 对话性学习

强调基于主题探索促进学生同新的客观世界的相遇与对话，实现学习者对世界认识的建构和文化实践；团队协作促进学习者与他者形成伙伴关系，实现共同的社会实践；学习过程促进学习者与新的自我的相遇与对话，实现自我建构的丰富。

3. 协同性学习

项目实施要求学生基于自身知识和技能向他者进行解说，促进自己知识的内化与结构化。同时通过搜集来自他者的信息，进一步提升自己的知识和技能结构化的质量，在组内和组间的交互过程中合作创造新知，共同解决问题。

在PBLL-C教学模式的推动下，"学业素养英语3"系列课程实现了学习者的主体性，学习目标的高阶性，学习过程的交互性、探究性、建构性和反思性，学习情境的真实性，以及学习成果的关联性和综合性。教学从传统的教师"教"转到了学生"学"，从传统的"教"转化为高质量的"导"，教学设计也从传统的"教案"转换成了"学案"，探究、表现和交流的学习过程确保学生高质量学习发生。（图3）

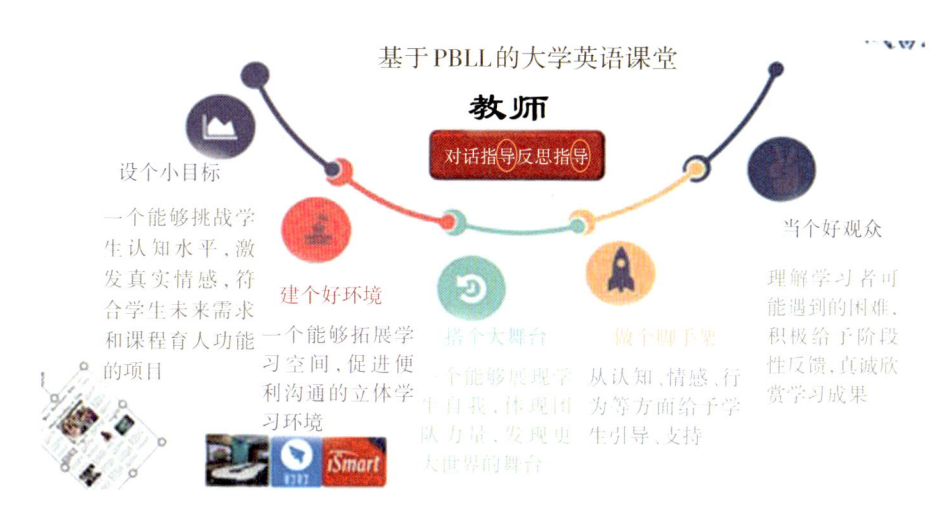

图3 基于PBLL的大学英语课堂教师角色

（四）课程教学内容及组织实施

课程以单元主题为引导，围绕立德树人、国际视野和中国情怀，引导学生通过探索了解自我、他者、社会相关主题，结合自己和国家现实与未来发展需要，提出高阶研究问题，探索解决问题的方案并能够有效分享、陈述，从而激发更高层次的理解。

本课程以"问题"着手，引导学生了解相关Issue，明确要完成的Project，激发学生对参与全球问题的意识和热情。通过精选的丰富的课程教学内容和教学活动设计，引导学生实现最后的项目成果展示，达到课堂教学目标。单元主题组织实施流程如图4所示：

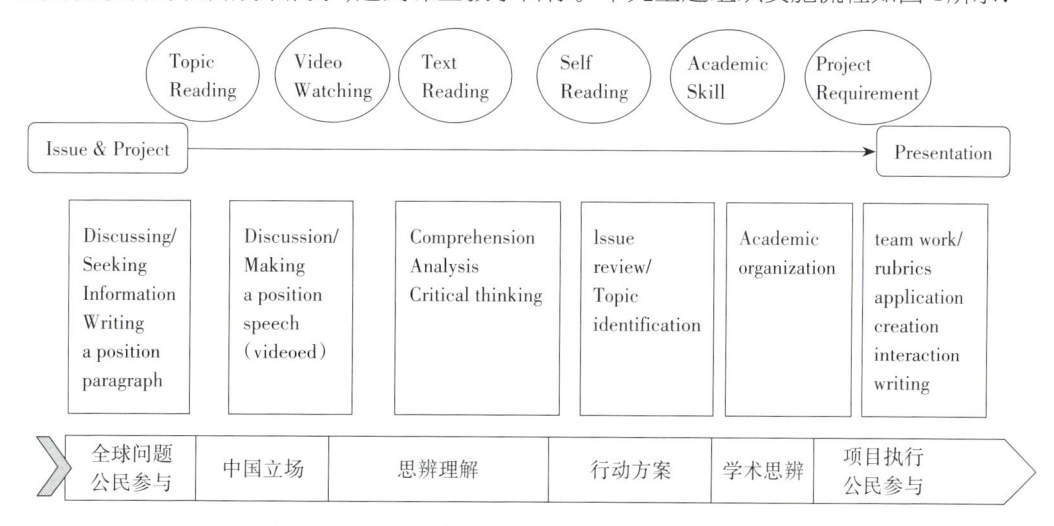

图4 单元主题组织实施流程

(五)形成性与终结性相结合的课程评价体系

本课程结合大学英语课程的定位和目标,完善评估机制,突出形成性评估,强调学习过程的探究性。(图5)形成性评估占60%,所有评价都有学习档案记录、课程网站学习记录、课内外活动参与记录支撑。终结性测试改变传统的以语言本身为主的方式,重点关注学生的语言使用能力和思考能力。新的评价和测试体系能发挥对大学英语的导向、激励、诊断、改进、鉴定、咨询、决策等多重功能,更好地促进大学英语课程的建设和大学生英语能力的提高。

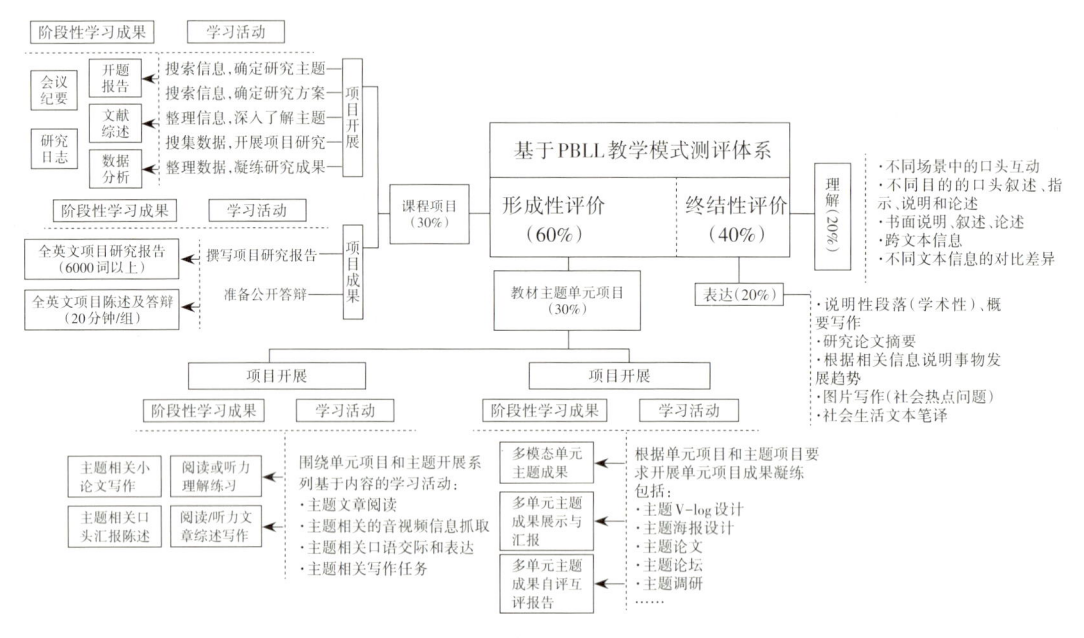

图5 基于PBLL-C教学模式的大学英语测评体系

三、案例成效

十余年来,经过3轮迭代更新,本团队围绕基于PBLL-C的研究性学习,建设、整合线上线下教学资源,不断开拓创新,在教学效果提升、课程资源建设、教师团队发展等方面效果显著。

(一)课程特色与创新点

课程将英语语言能力及相关素养发展融入能够培养中国情怀和世界眼光的课程教学主题,充分发挥了外语课程的人文性和思想性特征,以及外语的开放性和交互性特征,保障了课程的立德树人目标。

课程践行基于PBLL的研究性学习,提出并落实了该教学模式的校本方案(C),为丰富教育教学理论提供了可参考案例,并在全国范围内起到了示范作用。

课程激发深度学习,以完成具有挑战性的项目为核心,通过将语言能力提升融入项目学习的问题和活动设计中,促进学生建构知识体系;执行"评即是学"的形成性评估,强调学习的过程性、反思性;通过多样化的项目成果展示知识、提升能力;整合资源和技术,实现通信技术与课程学习的深度融合。学生课程学习过程的主体性、对话性和协同性激发了学习的深度,提升了课程的质量。

(二)教学改革成效及成果

建设了高质量教材。2014年,团队教师作为主要编写成员打造了全国范围内第一部以项目学习法为主导的"十二五"国家级规划教材《新大学英语》(鼎鑫篇)。该教材于2020年被评审为"重庆市重点建设教材"。2022年,该教材的第二版《新大学英语》(求真篇)出版。

团队打造了重庆市一流在线课程"新大学英语阅读与思辨"(2019年),以及重庆市线上线下一流课程"学业素养英语3"(2020年)。2022年,"学业素养英语3"被评为重庆市高校课程思政示范课程。

营建了学习成果展示平台。定期举办"课程开放日",各学生课程项目团队以多样形式向全重庆市乃至全国高校师生展示课堂学习成果;举办"大学生国际学术研讨会",为学生提供展示课程项目研究成果的机会。

促进了教师团队的发展。近10年来,团队教师在重庆市及全国性教学学术研讨会上做专题报告20余场次,接待同行线上线下调研100余人次。团队已经形成了"探究型教学""混合式教学""外语教学中的课程思政"教师教学能力培训师队伍,面向学院、全重庆市乃至全国各地高校及中小学提供教师教学能力培养讲座或专题工作坊。

四、未来计划和启示

未来5年,本课程将聚焦以下几个角度开展工作:

充分利用国家级虚拟教研室"项目式大学英语教学模式改革虚拟教研室",进一步推进践行具有中国特色的PBLL教学模式,引导学习者以中国视角、中国故事、世界眼光开展探索研究,真正发挥传递信息、发表观点、启发思考、激励更多行动的作用,进一步增强学习者的社会责任感和自觉担当。依托国家级"大学英语课程群虚拟教研室",学习其他兄弟院校先进经验的同时,启发引领更多高校开展大学英语创新改革。

进一步丰富教学资源,全方位支撑自主学习,让学习过程本身能够激发学生真实的内在、呈现真实的榜样。随着《新大学英语》(求真篇)的出版,应更新MOOC课程教学内容,丰富教学设计,充分发挥课程的社会影响力。

进一步完善课程评价体系,全面落实测评是为了学习(Assessment for learning),推进测评即学习(Assessment as learning),进一步完善水平测试体系,落实以评促学的原则。

"三位一体"教学设计理念助力"管理学基础"课程多目标平衡发展[①]

谢秋 毛超

重庆大学

一、案例介绍

基于习近平总书记关于教育的重要论述和全国教育大会精神,围绕立德树人根本任务,践行国家对课程建设"两性一度"的要求,以及服务重庆大学造就"行业精英、国家栋梁"的使命,"管理学基础"课程围绕教学内容、教学方法和思政教育"三位一体"的建设思路,按照"分析课程内容,设计思政模块—针对思政模块,设计教学方法—依托教学方法,引领价值提升"三步走方案,解决现有"管理学基础"课程中"重知识、轻实践","线上线下课程脱节"等核心问题,促进学生管理知识、实践能力和思想素质多目标平衡发展。通过本课程"三位一体"教学建设实践,培养出适应现代发展和国家建设需求,基础扎实,专业能力强,政治行动方向坚定,具有家国情怀和国际视野的高素质、创新型、复合型管理人才。

二、案例详述

(一)课程团队建设与能力提升

课程团队定期召开教研活动,每月一次。通过教学研讨和相互学习,团队成员授课能力显著提升,两名老师获得"重庆大学最受欢迎老师"称号。此外,团队成员参加讲课比赛获得一等奖3项、三等奖2项;团队成员负责教改项目7项,出版教材1部,建立课程案例库1例。同时,课程团队建设重庆市一流课程1门,重庆大学一流/重点课程2门。

[①] 本案例由重庆市高等教育教学改革研究项目"双目标驱动视域下'沉浸式项目教学'模式在管理学课程中的应用研究"(项目编号:213005)提供支持。

(二)课程内容与资源建设及应用

目前"管理学基础"课程内容和资源建设已初见成效,案例库也趋于完善。本课程内容和资源由三部分组成:一是《管理学》课本内容;二是依托SPOC和慕课平台的线上学习资源库,包括知识拓展资料、习题、重点难点总结、讨论话题和案例等;三是教学活动资源包,包括课堂活动内容资源包、课堂活动教具资源包、课堂活动和课程评价指标资源包、案例资源包、问卷星随堂小测资源包、线上线下课程内容联动机制资源包等。任课老师围绕章节知识核心内容,选取合适的案例资料和课堂活动资料,设计授课内容和授课方式,结合评价指标和评分准则对学习内容和课堂实践进行有效考核。

(三)线上线下混合式教学设计创新

1.教学内容融入思政模块

首先,对课程内容进行分析,设计思政模块;然后,针对思政模块和教学内容,设计教学方法。把教学内容、教学方法和思政育人融为一体。

2.课堂实践活动紧跟国家和企业管理热点和难点

通过"知识学习—实践运用—知识升华"的教学逻辑,提升学生知识水平和实践能力。

3.设计线上线下教学联动机制,充分调动学生学习热情和自主性

按照"线上学习获取积分—线下积分换取课堂活动资源—课堂活动资源支撑课堂活动成果—课堂活动成果形成课程平时成绩"的联动机制,解决线上线下学习脱节问题。

(四)课程教学内容及组织实施

课程内容来源于《管理学》,包含六个篇章:总论、决策、组织、领导、控制和创新。结合课程内容,从四个思政模块对教学内容进行组织。第一个模块为"述学术发展,培家国情怀",涉及教学内容"总论",可用辩证唯物主义和历史唯物主义的观点去追溯中国古代管理思想的历史演进,突出中华优秀传统文化。对传统西方经典理论的讲授,从过去的学习和借鉴,改为结合中国国情探讨具有中国特色的管理理论实践。第二个模块为"传中国智慧,树民族自信",涉及教学内容"决策,控制"。决策:可结合《孙子兵法》讲解"决策过程与影响因素"。以中美贸易、新冠肺炎疫情等为背景,引导学生正确认识环境因素对决策的影响。以我国改革开放政策、"一带一路"倡议、数字中国、党的全国代表大会、我国在疫情防控期间的正确决策等为例,进行案例讨论。控制:以我国在抗击疫情、疫情防控等方面采取了很多有效的方法和手段为例,充分说明中国特色社会主义的优越性,表明党和国家在面对疫情等重大危机时的强大管控力。第三个模块为"思大国重器,展领导风范",涉及

教学内容"组织、领导",可关注中国制造和中国智慧,运用典型工程案例讲解组织过程和特征;通过对一些伟人典型事迹的描述,揭示领导者具备的独特气质和领导行为。第四个模块为"铸坚韧品格,担国家使命",涉及教学内容"创新",可以结合"互联网+"、人工智能、跨境电子商务、产业数字化转型、抖音短视频、直播带货等内容进行讲解。在"大众创业、万众创新"的背景下,引导学生认识创新的重要性和特点,鼓励学生要敢于创新、不怕失败、勇于探索。(表1、表2)

表1　教学设计创新展示一

教学环节	思政模块及元素	课堂活动	创新点展示
《管理学》中的第三章内容:环境分析与理性决策,决策的实施与调整	传中国智慧,塑民族自信 思政元素:社会责任和企业利润如何决策? 拓展:以"互联网+"、中美贸易,引导学生正确认识环境因素对决策的影响	纸飞机制作及售卖	模拟企业实践项目,活动环节包括原材料采购及转卖,分工完成纸飞机制作,纸飞机比赛获取"利润",纸飞机转卖获取"利润",等等。引入同行竞争、市场扰动等环境因素。同学们在实践活动中理解决策的影响因素、决策的制定过程等

飞机生产项目1　　　　飞机生产项目2

表2　教学设计创新展示二

教学环节	思政模块及元素	课堂活动	创新点展示
《管理学》中的第六章内容:组织设计	思大国重器,展领导风范 元素:领导的重要性,团结合作。团结和合作创造出1+1>2的协同效应;组织目标的实现可能会暂时牺牲个人目标。引导学生把国家和人民的目标放在个人目标之前	意大利面遇见棉花糖	小组成员通过线上学习算取平均分;平均分高对应更多的活动材料(胶带、胶水、绳索等);在规定时间内搭建"建筑物";老师对"建筑物"打分,并计入平时成绩

续表

意大利面遇见棉花糖1　　　　意大利面遇见棉花糖2

在教学活动的组织过程中,可采用翻转课堂、课堂实践活动、案例讨论、课外实践、随堂小测等方式。同时,教师在SPOC平台上传相关的学习资料、拓展资料、讨论案例、课后习题。通过线上线下学习联动机制,鼓励学生自主学习和讨论。

(五)成绩评定考核等方面的亮点及特色

课程评价方式由老师评价和学生互评相结合,由过程性评价和总结性评价相结合,形成全方位多角度的课程考核评价方式。(图1)总结性评价为期末考试,过程性评价主要由以下三部分组成:

第一,小组作业评价。主要评价小组作业成效,考查学生是否把所学管理学知识在实践中融会贯通。

第二,组员互评。小组成员在小组活动开始之初,设计小组组员评价标准,小组活动结束后,学生根据自我观察,对成员进行打分,提交最终的组内得分成绩。

第三,个人作业评价,包括问卷星随堂小测和SPOC线上作业与讨论。

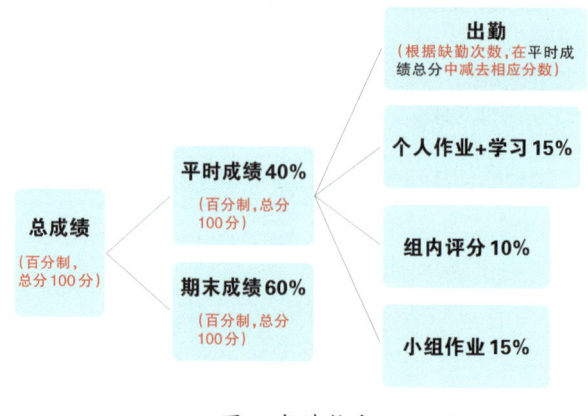

图1 成绩构成

三、案例成效

（一）案例特色与创新点

本课程的创新可以从教学设计理念、教学实践模式和线上线下联动机制三个方面进行总结。

第一，秉持教学内容、教学方法和思政教育"三位一体"的建设理念，通过"分析课程内容，设计思政模块—针对思政模块，设计教学方法—依托教学方法，引领价值提升"三步走方案，促进学生管理知识、实践能力和思想素质多目标平衡发展。

第二，"沉浸式项目"教学模式使企业管理活动和市场化行为真实重现，让学生真正"学有所用"。结合章节知识点，设计课堂活动问题。学生通过发现问题、解决问题、对抗市场扰动、与对手博弈竞争等方式，模拟企业真实运行的全过程，力求让学生"沉浸"在项目中，达到"学有所用"的目的。

第三，注重系统谋划，设计线上线下学习联动机制，保证学习的完整性和系统性。通过"线上学习获取积分—线下积分换取课堂活动资源—课堂活动资源支撑课堂活动成果—课堂活动成果形成课程平时成绩"的方式，解决线上线下学习脱节问题，激发学生线上自主学习热情。

（二）教学改革成效及成果

第一，激发了学生的学习热情，提高了学生线上学习的积极性。学生对课堂活动给予了较高的认可，觉得本课程"学有所用"，且通过学习，"进一步加深了对所学知识的理解"。

第二，教学评价名列前茅。教务处公布的最近一次学生对本课程授课的教学评价结果显示排序百分比为7.41%。同时，最近一次课程效果问卷调查显示，有将近80%的学生对本课程的教学效果感到满意。

第三，本课程被评为2020年度重庆市线上线下混合一流课程，2022年度重庆大学课程思政示范课程。其团队成员多次获得省部级、市级讲课比赛一等奖。

第四，学生结合管理学知识，参加SRTP项目、创新创业项目多项。如SRTP项目"重庆市主城区居民住宅高空坠物影响因素分析及对策建议"，市级创业项目"拍绿得——致力于打造'人人都是绿化设计师'时代的先行者"均在2022年以"良好"等级结题。

（三）解决的重难点问题

结合教学实践和学生反馈，本课程拟解决的重难点问题包括如下两个方面：

第一，课程设计既要满足"知识目标"和"实践目标"的平衡发展，又要区别于职业教育学校的培养，还要充分体现双一流大学的特征。因此，如何组织教学内容，设计教学活动使之充分凸显双一流大学的特征，是本课程的重难点问题。

第二，课堂活动和小组作业均以小组形式共同完成，小组成员中存在"搭便车"行为，如何设计考核机制促使每位同学认真参与课堂活动和小组作业，调动学生的参与积极性，同时体现分数分配的公平性，是本课程的重难点问题。

四、未来计划或启示

（一）巩固建设成果，扩大建设范围

以学生培养为目的，形成"设计—应用—评估—优化"的良性循环，持续优化课程建设内容与课程教学模式。在此基础上，推进课程建设工作向前延伸，着力提升授课教师思政教育和专业教学能力，进一步强化育人意识，找准育人角度，提升育人能力，提高课程教育教学主体的质量。

（二）弥补建设短板，强化支持保障

健全课程建设质量评价机制，加强对重难点问题、共性问题和前瞻性问题的研究，形成理论与实践统筹推进、协调互补的良好局面，弥补课程建设短板。强化本课程建设与专业课程群建设互联，与思想政治教育课程互动，以此吸收先进经验，扩大课程教学规模体系，提高课程建设成效。

（三）完善考核机制，激励持续改进

把育人和课程建设及成效与团队教师激励结合起来，形成合力。一方面促进课程持续改进，另一方面帮助教师取得个人绩效。进一步改进学生考核方式，将教师评价和学生互评持续推进，全面考核学生知识能力和思想素质。

科教融合·学思践悟
——线上线下横纵向一体化的"学术论文写作"学习案例

张财志　张育新　李国法　石姝

重庆大学

一、案例介绍

"学术论文写作"是依托重庆市一流课程"学术素养"建立的线上线下课程，是面向本科三年级的一门通识教育素质课程。课程在融合科技前沿的基础上，以工科学生英语学术写作能力培养为导向，从课程思政、教学实践、信息技术融合、课程评估机制等几个方向进行改革创新。课程团队依据教学实践编写了教材，运用"雨课堂+腾讯会议"嵌套教学平台建设了智慧课堂，依托学习强国等4个平台建设了线上课程。2022年获重庆大学教师教学创新大赛一等奖。在中华民族伟大复兴大局下，课程提出以党史科学家故事实现润物细无声式的思政元素融入；以新工科基础课程建设要求，围绕"产业链—创新链—人才链"三链融合重构课程内容体系；以学生为中心、师生全员深度参与的任务式和合作式论文写作教学，构建多位一体启发式教学模式。(图1)

图1 重庆市高校一流课程证书及重庆大学教师教学创新大赛获奖证书

二、案例详述

(一)团队建设:构建跨学科协同教学学术共同体

课程组建了涉及机械、汽车、材料、外语等跨学科融合的教学团队,创立了多学科跨年级的协同教学模式。团队成员全具备海外留学背景,多位中青年科学家构成了层次鲜明的教学梯队。

(二)课程设计:产业链—创新链—人才链全方位打造高质量的教学生态

从服务国家战略需求相关领域的人才培养出发,以学生为中心,以学为本,围绕"产业链—创新链—人才链"三链需求及各级教育部门文件精神,提出"厚植家国情怀,深耕科教融合"的创新教学理念,解决"思政感化渗透难入人心,学生内在驱动力不足"的痛点问题;提出"一中心、三交叉、五位一体"的教学思路,建设"学—思—悟—践"的教学实践模式,解决"教学重知识传授,轻学术写作实践"的痛点问题;从"三层面"实现课程目标,从"六节点"提升学生的学术素养、学术意识和学术能力,解决"学生的学术素养、学术意识和学术能力严重不足"的痛点问题,建立完备的课程教学创新探索与实践体系。(图2)

图2 课程设计架构

(三)线上线下结合教学:"智慧式"课堂赋能教学

本课程的"智慧式"课堂利用"雨课堂+腾讯会议"嵌套使用方式开展,结合两者优势,做到师生互动和生生互动,以及利用后台大数据等实现智慧化。课前,教师可在雨课堂平台上传课件和测试习题,了解学生的预习程度。课中,教师可以利用雨课堂开启弹幕生成词云、发布互动习题与学生积极互动,让学生深度参与到课堂中。依托腾讯会议的分组讨论,鼓励学生积极发表想法,做到以学生为中心。课后,教师制定个性化课程考核方案,考量学生的课堂综合表现。

(四)课程的特点与优势:依"学—思—悟—践"教学模式开展学习

课程开展过程中采取"学—思—悟—践"教学模式,学习学术规范,写作的基本概念、逻辑组织、图形及语言表达等内容;引导学生结合自己的研究与思考,追踪最新的科研发展动态;促成学生在掌握学术论文写作知识的基础上,领悟学术论文写作的方法体系;结合所学专业的相关研究题目,完成写作实践。通过以上"学—思—悟—践"环节,最终将知识综合应用于实际学术论文写作。

(五)资源建设:融合前沿性学习,建立课程体系及编撰配套教材

团队近五年承担了"学术论文写作"等课程的教学任务超160教学课时,编撰配套教材《高水平学术论文写作与发表》(图3)等教材2本,服务材料、机械、汽车等全校通识课堂实践,构筑起专业课与"学术论文写作"等通识课协同创新的生态课程群落,提升了我校学生的创新能力与学术素养。

图3 课程教材

(六)推广应用:线上线下、横向跨越多学科的科教融合

线上课程向其他高校和社会学习者开放,学习程度高,共享范围广,应用模式多样,应用效果好,社会影响力大。教师和学习者反馈好、评价高。课程在学习强国等4个平台推广,线上课程参与选课的有山东大学、武汉理工大学、四川大学等40余所高校,选课人数累计突破10000人,课程得到广泛好评。(图4)

图4 课程教学活动

（七）考试考核：创新考核标准

去除期末试卷考试，学生放下考试枷锁，由应试考试向研究型学习转化，更新学术论文写作的学习观念，开展以能力为导向的评估机制：重视"任务式"和"合作式"教学中的平时分数；重视学术论文整体学习情况评分；根据学生学习的积极程度评分。

三、案例成效

课程提出以党史科学家故事实现润物细无声式的思政元素融入；以新工科基础课程建设要求，围绕"产业链—创新链—人才链"三链融合重构课程内容体系；以学生为中心、师生全员深度参与的"任务式"和"合作式"论文写作教学，构建多位一体启发式教学模式，潜移默化中提升学生学术素养；以学生能力培养为导向，实施课程评估机制，激发学生良好课程学习心态；以线上线下、横纵向同步教学方式，达成本课程的教学目标。

（一）解决的重难点问题

1.学生的学术素养、学术意识和学术能力严重不足

虽然学生普遍具有较强的发表学术论文的意愿,但其所具备的相关能力有限,影响学生科研兴趣,进而严重影响新工科背景下的科技创新人才培养质量。

2.教学重知识传授,轻学术写作实践

教师作为课程教学的"导演"角色,在做好传道、授业、解惑的基础上,亟须建立线上线下一体化的全方位教学体系实时指导学习实践。

3.思政感化渗透难入人心,学生内在驱动力不足

加强学生对各学科领域"卡脖子"关键技术重要性的认知,结合国之重器、国之利器讲述,激发其内在驱动力,支撑我国创新强国建设。

（二）创新点

1.创新教学理念:厚植家国情怀,深耕科教融合

使学生树立"对祖国的忠爱、热爱和珍爱的赤子情怀,责任和担当的家国情怀",融入科学家(包括钱学森、邓稼先、程开甲等科学家)故事。

2.创新课程建设:体系以德为先、内容以新为魂、学科前沿交叉

以"立大德、树新人"为根本,同时课程体系融合学术规范、学术伦理,强化学术规范和学术道德教育。以大数据手段构建高水平论文写作的语料库,以艺术设计标准剖析数据绘图规范,凝练出了适合于多个学院的共性内容,支撑"四新"学科建设。

3.创新教学组织:"学—思—悟—践"教学模式、"智慧式"课堂组织形式

课程开展过程中采取"学—思—悟—践"教学模式,学习学术规范,写作的基本概念、逻辑组织、图形及语言表达等内容。"智慧式"课堂利用"雨课堂+腾讯会议"嵌套使用方式开展,结合两者优势,做到师生互动和生生互动,以及利用后台大数据等实现智慧化。

4.创新教学方法:BOPPPS教学方法与"任务式、合作式"教学方法融合

采用更加有效的教学方法,提升课堂趣味性与学生参与度。

5.创新考核评价

去除期末试卷考试,学生放下考试枷锁,由应试考试向研究型学习转化,更新学术论文写作的学习观念,开展以能力为导向的评估机制。

(三)取得的主要成果

1. 课程教学效果

从学生后续的评教及调查问卷结果得知,本课程获得了95%以上学生的好评:"通过本课程学习,学生首先知悉科研诚信的重要性,学术素养得到全方位提升。"参加学习的本科生参与发表高水平全英文科技论文60余篇,10余名学生拿到全球排名前20位高校(如剑桥大学等)全额奖学金攻读硕士或直接攻读博士,创新创业团队获得全球重大挑战赛二等奖(中英美工程院院士300名评审)。

2. 学术报告推广与校企育人协同

教学团队成员受邀在四川大学、西北工业大学等高校举办讲座70余场次讲授本课程内容。(图5)2020年8月,中国航天科技集团五院研究生院(神舟学院)引进了全套线上/线下课程。

图5 课程团队参加学术报告

3. 团队教学创新研究成果

主持"学术英语教学研究及实践"(校级)、"以高水平科研为抓手提高本科生创新能力"(校级)、"大数据下的英文学术论文语言研究"(省部级)、"多元协同育人创新模式与实践"(市级)等教改项目4项;团队发表《工科学术英语教学的探讨》《关于本科生创新培养模式的思考》等5篇教改论文。(表1)

表1　课程团队教改论文和教改项目列表

课程建设				
名称	参与成员		级别	时间
学术素养(重庆市线上一流课程)	张育新、张财志、石姝、王淑萍、王荣华、刘礼		市级	2021年4月
学术规范与研究生论文写作指导(重庆大学重点课程)	张财志、张育新、司鹄、付乾、孙宽、孙立冬、徐朝和、杨艳、王荣华、宋江凤、邹全乐、吴斐、李全贵、彭康、杨扬、林栎阳、王淑萍、伊浩		校级	2020年8月
教改项目				
名称	参与成员	项目编号	级别	
学术英语教学研究及实践	张财志、刘永刚、潘勇军、帅旗	cquyjg18303	校级	
以高水平科研为抓手提高本科生创新能力	张育新、孙立东、SUNDEEN、阮丽娜、刘礼、王荣华、王淑萍、张财志	2018Y13	校级	
大数据下的英文学术论文语言研究	张育新、刘礼、廖军、王淑萍、王荣华、张财志、石殊	201902147026	省部级	
多元协同育人创新模式与实践	郭钢、张财志、潘勇军、陈才烈、陈宏英、舒丹	203245	市级	
课程相关教改论文				
名称	署名作者	期刊名称	出版时间	
《关于本科生创新培养模式的思考》	张育新、葛广谞、李凯霖	西部素质教育	2020年2月	
《工科学术英语教学的探讨》	张财志、张育新、刘礼、陈家伟、马黎俊	教育现代化	2020年7月	
《"本""研"协同培养新模式研究》	张育新、王易、董帆、李梅	高等建筑教育	2020年7月	
《材料化学论文写作与思政结合的育人导向探索》	张育新、林殿松、李梅	大学化学	2021年6月	
《学术素养课程改革路径探索》	张育新、谢奕萱、张霄菁、孙涛	高等建筑教育	2022年4月	

4.团队教学创新支撑教学成果

获重庆市教学成果奖一等奖1项,重庆市研究生教育学会特等奖1项,重庆大学学教学成果奖一等奖1项、二奖1项。(图6)

图 6 课程支撑获批教学成果奖

四、课程反思与未来规划

本课程教学有效实现了线上线下、横向跨越多学科的科教融合、纵向立足本科教育扩展到研究生教育的课程体系建设与推广，为新工科背景下的本科人才培养提供基础支持，具有很高的推广应用价值。未来拟从以下3个方面完善。

第一，课程建设计划：继续加大资源更新，引入一流专家素材；加大双语课程开发，面向国际平台；提供中国金课、发出中国声音、贡献中国智慧。

第二，课程持续更新：有序消除线上课程部分制作瑕疵，逐步更新全部课件及视频；继续推广在线教学资源，促进课程资源共建共享，组建学术素养知识线上线下教学与教学研究共同体。

第三，共享教学服务：课程配套课件PPT分享并服务我国航天、海军等战略一线科技工作者需求，深入开展定向学术服务，增强民族科技自信心，提升国际学术话语权。

"逻辑学"混合式课程教学示范案例[①]

郭美云　李章吕　熊作军　蒋军利

西南大学

一、案例介绍

"逻辑学"是一门集"价值塑造、知识传授、能力培养"于一体的工具性、人文性与基础性课程。课程秉承"以立德树人为根本、以学生培养为中心、以价值塑造为核心"的教学理念，以"理解逻辑理论，激发学习兴趣；掌握逻辑方法，助推创新能力；提升逻辑素养，涵养理性精神"为教学目标。

课程团队以"逻辑学"国家级教学团队(2010年)为平台，在国家级精品课程"逻辑学"(2005年)与国家精品资源共享课程"逻辑学"(2013年)基础上，以作为首席专家单位编写的马工程重点教材《逻辑学》为教学内容，建成西南大学在线课程"逻辑学"(2020年)，探索出了"全时双域四三三"混合式教学法，有效解决了传统逻辑教学所面临的主要问题，形成的课程案例具有可复制性和可推广性。

二、案例详述

(一)课程团队建设与能力提升

团队依托重庆市人文社科领域的第一个博士点——逻辑学博士点(2003年)和重庆市人文社科重点研究基地——西南大学逻辑与智能研究中心(2006年)为平台，历史积淀深厚。现有团队成员6人，其中何向东教授(国家级教学名师，2008年)负责指导教学创新

[①] 本案例为重庆市高等教育教学改革研究一般项目"新时代哲学新文科建设路径与模式研究"(项目编号：223075)阶段性成果。

与课堂设计、托马斯教授（国家级项目讲座教授，2018年）负责指导教学资源建设的国际化。课程在国家级精品课程"逻辑学"（2005年）与国家精品资源共享课程"逻辑学"（2013年）基础上，以作为首席专家单位编写的马工程重点教材《逻辑学》为教学内容，开展团队授课与线上资源共建（已于2020年建成西南大学在线课程"逻辑学"），定期进行教学观摩与研讨（期首规划、期中调整、期末反思），积极参与教学比赛与教学质量提升计划，获得院级教学比赛一等奖（2017年、2018年、2020年），以及校级教学比赛二等奖（2018年）、优秀奖（2020年）和一等奖（2022年）等，并获评西南大学课程思政建设项目（2020年）等。何向东教授与郭美云教授作为马工程重点教材《逻辑学》的编写专家，多次在全国逻辑学任课教师示范培训班做培训（2017年、2018年）。团队获得西南大学第四届教育教学成果奖一等奖（2021年）与重庆市教学成果奖二等奖（2022年）；"逻辑学"课程于2022年被认定为重庆市高校一流本科课程。（图1）

图1 重庆市一流本科课程证书

（二）课程资源建设及应用

课程将现代逻辑中的两大演算系统作为主体教学内容，包含绪论、传统词项逻辑、命题逻辑、命题逻辑的自然演绎系统、谓词逻辑与谓词逻辑的自然演绎系统等六部分。

在教材建设方面，团队成员出版了《逻辑学教程》《逻辑学导论》《逻辑学原理与实务》等系列教材，特别是作为首席专家单位主编的马工程重点教材《逻辑学》已出版第2版，发行近40万册，在全国数百所高校中推广使用。"以教材建设为突破口的'逻辑学'课程建设与实践"获得2021年重庆市教学成果奖二等奖。

在资源建设方面，以2013年建成的国家精品资源共享课程"逻辑学"为基础（学习记录6万余次），在超星平台上建有"逻辑学"课程资源（授课视频90个，总时长超1360分钟，非视频学习资料43个），校内学习访问量累计超133万次。本课程的线上资源也被其他相关混合课程广泛应用与参考，如"逻辑学导论"（西南大学国际云课程，50万余次访问学习记录）、"现代逻辑与批判性思维"（重庆大学研究生人文素质选修课程，25万余次访问记录）。中国逻辑学会原会长邹崇理教授充分肯定课程建设成果，并推荐本课程参评2021年国家级一流本科课程。

(三)线上线下混合式教学设计创新

课程在40多年实践的基础上,紧跟时代潮流,充分发挥互联网时代下各种现代教育技术的作用,逐步探索出"全时双域四三三"线上线下混合式教学法,创新线上线下混合式教学思路,解决传统教学所面临的教学难题。

"全时"是指突破传统单一的线下课堂学习,借助共享视频与在线教学平台,使学生可利用课堂外的碎片化时间随时进行学习。"双域"是指打破传统教室物理意义上的局限,利用在线平台安排虚拟空间教室进行个性化培养。"四三三"即教学思想"三理念三目标三结合"、教学资源"三立足三建设三融合"、组织实施"三转变三导向三互动"、教学评价"三注重三互评三教化"。(图2)

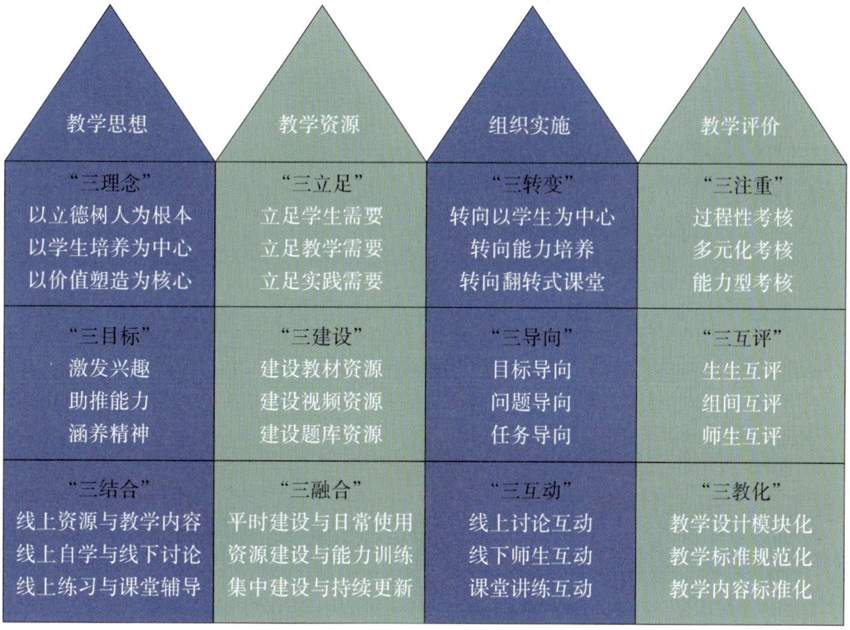

教学思想	教学资源	组织实施	教学评价
"三理念" 以立德树人为根本 以学生培养为中心 以价值塑造为核心	"三立足" 立足学生需要 立足教学需要 立足实践需要	"三转变" 转向以学生为中心 转向能力培养 转向翻转式课堂	"三注重" 过程性考核 多元化考核 能力型考核
"三目标" 激发兴趣 助推能力 涵养精神	"三建设" 建设教材资源 建设视频资源 建设题库资源	"三导向" 目标导向 问题导向 任务导向	"三互评" 生生互评 组间互评 师生互评
"三结合" 线上资源与教学内容 线上自学与线下讨论 线上练习与课堂辅导	"三融合" 平时建设与日常使用 资源建设与能力训练 集中建设与持续更新	"三互动" 线上讨论互动 线下师生互动 课堂讲练互动	"三教化" 教学设计模块化 教学标准规范化 教学内容标准化

图2 "全时双域四三三"线上线下混合式教学法

(四)课程教学内容及组织实施

课程教学内容及组织实施以"三转变三导向三互动"为代表。"三转变"即教学组织由教师为中心向学生为中心转变,由知识传授为中心向能力培养为中心转变,由传统课堂向翻转式课堂转变。"三导向",指教学实施过程中以目标为导向,即紧紧围绕激发学习兴趣、助推创新能力、涵养理性精神这三大教学目标;以问题为导向,课前布置讨论题,课中围绕学生线上学习存在的问题设计课堂教学内容,课后布置思考题;以任务为导向,即课前在爱课程和超星两个线上学习平台上完成点播教学视频、浏览网络课件和完成测试题等预习任务,课中就重难点在学习通上互动学习,课后在线完成提交和批改作业等学习任务。"三互动",即开展互动式教学,将线上讨论互动、线下师生互动、课堂讲练互动贯穿整个线上线下混合式教学过程。

(五)成绩评定考核等方面的亮点及特色

课程考核方式以态度、过程、成效作为考核标准。注重多元化、过程性和能力型考核,包括平时考核和期末考核,期末考核注重挑战度,采用闭卷考试。

总成绩=平时成绩(40%)+期末成绩(60%)。

平时成绩(100%)=课堂表现(50%)+平时作业(45%)+课堂考勤(5%)。

课堂表现根据学生线上学习后在课堂上的测试和课堂汇报等综合课堂表现、发言与提问情况,来评价学生线上主动学习情况;平时作业根据学生提交次数及完成质量考核学生的理解情况。

三、案例成效

课程坚持"以学生为中心",突出"两性一度"和"课程思政",充分利用现代网络和多媒体技术,通过翻转式、案例式和讨论式等方式,有效解决了传统"逻辑学"课程教学所面临的主要问题,实现了课程教学与学生发展相辅相成的目标。

(一)特色与创新点

1. 课程思政与逻辑教学有机统一

在教学实践中,不仅注重传统逻辑和现代逻辑的知识传授,更注重逻辑思维和理性精神的培养,将"课程思政"有机融入课程教学中,让学生自觉运用逻辑知识来分析和理解党和国家的方针政策,探索逻辑学服务于中国特色社会主义理论体系的有效路径。

2. 教材内容与时代前沿紧密结合

团队成员何向东教授主编的马工程重点教材《逻辑学》,充分体现了"逻辑学"课程教学内容的前沿性与时代性要求,反映了"逻辑学"学科的核心理论和成果,体现了逻辑学与语言学、人工智能、认知科学等的交叉融合,服务于新文科建设。

3. 教学团队与教学模式特色鲜明

团队充分利用现代教育技术平台,开展"线上线下"混合式教学,强化过程考核,优化评估体系,营造出"学生友好型"学习环境,实现了以学生发展为中心、以学习任务为驱动的教学理念,教学评价从结果型评价成功转向过程型评价。

(二)解决的重难点问题

1.如何将"课程思政"贯穿教学全过程的问题

将本课程特有的"思政元素"如严谨思维、规范论证、论辩反思等逻辑思维方式贯穿于整个课堂教学的全过程,培养学生的自主创新能力与实事求是的内在品格。

2.如何在教学理念中体现"以学生为中心"的问题

打破传统的大纲式授课方式,以问题为导向,以学生为中心,激发每个学生的自主学习与创新能力。

3.如何实现线上学习和线下学习融合的问题

发挥线上学习的优势,对传统授课模式进行改造,延伸了学习时空,提高了学习热情,从而提升了线下学习效果。

(三)取得的主要成效和成果

本课程坚持将"人才培养质量与效果"作为检验课程教学质量的根本标准,在历届学生评价中,均被评为优秀。主要成果如下:

2005年,本课程教改成果《素质教育视域下逻辑教学改革的理论与实践》获重庆市优秀教学成果奖一等奖。

2017年,本课程教改成果《大学逻辑学系列教材建设成果总结》获西南大学第三届教育教学成果奖二等奖。

2020年,本课程被美国雪城大学(Syracuse University)"海外学习中心"(OLC)精选为其本科生的通识课程。

2020年,本课程获"西南大学课程思政建设项目"立项建设。

2021年,本课程教改成果《国家级精品课程〈逻辑学〉建设的理论与实践》获西南大学第四届教学成果奖一等奖。

2022年,本课程教改成果《以教材建设为突破口的〈逻辑学〉课程建设与实践》获"重庆市优秀教学成果奖二等奖"。

2022年,本课程被认定为重庆市高校一流本科课程。

基于"两性一度"与课程思政的"动物生理学"一流课程建设[①]

张姣姣　王鲜忠

西南大学

一、案例介绍

"动物生理学"是连接生物学基础与兽医临床的桥梁,也是动物医学与动物科学类专业的重要基础课程。西南大学"动物生理学"2020年入选国家级一流课程、2021年入选重庆市课程思政示范课程。课程团队遵循"两性一度"的一流课程建设标准,根据课程属性和授课对象,以培养学生"三农情怀、尊重生命、甘于奉献、追求真理"为课程思政的主线,提出了"12336"的教学理念;打破了传统的课程体系,将多课程知识进行有机融合,重新构建了三大模块知识体系;采用了线上线下混合式教学模式,利用启发式、案例式等多种教学方法相互融合补充,并把思政元素作为素质的一部分,将其与知识传授和能力培养相结合,实现了课程育人的目标;通过提高过程性评价所占比例和多元化评价体系,保证了课程的持续改进。

二、案例详述

(一)构建"12336"教学理念,全面提升课程团队教学能力

以落实"立德树人"为根本任务,以实现"为党育人、为国育才"为使命,在教学实践中,以"激发学生学习兴趣、提高学生学习效果、增强学生综合竞争力"为中心,打造"有温度、

[①] 本案例为西南大学教育教学改革研究重点项目"基于'One Health'理念《动物生理学》国家一流课程建设与实践"(项目编号:2022JY020)、重庆市高等教育教学改革研究一般项目"动物医学课程思政团队构建与实践"(项目编号:213058)成果。

有深度、有高度"的课堂,培养学生"会质疑、会思考、会学习、会创新、会合作、会担责"的综合能力,构建了"12336"的教学理念。

按照"优化结构、以老带新、提高能力"的思路,以教学质量提升为原则,以教学科研协调发展为支撑,组建跨课程团队。课程团队实施了助教和青年教师导师制,为每一位新进教师配备了一位教学科研指导教师。为了提高青年教师的教学水平,团队成员从教学大纲的拟定、教学方案的设计与撰写、课件的制作、上课的技巧、课程思政的经验等方面拟订了详细的计划,并全程参与青年教师的试讲,使青年教师在较快的时间内迅速成长。为了提高团队成员的教学研究能力,课程团队多次召开研讨会,并积极参加校内外教学研讨会和培训会,不断提升教学研究能力。

(二)打破传统课程体系,全面提高课程资源建设质量

课程团队针对学生知识碎片化严重的问题,打破以章节顺序进行教学的传统模式,把动物机体的整个生理过程系统解析,将解剖学、组胚学和生物化学等多课程知识有机融合,构建了三大模块知识体系:以肌肉收缩为核心,形成"物质跨膜转运—生物电—神经传递-肌肉收缩"模块;以物质代谢为核心,形成"消化吸收—血液循环—呼吸—能量代谢—泌尿"模块;以生殖为核心,形成"生殖—泌乳"模块,将神经调节与内分泌调节融入三大模块中。(图1)在知识内容的基础上,以培养学生"三农情怀、尊重生命、甘于奉献、追求真理"为课程思政的主线,再结合动物医学与动物科学类专业的培养目标以及我国社会主义建设的伟大成就和社会热点问题,挖掘和提炼思政元素,将其融入课程教学的各个环节。

利用超星和学堂在线平台,建立课程资源库。目前,本课程在超星和学堂在线平台建有学习指南、学情分析(问卷调查)、电子资料库(电子教材、课件PPT)、视频库(82个)、图库(141张)、习题库(包括课前测试、随堂测试、课后作业,合计8039题)、临床案例库(36个)、拓展阅读材料库(230篇)、课程思政素材库(54篇)、课程思政案例库(13个案例,每个案例均包括案例说明、案例学习材料、学习效果调查)、主题讨论库(47个)等,这些资源每年均进行更新和修正。本课程从2019年至2022年,在线平台西南大学校内累计选课人数超1200人,累计页面浏览量超380万次,累计互动次数超1.8万。

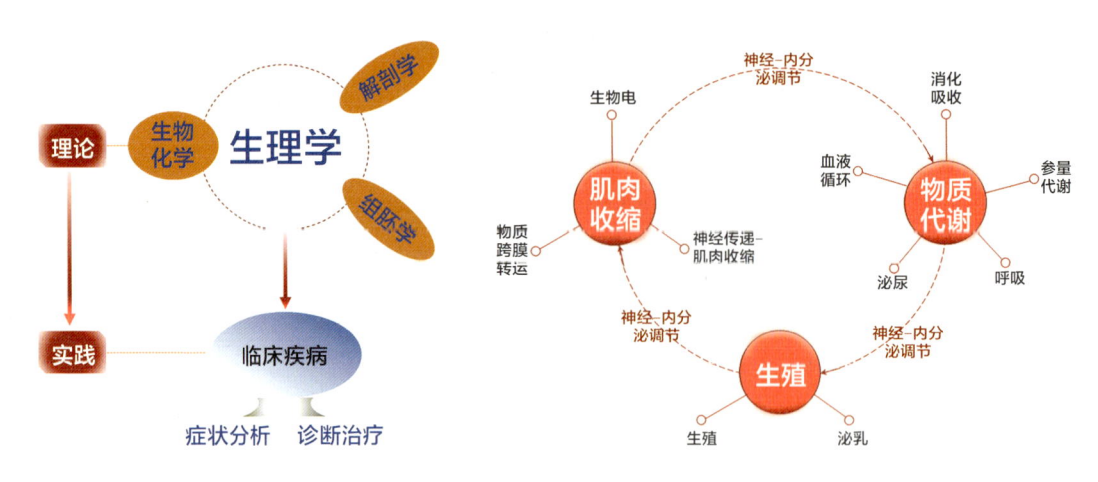

图1 多课程知识有机融合,构建三大模块知识体系

(三)融合多种教学方式,促进学生知识能力素质全面发展

本课程采用线上与线下相结合、课前课中与课后相结合、案例分析与小组讨论等多种方法相结合、知识学习与技能素质培养相结合的"四结合"教学模式,实现了课程育人的目标。课前通过在线平台推送问卷调查、学习指南和学习任务,了解学生的背景知识,让学生明确学习目标和自主完成课前任务;根据学生自主学习情况和课前测试情况,提炼章节的重点和难点。课堂上精讲解惑,通过临床案例引导学生思考、分析和解决实际问题,激发学习兴趣;利用在线随堂测试和课堂互动,加强学习效果检测,并对疑点进行解析;结合社会热点和研究新进展,以问题为驱动开展小组讨论,学生回答、教师点评和学生存疑点再强化,实现师生互动和生生互动;此外,以知识为载体开展课程思政,将思政元素隐含于案例、讲授、提问和对学生回答的点评中,在润物无声中实现立德树人的价值观引导。课后通过在线平台推送相关文献资料,拓展学生的学习空间;开展线上主题讨论,激发学生深入思考;发布课后习题和课程思政案例,强化学生对所学知识的理解和应用。

以红细胞的生成为例,我们在教学实践中通过临床案例——仔猪缺铁性贫血来剖析红细胞生成所需的原料,引导学生进行深入思考和学会综合应用所学知识。仔猪缺铁性贫血是生产实践中常见的一种疾病,对养猪业影响很大。在该临床案例中,我们首先让学生思考贫血对仔猪会有什么影响,接着让学生思考:引起这一疾病的原因是什么?如何进行防治?能否通过在饲料中直接添加铁元素来解决这一问题?通过一系列的启发式提问和讨论,学生对仔猪缺铁性贫血在我国农村散养户与大型养殖场中发病原因的区别、不同微量元素之间的相互拮抗作用、精准补铁等内容有了更深入的了解,不仅提高了学生综合分析问题和解决问题的能力,而且将"三农"情怀融入其中,实现了知识能力素质的有机整合。(图2)

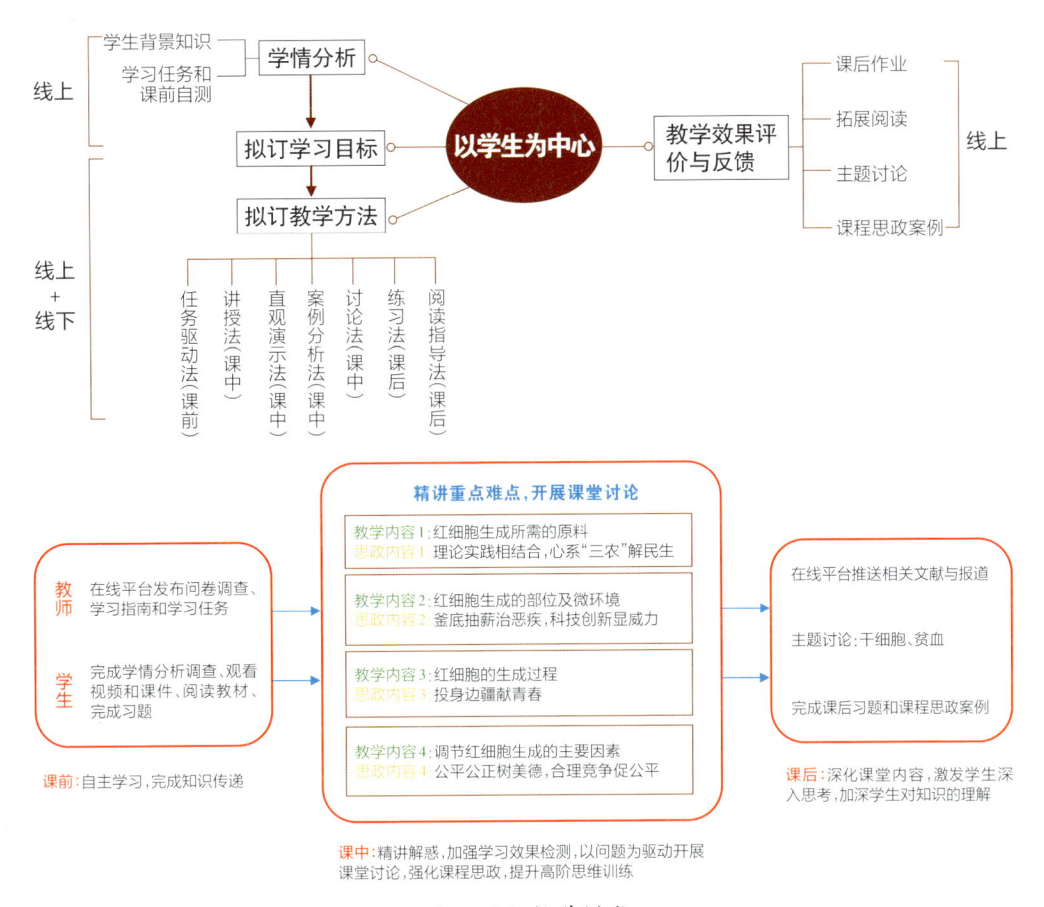

图 2　课程教学模式

（四）利用多元化评价体系，促进教学质量持续改进

本课程的成绩评定由平时成绩和考试成绩组成。根据学习访问量、课前自测、课堂测试、课堂互动、讨论参与度、主题讨论情况、任务性学习完成情况、课后作业等线上和线下活动确定平时成绩，课程思政素材与案例的线上学习及完成情况也纳入平时成绩中，并且提高过程性评价所占比例。阶段性考试包括线上期中考试和线下期末考试。对学生进行线上和线下考核，不仅能考查学生的学习效果，而且能很好地反映学生的学习状况和阅读文献的能力，教师也能及时了解学生的学习动态；通过以教学方法合理性、教学内容"两性一度"、课程思政效果评价等为内容的问卷调查反馈情况，教师能及时调整教学内容和教学方式，提升课程质量。通过教学团队成员听课、教学观摩、教育研究、学情调查形成内部评价体系；通过校院两级督导评价、同行评价、学生评价、在线平台评价形成外部评价体系；通过建立"听课、评课、改课"反馈提升机制，保证教学质量的持续改进。

三、案例成效

(一)课程建设质量方面

2020年,"动物生理学"获评国家级一流本科课程。2021年,"动物生理学"教学团队获评重庆市高校课程思政教学名师和团队。(图3)

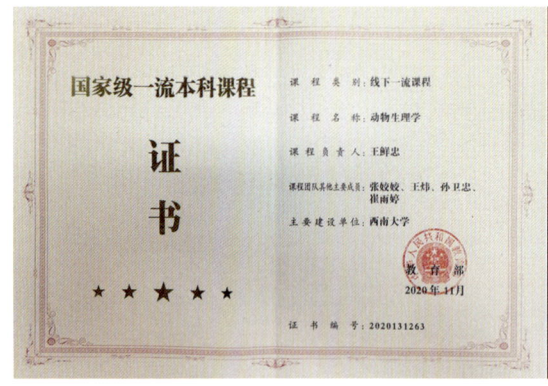

图3 证书

(二)课程团队教学能力方面

2021年,张姣姣获西南大学第十六届教师课堂教学比赛一等奖。2021年,王鲜忠获评第三届唐立新教学名师。2021年,张姣姣获评宾夕法尼亚大学高校教师在线研究与学术沟通技能提升项目优秀学员,并入选西南大学创新创业导师。2022年,张姣姣获第六届重庆市高校青年教师教学劳动和技能竞赛工科组优秀选手。2021年,课程团队荣获西南大学第四届教育教学成果奖三等奖,近3年发表教改论文10余篇。(图4)

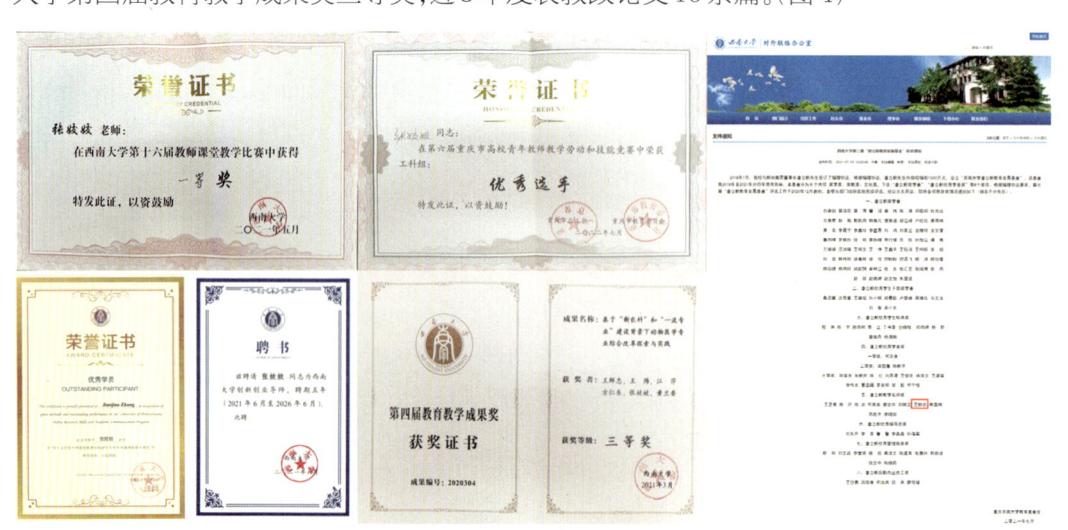

图4 教学团队所获教学奖励与荣誉称号

(三)学生综合素质培养方面

学生的学习兴趣和积极性明显增强,学习成绩普遍提高,团队协作、思维能力和临床应用能力进一步加强。2019—2022年,本专业学生连续四届获"雄鹰杯"小动物医师技能大赛团体特等奖,全国"生泰尔杯"大学生动物医学专业技能大赛特等奖和一等奖各1项。(图5)

学生的创新创业能力大幅度提升。2019—2022年,本专业学生获国家级和重庆市级大学生创新创业训练计划项目30余项,发表论文20余篇,获"创青春"中国青年创新创业大赛全国铜奖1项、中国国际"互联网+"大学生创新创业大赛重庆市金奖1项和银奖2项、"挑战杯"中国大学生创业计划竞赛重庆市银奖1项、"创青春·邮储杯"川渝青年创新创业大赛决赛三等奖1项。(图6)

学生的国际化视野明显加强。仅2019年本专业学生有11人获国家留学基金管理委员会的优秀本科生国际交流项目,其中7人获国外高校全额奖学金并继续攻读硕士和博士学位,2015级唐行仪同学获国家留学基金管理委员会资助到美国攻读DVM,实现了西南大学DVM项目零的突破,得到了社会的广泛关注。

图5 学生所获专业技能大赛奖励

图6 学生所获创新创业奖励

基于建构主义教学观,打造"一心一面两融合"实验课程
——"理化测试ⅡA"课程案例

隆异娟　龚成斌　石燕　彭敬东　钟霞

西南大学

一、案例介绍

"理化测试ⅡA"是化学化工学院开设的仪器分析实验课程。针对学情和教学痛点问题,我们基于建构主义教学观,打造了"一心一面两融合"特色鲜明的实验课程。以学生为中心,突出"两性一度"(高阶性、创新性、挑战度)实验项目建设;在教学资源开发、课堂教学组织和实施以及课程思政建设方面提出了创新思路和举措;打造了内容新颖、资源丰富、理念先进、模式高效的德育智育并举实验课程,较为全面地解决了课程中存在的问题并取得了较好的实践效果。

二、案例详述

(一)课程定位与课程目标

化学学科的显著特点是以实验为基础。实验课程教学是连接理论教学和应用实践的必要环节。以分析测试仪器的原理与应用为主要内容的"理化测试ⅡA"课程是化学实验课程中特色鲜明、知识技能综合度高、拓展性强的一门实践课程。我们在课程的知识目标、能力目标、价值目标下分别设置了"理论知识、分析方法、学科前沿""实验技能、思维策略、创新能力"以及"行业担当、科学精神、爱国情怀"子目标,通过课程教学全面支持化学各专业人才培养。

（二）课程痛点及学情分析

课程痛点及学期分析如表1所示。

表1　课程痛点及学情分析

课程痛点	学情分析	编号
仪器理论知识抽象，实验课程需要有效增益学生的理解	仪器相关的知识对学生而言非常抽象，缺乏的可以参考和对应，如果只能维持在机械记忆的阶段则很容易学完就忘。本课程能有效增益学生对仪器原理、结构和应用等相关理论知识的理解和掌握	2-1
课程实验项目的培养效力降低，学生学习兴趣和动力不足	实验教学内容长期相对固定，日渐显现出简单、陈旧的缺点。学生通过实验课程获得的技能和信息不能很好地支持其研究生阶段的学习或从事专业技术工作，学生学习的兴趣和动力不足。扁平化的实验项目设置对具有不同学习动力和需求的学生达不到"因材施教"的目的，不能差异化、导向化地支持学生的成长(2-2)。符合"两性一度"要求的实验项目建设(2-3)成为亟须解决的问题	2-2 2-3
实验课堂"教"与"学"模式简单，效果较差	教师在教学中往往采用简单直入的方式完成内容的讲解，然后学生"照方抓药"地完成实验。学生的思辨、创新能力(2-4)和专业素养(2-5)的培养十分缺失	2-4 2-5
实验教学环节存在缺失，未形成合力	课前、课中和课后的"教""学"环节的组织不完整，合力效果不佳。其中，突出的问题是学生在课程学习结束后接触和使用大型分析仪器的机会并不多，"学过即忘"的现象非常普遍。如何对"教""学"环节提质增效(2-6)，是一个需要解决的问题	2-6
课程思政建设	"理化测试ⅡA"属于理科课程，需要思考如何挖掘出其中的特色思政元素，建立其课程思政体系	2-7

（三）课程改革举措及成效

基于建构主义教学观，我们对标表1所列举的课程教学痛点及学情分析对课程教学进行了改革。

1.开发线上线下教学资源，提升学生学习效果

通过该举措，解决教学痛点2-1。本课程涉及的仪器复杂，学生平时接触少，给学生的学习带来了困难。据此，我们开发了线上教学资源。线上资源通过直观的展示和引导帮助学生对实验原理、仪器操作、实验难点等形成深入的理解和图像化记忆，主要包括虚拟仿真实验系统、实验的配套微课及"化院一点通"微信小程序（图1）。

我院在2016年获批化学化工国家级虚拟仿真实验中心，目前共有仪器分析虚拟仿真实验项目26项。仪器分析虚拟仿真实验项目包括基础仪器分析实验项目（与理论教学对应）、仪器综合运用专题项目（如纳米材料的表征）和虚拟仿真实验一流课程项目。虚拟仿

真实验一流课程项目包括国家级虚拟仿真实验一流课程1项、重庆市虚拟仿真实验一流课程2项。

同时,在实践过程中,为了增益虚拟仿真实验的学习效果,我们制作了基础仪器分析实验项目的配套微课(理论讲解及操作视频)。

此外,我们自主开发微信小程序"化院一点通",兼具数字比色分析、教学过程管理和视频资源发布的功能。

在综合使用这三种方式的基础上,我们围绕教学实验项目建立了丰富的线上学习资源,为学生提供了便捷的即时学习途径,有效地支持了学生的自主学习和对课程知识的掌握。

在上述措施以外,我们积极邀请仪器厂商来学院进行新仪器的推介和交流,让学生了解仪器技术的前沿发展和成果(图2)。

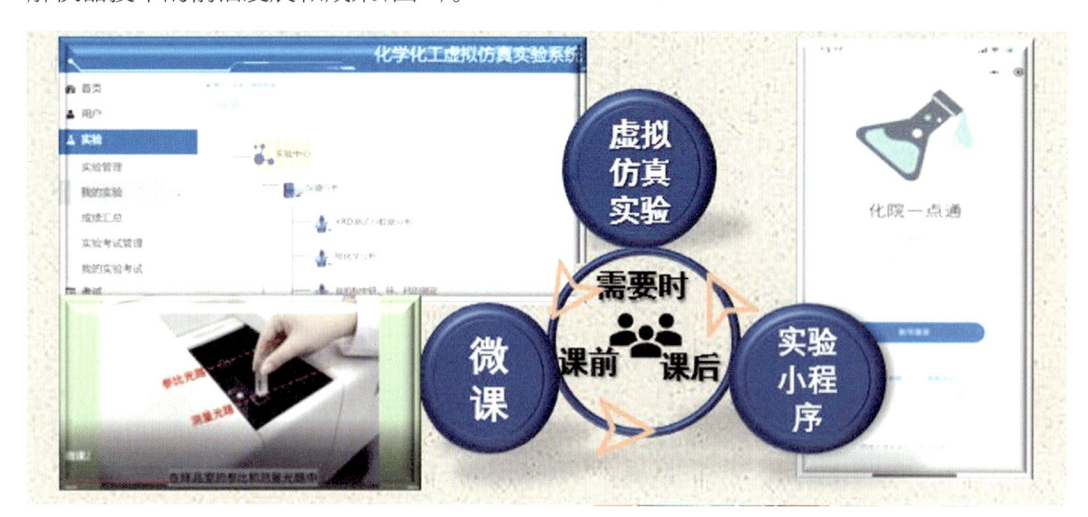

图1 课程线上资源示意图

图2 课程线下资源示意图

2.构建"两性一度"实验项目,实施差异化实验教学

通过该举措,解决教学痛点2-2、2-3。按照学生培养方向的不同,我们设置了差异化的实验教学内容。

首先,我们设置了层次化的实验教学项目作为差异化教学的基础。我们开设的实验教学项目分为基础项目、进阶项目和虚拟仿真实验一流课程三种层次。基础项目与理论教学相对应,着眼于对理论教学中涉及的仪器原理、构造、应用的验证性理解;进阶项目则来自教师开发的科研转化实验。通过控制实验项目的成本、时间、安全性等,我们将前沿科研成果开发成适合本科学生的实验项目,在教学实验项目中引入新方法、新应用、新技术,满足"两性一度"教学内容建设。目前我们已完成进阶科研转化实验项目16项。虚拟仿真实验一流课程主要为探究式、研究型综合实验,展示分析检测仪器在化学研究中的综合应用。

其次,我们面向不同类型的学生实施差异化教学。对于非创新班学生,开设的实验项目包括基础项目7项、进阶实验2项以及虚拟仿真实验一流课程项目3项。该教学注重夯实学生基础知识并进行一定延伸,进一步拓宽学生视野、激发学生学习兴趣。对于学习基础好、求知欲高、科研兴趣强的学生(我院兰华班),我们开设进阶实验项目9项以及虚拟仿真实验一流课程项目3项。这部分项目内容前沿、知识和技能综合度高、紧贴食品安全、疾病诊断、环境保护等国计民生相关行业的实际应用。教学中,我们更注重围绕技术、原理、材料和应用等引导学生完成新知识的拓展、新思路的搭建,支持学生深造、发展的需求以及其社会责任感、使命感的培养。

3.融合OBE理念,"小"课程培育科学"大"品质

通过该举措,解决教学痛点2-4、2-5、2-6。我们融合OBE理念,摒弃传统实验教学中"灌输式"教学和学生"照方抓药"式的实验过程,通过有机地结合问题导入、案例分析、互动研讨、思维导图等效果鲜明的教学方法,引导学生由易及难、由浅入深地发现、分析并解决问题,使学生的学习目的和效果从"记操作"跃升为"会方法",将单调枯燥的"教"的过程内化为充满生机的学生"思而所得"的过程。

我们以学生为中心,在课前、课中、课后环节注重对学生思维能力、实践能力、创新能力的培养和训练。(图3)

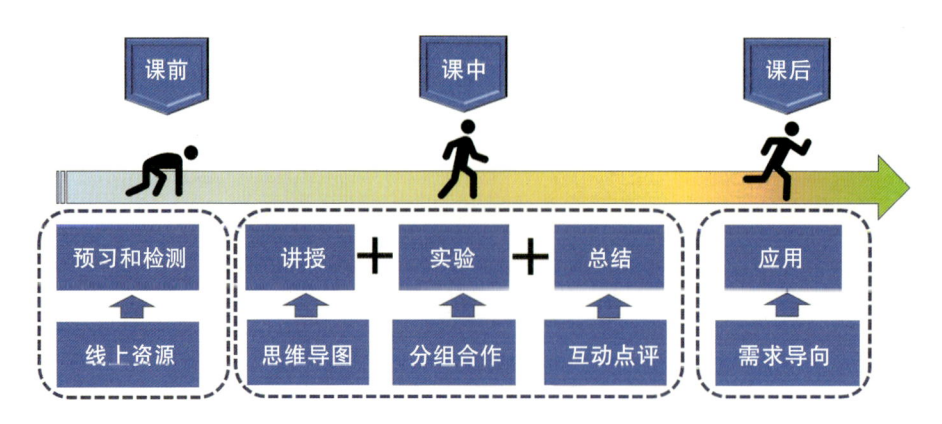

图3 课前、课中、课后教学模式及实施要点

课前,我们要求学生通过线上资源进行充分的预习并通过相应的测试,使"教"与"学"的目的更加明确和高效。

课中,我们结合思维导图等方式进行讲授(图4),启发和引导学生提问、分析,逐步打破其原有知识经验与抽象、专业的教学内容之间的壁垒并形成可继用的思维模式。

课中实验时,我们设置了实验条件优化环节。学生在实验操作时需先进行实验条件的探究,而后获得最终实验结果(图5)。这个过程能充分调动学生的专业素养及知识储备,锻炼其合作和责任精神。通过教师的指导和相互讨论(小班授课,每次6到8人,课堂讨论充分),学生对实验方法构建的理解更深,能掌握设计并完成实验的一般策略。实验结束后,我们对学生进行当堂抽检。每次抽取1至2名学生进行简单回顾交流、实验操作重难点演示,并由教师和同学进行点评。

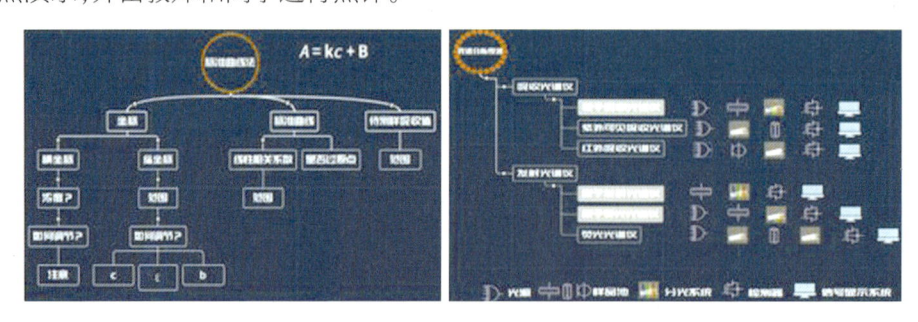

图4 实验示意图

图5 实验教学

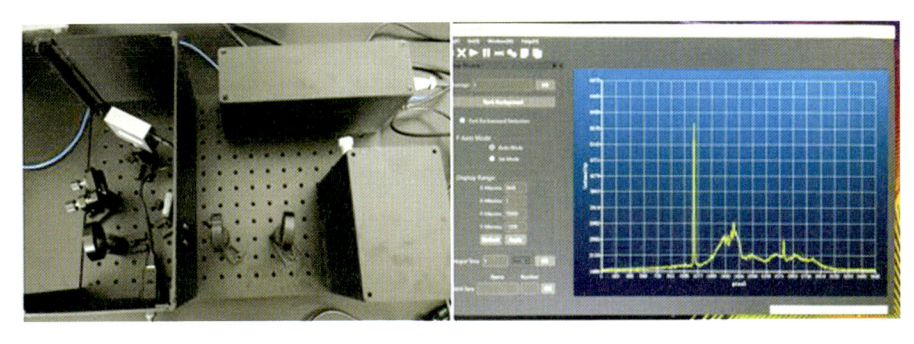

图6 组装式仪器图

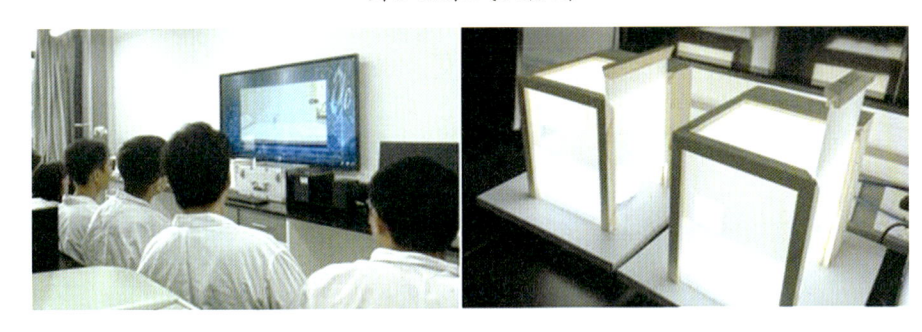

图7 数字比色分析研学

课后,学生提交实验报告,仪器实验室仍然对学生开放。学生可以通过开展课外科研、参加学科竞赛、完成毕业论文等方式继续使用仪器、推进自训实训。根据学生的发展去向,我们设计了组装式仪器和科研转化仪器两种分类深化培养方式。对于有升学需求的学生,我们鼓励他们研究组装式紫外—可见、拉曼光谱仪并投入应用(图6),大力培养他们的创新意识和科研能力;对于以后将到中学任教的学生,我们引导他们开发小型便捷的科研转化仪器并应用到中学化学教学实践中。数字比色分析仪就是学生在教师的带领下开发出来的(图7)。该仪器利用手机即可完成需要借助紫外—可见分光光度计完成的工作,可以在一般不具备该条件的中学化学教学中发挥作用,推动学生就业后教研活动的开展。

4.锚定课程的思政元素,落实特色实施途径

通过该举措,解决教学痛点2-7。我们从"仪器"和"学生"两个课程基本立足点出发梳理了本课程的思政元素,通过组织各教学环节中的相应教学内容建立特色化的课程思政实施途径,构建了德育智育并重的课程,实施知识探究、价值塑造、能力培养目标融合的课程思政。(图8)比如,通过引导学生对我国高端科学仪器发展历史的思考,让学生体会到我国科技进步的道路是一条筚路蓝缕、奋起直追的"光荣的荆棘路",激发青年学生的奋斗意识,强化"四个自信"。同时,我们通过实验室文化建设、实验室安全知识竞赛、微课等形

式营造实验规范和安全问题的警觉氛围,提升学生的专业素养,减少潜在的安全隐患。图9是我们关于实验室有机废水处理技术的科普微课。

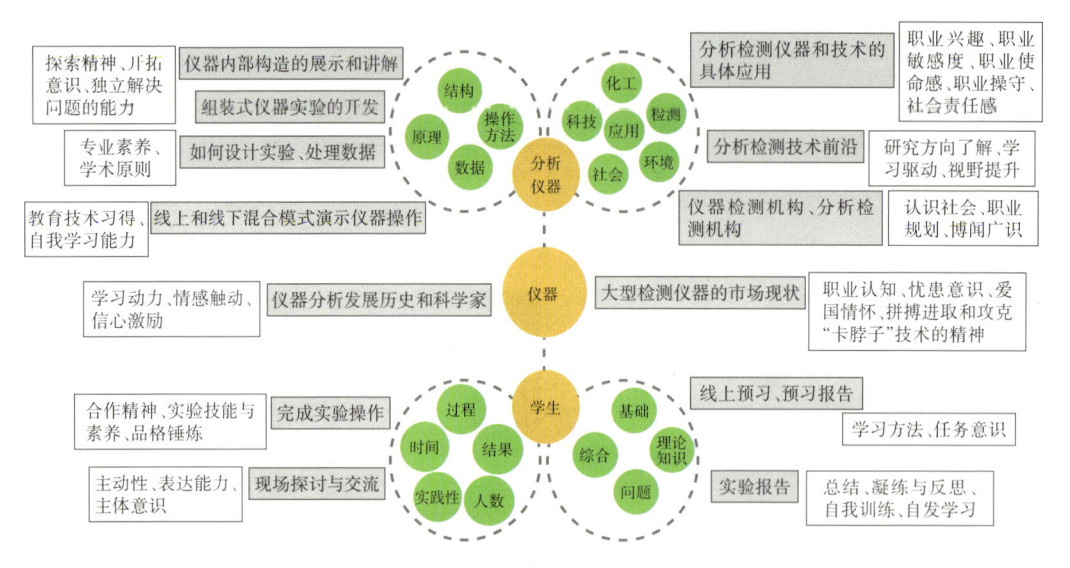

图8 课程思政元素及教学内容梳理

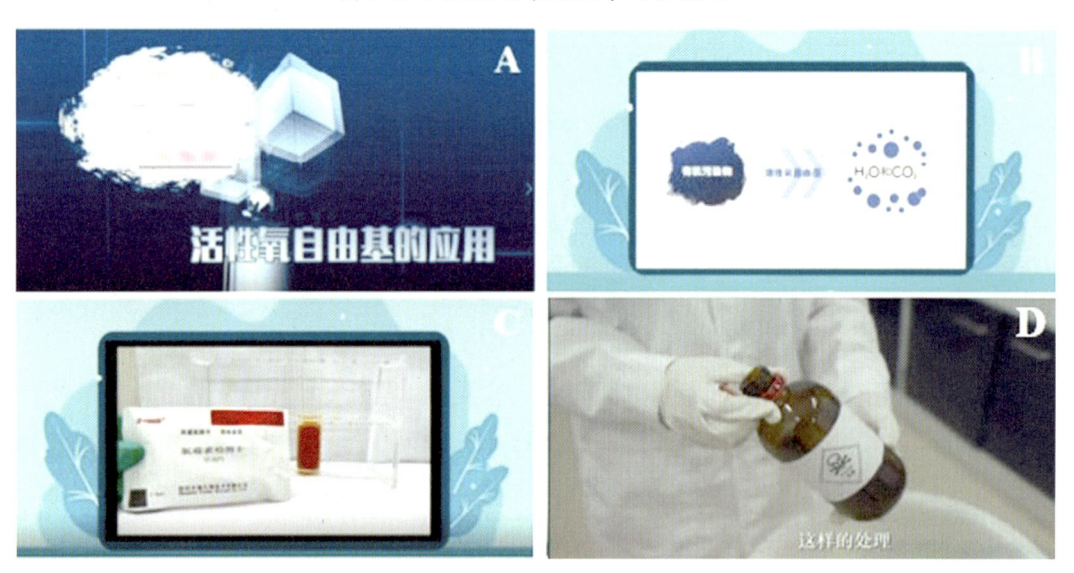

图9 实验室有机废水处理技术的科普微课

5.强调过程考查,建立合理的课程评价和考核体系

课程建立了师生互评的评价体系。每堂实验课后学生均需在《实验室运行记录表》中对行课情况进行评价,同时也包含网上评教。教师对学生的评价则强调过程性考查,将学生的学习活动环节以适当的权重纳入考核体系。(表2)

表2 课程评价构成及比例

总评成绩构成及比例	平时成绩（60%）					期末成绩（40%）	
二级指标及比例	预习报告（20%）	虚拟仿真预习（20%）	课堂讨论（10%）	实验过程（30%）	实验报告（20%）	虚拟仿真实验考试（50%）	期末试卷（50%）
类型	诊断性评价	形成性评价				终结性评价	

（四）课程改革成果及推广

课程于2020年获评重庆市线上线下混合式一流课程，并获批国家级虚拟仿真实验一流课程1项、重庆市虚拟仿真实验一流课程2项。课程团队成员获校级教学成果奖一等奖2项，获西南大学首届教师教学创新大赛正高组一等奖1项，重庆市思政课程与课程思政优秀案例及论文二等奖1项；此外，课程团队成员获批重庆市高等教育教学改革研究重点项目及其他市、校教改项目十几项；在 Journal of Chemical Education、《化学教育》《大学化学》等杂志发表教改论文十几篇。

通过课程的学习，"双育"建设成效显现。学生将课程知识应用于环保、仪器改进等领域并获得了不错的成绩。学生获得第七届中国国际"互联网+"大学生创新创业大赛银奖1项，全国大学生化学实验创新设计大赛西南赛区一等奖6项。

课程团队所在实验中心教研室获得重庆市优秀教研室称号，团队成员应邀在不同会议介绍课程经验20余次。

三、反思及启示

本课程以学生为中心（一心），以内容创新为基本面（一面），融合OBE理念和课程思政（两融合），通过教学内容、教学模式等的创新，实现了从灌输课堂向启发课堂、从扁平课堂向线上线下立体课堂、从传统课堂向"双育"课堂的转变，并取得了较好的成果。毋庸置疑的是，只有继续保持创新的动力和活力，才能获得长足的发展。加强课程设计，加快数字化学习资源的建设，提升课程实验的"两性一度"，不断激发学生的学习兴趣，需要我们在今后的工作中进一步思考和落实。

基于"四性融通"的"世界近代史"课程教学示范案例

李晶　王伟宏　高科　黄贤全　冀开运

西南大学

一、案例介绍

本案例秉持"新文科"价值理念,聚焦立德树人根本任务,将课程思政与"两性一度"有机结合,在内容上实现本土性与世界性融通,在范式上实现传统性与现代性融合,打造以学生为中心、具有推广价值的课程示范案例。本课程利用SPOC平台,通过线上线下混合式教学模式,实现翻转课堂、目标教学、探究式教学,兼具线下与线上教学优势,激发了学生自主学习意识,培养了学生自主学习能力,深入地推进全要素课堂革命,实现了综合育人。

二、案例详述

(一)课程团队建设与能力提升

本团队由5位教师构成,并聘请潘淘教授、徐松岩教授担任教学指导专家。任课教师中,教授2人,副教授3人;专业覆盖世界近代史、区域和国别研究等领域,教师专业功底深厚,科研能力突出。本团队紧跟时代潮流,扎实推进教学创新,定期开展集体教研活动、聘请教学名师指导、依托各类教学改革项目开展系统的混合式教学改革。团队教师三大能力获得提升:①重构混合式课堂教学内容的能力;②高效组织线下讨论的课堂组织能力;③利用SPOC教学平台开展教学质量分析与持续改进的能力。(图1)

图1　团队能力提升内容

（二）课程内容与资源建设及应用

1. 课程内容

（1）知识模块。本课程以世界现代化为主线，将课程内容整合为适合线上线下混合式教学的七大知识模块：现代化运动的兴起、现代化在19世纪上半叶欧美的扩展、19世纪下半叶欧洲现代化的进一步扩展、19世纪中后期美洲的现代化、现代化进程中亚洲的危机与变革、帝国主义与殖民扩张、现代化与社会生活的变迁。

（2）课堂模块。课堂教学活动分为三大模块：①自主探究。学生通过SPOC课程平台的视频、课件、思考题和参考资料自主学习各模块知识要点。②问题研讨。学生通过自主探究形成讨论主题，并进行分享。教师点评、学生互评和学生教学反思。③知识精讲。精讲主干知识与重点问题。

2. 资源建设及应用

（1）世界近代史SPOC平台建设。2012至2018年，通过百度网盘、超星名师讲坛、QQ群分享教学视频，开展探究式教学；2018至2019年，录制教学视频50个，总时长535分钟。在超星慕课平台建成包含视频、PPT、学生讨论区、师生互动区、课程考核区的SPOC平台课。

（2）整合多种教学资源。整合本校教育部区域国别研究中心等科研平台最新成果，将中国社会科学院世界历史所等学术网站以及中国大学MOOC、超星名师讲坛纳入课程教学资源体系，引导学生利用多种数据库资源进行学术研究。

（3）充分发挥学生主体地位。从2020年起，本课程利用SPOC课程平台，开展混合式教学，累计选课人数263人，页面浏览学习累计2204712次，线上师生互动748次。学生通过手机APP在平台上提交章节测试，进行学习反思和总结。线下课堂作为线上教学的延伸，保留传统教师主讲的同时，加入问题探讨式、成果分享式的翻转课堂形式。（图2）

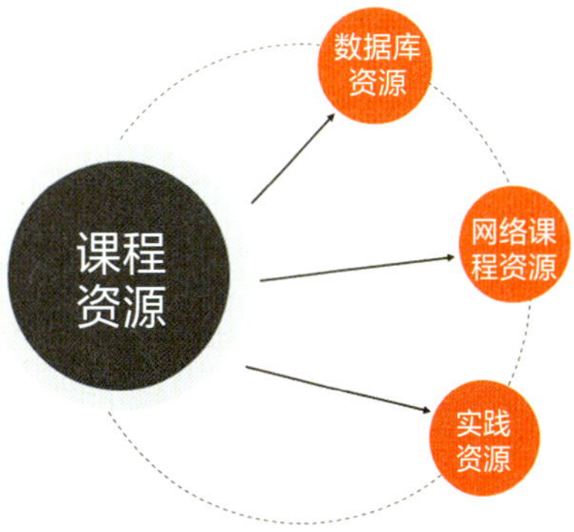

图2 课程资源

（三）教学设计创新

本课程从教学目标、课前准备、线上学习、课堂讨论、课堂回顾、课堂测试和课堂总结等环节，展开教学设计，充分做到知识、能力、价值观塑造的有机融合，实现立德树人根本任务，全过程育人。

(1)教学目标。本课程设置分阶和分类目标。低阶目标旨在让学生掌握基本的知识、理论、方法。高阶目标包括使用历史资料、应用研究方法、分析历史问题,获得历史认识等。分类目标,包括知识传授、能力培养和价值观塑造。

(2)课前准备。发展学生先前知识并激发学习动机,为视频学习做准备。主要环节包括设置课前思考问题、研究项目、观看视频、图片、网上博物馆展览和阅读文献等。

(3)线上学习。学生在SPOC平台观看教学视频,阅读相关文献资料,提前进入课程学习状态。

(4)课堂讨论。通过课堂教学展示、读书汇报、课堂辩论、历史剧排演、研究案例展示等实现高阶学习目标。

(5)课堂回顾。教师基于学生利用SPOC平台提前掌握的知识,通过口头传授、思维导图或其他形式帮助学生回顾本课学习内容,达到快速集中注意力的目的。

(6)课堂测试。按照分类教学的目标,针对不同个体或小组进行测试,同时采用教师评分和学生互评的方式进行评价,成绩作为过程性考核的依据之一。

(7)课堂总结。教师需进行口头总结,学生课后提交思维导图概括本次教学内容,或者撰写教学反思、研究述评等来推动自己形成整合性的知识结构,继续深入学习。

(四)教学方法改革

本课程实行混合式教学,实现了真实教学环境与网络虚拟环境相结合、师生课堂交流与网络交流相结合,以及网络自主学习、合作学习、接受式学习与发现式学习等多种学习模式相结合。充分体现学生作为学习主体的主动性、积极性与创造性。(图3)

第一,学生地位改变。混合式教学打破时空限制,使学生有效利用时间和最大化利用教学资源。学生将线上与线下所学知识有机融合,针对具体问题进行思考与讨论,建构自身学习规则与学习体验。

第二,教学方式创新。学生在线上学习初级目标任务。教师在线下教学时,采用启发式教学、翻转课堂、小组讨论等。教师和学生利用网络平台进行互动、交流、答疑,建立师生"交互式"教与学的新模式。

第三,评价方法改变。教师通过平台统计学生学习产出的详细数据。强化学业评价中平时成绩的占比。教师及时分析学生的学习效果,改进教学方式方法,提高教学质量。

图3 教学方法

第四,坚持评价反馈。线上线下混合式教学的学业评价,能够充分利用信息技术,建立学业评价网络平台,方便学生实时检验学习成果,有利于教师随时掌握评价状态,持续改进师生的教与学。

(五)课程教学内容及组织实施

本课程教学注重关注学生需求,更新课程知识结构,优化教学内容,将知识、能力、素养有机结合,增加课程内容的广度、深度、高度。

(1)班级。小班教学,每班40人左右,每学期4个教学班。

(2)课前。学生在课前通过SPOC平台观看教学视频,按照教师要求对重难点问题提前预习。将每个教学班的40名左右学生分为4个小组。每个小组每周需要完成一个小组任务。每个小组每周派出一名成员做课堂汇报。

(3)课中。课堂教学时间按照2:1:1比例进行分配,教师讲课占课堂教学时间的一半,学生参与课堂教学占1/4时间,最后1/4的时间进行课堂讨论和教学评价。

(4)课后。学生继续通过SPOC平台对课堂学习内容进行拓展和补充学习,通过阅读国内外最新研究成果和相关外文史料,形成值得研究的问题,开展相关研究。(图4)

图4 课程教学内容组织实施

(六)成绩评定考核

考核方式:线上学习+课堂作业+期末考核。

总成绩评定:总成绩=线上学习(50%)+课程作业(20%)+期末考核(30%)。(图5)

(1)线上学习:占50%,围绕学习的时间、任务的完成等形成客观量化的学习成绩,评价学生在平时自主学习的投入程度。

(2)课程作业:占20%,围绕课堂专题讨论和课后读书活动,形成书面报告,评价学生对课程内容的掌握程度及发现问题、辨析问题和解决问题的能力。

图5 成绩评定

(3)期末考核:闭卷考试,占30%,主要考查学生对基本知识和概念,以及具体方法的理解与运用等。

三、案例成效

(一)案例特色与创新点

1.课程知识模块化

课程融合世界近代史最新研究成果,以全球化和现代化问题为主题,融合经济学、社会学、哲学、文学等学科知识,打破学科壁垒,构建了适合混合式教学的七大知识模块。

2.学科资源重转化

注重传统知识,聚合现代教学资源,关注学术热点,引入最新学术成果。依据基于教材、高于教材、突出特色的原则,实现学科资源向教学资源转化。

3.翻转课堂实践化

本课程重点培育学生分析问题和解决问题的实践能力,翻转课堂是线上学习的延伸,不是知识传授或线上学习效果的再现,侧重知识的应用分析。

4.课程思政全程化

学生利用线上线下各教学环节自主挖掘课程思政元素。例如,学生在对比不同国家的现代化类型中,增强对中国特色社会主义道路的自信。

课程特色创新见图6。

图6 特色创新

(二)教学改革成效及解决的重难点问题

1.教学改革成效

(1)学生高度认可,学生评教均为优秀等级。

(2)学生知识水平和创新能力得到极大提升。近年,学生申获与本课程主题相关的各级大学生创新创业项目20余项,获批校级及以上优秀毕业论文10余篇。

(3)学生就业率100%,发展潜力巨大。

2.解决的重难点问题

(1)教学目标。以往过于强调知识目标,对能力目标和情感、态度与价值观目标重视不够,全过程育人的立德树人功效不佳。

(2)课程内容。以往局限于讲授基本知识,学生缺乏对世界史知识的系统掌握,缺乏对学术热点和学术前沿的了解,对外文文献的运用及研究能力不足。

(3)教学模式。以往多为知识讲授型教学,教学方式单一,课堂氛围呆板,学生学习兴趣缺乏,学习效果欠佳。

(4)评价方式。以往过于注重期末考核和知识考查,忽视过程考核和综合能力考查。

(三)取得的主要成效、成果

团队成员荣获2018年重庆市教学成果奖二等奖1项,2021年重庆市教学成果奖二等奖1项。

本课程为国家和重庆市一流本科专业历史学建设点、重庆市特色专业、重庆市"历史学拔尖人才培养基地"的核心支撑课程。

团队主持市级教改项目2项、校级教改项目3项、校级线上课程建设项目1项。

四、未来计划或启示

本课程将全面贯彻"四性融通"的教学理念,建设成以学生为中心、兼具传统与现代教学优势、可复制、可推广的创新性示范课程。

坚持课程思政,实现综合育人。优化教学大纲,规范教学过程,明确教学目标,构建全员、全程、全方位育人体系,扎实推进课程思政,全面落实立德树人根本任务。

优化课程知识模块,实现中国史与世界史的知识互构。课程体现中国与世界的双向互动,培育学生从中国看世界和从世界看中国的双重视角。

构建"学生中心"教学模式,营建自主性学习课堂。通过翻转课堂、目标教学、探究教学等教学方法,引导学生自主学习和探究,从"学好"到"好学"。

深化课程评价,构建多元化、过程性的评价体系。教师评价与学生评价相结合,凸显对学生的能力评价和过程评价,构建科学的评价体系。

基于职业素养的"土力学"课程育人教学示范案例[①]

汪时机　李贤　黎桉君

西南大学

一、案例介绍

"土力学"是土建类专业的核心课程,其特点是理论知识体系综合性强,计算规范多,与工程实践结合紧密。本课程团队聚焦职业素养和四个面向要求,从思政性、科学性、工程性、前沿性重构课程内容,教学设计基于"育人为本、立于专业、归于个性"原则,以探索学生兴趣式、主动式学习的教学模式为目的,构建多阶段贯穿的全学习周期,打造线上线下相互驱动、理论学习与实践训练互为融合、专业素养和家国情怀相互激励的多维度、全方位的混合式教学模式,实现对学生学习的全过程管理和多维度评价,满足学生知识体系、职业能力、综合素养协调发展。挖掘土木工程服务国家战略需求的特点,从专业知识、职业素养和家国情怀多角度培养大学生发现问题、解决问题的能力,树立严谨的职业精神和服务国家的理想追求。

二、案例详述

(一)课程及团队建设

"土力学"是土建类专业的核心课程,从1996年至今,已开设50余次。现已建成精品在线课程、线上线下混合式一流课程。主讲教师从2015年至今一直主讲"土力学""基础

[①] 本案例为重庆市研究生教育教学改革研究项目(项目编号:yjg232011)、西南大学教育教学改革研究重点项目(项目编号:2023JY004)阶段性成果。

工程""高等土力学"等课程,并积极开展教学研究和指导大学生创新实验,担任重庆力学学会副理事长,中国土木工程学会"土力学"教学工作委员会委员、中国水利学会岩土力学专委会委员,《西南大学学报》《农业工程学报》期刊编委等。课程团队近年来将"土力学"建成西南大学精品在线课程(2019年)和重庆市线上线下混合式一流课程(2020年),获重庆市高等教育教学改革重点、一般项目资助,发表教改论文6篇。

(二)教学设计创新

1.教学反思

"土力学"知识点多,理论多,计算复杂,与工程实践结合紧密。课堂教学初期,学生对课程知识一般都能理解和掌握,但随着课程的推进,知识点的繁多会导致学生容易混淆和迷惑,需要引导学生根据土的三大特性建立起贯通的知识体系。依据土木工程卓越人才培养的需要,传统教学模式往往存在以下问题亟待解决。

(1)知识体系扁平化。工程应用和学科前沿涉及较少,并且缺乏对理想信念、职业操守教育的有机融合,难以培养学生的创新精神、工程意识、学术素养和职业情怀。

(2)教学形式单一化。传统的土力学教学主要以理论讲授与实验演示为主,形式单一,缺乏对多元化教学资源的利用和混合式教学形式的探索,课堂枯燥乏味,学生处于单向、被动的学习状态,无法充分激发学习兴趣。

(3)课程评价片面化。传统的课程评价体系片面,以期末考试为主,平时成绩评价主观性较强,无法真实量化学生知识掌握与能力提升的过程。

2.线上线下混合式教学设计创新

以探索学生兴趣式、主动式学习的教学模式为目的,构建课前预学、课中导学、课后拓展的多阶段贯穿的全学习周期,打造线上线下相互驱动、理论与实践互为融合、专业和思政互相渗透的多维度、全方位的混合式教学模式,图解说明见图1所示。包括线上自学、课堂讲授、实验教学、教/学效果检验等。在"土的渗透性"、"土的压缩性"和"土的抗剪强度"三个章节设置翻转课堂,帮助学生深入理解和掌握土的三大力学原理。

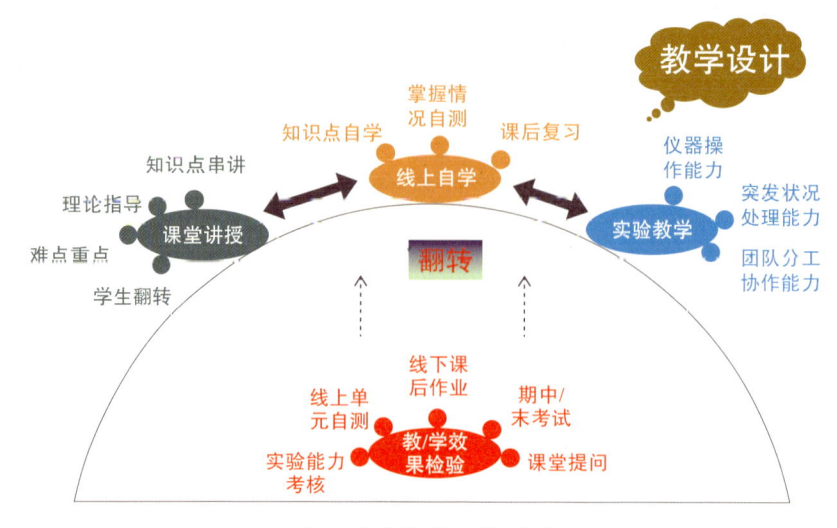

图 1 教学设计图解说明

线上教学依托学银在线和实验空间学习平台,建设面向全国的"土力学"课程线上教学资源。构建以学生为中心的线上教学资源,供学生进行课前预习与课后复习,主要包括视频教学、课件学习、线上交流讨论、线上习题作业、线上测验、知识拓展、虚拟仿真实验等,学生可灵活安排学习时间和地点进行线上自主学习、交流讨论和互动答疑。

线下课程讲授以教学大纲为指导,融入案例式、探究式及翻转课堂等教学方法,对每个知识点以三阶段展开:开场阶段采用案例设计引出知识点,讲授阶段充分利用信息化手段展示抽象知识,总结阶段提出前沿性问题引发学生课后继续探究。做到讲授知识点之间衔接紧密,共同融合构成整个课程的大纲体系,且能清晰反映课程学习的体系化特征。充分激发学生学习兴趣,提升课程吸引力,帮助学生理解和掌握土力学各知识点之间的逻辑关系,系统掌握土力学理论知识,并通过实验实训环节,提高学生的实践动手能力和对基本理论的深入理解。课堂中适度加入翻转教学环节,检查学生对知识的掌握和理解程度。

(三)课程内容教学实施与资源建设及应用

1. 从思政性、科学性、工程性、前沿性重构课程内容

打造线上线下双通道学习渠道,多维度扩展学生学习场所与时间,构建"思政引领—专业主导—实践强化—素养引申"的课程教学体系。从专业知识、职业素养和家国情怀等角度育人,使学生养成严谨的职业精神,树立服务国家的理想追求。本课程在国家新工科背景下,基于学校"育人为本、分类培养、个性发展"的教育理念,结合"基于综合、立于专业、归于个性"的培养原则,以知识、能力、素质协调发展的教学目标为导向,构建线上线下相互驱动、理论与实践互为融合、专业和思政互相渗透的多维度、全方位的混合式课程体系。

2. 课堂讲授、翻转课堂和实验实训三线推进

通过线上视频教学、课件学习、线上交流讨论、线上作业、线上测验等,满足学生的自学预习和复习的需要。通过课堂讲授和翻转课堂,帮助学生理解和掌握土力学各知识点之间的逻辑关系和土力学基本理论。通过实验实训环节,学生的实践动手能力得到提高,对基本理论的理解得到进一步深化,综合素质得到提升。同时,建立了完整的过程考核评价体系。

3. 资源建设及应用

建成超星慕课和学银在线的"土力学"线上教学资源,丰富了教学大纲、授课计划、教学课件、试卷库、案例分析等,案例分析结合国家重大工程建设项目,重点从专业知识、职业素养和家国情怀等角度进行综合分析,使学生养成严谨的职业精神,树立服务国家的理想追求。形成了完整的网上教学资源库,其中学生自主学习讲授视频40个,总时长513分钟,非视频资源90个,测验和作业16次,习题总数670道,模拟考试3次,试题总数370道。

(四)成绩评定考核

从"量"和"效"两个维度出发,制定了过程考核与学习效果相结合的多元化成绩评价体系。本课程考核形式、内容、占比及对课程目标、毕业要求指标点的支撑见表1。

1. 课程考核形式

表1　总成绩评定计分方法

毕业要求指标点			2.2:4.2			总成绩比例合计(%)
课程目标			1	2	3	
考核形式及成绩比例(%)	过程成绩	学习任务点完成情况	6	6	6	30
		作业完成情况	6		3	
		模拟自测成绩	3			
	试验成绩	试验1		1.5	1	20
		试验2		1.5	1	
		试验3		1.5	1	
		试验4		4	1	
		试验5		4	1	
		试验6		1.5	1	

续表

毕业要求指标点			2.2:4.2			总成绩比例合计(%)
课程目标			1	2	3	
考核形式及成绩比例(%)	考试成绩	计算能力	25	15		50
		分析能力			10	
课程目标所占比例合计(%)			41	37	40	35
毕业要求指标点所占比例合计(%)				100		100

2. 总成绩评定

总成绩=过程成绩(30%)+试验成绩(20%)+考试成绩(50%)。过程成绩、试验成绩和考试成绩都制定了各自不同的评价标准。

三、案例成效

(一)案例特色创新与成效

(1)全学习周期。将课程短期学习与专业长期发展相结合,构建课前预学、课中导学、课后拓展的多阶段贯穿的全学习周期。

(2)线上线下混合式教学。利用超星慕课和学银在线的"土力学"线上教学资源,融合AR、VR等多元化教学手段,实施线上线下混合式教学,弥补传统教学课时的不足和形式的单一。

(3)知识点模块化。微课采用知识点模块化、标准化制作,每个知识点都含视频讲授、重难点分析、习题和拓展知识,学生可灵活安排学习时间和地点进行线上自主学习、交流讨论和互动答疑。

(4)全过程管理和多维度评价。将课前预学、课中导学、课后拓展三个环节都纳入过程考核,实现对学生学习的全过程管理和多维度评价。

(5)创新精神。通过"问题提出—实验设计—解决方案"的实验实践训练思路,培养学生解决问题的思维方式,加强了实验设计和实施能力的训练,激发学生的创新精神。

(6)全面发展。将理想信念、职业操守等思政教育潜移默化地贯穿于教学的全过程,使学生得到全面发展。通过大国工匠、国家重大工程等案例和课后补充材料阅读,帮助学生深刻理解大学学习与服务于专业行业、服务于国家战略之间的关系。学生土木工程职业素养得到了很大提高,追求卓越的品质得到提高。学生获国家奖学金、优秀大学生等各种荣誉数十项,有多名学生保送至国内外著名高校攻读硕士、博士学位,并陆续学成归国,作为优秀人才为国家建设贡献力量。

(二)解决的重难点问题

(1)改革了单纯的、灌输式的课堂讲授模式,建设线上线下混合式教学模式,使线上和线下相互补充、相辅相成。

(2)强化了线下教学系统性、互动性的优势,保障学生对课程整体脉络和章节知识点之间相互衔接的掌握。

(3)利用了线上教学学习时间自由、碎片化学习的特点,将线上学习资源分解成40个知识点,主题讲解,并保证在5—10分钟内完成讲授。

(4)发挥了线上资源可以随时补充更新的优势,建设好课程拓展知识、相关工程案例、知识点掌握情况自测、虚拟仿真实验等内容。

(5)融合了课程思政教育,注重厚植身为中国土木工程人的骄傲与责任精神,培养严谨、科学的工程建设理念,学生职业素养得到全面发展。

四、未来计划或启示

优化教学团队结构。培养青年教学骨干,建设专业基础扎实、教学能力过硬、师德师风优良的教学团队。

持续推进教学改革。深入探索如何更适当地在专业知识点中融入学科背景、工程实例、学术前沿和思政理念,将思政性、科学性、工程性与前沿性贯穿课程始终。教学坚持以学生为中心,深入研究教学法,进一步挖掘混合式教学新手段,探索学生深度学习的新途径,并将新方法、新技术进行系统整合,充分发挥线上线下混合的优势。

完善线上教学资源。全面建设实验课程线上资源,对实验教学视频、动画进行补充,并依托国家实验空间学习平台与学校工程技术智慧教育环境平台,建设土力学虚拟仿真实验资源,打造线上线下混合式实验课程体系。

形成课程职业素养特色。紧跟科技前沿,多途径学习和多角度检测,特别注重专业实践和实习环节对学生理想信念、职业道德和服务社会意识等方面的培养;在实践教学、工程设计等环节引入环保意识和社会责任等方面的要求和具体达成目标。

全信息化混合式教学案例

梅家琴

西南大学

信息化、智能化融入教育,是未来教育的发展趋势。线上线下混合式教学将传统课堂教学和网络化教学的优势结合起来,既发挥教师的主导作用,又体现学生的主体性,可达成1+1>2的教学效果。那么,如何将信息化贯彻到混合式教学中呢?本案例以西南大学线上线下混合式课程"植物资源学"为例,展示混合式课程的组织实施及全信息化管理过程,为信息时代教育新模式的探索提供参考。

一、案例详述

(一)线上课程建设

本课程针对非自然科学专业学生开设,线上和线下各占50%。首次开课前须完成线上课程的建设工作:根据课程的教材、学科特点、教学要求及学生类型,将教学内容碎片化,以单个知识点为单位制作了PPT课件并录制成多个短小精悍的授课视频,参考"超星教学平台操作指南(教师版)"创建"植物资源学"课程,进入课程界面后通过"编辑"入口创建课程目录,并上传对应的教学视频。为了辅助学生更好地理解和掌握学习内容,课程还准备了多个与课程相关的视频资源(非必学内容)及文字型教学资源(如电子版教材及参考书、教学PPT等),通过"资料"入口进行上传。本课程共上传授课视频148个,其他扩展视频39个,总时长626分钟,非视频学习资料39个。课程所需的基本资源上传完成后,通过"管理"入口对授课班级、教师团队、阅读权限等进行合理设置;通过"考试"或"作业"入口建立课程题库,用于平时作业或考试等选题。

（二）组织实施

1.线上教学的实施

教师端与学生端均采用超星教学平台的学习通开展。首次上课前，通过学习通发送"通知"，对授课模式、对学生的要求、考核方式等信息进行提前公布。每次线上课前10分钟内通过学习通发布"签到"要求，学生完成签到后自主学习视频单元及其他学习资料。下课前40分钟通过学习通发布随堂作业（题库中抽题），通过"讨论"收集学生疑问，并通过直播或同步课堂的方式与学生互动，及时解答学生疑问。除以上固定的课时外，学生还可以灵活安排线上学习时间，随时随地利用碎片化时间进行线上资源的学习。上述所有操作（签到、章节及资料学习、参与讨论、作业完成情况等）均在学习通中留下数据记录，可作为学生的过程性评价依据。

2.线下教学的实施

每次课前10分钟内，通过学习通发布二维码"签到"，学生现场扫描二维码进行签到。线下课第一讲，主要对课程学习方式、进度安排、考核方式等进行详细介绍，并现场通过学习通的"讨论"与学生互动，了解学生未明白的地方并现场解答，同时对较有价值的建议给予一定加分（学习通中操作）。线下课第二讲通过学习通发送"问卷"，了解学生对知识点的掌握情况，并有针对性地对重点和难点进行现场讲解。讲解结束后，通过学习通中的"抢答"对部分知识点开展趣味抢答，检测和巩固学习效果的同时，增强学生的参与感。线下课第三讲，通过学习通发送"问卷"，收集学生疑问并现场答疑，并通过学习通的"随堂作业"发布题库中抽取的部分试题，学生现场在学习通中作答，检验学生对知识点的掌握情况。本次课堂还对期末考核进行安排，主要通过学习通的"分组任务"将班级同学进行随机分组（300人随机分为30组）并发布分组任务，要求每位同学制作一份PPT上传至学习通，各组推选一份用于最后一次线下课的课堂汇报。线下课第四讲为期末考核，根据"分组任务"要求，每组同学派一位代表进行PPT现场汇报，老师与所有学生通过学习通中"分组任务"内的"教师评价""组间互评""组内互评""自评"等入口，将各自的评分及评语录入学习通中，师生共同对汇报的同学进行评分。

（三）成绩评定的数字化

根据课程教学大纲，通过学习通"成绩"入口下的"成绩管理"，设置学生的成绩组成和各项权重（图1），依据签到、作业、课堂互动、章节学习、课程音视频学习、分组任务完成情况等，对学生进行多元化立体式综合评价。课程结束后，通过学习通中的"课程管理"入口将课程设置为"结课模式",并从"成绩统计"入口导出班级所有学生的各项成绩详情及综合成绩。

图1 成绩权重设置界面展示

二、案例成效

1.开课情况

本课程针对本校学生开课,目前共开课三期,累计选课人数1400余人,页面浏览量超过80万次,互动次数超过2万次,平均每期在学习通中开展各类活动30余次。

2.教学模式方面

线上线下混合式教学是课堂教学和网络化教学的有机融合,显著提升了教学效果及教学活度。线上教学部分采用的教学资源可供学生随时随地学习,打破了单纯线下教学的地域限制,在疫情等特殊时期是非常重要和具有优势的教学形式;同时也让学生灵活掌握学习时间,使学习轻松高效,并有效避免网络故障等问题。线下教学方式的结合,则弥补了单一线上教学的一些问题(比如沟通不充分等),教师与学生可更直接和全面地沟通学习中遇到的问题,也更利于准确评价学生的学习效果;此外,在线下教学中还通过学习通设计了趣味抢答,一方面丰富了课堂教学形式,提高了课堂活跃度,另一方面提升了非本专业学生的学习兴趣和学习效果。在最终的课程考核中,采用线上形式进行考核任务发布、人员分组、材料(PPT)收集和考核计分,采用线下形式开展课堂考核(PPT汇报)和全员评分,更体现了线上线下教学模式的有机结合。

3.课程管理模式方面

教学过程的全信息化管理,是对信息时代教育新模式的探索。本课程在"互联网+传统课堂教学"的教学中,充分采用学习通对课程进行过程化管理(包括但不仅限于通知发放、师生互动、签到考勤、课程考核、成绩评定、课程数据统计等),实现了混合式教学的全程信息化管理。课程管理的信息化具有多个优点:第一,有利于实时了解学生学习动态,更利于对学生进行多元化、立体式的综合评价,也可有效降低教师手动统计各种成绩分项的工作量;第二,课程的所有数据均可长期保留于学习通中,有利于积累和全面掌握授课数据并进行统计分析,更有利于发现课程的不足之处并有针对性地进行优化和提升,使未来的教学效果做加法;第三,可使教师在课程准备、过程性评价、成绩评定等方面做减法(首次构建好线上课程后,每次开课仅针对性调整与完善即可),使教师将更多的精力用于对课程质量及授课效果的提升;第四,现代化信息管理技术应用于教学,可提升教师以及学生的信息技术应用能力,促进对"互联网+"条件下的人才培养新模式、信息时代教育新模式的探索与改革。

经法融合，德法兼修：基于 SPOC 的"经济法学"六步式混合教学法探索

卢代富　盛学军　蒋亚娟　黄茂钦　马勇

西南政法大学

一、案例介绍

西南政法大学"经济法学"线上线下混合式课程是由拥有"国家级教学团队"和"全国高校黄大年式教师团队"（图1）等荣誉称号的国家级重点学科点的骨干教师，在建成教育部精品资源共享课、重庆市高校精品在线开放课程、重庆市线上线下混合式一流课程的基础上，针对传统课堂教学的痛点问题进行的教学改革。课程以落实立德树人为根本任务，将课程思政贯穿于线上与线下的教学始终，同时紧扣经济社会发展的需要，让学生形成完整的经济法知识体系，对经济法学的基本概念、制度逻辑和体系结构有深入理解，把握经济法独特的理念和运行规律，从而培养高水平应用型、复合型社会主义法治人才。

图1　团队集体荣誉之一

二、案例详述

（一）课程团队建设与能力提升

1.一流的课程团队

本课程团队成员均为"经济法学"教育部精品资源共享课、重庆市高校精品在线开放课程、重庆市线上线下混合式一流课程的主讲教师。团队教师作为西南政法大学经济法

学院的教学骨干,陆续取得了"全国高校黄大年式教师团队"(2018年)、"全国教育系统先进集体"(2019年)、"全国党建工作标杆院系"(2019年)等集体荣誉。

2.卓越的师资能力

课程团队形成了良好的"传帮带"机制,鼓励青年教师积极参加重要的教学竞争,达到"以赛促教"的教学效果,扩大师资团队的影响力。多名成员获得了重庆市教育系统先进个人、重庆市课程思政教学名师、重庆市中青年骨干教师、重庆市高校教师教学创新大赛一等奖、重庆市青教赛一等奖和二等奖、全国高校青年教师教学竞赛三等奖、西南政法大学122人才工程教学名师等荣誉。(图2)

图2 经济法学院各教研室获奖证书

(二)基于SPOC的课程资源的建设与课堂应用

当前,"经济法学"的线上慕课资源已经在学习强国、中国大学MOOC、学银在线等平台面向社会开放授课,全国约七万学子在线学习过"经济法学",同时,重庆大学、暨南大学等58所高校将其作为校内SPOC的线上资源。"经济法学"课程团队通过"集体备课"等形式定期更新大纲、教案、教学视频、辅助资源和考查题目,通过"示范公开课"等方式扩大课程的示范引领效应。2019年至2021年,"经济法学"课程的混合式教学经过持续推进,每年遴选SPOC混合式教学班,共计覆盖学生1259人。

(三)"经济法学"混合式教学的设计创新

针对经济法学具有经济与法律知识交叉融合、法律法规数量庞大、规则修改频繁等特点,课程充分发挥线上教学与线下教学的各自优势,实现了从过去"以教学为中心"向现在"以学习为中心"的模式转变。具体表现在三个层面。

1. 基于OBE教育理念开展混合式教学

线上教学采取自主学习授课视频、自评自测等方式实现低阶认知层面的教学目标，线下教学则以知识讲授、分组活动等方式聚焦重点知识、解决疑难问题、探索学术前沿。

2. 推动教师的角色转变，服务学生全面发展

教师从单纯的知识传播者转变为教学活动的设计师、引领者，深入参与线上线下教学互动，拓宽了教学时空，引领学生全面成长。

3. 创新考评模式，改进学习习惯

课程改变了"一考"确定最终成绩的做法，建立线上与线下、平时与期终、课堂参与和卷面成绩等相结合的全程化、立体化的考评机制，以恰当的评价唤醒和激发学生的学习潜力。

（四）课程教学内容及组织实施

1. 重构课程教学内容

课程依托中国大学MOOC等线上教学平台，以学生为中心建设并优化"经济法学"的慕课资源，通过问题导向的探究式教学，全方位呈现经济法总论、反垄断法、反不正当竞争法、金融法和财税法五大核心知识模块，并且适时地调整、丰富最新的立法、政策、案例等教学资源。

2. 构建"六步式混合教学法"

通过"课前引导预习—线上自主学习—线下深度解析—双域充分讨论—全程分步考核—评价反馈优化"等六个步骤组织教学，融通线上线下两个场域，提高学生和教师双方的参与度，培养学生主动发现与探究的学习习惯。（图3）

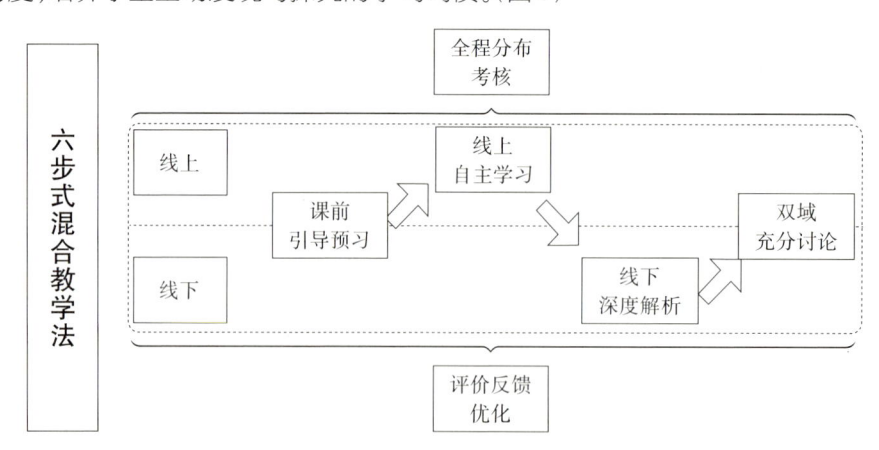

图3 "经济法学"六步式混合教学法流程图

3.以专题式教学开展"双域讨论"

基于线上场域的互动功能,学生通过线上平台表明立场、展示观点、厘清问题,教师据此开展课堂场域的深度解析,组织分组任务和小组互动,有针对性地进行分层指导,从而帮助学生内化经济法知识、锤炼经济法思维。

(五)课程考核评价:强化过程考核,完善督学体系

本课程为考试课,利用线上系统开展过程考核,结合传统课堂教学的最终考核,注重反映课程的高阶性、创新性和挑战度。课程的总成绩由平时成绩、期中成绩和期末成绩组成,平时成绩和期中成绩各占20%,期末成绩占60%,融合了诊断性评价、形成性评价和终结性评价。

为确保课程的教学效果,通过线上设置单元检测和诊断性考试,以及评价系统的反馈优化等方式发现教学中存在的问题,教师则根据反馈情况适时调整教学策略。同时,通过线上签到、助教督促、教务管理等多种手段,对学生的学习情况进行过程监控,使其养成良好的学习习惯,多措并举切实保障教学效果。(图4)

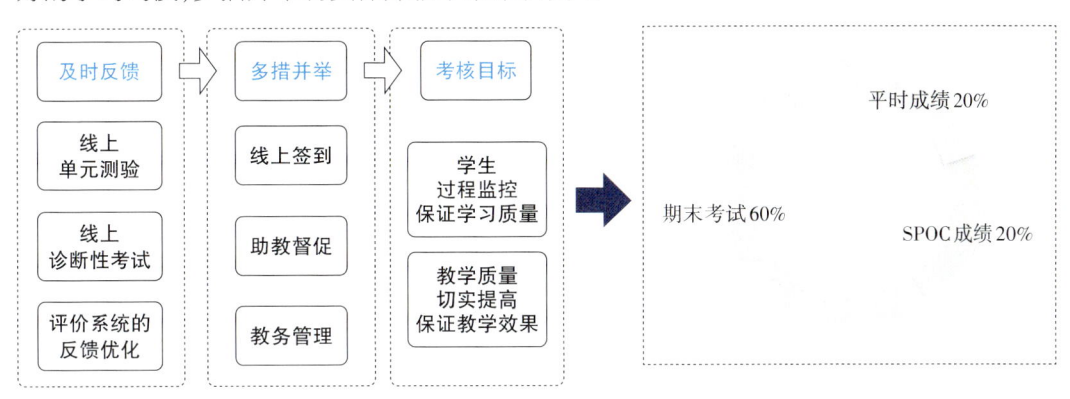

图4 强调过程性考核的评价方式

三、"经济法学"课程建设的案例成效

(一)课程案例特色与创新点

课程围绕"以学生为中心",充分发挥线上慕课和线下教学的各自优势,融合了问题导向式的"教"和探究式的"学",由此形成了六步教学法。

1.基于优质课程资源搭建一流在线教学平台

课程团队参与编写了《经济法学》《消费者保护法》《竞争法学》等国家级规划教材,并依托已建成的重庆市线上一流课程,利用六步法开展SPOC混合式教学,持续优化视频、

课件、文献等资源,建立了高质量的案例资源库,精心编撰具有挑战度的试题库,搭建起了协同化的SPOC教学平台。

2. 基于专业特点全面融入并优化课程思政育人

课程立足同向同行、协同创新,发挥"经济法学"专业课程在"三全育人"中的主渠道作用。教学团队高度重视讲好用好马工程重点教材《经济法学》,不断优化课程思政内容供给,通过线上线下混合式教学帮助学生了解推动经济高质量发展的社会实践和法治实践,培育学生经世济民、诚信服务、德法兼修的职业素养,将价值塑造、知识传授和能力培养紧密融合。

(二)课程改革解决的重难点问题

经济法学因具有经法互融的特征,往往让学习者觉得"入门"比较困难。同时,数字时代的年轻学习者具有多元化的学习兴趣与需求。如何使学生从带有畏惧心理的学习者变为主观能动的探索者,激发内驱动力;如何以生动活泼的多元化教学手段丰富教学过程、吸引学生深入经济法的知识世界;如何克服传统教材内容的局限性,利用数字化教学资源的宽度和高效,更好地达成课程目标,是本课程教改要解决的重点和难点问题。

(三)课程取得的主要成效

1. 显著的学习成效

参与混合式教学的学生对课程的满意度基本在90分以上,学习效果也有明显的提升。学生认为,本课程"注重理论与实际案例的结合,深入浅出","课堂生动有趣,知识点翔实"。不少学生基于课堂中的研讨,成功立项了重庆市三创项目和挑战杯项目,展现出扎实的专业功底。

2. 广泛的社会应用

前期建设的慕课被评为重庆市线上一流课程,疫情期间为西南财经大学、重庆大学、暨南大学、天津财经大学、广东外语外贸大学等12所高校开展教学活动提供了有力支持,已有对外经济贸易大学、苏州大学等58所高校将本课程的线上资源关联为其校内SPOC,使用人数达9652人。

3. 良好的业界评价

课程经验获得中国法学会经济法学研究会的推荐,同时受到多位同行专家的高度评价。中国法学会经济法学研究会认为:"该课程的持续建设不仅能够有效推动现有课程进一步提质升级,而且对于推动现代信息技术与教育教学深度融合,促进经济法治建设起到积极的推动作用。"

4.示范性的课程思政

课程立足政府进行市场规制和宏观调控的法律制度,结合我国改革开放以来的时代进步,构建经济法治的中国话语体系。本课程的视频资源入选学习强国平台,上线新华网课程思政示范课(图5),课程思政教学设计与实践获评重庆市在线课程建设与应用示范案例。

图5 课程入选新华网课程思政示范课

四、课程的未来计划或启示

(一)深化三全育人,进一步加强团队的教研互动

课程将紧扣中国经济法治的变革与发展,引导学生在养成家国情怀、实现德法兼修的基础上提升参与经济法治的实践能力。课程将继续依托国家级一流法学专业建设点的办学条件和西南政法大学各级各类科研平台,进一步深化教研互动,及时将经济法的科研探索与教育教学紧密结合,确保教学内容的前沿性,激发学生的创新能力。

(二)凝练教改经验,编制课程的混合式教学材料

团队成员已经出版十多部高质量规划教材,担任"马克思主义理论研究和建设工程重点教材"《经济法学》副主编。在此强大的线下教材体系的基础上,团队将针对混合式教学的特点,总结混合式教改的经验,编撰相应的教学材料,继续推广设计理念和教学心得。

微软—爱尔兰案对网络安全审查和数据合规的启示[①]

张光君　张楚

西南政法大学

一、案例介绍

2013年12月,美国纽约南区联邦地区法院签发搜查令,要求微软公司向美联邦调查局(FBI)提供一名贩毒案嫌犯的电子邮件内容。微软以该数据存储于其位于爱尔兰的服务器为由拒绝提供,并诉请废除搜查令,但于2014年7月被驳回。2014年12月,爱尔兰向美申明对涉案数据的主权管辖。2016年7月,微软的主张获联邦第二巡回上诉法院支持。FBI提出再审申请,被拒绝后,诉至联邦最高法院。虽然于2018年2月28日开庭审理,但由于美国会在之后即3月23日紧急通过《澄清合法使用境外数据法》(简称《云法案》),其中的长臂管辖规则直接导致该案的法律争议不复存在,因此被终审裁决予以驳回。

问题设置:(1)何谓长臂管辖?如何反制?(2)何谓数据本地化?对网络安全审查和数据跨境合规有何影响?(3)如何运用法治思维和法治方式维护数据主权?

二、案例详述

(一)提升"人工智能+法学"跨学科融合教学能力

"网络与信息安全法"是人工智能法学这一新兴法学二级学科的主干课程,本案涉及课程多个交叉学科知识点。课程组具备"人工智能+法学"跨学科知识整合能力和融合教学能力,能适配课程内容的前沿性。

[①] 本案例为重庆市高等教育教学改革研究重点项目"新法科教育元宇宙的价值目标与实现路径研究"(项目编号:222058)阶段性成果。

1. 立基于法律大数据研判立法动态

课程组建设了"法律大数据挖掘、分析与应用"等关联课程,能帮助学生研判本案所涉全球网络安全与数据合规的立法动态。

2. 借助可视化等工具揭示法律冲突

借助可视化工具和风控模型,可向学生直观展示本案所涉全球数据本地化的法律冲突、保护强度与阻断机制。

3. 引入专家资源强化合规实操训练

引入实务专家和实践教学资源,推演数据跨境监管强度的计算过程,训练数据跨境规则冲突识别方法和合规评估方法。

(二)推进课程资源与知识模块教学的精准匹配

本案蕴含网络安全与数据主权、数据本地化与数据跨境合规、长臂管辖反制与应用等多维难题,有利于启发学生解决复杂问题的高阶思维和创新思维。探索课程资源与教学内容的精准匹配,分三个模块展开研讨。

1. 网络安全审查(涉网络安全等级保护制度)模块

通过积分制激励学生预习本课程慕课的相关内容(图1),掌握《中华人民共和国网络安全法》《关键信息基础设施保护条例》《网络安全审查办法》中网络安全审查的法理基础与适用方法。

图1 张楚老师在本课程慕课中讲解网络安全等级保护制度

2. 数据主权(聚焦于长臂管辖的反制与应用)模块

引导学习小组利用学校数字资源进行文献综述、小组讨论、课堂汇报,并在点评中引导学生思考我国反制与应用长臂管辖的机制,探究运用《中华人民共和国数据安全法》《中华人民共和国个人信息保护法》《阻断外国法律与措施不当域外适用办法》《中华人民共和国反外国制裁法》等法律武器抵制数据霸权的方式。

3.数据合规(含数据本地化与数据跨境合规)模块

在现场多媒体教学中,深入剖析各国数据本地化的立法进程、冲突机制与合作模式。实务专家远程在线参与课堂教学,推演数据跨境合规的评估流程。通过异地双师同堂、师生互动等方式,共同探讨数据跨境合规的"势、道、术"。

(三)探索多维整合、全程协同的立体化教学模式

1.充分整合线上线下、校内校外多维教学资源

营造立体化、交互式教学情境,建立"课前慕课和讨论积分+课中汇报讨论计分+课后复盘研究加分"机制,激励学生全程主动学习和深度思考。在线引入实务专家和实践教学资源,帮助校内师生开阔教学视野、避免讨论盲区、启迪后续研究。

2.实现双师教学异地协同、师生互动全程协同

实务专家在线分享数据跨境传输风险评估的操作经验、可视化再现合规流程,避免传统双师同堂教学的高成本、同质化倾向,实现校内外师资优势互补。校内教师以"主持人+主讲人+记分员+点评人"身份主导全部教学流程,实现师生互动的全程协同。

(四)突出"两性一度"的教学内容设计及组织实施

1.面向数智化时代的新法科教学内容设计

网络安全审查与数据合规是数智化时代我国统筹国内国际两个大局、发展安全两件大事的最佳结合点之一,也是国际化、融合化、领域化的新法科知识体系的重要组成部分之一。对标发展数字经济、维护网络安全和数据主权等国家重大战略需求,聚焦数据跨境流动中网络安全审查与数据合规评估的关键理论与实操问题,着力训练学生应对域外网络信息法律适用的反制思维与合规思维。

2.促进"两性一度"和课程思政的深度融合

本案的教学具有高阶性、创新性和挑战度,而且富含课程思政的教学元素,注重从课堂组织实施的三个环节促进二者的有机融合。第一,在讲授环节,侧重从话语体系层面阐释网络信息安全立法融贯国家主权与网络空间命运共同体的双重法理基础。引导学生领悟统筹发展和安全原则的重大战略意义(图2)。第二,在讨论环节,注重从法律适用层面辩论网络安全审查与数据合规的逻辑进路。引导学生探索维护我国主权、安全和发展利

益的法治思维和法治方法。第三,在演练环节,着力从实际操作层面开展网络安全审查和数据跨境合规推演。训练学生融合应用法律科技手段和法律适用机制应对涉外法律问题的实务能力。

图2 张光君老师在本课程慕课中讲解统筹发展和安全原则

(五)探索全流程、一体化、激励型成绩评定模式

1.采用"教师主评+学生参评"方式评定平时成绩

建立覆盖教学全流程、师生一体化参与的平时成绩评定模式。教师根据课前准备(预习和小组讨论)、课中表现(课堂汇报和讨论)和课后复盘情况评定学生的平时成绩,按照60%的权重计算。学生采取回避原则,在APP中对其他学生进行匿名评分,按照40%的权重计入平时成绩。

2.培育出优秀课程调研成果充抵期末考试成绩

坚持创新型、应用型、复合型人才培养定位,建立激励机制并指导学生根据课堂教学、课后复盘中挖掘的选题进行课题申报与写作,经课程组组织的开题、中期和结题答辩、点评后,评选出优秀调研成果充抵期末考试成绩。

三、案例成效

(一)案例特色与创新点

1.案例特色

第一,区分不同目的下的数据跨境模式。本案既涉及跨境执法司法目的下触发的数据管辖冲突,也涉及企业业务目的下启动的数据跨境合规。两种情形的基本立场、运行模式和评估机制大相径庭,且需微妙平衡,可拓展学生的法学高阶思维。第二,瞄准国内法

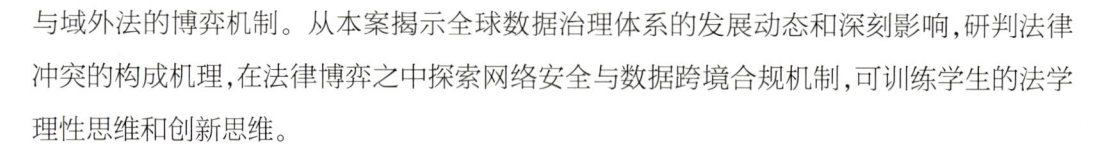

与域外法的博弈机制。从本案揭示全球数据治理体系的发展动态和深刻影响,研判法律冲突的构成机理,在法律博弈之中探索网络安全与数据跨境合规机制,可训练学生的法学理性思维和创新思维。

2. 创新点

第一,域外案例应用创新。应用域外典型案例揭示我国所面临的全球数据跨境流动制度环境。变革纯法学分析和训练方法,应用文理融通、知行融通和中外融通的分析框架剖析和推演案例,提升学生以"法律战"应对"科技战"的法律应用能力。第二,话语体系应用创新。应用总体国家安全观、新发展观和人类命运共同体理念,凝练网络与信息安全法"统筹发展和安全"的基本原则,寻求数据本地化与数据跨境合规、长臂管辖反制与应用之间的平衡点。强化"制度自信"的新法科课程思政教学主线,激发学生维护我国主权、安全和发展利益的使命感。

(二)教学改革成效及解决的重难点问题

1. 改革成效

第一,为交叉性课程的教学改革提供借鉴。通过本课程的先行先试,学院其他法学新兴交叉课程也逐渐融入技术思维,并便捷地引入实务专家和实践教学资源开展异地双师同堂教学。第二,为虚拟仿真教学探索新的运行模式。本课程借助网络即可低成本应用"风险信度分析+线性规划预测"方法,控制类案常量和场景变量,评估数据跨境流动的风险系数并可进行安全与合规推演。

2. 解决的重点难题

第一,多维度整合教学资源,克服法学新兴交叉课程实战经验不足、实验条件匮乏、技术思维薄弱等难题。第二,改革教学和考核方式,解决学生在自主性、互助性、拓展性和研究性学习中动力不足和方法不当的问题。

(三)取得的主要成效、成果

1. 提升学生调研能力,孵化学生科研成果

通过教师个人指导、课程组集体指导以及课程配套科研立项激励,除调研评估报告外,学生还创作出网络与信息安全法相关论文十余篇,并陆续在学术期刊或学术公众号上推出。

2. 提升教改研究能力,培育课程教学成果

2020年,本课程获批校级规划教材立项建设以及校级在线课程立项建设。2021年,

本课程获批校级研究生课程思政示范项目。2022年,本课程获批校级本科生课程思政示范项目以及教育部研究生课程在线资源建设。

四、未来计划及启示

(一)未来计划

1.加强资源建设,促进融合创新

建立课程教学和学术资料库,及时更新案例库与试题库。建立校外实务专家库,坚持异地双师同堂教学。促进理论与实务、法学与信息科学、认知和实操融合,通过跨界融合促进法学理念、法律规则和法治方法创新。

2.汇聚集体智慧,促进教学相长

以"说课""批课""磨课"以及专题研讨、新法解读等方式,集聚校内外师资的集体智慧进行备课、授课,提升课程组教师的知识储备、生产与传播能力。促进教研共同体和教学共同体的内外协同、良性互动和共同提升。

(二)启示

1.课程思政与案例教学的持续跟进

鉴于网络安全审查和数据合规的原则性与敏感性,应持续关注涉外法治实务中前沿性、争议性案例,作为课堂的导入或延伸。

2.科技热点与课程专题的动态调整

鉴于网络信息法律制定与修改的频繁性,应继续紧跟各国立法动态与全球科技热点,对课程专题与教学案例进行修订和补充。

"立德树人"目标下犯罪心理学教学与课程思政深度融合的创新实践
——课程思政与犯罪心理学相融合的课程案例

梅传强　胡江　王敏　王晓楠　秦宗川

西南政法大学

一、案例介绍

西南政法大学的"犯罪心理学"课程是国家级线上线下混合式一流本科课程,采取的是"线上+线下"的混合教学模式。线上内容针对的对象不仅有本校学生,还有校外人士。线下是将"犯罪心理学"作为每一学期的公共选修课进行授课,针对的对象是全校学生。西南政法大学"犯罪心理学"在与课程思政的深度融合中,实行"线上+线下"的混合教学模式,注重教学方法的多元化,运用案例教学、热点事件分析、研讨辩论、情景模拟等教学方法,深入挖掘思政教育元素,在教学内容中将法治思维与犯罪行为背后的心理规律结合起来,明确"犯罪心理学"课程与法学专业其他课程的关系,挖掘提炼出专业知识中所蕴含的思想价值和精神内涵,科学合理地拓展法学专业课程的深度与广度,深化职业理想和职业道德,全面增强学生的社会责任感。本课程为课程思政的融合提供了一个很好的试点平台,实现了课程思政与专业教育在内容、方法、制度上的深度融合,建构起了课程实施的创新体系。

二、案例详述

(一)"犯罪心理学"课程能力提升建设

1. "融合式"教学提高教学效率与效果

利用在线教学平台与手段,实现线上讲授视频、文字资料、影视资料等教学资源的自

---

① 本案例为重庆市高等教育教学改革研究重点项目《犯罪心理学》金课建设"(项目编号:202054)阶段性成果。

主学习、互动问答、线下讨论等多种教学方式的有机融合。教师通过在线教学监测与评估手段,适时掌握学生学习状态与效果,适度调整线上线下的教学内容与方法,充分利用在线教学手段实现教与学的便捷化、互动化与精准化。

2. "构建式"教学拓展知识广度与深度

尽管有明确的教学大纲与知识框架,但每次课堂教学都会适度采用构建式教学方法,即具体教学内容会根据学生的思考与提问以及教师的适时引导而形成,具体知识点的广度与深度很大程度上取决于学生与教师的现场构建,以确保每次课程的学习内容均有新鲜感、启发性、感染性,提高学生在课堂中的抬头率、参与度与收获感。

3. "实践性"教学实现理论与实践衔接

教学过程中以组织学生进行线上或线下法院庭审观摩、监狱或少管所等警示教育场所参观,邀请公检法司等实务工作同志授课讲解等方式,增强学生对相关教学内容的学习积极性、理论认知度、实践操作力。通过理论阐释与实践认知的有效融合,提高学生学以致用、知事明理、自我防护的能力,实现法学专业课与思想政治课的自然融合。

4. "科学化"考核实现静态与动态结合

通过严格线上自学要求、明确线下讨论规则、提高平时成绩占比、丰富课程考试内容、设置实践教学环节等方式,实现期末的静态考核与平时的动态考核有机结合,使本课程的考核和评价更加科学、合理,让学生乐于学习、擅于思考、享于考试。

(二)线上线下混合式教学设计创新

"犯罪心理学"课程采用线上线下混合式教学设计模式,其创新之处可以概括为以下三个方面。(图1)

1. 遵循犯罪心理学规律的教学创新

犯罪心理学作为一门研究与犯罪有关的心理活动及其客观规律的科学,其从心理活动方面探索犯罪原因,在对犯罪心理的产生发展等过程的学习之中,和思政教育紧密联系,这是构建思政教育与专业教学深度融合的犯罪心理学新型教学模式的优势之所在。

2. 采取理论实践贯通式的教学创新

通过剖析实践中代表性案例,布置访谈、社会调查等实践性任务,融入庭审观摩、监所参观等实践教学环节,设置研讨辩论的平台与考试内容等方式,将实践教学贯通于课程教学始终,减少空洞与静态的理论灌输,增强本课程的实践思维、学生的实践能力,让学生能学以致用、有收获感、有实战力。

3.坚持学生主体理念引导的教学创新

坚持智慧教育的理念,充分反映现代信息技术发展的新成果,采取线上与线下相结合的混合式教学模式,使教师在教学实施过程中能够快速掌握学生的思想与学习情况,同时也能直接听取学生学习过程中的意见与建议。这一教学模式也使学生作为教学主体,改变了传统填鸭式教学模式,打通了选修课和必修课之间的隔阂,提高了学生对选修课的重视程度,解决了一直以来存在的选修课教学效果不明显的问题。

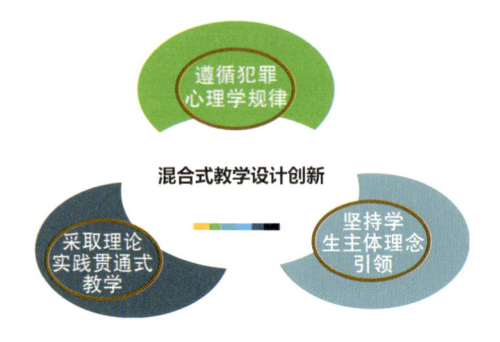

图1 混合式教学设计创新点

(三)课程教学内容及组织实施

课程团队成员在教学过程中多次针对教育方案进行集体研讨(图2),通过成员观摩、公开课的形式(图3),对授课过程中的课程思政元素融入实践进行学习和探讨。西南政法大学"犯罪心理学"课程大纲与思政元素结合后最合适、符合同学期望的授课内容见表1和图4。

表1 "犯罪心理学"课程大纲与思政元素的结合

授课大纲	教学内容	思政元素	融合方式
犯罪心理学绪论	犯罪心理学的任务、学派及其基本观点	目标上与思想政治教育具有重叠,各学派对教育的重视(贝卡利亚、菲利)	教师讲授、提问,记录不同学生的看法,开设争辩模式
犯罪心理生成论	影响犯罪的因素	道德感、社会认同感等因素对犯罪的影响	案例观看,学生分析,采取演绎形式
犯罪心理类型论	不同犯罪主体类型的行为特征和心理因素	大学生犯罪的心理因素与思政的联系	小组选择不同主体进行主题报告,对其中思政的影响可以单独梳理
犯罪心理治理论	犯罪心理的预测、预防,罪犯心理的矫正等方法	思政教育对罪犯、嫌疑人、普通人的影响	线上与线下相结合进行课后考核(包括考试、报告等各种形式)

图2 教学团队集体研讨　　　　　　图3 教学团队观摩公开课

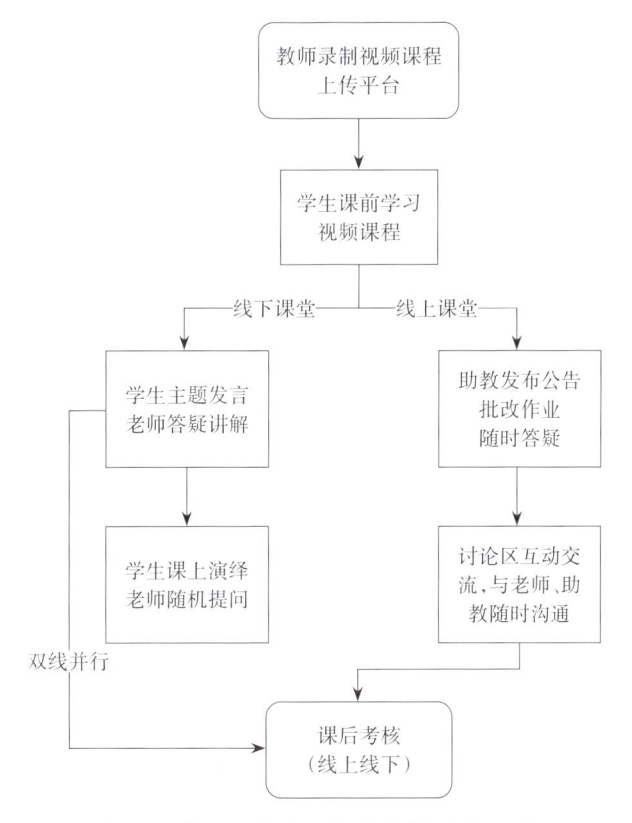

图4 犯罪心理学线下与线上授课流程图

三、案例成效

（一）案例特色与创新点（图5）

1. 德育融合式教学

犯罪心理学主要分析内容为犯罪的成因及其预防，与思想政治教育密切相关，如犯罪

111

原因中的人性基础、教育环境、犯罪心理矫治等方面都适合思政元素的融入。加入思政元素一方面可以推动犯罪心理学课程的改革和完善,另一方面可以让学生在学习专业知识的同时知事明理、身心阳光、三观健康、直面挫折、善于自爱、严于律己。

2.情境构建式教学

课中根据现场情境而临时构建讨论话题,以案说法邀请学生进行案例模拟。通过调动情绪、诉诸情感、明辨情理、化抽象为具体、变说教为启迪,提高课堂教学的思辨性、亲近感、活跃度、感染力。

3.角色翻转式教学

打破以往"老师讲,学生听"的落后教学模式,通过师生角色翻转,把教学的主动权和主导权交给学生。通过线上的自主学习和线下的课程汇报及案例模拟,使有限的课堂时间集中在调动学生学习热情及解决学生学习困惑上,课后助教分拨进行个人线上疑惑解答,争取做到"以学生为中心"的课程建设。

图5 犯罪心理学课程案例特色

(二)教学改革成效及解决的重难点问题

1.解决忽视学生参与的问题

本课程通过"线上+线下""自学+讲授""提问+研讨"相结合的方式,让学生真正成为教学的主体,提升学生学习的主动性和积极性。在线上教学中,学生在平台上观看课程视频,了解犯罪心理学基本知识,并就学习疑惑在线上进行提问、讨论,老师在平台上与学生交流、对学生的提问进行答疑;在线下教学中,围绕在线视频学习中的知识,就学生有疑问或者需要注意的内容进行重点答疑和讨论交流。

2.解决教学形式陈旧的问题

本课程通过系统的知识讲授、丰富的案例分析、真实的庭审观摩、情景化的角色扮演、有趣的实验测试、持续的师生互动和线下线上相结合的翻转课堂等灵活多变的形式,不断挖掘学生学习本课程的兴趣点,寓教于乐,寓学于趣,让学生在丰富多彩的教学形式中掌握知识。

3. 解决课时安排紧张的问题

通过线上线下相结合的方式,将本课程的基础知识的讲授提前录制成视频,学生在课前自行观看教学视频,掌握基础知识,并按照线上平台的提示思考相关问题;在线下课堂中,老师不再单纯进行基础知识的讲授,而是围绕学生的疑问进行点对点的补充,这样能够保证有更多的时间来进行课堂交流讨论。

(三)课程案例取得的成果

"犯罪心理学"课程自上线运行以来已经开课8次,线上平台参与的人数达到75000多人次,线上平台的好评率为96%;线上线下结合教学人数3000余名,承担线下课堂教学的老师的评教分数也均在95分以上。

2021年,"犯罪心理学"荣获重庆市高校一流(线上线下混合式)课程。2021年获得西南政法大学首批课程思政示范项目立项。2023年荣获国家级一流本科(线上线下混合式)课程。

综合各项指标来看,"犯罪心理学"课程通过线上与线下、理论与实践、讲授与交流等相结合的多元形式,有效推动了犯罪心理学课程教学的改革创新,实现了犯罪心理学知识的传播。通过寓教于乐、寓学于趣,让学生在丰富多彩的教学活动中掌握了犯罪心理学专业知识,感受到了学习的快乐,激发了学习兴趣。

四、未来计划或启示

1. 立德树人,融合思政

在今后"犯罪心理学"课程建设中,始终坚持以立德树人为根本,按照习近平总书记提出的"要坚持把立德树人作为中心环节,把思想政治工作贯穿教育教学全过程,实现全程育人、全方位育人"的指示精神,在"犯罪心理学"学课程中融入更多的思想政治教育的新元素。

2. 及时更新,广罗素材

在今后"犯罪心理学"课程建设中,将结合犯罪心理学理论的最新发展和社会实践中发生的热点案例,每学年录制、上线30讲左右的教学视频,进一步充实课程的讲授内容,使本课程在内容上始终保持一定的新鲜度。

3. 以案说法,翻转课堂

在今后"犯罪心理学"课程建设中,讲授、答疑理论知识的同时,要特别注重以案说法的教学方式,通过鲜活、生动的案例来分析问题,检验学生的知识掌握情况,同时进一步提升本课程的感染力,让更多的学生喜欢上本课程。

4.优化管理,扩大宣传

在今后"犯罪心理学"课程建设中,要借助信息网络技术和多媒体聚合平台,加大对课程的宣传力度,进一步扩大课程的影响力,使本课程能够辐射和服务全国更多的在校学生和校外人士。

"生物化学"课堂教学的重塑、创新与应用[①]

蒋雪　卜友泉　刘先俊　邓小燕　李轶

重庆医科大学

一、案例介绍

为增强医学生的未来职业胜任力,适应创新型高素质医学人才培养的需求,课程团队对"生物化学"的教学进行了改革创新,将"学生的发展"作为教学活动的核心目标,在专业知识的教学内容中深度融合思政元素和临床案例,强调情感精神、专业素养和职业思维三个维度的协同作用。主要教学创新举措包括：建立"基因式"的课程思政体系；根据专业知识和学生的职业发展需求重组教学内容；建设个性化的SPOC资源,采用信息化技术结合翻转课堂、小组工作坊等教学手段进行BOPPPS混合式课堂教学；注重过程性评价,加强学习过程的考核。"一中心,二融合,三维度"为理念的教学创新,解决了传统教学模式的痛点,促使教师由原来学生学习的"包办者"转变为学生发展的"引导者",学生由处于失语状态的"边缘人"成为教学活动的"中心者",真正将学生视为教学的主角和终极目标,从学生的学习认知、学习动机和学习需求出发,激发其学习的内驱力。

二、案例详述

(一)课程团队建设与能力提升

按照我校"创建国内一流医科院校、培养卓越医师"的办学目标,结合"医学与人文融合、理论与实践并重"的医学生培养要求,组建了教学经验丰富,教学效果优良,党员教师为骨干的课程团队。在团队建设和能力提升方面实施了以下举措。

[①] 本案例为重庆市教育科学规划课题"以《生物化学》为模板研究课程思政内涵及评价融入医学专业基础课程教学的模式"(课题批准号：K22YG204127)阶段性成果。

1. 发挥教学名师、骨干教师的示范作用

教学团队定期在教学名师刘先俊教授的带领下进行集体教研活动,包括梳理教学大纲、挖掘和编写经典案例、设计教学环节、教案交叉互审、青年教师试讲以及教学反思等。同时鼓励青年教师与骨干教师结对,通过"传帮带"提高课程团队的整体教学水平。(图1A)

2. 采用"走出去"的原则,鼓励教师参加各级培训和交流

教学团队的教师积极参加教育部、重庆市、本校等各级组织的教学技能、课程改革的面授培训和在线学习。同时鼓励教师参加本学科的教学研讨会,与同专业教师进行交流。(图1B)

3. 致力教育教学改革实践与探索,"以赛促教"

鼓励课程团队教师积极申报各级教育教学改革课题,推动教学创新;同时团队教师也积极参加各级各类教学比赛,通过"以赛促教"提高教学水平。(图1C)

	年度	获奖/课题	获奖/负责人
C	2022	重庆市高校课程思政示范项目"生物化学"	蒋雪
	2021	第二届全国高校教师教学创新大赛校赛副高组二等奖	蒋雪
		重庆市一流混合式教学课程"分子与细胞"	卜友权
		重庆医科大学教育教学改革研究项目(JY210302)	李轶
		重庆市线上一流课程"分子生物学"	李轶
		重庆市线上一流课程"生物化学"	蒋雪
	2020	重庆医科大学教育教学改革研究项目(xyjg200223)	朱慧芳
		重庆医科大学创新教学比赛优秀奖	蒋雪
	2019	重庆医科大学教育教学改革研究重点项目(JY190205)	蒋雪
		重庆市精品在线课程"分子与细胞"	卜友权
		重庆医科大学基础医学院教育教学改革研究项目	邓小燕
		重庆医科大学"钱悳教学名师奖"	刘先俊

图1 课程团队建设(A.集体教研活动;B.团队教师参加教学研讨会;C.教学团队成员近五年获得各种教学奖励及课题资助情况)

(二)课程内容与资源建设及应用

本课程的线上资源采用自建的"生物化学"SPOC,在重庆医科大学优慕课平台已运行三年,并于2020年获批重庆市线上一流课程。"生物化学"SPOC资源丰富,形式多样,课程划分不同专业和层次,并实时更新,适合我校医学专业和医学相关专业学生在线学习。同时,SPOC所在平台的技术服务也有利于进行线上线下混合式教学,如翻转课堂的开展以及拓展性学习的应用。目前,"生物化学"SPOC在我校选课人数6千余人,不仅涉及临床医学、麻醉、影像等医学专业以及护理、康复等医学相关专业,而且还被我校中英合作办学临床医学专业学生选修。在其他学校,"生物化学"SPOC选课人数300余人,涉及西南医科大学、重庆大学等。

线下资源采用《生物化学与分子生物学》教材,教材于2014年出版第一版,2020年出版第二版。教材编写人员以我校一线教学骨干为主,更加契合我校的办学目标和专业培养方向。除了教材以外,还自主编写了大量案例和病例,在混合教学的PBL、CBL以及翻转课堂中使用。

(三)线上线下混合式教学设计创新

根据布鲁姆教育目标金字塔,设置"知识传授、技能培养、价值塑造"三位一体的课程目标。知识目标属于低阶认知,情感价值目标属于高阶认知,而技能目标是实现低阶认知向高阶认知转化的门槛。

在教学过程中,以"SPOC+BOPPPS"混合式教学模式重塑课堂教学设计(图2)。课前将课程基本内容发布在线上空间,要求学生学习并进行前测,通过课前作业或测试了解学生对基本知识的掌握情况。在线下课堂创建"翻转课堂+小组工作坊"的混合课堂,建立"以学生为中心,教师为主导"的教学模式,启发学生思考及解决问题,突破学生的技能目标,课后要求学生完成作业或课后测试、阅读拓展文献。通过课前、课中、课后三环节的有机融合,促进学生由低阶认知向高阶认知转化。

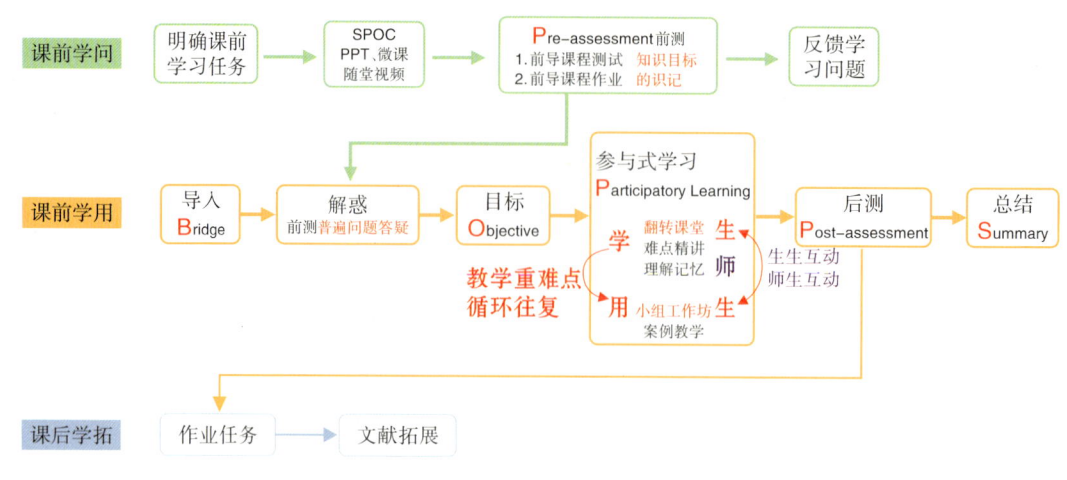

图2 "SPOC+BOPPPS"混合式教学模式课堂结构示意图

(四)课程教学内容及组织实施

1."横向+纵向"重组教学内容,突破课程专业内容的限制

在混合式教学设计中,契合培养目标的教学内容重塑是实现高效混合式课堂的有效途径。生物化学的核心在于从分子水平上阐明生命活动的本质和规律,其专业内容涵盖面广、更新快,课程内部各章节之间的"横向"联系紧密。同时,作为一门重要的医学专业基础课程,生物化学内容与临床相关的病理生理学、药理学、内分泌疾病等"纵向"内容联系密切。以"培养一流医学人才"为目标,结合课程建设"两性一度"的要求,在教学内容中加入适合医学生的教学案例、病例,突破专业课程内容和资源同质化的限定框,将课程专业知识进行"横向+纵向"的融合重组,达到"以新固旧、以旧促新、以新促新"的课堂教学目的,同时也为低年级医学生搭建实现职业目标的桥梁。

2.立足专业知识,建立课程思政体系

立足于专业人才培养目标和课程标准,将课程思政融入教学目标、教学内容和教学过程,采用多元混合教学模式,构建生物化学"知识传授、技能培养、价值塑造"三位一体的课程思政体系,达到"培根铸魂、启智润心"的育人效果。

(五)成绩评定考核等方面的亮点及特色

"以学生为中心"的核心内涵是着眼于学生未来发展,关注其学习的过程和品质,培养学生良好的自主学习和终身学习的习惯,让学生不仅"学会",而且"会学"。因此,结合"全过程育人"的理念,依托线上教学平台的数据,"生物化学"课程考核采用过程性评价和总结性评价相结合的多元评价机制,即教学团队根据专业培养目标,制定含知识、技能、素质

三方面内容的课程考核方案,强调过程性考核,细化评价内容、权重以及评价方式等。课程教学中由学生实施自评、互评,教师评价,最终确定课程成绩(图3)。

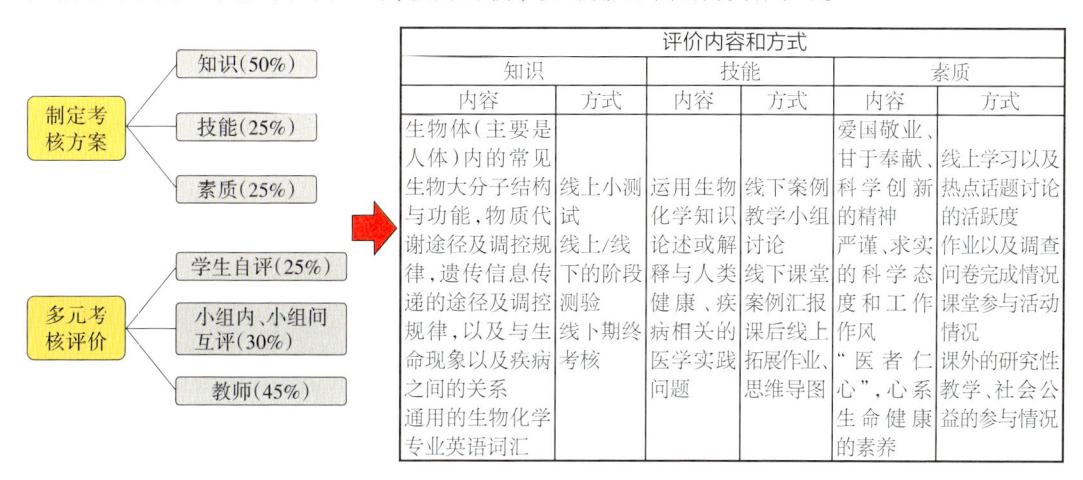

	评价内容和方式					
	知识		技能		素质	
	内容	方式	内容	方式	内容	方式
制定考核方案 知识(50%) 技能(25%) 素质(25%) 多元考核评价 学生自评(25%) 小组内、小组间互评(30%) 教师(45%)	生物体(主要是人体)内的常见生物大分子结构与功能,物质代谢途径及调控规律,遗传信息传递的途径及调控规律,以及与生命现象以及疾病之间的关系通用的生物化学专业英语词汇	线上小测试 线上/线下的阶段测验 线下期终考核	运用生物化学知识论述或解释与人类健康、疾病相关的医学实践问题	线下案例教学小组讨论 线下课堂案例汇报 课后线上拓展作业、思维导图	爱国敬业、甘于奉献、科学创新的精神严谨、求实的科学态度和工作作风 "医者仁心",心系生命健康的素养	线上学习以及热点话题讨论的活跃度 作业以及调查问卷完成情况 课堂参与活动情况 课外的研究性教学、社会公益的参与情况

图3 全过程、线上线下相结合的"生物化学"课程多元化评价体系

三、案例成效

(一)案例特色与创新点、解决的重难点问题

我校"生物化学"课程创建的以"一中心,二融合,三维度"为理念的混合教学创新模式,激发了学生的想象力、好奇心与学习兴趣,培养了学生的综合能力与创新思维。

1."SPOC+BOPPPS"混合式教学设计解决"教师为中心"的痛点

建设好SPOC资源作为课程的线上资源,创建"翻转课堂+小组工作坊"的混合课堂,建立"以学生为中心,教师为主导"的教学模式,解决了课堂教学的学生主体性问题,增强了学生思考及解决问题的能力。

2."横向+纵向"重组教学内容

利用创新的临床案例/病例,将课程专业知识进行"横向+纵向"的融合重组,突破课程专业内容的限制,既实现了课程的"两性一度",又符合卓越医师培养的"早临床、多临床、反复临床"理念,为"新医科"建设中创新型高素质医学人才培养打下坚实的基础。

3.建立"基因式"的课程思政体系,破解专业和思政"两层皮"

"生物化学"课程提炼了课程思政内涵,充分对接教学内容与思政元素,确立"知识传授、技能培养、价值塑造"三位一体的教学标准,依托重庆市线上一流课程,采用"四结合"的多元教学模式,科学设计教学环节,破除思政目标模糊,专业和思政"两层皮"的难题。同时,从评价维度、原则、方法等方面出发,建立了以教师和学生为目标的双维度课程思政

教学效果评价体系，突破态度形成的长时性与评价需求的即时性矛盾，让课程思政的隐性效果得到显性化的科学评估，进一步推动课程思政的教学改革和课程建设，真正达到以"学生发展为中心"的以学促教。(图4)

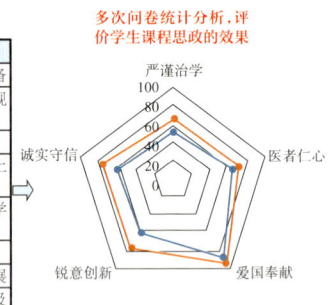

图4 "生物化学"课程思政评价体系

(二)取得的主要成效和成果

1.课程建设成果

(1)"生物化学"课程于2020年获批重庆市高校线上一流课程，于2022年获批重庆市高校线上线下混合式一流课程。

(2)获得2022年重庆市教育科学"十四五"规划课题一项，重庆市教育委员会教育教学改革课题一项以及我校教育教学改革重点课题一项。

(3)在主流期刊发表一篇混合式教学改革论文：《医学生物化学课程基于"THEOL平台+轻新课堂APP"的混合教学模式探索》。

(4)获得学校人才培养"学校青年创新团队(教学)"项目支持。

(5)"一中心，二融合，三维度"生物化学课堂教学的重塑与创新获得全国高校创新教学大赛校级二等奖。

2. 课程思政建设成效

"基因式"课程思政体系建设规划获得学校认可,并获得重庆市2022年高校课程思政示范项目。同时,"生物化学"课程团队也获得重庆市课程思政示范团队。

3. 教学效果

学生对知识的运用能力明显加强,综合类型题目成绩显著提升;学生参加教学过程的能动性显著提升,对课堂满意度显著提升。(图5)

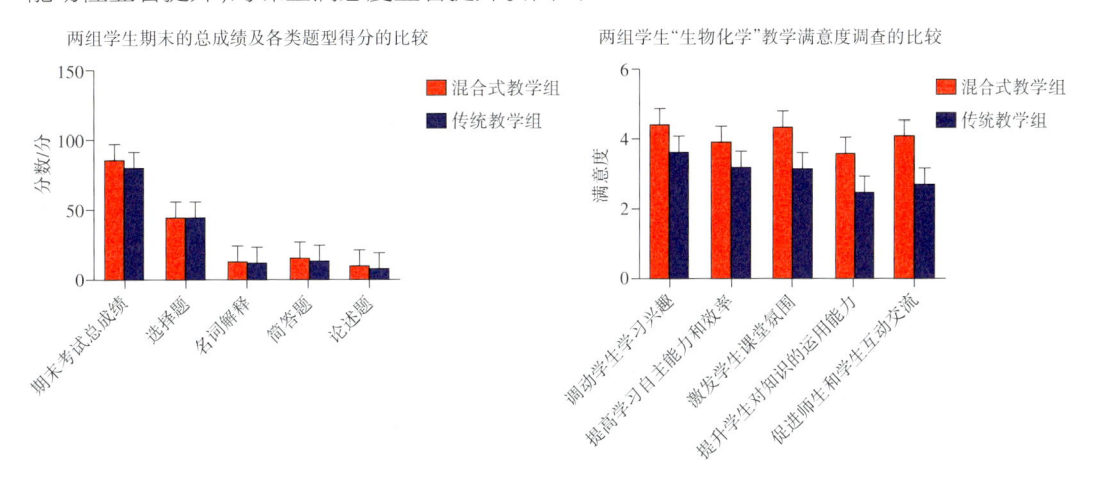

图5 混合式教学与传统教学的学生成绩及课堂满意度分析结果

四、未来计划或启示

(一)通过上好一门课,建好课程资源,做好课程建设

本课程在创新教学的过程中,结合学生的反馈,不断完善SPOC资源建设,继续面向高校和社会开放学习服务计划,每年持续更新和提供教学服务。充分利用SPOC资源,打造国家级线上线下混合式一流教学课程。

(二)带好一个教学团队,培养一流人才

积极开展集体教研活动,不断反思教学设计和过程,总结教学心得;鼓励非医学背景的师资加入课程,集体编写临床病例,培养一个基础跨越临床的教学团队,为创新型高素质医学人才培养奠定基础。

岗位胜任力导向的"护理管理学"课程创新案例

唐庆　牟绍玉　郑显兰　谢莉玲　高西

重庆医科大学

一、案例介绍

"护理管理学"是一门将管理理论与护理实践相结合的综合性人文课程,是护理本科生的必修课。传统教学存在三个核心痛点:一是学生认识不到管理学对未来职业发展的重要性,学习动力不足;二是课程理论性强,实践机会少;三是以知识讲授为主,素质和能力培养不够。鉴于此,课程团队以护理岗位胜任力为导向设计课程体系,重构课程目标,优化课程内容,建设立体优质教学资源,增加探究体验式教学,让学生线上自主学习掌握基本知识,线下案例讨论培养护理管理思维,临床实践提升管理能力,创建了"线上自学+课堂探究+临床见习+社会实践"四位一体混合式教学模式,有效解决了教学痛点,高质量实现了教学目标,建成重庆市线上线下混合式一流课程。

二、案例详述

(一)以行业发展需求确立课程目标

课程紧贴医疗行业发展需求,从知识、能力、素质三个维度构建课程目标。

1.知识目标

学生能陈述护理管理基本理论、计划、组织、人力资源管理、领导和控制五大管理职能的内容;能描述病区管理、护理质量管理、护理信息管理和医疗法律法规的主要内容。

2.能力目标

能应用管理基本理论与方法,熟练使用2—3种护理质量控制工具,分析和处理病区管理存在的问题,制定护理质量持续改进方案。

3.素质目标

具备良好的沟通能力、人文关怀能力和团队合作能力。具有以患者为中心的护理管理理念和职业道德。

(二)以制度保障促进"双师型"课程团队建设

1.建立高水平"双师型"教师队伍

从护理学院、各附属医院遴选具有教学、管理及临床工作经验的优秀教师、行业专家,组成校院融合的高水平"双师型"教师队伍,使教学内容紧密结合行业发展需求。

2.完善"双师型"教师发展的保障机制

在职称评定、研究生导师遴选及评优评先中,把师德师风和教学质量作为基本条件,为"双师型"教师队伍建设提供制度保障。给予专项经费支持课程改革,提高教师的教学积极性和能力,保证"双师型"课程团队的稳定与发展。

(三)以护理岗位胜任力为导向重构课程知识体系

1.对接临床护理岗位要求,重构课程知识体系

护理岗位胜任力包括高尚的职业道德、坚实的专业基础知识和护理操作技能、良好的沟通协调能力、参与病区管理和护理质量控制的能力。为提高学生的岗位胜任力,在管理的基本理论与原理、管理职能学习的基础上,强化护理质量持续改进、病区管理、护理信息管理和医疗卫生法律法规知识与技能学习,优化课程内容。(图1)

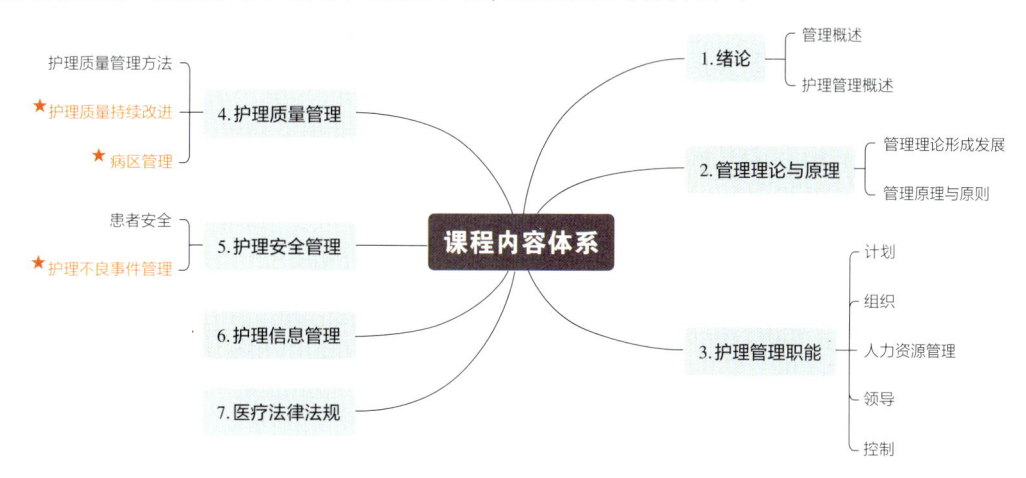

图1 课程内容体系(★为临床实习内容)

2. 融合校内外优质课程资源，丰富课程内容

（1）引入校外精品课程资源。将国家级精品在线开放课程"护理管理学"的视频资源引入教学过程，利用视频中真实生动的护理管理场景和典型案例，激发学生的学习兴趣，帮助其理解管理原理、理论与方法。

（2）建设课程思政特色资源。利用我校由上海第一医学院专家西迁来渝创建重庆医科大学的红色校史，赵庆华教授创建"五心护理"模式获南丁格尔奖的故事，医务人员抗震救灾、抗击疫情的英雄事迹等素材，建设数字化课程思政云平台，使学生在耳濡目染中接受政治认同、家国情怀、职业道德、法治意识的课程思政教育，形成热爱护理专业，扎根医疗卫生事业、服务医疗卫生事业的职业信仰。

（3）自制SPOC教学资源。课程组制作教学视频，提供护理管理新理论、新方法的文献，帮助学生了解课程的前沿知识；将临床典型案例与全国医院管理比赛获奖案例整合建立护理管理案例库，为案例教学和翻转课堂提供丰富生动的素材，促进课堂与临床融合；迭代更新试题库，为规范过程性评价提供支撑。

（四）以信息技术为支撑构建"四位一体"的混合式教学模式

本课程共32学时，包括理论教学28学时、临床实践4学时。其中，线上12学时，线下20学时。为解决学生对课程重要性认识不够，实践机会少，分析应用能力较差的问题，本课程坚持以学生为中心的教育理念，充分利用现代信息技术，构建"线上自学+课堂探究+临床见习+社会实践"四位一体的混合式教学模式（图2），使课前、课中和课后三个环节，线上线下两个教学环境有效融合，激发学习潜能，增强课程的高阶性和挑战度，提升学习效果。

图2 "四位一体"线上线下混合式教学模式

1. 理论课教学组织

（1）课前在线自主学习。课前1周，教师发布学习任务，学生通过人卫慕课平台，学习国家级精品在线开放课程"护理管理学"的视频及案例，借助本校超星学习通APP进行讨论，熟悉理论知识并完成相关测试。

(2)课中翻转互动探究。教师针对学生课前自学数据及测试情况,发布案例,组织学生讨论、辩论和汇报。通过学生自评、互评及教师点评总结等手段强化课程重难点。借助案例库、试题库进行课中测评。依托课程思政平台,提高课程思政质量。引导学生系统掌握理论知识,培养护理管理思维,提高综合素质。

(3)课后延伸拓展。通过在线作业、撰写文献阅读心得体会、临床实习报告等,引导学生拓展学习。

2.实践课教学组织

课前1周,教师在线发布临床见习任务要求,学生自学相关理论知识。课中以小组为单位,直接在医院观察临床护理工作场景,针对实际情况,查找并分析存在的问题,讨论汇报改进策略。课后撰写并提交实验报告。课外时间,教师带领学生开展社会调查,书写调研报告,培养学生的分析判断和探究创新能力。

(五)以体验探究式教学方法促进理论与实践的融合

理论与实践融合困难一直是"护理管理学"的痛点。2017年以来,课程组开展体验探究式教学,在绪论章节通过设置辩题为"护理本科需要学习护理管理学吗?"的辩论赛开启课程学习;在计划、组织、人力资源管理与领导章节,借助智慧教室,开展案例教学或翻转课堂教学,增强课堂活跃度;在病区管理、护理质量管理章节,通过实地查看病区布局设计、护士排班和旁听护理质量控制会,以小组为单位讨论制定病区管理方案和PDCA护理质量改进方案等教学手段,增强学生的真实体验感,使理论知识与临床实际紧密结合,培养学生的沟通能力、团队协作能力、护理管理实践能力。如此提高了课程高阶性、创新性和挑战度。采用过程性评价(50%)与终结性评价(50%)结合的多元考核评价体系(图3),高质量达成课程目标。

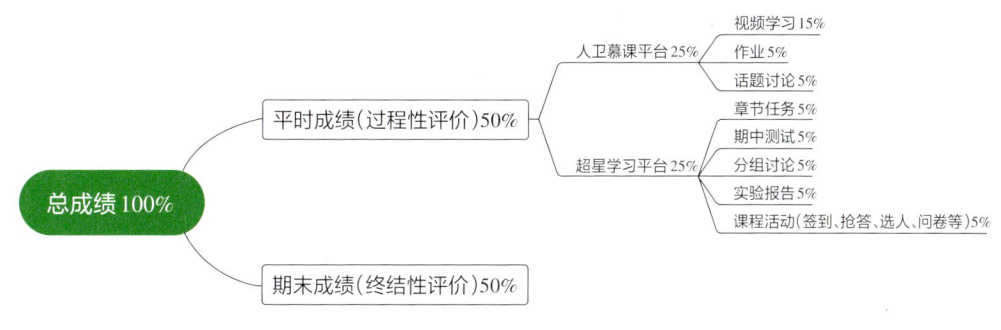

图3 多元考核评价体系

三、案例成效

（一）创新与特色

1.建立了以护理岗位胜任力为导向的课程体系

通过组建"双师型"教学团队，优化课程目标，重构课程内容，建设案例库、试题库和课程思政平台，增加临床实践教学和课堂翻转等方法，使课程内容对接临床护理岗位能力要求，突出课程实用性、创新性。使学生树立以人为本、以患者为中心的护理管理理念和职业素养。

2.建立了具有校本特色的课程思政模式

针对学生职业发展意识尚处懵懂状态的特点，基于我校西迁校史、南丁格尔奖获得者和抗疫英雄的真实故事，建设数字化课程思政云平台，凸显西迁精神、南丁格尔精神和抗疫精神的课程思政主题，强化学生职业信念引导，充分认识护理管理学对未来职业的支撑作用，坚定热爱护理专业，扎根医疗卫生事业，树立勇于担当的理想信念，扣好学生职业发展的第一颗扣子。

3.创建了"四位一体"的课程教学模式

应用现代信息技术，借助人卫慕课平台和超星教学平台，智慧教室和附属医院，充分整合国家级精品课程和校内优质教学资源，建立了"线上自学+课堂探究+临床见习+社会实践"四位一体的课程教学模式，通过教师精讲与小组研讨相结合、专业教育与思政教育相结合、管理理论与临床实践相结合，解决了学习动力不足、学习成效较差的问题，形成了校院交叉、理实融合的课程教学模式。

（二）成果与成效

1.课程建设深受同行专家认可

四川大学陈红教授曾评价本课程"紧贴护理岗位能力要求来设置课程目标及内容，并应用体验探究式教学、翻转课堂等方法，教学理念新、课程定位准"；西南医科大学护理学院陈燕华院长说"独特的课程思政教育模式值得推广"。2021年，本课程获批重庆市线上线下混合式一流课程。

2.培养了一批优秀的护理人才

80%的毕业生就业于西部地区。用人单位普遍反映我校学生政治素质好，操作能力强，有管理意识。学生荣获国际和平勋章、中国大学生自强之星等表彰；部分优秀毕业生在国家或重庆市卫健委挂职锻炼,参加援鄂援藏援外的医疗任务或成为驻村书记、病区护士长,职业发展前景广阔。

3.打造了卓越的课程教学团队

学生们曾说:"德技双馨的护理管理学老师是我们职业发展的榜样!"近5年,教学团队荣获重庆市优秀教学成果奖5项,获批教学课题5项,发表教学论文29篇,出版教材13部。

四、建设计划与展望

(一)打造西部地区护理专业课程思政教育示范品牌

依托我校为全国"大思政课"实践教学基地的平台优势,在"西迁精神""南丁格尔精神""救死扶伤精神"的课程思政教育主线中,融入重庆市的"红岩精神"内容。依托数字化课程思政平台,将课程思政教育素材延伸应用至护理毕业实习的思政教育中,护士长培训及护理师资培训中,形成课内课外、校内校外"大思政课"格局,充分发挥本课程的示范引领作用,打造具有西部特色的课程思政品牌。

(二)进一步提炼教学模式并加快推广应用

进一步提炼"线上自学+课堂探究+临床见习+社会实践"四位一体的混合式教学模式特色,加强课程改革研究。借助市级一流课程建设平台,与川渝地区3—5所护理院校共享课程资源,增强课程的辐射带动作用。

"生理学"教学中的线上线下多元混合课程体系

陈笛　李英博　武向梅　冯敏　耿艳清

重庆医科大学

一、案例介绍

生理学作为研究机体正常生命活动现象及内在机制的科学,是沟通医学基础课程和临床课程的重要桥梁和纽带。但传统生理学教学存在重"教"轻"学",学生参与度低;教学方式单一,难以因材施教;在有限的学时中难以实现"两性一度"的教学目标;课程思政流于表面;等等问题。基于此现状,课程团队采用线上线下混合式教学来解决以上困境:重构教学内容,培养学生自主学习、批判性思维和临床实践能力;利用信息技术支持的学习平台,开展丰富有效的师生互动,提高学生参与度;学生自定步调学习线上资源,教师利用信息化手段记录、评价学生学习行为,做到个性化、差异化教学;通过多种形式培养科学思维方法和创新精神,呈现生理知识背后的科学精神和人文故事,真正做到思政教育的知行合一。

二、案例详述

(一)课程团队建设与能力提升

本团队由教学理念先进、教学经验丰富的中青年骨干教师构成,他们始终励精图治,努力夯实教学基本功。并且积极推进教育教学改革,基于"以学生为中心"的教育理念,深度开展课程体系、教学内容、教学方法的创新。在此基础上开展一流本科课程建设,获批国家级虚拟仿真类一流课程1门、重庆市高校一流本科课程1门。

团队教师强调以德立学、以德施教,充分挖掘"生理学"课程中的思政元素,积极推进课程思政建设,本课程获评重庆市本科高校课程思政示范项目。

(二)课程内容与资源建设及应用

1.课程内容

"生理学"的授课内容包括绪论、细胞的基本功能、血液循环、呼吸、消化和吸收、尿的生成和排出、神经系统和内分泌等11个单元,共计56学时(线下35学时、线上21学时),其中包括12学时的TBL教学。

2.资源建设及应用

(1)数字化资源。

①在超星网络教学平台上线了"生理学"在线课程,提供章节导学、微课、课堂教学实录、知识拓展、课程思政材料等丰富的教学资源,并利用"一平三端"开展丰富多样的课堂活动,完成各种学习任务。仅2021年,本课程的页面浏览量累计359万余次,课程评分4.8分。

②建设了首批国家级虚拟仿真一流课程——"基于AR技术的缺血性脑损伤电生理虚拟仿真教学",可使学生以沉浸、交互的方式真实体验教学对象。

③利用微信公众号等新媒体、图书馆数据库,以及其他国内外优质开放在线资源等,共同构建多元线上教学环境。

(2)科研平台。本校的各科研平台和创新实验室均对本科学生开放,助力其科学创新能力的培养。

(3)公益团队。成立孤独症科普志愿者团队,与多家特殊儿童康复培训机构有稳定的合作,获评校社会实践活动优秀团队,为深入开展课程思政提供了优质平台。

(三)线上线下混合式教学设计创新

1.充分有效的学情分析

(1)生理学是沟通医学基础课程和临床课程的桥梁与纽带,也是医学生接触的第一门机能学科,内容繁多、抽象复杂、逻辑性强,需要学生具有较好的理化基础。

(2)学生初次接触机能学科,尚不适应其思维模式和学习方式。

(3)部分专业为文理兼收,学生的理科基础和学习能力参差不齐,课堂教学难以满足不同层次学生的需求。

(4)学生对信息技术、互联网和移动终端等的接受度、依赖度高。

2.学习目标设定

秉承"理论与实践并重,医学与人文融合,注重提升实践能力和创新能力"的培养目标,制订了如下课程目标。

(1)知识目标。系统掌握生理学的基本概念,掌握各器官系统的正常生理功能及其调节机制;树立人体各组织、器官、系统相互协调和密切配合是保证其正常生理活动的必要条件的观点。

(2)能力目标。培养自主学习和终身学习能力、逻辑思维和批判性思维,增强沟通交流、团队协作能力和临床实践能力。

(3)素质目标。培养医者仁心的职业责任感和人文关怀精神;培养严谨求实的治学精神和刻苦钻研的科学探索精神。

3. 教学内容重构

注重提升课程的高阶性和创新性,适当增加挑战度,并充分考虑各专业后续学习的需要,结合学科前沿发展动态,合理融入课程思政内容,完成教学内容的重塑。

(1)删减或弱化部分教学内容:①与其他先导课程重复的内容;②部分对理化基础要求较高、艰涩难懂,但对后续专业学习意义不大的内容。

(2)线上教学侧重基础知识传授和自学能力培养,线下教学侧重对重难点的解析,并加强批判性思维、团队协作等高阶能力的培养。

(3)合理融入生理科学的前沿进展和课程思政内容。

4. 融合多种教学方法

(1)课堂教学采用BOPPPS模型。导言部分以临床病例等引出教学内容,激发学生兴趣。再明确告知学习目标,通过前测了解学生对相关知识的掌握情况。课堂中采用师生互动的参与式教学,通过后测评价学生的学习效果。最后,鼓励学生总结课堂内容和要点。

(2)在参与式学习过程中,用任务驱动式学习提升学生的自主学习能力,用讨论式学习促进深度学习和培养探究精神,以TBL教学培养口头表达能力和临床思辨能力,并增强团队意识。(图1)

图1 TBL教学

(3)科研实践、公益科普等体验式教学,让学生主动探究新知,自主构建知识,最终内化为科学精神和职业责任感。

5.建设在线课程,整合线上线下资源

根据教学目标和教学内容,建设"生理学"在线课程,并将线上和线下资源充分整合。

6.健全考核评价体系

依托超星平台制定过程性评价方案,以期提供全面、合理、客观、公正的多元化评价体系,充分发挥其导向、激励、诊断与调控功能。

(四)课程教学内容及组织实施

课程团队设计了贯穿课前、课中、课后的开放互动、线上线下、多元混合式课堂。(图2)

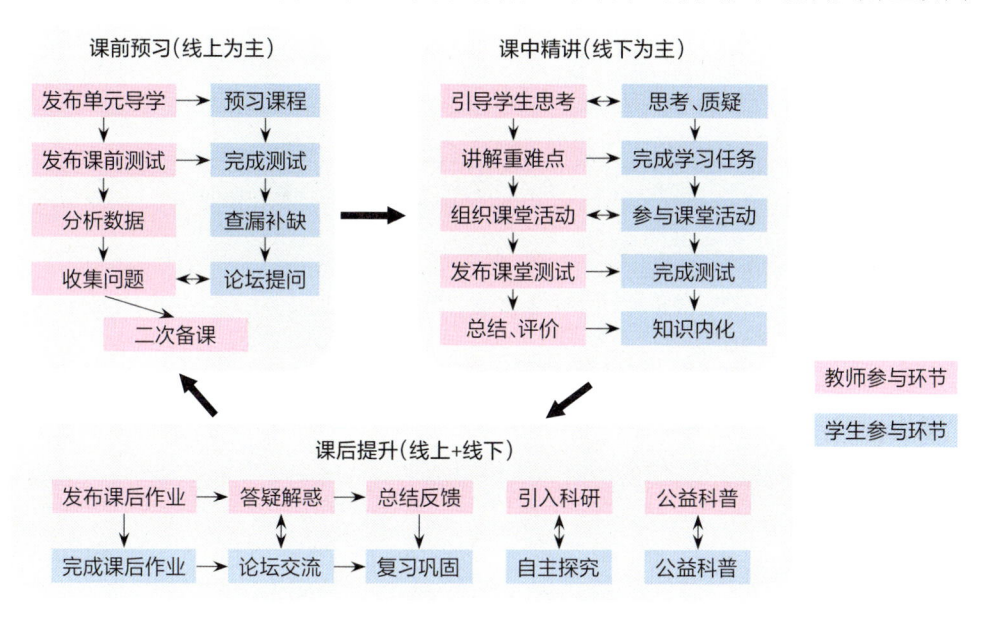

图2 课程教学内容及组织实施流程

1.课前预习

学生按单元导学自学,完成课前测试。教师分析测验数据,了解预习情况;学生根据答题情况查漏补缺。师生通过论坛等交流互动,使教师可有的放矢,调整教学方案。

2.课中精讲

教师讲解重难点,引导学生思考,可根据情况采用翻转课堂等形式,组织TBL等多种课堂活动,发布课堂测试,总结学习情况;学生独立思考、积极讨论、参与课堂活动,完成测试,内化知识。

3. 课后提升

教师发布课后作业，答疑解惑、总结反馈；学生及时完成作业，论坛交流、复习巩固。对学有余力的学生，可以开展公益科普，学习学术前沿资料，为创新创业大赛奠定基础。

（五）成绩评定考核

改变"一考定终身"的传统评估模式，将过程性评价和终结性评价相结合，做到评价形式多样化、评价内容多层次、评价主体多元化、评价功能多角度。科学客观、赏识鼓励、尊重差异。（图3）

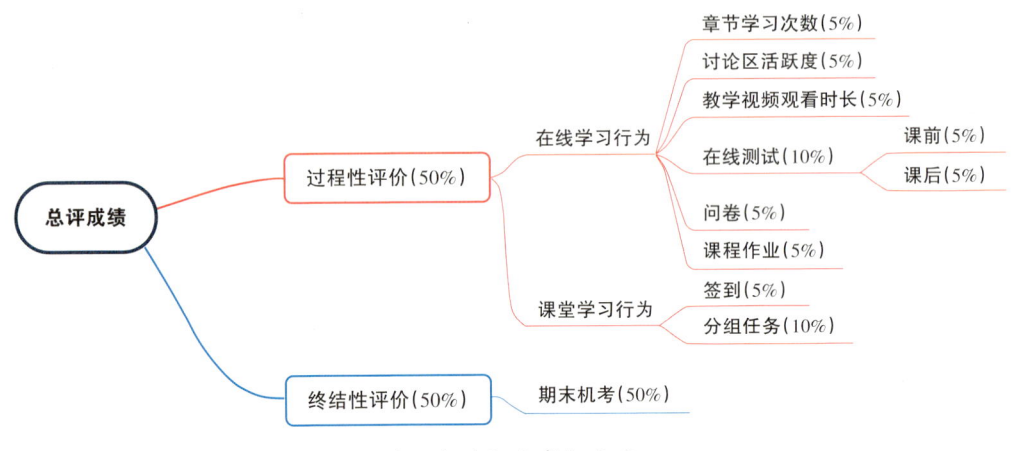

图3 成绩评定考核方案

利用信息化手段和数据分析，及时了解学习行为和反馈学习情况，不但可督促和激励学生学习，也可为教师优化和调整教学方案提供依据。

三、案例成效

（一）案例特色与创新点

1. 多元混合的课程体系

将传统课堂与现代信息技术相结合、线上线下相结合、课堂内外相结合、虚拟与现实相结合、基础知识获取与科研临床实践相结合、理论学习与课程思政相结合。

2. 多维度构建的教学评价方式

基于超星平台制定了相对客观、合理和公平的过程性考核体系和详细量规，全面覆盖课前、课中、课后和线上线下的学习过程。使师生双方可基于数据分析的反馈结果对教和学的过程不断进行反思，及时调整教和学的进度与方式，达到以评促学、以评促教、以评促考的目的。

3. 多途径融入的课程思政

通过课内课外、线上线下多种途径开展融合式课程思政,加深学生对职业道德、医者精神、科学精神的理解,真正达到润物无声的育人效果。

(二)教学改革的主要成效、成果

1. 学生认可度高,教学效果显著

通过本课程体系,有效激发学生学习兴趣,提高学习效率,提升课程内涵,得到学生和督导专家的认可。

2. 学生的科学、人文素养提升

(1)本科生主动参加科学研究,获得各级大学生创新创业训练计划资助,发表多篇科研论文,在实验技能或设计大赛中捷报频传。

(2)成立"走出自闭,拥抱阳光"公益团队,组织公益讲座、康复培训、免费体检等活动,培养学生"医者仁心,大爱无疆"的精神。(图4)

图4 课程团队带领学生参加公益活动

(3)课程团队在全国率先拍摄了动物伦理公益微课,开展关爱实验动物主题活动,培养学生"关爱动物,尊重生命"的观念。

3. 课程组改革成果

团队教师不断提升教学能力,获得多项教改课题资助,发表多篇教改文章,在教学竞赛中硕果累累。(图5)

图 5　冯敏副教授参加微课比赛

四、未来计划或启示

（一）完善教学内容的重构，并逐步示范推广

根据师生反馈，不断调整和改进教学内容与方式，真正做到线上线下深度融合，扬长避短，充分发挥混合式教学的优势，并在各专业学生的生理学教学中广泛推广混合式教学。

（二）丰富教学资源，建设"生理学"MOOC，服务更多受众

丰富和完善在线课程的教学资源：补充更新微课、动画，建立CBL案例库，完善题库等。打造在线开放课程，除本校学生外，还可服务于其他学校的医学生、备考考生、基层医疗卫生工作者等。

（三）着力打造精英教师团队

优秀的教学团队是课程建设的立足之本，因此需将教师培养制度化和常态化。每年安排骨干教师参加相关培训，学习先进的教学理念和教学方法，促进教学能力提升。并注重提高团队的科研水平，为培养创新型人才奠定基础，形成教学和科研相辅相成的良性循环。

以"一中心""两融合""四位一体"教学模式,育新型护理人

廖碧珍　赵庆华　王富兰　周恒宇　王丽

重庆医科大学

"妇产科护理学"课程是关于女性生殖健康护理的一门专业核心必修课。课程紧扣本科护理人才培养目标及社会需求,通过组建"双师型"教学团队,运用混合式教学、SPOC+翻转课堂、虚拟仿真、床旁教学等多元教学方法,在讲授基本理论、基本知识和基本技能的同时,适时将思政元素、临床实际问题、学术研究成果、学科发展前沿理论等引入课程,并持续优化课程设计,确保课程的实用性和先进性,为实现"健康中国、健康人民"的战略目标发挥重要作用。

一、案例介绍

本课程围绕立德树人根本任务,着力打造优秀的"双师型"教师队伍;通过重构课程教学内容,完善考核评价体系,自制种类丰富、形式多样、信息多元的线上教学资源,使教育信息技术与教学改革深度融合;与时俱进的课程内容与资源相得益彰,理论与实践、课堂与临床、专业与思政、经典与前沿有效结合;对接培养目标,彰显"以学生发展为中心"的教学理念,合理选择教学方法,通过线上学习、课堂教学、实验室实训、临床实践"四位一体"组织实施路径,将立德树人理念全程渗透到线上与线下、课内与课外各个教学环节,以"润物细无声"的形式将课程思政元素与专业知识深度融合,实现知识传授、能力培养与价值引领的有机统一,从而培养学生关爱女性生殖健康、尊重生命的职业情怀,孕育新一代护理接班人。

二、案例详述

(一)课程团队建设与能力提升

建立"三融合"的教学团队。遴选学院、医院、社区"三位一体"的优秀教师全程参与教学过程,紧贴临床实际,共建共享课程资源,制作微视频、课件及拓展资源,供学生线上学习;线下采用SPOC+翻转课堂、案例教学、技能训练、临床见习等教学手段实施教学。依据线上及线下学习情况开展过程性评价,形成了"线上+线下""自学+面授""理论+技能"三结合的立体教学体系。"三融合"的"双师型"教师团队,具备理论教学与实践教学的双重素质,丰富的临床经验、良好的职业道德,使知识传授与价值引领同向同行。

(二)课程内容与资源建设及应用

以廖碧珍主编、人民卫生出版社2017年出版的《妇产科护理学》为依据,按照"必需、够用"的原则,缩减护理工作中运用较少的内容,将课程内容重构为女性生殖系统解剖与生理、孕产妇及胎婴儿的护理、妇科疾病患者和优生优育妇女的护理四大模块,共计12单元,按四个类型划分各单元,其知识特点为易懂易实践、易懂难实践、难懂易实践、难懂难实践。(图1)

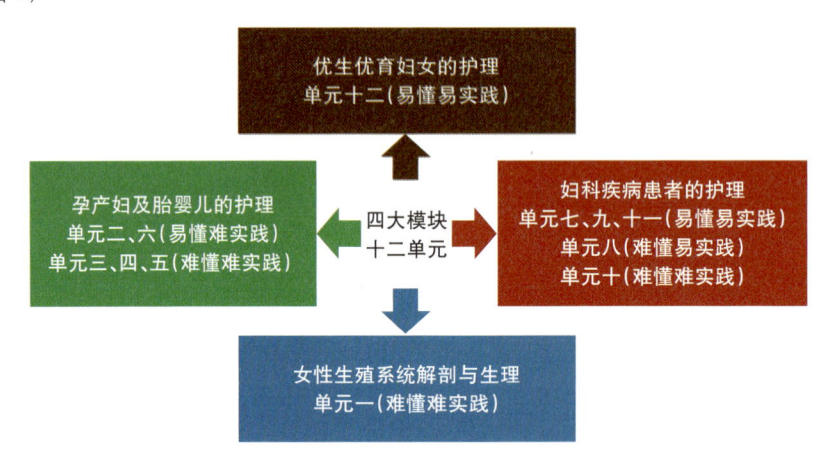

图1 内容重构与单元知识特点

自制微视频82个、课件32个,注重引入学科前沿知识,提供文献及指南126篇,编写典型案例28个、思政案例10个、中英文试题2000余道。与时俱进的课程内容与资源相得益彰,理论与实践、课堂与临床、专业与思政、经典与前沿有效结合,体现了课程内容的创新性与高阶性,满足了学生线上学习需求,2018—2022年学生在线学习总时长近8万学时,师生互动交流发帖两万余次,参与本课程学习的学生两万余人。

(三)线上线下混合式教学设计创新

本课程以THEOL在线教学平台及"课程伴侣"APP为依托,基于"以学生发展为中心"的教学理念,以探究社区理论模型为依据,实施线上线下混合式教学设计。(图2)

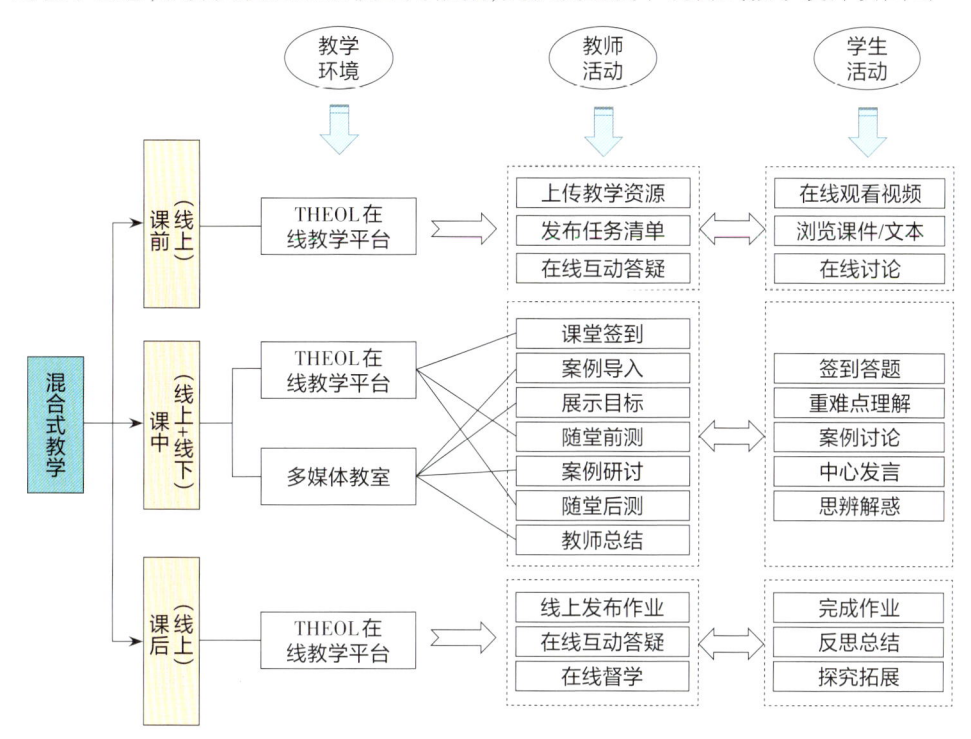

图2 混合式教学设计

课前:教师通过THEOL在线教学平台发布学习任务清单,督促学生结合相关微视频完成课前基本内容的学习、小组讨论,引导学生对课程内容提前思考,明确疑难点,使学生带着问题进入下一步骤的课堂学习。

课中:理论课堂教学充分应用"课程伴侣"APP,采用BOPPPS教学法,通过随堂测试、案例研讨、重难点讲授等实施理论课教学,促进学生互动、师生互动;实训课堂开展情景模拟、虚拟仿真教学、床旁示教等,实现理论知识向临床转化。

课后:教师通过THEOL在线教学平台布置课后作业,包括相应测试、绘制单元思维导图、探讨拓展性问题,鼓励其自行查阅相关研究的最新文献,满足学生对学科前沿知识的学习需求,开阔学生视野和训练其科学思维能力。

(四)课程教学内容与组织实施

本课程重构四大模块,12个单元的教学内容通过线上学习、课堂教学、实验室实训、临床实践"四位一体"组织实施路径。(图3)

线上学习 01
课前利用线上平台学习基础知识。课后利用线上平台巩固、拓展学习

课堂教学 02
重、难知识点讲授。参与式教学，实现师生互动、学生自评与互评

四位一体

实验室实训 03
高端模拟仿真教学，情景模拟教学

临床实践 04
理论知识向实践技能有效过渡

图3 课程内容组织实施路径

线上学习：教师发布学习任务清单，学生通过微视频等学习相关基本理论知识，在线分组讨论、师生互动，明确疑难点。

课堂教学：理论教学中，根据单元知识特点，采用不同教学方法，如任务驱动法、案例研讨、思维导图引导等，组织学生进行小组讨论，通过随堂测试、小组汇报等了解学生薄弱环节，引导其解答疑难问题，梳理知识框架，促进知识内化。

实验室实训：实践教学中，通过高端模拟仿真、情景模拟、案例追踪等教学形式实现理论知识向临床实践的迁移，以培养学生动手实操能力。

临床实践：临床实践教学中，通过学生床旁询问病史、感受及进行体格检查等，为学生营造身临其境的教学环境，培养学生运用所学理论知识解决临床实际问题能力，实现"教、学、做"一体化。

同时，按照教学单元知识点设计思政要素，发挥团队杰出护理工作者的榜样作用，融合生命教育、职业素养，培养学生责任感、使命感。

（五）完善课程评定考核方式

课程考核中过程性评价占50%（线上学习30%、线下表现20%），终结性评价占50%（期末考试成绩），并设有加分项目。（表1）将线上学习行为与效果、线下课内外表现、职业素养及信息技术运用等作为考核指标。全面细化学生线上与线下参与式学习活动评价环节，从信息技术上实现即时评价、即时反馈、即时改进，充分体现学生的学习效果，调动学生学习积极性，全面考核学生的综合能力，提高课程的挑战度。

表 1 课程评定考核指标

过程性评价项目及分值(满分100分)							奖励性评价	终结性评价
线上学习(30%)			线下表现(20%)				加分项目(5分/3分)	期末成绩(50%)
在线测试(10%)	在线学习行为(10%)	反思总结、作业(10%)	师生互动讨论(5%)	技能操作(5%)	学生职业素养(5%)	信息技术应用(5%)		
↓	↓	↓	↓	↓	↓	↓		
在线学习反馈，答对获满分	在规定时间内完成可获满分	按照要求完成可获满分	积极参与小组活动可获满分	积极发言、参与讨论可获满分	遵守专业礼仪及行为可获满分	应用信息技术解决重难点可获满分	在线学习成绩排名1—10名：5分/人；11—20名：3分/人	

三、案例成效

（一）案例特色与创新点

1. 建立了"三融合"的教学团队

教学团队由学院、医院和社区"三位一体"的"双师型"优秀教师组成，包括教育部护理学认证的专家，获国家级、省部级表彰的行业精英，可进行理论教学与实际教学的双重素质人才。高素质的教学队伍全程参与教学过程，丰富的临床经验、良好的职业道德，使知识传授与价值引领同向同行。

2. 创建了"三贴近"的课程设计

以探究社区理论模型为指导，构建线上线下混合式教学设计，重点突破知识向能力转换。贯彻"以学生发展为中心"的教学理念，开展丰富的教学活动，采用多种教学方法，贴近学生兴趣；"双师型"教师紧贴临床实际和学科前沿，注重培养学生临床思维及解决实际问题的能力，贴近临床实践；设计敏感热点话题讨论、临床实践活动，让知识的运用贴近社会需求。

3. 创新"四位一体"的教学组织实施路径和多元化的评价方式

依托THEOL在线教学平台，通过线上学习、课堂教学、实验室实训及临床实践相结合的"四位一体"教学组织实施路径，营造互动学习情境，激发学生学习兴趣；采用多元化评价指标,使学生由"要我学"转变为"我要学";将线上自学、答疑互动、拓展阅读等与线下多元教学法融合,帮助学生进行知识内化与延伸,使课程具有创新性、高阶性及挑战度。

(二)教改成效及解决的重难点问题

教改成效显著,团队获批省级等教改课题7项,发表教学论文20余篇(其中SCI 3篇),主编国家级教材4部,建成市级首批精品在线开放课程、市级混合式一流课程,获市级在线课程建设与应用示范案例及市级高校在线教学创新应用先进典型各1项、市级及校级教改成果奖5项,1名教师获重医大"钱悳教学名师奖";培养的学生获中国大学生自强之星表彰,数十名毕业生在新冠抗疫中获得表彰。校外12所高校的学生、社会大众均在线学习本课程,课程在线平台访问量近15万次。由廖碧珍主编、人民卫生出版社出版的《妇产科护理学》,现为国内多所医学院校护理专业及继教培训的专用教材。

课程通过建立学院、医院、社区"三融合"的教学团队,紧贴临床实际和学科前沿,重塑课程内容,为培育女性生殖健康护理接班人奠定基础。依托网络教学平台,为学生提供丰富的线上学习资源,采用"以学生发展为中心"的多种教学手段、"四位一体"教学组织实施路径,使课程较好地体现临床新技术、新进展,解决了课程的高阶性不足问题;现代信息技术与教育教学改革、课程思政与专业素质的深度融合,促进了学生主动学习及人文关怀能力的养成;完善的课程考核评价方案,全面反映学生的综合能力,提高了课程的挑战度。

四、未来工作打算

(一)进一步提升教学团队的教学水平

重点关注教师教学发展,适时优化队伍结构。通过临床实践、教育教改、教学竞赛等方面的锻炼,进一步提升教学团队的教学实力,培育更多为女性生殖健康保驾护航的接班人。

(二)进一步提炼课程内容、优化教学资源

根据妇产科护理学理论知识的发展趋势及临床实际要求,动态适应社会发展和专业要求。对标国家一流课程标准,不断提炼教学内容,更新教学课件,制作和完善原创微视频、编写经典临床案例等。

(三)进一步推进教学方法的改革

针对线上线下教学内容升级、线上教学资源优化、线下教学任务构建等问题,开展深度调研。以体现学习效果的探究性和个性化为目标,创新教学方法,改进现有教学活动的不足,从而培养学生终身学习的习惯。

(四)进一步深化课程思政教育

推进全员、全程、全方位育人的大格局,建立课程思政教研组,着力研究本课程教学与思政教育的结合点,深度挖掘课程蕴含的思政教育资源,将线上与线下、课内与课外思政教育有效结合,增强学生人文关怀意识,拓展育人空间。

混合教学模式应用于传染病学的实践探究

王晓昊　康娟　胡鹏　钟珊　张大志

重庆医科大学

一、案例介绍

经过几代人的不懈努力,目前"传染病学"课程线上线下教学体系已基本完善,课程设计充分体现线上线下、基础和临床知识融合;探索小班教学,加强过程考核,确保课前、课中、课后三个教学阶段首尾呼应、相辅相成,以学生为中心的教学理念与教学效果评价体系有机融合。实现了第一课堂、第二课堂有机结合,以多元化、创新性的教学方法激发学生学习兴趣,同时,深入挖掘思政元素,整合育人资源,实现课程思政与专业课程的有机融合。学科在国际上有一定知名度,促进传染病学教学模式转型,依托科研平台将创新创业教育贯穿全过程、全课程,培养创造力。"传染病学"课程被评为国家级精品课程、精品资源共享课程、线下一流本科课程及重庆市精品课程、重庆市高校课程思政示范课程。

二、案例详述

(一)课程团队建设与能力提升

重庆医科大学"传染病学"课程建设历史悠久,1956年由上海第一医学院(现复旦大学上海医学院)传染病教研室分迁来渝组建,在老一辈著名传染病学专家钱悳教授、刘约翰教授、张定凤教授、王其南教授带领下,几代人历经半个世纪的努力,使学科发展为我国首批硕士学位授权点、博士学位授权点、国家重点学科、国家临床重点专科,现拥有病毒性肝炎研究所、感染性疾病分子生物学教育部重点实验室,在国内有重要影响力,在国际上有一定的知名度。

经过几代人的传承与发展，重庆医科大学传染病学团队现有教授6人，研究员6人，副教授、副研究员10人，讲师及以下教师8人，团队持续开展学风和学术道德建设，营造良好学术氛围，为重庆市高校黄大年式教学团队；传承"西迁精神"，加强队伍建设，注重高层次医学人才培养，现拥有国家卫生健康突出贡献中青年专家、"百千万人才工程"国家级人选、国家优青等高层次人才；构建学习共同体，强化青年人才培养，已形成老中青"传帮带"的良好机制，通过"re-ship"组建创新团队，帮助青年人才明晰发展规划，多位青年教师获得国家级、省部级项目资助，已凝聚成一支"结构合理、团结发展、共创未来"的活力教学团队。（图1）

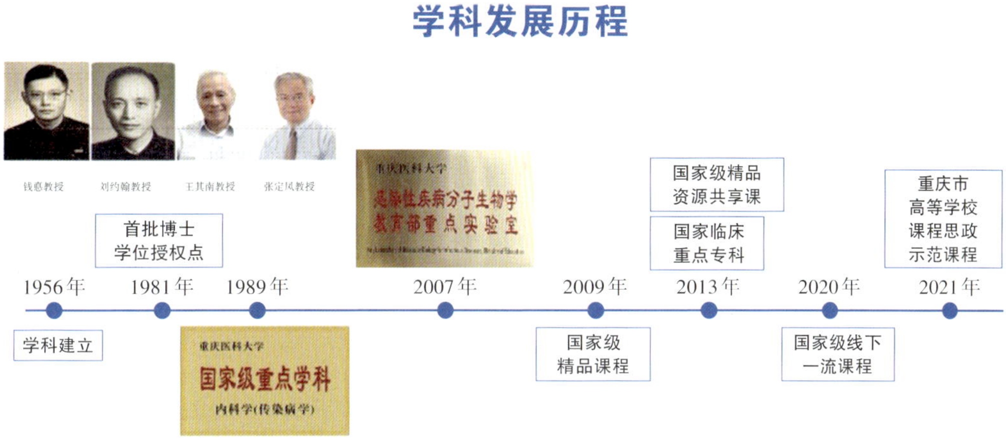

图1　学科发展历程

（二）课程内容与资源建设及应用情况

线下参考教材为第九版《传染病学》，线上教学内容及资源的建设主要依托重庆医科大学网络教学综合平台，将信息技术与教学内容相融合。

课堂教学使用智慧教室、雨课堂、人教助手等，将中英合作办学经验运用于本课程，强调groupwork的学习方式，强化自主学习，促进师生互动、生生互动。

见习与实习教学：结合教学查房、床旁教学，依托SP（标准化病人）队伍、国家级技能培训中心等，提高学生的临床思维能力和实践技能。

充分利用科研学术平台资源开展社会实践活动，发挥第二课堂的作用。

（三）线上线下混合式教学设计创新

1.教学内容

在原大纲的基础上，对教学内容进行知识重构，将教材14个章节根据知识内容划分为7个模块，每一模块有针对性地设计线上、线下内容。

2. 教学重点内容

教学重点为传染病的临床表现、实验室检查、诊断与治疗、预防措施、新发传染病的防控措施。对于重点内容,课前集体备课重点进行知识串联,线上采用BOPPPS教学模式突出重点、加深理解记忆、提升诊断及鉴别诊断高阶能力,线下采用重点回顾、抢答比赛、学生情景剧表演、PBL、CBL等教学形式,结合课前、课中学习的反馈,因地制宜地调整教学设计,以夯实重点知识的学习,最后在课后测试中进一步地强调。

3. 教学难点内容

传染病的发病机制、临床诊断与治疗,病原体变异与耐药、疾病流行的相关研究。传染病学的发病机制、药理等相关知识较为枯燥、深奥,因此,在每一模块开课前需通过集体备课讨论具体章节发病机制的难点、痛点,线上采用展示动画、图片等教学方式,线下采用现场道具演示、师生/生生互动等方式结合临床表现生动形象地展示疾病的发病机制或治疗药物靶点等内容。

4. 混合式教学设计思路(图2)

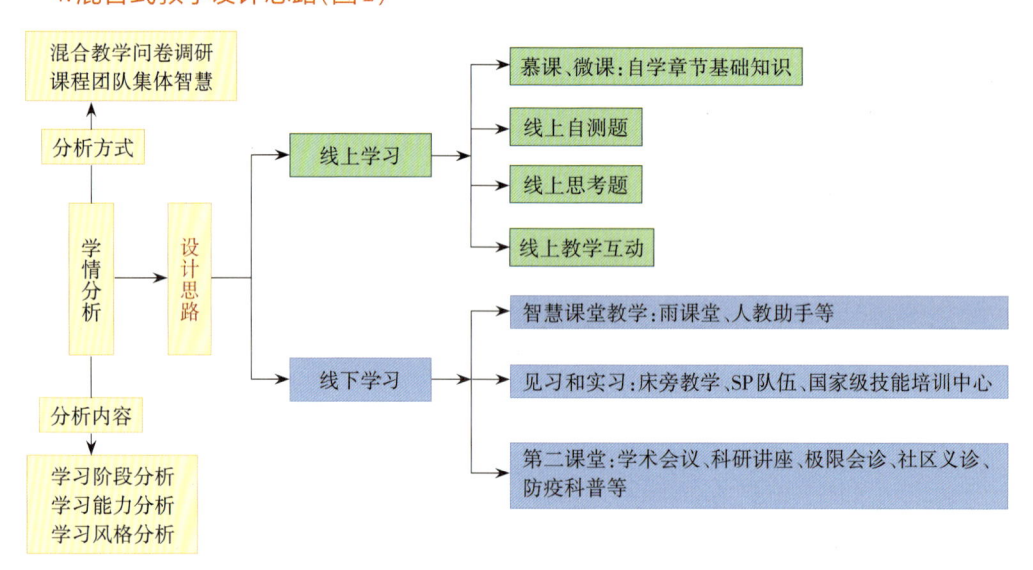

图2 混合式教学设计思路

(四)课程教学内容及组织实施情况

课程团队集体讨论决定线上线下混合教学策略,注重课前、课中、课后三个环节的首尾呼应、相辅相成,最终确保教学效果。(图3)

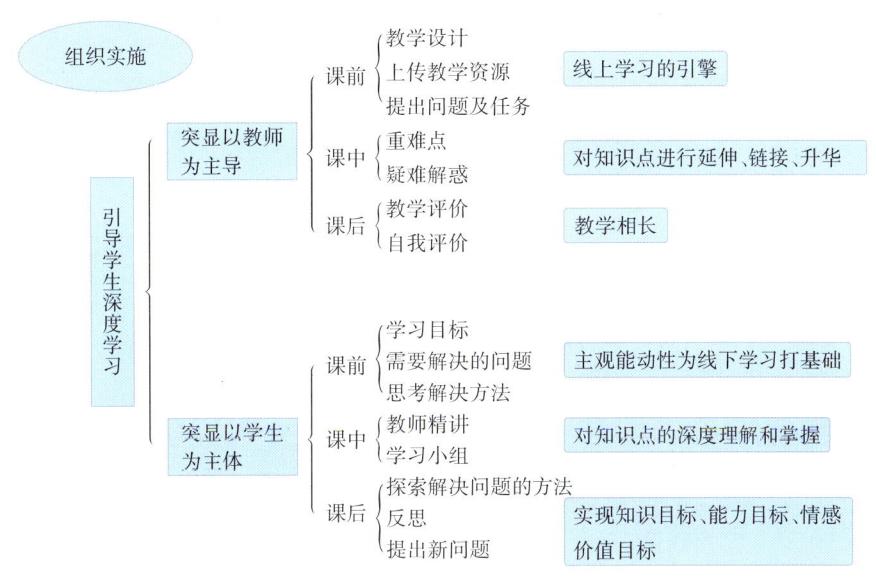

图3 课程教学实施情况

1.线上教学实施

依托课程平台建设线上教学内容及资源,包含课程导读(含学习目标、学习进度推荐、重难点英语词汇讲解)、章节课件、视频、微课、测试、作业、讨论及最新研究成果、指南等相关资源。(图4)

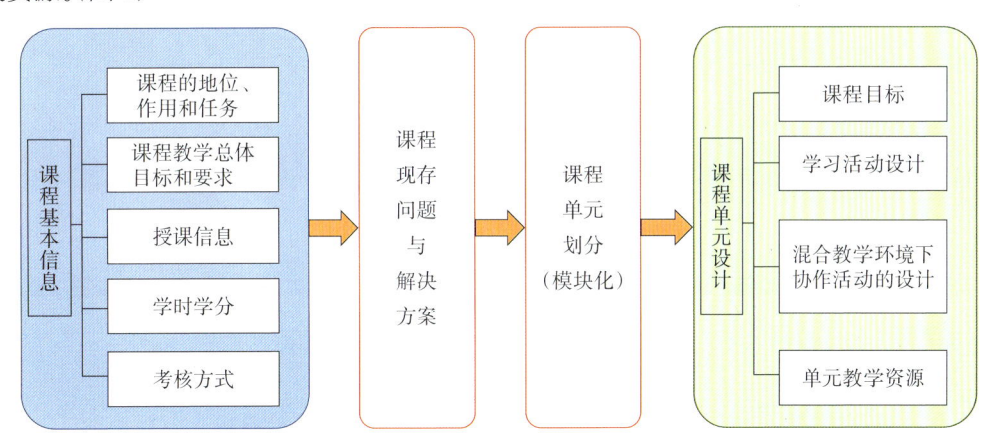

图4 线上内容具体设计

2.线下教学实施

(1)课堂教学。小班试点教学与大班教学同步推进,采用互动式、智能化、多样性的智慧教学环境,利用BOPPPS、PBL、CBL等教学模式,充分结合抢答比赛、重难点回顾、情景剧表演、现场道具展示等多种教学手段,实现教学空间与教育理念、教学模式和教学方法的双向促进。授课教师将雨课堂、人教助手等APP融入课堂,协助开展签到、互动、测试。

（2）见习与实习。以床旁教学的方式开展见习与实习教学。借助临床实例或标准化病人,依托国家级技能培训中心,培养学生的临床思维能力和实践操作能力。

（3）第二课堂。组织学生参加学术会议、极限会诊、社区义诊、防疫科普等活动,开阔眼界、增长阅历,培养学生责任担当意识,追求卓越的品质。(图5)

图5 第二课堂(A、B教学查房;C极限会诊;D三下乡)

3. 课程质量评价

参考FD-QM标准、精品在线开放课程评价指标体系,对课程设计内容进行评分,评价课程质量。

（五）课程成绩评定考核方法

本课程采用过程性和终末性相结合的全过程评价方法。(图6)

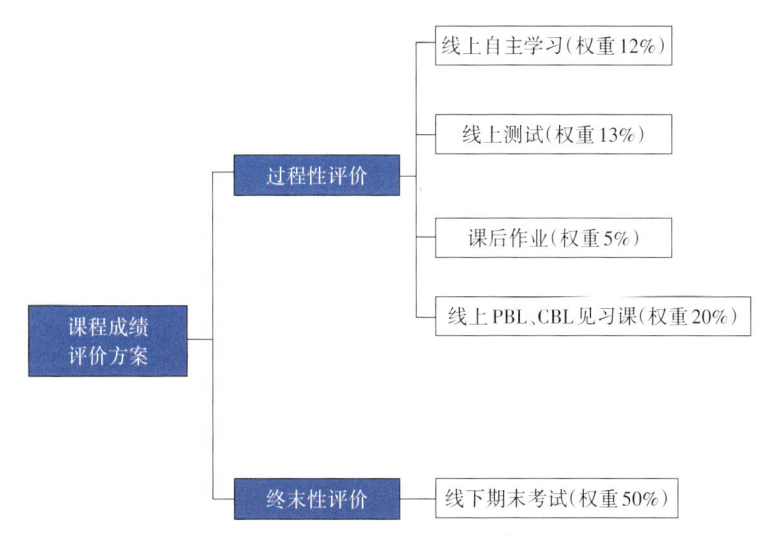

课程成绩评价方案
- 过程性评价
  - 线上自主学习（权重12%）
  - 线上测试（权重13%）
  - 课后作业（权重5%）
  - 线上PBL、CBL见习课（权重20%）
- 终末性评价
  - 线下期末考试（权重50%）

图6 课程成绩评价方案

本课程评价体系将过程性评价更多地融入混合式教学的各个环节，包括课前、课中及课后，全方位、多节点、多层次、递进式评价学生学习情况，充分体现了全程性评价的优势，学生随时随地的可参与性提高了其学习动力和积极性，充分发挥了学生的主观能动性和责任感。

三、案例成效

（一）案例特色与创新

1.教学特色

（1）试点探索40人以内的小班教学，课程设计体现线上线下、基础和临床知识融合、专业课程与课程思政融合。

（2）以教育部重点实验室、国家临床重点专科两大平台为支撑，将科研、临床引入教学，教育教学与临床科研双向融合。

2.教学创新

（1）第一课堂、第二课堂有机结合，以多元化、创新性的教学方法激发学生学习兴趣，提高学习效果。

（2）深入挖掘思政元素，整合育人资源，实现课程思政与专业课程的有机融合。

（3）以构建线上线下混合式教学模式与小班教学融合体系为契机，综合传染病学专业特色，整合师资力量，实施该教学模式后的人才培养质量研究分析，形成"产—学—研—用"一体化发展。

(二)解决的重难点问题

如何落实立德树人根本任务,提高学生综合素养,使我们的学生德才兼备?

如何通过线上、线下有机结合,并将中英合作办学经验运用于本课程,提高课程吸引力和学生的主观能动性?

如何建立更合理、更全面的学业评价机制?

如何通过教学相长来全面提升教师综合素质并做好教学传承?

(三)教学改革取得的主要成效

1. 课程评价

(1)对学生采取全过程的学业评价,学生总体学习效果好。

(2)对教师采取全覆盖的教学评价,参评教师平均分为91.02分,优良率为100%。

(3)对课程进行全方位的质量评价。

学院不定期邀请校外专家进行同行评议,对"传染病学"课程的评价良好,"传染病学"理论教学和实习教学均获得二等奖及以上成绩。(图7)

内部评价　　　　　　　　　　　　　　　**外部评价**

对学生采取线上线下、形成性评价与终末期评价相结合的全过程学业评价

对教师采取全覆盖的教学评价

对课程进行全方位的质量评价

教学效果评价与比较

学院邀请校外专家进行同行评议

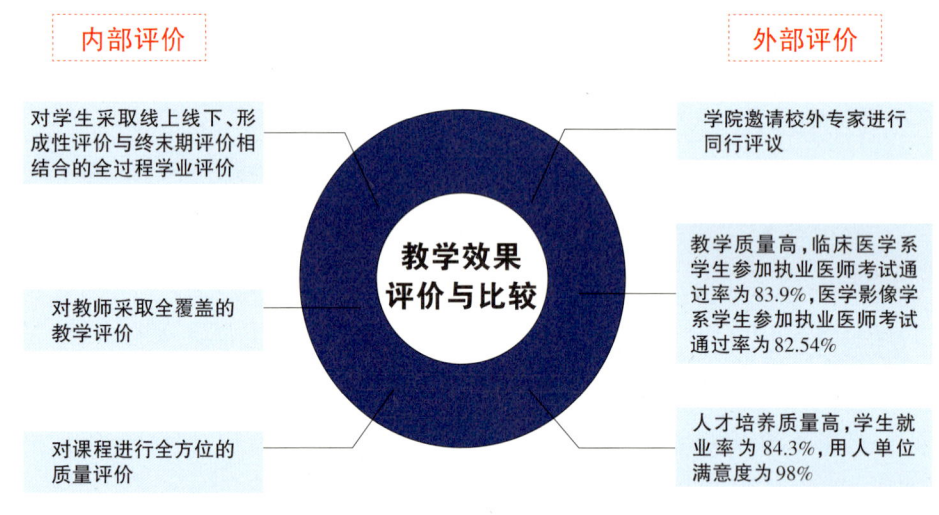

教学质量高,临床医学系学生参加执业医师考试通过率为83.9%,医学影像学系学生参加执业医师考试通过率为82.54%

人才培养质量高,学生就业率为84.3%,用人单位满意度为98%

图7　教学效果评价与比较

2. 教学改革成效

经过几代人的传承与发展,已建设一支素质过硬、结构优化,在国内外具有影响力的师资队伍,已建有3000余道题的中国医学教育题库;成功申报国家级精品课程、精品资源共享课程、线下一流本科课程及重庆市精品在线课程、课程思政示范课程、重庆市高校黄

大年式教学团队;指导留学生获首届来华留学生临床思维与技能竞赛优异团队奖(竞赛最高奖)。团队成员获全国抗疫先进个人、重庆市最美医生、重庆市教书育人楷模、重庆市巴渝学者、重庆市学术技术带头人等多项荣誉称号。

课程团队主编国家级规划教材《传染病学》(第7—9版)、"十三五"英文规划教材 *Infectious Diseases* 等,主持传染病学中国医学教育题库建设等。

以科学研究为导向,以科研平台为基础,邀请国内外知名专家开展学术讲座,营造良好学术氛围,培养师生原创能力和科研思维。

四、未来计划或启示

(一)促进传染病学教学模式的转型

借助中国大学慕课平台,更新线上教学资源建设,让更多学生享受优质资源。

全面推广小班教学,通过教师线下精讲、引入临床实例分析、师生深度广泛互动等完成重难点学习。

(二)关注教师教学发展,加强师资队伍建设,培育"教学名师"

建立跨高校的虚拟教研室,加强师资队伍建设,通过校内外相关教学培训使骨干教师真正成为学生探索未知的激发者、高效学习环境的创建者、价值塑造的引领者。力争在3—5年,培育"教学名师"1—2名。(图8—图10)

图8 课程团队成员胡鹏教授担任中国政府赴巴勒斯坦抗疫医疗专家组组长

图9 课程团队成员张大志教授担任重庆市第十批援鄂医疗队领队

图10 王娜副教授指导学生参加大学生创新创业大赛重庆赛区选拔赛并荣获
重庆医科大学校赛三等奖

(三)依托科研平台将创新创业教育贯彻全过程、全课程,培养创造力

充分利用国家临床重点专科、教育部重点实验室等临床、科研学术平台,将创新创业教育贯穿全过程、全课程,培养学生的创造力、创新力。

(四)结合专业特色,打造课程思政典型示范

结合传染病学专业特色,将思想政治教育内化为课程内容,课程内容反映专业先进的核心理论和成果,建立具有课程特色的思政案例库,发挥课程育人功能。

坚持教学创新　深化"四个融合"
——"医学超声影像学"混合式课程案例[1]

冉海涛　任建丽　张群霞　孙阳　敖梦

重庆医科大学

一、案例介绍

"医学超声影像学"是由医学超声影像学教研室领导的医学影像专业核心课程之一，是一门结合基础医学和临床医学的综合性学科。课程团队长期致力于课程的改革创新，结合课程特点，制定出"一目标、两主线、三阶段、四环节"的混合式教学总体思路。课程改革成效良好，2020年获批重庆市线上线下混合式一流课程，教学团队获评市级"优秀基层教学组织"。

二、案例详述

（一）课程团队

冉海涛教授，博士生导师，现任重庆医科大学医学影像系主任兼超声影像学教研室主任，中国超声医学工程学会副会长兼超声分子影像分会会长，重庆英才名家名师、重庆市学术技术带头人、首批医学领军人，《临床超声医学杂志》主编。主持国家级科研项目6项，省部级科研项目10余项，主编及参编专著10余部，获国家发明专利10项，国际发明专利1项，实现成果转化2项，获重庆市自然科学一等奖1项、科技进步一等奖1项、发明奖三等奖1项、卫生科技一等奖1项。

冉海涛教授作为负责人，获重庆医科大学钱悳名师称号、重庆医科大学教师教学创新

---

[1] 本案例获重庆医科大学校级教育教学研究项目（项目编号：20220322）、重庆医科大学未来医学青年创新团队发展支持计划（项目编号：W0026）支持。

大赛正高组一等奖、重庆市高校教师教学创新大赛二等奖。主持或参与教改项目3项，获重庆市优秀教育技术科研成果三等奖1项，重庆医科大学教学成果二等奖2项。

课程团队不断加强教学能力提升建设，积极参加教学比赛、教学改革、科研课题申报，不断探寻创新独到的教学方法，提高教学科研水平。团队成员任建丽老师及张群霞老师获评校级优秀教师；孙阳老师为重庆英才·创新创业领军人才；杨扬老师获首届全国高校教师教学创新大赛地方高校副高组三等奖、市级高校教师教学创新大赛一等奖。

(二)课程内容与资源建设及应用

线上课程资源建设主要依托重庆医科大学网络教学平台和超星两大线上平台。网络教学平台主要通过"教学管理""课程建设"两大板块对课程进行资源扩充，内容包括课程通知、教学资料、答疑讨论、问卷调查等，一方面向学生展示课程基本信息、特色并提供课程资源，另一方面方便师生在课堂前后进行信息交流。目前网络教学平台课程访问次数已累计15965人次，课程资源数达151项，课程讨论区发文数187篇；超星平台作为线上视频教学的主要平台，不仅包括本教研室教师录制的教学视频，而且上传了一些优秀的微课、慕课视频引导学生自主学习，2019—2020学年第二学期课程访问次数累计295281人次，课程资源数23项，讨论区互动累计77次，2020—2021学年第一学期课程访问次数累计19113人次。冉海涛教授是纸数融合教材《医学超声影像学(第3版)》主编之一，我们将向其他高校影像系学生开放、共享线上课程。

(三)创新性实施"一目标、两主线、三阶段、四环节"总体教学设计

一目标是将"线上+线下"两种教学形式有机结合，实现学生深度学习；两主线是指以学生为主体和以教师为主导两条教学理念主线；三阶段是课前、课中和课后三个阶段；四环节是指教学过程中注重资源建设、课堂重构、全程评估和教学相长四个环节。

(四)课程教学内容及组织实施

课程教学内容庞杂，包括总论、疾病超声诊断与鉴别诊断、超声介入与治疗等内容，结合混合式教学特点，重构教学内容。线下课堂作为线上教学的补充，通过各种教学活动帮助学生掌握并强化所学知识，注重重难点内容的解析，同时融入思政内容，加强科研思维能力以及职业素养的培养。设置心肌病、妇科超声等12个章节为线上线下混合式教学，授课教师安排1—3学时进行线上教学(提前一周左右上传教学视频至网络平台，学生自行学习后，教研室收集学习情况及问题进行反馈)，授课教师视学生知识掌握情况调整线下课堂内容，并进行线上课堂的相关答疑拓展。(图1、图2)

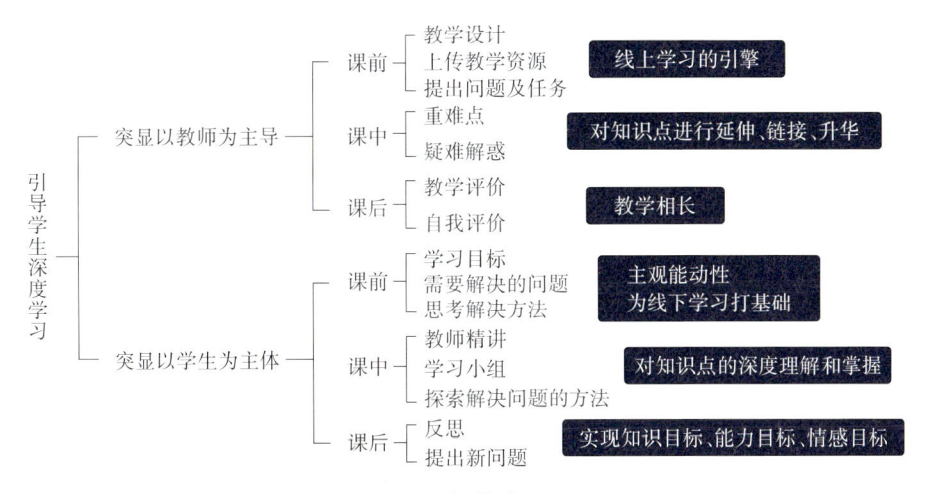

```
                        ┌─ 课前 ── 教学设计/上传教学资源/提出问题及任务 ── 线上学习的引擎
         ┌─ 突显以教师为主导 ─┼─ 课中 ── 重难点/疑难解惑 ── 对知识点进行延伸、链接、升华
         │              └─ 课后 ── 教学评价/自我评价 ── 教学相长
引导学生深度学习 ─┤
         │              ┌─ 课前 ── 学习目标/需要解决的问题/思考解决方法 ── 主观能动性 为线下学习打基础
         └─ 突显以学生为主体 ─┼─ 课中 ── 教师精讲/学习小组/探索解决问题的方法 ── 对知识点的深度理解和掌握
                        └─ 课后 ── 反思/提出新问题 ── 实现知识目标、能力目标、情感目标
```

图 1 教学过程

图 2 线下智慧课堂

（五）成绩评定考核

本课程采取全过程学业评价,具体以终结性评价为主,过程性评价为辅,学期总分为100分,其中平时成绩占30%、期末考试成绩占70%。平时成绩考核具体方案包括六个方面。(1)线上教学视频学习:按时观看线上教学视频,完成95%以上视频学习得2分,否则0分。(2)线上学习章节自测题:线上学习后完成章节后的自测题,按百分比进行折算,总分3分。(3)线上课堂出勤抽查:本学期线上教学中将随机点到2次,1次1分。(4)PBL教学学生表现(课前线上资料上传、课中汇报、讨论):每次PBL课堂教师对学生表现进行评分,最终得分取平均值。(5)随堂测试:考试题型为读图题,共3题,无故不参加者记0分。(6)网上交互:根据学生在网络教学平台的互动情况进行评分,包括师生互动、完成调查问卷等。这种评价方式促进学生"从被动接受评价者转变为评价的积极参与者",有效调动了学生的学习积极性,同时更客观地评价了学生的学习效果和学习能力。学生期末成绩及格率有所提高;学生创新创业能力得以提升,近两学年,已有9人次学生在第五届全国大学生命科学创新创业大赛、第六届"互联网+"全国大学生创新创业大赛市级比赛、第十二届"挑战杯"全国大学生创新创业竞赛等比赛中荣获特等奖、金奖等奖项。

三、案例成效

(一)特色及创新点:线上线下混合教学创新设计,深度实现"四个融合"

1.信息技术与教育教学的深度融合

"医学超声影像学"注重线上资源建设,为学生创造一种真正高度参与、个性化的学习体验。建设的超声医学标准教学图像数据库、超声远程会诊与教学系统、超声虚拟仿真模拟系统在教学中使用广泛。

2.集体学习与个性学习的优势融合

将教学过程按照课前、课中、课后三个阶段来推进教学,实现线下班级授课的群体学习优势与网络学习个性化优势融合,实现学生学习效果最优化。

3.专业课程与课程思政的有机融合

课堂是学校立德树人的主阵地,素质教育的主渠道,人才培养的主战场,课程团队结合教学内容、医学史话、医学人文等,充分挖掘思政元素,建设思政案例库,实现与专业课程的有机融合。

4.教育教学与科学研究的双向融合

依托学科优势,加强科教融合,建立课内外融合的科研创新教育体系,把科研实践能力、创新意识、创业精神培养贯穿人才培养全过程,全面提升人才培养质量。

(二)课程评价及改革成效、取得成果(图3)

多维度、多元化的内部评价
- 对学生采取线上线下、形成性评价与终结性评价相结合的全过程学业评价
- 对教师采取全覆盖的教学评价
- 对课程全方位的质量评价

积极接受外部评价
- 超声远程诊疗系统得到西藏昌都等多地同行好评
- 教学质量高,医学影像学系学生参加执业医师考试通过率为86.2%
- 人才培养质量高,学生就业率为84.1%,用人单位满意度为98%

图 3 教学效果评价与比较

开展项目获得重庆市优秀教育技术科研成果三等奖1项,重庆医科大学教学成果二等奖2项。医学影像学专业获评国家级一流专业,"医学超声影像学"课程先后获评重庆市线上线下混合式一流课程、线下一流课程以及重庆市课程思政示范课程。

学生期末成绩卷面及格率均达70%以上,授课教师评分均为优秀。课程组教师在全国、市级及校级教学比赛中获得优异成绩。

学院理论教学质量评比中多次获得一、二等奖。(图4)

教研室研发的集临床超声报告、教学与科研于一体的超声报告系统实现了科研与教学的融合。

图4 部分获奖证书

(三)课程与教学改革中的重难点问题

课程的改革实践更好地挖掘和实现了思政与专业课程的融合,塑造了学生价值观;创新性的教学环境及方式有效衔接线上线下课程,提高了课堂吸引力,激发了学生学习主动性;通过教学相长来提升教师综合素质并做好教学传承,提高了线上课程共享范围、应用模式、社会影响力,有助于教师和学生反馈评价。

四、未来计划或启示

（一）打造慕课品牌，继续加强线上线下混合式教学

我们将立足教材、紧跟前沿，持续走混合式教学道路，不断探索将"线上+线下"有理有序有机结合的方法，积极调动学生学习热情，提高教学效果。

（二）加强师资队伍建设，培育"教学名师"

多途径开展教师教学发展活动，加强师资队伍建设。使教师真正成为学生探索未知的激发者、高效学习环境的创建者、价值塑造的引领者。力争在3—5年培育"教学名师"1—2名。

（三）加强教学环境和资源的建设，软件硬件升级融合，支撑教育教学改革创新

进一步改善教学条件，加强"互联网+"智慧教室环境建设，软件硬件升级融合，形成系统的智慧化教学体系，支撑教育教学改革创新。

（四）依托科研平台将创新创业教育贯穿全过程、全课程，培养创造力

充分利用超声医学工程国家重点实验室及超声分子影像重庆市重点实验室、《临床超声医学杂志》等科研学术平台，将创新创业教育贯穿全过程，培养创造力。

（五）结合专业特色，继续打造"课程思政"典型示范

将思政元素贯穿全过程，深入发掘课程思政教育资源，发挥课程育人功能，继续打造"医学超声影像学"课程思政典型示范。

线上线下混合式一流课程
——"语文教学策略与教学设计"P-BL2M混合教学模式实践案例

唐旭　杨雨浓　薛晓嫘

重庆师范大学

一、案例介绍

"语文教学策略与教学设计"课程是依据《教师教育课程标准》、汉语言文学专业培养方案及国家一流课程建设要求,整合线上课程而重构的线上线下混合式教师教育课程。

课程契合学校"培养新时代优秀教育师资"的办学定位,基于项目化学习,以布鲁姆教育目标为核心,确立了"知识探索—能力培养—价值塑造"有机结合的三维课程目标。课程内容由7个项目、23个任务构成,以项目为主线,整合BOPPPS教学模式、学习任务、线上视频资源、微格教学四大元素,实施P-BL2M混合式教学模式和进阶式教学能力训练体系。线上学习基础知识筑基,线下推进学习任务训练教学能力,进而形成兼顾基础知识研习、基本技能训练和核心素养提升的混合式学习路径,实现润心无声的课程育人。

二、案例详述

(一)课程团队建设与能力提升

通过专题培训和工作坊研讨,提升课程团队的教育教学能力与水平,特别是实施先进教育教学的能力和开展教育教学改革研究的水平。

组织编著自用教材与微格教学实训手册等系列教学成果,提升教学学术在教学实践中的转化应用。

突破传统教学模式,采用团队专题教学方式,发挥每位教师的专业特长和讲授技巧,讲授上更注重理论、案例与应用的融合。

(二)课程内容与资源建设及应用

本课程内容由线上与线下两部分组成,兼顾理论学习与教学实训。

线上课程以中国大学MOOC"语文教学案例研究"为主,高等教育出版社视频资源为辅,为学生提供教学知识和课例资源,线上学习优良率超过85%。

线下课程使用自编教材,以研习活动为学习任务,以学习任务驱动学生学习。同时,汇编《共同备课篇目(中学卷)》,并运用于微格教学实践。(图1、图2)

图1 参考教材《中学语文教学设计》　　图2 自编学本教材

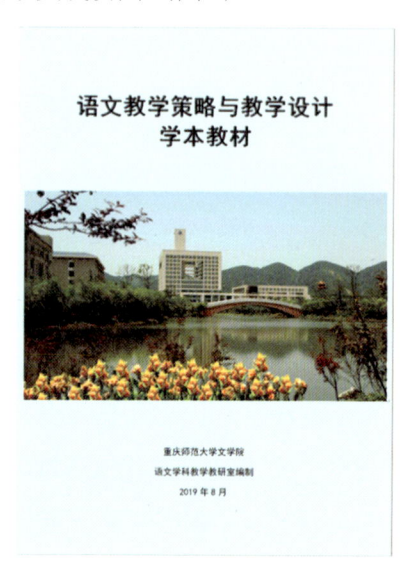

(三)线上线下混合式教学设计创新

本课程构建了P-BL2M混合式教学模式,优化课程教学实施,实现现代信息技术与课堂教学的深度融合;贴近教师教学能力训练点,挖掘"三维四向"课程思政内容,创新"四段七步"实施路径,落实课程育人价值;锚定"教学设计与教学实施"总任务,分解"学习任务群",结合课程思政元素优化任务驱动型课程内容,建构项目化进阶式任务驱动的教学能力训练体系。

课前,通过云教学平台,布置预习作业、推送课件及前测试题,让学生带着问题自主学习。课中,采用BOPPPS教学模式和Jigsaw学习法,推进课堂参与式学习与互助学习的融合,发挥同辈学习共同体的激励作用;借助线上平台以讨论、弹幕等功能进行交流,用选择题、填空题、主观题检测学生学习效果;鼓励学生大胆自评和互评,引导多元评价。课程通过教育名家名言讲演、典型课例等,将课程思政有机融入。课后,布置线上阅读任务、课后作业、主题答疑、单元测试等,做到与学生及时交流与沟通。

线上学习聚焦教学基本知识的理解,线下课堂着力教学基本能力的训练和核心素养的提升,形成了项目主线、任务驱动、"线上与线下、理论与实践"双线并行的混合式教学实施路径,丰富了课程内容供给,有效解决了传统教师教育课程课堂容量小、知识学习挤占能力训练时空的难题。(图3—图5)

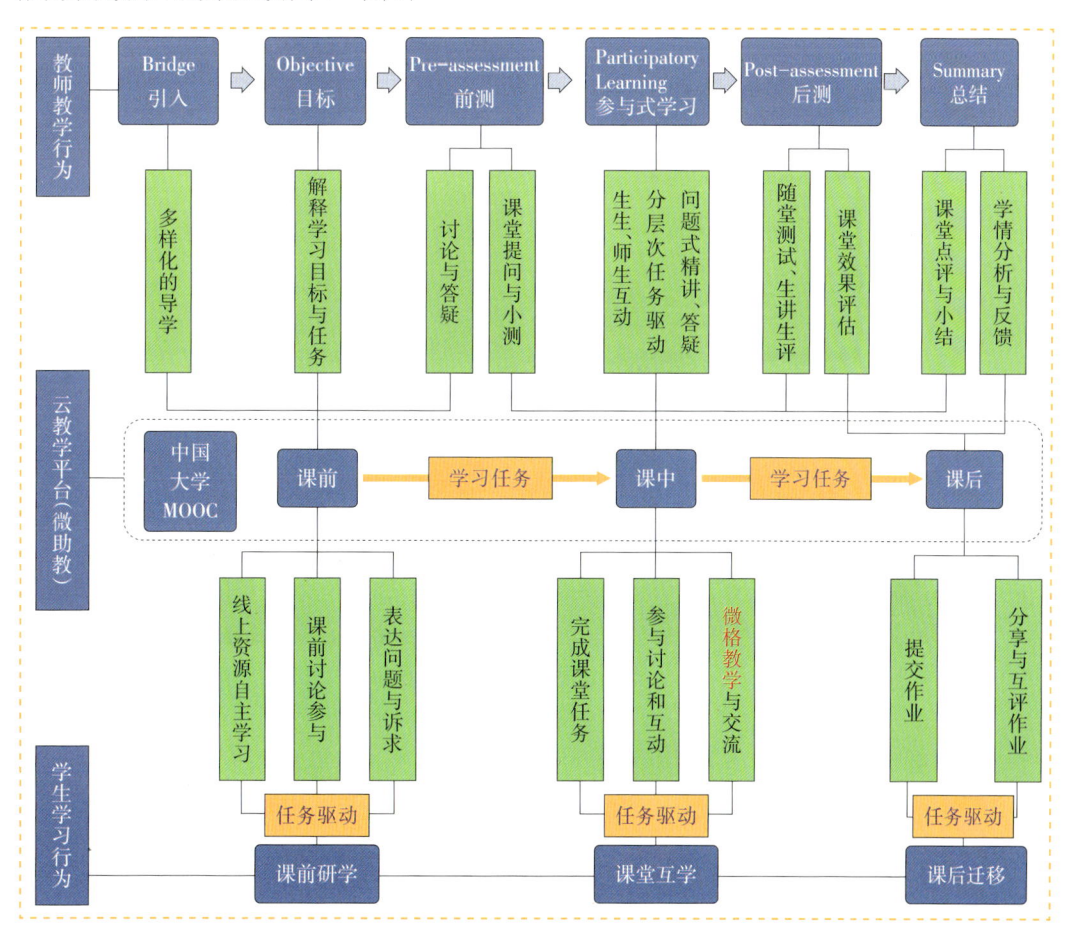

图3 P-BL2M混合式教学创新模式及实施路径

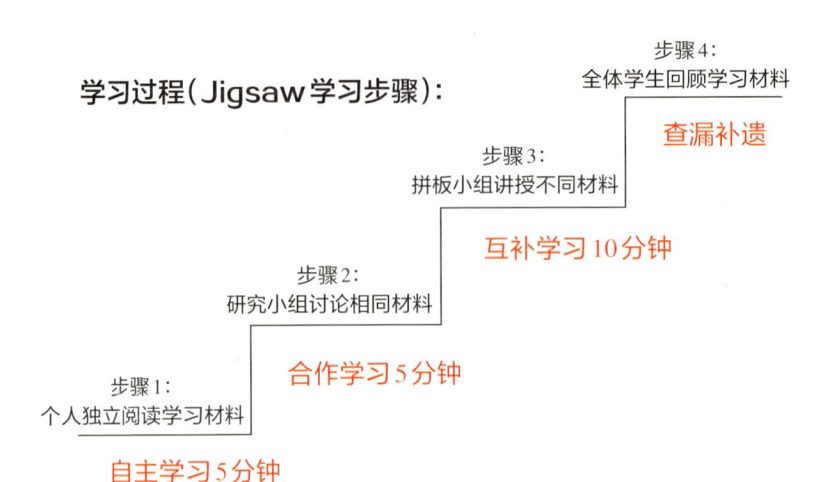

图4 Jigsaw学习法学习步骤

图5 Jigsaw学习法的教学实践

(四)课程教学内容及组织实施

结合教材和线上资源,以成果为导向,以任务为驱动,以项目为终点,重构点线面结合的"三板块七项目"课程体系,线上课程解决事实性知识和概念性知识的学习,线下课程聚焦程序性知识和元认知知识的学习,形成兼顾基础知识学习、基本技能训练和核心素养提升的混合式课程内容。

板块1细分为10个课堂教学设计要素"点",强调核心知识的理解,明确教学设计要素"是什么",总领课程方向,为后续能力训练奠定基础。板块2聚焦阅读教学、写作教学、不同课型教学、专题教学、整本书教学五条基本技能训练"线",设计15个学习任务,运用教学设计基础知识,训练不同类型教学设计能力。课程思政元素有机融入能力训练点。板块3落脚观课与评课,定位教师核心素养基本"面"。线上资源以中国大学MOOC"语文教学案例研究"为主,同时精选丰富的文本、专家讲座,补充学科前沿内容。(图6)

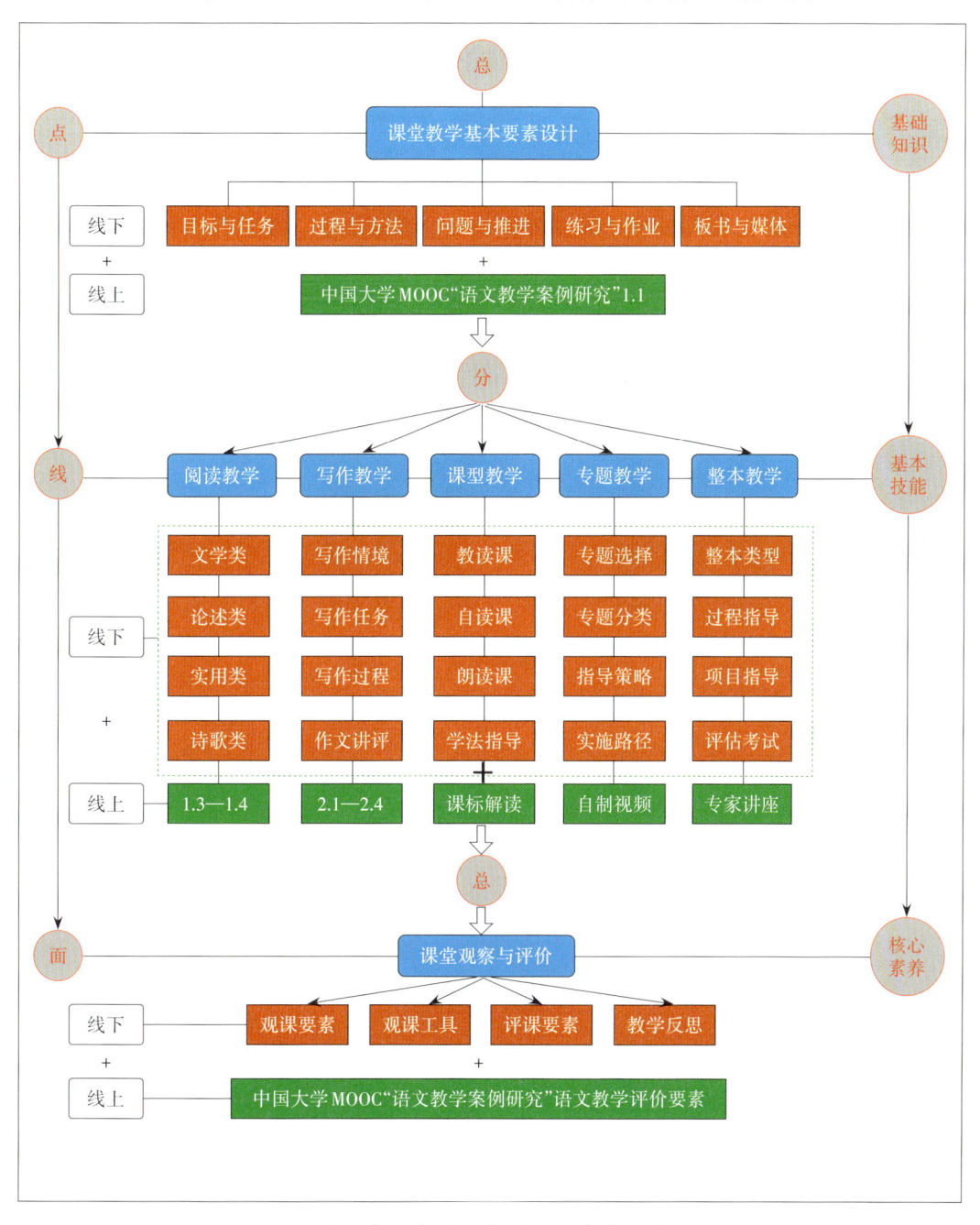

图6 基于资源混合的课程内容体系

基于"责任逐渐释放教学法"和BOPPPS教学模式,遵循P-BL2M混合式教学创新模式,依托线上教学平台,按学习项目开展混合式教学。(图7)

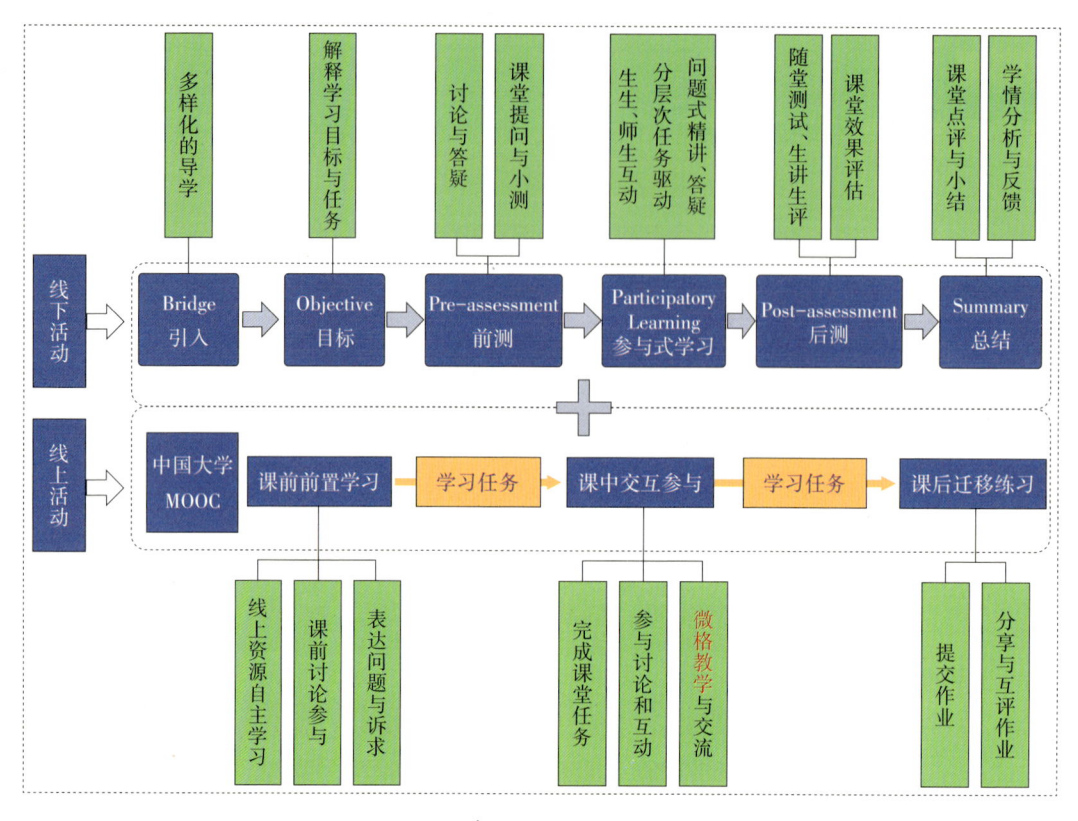

图7 教学活动组织与实施图

1. 课前自主研学

通过线上平台,学生前置自主研学课程核心知识。通过线上测试、讨论和答疑,巩固所学知识、检测学习效果,为线下学习奠基。

2. 课堂交互研习

课堂教学按照教师讲授、教师示范、教师指导下练习、学生独立应用的流程,把学习责任和课堂权利逐渐释放给学生,BOPPPS各环节贯穿始终。线上平台赋能线下教学,把师生交互、生生交互、师生与教学内容交互插上信息技术的翅膀,扩展课程容量,激活课堂参与度,提高线下教学实效。

3. 课后迁移训练

课后利用线上平台发布后测和主题讨论,巩固课堂所学。通过小组学习、社群推进、共同备课等项目学习任务,促进课堂知识的迁移性应用,形成关键能力。

4. 课外中学拓展

利用教学实践基地,开展理论与实践相结合的课外拓展。每学期邀请4位中学教师围绕5大主题开展教学展示课,或线下授课,或远程观摩,使学生能够走进中学,了解基础教育现状与前沿,摹写职业画像,增强职业信念和行业认同感。(图8)

革命文化教学	大单元教学	群文阅读教学	专题教学	微型写作教学
《红岩》小说 《百合花》小说 《沁园春·雪》词	劳动光荣单元 青春激扬单元 家乡文化单元	友情群文阅读 亲情群文阅读 成长群文阅读	成长的烦恼 铸剑为犁 劳动光荣	情境与任务设计 细节描写 跌宕起伏

图8 中学一线教师展示课主题

(五)成绩评定考核

在线平台提供了真实的信息化与可视化评价反馈,实现了教学过程记录、监控和反馈,推动过程性评价实时呈现,使学习过程能追溯、可量化。课程成绩由形成性评价和终结性评价组成,形成性评价占总评的60%,重在全过程、多维度考核学生的学习表现。学生互评、自评贯穿教学始终,线上作业的互评和线下讨论的互评,推动学生深度学习。评价维度新增学习纪律、学习态度、团结协作、奉献精神等思政元素考核点。(图9)

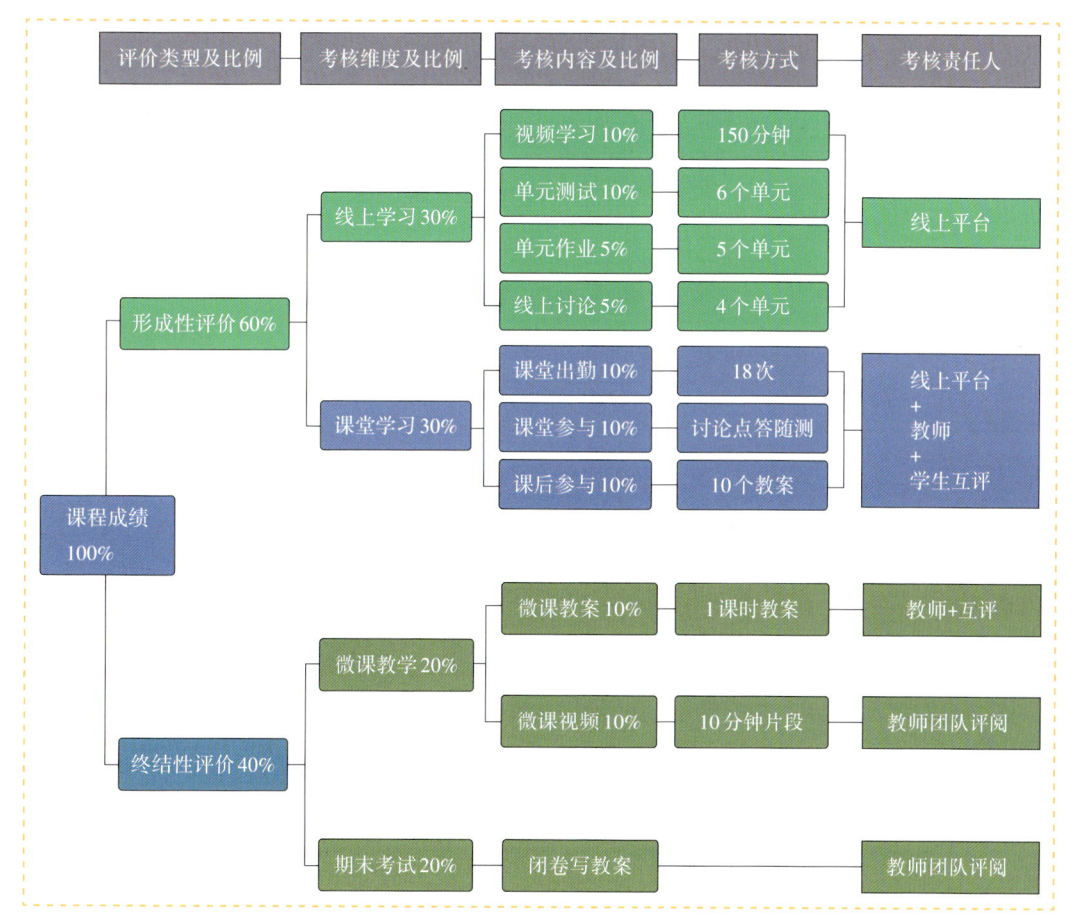

评价类型及比例	考核维度及比例	考核内容及比例	考核方式	考核责任人
形成性评价60%	线上学习30%	视频学习10%	150分钟	线上平台
		单元测试10%	6个单元	
		单元作业5%	5个单元	
		线上讨论5%	4个单元	
	课堂学习30%	课堂出勤10%	18次	线上平台+教师+学生互评
		课堂参与10%	讨论点答随测	
		课后参与10%	10个教案	
终结性评价40%	微课教学20%	微课教案10%	1课时教案	教师+互评
		微课视频10%	10分钟片段	教师团队评阅
	期末考试20%	闭卷写教案		教师团队评阅

课程成绩100%

图9 本课程成绩考核点及比重

三、案例成效

(一)案例特色与创新

1. 紧贴能力训练点,探索"三维四向"课程思政育人新目标

以教学能力训练点为思政渗透附着点,从理想信念、教学能力、教师职业素养三个维度,社会主义核心价值观、教师职业操守、文化自信、职业理想四个方向,确定"三维四向"课程思政育人目标,并通过分析课程内容与特点、确定思政目标完善课程内容、开发线上思政资源、改进课程教案匹配思政案例、编写教学设计、培训教学团队、教学实施教学反思"四段七步",帮助学生夯实服务母语教育的思想基础。(图10、图11)

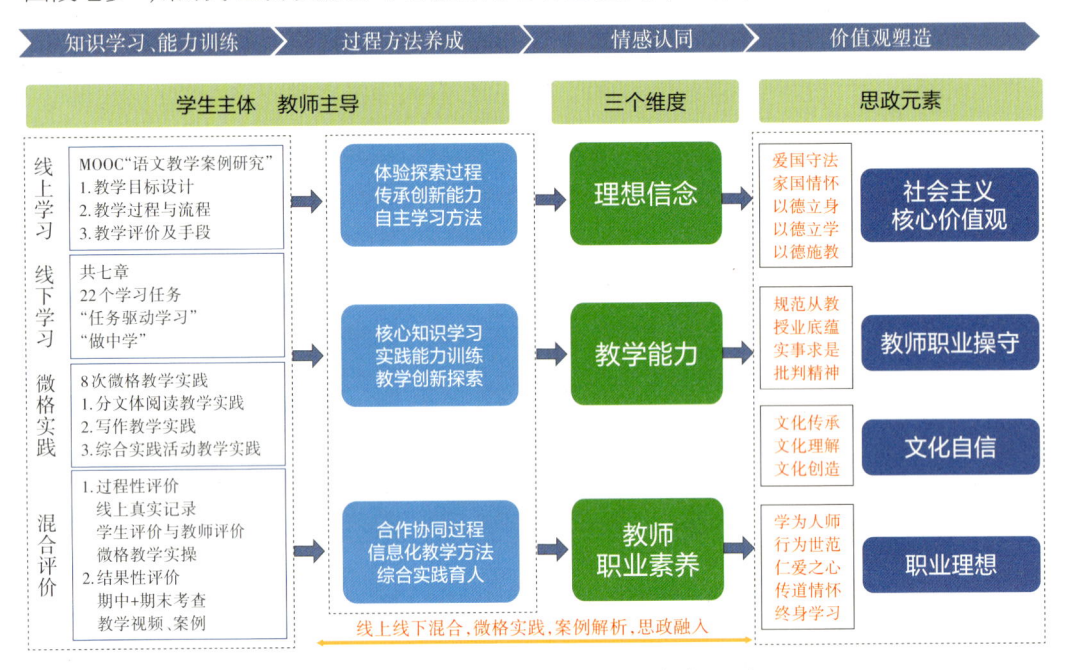

图10 "三维四向"课程思政内容拆解矩阵

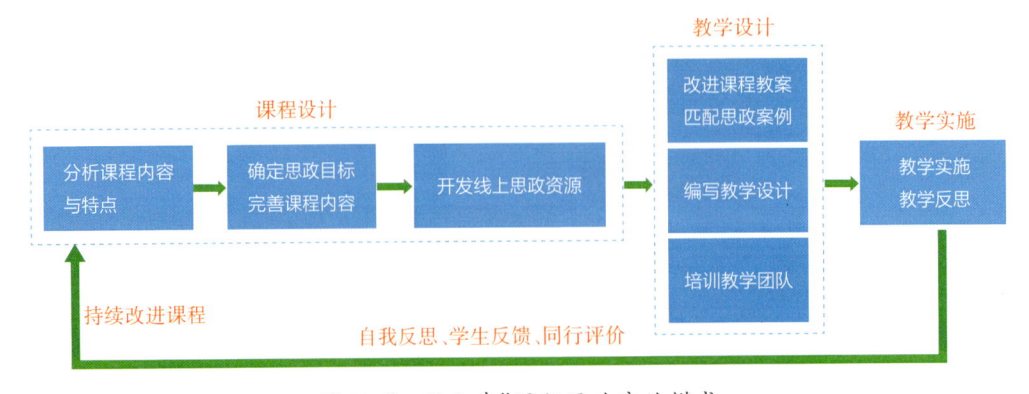

图11 "四段七步"课程思政实施模式

2. 丰富课程内容供给，创新 P-BL2M 混合式教学新模式

课程基于 US 协作，整合高校学科资源、中学教学资源、学生优秀案例，持续丰富课程内容，以学习项目为主线，整合 BOPPPS 教学流程、学习任务、线上 MOOC、微格教学四大元素，实施了"线上与线下、理论与实践"双线并行的 P-BL2M 混合式教学实施路径。

3. 分解学习任务群，建构项目化进阶式教学能力训练新体系

课程设计了"1个总任务+7个阶段任务+23项子级任务"的"任务群"，聚焦教学能力训练，遵循教师讲授、教师示范、教师指导下练习、学生独立练习自主运用的组织流程，逐级逐项训练学生的教学设计能力与课堂教学能力。（图12、图13）

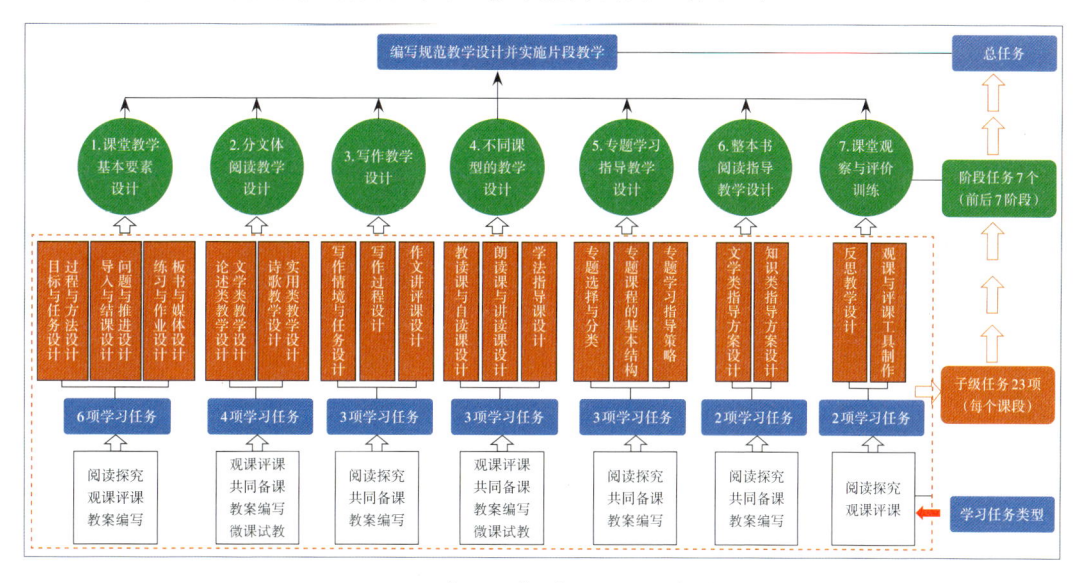

图12 课程学习任务群与课程内容关联图

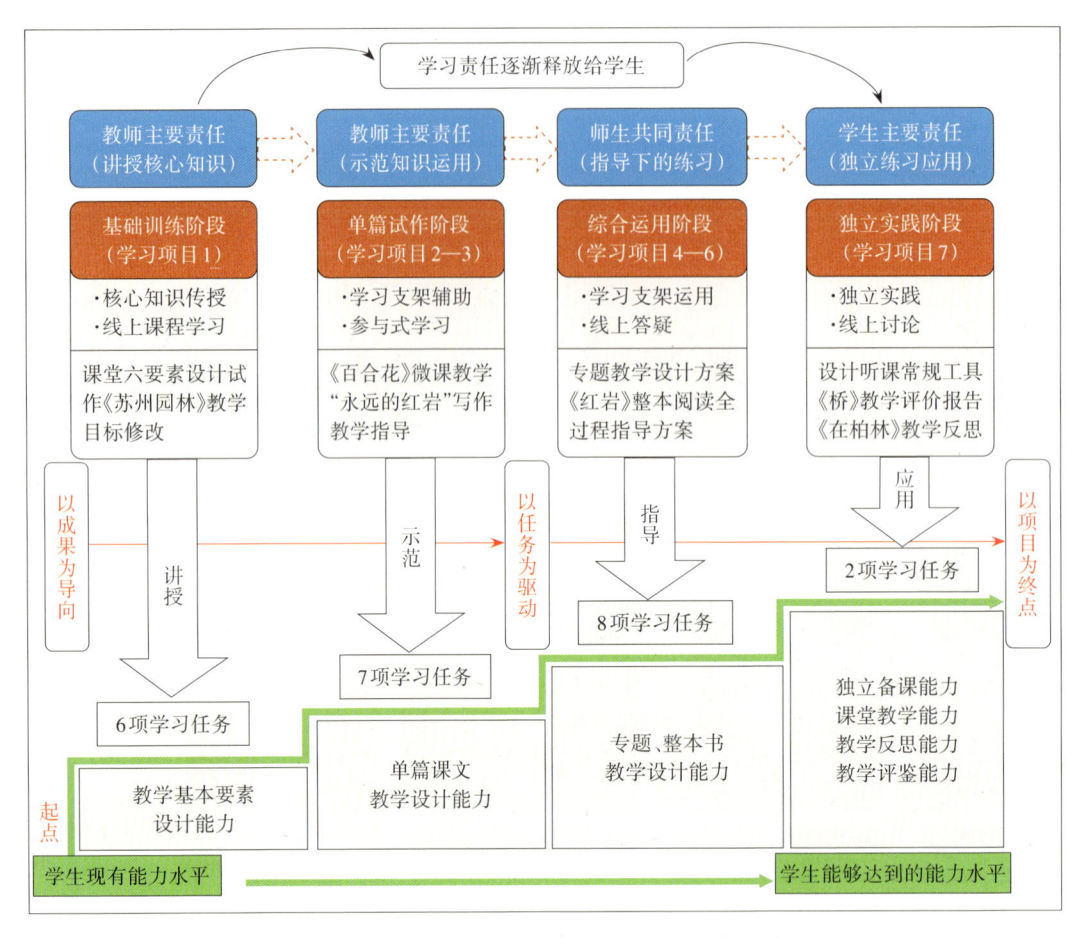

图13 项目化进阶式任务驱动能力训练体系

(二)教学改革成效及解决的重难点问题

(1)改善课程思政"硬"切入与学生能力培养的不融合问题。课程挖掘"三维四向"思政元素,创新"四段七步"课程思政实施路径,把课程思政渗透到学生能力培养点,做到"润物细无声"。

(2)缓解课程内容供给单一与学生个性需求多样的不满足问题。开发虚实结合的课程资源,拓展课程供给的样态、形式与路径,丰富课程供给,一定程度上满足了信息时代知识迭代迅速、资源形式多变的现实和学生的需求。

(3)缓解传统教学方式固化与信息时代学情变化的不适配问题。课程基于P-BL2M教学模式,合理构架核心知识线上学习与教学实践能力线下训练,有效利用信息技术,缓解学生"学了不会教"的情况。

(三)取得的主要成效、成果

(1)学生发展与成才。混合教学丰富了教学内容,拓展了线下学习空间,提升了学生的教学设计和实施能力,学业成绩显著提升。95%的学生通过了教师资格考试,教师岗位就业率稳步上升,多名学生获得全国教学比赛一等奖。(图14、图15)

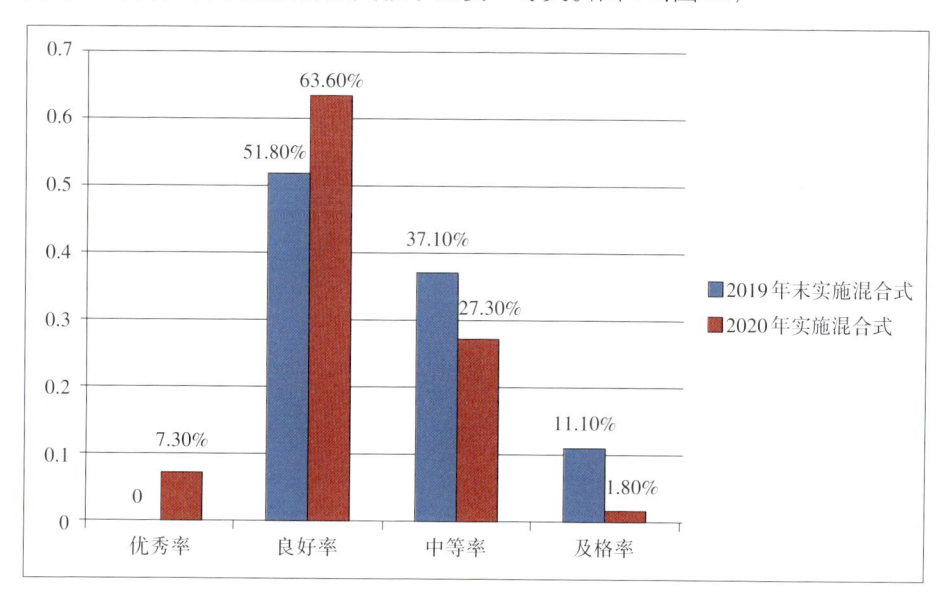

图14 实施混合式教学前后优良率比较

图15 学生在全国师范院校师范生教学技能竞赛中获奖

(2)教师发展与提升。2019—2022年,课程团队在混合式教学实践道路上不断进步,多次获得各级荣誉。课程获批认定为市级线上线下混合式一流课程和课程思政示范项目。(图16、图17)

图 16 主讲教师参加混合式
教学比赛获奖证书

图 17 课程获批重庆市一流本科课程证书

四、未来计划或启示

（一）未来五年课程的持续建设计划

2022年9月—12月，优化课程内容，规划相匹配的线上课程建设。

2023年1月—12月，凝练知识点，迭代课程资源，制作教学视频20个、课程思政案例6个。

2024年1月—12月，通过中国大学慕课，向外推广本课程的线上课程。

2025年1月—12月，完善并出版适合本课程的教材。

2026年1月—12月，构建线上自学、线下研讨和微格实践的立体教学模式。

（二）启示及改进措施

进一步优化课程大纲、教学案例、微课、试题库等课程资源，推进课程资源的在线开放和充分运用。

完善本课程的自编教材，实现教学内容的持续更新，特别是课程思政内容的持续丰富与完善，开发课程思政案例6个。

开展专题研讨、工作坊和外出交流、访学活动，持续提升课程团队的综合实力。

优化信息技术，增强教学效果，实现6门教师教育课程混合教学常态化。

进一步深化课程目标达成度评价与成绩考核评价改革，形成更加科学合理的考评机制。

"Python程序设计"课程思政融合创新应用案例设计

唐万梅[1]　李明[1]　李俊杰[2]　杨兴花[1]　郑瑜[1]

1.重庆师范大学　2.中国人民解放军陆军军医大学

一、案例介绍

"Python程序设计"基于学科目标和育人目标要求,按照"思政引领、文理渗透、交叉融合"的新工科教学改革思路,以培育学生编程应用能力为核心,结合国家、社会、自然、文化等人文情怀,从中华传统文化中挖掘符合时代发展要求的新元素,多学科知识相互渗透,将思政教育泛化于编程学习全过程。

采取线上线下混合式教学,基础理论知识以线上自修和线上讨论为主;案例设计与创作、知识应用与实践创新以线下为主,形成了"一主线、二目标、五内容、三统一"的课程思政建设思路,明晰了"一体式设计、无痕式融合、内化式养成"的程序设计类课程思政实践教学路径,构建了"编程能力+价值塑造+服务社会"三位一体的课程思政育人体系和思政元素与课程元素进行有机整合的教学设计框架。构建了丰富的课程教学资源,方便"教"与"学"。形成了若干经典案例,教学实践范式得到了推广和应用,凸显了以"应用为重点、能力为核心"的程序设计课程教学理念。

二、案例详述

(一)凝聚多方合力,夯实课程教学团队

团队按照"双负责人"制和跨学校、跨学科原则进行组建,成员中既有专业课教师,也有思政课教师,同时及时吸收专业能力突出的青年教师。专业课教师把控课程教学内容的科学性,思政课教师把握思政元素的准确性,青年教师增强课程教学的趣味性,进而形成科学合理的教师队伍。

（二）开发教学资源，促进精品课程建设

1. 聚焦目标，重构课程体系

在2021版新版教学大纲（理论+上机实践）明晰专业目标和育人目标统一性的基础上，以教学大纲为依据，对课程知识单元进行重构，以突出课程思政特点，形成三位一体的课程思政育人体系，以及自编教材《Python程序设计案例教程》（人民邮电出版社，2023年出版，ISBN：978-7-115-60143-8）。

依照"思政引领、文理渗透、交叉融合"的新工科教学改革思路重构教学内容，以学生能力培养为目标，由浅入深、由易到难组织教学内容，将课程重构为"基础知识、复杂数据类型、文件操作、综合应用"四大板块，每个板块由"线上基础知识+课堂小任务+实践应用案例"贯通。教学过程中，全程性融入线上教学资源。

课程共有12章，按章节构建了全部在线课程资源和对应的案例资源，线下设计了36个小任务和12个综合实验。（图1）

2. 兼顾差异，设计课程资源

结合学生现有基础、兴趣类型和实际需要，准备相应教学材料，兼顾学生存在的差异，创造性地开发教学资源。教学团队开发了基于知识元的图、文、声、像等素材库和案例库，形成了重庆市精品在线开放课程"Python程序设计基础"和课程思政在线开放课程"Python程序设计——教学案例"（重庆高等教育智慧教育平台）。其中，"Python程序设计基础"课程建设了110个视频资源、131个非视频资源、241个课件、159个试题；"Python程序设计——教学案例"课程建设了42个视频资源、85个非视频资源、127个课件、56个试题，每个教学案例提供了案例脚本、PPT、程序源代码、思政素材和微课等，丰富的媒体资源，能够满足不同层次学生对课程的学习需求。

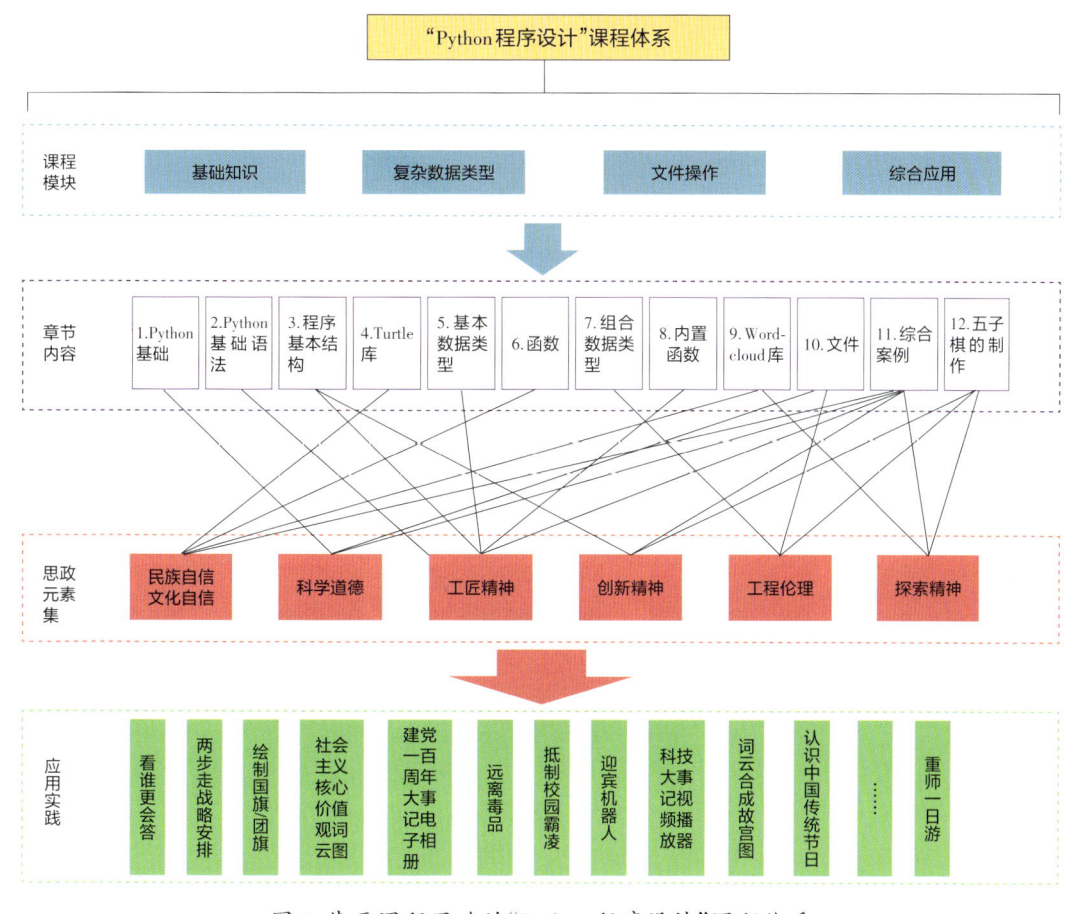

图1 基于课程思政的"Python程序设计"课程体系

3.开放课程,共享教学成果

2019年9月,"Python程序设计基础"在重庆高等教育智慧教育平台上线。截至2022年,已有来自49所学校的1786位学习者选学了本课程。本课程同时在网易云课堂开设。2020年3月,"Python程序设计——教学案例"在重庆高等教育智慧教育平台上线。截至2022年,已有来自22所学校的497位学习者选学了本课程。两门课程均得到选课学生的高度认可和一致好评。

(三)线上线下协同,提升课程育人效能

本课程采用案例教学、线上线下混合式教学等多种教学方式,融知识传授、能力培养、情感陶冶于一体。

1.思政引领,探索育人路径

构建以"编程能力+价值塑造+服务社会"三位一体的课程思政育人体系,按照"一主线、二目标、五内容、三统一"的课程思政建设思路(图2),明晰了"一体式设计、无痕式融

合、内化式养成"的"Python程序设计"课程思政教学路径(图3)。

图2 "Python程序设计"课程思政建设思路

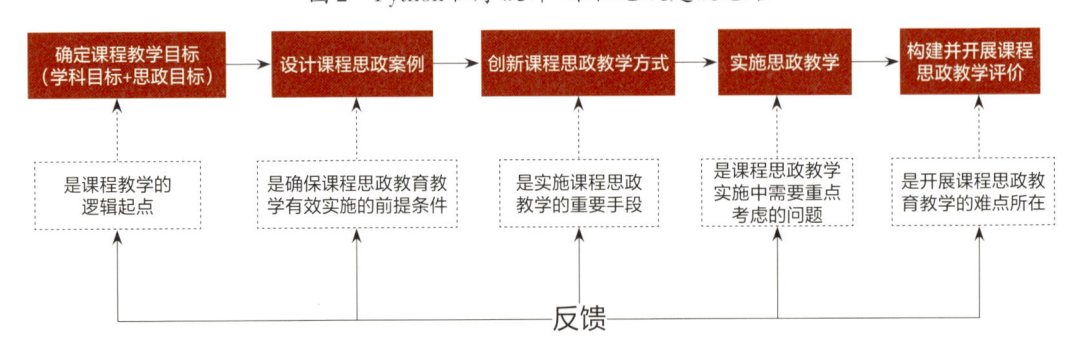

图3 "Python程序设计"课程思政教学路径

2.能力为本,创设教学模式

课程教学按照"理论基础—实践应用—研究创新"迭代递进方式进行。

理论基础以线上学习为主。学生根据教师安排,利用教学团队事先开发的大量在线资源进行自主学习。教师通过学习平台对学生的学习情况进行检测,实时掌握反映学生在线学习状态的相关数据。

实践应用采用线上线下结合方式。课程团队对各章节知识开发了大量的典型应用案例,学生在线学习和模仿练习教师指定的案例。教师通过系统反馈的状态信息把控线上学情,精准设计线下课堂实践小任务开展微实验。线上线下结合,巩固理论基础,提升实践能力。

研究创新主要在线下开展。在完成课程知识模块和微实践应用的基础上,结合社会生产、生活中的实际需要,在教师指导下以课题小组形式开展研究。关键性问题主要在课堂进行面对面的交流,以激发学生的创新意识和研究潜能。

本课程的混合式教学设计具体如下:

(1)线上。教师预设学习任务、要求,监控学生学习状态,分析学习情况;学生在教师指定的学习网站自主学习相应理论知识,完成相应的测试。学生根据自我测试结果反复学习相关内容,直到满意为止。

(2)线下。教师针对学生线上学习中的共性问题,设计和调整线下课堂教学内容。

第一环节:课前提示。教师通过及时通信工具,通知学生课前对在线学习内容进行归纳总结(使用思维导图)。

第二环节:课堂引入。以提问等方式进行师生互动,完成知识回顾、检验,导入新课。

第三环节:知识进阶。设计具有递进关系的若干小任务,由教师启发和引导学生个人或小组协作完成小任务,强化学生对知识的理解。

第四环节:问题求解。模拟现实需求设计项目,开展实践活动。

第五环节:课后延伸。主要通过网上知识答题和网络学习平台开展互动,实现课内向课外的延伸。

(3)实践。结合行业实际需求组织案例,作为课程实验和职业体验内容,要求各板块应用案例对前面的板块知识兼容。

3.任务驱动,创新教学方法

任务驱动教学法有利于学生主动探究、实践、思考、运用和解决问题。学生通过教师预设的任务及学习路径在线上完成课程基础理论知识的学习,培养学生自主学习的习惯。线下重点培养学生的创新意识、创新能力。线下理论课堂以讲授法和探索法相结合为主,教师为学生搭建理论知识框架;线下实验课以探究法为主,基于项目驱动开展实践教学,注重项目内容的场景化和问题导向性设计。针对每项任务,按照"教师引导、学生实践、交流讨论、再实践应用、总结提升"五个步骤,让学生学会如何发现问题、思考问题和寻找解决问题的方法。

为确保课程教学质量,实施"主、辅"教师搭配,同一班级至少配备2名教师上课,协同开展"MOOC+SPOC+翻转课堂"的教学方式。

4.过程管理,改革评价机制

注重学生学习过程和实践应用能力考核。本课程结业成绩构成为:过程化考核成绩(60%)、期末考试成绩(40%)。过程化考核成绩构成为:线上学习记录(10%)、线上过程性考核作业(10%)、线下课堂出勤及表现(10%)、线下实践课过程性考核作业(20%)、半期考核(10%)。

三、案例成效

经过近5年的课程建设和课程思政教学实践,教学团队自建在线教学平台1个,自编教材2本(《Python程序设计案例教程》和《Python应用案例》),建立了丰富的课程教学资源,指导学生打造助农项目50多个,取得软件著作权7项,服务渝东南、渝东北及川东地区20多个区县,服务老百姓上千人,为当地带去上千万收益。

"Python程序设计"获国家级一流本科课程(线上线下混合式一流课程),"Python程序设计"教学团队获评2022年重庆市本科高校课程思政示范项目(教学名师、教学团队);"'Python程序设计'课程思政融合创新应用案例设计"获2022年度重庆市高校一流本科课程示范案例;课程思政在线课程"Python程序设计——教学案例"入选国家研究生教育智慧教育平台。课程教学实践项目参加专业学科竞赛获全国等级奖19项、重庆市级奖40项。其中,学生科技助农团队——"云上村官"团队事迹被央视新闻、人民网、新华网、华龙网、中青网等主流媒体报道50余次;"花语果大管家"等4个学生课程实训项目得到地方政府和企业的高度认可,被学校推荐为国家级大学生创新创业训练项目。

课程案例设计以成就学生为目标,用中国精神和文化为学生铸魂,以中华复兴和乡村振兴需求为依据,探索创新教学、科研与产业的结合,按照教育部"四新"要求培育英才,正所谓:

中国精神铸生魂,学科融合育精英。教研实践探新途,累累果实为复兴!

基于"一树三花四核"的师范院校机器人课程思政与内容建设[1]

钟绍波　董国猛　彭泽伟　刘红梅　郑晓鸿

重庆师范大学

一、案例介绍

"机器人创意设计与实践"课程是重庆师范大学科学教育本科专业、小学教育(全科教师·理科)专业的一门实践性、研究性较强的科学创新教育实践模板专业方向选修课程,也是我校其他专业科技方向的通识选修课。

依托我校科学教育专业国家一流专业、小学教育专业重庆市特色专业、科学教育学市级重点学科优势,以教育部新文科项目教改项目、重庆市虚拟教研室团队为支撑,以师范专业认证理念为指导,结合专业培养适应国家(科技)创新教育的高素质小学教师,开展了线上线下混合式教学改革和多元绩效评价探索,形成了"一树三花四核"的"机器人创意设计与实践"一流课程特色。

"一树三花四核"以立德树人(一树)为根本任务,挖掘和凸显了课程中蕴含的家国情怀、科学伦理、职业信念(三花)等课程思政资源,围绕课程目标,重构具有师范特色的课程内容模块,包括基本知识原理模块、基础实验模块、综合实验模块、机器人教育模块(四核)。(图1)

---

[1] 本案例为重庆市高等教育教学改革研究重点项目"小教师范生AIED能力培养的实践与探索"(项目编号:202058)、重庆市教育科研重点项目"基于STEAM理念的农村小学全科教师实践课程体系建设与开发研究"(项目编号:2019-GX-010)阶段性成果。

图1 "一树三花四核"的"机器人创意设计与实践"一流课程

课程于2021年被确定为重庆市线上线下一流本科课程,2022年立项重庆市课程思政示范项目,2022年被学校确定并推荐为对全校6000名新生开放的4门中国大学MOOC自建SPOC课程之一。

二、案例详述

(一)课程团队建设与能力提升

1.利用信息手段加强课程组成员能力提升

在校内,建立了课程组微信群和QQ群,对热点问题进行及时交流与探讨,规范实验项目的操作流程,开发了综合性的实验案例8个,研究中小学人工智能和机器人竞赛项目13个;利用集中学习和教研室活动时间研究课程建设与教学改革。

2.利用市级虚拟教研室等加强与同行的合作与资源共享

科学教育专业虚拟实验室联合市内外6所高校成功申报重庆市虚拟教研室,"机器人创意设计与实践"课程也是学校科技创新教育实践课程群虚拟教研室核心课程。通过虚拟教研室,联合了近20所高校,进行了课程的合作教研与资源共享。

3.利用"四结合"多元协同育人机制,优化课程团队结构

充分共享我校物理与电子工程学院、计算机科学学院等科研平台与师资资源,提升机器人课程教学师资水平;同时聘请优秀中小学机器人竞赛指导教师为本科生开展专题讲座或进行实践指导,与广西师范大学、澳门大学、彰化师范大学等高校,与重庆市教育科学研究院等教研机构开展合作育人;与中小学科技特色学校建立科学教学实践基地,与科普场馆建立科普教育实践基地;与教育机器人公司建立校企协同育人合作关系。由此,形成

了"校校结合、校研结合、校馆结合、校企结合"的"四结合"多元协同育人机制,为提高机器人课程教学质量提供了优质教育资源保障,大大优化了课程团队结构。

4. 积极参与各级青少年科技竞赛活动

课程团队成员多次担任全国青少年科技竞赛活动、重庆市青少年科技竞赛活动、重庆市青少年科学素养大赛、全国青年科普实验讲解大赛、重庆市科普讲解大赛等青少年科技竞赛活动评委,主要承担人工智能和机器人部分的评审工作。熟悉并了解国内人工智能和机器人竞赛活动的基本情况、发展趋势,对课程的后续建设与开发有更深入的理解。

(二)课程内容与资源建设利用

1. 重构了课程四个核心模块内容

课程以立德树人为根本,立足师范特色,突出实践创新,坚持知识、能力、素质有机融合,精选工科院校机器人学课程核心理论,结合中小学实际,重构了"基础知识原理""基础实验""综合实验""机器人教育"四个课程核心模块内容。(图2)

图2 "机器人创意设计与实践"课程"四核"内容模块

2. 依托线上平台,融入课程思政,自建课程资源

分别依托重庆高校在线开放课程平台、中国科协科技学堂、中国大学MOOC等,精选课程内容资源,融入课程思政元素,自建优质课程资源61节,7000余名学生参加了课程的学习。

(三)线上线下混合式教学设计创新

1. 混合式教学设计

在课程教学环节中,课程组改变传统的以教师为中心的讲、练、实验模式,以学生为中心,充分利用中国大学MOOC的SPOC平台,实施线上线下混合式教学改革创新。

2. 课程思政教学设计

将教书育人与立德树人相结合,在课程中充分挖掘和凸显了课程所蕴含的家国情怀、科学伦理、职业信念等课程思政元素。教师充分利用线上线下资源,引导学生主动学习,通过小组合作、讨论交流、教师精讲与点评、造物与分享等,推进学生在知识、能力、素养等方面的综合提升。

(四)课程教学内容及组织实施

1. 课程教学内容

课程教学内容分为机器人概述、机器人结构基础、算法与程序设计基础、机器人创意实践、青少年机器人竞赛、机器人教育应用六个单元。

2. 课程组织实施

根据不同的内容选择不同的课程组织实施方式。一是线上自主学习与教师辅导相结合的课程实施方式,包括机器人概述、机器人结构基础章节内容。二是线上自学与教师精讲相结合的课程实施方式,包括算法与程序设计基础、机器人创意实践、青少年机器人竞赛章节内容。三是以小组合作实践与探究为主的课程实施方式,包括青少年机器人竞赛、机器人教育应用章节内容。

(五)成绩评定考核

从考核内容来看,增加了具有综合性、创新性的实验项目,以及具有科学伦理精神的热点问题讨论。从考核评价来看,落实专业成效评价和思政育人评价。课程成绩评定方式分为过程性评价和终结性评价,其中:过程性评价(60%)主要包括线上线下的学习和作业、合作交流情况、讨论情况、实验项目等;终结性评价(40%)主要是线上理论测试和线下综合实践考试。

三、案例成效

(一)案例特色与创新

1. 重构具有师范特色的课程内容模块

课程精选工科院校机器人学课程核心理论设计了机器人概述、机器人结构基础2个章节的内容;根据中小学教育改革的需要,突出机器人编程与搭建实践,设计了算法与程序设计基础、机器人创意实践2个章节的内容;跟踪中小学课程标准与竞赛活动最新情况,调

整合设计了青少年机器人竞赛、机器人教育应用等内容。(图3)

图3 重构具有师范特色的课程内容模块

2. 自建内容丰富的MOOC、SPOC课程资源

在科技学堂MOOC、重庆高校在线开放课程平台以及中国大学MOOC的SPOC平台上传了自建的优质课程资源。其中"可编程积木机器人"录制了16个课程视频,"机器人设计与制作"包含45个课程视频。除课程视频外,课程资源还包括大量的文档、思考题、练习题、单元测验、综合实验项目等。

3. 创新课程多元评价体系

在评价中,落实专业成效评价和思政育人评价。从单一的知识考核转变为对实践能力、人文素养、心理健康、责任担当等包括科学伦理在内的综合考核;从单一的教师评价转变为线上平台评价、慕课堂工具评价、线下师生评价等多元评价体系,使课程评价机制更客观、合理。

4. 凸显了"一树三花"的课程思政教育

在课程中精心设计融入中国机器人制造的发展和取得的成果,提升学生四个自信,实现了立德树人的思政目标;实践项目式学习通过讨论与展示,培养了学生精益求精的工匠精神和勇于探索的科学品质;中小学教育应用模块引导学生树立从事科技创新教育的职业情感。

（二）主要成效

1. 团队取得了系列成果

经过五年的建设,团队取得了一系列的成果。团队目前承担重庆市重点教改项目1项,重庆市教育规划重点项目2项,教育部产学研项目2项,校重点教改项目3项;成功立项2017年中国科协在线课程项目"可编程积木机器人"、2018年校精品在线课程"机器人设计与制作"、2021年一流本科课程"机器人创意设计与实践";主研重庆市教改重大项目1项,教育部新文科项目1项,获2021年重庆市教学成果奖三等奖,重庆师范大学教学成果奖特等奖;出版教材6部,发表包括核心论文在内的教研教改论文8篇;获重庆市高校在线课程建设与应用先进个人、校先进工作者、教学优秀奖、校优秀本科毕业论文奖指导奖等荣誉。

2.学生培养取得了良好的效果

指导学生获得全国无线电测向比赛一、二等奖20余项,市级比赛获奖30余项;学生参加全国师范院校师范生教学技能竞赛获一、二等奖18人次,重庆市STEM教学设计比赛一、二等奖10余次,校科技运动会机器人竞赛项目一、二等奖20余次。

信息化课程的线上线下混合式教学模式创新
——以"遥感概论"为例

刘睿　冀琴　肖作林　姜亮亮　王洪

重庆师范大学

一、案例介绍

"遥感概论"课程是重庆师范大学国家一流专业"地理科学"主干基础课程，积累深厚，成绩斐然。课程建设注重全方位、全环节协同育人，在立德树人、队伍建设、教材编著、模式创新、内容重构、课堂延展、评价方式等方面取得了突出成效。2014年获评重庆市精品视频公开课，2021年获评重庆市线上线下混合式一流课程，2022年获重庆师范大学课程思政优秀案例一等奖，部分课程资源被市教委推荐为教育部碳达峰碳中和领域教学资源。

二、案例详述

自2017年开始，面向国家一流专业对人才培养的新需求，由刘睿教授牵头，在2014年重庆市精品视频公开课的基础上，重构了"遥感概论"课程教学体系与内容，建立了教学团队，编写了科学出版社"普通高等教育'十三五'规划教材"，实现了线上线下混合教学模式，融入了16个课程思政微模块，打造了教学资源库，建构了科教协同育人新模式，采用线上线下融合方式解决了课程内容扩展与学时固定的矛盾，形成了课堂内外联动科技创新人才培养机制。（图1）

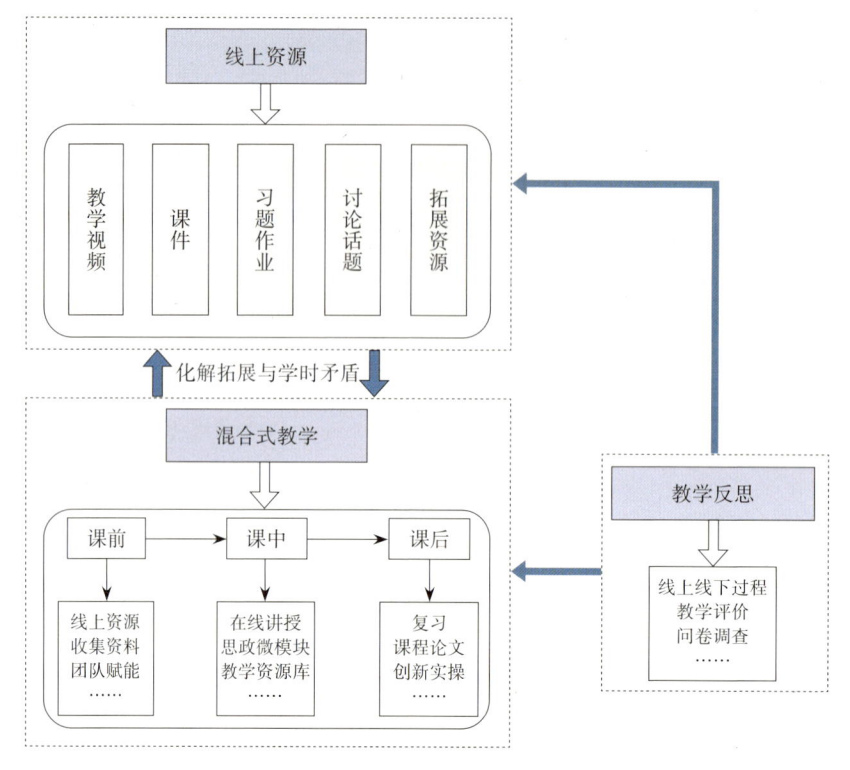

图1 教学设计思路

(一)团队赋能激发"课程"建设内生动力

团队始终坚持课程教学与科学研究相结合,理论教学与实践教学相结合,课程建设与课程改革相结合的思路,抓观念更新,深化教学方法改革;抓教法更新,开展信息化遥感教学研究;抓教材建设,推进团队共同编撰教材。

(二)打造的16个课程思政微模块形成示范

课程高度重视课程思政建设,构建了"社会担当、爱国主义、钻研进取、融会贯通"课程思政建设理念,立足遥感多尺度特色,做到"言传身教",发挥思政"潜移润物"的特色。引导学生"大处抬头看路""细微埋头干",同时紧扣时代发展背景,培养社会所需综合创新型人才。突出课程思政"教学的致广大而尽精微和社会需求的紧密联系"两大特色与亮点,契合遥感课程特点,提出任务式思政教学、穿插式思政教学、讨论式思政教学及研究式思政教学改革方案,打造了16个课程思政微模块,做到有组织、有计划地推进思政课程建设。(表1)

表 1　课程思政微模块

序号	章节	专业知识点	思政元素
1	第一单元第四节遥感技术组成	国内外遥感发展以及卫星遥感定量化对比	正确认识我国遥感方面存在的"卡脖子"技术问题,了解我国遥感科学的优势,充分认识四个自信
2	第一单元第五节遥感发展简史	国内高分辨率遥感卫星研究进展	深刻理解我国遥感事业从无到有、从弱到强的过程,增强学生的专业自信
3	第二单元第一节电磁波与电磁波谱	Li-Strahler 几何光学模型介绍	以布衣院士"李小文"的故事为基础,加强对老一辈爱国科学家的事迹教育,启发学生严谨的科学态度以及追求真理的科学精神
4	第二单元第二节地物的光谱特性	地球表面的光谱反射特征及其与中国水墨画的联系	传统水墨画中沉淀了人与地球表面的自然关系,通过对传统文化的欣赏,让学生思考遥感在人与自然和谐共处方面发挥的作用
5	第二单元第二节地物的光谱特性	作物的反射光谱曲线差异与精准农业	让学生了解我国农作物的主要构成,更好地理解粮食的战略地位和社会民生的重要性
6	第三单元第三节扫描成像	台风、暴雨、洪涝等灾害预测与防灾减灾的遥感过程与特征	培养学生深入了解遥感技术应用及发展前景,展示国产卫星发挥的作用。了解中国航天技术,增加对民族的自豪感
7	第三单元第五节遥感图像特征	空间分辨率	从太空看2020北京冬奥,引导学生弘扬和践行"胸怀大局、自信开放、迎难而上、追求卓越"的精神
8	第三单元第五节遥感图像特征	水体与雪地遥感图像特征	介绍秦大河院士团队5年攻坚造雪过程,让学生了解我国科学家如何突破国外人工造雪技术封锁,引导学生树立科教兴国责任感
9	第四单元第四节遥感与非遥感信息的复合	夜间灯光遥感案	从20世纪90年代的夜间灯光遥感数据到现在,看我国的社会经济发展及其时空变化特征,让学生了解改革开放的成就,进一步了解改革开放史
10	第五单元第一节遥感图像目视解译原理	纹理特征分析	让学生目视解译我国部分景点、山区公路以及网红打卡点,坚定文化自信
11	第五单元第三节遥感制图	中国土地覆被遥感制图	结合国界线,将国家安全观思想融入课堂教学,让学生具有领土意识和守土责任,明白祖国主权与领土完整神圣不容侵犯

续表

序号	章节	专业知识点	思政元素
12	第六单元第二节遥感数字图像的自动分类	全球尺度土地覆被遥感自动解译	结合论文学习"地球变绿了"的中国贡献,理解生态文明的具体思想,体会"绿水青山就是金山银山"理念
13	第六单元第三节遥感图像特征	形状、空间位置以光谱特征提取	讲授美丽中国与生态文明建设,引导学生把握全面绿色转型的重大意义
14	第七单元第二节水体遥感	水体信息提取	探讨水资源与水环境的遥感应用,结合河南省"7·20"暴雨洪涝灾害,树立学生环保意识,共同守护水资源
15	第七单元第四节土壤遥感	土壤形状的遥感分析	通过遥感影像看西南山地的"精准扶贫",深入了解党和政府脱贫攻坚所取得的举世瞩目成就。简单介绍"两个一百年"奋斗目标
16	第七单元第五节碳卫星遥感	碳卫星应用	深入讲解我国"双碳"目标,结合"地球变绿了",重点谈人类命运共同体贡献

(三)线上线下融合,化解课程内容扩展与学时固定的矛盾

随着遥感应用越来越广泛,课程内容不断扩展与课程固定学时之间的矛盾不断凸显。课程采用线上线下融合方式解决内容与学时之间的矛盾。一是与国家级线上课程融合。部分知识性内容讲授由线上完成,线下检核与进一步巩固。二是与信息化教学环境融合。部分应用操作通过录屏方式让学生自行完成,线下课程讲解与对比学生完成成果。三是与线上学术报告融合。鼓励学生参与线上学术会议,让学生接触遥感科学最新的学术研究成果,激发学生学习兴趣。

(四)教学资源库打造获市教委高度认可

课程教学资源库从三个方面不断充实与完善。(图2)

1.线上线下融合教学资源库

将现代信息技术全面融入教学全过程,软件应用的实际操作通过录屏方式交给学生自行完成,线下课程讲解和对比学生的完成成果,有效地弥补了有限的线下学时与不断扩充的教学内容之间的矛盾,且突破时空界限,帮助教师更专注于带领学生开展更高级、更复杂的学习任务。

2.学生科技创新实践资源库

(1)三峡库区典型地物光谱库建设。通过对无人机等野外测量仪器操作的教授,以小

组为单位,选择三峡库区典型地物与植物进行测量,不断完善区域建设的野外地物光谱库,为后续遥感数据分析与图像判读提供依据。

(2)西南山地多源遥感数据资源库建设。课后实践环节要求学生获取遥感数据以解决实际应用问题,新的遥感数据也是遥感影像库的补充,同时将最新的西南山地复杂遥感应用过程的科研成果融入教学中,实现科研与教学有机融合。

(3)课程论文选题库建设。通过问卷等多种形式开展调查,了解学生对课程的意见与想法,再由毕业生结合自身理解和思考为学弟学妹们进行课程论文专题库选题,学生在第17—18周自行完成。在论文完成过程中,寻找自豪感和满足感,同时将优秀论文通过共享方式传到班群,起到示范效应。

(4)遥感应用专题案例库建设。以小组为单位通过查阅文献等方法,提出自己的遥感应用想法,完成湿地遥感解译等小型遥感应用。同时通过PPT的方式讲授自己对科学问题的理解,教师从可行性等方面进行评价,鼓励学生在学习中思考,以"输出"倒逼"输入",完善课程案例库建设。

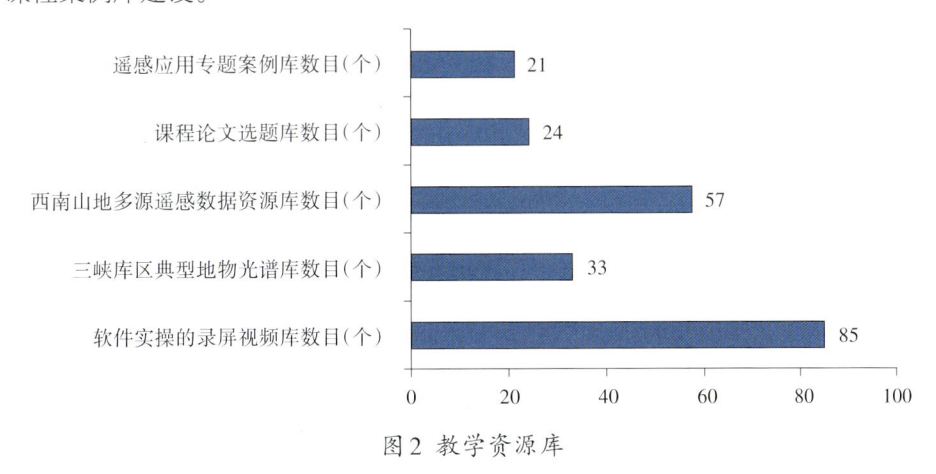

遥感应用专题案例库数目(个)	21
课程论文选题库数目(个)	24
西南山地多源遥感数据资源库数目(个)	57
三峡库区典型地物光谱库数目(个)	33
软件实操的录屏视频库数目(个)	85

图2 教学资源库

3.课程思政内容库

教学过程中注重思政教学模块建设,努力做到"教学内容有高度,课程讲解有深度",精心打造了16个思政微模块,将课程思政落实落细落小,以点带面、整体推进,真正做好思政教学设计的重点、突破思政内容重构的难点和解决思政教学过程的痛点,有效激发学生对地理学的学科归属感,培养学生的人文情怀、科学精神、创新能力,让学生成为有情怀、有理想、有担当、有作为的地理人。

(五)课程论文实现学生综合素质提升

课程论文多年来受到广泛欢迎,提高了学生的综合能力。其效果主要体现在两方面:

(1)激发了学生的学习热情;(2)提高了学生的综合素质。通过撰写课程论文培养了学生的合作精神,有利于激发学生的自尊心、自信心和进取心,同时激发了学生学习热情,提高了学习效率和综合素质。

(六)科技创新实践实现科教协同育人新模式

课堂教学外,推进实施基于科技创新实践的学生综合实践教学人才培养计划。指导本科生进行科技论文和项目的撰写,突破本科生囿于课堂的输入、对科技创新缺乏了解的现状,培养学生科技创新和解决问题的思维能力,激发创新潜力。同时构建"本硕联动"科技创新实践协同育人新模式,满足高质量人才培养需求。基于完成的科技创新实践,鼓励学生积极参与挑战杯、全国大学生GIS应用技能大赛等相关学术竞赛。

(七)基于课程评价与教学反思实现课程持续发展

1.建构线上"教师+硕士生+本科生"课程答疑联动体系

每两周选择固定时间、地点,由团队教师和研究生为本科生进行答疑解惑,形成线上线下答疑模式,一方面培养学生自主学习习惯,另一方面及时准确地把握教学过程中学生知识掌握的薄弱点,在后续教学过程中进行针对性讲解。(图3)

图3 案例探讨

2. 探索"学生自拟"课后习题模式

巧用课后练习、构建有效课堂,通过让学生"自拟"习题、"自建"题库,教师"严把关"形式,让学生成为测评"主角",鼓励学生积极思考,对于学生提出的"好问题",采用平时成绩加分的方式进行鼓励,达到创新应用高阶思维能力提升。

3. 完善"课程"故事,打造魅力"课堂"

在授课过程中讲好"故事",打造魅力"课堂",让学生受教育、长才干、担责任、提精神。如原本枯燥的通过纹理、空间关系等特性从遥感影像精确识别地物过程,可以设计多个"噱头",结合福尔摩斯探案情节,吸引学生注意力,让学生沿着福尔摩斯破案思路,抽丝剥茧、层层深入,最终达到精确识别地物的目的。

三、案例成效

(一)教学团队建设成效显著

近五年来团队参与全国高等教师GIS教学研修班4人次,发表教改论文10余篇。主持教改项目2项,人才培养专项1项,课程思政项目1项。获全国高校GIS青年教师教学技能竞赛国家一等奖、二等奖各1项。共同完成了课程主讲教材《遥感原理与应用》(教育部"十三五"规划教材)。

(二)课程内容建设取得突破

获重庆师范大学课程思政优秀教学案例一等奖。抖音等新媒体上的遥感科普短视频播放超过30000人次。团队撰写的《建议加强后疫情时期地方院校线上教学资源建设》被全国政协采用,打造的教学资源库,获重庆市教委高度认可,完成的遥感"双碳"教学资源被重庆市教委推荐至教育部。

(三)学生学习成效持续提升

学生对遥感课程的学习兴趣有了极大提升,在学习的同时自发完成思维导图绘制等。对课程评价结果更加正向,目前共发放调查问卷800余份,收回有效问卷720余份。调查结果表明学生总体上对混合式教学的教学效果持肯定态度。(图4)

图4 学生对课程评价的词云

(四)学生参与科研兴趣日益浓厚

近三年,本科生以第一作者发表SCI论文4篇,CSCD论文5篇,参与SCI论文4篇,CSCD论文2篇。获批重庆市大学生创新创业项目2项,获重庆师范大学第四届"三春湖杯"大学生创新创业竞赛优胜奖3项。获全国大学生GIS应用技能大赛、第三届大学生自然资源科技作品大赛和第九届"共享杯"科技资源共享服务创新大赛多项奖励。(图5、图6)

图5 本科生竞赛获奖证书

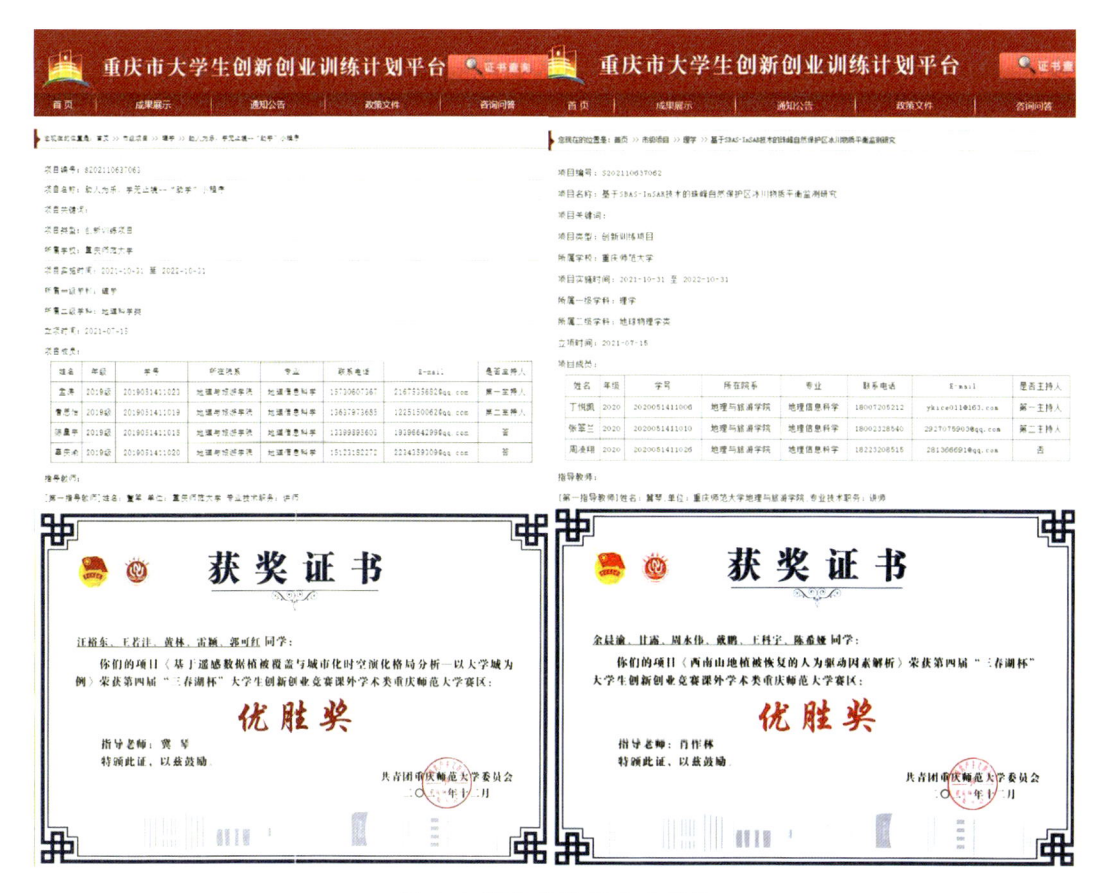

图6 本科生获批项目及获奖

四、未来计划或启示

(一)课程建设计划

面向建设国家级一流课程更高的要求,未来将从五个方面着重进行建设。

第一,教学团队建设计划:立足专业,加强团队内交流与团队教师的学术交流,进一步提升教学团队综合能力。申报市级教学名师、教学示范团队。

第二,课程思政建设计划:在课程思政案例的基础上,进一步打造思政微模块,申报国家级与市级课程思政项目。

第三,课程内容建设计划:结合最新的遥感科学研究成果,如将6月17日发表在 Science 上的全球海面油膜遥感纳入课程第七章遥感应用案例,进一步建设课程最新的内容。

第四,线上课程建设计划:打造高水平线上课程,实现课程讲授全过程覆盖。

第五,学生科创建设计划:进一步强化学生的科技创新训练,全面推广本科生科技创新。

(二)可供借鉴的经验与做法

1. 加强思想认识,推进教学内容不断重构

遥感信息化特征显著,教学内容的不断更新是课程建设的基础。这要求教师强化思想认识,提高重视程度,真正投入以增强课程思政效果。在顶层设计上需要把教师的思想建设、政治学习落到实处,在具体操作环节需要教师发展与课程建设同向同行,提升教师投入程度与教学能力。

2. 团队作战,最大可能保证课程建设质量

课程建设需要构建团队群策群力、相互鞭策机制,实现育人质量的有效提升。领衔教师做总体设计、总体把握及督促与鞭策;专业教师建设内容与授课;技术支持教师对线上线下融合方式做总体把握,与专业教师团队共同保障课程建设质量。

3. 科教同行,实现课程建设自我发展

依托团队的科研力量,尤其借助往届学生的科研经验、成果,带领学生开展科技创新实训,实现课堂深化—课后延伸,融合遥感科学与技术的最新进展,引导学生开展学科前沿专题研究,进一步利用学生的科研成果持续更新课程教材和授课内容。

科研驱动型"力学"课程教学模式的探索与实践[①]

毋志民　丁守兵　李冬梅　杨洁　余鹏

重庆师范大学

一、案例介绍

"力学"是物理学专业核心基础必修课程，是学习物理学的开始，可为培养专业基础扎实、竞争能力强，具有创新精神、社会责任感和实践能力的高素质应用型人才奠定坚实基础。"力学"课程包括物理学和力学概述、经典力学和狭义相对论三部分。课程从整体上阐述物理学和力学的研究对象与研究方法及其之间的关系。狭义相对论的学习使学生感受牛顿力学的局限性，培养学生接受新事物的能力。在教学中将线上线下混合式教学模式进一步深度融合，建成智慧课堂；在知识传授的同时，将课程思政与课堂授课有机结合，做到立德树人与教师师德自我践行的同生共长。通过构建科研驱动型课程教学新模式，注重在教学内容中反映新学科发展动态，用科技新成果充实基础课教学，解决了教学内容与前沿科学新理论及新技术严重脱节的问题。教学团队致力于拔尖创新型人才的培养，指导的本科生多次在全国性师范生教学技能比赛、物理学科学术竞赛等赛事中荣获佳绩，并以第一作者发表多篇高水平学术论文，有效地培养了学生的创新能力和科学思维。

[①] 本案例为重庆市高等教育教学改革研究重点项目"'双一流'背景下科研驱动型物理学专业创新体系的构建与实践"（项目编号：222075）阶段性成果。

二、案例详述

(一)课程团队建设与能力提升

1.课程团队建设

课程团队由教学经验丰富的教师与新进教师构成,"传帮带"作用明显,教学效果好,多次荣获"最受毕业生欢迎教师"称号、教学优秀奖等。课程负责人2011年开始讲授"力学",已有10多年的讲授经验,多次主持教学大纲的制定和课程的相关改革;教学团队主要成员参与了"力学"课程的授课、线上线下混合式课程大纲的制定及审定、教学改革以及在线课程建设等相关工作,教学、教改经验丰富。"力学"课程目前是重庆市线上线下混合式一流课程,入选校课程思政示范课程建设项目,是学院重点建设的在线开放课程和核心课程。

2.课程团队能力提升

团队负责人主要从事物理学专业拔尖创新人才培养模式的构建、改革和实践,主持市级教改重点项目4项,教育部教指委教改项目1项,校级教改项目4项,发表教改论文10余篇,获校级教学成果奖一、二、三等奖各1项。团队成员教改经验丰富,教学效果好,主讲教师丁守兵博士主要从事线上线下混合式教学模式的研究与改革,发表教改论文3篇,获第六届全国大学生物理实验竞赛优秀指导教师和第八届青年教师讲课比赛校三等奖。主讲教师李冬梅副教授是物理学系副主任,发表教改论文2篇,获全国高等学校物理基础课程青年教师讲课比赛重庆赛区二等奖。余鹏教授是物理学国家一流专业建设点负责人、重庆巴渝学者特聘教授、优秀教师等。

(二)课程内容与资源建设及应用

本课程主要讲授以牛顿力学为代表的经典力学和爱因斯坦狭义相对论,通过10余年的建设,课程内容和资源已较为完善。教学大纲经过多次修订,与人才培养目标高度契合;制作了完备的教学PPT,并且结合教学实践,经过了多次的修改和打磨;借助中国大学MOOC国家精品在线开放课程,建立了异步SPOC课程,拥有完整的线上教学视频、习题库、试题库等,并录制了部分课程视频,供学生在线学习;试题库共有20余套试题,题型有选择、判断、填空、简答、计算、综合等,形式多样,考查知识点全覆盖,能够满足课程考核目标的需求。

(三)线上线下混合式教学设计创新

利用中国大学MOOC和雨课堂等工具强化线上线下师生互动,提高学生学习的积极性和参与度。充分发挥线上、线下和考核环节的阵地作用,形成"三位一体"的"力学"课程思政育人模式。采用传统方法和现代教育技术相结合的手段进行讲授,将线上线下教学模式进行深度融合。课前,教师利用中国大学MOOC和雨课堂发布学习任务、阅读资料、讨论主题,由学生自主完成相关任务。课中,通过雨课堂实现线上线下融合,线上进行抢答、选人、分组讨论、投票等教学活动,线下教师进行深入的专题讲解,拓展深化。课后,利用中国大学MOOC进行扩展阅读和课后测试,巩固所学内容。有效开展线上与线下密切衔接的全过程教学活动,提高学生学习的自主性、积极性和参与度,增强学生课程学习的获得感。

(四)课程教学内容及组织实施

1. 课程教学内容

本课程的教学内容共分为十二章:第一章为物理学和力学概述;第二到十一章为经典力学部分,包括质点力学(第二到六章),刚体力学(第七章),机械振动和波动(第八、九、十章),弹性体的应力和应变(第十一章);狭义相对论简介(第十二章)。本课程针对物理学专业一年级本科生开设,目前年均授课人数230人左右。

2. 组织实施

在教学实施中,根据课程内容和学生特点,采用线上线下混合式教学模式。课前,利用中国大学MOOC和雨课堂推送相关视频和动画,让学生提前了解课堂内容,激发学生的学习兴趣。课中,以板书为主,对公式、定律进行推导。合理运用线上资源和多媒体,以其为辅助教学手段,进行动画和视频演示,同时板书补充无法表述的动态过程。利用雨课堂工具强化线上线下师生互动,提高学生学习的积极性和参与度。课后,利用中国大学MOOC进行扩展阅读和课后测试,巩固所学内容。在教学组织实施过程中着重对学生创新能力进行培养,充分结合实际生产、生活特别是高科技领域的实例,提高学生解决实际问题的能力。

(五)成绩评定考核

本课程成绩评定分为形成性成绩和期末考核成绩,采用线上和线下相结合的方式,更加注重过程性考核。形成性成绩包括平时成绩、线上测验和作业、期中测验成绩。其中,平时成绩占15%,包括出勤、课堂表现、线上视频观看时长、交流讨论情况等;线上测验和作业占15%;期中测验成绩占20%;期末考核成绩占50%。

三、案例成效

(一)案例特色与创新点

1.教学方法特色与创新点

采用线上线下混合式教学模式。课前,教师线上发布学习任务,学生线上自主学习并完成教师布置的任务。课中,教师就某个专题进行深入讲解,通过线上抢答、选人、分组讨论等,增强学生课程学习的获得感。课后,教师线上回复学生讨论、答疑等,有效开展线上与线下密切衔接的全过程教学活动。(图1)

图1 教学团队讨论拍摄方案

2.教学理念与内容的特色与创新点

"力学"课程与思政课同向并行,切实贯彻立德树人根本任务,培养学生科学精神的同时,激发学生的报国热情,实现"三全"育人目标;注重与高科技领域的实例相结合,提高学生利用科学思维和方法解决实际问题的能力,致力于拔尖创新人才的培养。

(二)教学改革成效及解决的重难点问题

1.教学改革成效

"力学"课程线上线下混合式教学模式实施过程始终秉持德育为先、能力为重、全面发展的育人理念,在数年的实践与探索中取得了良好成效:实现了将课程思政与课堂授课的有机结合,做到了立德树人与教师师德自我践行的同生共长;学生自主学习能力、创新实践能力以及科学探索精神、家国情怀得到显著提升,多次在全国性师范生教学技能比赛、物理学科学术竞赛等赛事中荣获佳绩;课程团队教学水平进一步提升,实现了课程育人与教师自育的协同相长效应。(图2、图3)

图2 "优秀指导教师"获奖证书　　图3 "优秀团体奖"获奖证书

2. 解决的重难点问题

通过构建科研驱动型课程教学新模式,解决了学生在课程学习中缺乏主动性、积极性、创造性的问题,有效培养了学生的创新能力和创新思维;强调学以致用,通过在教学内容中反映新学科发展动态,用科技新成果充实基础课教学,解决了教学内容与前沿科学新理论及新技术严重脱节的问题。

(三)取得的主要成效、成果

课程团队连续多年评教都为"优秀"。课程负责人2次入选校"教学名师"培育计划,获7次教学优秀奖,2次优秀本科生导师,3次优秀教师和1次优秀教育工作者。团队教师获全国高等学校物理基础课程青年教师讲课比赛重庆赛区二等奖和校级青年教师讲课比赛三等奖各1人次。团队成员多次获市级以上学科竞赛优秀指导教师,多名本科生因创新成果突出被保送到985双一流大学攻读研究生,2人获重庆市普通高校创新能力提升先进个人。(图4、图5)

图4 团队成员荣誉称号证书　　图5 团队成员讲课比赛获奖证书

四、未来计划或启示

(一)持续建设计划

2022年9月—2023年1月,完成所有自行录制视频课程的制作,向学生全部开放,并逐步向社会开放,制定更适应学情和教学目标的《力学》教材编写计划。

2023年2月—2025年12月,完成课程网站的建设,上传所有课程资源,全面向社会开放,完成融合课程思政内容的《力学》教材的编写。

2026年1月—2027年9月,加大课程改革力度,形成可推广的经验和可复制的模式,总结成果,发表教改论文和申报教学成果奖。

(二)需要进一步解决的问题

教学创新性、启发性有待进一步加强,学生差异化竞争力有待进一步提升,克服人才培养的趋同化现象,以适应新时代对拔尖创新型人才培养的需求。

(三)改进方向和改进措施

将线上线下教学模式进一步深度融合,建成智慧课堂;加强中学物理与大学"力学"课程的衔接,在注重学生掌握相关力学知识的同时,以就业为导向,进一步加强对学生师范生技能和创新能力的培养;习题讲解、专题讨论等采用学生分组的形式由学生主讲,提高学生的教学技能和团队意识,形成自己的特色。

"双融"引领下旅游管理专业能力养成型实践课程模式建构与实践[①]

张云耀　张海龙　王昕　朱华明　罗仕伟

重庆师范大学

一、案例介绍

旅游资源与旅游经营考察实习课程是国家级一流本科专业建设点重庆师范大学旅游管理专业最具专业特色的实践课程之一,自1996年开设以来,一直是旅游管理专业能力养成型实践课程建设的亮点和核心。课程授课对象为旅游管理专业本科二年级学生,即处于通识课程向专业课程学习过渡阶段的学生。目前,已经构建起"一心双融三元四环五阶"的课程建设模式:"一心",即以学生专业能力养成为中心;"双融",即理论与实践融合、专业与思政融合;"三元",即"校园课堂+实践基地+网络平台"三元空间构建;"四环",即准备、认知、汇报、评价四个课程环节;"五阶",即专业知识提升、调研方法训练、团队意识构建、学习能力提升和专业意识强化五阶段进级人才培养目标。(图1)经过多年探索,课程共64学时,课程线路由川西线、川滇黔线到渝东南线不断优化。本课程获批重庆市2021年高校课程思政示范建设项目,本课程负责人及团队获评重庆市2021年高校课程思政教学名师和团队。

[①] 本案例为重庆市高等教育教学改革研究重点项目"基于五合一度(IDSSIG)理念的现代智慧旅游产业学院协同创新路径研究"(项目编号:222073)阶段性成果。

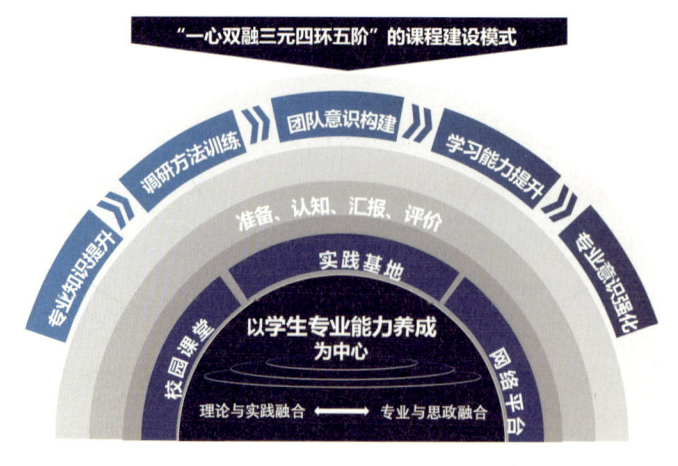

图1 "一心双融三元四环五阶"的课程建设模式

二、案例详述

本课程团队围绕教学设计创新,课程内容与资源建设,理论学习与社会实践内容融合,专业学习与课程思政结合,社会实践环节动手训练,教学方法改革,课程教学内容及组织实施,成绩评定考核等方面,构建起了"一心双融三元四环五阶"的旅游管理专业能力养成型实践课程模式。

"一心"是核心价值取向,即以学生专业能力养成为中心。为了更精准地培养学生的执业能力,课程团队进行教学设计时,从旅游行业认知与理解、基层岗位、行情研判、旅游谋划、运营管理、创新创业等几个能力维度,构建了旅游管理专业本科生执业能力指标体系,根据指标体系确定实习内容。

"双融"是核心要务,即理论与实践融合、专业与思政融合。旅游管理专业作为应用性极强的专业,将"读万卷书"与"行万里路"相结合,需跳出传统理论讲授模式,引导学生深入实践,扎根中国大地了解国情民情,从实践中认知,在实践中学习,增长智慧才干,在艰苦奋斗中锤炼意志品质。"双融"目标融入课程总目标,实现思政理念贯穿教学全过程,通过实践教学,弘扬劳动精神,重点围绕家国情怀、民族自豪、敬业奉献、勤学求真四个方面引导学生认知旅游资源、了解旅游行业、把握旅游市场、锻炼综合素质。

"三元"是线上线下混合式互动,即"校园课堂+实践基地+网络平台"三元空间构建。通过"线上自主学习理论与背景—线下重点讲授案例与实操—线上线下讨论互动"的方式,遵循"课前提示—课堂引入—知识进阶—问题求解—课后延伸"等环节,促进了线上线下互动和学习的空间拓展,实现了全方位育人。在校园课堂上,主要进行背景与理论的学习。在实践基地中,主要进行案例与实操教学。(图2)在网络平台里,充分利用现代科技手段和形式,丰富了内容与资源,构建了理论知识库、网络数据库、教学案例库、自编教材库、实习成果库等丰富的内容与资源,同时通过讨论区引导课堂互动,促进师生互动、生生互动、时时互动,实现线上线下混合式教学目标。(图3)

图2 指导老师实地授课　　　　图3 利用中国大学MOOC实现线上线下混合教学

"四环"是课程讲授过程,即从准备、认知、汇报、评价四个环节入手。在准备环节中,专业教师需要提前制定《考察计划书》和《实习指导书》、设计《考察记录表》等;学生需要提前制定实习目标和计划、收集实习地的资料以及准备学习和生活用品等。在认知环节,由现场教师带领学生进行旅游资源认知、旅游行业考察、旅游市场调研等,锻炼学生的综合素养。在汇报环节,实习结束后,在班长、学习委员及课代表的组织下举办公开实习成果展览和实习成果汇报交流会,并由汇报指导教师对本次实习进行总结。在评价环节,本课程遵循"两性一度"标准,倾力打造科学、全面、系统的考核评价机制,通过制度保障了课程目标的实现,引入了过程表现、个人报告、团队报告、成果汇报等四大内容,并将思政元素点融入考核加分项,思政考核实行"一票否决"。

"五阶"是既定的学习目标,即专业知识提升、调研方法训练、团队意识构建、学习能力提升和专业意识强化五阶段进级人才培养目标。专业知识提升,即通过本课程使学生加强对旅游资源的认知、加深对旅游行业的认识并洞察旅游经营行为等,以提升旅游专业知识;调研方法训练,让学生在实习地完成多种调研活动,从而对学生进行调研方法的训练,提升学生的调研能力;团队意识构建,该认知实习不是个人实习活动而是团队实习活动,实习中不仅有教师和学生的互动交流而且有同学与同学之间的探讨和研究,不仅有小组任务而且有团队任务,让学生在实习中通过与老师、同学的交流合作以及在与各类人员的交往中构建团队意识,增强团队精神;学习能力提升,该实习活动全程以学生自主学习为主,自主查阅实习地的相关资料、提前了解实习地的概况、自主设计调查问卷进行调研活动、根据实习地的特点自主研发旅游文创产品、自主组织实习成果汇报大会等,这有助于学生学习能力的提升;专业意识强化,让学生在实习地以旅游者、旅游从业者、旅游学者等身份体验旅游活动、透视旅游经营和管理模式以及认知旅游资源等,从而强化学生对旅游行业专业性的认知,增强学生的专业意识。

三、案例成效

(一)特色与创新点

双融引领,实现理论与实践、专业与思政融入课程全过程。实现专业理论知识与实践技能、专业教学与思政的全覆盖,紧紧围绕家国情怀、民族自豪、敬业奉献、勤学求真等思政元素广泛收集和整理资料,实现理论与实践融合、专业知识传授和思政教学引领的双融创新。

协同共振,实施多元主体共同参与教学。如在武隆考察实习过程中,邀请当地涉旅企业负责人、导游及居民介绍"资源变资产、资金变股金、农民变股东"三变改革模式,让学生了解2017年武隆实现48个贫困村和3万贫困人口脱贫,入选"世界旅游联盟旅游减贫案例2018"的经验,通过行业精英、教师和学生进行讨论,让学生直观感受武隆通过旅游促进贫困人口迅速脱贫增收致富,实现乡村振兴。

产出导向,学生执业能力提升。落实"学生中心、产出导向、持续改进"的工作理念,学院领导高度重视,全程参与实习筹备、组织动员、课程开展、总结汇报等环节。经费保障充足,给予教学用车、费用足额支持,协调重点景区门票折扣,让全体学生有机会参与课程,接受教育,学生的执业能力切实得到了提升。

(二)教学改革成效及解决的重难点问题

优化课程内容,将课程实践教学与思政教学融入专业教学全过程。为了实现实践教学与理论教学、专业知识传授和思政教学引领的协同作用,深入挖掘和收集本课程专业知识内容中蕴含的思政素材,结合我校旅游管理专业的人才培养目标以及本课程特点,紧密围绕时代思想、文化自信、职业精神、道德法律等思政元素广泛搜集和整理资料,优化课程内容。同时深入剖析教学内容,找准思政映射与融入点,即行业考察中能将思想政治教育内容与专业知识技能教育内容有机融合的领域。形成知识传授与思政教育同频共振,提升专业技能,引导学生树立正确三观。

提高师资素质,将专业知识和能力传授与思政教育协同引导教学。首先,教师应是课程建设的"先行者",提高教师的理论和实践能力,同时引导教师将思政融入课程教学。其次,教师应是课程建设的"引航者"。教师应准确分析与把握学生的现状特点和学习求知规律,以学生为主体进行专业理论与实践课程的思政教学设计,寓思政于知识教学之中,保持积极的正能量与热情,发挥教师的主导作用。最后,教师应全身心地投入立德树人的教育之中,应从考察体验实习课程的知识体系建设、教育方法与手段等方面进行不断研究探索,掌握考察体验实习课程教学规律,总结学生课程学习的经验与特点,不断完善、创新课程教学内容与方法,真正发挥课程双融作用,实现立德树人的总目标。

丰富过程教学,实施多元主体课堂共同参与。旅游类专业课程的理论性、实践性较强,很多课程内容与实际联系十分紧密,将课程理论知识和实践结合起来,丰富课堂教学,实施多元主体课堂共同参与,会更利于教学的开展。通过到景区、酒店、会展场馆等场所进行实践教学,能够培养学生的实践能力、服务意识,提高学生的服务技能,使他们真正体验到作为一名旅游从业人员应具备的素质和能力、应掌握的服务技能和技巧,从而转化为自觉学习。

(三)取得的主要成效、成果

学生认可。通过走访和调查,学生对本课程的满意度高,特别是不少已毕业学生对本课程的评价极高,甚至有学生称本课程是大学生活中最有价值的课程之一。通过本课程的讲授,引导学生参与各级各类专业比赛,年均学生逾百人次获奖,其中在不少专业赛事中获全国奖。

专家认可。本课程一直以来被旅游教育专家和行业专家认为是我校旅游管理专业人才培养的特色和亮点,并认为值得推广。基于本课程的阶段性研究成果"基于综合能力培养的旅游管理专业野外实践教学体系建设与实践"获得学校教学成果奖二等奖。本课程获批重庆市2021年高校课程思政示范建设项目,本课程负责人及团队获评重庆市2021年高校课程思政教学名师和团队。

同行认可。重庆多所高校专门就本课程设置前来我院学习交流,目前已有部分学校参照我校课程设置开设相关实践性课程。

四、未来计划或启示

完善课程框架,有机融入实践与思政内容。在原有课程框架的基础上,不断完善并融入实践内容以及新的思政教学点,把理论与实践教育,思政与专业知识技能教育内容有机融合,让学生自然而然地接受思政教育。

强化教师队伍,建立教育教学长效机制。进一步强化教师队伍建设,形成长效的教学机制,确保师资队伍的稳定和卓越。

推动教学改革,促进线上线下融合度的提升。在传统的教学基础上,有机地融入线上线下融合手段,不断丰富授课形式与教学方法,实现学生自主性与教师指导性相结合,促成课前、课中和课后等多环节的线上线下混合。

影视专业课混合式教学改革与实践
——以摄像专业课为例

陈祺祺　Francis

重庆邮电大学

一、案例介绍

"摄像技术"课程从2016年开始在线课程设计与建设,2017年获得重庆市高校首批精品在线开放课程认定,2018年获得省部级优秀在线教学团队、重庆市微课大赛一等奖。以在线课程为基础,团队通过学校翻转课堂试点项目实践提出了"影视专业课SPOC+的混合教学模式"。该模式于2020年被评为重庆市教师团队在线教学创新应用优秀示范案例,重庆市线上线下混合式一流课程,2022年获评重庆市线上线下混合教学优秀示范案例。

影视专业课混合教学设计坚持从国家、行业现状及自身发展需求出发,在纵向上以行业逻辑为标杆,以问题为中心,培养学生艺术创作的综合能力。在横向上以艺术实践教学为抓手,课程与社会发展结合解决"艺术与现实"的关系,使学生在影视创作中切实感受并肩负起观察时代、解读时代、引领时代的职责。本课程以21世纪人才5C核心素养即"文化理解与传承素养、审辩思维、创新素养、沟通素养以及合作素养"为课程人才培养目标,从影视创作思维建立、技术应用、艺术创新、价值引导四个方面进行影视专业课混合教学改革。

二、案例详述

(一)课程团队建设与能力提升

课程团队由影视艺术理论研究及创作方向的中青年骨干教师组成,其中高级职称2名,外籍专家1名。团队在教学工作中积极推进课程育人、实践育人,把立德树人融入思想道德教育、文化知识教育、社会实践教育各环节。坚持党员教师的带头作用,通过不断学习思政理论,分享思政教学经验,带动课程组在教学中传递优秀中国文化、践行社会主义核心价值观。

(二)课程内容与资源建设及应用情况

目前,"摄像技术"在线课程已经在超星学银在线、学堂在线等3个国家级平台累计开课9期,全国1000多所高校使用。同时,来自全球6个国家的学生进行了选修学习。

1.课程理论内容轻量化

影视专业课的知识特点为其既是艺术理论又是创作手法。单纯的理论学习并不适合本科生的影视教学实际需求。因此,在混合教学的理论部分我们进行了"阅读上减负,创造上加码"的创新设计。如"摄像技术"的理论知识全部上线供学生自学和反复查阅。在线课程将相关理论知识分为6个章节24个知识点,强调知识点的小而精,采用"故事化"的方式进行,从形式和内容上为学生探究性学习留出自主空间。

2.课程思政方式高阶化

本课程在教学过程中将知识性与价值性统一融入课程环节。在线上交互板块开设"周五电影推荐""学科高阶学术论坛分享活动";在实践板块开展摹拍经典、乡村振兴项目等情境教学。"植入式思政"在提高课程挑战度的同时,通过创作与鉴赏潜移默化地引导学生审美与向善。

(三)基于SPOC的混合教学策略

"影视专业课SPOC+的混合教学模式"是以项目创作为线索,融合e-Learning优势的智慧教学环境,涵盖学、练、评、展环节。其既要通过线下教学放大原有SPOC教学的优势,又要通过全媒体教学方式有效弥补影视传统教学的不足。影视创作课程SPOC+混合教学的设计理念主要体现在如下几个方面。

1.搭建"开放性"教学生态——让学生真正成为课程的主导者

开放性是可以让所有个体在课程中找到自己的通道,找到能够激活自己能力的资源。在线课程平台基本具有"平台性媒体"的属性,不依靠单一的力量做内容而是打造一个良性平台,将"开放性"互联网思维在教学设计中体现,让学生成为教学活动中的主体,并且拥有更灵活的权限。

2.场景化教学空间——在情景中切实感受时代需求与责任

首先要确立场景形象。网络学习场景元素应围绕专业学习进行设置,通过学习社区、社交媒体等方式将虚拟空间与学习者的日常空间对接,增强学生的"在场感"和归属感。再者,打造课程化的实践项目。根据社会需求、行业综合能力要求,让学生在实践教学环节中置于真实的创作环境,感受时代的脉搏。

3.跨媒体架构课程活动——全媒体教学工具创新混合教学信息交互动线

以摄像专业课教学为例,仅依靠单一课程平台目前无法完全实现演示、展示、创作的教学需求,但是将多样的媒体形式引入势必会带来较为烦琐的操作。所以,跨媒体架构课程活动,用户的使用习惯,友好度、时间和精力成本都应纳入混合教学模式的设计考量之中。团队通过问卷调查明确了摄像专业课混合教学的媒体选择和流程,以提高教学信息传递的有效性,减少交互成本。

(四)"影视专业课SOPC+的混合教学模式"设计

1.混合教学活动设计

以摄像专业课为代表的影视专业课混合教学活动设计按模块化教学场景进行,以问题为导向,以艺术理论实践为驱动,通过项目制任务建立关联性学习系统,具体分为四个板块:板块1为理论基础入门。其主要目标是以微课为导向,帮助学生建立摄像知识体系。板块2为镜头思维训练活动。其教学目标是通过课堂问题回顾、案例分析、模拟拍摄建立镜头语言思维逻辑。板块3为项目分组创作。主要是课下的自主学习任务,通过创作活动内化知识点达到深度学习的目的。板块4为展示评价活动。以校内展演和视频网站公开投放两种方式进行,通过融媒体手段打造完整的影视制作流程体验。

2.教学内容及组织实施情况

影视专业课SOPC+的混合教学模式基于场景功能划分和媒体交互动线进行规划。(图1)

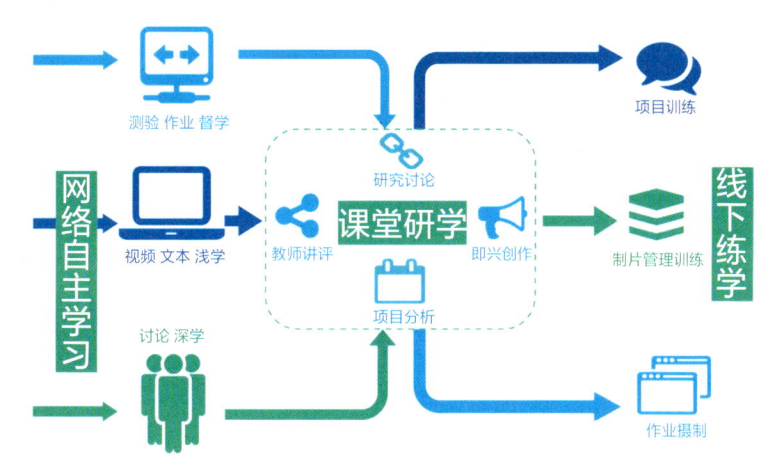

图1 影视专业课SPOC+的混合教学模式组织实施设计图

(1)知识构建:搭建网络自主学习场景。探索自主性与个性化学习相结合,利用课程平台将课程测验、作业、讨论等嵌入网络学习场景,促使学生自查学习效果,并引导学生提出问题。

(2)问题解决:重塑课堂研究学习场景。采用工作坊的形式进行课堂研学,通过问题回顾、案例分析、即兴创作等方式帮助学生建立镜头语言的思维逻辑和思辨能力。

(3)巩固创新:强化课后练学交互场景。课后练学注重深度学习,强化创新性与挑战性,要求小组成员模拟影视项目制片管理,以提升学生团队协作、沟通管理等综合素质。

(4)教学相长:完善教学动态反馈场景。通过四大板块的可视化数据反馈与社交媒体即时通信相结合,为教学双方提供一个立体化的评价生态。

(五)混合教学质量监控与保障体系

影视专业课混合考核从教学大数据评测和开放性评价两方面着手进行混合式课程成绩考评。具体教学评价包含以课程平台大数据为依据的客观性评价和以专业评价与大众评审相结合的主观性评价两大部分,在学生成绩评定中既兼顾艺术作品的评价需求,又保证教学考核的客观性。同时,通过AI课程管理助手,构建以"点、线、面、体"自我评估为核心的混合教学质量监控与保障体系,将线上学情、课堂实况、创作评价有机统一管理,由学生成绩曲线和评价反馈衡量教师教学质量。(图2)

图2 "摄像技术"课程期末作业联合评审现场

三、案例成效

（一）课程评价及改革成效等情况

1. 学期课程成绩纵向比较

根据学习通数据统计，混合教学模式带来的成绩变化呈良性正态分布，完成了既定教学目标。通过比较教改前后两个班的成绩发现，混合班优秀率比传统班高出了50%。同时，通过对本课程学评教数据进行分析发现，混合式教改后学生对课程的整体教学满意度有明显提升。特别是在课堂教学时间利用和作业反馈两项指标上，改善数据明显。依托本课程，学生课程作品获得影视专业赛事省部级奖励20余项。

2. 校外评价

建设期间，团队孵化产学研项目10余项，创作电影长片、短片各一部。师生共创影像助农微电影项目获得中国高校影视学会"2021—2022年度影视作品推优活动暨第十二届'学院奖'"短视频单元三等奖。课程入选重庆市教委发布的《疫情防控期间高校在线开放课程开课目录指引（第一批）》推荐课程，相关教改论文入选中国高校影视学会年会等全国性会议。

（二）案例课程特色及创新

1. 教学模式特色

"以学定教，场景化教学空间。"线上教学围绕教学目标优化融媒体教学交互路径，增加学习友好度，以匹配不同的学习个体需求。线下实践教学，"拍田间·纪发展"，进行实践课堂的时空转换。乡村振兴项目进课堂，让学生在田间地头的影视创作中切实感受并肩负起观察时代、解读时代、引领时代的职责。（图3）

2. 课程评价体系创新

"多元化创作评价体系"增加课程创新性。通过B站、抖音等平台联通校内外，以匹配不同的学习个体需求。考核从教学大数据评测和开放性评价两方面着手，既兼顾了艺术类课程考核的特征又兼顾了教学考核的科学性及严谨性。

图3 上游新闻报道"拍田间·纪发展"实践课堂

四、总结

本案例将持续深化课程思政建设,强化学生的国家民族文化自觉心。基于课程的创作实践性特色,从"技术赋能""以人为本""去伪存真"三个维度对影视专业课程进行不断革新。同时,作为信息时代的影视教育工作者,应在实践中把握和设计好智能媒介技术在艺术教育中的应用机制和价值,扮演好课程运营者的角色。同时,应警惕智能技术对人功能的异化,以及信息爆炸带来的思维惰性。网络时代的影视教学需要回归到传道、授业、解惑并重的教学格局。

思政引领的"项目+翻转"智慧教学模式
——"国际职场文化"线上线下混合式课程案例[①]

刘雪琴　王庆光　许杨阳　涂青　相启征

重庆邮电大学

一、案例介绍

教学团队打造了"国际职场文化"慕课以及一系列在线学习资源,并把在线资源与课堂教学有机融合,实现了线上线下教学方法的混合、在线学习资源与课堂教学资源的混合、教师多种教学方式的混合以及学生多种学习方式的混合、教学评价手段以及评价过程的混合,打造了具有鲜明特色的线上线下混合式大学英语教学模式。

课程采用任务驱动、基于"项目+翻转式"智慧教学模式,利用现代信息技术,将项目式学习和翻转课堂的教学模式有机整合,创新课程教学模式,从时间和空间的维度重构课堂,最大限度地优化课堂;课程同时深化课程研究,强化课程思政元素,优化课程内容,构建课程"三融合"模式,价值塑造、语言能力发展和职场沟通能力培养、跨文化交际学科知识构建融为一体,线上线下融为一体,课内课外融为一体,将课程建设成为高质量的一流课程。

[①] 基金项目:2019年度重庆市教育科学"十三五"规划课题"基于网络学习空间的大学英语智慧教学模式研究"(课题批准号:2019-GX-310)、重庆市高等教育学会2021—2022年度高等教育科学研究课题"基于成果导向(OBE)理念的大学英语智慧教学模式研究"(项目编号:CQGJ21B035)、2022年重庆市高等教育教学改革研究项目"基于教学大数据分析的大学英语质量提升路径研究"(项目编号:223164)、重庆邮电大学2021年"课程思政"试点示范课程项目"国际职场文化"(项目编号:XKCSZ2133)、2022年度重庆市教育科学"十四五"规划课题"大学英语教师课程思政教学能力提升机制研究"(课题批准号:K22YG206148)、重庆邮电大学2022年课程思政建设项目"大学英语读写译1"(项目编号:XKCSZ2213)。

二、案例详述

(一)课程内容与资源建设及应用

1. 本课程的建设发展历程

"国际职场文化"为我校 2016 年根据学生需求开设的新课程,多年来,课程积累了丰富的教学资源,学生选课积极、认可度高。

针对价值引领缺乏问题,课程团队成员积极探索课程思政,注重因材施教,积极提升自己的教师素养和开展课程思政与国际职场文化相融合的教学方法,2021 年"国际职场文化"获批重庆市课程思政示范课程;针对教学资源单一问题,建设多元课程资源,团队成员出版了教材《职业素养英语》,2020 年上线运行团队成员建设的慕课(图1);针对创新培养不足问题,着力开展创新培养,改革教学手段,从目标导向、平台建设和内容建设等方面实施"智慧教学+课程思政"教学实践模式,开展"线上课前自学—线下课堂面授—课后创新活动"教学模式,利用信息化教学方式,深化课程思政在教学实践中的育人功能;针对评价体系陈旧问题,引入多种考核方式,通过大作业、在线课程翻转学习、实践项目课堂汇报、英语水平测试、课赛结合等,形成多元综合评价体系。

图 1 慕课录制团队成员

经过不断建设,2018 年课程立项校级在线精品课程建设项目,2019 年课程立项为校级翻转课堂,2020 年课程被认定为重庆市线上线下混合式一流课程,2021 年课程被认定为重庆市线上一流课程。

2. 课程内容与资源建设及应用情况

本课程经过建设与改革,构建了立体化的教学资源。(图2)

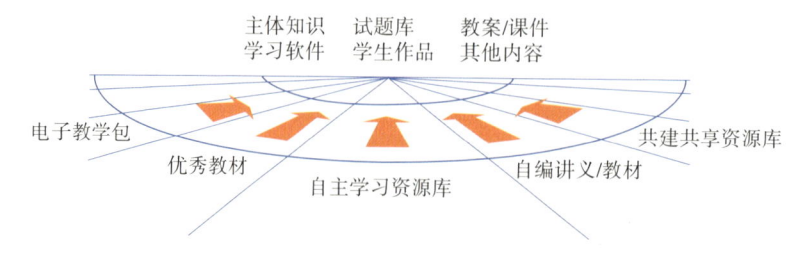

图 2 课程立体化教学资源

本课程重视现代教学技术手段,帮助学生自主完成基于项目翻转学习的内容,促进个性化学习。本课程实现了人—机、师—生、生—生互动。

(1)自建的慕课(学银在线):主要为本课程翻转学习提供资源,为学生提供翻转学习任务,作为上传翻转汇报作品的展示平台。

(2)课程中心"国际职场文化"课程资源丰富,将在基于项目的翻转教学模式中起重要支撑作用。课程中心的大量视频、题库、阅读资料、案例等用于辅助学生完成课程相关切分知识点的翻转学习。

(二)线上线下混合式教学设计创新

本课程基于智慧教学理念创新教学模式,以成果导向教育理念(OBE)为引领,贯彻以学生为中心的理念,将素质教育和大学生的发展需求紧密结合,体现人本主义的教育观,让学生进行个性化学习、自主式学习、合作学习、体验式学习和探究式学习。

课程采用线上线下,基于"项目+翻转式"智慧教学模式的教学范式进行革新。课程充分利用现代教育技术,采用课前知识学习、课内知识运用深化,线上线下结合的混合教学模式。精心设计和录制的34个小视频材料、100多个电子文本材料和900多道单元测试习题组成线上课程教学资源,为学生展开泛在学习提供便捷。线下课堂以研讨式教学方法,延展和深化单元话题,延伸学生思辨的深度,体现以学生为中心的教学理念。围绕学生思辨能力、跨文化能力、自主学习能力和创新能力培养的全人教育理念,打造具有"高阶性"、"创新性"和"挑战度"的人文教育通识课堂。

本课程通过课前学生线上"动"、课中教师面授"导"、课后师生共同"思考",使线下课堂内容在线上充分延展,师生互动、生生互动更加丰富高效。

(三)课程教学内容及组织实施

1.课程教学内容

"国际职场文化"注重培养学生在国际职场领域运用英语进行有效跨文化交际的能力,主要内容包括:中西方职场文化对比、职场礼仪、职场沟通、商务谈判、国际职场规则等。(图3)

图3 课程主要教学知识点

2. 组织实施情况

课程采用任务驱动、基于"项目+翻转式"智慧教学模式，实现学生课前学、课中练和课后省。（图4、图5）

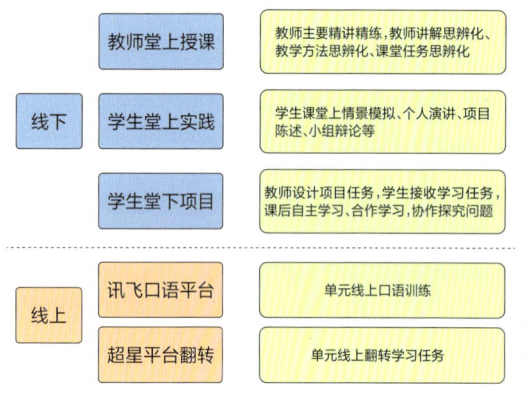

图4 课程创新教学方案　　　图5 学生项目汇报案例

（四）成绩评定考核等方面亮点及特色

本课程的考核采用多元化的生态教学评价方法。成绩评定采取过程形成性评价和期末终结性评价相结合的方式，以过程形成性评价为主、以期末终结性评价为辅。过程形成性评价主要考核学生的出勤、作业、分组讨论、案例分析、成果演示等项目，方式为口头陈述、综合性报告、角色扮演等，包括学生自评价、生生互评、教师评学生等。期末终结性评价为大型综合笔试，主客观相结合。（表1）

表1 国际职场文化课程考核评价表

考核项目			分值	素养
过程形成性评价	平时成绩	课堂表现、考勤	10%	守时、尊重、思辨等
		作业	10%	诚实、思辨等
	过程性考核	在线课程翻转学习	15%	国际职场文化、精益求精工匠精神、"四个自信"等
		实践项目的课堂汇报	10%	沟通合作意识和分析决策能力
		课赛结合	5%	创新能力、专业实践技能等
		英语水平测试	10%	英语交流和运用能力等
期末终结性评价		闭卷笔试	40%	诚信等社会主义核心价值观

（1）过程形成性评价（60%）：课堂表现、考勤（10%）+作业（10%）+在线课程翻转学习（15%）+实践项目的课堂汇报（10%）+课赛结合（5%）+英语水平测试（10%）。

（2）期末终结性评价（40%）：闭卷笔试。

三、案例成效

（一）案例特色与创新点

1. 课程内容思政化

课程内容与课程思政深度融合，发挥课程的育人作用。介绍中西职场文化和社会主义核心价值观，帮助学生构建正确的职场规则和正确的世界观、人生观与价值观；内容设计围绕职场英语交际能力及职业素养展开，注重塑造学生的职场规范和职业操守。

2. 教学方式多元化

依托课程优质资源，借助教学平台，教师采取多种教学方式、多层次的教学目标、多元化的教学评价，充分发挥教师的主导作用，促进线上线下高质高效的优势互补，形成师生协同效应。

3. 教学过程翻转化

本课程主要采用"项目+翻转式"混合教学模式。更新理念、创新模式、依托技术，实现学习过程个性化和教师指导个性化。

4. 语言学习实践化

采用"做中学"方式和互动教学，强调语言实践"输入—输出"的特点。

5. 教学资源多模态化

本课程打破了教学资源的单一性，创新使用技术，将分散的文本、视频、动画和声音资源等聚为多模态资源，为学生自主学习提供了多样化的资源。

6. 评价机制生态化

本课程提高了过程性评价，采用口语陈述、论文报告等多种形式改革课程考核方式，由单一的教师评价转为多元的教师评价、同伴评价、自我评价和网络评价，实现了评价主体多元化。

7. 学习策略个性化

本课程有针对性地制定教学计划、安排教学进度和布置学习任务，满足学生个性化需求，通过与同学或教师之间的协作与互动，达到最佳学习效果。

（二）取得的主要成效

1. 课程评价及改革成效

课程在学期结束后进行问卷调查，得到广大师生的好评。学生评教考核成绩均优秀。

（1）学生的语言产出能力提升效果显著。通过情景模拟、个人演讲、项目陈述、小组辩论等，学生的语言知识能力得到了锻炼，也提高了自主学习能力和语言产出能力。

（2）课程团队的教学科研能力不断提高。团队在赛课、指导竞赛中多次获奖，主要有第五届重庆市高校微课教学比赛一等奖、全国高校教师教学创新大赛——第六届外语微课大赛重庆市三等奖、校级本科教学创新大赛二等奖。团队教授课程成功立项校级翻转课堂、在线精品课程建设，获评重庆市线上线下混合式一流课程和线上一流课程、重庆市课程思政示范课程。

（3）课程的教学改革取得良好的示范效应。构建的在线课程（学银在线）已运行7期，得到同行的广泛认可，选课人数达1万余人，浏览量多达500多万次。其他院校班级学员来自200多所学校，共计2620人。

"中国近现代史纲要"课程混合式教学模式建设与应用

郭海成　王婧　夏吉莉　孙璐　游岸

重庆邮电大学

一、案例介绍

2006年9月，重庆邮电大学按照高校思想政治理论课"05方案"要求，开始面向本科生开设"中国近现代史纲要"课程，2011年"中国近现代史纲要"课程被评为校级重点课程，2021年被评为重庆市一流本科课程。近年来，本课程围绕落实立德树人根本任务不断推进教学改革，形成了"专题教学+智慧教学+实践教学"的混合式教学模式，有效解决了学生学习主动性不足、教学方式单一、教学资源匮乏等问题，实践效果良好，教学质量持续提升。

二、案例详述

（一）教学设计创新

一是全面开展专题教学，将教材内容整合为"沉沦""求索""问道""寻路""涅槃""新生""探索""富强"八个专题，聚焦解决长期以来思政课教学中存在的教材体系向教学体系转化不足的问题。（图1）

二是大力开展智慧教学，注重解决思政课传统教学方式不能适应移动互联网时代大学生学习习惯的问题。

图1 开展专题教学

三是深入开展实践教学,着力解决课堂理论教学存在的体验度不强、体悟感不高的问题。

(二)课程内容与资源建设及应用

本课程多维度开展课程内容与资源建设,围绕学生成长成才实际需要做好内容与资源应用。

一是做好"沉沦""求索""问道""寻路""涅槃""新生""探索""富强"八个专题的详细教案。注重建立起各专题间严密的逻辑关系,既突出教学重点,又破解教学难点,着力提升学生对课程知识体系的把握。

二是根据智慧教学需要对课件重新进行设计,以适应利用雨课堂、超星学习通等开展教学,着力增强教与学的交互性,提高学生的课堂参与度与主动学习的积极性。(图2)

三是创设了多平台的教学资源库,有效解决了线上教学资源、新媒体教学作品不足的问题。在中国大学慕课平台创建了重庆邮电大学专属"中国近现代史纲要"SPOC异步课程,在重庆邮电大学课程中心建设了"中国近现代史纲要"课程主页,在抖音平台创设了"重庆历史记忆"新媒体作品库,录制精品微课视频41个,教学资源的数量大幅增长,形态丰富多样。(图3)

图2 组织实施智慧教学　　　　图3 创设"重庆历史记忆"抖音号

四是在实地踏勘的基础上,组织编写重庆革命历史遗址现场教学方案,详细设计每个教学点的现场实践教学安排,将地方红色文化资源深度融入课程教学。

(三)教学方法改革

为充分激发学生的学习主动性,针对学生单纯作为知识接收对象的被动学习问题,着力创新教学方法,把学生小组展示和现场教学纳入教学的必要环节,彻底改变教师"满堂灌"的传统教学方式。一是在任课教师合理设置主题和提供方法指导的前提下,积极开展学生小组讲思政课活动,让学生在搜集素材、组织内容、小组展示中长知识、抒情感、显担当,实现从接受知识的被动者向传授知识、传递正能量的宣传者的转变。二是以红色纪念馆、博物馆等为教学点,由教师带领学生走出课堂、走近红色文化,以"体验式""沉浸式"等方式,引导学生在真实场景下,加深对红色革命精神的理解和感悟。

(四)课程教学内容及组织实施

本课程坚持以高教版马工程重点教材《中国近现代史纲要》为内容蓝本,围绕"沉沦""求索""问道""寻路""涅槃""新生""探索""富强"八个专题,对应设置课程教学内容。主要涉及中国半殖民地半封建社会的形成,近代早期中国先进分子的探索及其失败,马克思主义的传播与中国共产党的诞生;农村包围城市、武装夺取政权道路的探索;中华民族艰苦卓绝的抗日战争,解放战争的胜利和社会主义制度的基本确立;社会主义建设的曲折发展,改革开放开创中国特色社会主义伟大事业,中国特色社会主义进入新时代等重点内容。

组织实施上,以帮助学生深刻理解历史的主题主线,深刻认识历史发展的内在规律,深刻领会"四个选择""能、行、好"等重大问题为目标指向,结合具体教学内容,合理采用课堂讲授、分组研讨、智慧教学、现场教学等教学组织形式。

(五)成绩评定考核

近年来,本课程持续改进考核及成绩评定方式,逐步消除了以往期末考试占比过大、"一考定乾坤"的弊端,过程性考核、形成性评价在成绩评定中的作用日益凸显,尤其是通过智慧教学积累的学习数据对学生进行形成性评价,考核的有效性、评价的准确性明显提升。目前,本课程最终成绩由三部分组成,其中平时成绩(含考勤、课堂表现、小组展示)占30%、阶段成绩占30%、期末考试占40%,成绩构成比例较之以前更合理,更能真切反映学生学习成效。

三、案例特色与成效

本课程在实践中探索了多维融合的教学模式,实现了课堂讲授的传统优势与现代信息技术融合、与现场教学融合、与学生讲解融合,让学生"动"了起来,使课程"活"了起来,使教学效果"好"了起来,做到了在注重知识目标达成的基础上,更加关切情感目标和能力目标,聚焦学生"会了什么""体悟到了什么",突出强调学生的实际获得感。

(一)案例特色

一是专题教学"有条有理"。创新组织教学内容,开展专题教学,既突出了教学重点,又破解了教学难点,学生参与课堂学习的主动性、对课程知识体系的把握度均明显提升。

二是智慧教学"有滋有味"。二维码签到、随机点名、限时答题、弹幕的使用,增强了教与学的交互性,学生的课堂参与度与主动学习的积极性显著提高。同时,基于智慧教学实现了对学生的过程性考核、形成性评价,课程考核的有效性、教学评价的准确性明显提升。

三是实践教学"有血有肉"。课内实践部分,每学期结合实际在课堂教学中设计"我心中的百年党史"等小组展示环节,学生自主组队开展探究式学习。课外实践部分,探索开展现场教学,编写了12.6万字的《"中国近现代史纲要"课程重庆革命历史遗址现场教学方案》,将重庆红色历史文化资源深度融入课程教学。

四是教学资源建设"有声有色"。创设了多平台的教学资源库,并录制精品微课。创设抖音号"重庆历史记忆",创作《江姐:碧血丹心筑丰碑》等新媒体作品200多个,粉丝40多万人,累计获赞340多万个。

(二)教学改革取得的具体成效

本课程教改推进严谨务实,教学质量不断提升,学生"获得感"持续增强,同时产出了"十个一"优秀教研成果。

一是公开出版了一本教辅读物(《我是共产党员:中国共产党人的革命故事》,人民日报出版社,《北京晚报》《西安日报》等刊发书评,发行量12万余册)(图4);二是形成了一套经过实践检验、效果良好、可复制可推广的教学方案(专题教学方案+智慧教学方案+现场教学方案);三是立项了一批市级、校级教改项目(市级2项、校级9项);四是发表了一批高质量的教改论文(权威1篇、核心3篇、普刊5篇);五是依托抖音平台创设了一个有较大影响的、以重庆革命历史和地方文化为主题的新媒体教学作品库并应用于教学(抖音号"重庆历史记忆",制作《江姐:碧血丹心筑丰碑》等作品200多个,粉丝40多万人,点赞340多万个,累计播放量超1亿次);六是录制了一批教学微课(精品微课41个、十九大精神示范微课2个、校电视台制作教学专题片1个、随堂录播全套课程教学视频);七是建成一个在线考试题库(试题1500余道);八是在中国大学慕课平台搭建了一个重庆邮电大学专属的"中国近现代史纲要"异步SPOC课程并投入应用;九是培育了一批获得国家级、省部级、校级各类奖项的教学骨干(国家级教学展示二等奖1人、市级教改先进典型1人、市级优秀思政课教师择优资助计划1人、校级教学竞赛一等奖2人、其他教学奖项1人);十是主办了一场有较大影响力的"中国近现代史纲要"课教学改革研讨会（天津、新疆、湖北、四川和重庆等地16所高校的60余位专家学者与会），有效提升了重庆邮电大学"中国近现代史纲要"课的教学声誉。

图4 《我是共产党员：中国共产党人的革命故事》的版权页和部分目录页

交通强国背景下"路基路面工程"一流课程实践

唐乃膨　朱洪洲　杨博

重庆交通大学

一、案例介绍

"路基路面工程"是茅以升道路专业、道路工程专业的核心课程。本课程旨在将学生培养成我国道路工程设计、施工、管理和养护的高素质专业应用型人才。以"道路运输的特点和国内外道路发展概况""沥青路面的破坏形态""路面设计理论与方法"三个小节为例，重点介绍教学团队在课程思政、教学设计、教学方法、课后专业训练方面的创新做法。其主要体现为：(1)教学设计融入道路发展历史观、"川藏公路"蕴含的"两路"精神、道路交通在助推脱贫攻坚取得胜利所起到的作用、道路交通为中国实现两个百年梦铺筑的基础；(2)引入工程实例，讲解沥青路面疲劳开裂等重难点知识；(3)设置了调查型(小作业)、研究型(大作业)两类作业，加深学生对行业的理解，提高学生的团队合作与研究能力。

二、案例详述

(一)课程团队建设与能力提升

"路基路面工程"教学团队历来注重"传帮带"，从何兆益教授牵头建设的国家精品课程，到朱洪洲教授牵头建设的国家一流课程，目前已发展成一支工程经验丰富、理论扎实、与时俱进的教学团队。

2022年2月，我校"路基路面工程"教学团队成员朱洪洲、杨博、王威娜、唐乃膨、毕研秋参与的道路桥梁与渡河工程专业课程群虚拟教研室(东南大学黄晓明教授牵头)入选教育部首批虚拟教研室建设试点名单。通过虚拟教研室的各种教学研讨活动，加强了与兄弟院校教学技巧的交流，吸取了课程思政融入教学的经验。通过观摩教学名师黄晓明教授讲授的"路基路面工程"章节，提高了青年教师的讲课技巧。(图1)

图1 虚拟教研室活动

此外，"路基路面工程"教学团队非常注重培养青年教师的实践能力，也非常注重与工程一线企业交流合作。2022年8月，教学团队成员杨博、唐乃膨等到访南京宁通智能交通技术研究院，开展交流合作。(图2)

图2 "路基路面工程"教学团队成员到企业开展交流合作

(二)教学设计创新

道路工程专业是我校的奠基专业，1951年建校以来，就开始为"川藏公路"的建设输送工程技术人才，因而"路基路面工程"教学团队特别重视将"两路"精神、"铺路石"精神融入教学过程中，并形成了本教学团队的特色。此外，教学团队还注重工程案例的引入，以讲解重难点知识。

下面以教学章节"道路运输的特点和国内外道路发展概况"为例,重点阐述教学设计的创新及课程思政的融入设计;以"沥青路面的破坏形态"为例,重点阐述工程案例在教学设计中的创新运用。

教学章节"道路运输的特点和国内外道路发展概况"

1.教学章节:道路运输的特点和国内外道路发展概况。

2.主要知识点:道路的定义、古代道路、世界公路发展的三阶段、我国公路发展历程及成就。

3.主要思政元素:历史观、"川藏公路(康藏公路)"蕴含的"两路"精神、道路交通在助推脱贫攻坚取得胜利所起到的作用、道路交通为中国实现两个百年梦铺筑的基础。

4.具体教学设计及创新说明。

(1)道路的定义。

结合PPT介绍道路的发展与人类发展的相互关系(路是人走出来的,道路的历史就是人类发展的历史)。

(2)古代道路。

介绍中国是最早开始人工修建道路的国家,在夏代就有(公元前21世纪)制造车辆的确切记载。到秦始皇时期,修建了"秦直道"——一条南北向长达700千米的军事通道。

世界上最早的沥青路面是距今约3000年前的古巴比伦仪仗大道。

设计说明:通过列举古代典型道路,让同学们认识到道路的发展具有悠久的历史,同时展现我国古代璀璨的文明,培养同学们对专业的认同感。

(3)世界公路发展的三阶段。

①1886—1920年:公路发展的早期阶段。

1886年,德国人发明第一辆汽车,公路进入发展的早期阶段。这一时期汽车数量不多,多数公路由原来的马车道改造而成。当时铁路是陆上交通的主体,公路运输仅是铁路、水路运输的辅助手段。

②1921—1945年:公路发展的中期阶段。

两次世界大战期间,公路建设发展迅速,主要源于发达资本主义国家将军事工业转为民用工业,一些发达国家出于军事目的,对公路建设进行了较大投入。

③1946至今:现代公路发展时期。

国外道路运输进入大发展时期,高速公路网骨架已基本建成,全面进入道路的运营管理阶段,这些国家将相当多的精力放在道路的使用功能、车流安全与行驶舒适性上。

(4)我国公路发展历程及成就。

20世纪初,汽车开始进入我国,但在半封建半殖民地的旧中国,公路建设缓慢,到1949年全国通车的公路里程仅为8.07万千米,而且大多是在东南沿海地区。[思政插入1:希望同学们深刻认识中国的近代史,对比中国现代的崛起,切身体会只有中国共产党才能领导和团结各族人民走向幸福的生活。接下来我们来看新中国成立后,我国的公路的发展里程。]

新中国成立后,百废待兴。首先,播放《探索交通(第8集 飘向高原的哈达)》节选片段,展示川藏公路的修建历史(图3)。阐明新中国成立后,党为了西藏人民的幸福发展所做出的贡献,并突出川藏公路在军事、政治、经济、文化上都有不可替代的作用和地位。[思政插入2:介绍我校首任校长穰明德在修筑川藏公路中的光辉事迹,以楷模的力量激励同学们砥砺奋斗。通过介绍老一辈工程技术人员在川藏公路中的艰辛付出,让同学们深刻领悟"两路"精神。]

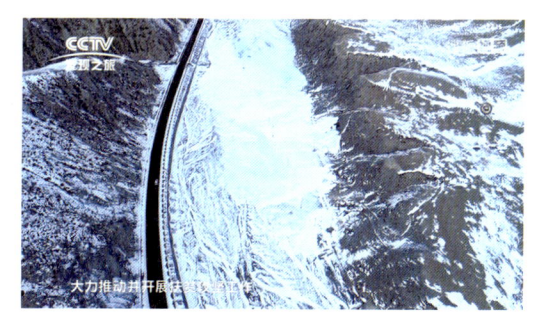

图3 纪录片《探索交通(第8集 飘向高原的哈达)》节选片段

最后,以纪录片《交通中国》片段收尾(图4)。引出国家发布的交通强国建设纲要,鼓励同学们奋斗正当时,勤修真本领,为国修路桥。[思政插入3:中国道路交通的飞速发展为我国脱贫攻坚取得伟大胜利起到先导性的作用,同时中国道路交通网络的日益完善,为中国实现两个百年梦铺筑了坚实的基础。]

图4 纪录片《交通中国》节选片段

教学章节"沥青路面的破坏形态"

1. 教学章节：沥青路面的破坏形态。

2. 主要知识点：车辙、疲劳开裂、低温缩裂、反射裂缝、推移、松散剥落；破坏原因剖析（结合实际案例）及可能的防治措施；现行公路沥青路面设计规范针对不同破坏形态考虑的设计指标。

3. 主要思政元素：开篇指出沥青路面的各类病害影响了行车舒适性与安全性。以此引出交通强国的宗旨是建设人民满意的交通。从而必须加强沥青路面养护，建设品质公路，推动国内国际经济双循环发展。

4. 具体教学设计及创新说明。

在讲解疲劳开裂知识点时，展示G318雅江段工程实例（图5），首先给同学们2分钟左右的思考时间，然后随机抽取两位同学来分析病害的特点。根据同学的作答，分析沥青路面疲劳破坏的方向性，指出进藏关键通道G318不同方向的车道受货车装载货物的状况影响，进而导致进藏方向车道出现更为严重的疲劳破坏。

沥青路面龟裂
（G318雅江段）

病害成因

✓ 车辆荷载的反复弯拉作用

✓ 材料的强度衰减

知识点链接——沥青路面设计指标

沥青混合料层层底拉应变（柔性基层沥青路面）

无机结合料稳定层层底拉应力（半刚性基层沥青路面）

思考：沥青路面疲劳的防治措施？

图5 沥青路面疲劳破坏工程案例

(三)资源建设及应用

依托教学团队横向科研课题,建立"路基路面工程"视频案例库。

依托国家级平台的科研优势,创新性地建立科研项目—教学知识点联动机制。

自建线上教学资源,同时推荐长安大学、东南大学的线上课程,供同学们学习使用。

(1)重庆交通大学国家级精品课程"路基路面工程"。

(2)长安大学精品课"路基路面工程"。

(3)东南大学在线开放课程"路基路面工程"。

(四)教学方法改革

教学团队全面贯彻"课前—课中—课后"全过程教学的技术理念。转变以课堂讲授为主的教学方法,创新性地向以学生"多动手""多思考"为主体转变。(图6)

图6 依托交通土建国家级平台优势开展动手教学

(五)课程教学内容及组织实施

以"路面设计理论与方法"小节为例。(图7)

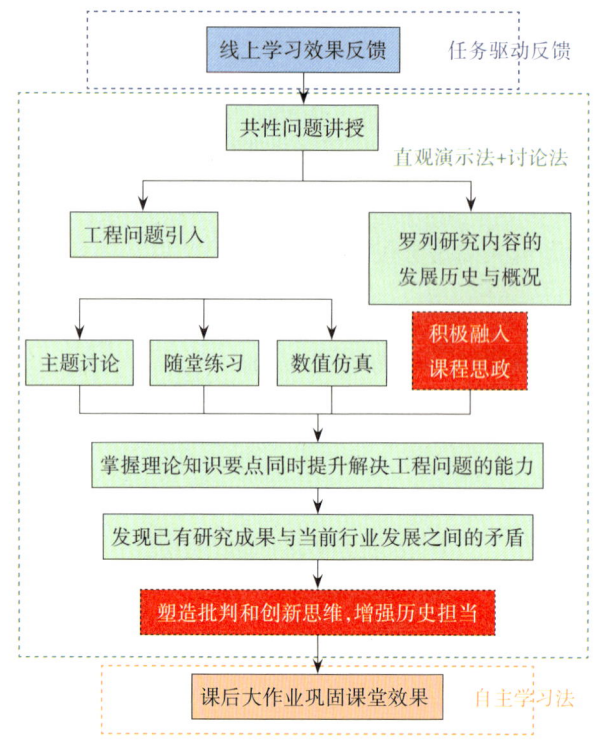

图7 教学组织实施流程

线上课程预习:课前引导学生通过结合日常生活对本节课讲授内容进行积极调研并进行线上汇报,培养学生对此知识点进行初步归纳和独立思考的能力,同时初步掌握学生对教学内容的了解程度和理解盲点。(图8)

图8 线上预习汇报

课堂教学:讲解共性问题和知识要点,辅以学生课堂小汇报、课堂讨论和提问、课堂练习等,进一步启发学生思维,调动学生的学习积极性,培养学生的专业思维。(图9)

图 9 课堂组织

案例讨论:针对教学内容相应的工程问题,学习老一辈科研工作者积极务实的科研精神,由此引入课程思政。

重构知识要点:发现和揭示已有的理论与技术与当前行业发展需求之间的矛盾,培养批判与创新思维,赋予学生不断进取研究与探索的历史使命感。

教学手段:利用多媒体及网络等现代教育技术,引入课堂数值仿真计算等辅助教学,结合板书进行多元化教学。

(六)成绩评定考核等方面亮点及特色

教学团队对平时成绩考核提出了较高的要求,着重强调学生创新能力的培养,设置了调查型(小作业)、研究型(大作业)两类作业。通过两类作业成果的展示,既可以锻炼学生的团队合作能力,又可以加深学生对知识点的掌握,还可以加深对行业的理解,可谓一举多得。

调查型作业：学生撰写问题解决方案并分组报告（如何减少沥青路面车辙）。

研究型作业：学生自愿选择创新性项目（一般5—10项），分组开展创新性理论分析和试验等，形成课程研究报告，全班报告。另外，定期邀请行业企业总工等进课堂，与学生一起研讨。

三、案例成效

"路基路面工程"教学团队不仅较好地讲授了课程知识，还拓展了学生的动手试验能力、团队合作能力、研究创新能力，树立了勤学业、爱国家的高尚道德情操，实现了"胸怀交通强国理想，秉持'铺路石'精神，爱岗敬业，勇于担当"的课程目标。

"道路运输的特点和国内外道路发展概况"小节在讲授道路工程发展历程中融入了历史观教育，通过修建川藏公路的两个典型案例，引出"两路"精神，弘扬我校的"铺路石"精神。通过介绍交通强国发展纲要，实现了激励学生砥砺奋进，树立制度自信、文化自信的思政教学目标。

"沥青路面的破坏形态"小节的讲授，能让学生熟练掌握沥青路面常见破坏形式的原因分析与防治措施，较为深刻地理解沥青混凝土路面沉陷、车辙、疲劳开裂、低温缩裂和推移拥包等病害产生的机理。针对这些典型病害，让学生进一步理解和掌握沥青混凝土路面设计指标的意义与作用。课堂氛围融洽和谐、轻松愉快，学生勤于思考、积极互动，总体教学效果良好。

四、未来计划或启示

"路基路面工程"课程历史较为悠久，如何历久弥新，点燃学生的兴趣点，是本课程将来需要重点解决的问题。在教学过程中，通过课前让学生结合日常生活对沥青路面的典型层状结构进行搜集、整理与分类，鼓励学生积极思考并勇于发表自己的观点，通过在课堂上对重要知识点进行讲解、答疑与互动研讨，使学生深刻理解弹性层状体系理论对沥青路面结构设计的意义所在。然而，沥青路面弹性层状体系理论在实际工程应用过程中的重点和难点是要进行沥青路面结构的力学响应分析与计算，教学团队将进一步反思，在今后课堂中加大引入沥青路面结构力学响应数值仿真电算，进一步丰富教学手段的同时提高学生的知识面与综合专业素养。

基于MOOC的线性代数"三融三创"混合式教学新模式[①]

赵磊娜　刘子建　邱焕焕　方成玲　蒋伟

重庆交通大学

一、案例介绍

"线性代数"课程按照"两性一度"和工程教育专业认证标准,以学生学业进步与可持续发展为中心,坚持问题导向、思维提升的教改理念,从教学内容、教学模式和教学评价三个方面进行教学创新改革研究与实践,形成了"三融三创"教学新模式。第一,融入课程思政,重构教学内容,创建多元化课程资源,建成国家级课程思政示范课程、市级精品在线开放课程和校际虚拟教研室。第二,融入学习通等智慧教学工具,创建"1C—2B—3A"混合教学模式,增强大班教学的有效互动,实现侧重知识传授向"数学思想与方法、数学建模与应用"并重的转变。第三,融入多元智能评价,创建以大数据驱动为依托的"投入—过程—结果"的闭环评价体系,激发学生学习的主动性,促进教与学的及时反思,实现评价方式的多元化。五年的教学实践表明,学生的数学思维能力和深度学习能力得到大幅提升。"线性代数"课堂真正实现了"育人有高度,思政有温度,课程有亮度,师生有态度"的优质教学生态。

[①] 基金项目:中国高校产学研创新基金项目(项目编号:2022BL0104)、重庆市高等教育教学改革研究重大项目(项目编号:211016)、重庆市高等教育学会高等教育科学研究课题(项目编号:CQGJ21A014)、高等学校大学数学教学研究与发展中心项目(项目编号:CMC20220513)、重庆交通大学课堂教学创新教育教学改革研究项目(项目编号:ZX2203074、ZX2203059)。

二、案例详述

(一)融入课程思政内容,创建多元课程资源

1. 挖掘思政教育资源,形成四大思政教育案例库

课程团队遵循《高等学校课程思政建设指导纲要》,充分挖掘课程中所蕴含的思政元素,构建"以文化人、以人育人、以哲明人、以用树人"的四位一体渐进式思政教学体系。

(1)以文化人——提升人文素养,增强文化自信,形成人文素质案例库。通过学习行列式、矩阵、线性方程组等发展历史,领略数学知识的发展历程,培养学生的人文素养。通过了解中国古代数学名著《九章算术》的相关内容,传播中国文化,树立民族自豪感和文化自信。

(2)以人育人——崇尚科学精神,厚植家国情怀,形成科学精神案例库。讲述中国密码学专家王小云以及"应用数学"之父钱伟长等数学家的故事,弘扬科学精神,培养学生不怕苦、不怕累的"两路"精神以及爱国情怀,增强学生勇攀科学高峰的责任感和使命感。

(3)以哲明人——融入数学哲学,树立科学思维,形成哲学思想案例库。以马克思主义哲学作为方法论,充分挖掘线性代数课程中蕴含的数学哲学,借用"形变质不变""量变引质变""对立统一"等辩证关系,让学生深入理解线性代数的基本概念、理论、方法的内涵。

(4)以用树人——践行学以致用,培养创新能力,形成实践能力案例库。查阅文献总结矩阵在交通流量、人脸识别、信息通信、人工智能等方面的应用,引导学生运用所学代数知识解决实际问题,达到学以致用。鼓励学生积极参加数学建模比赛等创新实践活动,培养学生探究创新能力。

2. 重构教学内容,打造立体化的自主学习资源

课程团队将教学内容分为知识篇和应用篇,并拆解成系列知识点,录制教学视频,制作微教案和雨课件,建成丰富的线上学习资源,包括85个任务点(涵盖学习目标、重难点分析、自测、数学文化、知识拓展等),超2500道习题的题库,教学应用案例38个,近十年相关考研题,每一章的习题课直播,中英文阅读文献60篇,学生的优秀知识应用案例和思维导图汇编,BBC数学故事4集。

3. 构建"智能+"时代新型基层教学组织,实现校际优质资源共建共享

课程团队与市内外多所高校成立校际虚拟教研室,采用线上和线下的方式进行教学交流和研究,每学期组织4次教研活动。课程组引进"线性代数"智能在线测试系统、实验系统、演算系统辅助信息化教学。在线测试系统和演算系统帮助学生进行针对性攻关学

习,提高学习效率。实验系统帮助学生拓宽视野,提升学生利用线性代数知识解决实际问题的意识和能力。

(二)融入智慧教学工具,创建"1C—2B—3A"混合教学模式

以学生学业进步与可持续发展为中心(1C),将学习通等智慧教学工具与课堂教学深度融合,进行BOPPPS-Blended的2B教学设计。依托在线课程平台,围绕课前—课中—课后,构建激活(activation)—自主(autonomy)—参与(attendance)的3A教学策略。

1.课前引导学生自主式学习

教师利用线上学习资源和教学案例设置导学任务单,激活课程。学生通过在线学习平台自主完成在线开放课程中的任务点,了解相关知识的发展历史,并完成教师布置的课前任务单。

2.课中组织学生参与式学习

教师根据学生的课前自学情况,借助学习通等智慧教学工具开展平行互动、研讨等活动,突出以学生为主体的师生互动,激活课堂。将科学家故事和哲学思想等思政要素融入课堂教学内容。学生利用手机参与课堂活动,并在规定时间内完成后测,教师验收学习成果并进行点评总结。

3.课后实行学生探究式学习

教师布置线上自测、知识应用案例等分组任务,激活学生学习状态。学生独立完成线上教师布置的作业,巩固所学知识。通过小组任务,学生查阅文献合作完成知识应用案例和思维导图,上传在线学习平台,完成评价。

(三)融入多元智能评价,创建全过程动态评价体系

借助智慧教学平台,以教师和学生为评价主体,建立包括投入(input)—过程(process)—结果(outcome)的学习全过程评价,形成"评价—反馈—持续改进"的闭环评价体系。

(1)诊断性评价——监督学习投入。课前学生通过在线学习平台完成教师布置的线上学习任务,投入学习的效果形成诊断性评价。教师了解学生的知识基础和准备情况。

(2)过程性评价——提高学习参与。课中小组汇报、问题研讨、测验等课堂活动使教学效果得到实时反馈。学生完成每章学习的自我评价量表,教与学得到及时反思。课后师生对分组任务进行教师评价和同行评价。

(3)终结性评价——检测教学质量。结课时学生完成"线性代数"课程学习投入调查问卷。教师根据各种评价反馈,撰写课程目标达成分析报告,进行教学反思。

三、案例成效

(一)案例特色与创新

1.创建"四位一体"思政育人体系,实现基础课程协同育人

挖掘人文素质、科学精神、哲学思想、实践能力四大思政教育元素,融入课程教学内容,实现多方位育人。在课前—课中—课后教学全过程融入思政教育案例,形成闭环课程思政实施路径。

2.创建"1C—2B—3A"混合教学模式,实现学习方式三大转变

课前,学生利用在线学习平台,实现个性化自主学习。课中,师生利用智慧教学工具,开展互动、研讨等活动,实现大班教学的有效互动。课后,小组协作完成知识应用案例,实现小组合作的深度学习。该模式实现了学生"被动学习向主动参与""灌输式向互动式""个体学习向团队学习"的三大转变。

3.创建IPO全过程评价体系,实现评价方式多维立体

依据多元智能评价理念,以大数据驱动为依托,构建"评价—反馈—持续改进"的闭环评价体系。开发设计《学生课堂评价量表》和《学生学习投入调查问卷》。《学生课堂评价量表》包括学习态度与情感、学习内容、学习过程与方法、学习效果四个方面的评价。《学生学习投入调查问卷》包括对课程、教师和核心能力的评价。学生根据评价结果进行学习反思,改进学习方法,提升学习成效;教师根据评价反馈撰写课程目标达成分析报告,进行教学反思,持续改进教学方案。

(二)教学改革解决的"痛点"问题

知识传授与能力培养、价值塑造脱节。在传统的教学过程中,教师较多关注学生数学基础知识的学习,无暇顾及课程思政,较少关心数学知识的应用,导致学生的人文素养、科学精神有所缺失,应用数学知识解决实际问题的能力弱。

教学模式与学习风格、学习方式脱节。在传统的教学模式中,教师习惯于照本宣科,把学生当作接受知识的容器,课堂教学以单向的知识传递为主,导致学生被动学习,大班教学师生有效交流互动不足,难以真正实现教学相长。

评价方式与学习过程、教学改进脱节。在传统的评价方式中,期末考试成绩占比过高,学生考前刷题背题现象严重。考核结果不能真实反映学生的能力和水平,导致学生全过程学习的主动性不强,教学效果反馈滞后,教与学反思不及时。

（三）教学改革取得的主要成效与成果

1. 成效显著，成果受益面广

（1）思政育人效果显著。课程团队自主制作的《追本溯源系列》等思政微视频深受学生欢迎。"线性代数"课程思政问卷调查结果表明，学生的学习态度与学习投入（包括主动参与课堂活动频率、积极求识程度等）、科学文化素养（包括人文精神修养、思想道德品质等）、学习能力和思维能力（包括信息检索能力、口头表达能力、自主学习能力、批判能力等）得到显著提升。

（2）学生学习能力提升明显。自"线性代数"开展教学创新改革以来，学生学习成绩逐年上升，课程卷面及格率最高达81.71%。学生利用MOOC资源进行自主学习，利用在线测试系统进行自测，利用实验系统辅助完成知识应用案例。通过这些智慧教学平台，极大地提升了学生的学习能力，培养了学生的自主学习意识，提高了教学效率和效果。另外，团队成员指导学生参加全国大学生数模竞赛获全国奖14项、市级奖41项，美国大学生数模竞赛获F奖2项、一等奖8项；指导学生参加大创项目国家级1项、市级8项、校级6项；获全国"挑战杯"竞赛重庆市一等奖1项、交科赛全国三等奖1项；发表论文15篇。（图1）

图1 指导学生比赛的获奖证书

（3）教师教研成绩斐然。近年，团队成员网评成绩位居全校前列，其中TOP5%4人次，TOP10%2人次，TOP20%9人次。课程团队制作课程思政微视频12个，完成课程思政教学案例35个。2019年课程获批重庆市精品在线开放课程,2021年获批国家级、市级课程思政示范课程并被推荐参选第二批国家级线上线下混合式一流课程。团队成员主持省部级教改项目5项,校级教改项目6项,出版教材3部,发表教改论文、案例10篇。(图2)

图2 课程思政示范课程证书

2.辐射面宽,示范作用性强

近年,课程负责人先后在校内做"基于学习通工具的混合式教学设计与实践"等教学方面的分享交流共12次。疫情期间,课程负责人作为学校的线上教学咨询师,率先为全校教师进行线上教学培训,并受中国矿业大学邀请做"基于MOOC的混合式教学设计"专题报告。"线性代数"MOOC有来自全国895所高校的学生参与学习,总人数达到3万余人,总访问量超6800万次,其中电子科技大学等204所高校引用课程资源进行异步SPOC教学。

3.成果丰硕,同行认可度高

近年,团队成员获"课程思政教学名师"等省部级及以上称号8人次;"最受学生欢迎的十佳教师"等校级称号5人次,获省部级教学奖励7项,校级教学奖励8项。

4.媒体关注,社会影响力大

近年,"线性代数"线上教学得到新华网、华龙网等媒体的宣传报道。超3700人参与的习题课直播受到华龙网报道。《中国交通报》刊载课程负责人的先进事迹——"用理想信念点亮学生前行之路,她把和学生一起成长,作为一生最有意义、最幸福的选择"。

信息融合、智慧联动、润物无声
——"计算机与互联网"课程建设

张廷萍　周翔　刘颖　贺清碧

重庆交通大学

一、案例介绍

本案例针对传统课程学时缩短、内容更新加快、教学方式单一、教学评价简单等痛点，以"学生中心、产出导向、持续改进"为理念，实施基于MOOC的"三级四化三评"线上线下混合式教学模式，培养学生计算机思维与互联网思维，提高学生有效利用计算机技术解决问题的能力；聚焦"互联网+"，在本课程教学团队下构建"信息技术+专业领域"教学子团队，通过分学科、分专业建立教学案例、教学项目，凸显"互联网+"与学科专业领域的深度融合；采用PBL项目、任务驱动、问题探究等教学方式实施分类课程教学，提高学生跨学科领域的创新意识和创新能力。"化云为雨，润物无声"，将立德树人真正贯彻到课堂教学全过程、全方位、全员之中，推动思政课程与课程思政协同前行、相得益彰，构筑育人大格局。

二、案例详述

（一）案例主要解决的教学问题

1. 促进教育观念和教学思想的转变

教师授课由单纯强调知识传授向注重知识、思维、能力协调发展转变；课程由过窄过细的传统基础教育向宽口径基础教育转变。

2. 促进教与学内容和方式的转变

课程设置适当突破传统公共基础课与专业课之间的界限，拓展了课程的内涵；探究学生学习方式，改革学习内容，建设丰富的线上教学资源，实施线上线下混合式教学模式，培养学生团队协作、沟通与交流、自主学习能力,使学生能尽快建立计算机思维与互联网思维,提高学生有效利用计算机技术解决问题的能力。

3.促进"互联网+"与学科专业领域深度融合

聚焦"互联网+",精细化教学设计,通过分学科、分专业建立教学案例与教学项目,实现"互联网+"与学科专业领域深度融合,使学生尽快将计算思维和互联网思维能力与本学科、本专业知识领域有机结合,为学生在后续阶段利用互联网思维解决本学科领域问题提供有力支撑,提高学生跨学科领域的创新意识和创新能力。

4.促进教与学过程中的质量监控的转变

搭建无纸化考试系统,完成计算机公共基础系列课程无纸化考试;利用学习通等智慧教学平台进行课堂测验、课后作业等达到课堂质量的过程监控,课程注重从单一总结性评价模式向多维评价模式转变。

5.促进教学团队内在凝聚力和教学能力提升

精心打造了一支教学业务能力强的教学团队,构建四个课程组,齐心协力,研讨交流,专注于教学改革和课程建设,提升教学团队的教学能力和内在凝聚力。

(二)案例解决教学问题的方法

1.打破传统,推陈出新

(1)课程设置焕然一新。2018年,适应新工科课程要求,用"计算机与互联网"和"计算机应用实践"两门课程替换了原有的"大学计算机基础"课程。将OBE理念运用到本课程的教学实践中,重新制定了课程目标,修订了课程教学大纲,细化了能力要求;按照OBE理念重新设计教学单元,明确每一授课单元的知识目标、能力目标和素质目标对课程目标的支撑作用。

(2)课程内容更新重组。采用线上线下混合式教学模式,本课程将知识点划分为"计算机"与"互联网"两大主题。使用PBL项目、任务驱动、问题探究等教学方式,改革考核方式,突出课程形成性评价,培养学生遵纪守法意识,具备计算思维与互联网思维能力。

2.线上线下,智慧联动

(1)建设"计算机与互联网"在线开放课程。课程包括电子课件、教学视频、拓展视频、实践视频、电子教案、习题库、专业融合案例库、配套独立考试系统等较为丰富的线上资源;编写配套的《计算机与互联网》等省部级规划教材,设计课堂讨论案例库等线下资源。(图1)

图1 "计算机与互联网"课程在学银在线平台的门户截图

(2)智慧联动,实施"三+四+三"教学模式。依托超星学习通智慧教学平台、学银在线MOOC平台,采用PBL项目式教学、任务驱动式教学、问题探究式教学、情景认识式教学、沉浸式案例资源教学、游戏化学习与翻转课堂等线上线下混合式教学方法,实施"三+四+三"教学模式,即三个等级、四种方式、三阶评价教学模式,极大地提高了学生学习的主动性和积极性。

三个等级即分阶段分级设定渐进式教学目标、教学设计、评价体系;四种方式即教学过程互动方式、游戏穿插方式、沉浸体验方式、课程思政融入方式;三阶评价即分阶段构建多元化课程评价体系。

考虑学生在学习过程中的需求和课程学习目标,构建相对合理和公平的多元化的课程评价体系和详细量规。通过过程评价、结果评价和教学效果反馈三个不断反思、反省和反馈的过程,考核与评价不同阶段学习者的学习效果,以便及时调整教学进度和方式。

(3)搭建无纸化考试系统,完成无纸化考试。利用无纸化考试系统配合学习通等智慧教学工具进行课堂测验、课后作业等达到课堂质量的过程监控。

3.课程思政,润物无声

将立德树人真正贯彻到课堂教学全过程、全方位、全员之中,推动思政课程与课程思政协同前行、相得益彰,构筑育人大格局。

具体在教学中,教学团队深度挖掘课程思政元素,建设"大国担当""中国制造""精研计算""助农帮扶""远离校园贷""12306挑战全球最难的算法"等课程思政案例,开展融合课程思政的线上线下混合式教学,实现思政育人协同效应。

4. 信息赋能，交叉融合

聚焦"互联网+"，通过分学科、分专业建立教学案例、教学项目，实现"互联网+"与学科专业领域深度融合，提高学生跨学科领域的创新意识和创新能力。

在本课程教学团队下构建"信息技术+专业领域"教学子团队，分析各专业领域在信息技术方面的需求，设计如桥梁监测、智能运输、智能物流、智慧码头、无人驾驶等与学科领域相关的教学案例和教学项目，采用PBL项目、任务驱动、问题探究等教学方式实施分类课程教学。建设相关专业研究生助教团队，助力课程教学质量提升。

三、案例成效

（一）课程所取得的建设成果

2020年"计算机与互联网"课程获重庆交通大学优秀金课认定、重庆市一流本科课程认定、国家级一流本科课程认定。2022年课程入选重庆市本科高校课程思政示范项目、国家高等教育智慧教育平台首批课程。

（二）教学团队获得的教学奖励

2017—2019年，团队教师获校级教学优秀奖一等奖4项、二等奖3项。2019年，团队教师获校级"华西路航"奖教金优秀教师、校级首届创新课堂讲课比赛二等奖、三等奖。2020年，团队教师获校级教学优秀奖突出业绩奖、校级第六届教学成果奖二等奖、重庆市第六届高校微课教学比赛三等奖。2021年，获重庆市优秀基层教学组织典型案例，指导学生获第14届"中国大学生计算机设计大赛"全国三等奖1项、重庆市二等奖1项和三等奖1项。2022年，课程负责人获重庆"新时代好老师"称号和重庆交通大学第七届最受学生欢迎的十佳教师（教书育人楷模）；团队教师获重庆市高校教师教学创新大赛三等奖；指导学生获第15届"中国大学生计算机设计大赛"全国三等奖2项、重庆市二等奖2项。

（三）校内应用及推广

课程教学效果整体有明显提高，教学评教结果良好，学生认可度高，团队教师指导学生参加"中国大学生计算机设计大赛"，获得国家级奖项5项、市级奖项8项。截至2022年3月，"计算机与互联网"在学银在线连续开课6期，累计选课人数近27561人，浏览量超过2242万次，累计互动次数26054次。团队教师主编的《计算机与互联网》《计算机应用实践》教材已在2019、2020、2021级学生中使用，数量达到近15000册，教材内容翔实前沿，学生及同行评价高。"计算机与互联网"连续多次获学习通校级平台最受欢迎的TOP10课程。"计算机与互联网"相关的教学成果获校级第六届教学成果奖二等奖。团队教师在校级平台进行"基于QQ群课堂+学习通的沉浸式师生互动教学模式探讨"等线上教学分享5次。团队教师受聘重庆市普通本科高等学校教学指导委员会委员、重庆交通大学教学发展中心委员及教学咨询师、重庆大学计算机学院校外督导。

（四）校外应用及推广

华龙网·新重庆客户端新闻报道课程负责人张廷萍："学生眼里的'萍姐'，努力把'鸡肋'的计算机公共课打造成人人喜欢的'明星课'"。2022年，"计算机与互联网"入选由教育部建设的国家高等教育智慧教育平台首批上线精选优质课程，面向高校师生和社会学习者，提供各类优质课程资源和教学服务。"计算机与互联网"入选超星学习通平台示范教学包，在学习通平台上，已被引用216次，引用院校141个，引用教师63位，开设本校以外的班级252个，同时有四川大学、西南大学等170余所大学的学生在线选择并学习本课程。"计算机与互联网"课程入选英华学堂精品课程，供成都文理学院多所院校师生使用。

基于"一链四阶六环"CDIO模式的"栖居漫谈"
——"人居环境概论"课程教学创新与实践[①]

董莉莉　刘华　温泉　魏晓　史靖塬

重庆交通大学

一、案例介绍

为践行新工科高校建设理念,适应新时代城乡发展需要,课程组有机融合人居环境科学三大核心学科(建筑学、城乡规划、风景园林),面向建筑类大一学生创建旨在通过正态认知启蒙达成专业认同教育的特色化课程。课程契合具有社会责任感、职业道德、美学素养、身心素质及可持续发展和文化传承理念高素质应用型"中国设计"人才培养目标,设定"境、美、文、情、行"五位一体渐进式思政育人目标;依托信息技术与教学支持平台,构建以学习产出为导向的"一链四阶六层"教学模式;整合跨界学科知识有效支撑高阶目标,设计项目主动学习有效实现高阶学习,实施OBE考核评价有效达成高阶能力。课程2019年被评为重庆市精品在线开放课程,2020年被评为重庆市课程思政示范课程,2021年被评为国家级课程思政示范课程。

二、案例详述

(一)课程团队建设与能力提升

课程团队结构合理、特色鲜明、团结协作,在课程持续建设、实施、改革、创新过程中发挥合力。(图1)

[①] 基金项目:首批新文科研究与改革实践项目"'乡村营建大课堂'数字艺术设计实践课程群开发"(项目编号:2021160053)、重庆市研究生教育教学改革研究项目"风景园林学位研究生课程思政体系构建与探索"(项目编号:yjg213089)。

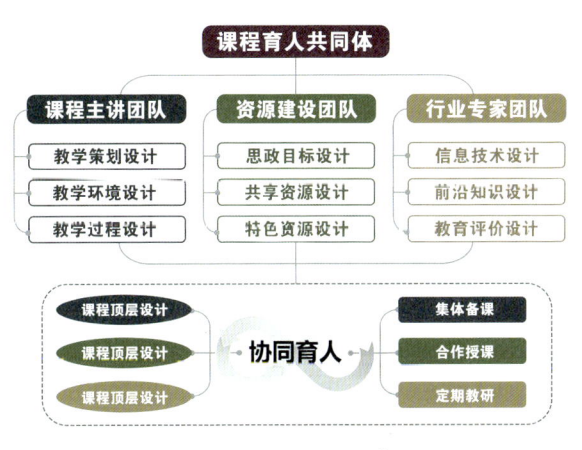

图1 课程团队协同育人

(二)课程内容与资源建设应用

构建"三大板块+八个章节"内容体系(图2):"人居系统"板块统领建立整体认知;"设计思维"板块融合三大学科产生专业认同;"设计领域"板块包容人文、生态、历史与技术,引导分析评价人居环境,形成设计思维。在主辅并行的知识体系中将生态理念、美学素养、文化自信、家国情怀、工匠精神等思政育人目标与教学内容有机融合,使学生感受课程思政元素的深度浸润。(图3)

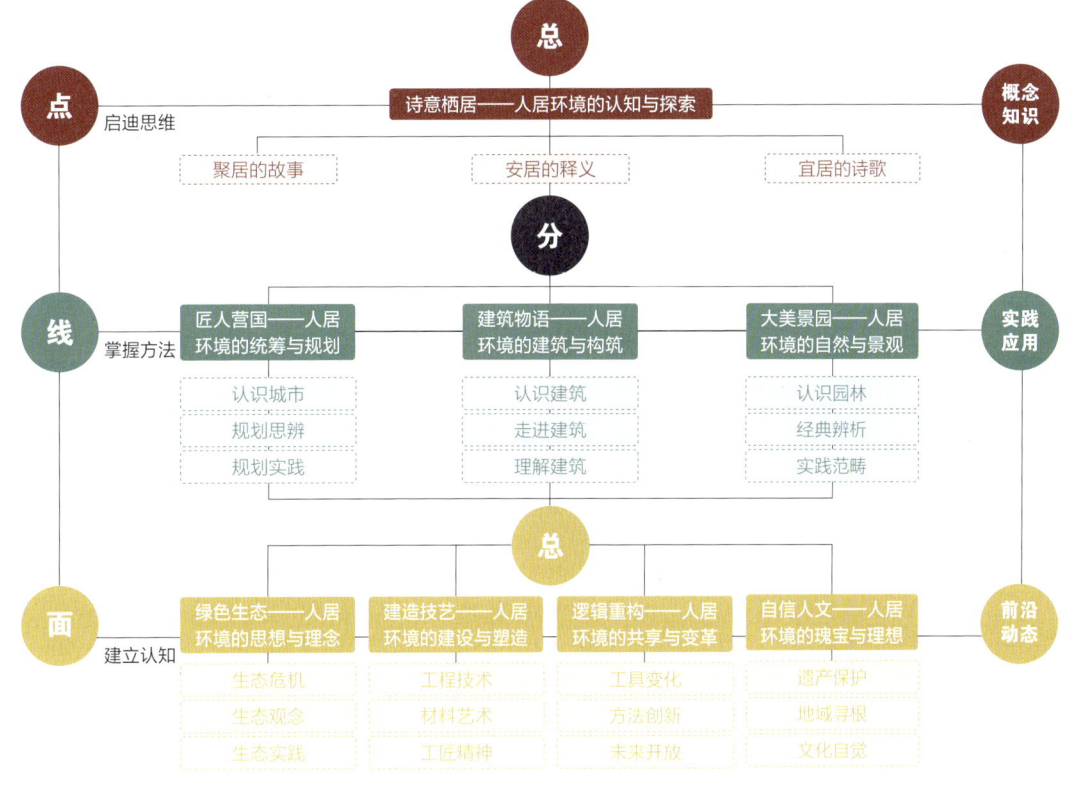

图2 课程内容体系

图3 课程思政目标

课程建成基础、拓展、实践和特色四类菜单式资源库并动态更新,将学术资源转化为育人资源。

(三)线上线下混合式教学设计

1.混合教学模式

依托学习通等信息技术与教学支持平台,构建以CDIO(构思—设计—实施—运行)理念为指导,以学习产出为导向的"一链四阶六层"混合教学模式。(图4)

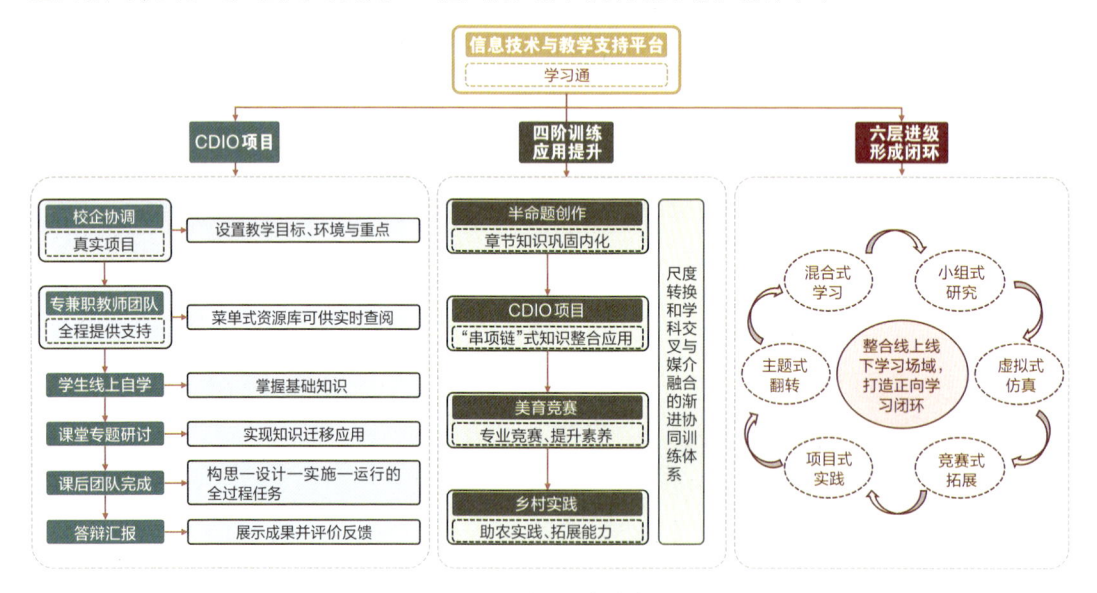

图4 混合教学模式

(1)一个CDIO项目贯穿。

校企协同以真实项目为牵引设置教学目标、环节与重点;专兼职教师团队全程提供引导、陪伴、协助式支持,菜单式资源库可供实时查阅;学生线上自学掌握基础知识,课堂专题研讨实现知识迁移应用,课后团队协作完成项目构思—设计—实施—运行的全过程任务,最终通过答辩汇报的方式展示成果并评价反馈。

(2)四阶训练应用提升。

半命题创作+CDIO项目+美育竞赛+乡村实践,形成尺度转换、学科交叉与媒介融合渐进协同训练体系。半命题创作重在章节知识的巩固内化,项目设计强调"串项链"式知识整合应用,美育竞赛和乡村实践则对接学科专业竞赛、全面提升素养。侧重点各异、挑战度升级、必做与选做结合,实现从应用到创造高阶能力跃升,满足不同学力层次学生所需。

(3)六层进级形成闭环。

通过混合式学习、小组式研究、主题式翻转、虚拟式仿真、项目式实践、竞赛式拓展六个环节整合线上线下学习场域,打造正向学习闭环。

2.教学方法改革

(1)混合课堂与翻转课堂结合。

课堂开展情境演绎、主题辩论、考考老师等混合教学活动,学生全程参与、深度学习、不断输出;轮值小组进行"我讲中国人居故事"主题翻转,使学习有目标、学生有动力、课堂有活力。

(2)自主学习与团队协作结合。

线上自学完成陈述性知识获取与内化吸收;根据学习风格测试结果形成学习共同体,协作完成轮值任务、专题研讨、CDIO项目和拓展实践,达成同伴互学互鉴。

(3)虚拟体验与场地实践结合。

开展建筑—环境—城市综合认知实践教学环节;开发耕筑巴渝工作坊拓展实践板块;引入踏勘视频动态观演、VR虚拟三维体验、仿真实验模拟计算数字化教学手段,达成抽象空间认知与具象空间建构。

(四)课程教学内容及组织实施

1.课前自主学习

在项目任务驱动下,通过教师直播导学、个人闯关学习、小组在线讨论等方式,完成50%陈述性知识的线上自学;轮值小组领取任务清单并进行相应准备;基于线上学习报告以教定学。

2. 课堂专题研学

以CDIO项目为导向,通过"情境引入—沉浸探究—主题翻转—阐释剖析—迁移运用—总结建构—评价反馈"7个步骤循序推进,实现"讲授—理解—应用—分析—创造—评价"高阶学习过程。

3. 课后项目训练

完成半命题集体创作,巩固内化章节知识;基于课堂专题研学成果,进一步完成CDIO项目各阶段任务。

4. 课外创新实践

以连线方式邀请专家学者走进课堂,邀请从业人员开设4大板块前沿微课,使学生倾听业界声音、形成行业画像、把握学科前沿;分层次组织学生参与"超级建筑师"等美育实践活动,在重庆酉阳等8个区县15个村镇开展乡土营建,建立乡土热爱,增进文化认同。(图5)

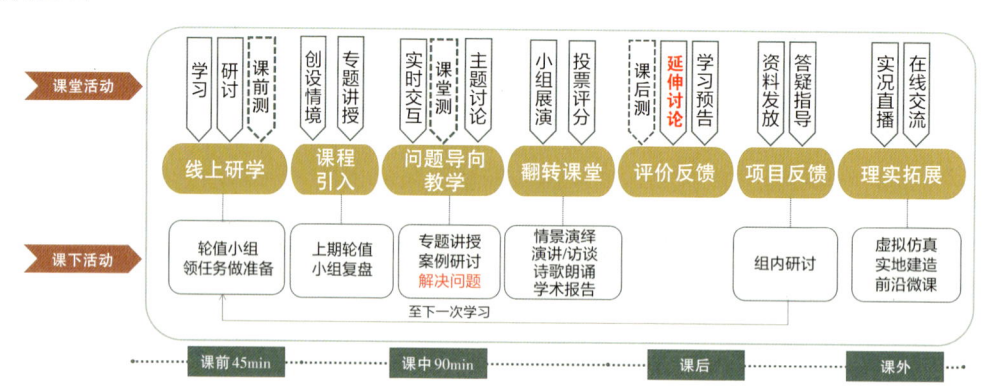

图5 课堂内外结合

(五)课程成绩评价评定方式

设定合理量规构建成绩评定模型,加权计算形成综合性评价。(图6)以结果评价为主,强化过程评价、探索增值评价、健全综合评价。围绕三维课程目标,实施全过程多维考核评价。

图6 课程成绩评定组成

1. 线上成绩（30%）

通过自学测验、课后作业、线上讨论等考查学生知识掌握与迁移情况。

2. 研讨成绩（20%）

通过专题研讨、轮值任务、翻转课堂等考查学生信息处理、思辨表达及沟通协作能力。

3. 考核成绩（20%）

将结课考核中非标答案的综合应用试题比例提升至60%，考查重点从赏析与辨识转为分析与评价。

4. 项目成绩（30%）

项目式大作业贯穿始终，过程性与终结性评价并重，自评、互评与专兼职教师评价结合，考查学生综合运用课程知识处理环境问题并进行创意设计的能力。

三、案例成效

（一）课程特色与创新

1. 情理融合，思政有机渗透

将思政内容有机渗透、精准滴灌于专业教学中。挖掘聚奎书院等在地资源，弥补传统教学中无名地域遗产的不足，增进学生文化自信与乡土热爱情感。创设"中国人物""中国成就""中国挑战"三个翻转活动，使学生体悟中国人居环境科学成就，增强"四个自信"。

2. 教学融合，塑师生共同体

强调"陪伴式学习"，充分发挥学生主体作用，教学团队和助教参与并引导线上线下学习全过程。利用线上平台组织直播导学、课后讨论、专题研讨、答疑辨析等活动，打破网络隔阂、增进师生情感；在团队作业选题、破题、解题的过程中给予适时指引与全程鼓励；课堂上师生围绕主题共研共探，实现教学相长。

3. 产教融合，资源共建共享

联合国内外高校、行业单位、地方政府等，共同创建人居环境案例库、开发虚拟仿真实验、建设维护实践基地，实现学术、虚拟、项目和平台四方面高质量学习资源共建共享和动态更新。

4. 虚实融合，理论实践协同

学生全程在团队协作中学习、在项目案例中研习、在课外实践中拓展，并从中形成对理论知识的深层思考与感悟。依托线上平台和自建的数字化学习资源库，解决案例场地不可达、二维空间不易感等传统教学的难点痛点，进一步将抽象理论知识与具象空间认知连为一体。

（二）课程改革解决的重点问题

1. 整合跨界学科知识，有效支撑高阶目标

围绕"境、美、文、情、行"五位一体的高阶课程目标，融合建筑学、城乡规划和风景园林三大学科，融入人文、美学、工程、环境、信息领域知识，聚焦高密度山地城市和巴渝传统村落，整合重构课程内容体系。

2. 设计项目主动学习，有效实现高阶学习

通过线上闯关自学、课堂专题研讨、CDIO项目、美育竞赛、乡村实践等构建起真实情景、开放环境、挑战性任务自主高阶学习过程。

3.实施OBE考核评价,有效达成高阶能力

围绕人居环境设计思维、能力、素质目标,建立全过程、多维度考核标准,全面评价美学素养、思辨精神、创新意识和协作交流、决策评价、设计表现高阶能力。

(三)课程评价与改革成效

1.持续改进迭代优化

基于在线学习数据分析,结合目标达成分析报告和结课调查问卷,增设项目案例资源、开发虚拟仿真实验、开设前沿微课。项目成绩由原有单一主体教师评价转变为多维多主体评价,增设互评、兼职教师评价等环节。

2.课程目标达成度高

修读学生满意度高,以本课程为原点,学生真正理解人居环境系统并形成复合设计思维,形成终身学习能力与动力。获得世界大学生桥梁设计大赛一等奖等荣誉奖励近200项,完成大学生创新创业计划36项,形成学术论文、发明专利等创新学术成果20余项。学生依托"设计下乡"等活动,深度参与乡村振兴,获当地政府高度赞誉,被主流媒体报道30余次。

3.课程推广应用性强

教学团队入选国家课程思政教学团队,获全国高校混合式教学设计创新大赛一等奖等奖励12项;课程单元连续3年获重庆市微课比赛二等奖,拓展资源获重庆市社会实践一流课程和虚拟仿真实验项目;课程建设经验发表于T1级期刊《中国园林》,受邀作主题报告20余次。

课程作为首批跨专业美育通识课程面向36个班次近千名学生开放;作为人居环境首创在线课程满足29所高校学生选修需求;作为职业素养培训课程面向33家设计院开放,共计服务1.4万余人,获得学界与行业广泛认可。

基于"PBLs跨学科融合教学模式"的"环境心理学"课程混合式教学设计[①]

罗融融[1]　温泉[1]　何荣晓[2]　郭庭鸿[1]　谢思思[1]

1. 重庆交通大学　2. 海南大学

一、案例介绍

"环境心理学"是人居环境学科群共享的专业理论课,所教授的知识是建筑师核心能力的重要组成部分,也是向学生输出"以人为本"价值观及其具体内容的重要渠道。课程面向大三学生开放,设在建筑大类分流后的第一学年,在一定程度上起到了培养学生兴趣、引导专业认知、衔接基础与核心课程的作用。课程于2000年开设,先后经历从传统教学到混合教学,从内容重构到理念提升的多个阶段。针对教学痛点问题,探索并实践"PBLs(Project+Problem-Based-Learning)跨学科融合"创新教学模式。旨在使学生深刻认识人与周围各种尺度的物质环境之间相互关系,从而为设计提供理论支撑和科学依据。

二、案例详述

(一)痛点问题

1. 教学内容庞杂,碎片知识难以形成长时记忆

课程知识体系庞杂且呈碎片化分布,对于缺乏理论基础的建筑学学生来说难以真正理解,多停留在形成短时记忆的层面。学生未能建立起知识图谱,也难以真正地进行实践运用。

[①] 基金项目:重庆市教育科学"十三五"规划2018年度重点课题(课题批准号:2018-GX-100);重庆市高等教育教学改革研究项目(项目编号:172017);海南大学教育教学改革研究项目(编号hdjy2253)

2. 教学模式固化，单向讲授难以促发高阶能力

授课时间与空间局限于课堂，限制了对自主学习和探索、思辨、沟通表达等高阶能力的训练；以教师单向讲授方式开展教学，学生的学习兴趣、投入精力和积极程度较低；缺乏实践训练环节，难以与后续课程产生关联性学习。

3. 考核评价单一，结课考试难以反映目标达成

传统结课考核采用闭卷考试的方式，导致学生将学习重点放在知识点的死记硬背上而忽略了内化吸收，也进一步加剧了学生的畏难情绪；手工式、定性化的评价方式无法全面描摹学生的过程表现，评价依据难回溯。

（二）教学目标（图 1）

1. 知识传授

使学生深刻认识人与所处物质环境之间的相互关系，以创建更好的人居环境为导向，以"人体—行为—空间—场所—环境"为主线，将心理学、建筑学和风景园林等交叉学科知识融贯形成知识框架。

2. 能力培养

通过 CDIO（Conceive 构思—Design 设计—Implement 执行—Operate 评价）全流程项目训练，使学生具备运用交叉学科知识分析场地现状、研判使用者需求、解决复杂场地问题并开展综合设计的能力；锻炼学生团队协作能力、沟通表达能力、自主学习能力与思辨能力。

3. 价值塑造

提升学生的设计素养，培养"以人为本"的设计思维，形成跨界复合的系统思维和匠心耕筑的职业精神，在润心无声中引导学生用设计讲好中国人居故事。

图 1 "知识—能力—价值"三维教学目标

三、创新举措

(一)重构教学内容

打破传统学科知识体系,融合认知科学等多学科知识,动态新增景观公平性等前沿内容,整体重构为"理论—主体(人)—空间—应用"的四模块进阶式知识体系。(图2)

图2 跨学科整合的模块式内容体系

(二)重建教学资源

基础资源支撑线上自主学习,拓展资源为完成项目研究提供支撑,特色资源满足学有余力的学生进行理论和实践的双向拓展。

(三)重塑实施过程

依托学习通等信息技术与教学支持平台,参考CDIO工程教育模式和Moore提出的项目流程,形成"PBLs跨学科融合"教学模式。

1.一个项目贯穿始终

课程以项目为驱动开展教学,项目研究与课程教学同步推进,学生分组后自主选题并拟定研究计划。基于线上自学积累"陈述性知识",通过课堂教学深化"程序性知识",为项目实施储备理论。根据课程进度线下穿插安排"开题—阶段汇报—结题"等环节,教师线上实时辅导答疑,为项目成果提供反馈与示范。最终协作完成项目全过程任务并形成研究报告。

2. 双重主线螺旋上升

将心理学、建筑学、风景园林等交叉学科知识串点成线，形成支撑学生完成项目研究的核心理论线；将轮值小组任务、单元作业与项目研究等联结成拓展应用线。两条主线理实一体、相互交织、连线成面，最终达成对学生知识网络与能力谱系的立体化建构。

3. 四阶教学逐级递进

(1) 课前重在问题提出。

通过自制的动画视频将复杂而抽象的心理学知识鲜活呈现，教师引导完成自主闯关学习，并在学习的过程中发现问题。(图3)

图3 自制动画视频截图

(2) 课堂强调参与学习。

以课前发现的问题为导向，根据BOPPPS有效学习法设计渐进式教学流程，帮助学生形成完整知识架构。通过辩论、情景演绎等多元方式对教学难点进行合理解构。

(3) 课后注重深化应用。

通过课后测验、拓展讨论等方式强调巩固、反思并回溯学习过程，基于学习成果推进项目研究。

(4) 课外引导理实双拓。

通过前沿微课、实地认知等环节拓宽专业视野、提升实操能力、激发创新思维。(图4)

图4 逐层递进的四个教学阶段

(四)重设考核评价

围绕目标进行合理评价,根据培养目标设立清晰、可测的评价量规,评价过程与依据全程可在线回溯。

1.在线学习(占比20%)

通过自学测验、课后作业、线上讨论等考查学生知识掌握与迁移情况。

2.课堂表现(占比15%)

通过专题研讨、轮值任务、翻转课堂等环节考查学生信息处理、思辨表达及沟通协作能力。

3.线上考核(占比15%)

全面提升单元后测和综合测验试题的难度,将开放性、辩证性思考题比例提升至50%,重点考查分析环境问题与研判使用者需求的能力。

4.项目研究(占比50%)

结业考核从"以考为主"转变为提交研究报告,过程性与终结性评价并重,自评、互评、师评结合,凸显对分析决策能力、价值取向、辩证思维及团队协作能力的全面考查。

四、案例特色

(一)基于项目全程研究的教学模式创新

参考CDIO工程教育理念,围绕真实问题,实施项目"构思—设计—执行—评价"全环节教学。项目实施与课程教学紧密联系,使学生始终处于以学为主的学习过程。

(二)基于高阶能力培养的教学内容创新

基础知识做减法:筛选出关联度最高、能直接支撑学生完成项目研究的核心知识点,并将其模块化、专题化。

前沿理论做加法:增设"格式塔理论的两面性"辩论、"景观公平性"讨论等翻转活动,使学生对学科动态与前沿理论产生拓展认知。

(三)基于"认知—认同—践行"的课程思政创新

设定渐进式课程思政育人目标,将学科资源与学术资源转化为育人资源。通过"认知—认同—践行"的课程思政培养路径,使学生发现日常环境中存在的设计问题,体悟中国人居环境建设成就,树立"以人为本"价值观并自发践行。

五、案例成效

(一)学生能力全面增长

近几年,学生的课程综合成绩和终结性考核成绩都有显著提升。课程三个维度的目标达成度均高于预期值。(图5)

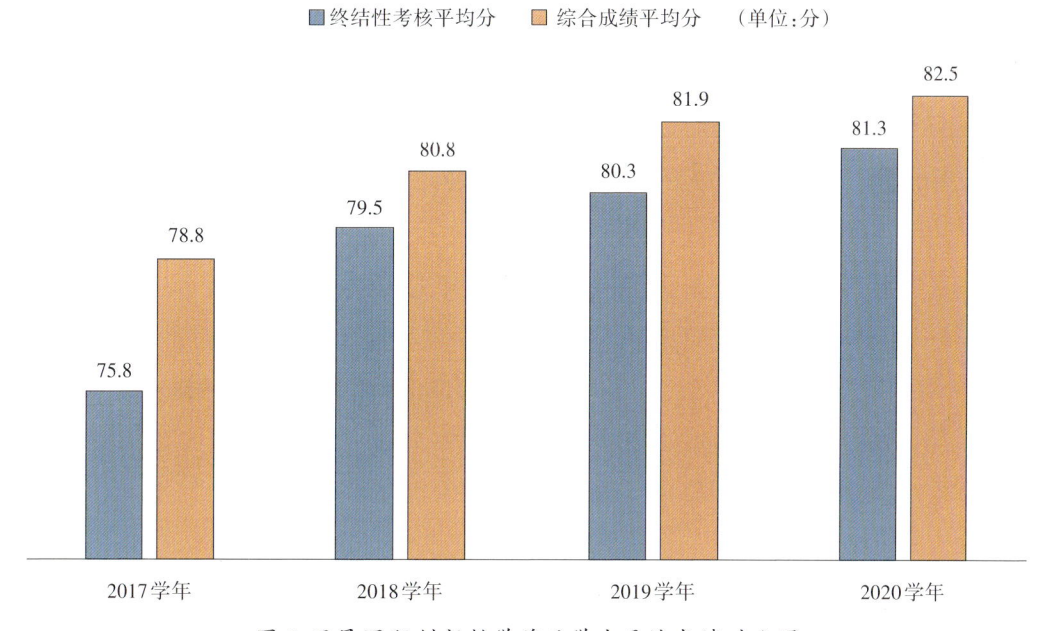

学年	终结性考核平均分	综合成绩平均分
2017学年	75.8	78.8
2018学年	79.5	80.8
2019学年	80.3	81.9
2020学年	81.3	82.5

图5 开展课程创新教学前后学生平均成绩对比图

调查数据显示:学生总体满意度、对教学方法的认可度、对知识的识记与迁移程度高。学生表示"在这门课上学到的知识能够直接指导我们完成设计""课程促进了我们对毫不起眼的日常生活和易被忽视的使用者的理解"。

课程鼓励并支持学生依托项目成果继续参与科技创新活动。近五年来,105人次获得学科专业竞赛奖励,获批各级大学生创新创业训练计划项目12项,在《公路》等核心期刊发表学术论文17篇。在IFLA国际大学生风景园林设计竞赛中,学生基于课程研究成果参赛,选题关注废弃码头的人—地关系修复,体现出对人民需求和国家战略的深切关注,获评委高度肯定。

(二)课程建设成果丰硕

课程获评重庆市线上线下混合式一流课程、校级金课,线上视频资源获各级微课教学比赛奖励4项,课程思政教学案例《听得见的风景》获评校级课程思政示范案例。

(三)教学团队多元发展

教学团队2人入选国家、重庆市课程思政教学团队,获评"青年教师教学能手"与"青年拔尖人才"。此外,教学团队成员获全国高校教师教学创新大赛二等奖、全国数字创意教学技能大赛一等奖、重庆市思政课程与课程思政(学科德育)优秀案例特等奖等奖励。

(四)课程全面推广应用

1.校内示范应用

主讲教师作为混合式教学学术共同体成员,近三年为近100人次新进教师做课程建设专题培训,面向全校教师进行示范课教学。"PBLs跨学科融合"教学模式在校内建筑类专业"设计原理"系列课程中推广应用。

2.校外推广辐射

在CELA、IFLA等国内外会议、培训中做报告交流15次。教学活动获澎湃新闻、腾讯网等主流媒体和《风景园林》等学术媒体报道。课程线上资源成功开放4期,吸引山东建筑大学、西南民族大学等高校师生选用,联合海南大学等6所高校开展PBLs跨学科融合教学,收效良好;课程线上主页浏览量逾11万次,师生互动近9700次。

"数学建模"构建"教赛结合"立体化实践教学新模式[①]

张雷　彭再云　胡进　曹文明　李曼

重庆交通大学

一、案例介绍

"数学建模"以国家一流本科建设专业、重庆市基础学科人才培养示范基地和重庆市一流本科建设专业为依托,是重庆交通大学数学与统计学院相关专业的核心专业课程以及部分学院的选修课程,同时面向全校开设,供参加全国大学生数学建模竞赛的学生选修。

课程以解决实际问题为驱动,以构建数学模型为桥梁,将科学计算方法、现代数学知识、计算机技术与实际问题求解融为一体。课程旨在培养学生逐步具有数据分析、模型建立、问题求解等科学研究能力,培养学生具备严谨认真、实事求是、团结协作、吃苦耐劳等综合素养能力。(图1)

图1 "数学建模"课程建设历程

[①] 基金项目:重庆市高等教育教学改革研究项目"基于PBL项目制教学模式的数学建模课程改革创新与实践"(项目编号:203312),重庆市研究生教育教学改革研究项目"思政引领、赛研融合、多元协同培育创新人才模式探索与研究"(项目编号:yjg233098),"基于学科交叉融合的研究生拔尖创新人才培养机制与实践——以系统科学为例"(项目编号:yjg223094)。

课程教学内容具有实践性强、团队合作要求高等特点，在建设过程中立足课程目标，聚焦课程特点，紧扣课程难点，把握学习效果，构建"教赛结合"立体化实践教学新模式。以模型学习和实践拓展双目标，注重培养学生追求真理、勇攀科学高峰的责任感和使命感。

二、案例详述

(一)课程团队建设与能力提升

课程团队有6名省部级课程思政教学名师，1名国家级优秀指导教师，6名省部级优秀指导教师，2名数学建模微课竞赛全国奖获得者。团队成员具有较好的科研水平，多人主持省部级及以上科研项目，发表高水平的研究论文多篇。目前已经形成了一支团结协作、责任感强、教学理念先进、具有创新精神的教学团队。

课程团队在教学实践中积极组织集体教研活动，共同研究课程教学内涵、课程教学资源，并结合教学实践经验，确保课程组成员肩负起以德立身、以德立学、以德施教的责任和使命，传授学生知识技能的同时，使能力培养和价值塑造同行，用实际行动回答"培养什么人、怎样培养人、为谁培养人"这一根本性问题。

(二)课程内容与资源建设及应用

课程内容依托数学建模竞赛，以实际问题为背景，将竞赛真题融入课堂，引导学生建立描述实际问题的数学模型。课程目标强调实际应用，坚持以学生为中心，突出实践过程，着重加强学生自主学习能力、创新能力和课外实践能力的培养。

1.课程内容建设模式和方法途径

课程选用姜启源等编写的国家级规划教材《数学模型》，精选其中的八个部分：初等模型、优化模型、数学规划模型、微分方程模型、离散模型、随机模型、差分方程模型、博弈模型等。

(1)从课程内容切入，联合专业教师协同挖掘授课案例。

课程团队联合土木工程、交通运输、经济与管理等学院教师，共同挖掘授课内容。课程的内容涉及"抗击疫情""航天探月""乡村振兴"等多个主题，在教授数学建模知识的同时，采用实际案例，开展教学设计，启发学生共同探讨学习，培养学生掌握专业技术和方法的同时，树立社会主义核心价值观，端正理想信念及价值取向，领会国家战略发展相关精神。

(2)从教学资源角度,联合企业专家深度协同开发育人资源。

联合各行各业的企业专家共同参与课程内容建设,最大限度发挥各自的专业优势。数学建模问题涉及工程生产、交通运输、经济管理、生物医疗、社会民生等各大领域,针对每一领域,邀请相关企业专家共同挖掘案例素材,联合做好教学设计,将企业素材融入课堂。

(3)从数学建模实践融入,由数学建模优秀指导教师设计打造优质育人案例。

在教学过程中采用"三结合"的教学模式,即理论教学与课程思政相结合、第一课堂与第二课堂相结合、课程教学与学科竞赛相结合。联合数学建模竞赛优秀指导老师,依据课程教学目标挖掘重点、难点,确定"两性一度"的课程建设内容,充分利用好数学建模竞赛的机会,获得大量的优秀成果案例。

2.深入挖掘教育资源,提炼数学建模案例库

(1)积极开展教赛结合。

依据课程教学目标和重点、难点,确定"两性一度"的课程建设内容,充分利用好全国性数学建模竞赛,积极开展课程教学并与学科竞赛相结合,将竞赛内容融入教学内容,突破课程内容的创新性。(图2)

图2 数学建模竞赛培训现场

(2)加强提炼数学建模案例库。

借助数学建模竞赛的丰富成果,建立数学建模案例库,将每年的数学建模竞赛优秀论文融入教学,培养学生解决实际问题的能力,使课程教学与社会需求紧密结合,提升课程的高阶性。

(3)持续完善数学建模网络资源。

充分利用超星学习通智慧教学平台,结合自编的《数学模型》《数学建模方法及其应用

分析》等教材,以及丰富的网络资源,丰富教学内容,拓宽思路视野,增加课程内容的挑战度。

三、案例成效

(一)案例特色与创新点

本课程围绕数学建模竞赛、实践教学设置、教学资源整合、思政元素设计,实现思政在课程中贯穿始终,知识在应用中内化于心,能力在实践中递进提升。

1 课程结构创新引领教学模式改革,实现教学效果提升

案例以现实生活实例为背景,借助生活中的各种资源进行问题探索。区别于传统的教学模式,课程引导学生发现问题、解决问题,建立一个立体化的知识体系。

课程注重培养学生将抽象问题转换成数学问题并进行解决的能力,学习过程主要由七部分构成:问题导入、提出假设、建立模型、模型求解、模型检验、实际应用和优缺点分析、应用实践。其不仅能促使学生构建一个完整的知识体系、做到理论与实际相结合,还能充分调动学生自主学习的能动性,提高团队协作能力。(图3)

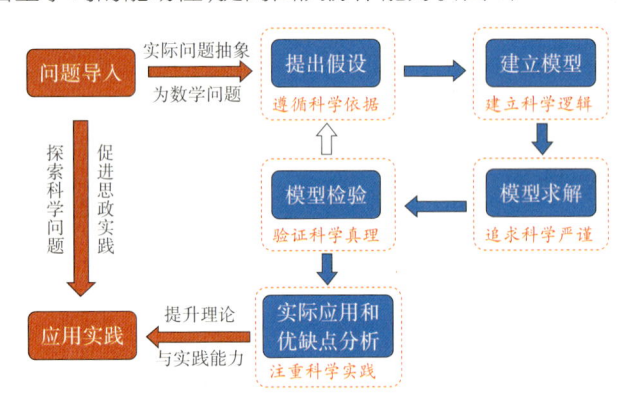

图3 课程实践环节流程

2 依托学科竞赛及科研实践,创新设计立体化教学新模式

课程按照"以学生为中心、产出为导向、持续改进"的教育理念,依托学银在线网络平台建立立体化的线上线下混合式教学模式。构建一体化实践教学体系,注重夯实基础,提高能力,研究创新的阶段性培养目标,实现知识创新、方法创新、结果创新、应用创新。(图4)

图4 数学建模项目制教学新体系

通过重塑课程内容、创新教学方法和改革考核方式,解决了课程内容的高阶性、创新性和挑战度不足的问题,解决了学生学习积极性不高、重视度不够、主动性不强,教师灌输式教学、针对性改进不及时等方面的问题。

(二)教学改革成效

1.构建了我校"数学建模"课程线上线下混合式教学体系

从教材、教案到教研、教改,再从教学、考核方法到在线开放课程、课程团队建设等全方位创建或改进,充分发掘课程思政元素并应用于教学,建立了完整的"数学建模"课程教学资源,形成了线上线下混合式教学体系。

2.形成了行之有效的课程教学与考评模式

课程考核以学生学习过程和能力发展为考核目标,形成了"两段式评价"为主、"增值评价"为辅的创新评价方式:第一阶段,学生在MOOC平台提交学习成果,生生互评、教师点评;第二阶段,针对改进版本进行终结性评价。学生竞赛成果融入课程资源库,促进学生相互学习,助力全程、全方位育人,形成知识传递和情感交流的增值评价。

(三)教研教学成果丰硕

在课程教学改革过程中,教师全面提升了课程教学能力和教育科研能力。学生的个人修养、综合素质得到大幅提高。

1.教师教研成果已见成效

课程通过教学改革,建立了知识、技能、素质三位一体的课程标准,完善了教学设计、教案、素材库。2019年课程被学校认定为校级一流课程,2021年被认定为重庆市一流课程,2022年被评为重庆市高等学校课程思政示范课程。2021年3月起,课程被超星集团评选为"示范教学包"课程,通过学银在线免费对外开放。

2.学生科技竞赛成果丰硕

近五年学生参加全国大学生数学建模竞赛获得国家级奖励30项,省部级奖励316项;在国际大学生数学建模竞赛中,获得国际特等奖提名奖5项,国际一等奖29项,国际二等奖91项。

课程鼓励师生建立赛后研究小团队,指导学生获批国家级创新项目5项,省部级创新项目6项;全国大学生数学建模后续研究国家级项目3项;指导学生发表SCI期刊检索论文2篇,EI收录论文4篇,中文核心期刊论文5篇,申请获得国家发明专利4项,实用新型专利2项,软件著作权20余项。

3.学生成长成才效果显著

部分学生成功进入清华大学、浙江大学、北京师范大学、北京邮电大学、新加坡国立大学等国内外名校攻读硕士和博士学位,展示了他们突出的科学研究能力和实践创新能力。

4.课程示范辐射

截至目前,课程面向全国上线5次,累计浏览量近580万次,累计选课人数为11358人,线上交流互动达26949条。课程在全国产生了较大的影响,选课学生截至目前已经覆盖全国137所高校,其中包含10所985院校学生,以及15所211院校学生,另外还有112所其他高校学生。

数学建模,没有最好,只有更好!如何与课程思政进行深度融合,提升课程的高阶性,突出课程的创新性,增加课程的挑战度,是我们不懈努力的目标。

四、未来计划或启示

(一)进一步挖掘课程的技术元素,探索新型教研形态

线下课堂教学与线上集体备课深度融合,提升教师教学创新与科研能力。配合已有优质教育数字资源共享机制,满足课程建设与内容更新要求,以及教学方法改革与教学评价研究等教研活动的开展。

(二)进一步增强教学研究能力

在数字化、网络化、智能化发展的新情境中,将问题式、项目式教学法与线上线下混合式教学模式紧密配合。

(三)进一步完善教学共同体

动员一切可动员的资源,邀请顶尖科研专家、有丰富实践经验的资深校友等,定期开展专题教研活动,实现"单向思考"到"单向引导+多元参与+多方互动"教研模式的改变。

创新交通景观艺术设计，筑牢正确的艺术观、创作观[①]

杜涛　杨凯凌　全利　邱巧　李丽华

重庆交通大学

一、案例介绍

艺术创作作为现代文化生活中一个不可或缺的部分，在培养堪当中华民族伟大复兴的时代新人教育中，起着重要的作用。艺术创作和其他人类活动一样，是特定价值观的表现方式，艺术创作在提倡多样性和个性化的同时，应该坚持正确的价值观并成为传播弘扬社会主义核心价值观的重要途径。

"交通景观艺术设计"课程立足艺术设计，结合学校优势和特色，筑牢正确的艺术观和创作观，以"艺术+交通"跨学科视域塑造课程特色。率先探索"艺术+交通"新文科课程建设，在交通工程和艺术设计教育的交融中，注重将价值塑造、知识构建及能力培养融为一体，实现学生个体发展与社会发展的统一，文化基因、设计个性和工程语言的统一。"交通景观艺术设计"课程在2018年作为艺术设计学院专业教育与思政教育同向同行的试点课程进行重点培育，取得了良好的教学效果。2019年课程成果被选入中国高等教育博览会并进行路演。2020年本课程在学院通过《课程思政规划五年建设方案》，被列为重点建设课程，同时立项为学校课程思政培育项目。2021年本课程成功入选重庆市课程思政示范建设项目；被认定为重庆市一流课程，教学团队被认定为课程思政教学名师和团队。《"艺术+交通"跨学科融合系列课程——交通景观艺术设计》荣获重庆市2021年思政课程与课程思政(学科德育)优秀案例一等奖。

[①] 基金项目：重庆市教育科学规划课题"新时代重庆本科高校'智能+'美育模式构建研究"(课题批准号:K23YD2070077)、重庆市高等教育教学改革研究项目"'艺术+交通'跨学科校企联动虚拟教研室社群构建研究"(项目编号:234059)、重庆市高等教育教学改革研究项目"新文科视阈下环境设计专业跨学科课程体系构建"(项目编号:233264)、重庆市高等教育学会高等教育科学研究课题"AIGC技术赋能艺术设计类专业教学模式改革研究"(项目编号:cqgj23056C)。

二、案例详述

(一)紧扣学校"交通+"办学特色,培育"艺术+交通"新文科艺术设计人才

"交通景观艺术设计"作为"艺术+交通"跨学科系列课程中的专业核心课程之一,紧扣学校"交通+"办学特色和新文科建设要求,培养复合型"艺术+交通"设计人才,服务"交通强国"战略。课程强调在跨学科交叉求新中优化课程内容和知识结构,力求将国家需要、行业需求与学校优势有机结合,培养复合型艺术设计人才。

(二)全面落实立德树人根本任务,培养学生正确的艺术观和创作观

着眼"三全育人"大格局,深度挖掘课程思政基因,提炼"双向同构"的教学内容,探索"双线联动"的教学方法与"六位一体"的实现路径,实现跨学科背景下的新文科课程思政建设创新。

课程发掘艺术设计领域蕴含的"艺""道""技""心"4大思政基因,和交通工程领域蕴含的"知""情""意""行"4大思政基因,继而以这两个跨度极大的学科之间精神内涵、价值取向、文化底蕴的交融,实现"4+4"融合育人的课程思政目标。(图1、图2)课程提炼专业教学和课程思政"双向同构"的教学内容,探索集"线上+线下""理论+实践""专业+公益""学分+综合评价"等为一体的"双线联动"的思政教学方法,以及"六位一体"的思政教学路径。(图3)最终以人格完善、素养全面的"艺术+交通"新文科艺术设计人才服务社会。

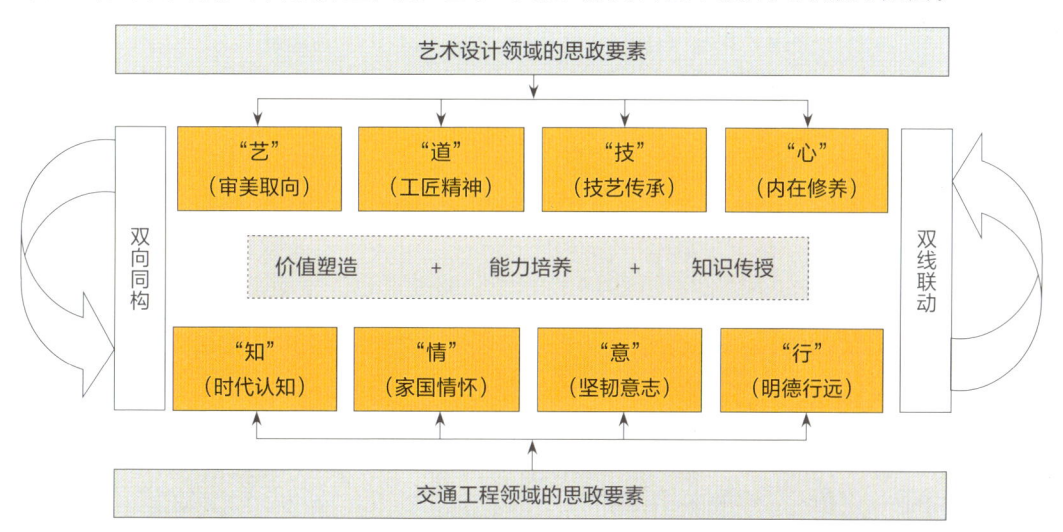

图1 "交通景观艺术设计"课程思政"4+4"融合育人教学目标

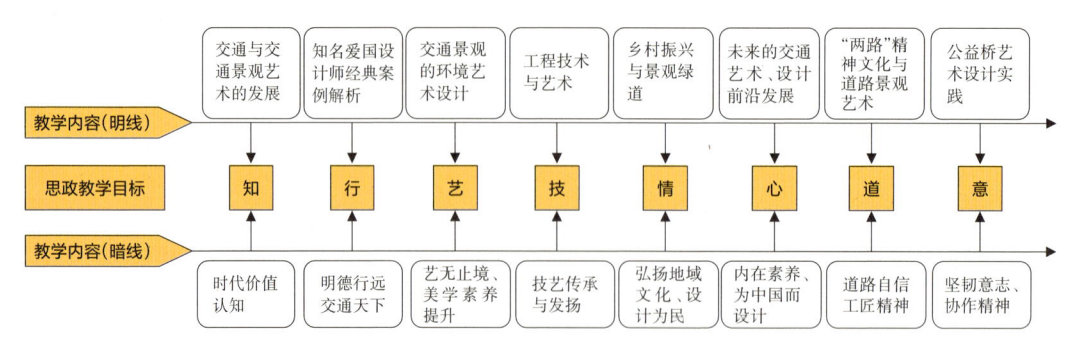

图2 "交通景观艺术设计"课程思政"双向同构"的教学内容

图3 "交通景观艺术设计"专业课程思政实施路线

根据"交通景观艺术设计"思政课程整体框架,将专业教学内容"桥梁美学与构造技艺""同心扶贫服务区环境设计""乡村振兴绿道景观设计"等作为课程建构的"明线",将"两路"精神、"交通发展历程"等思政教育内容作为"暗线"。"明线"与"暗线"同向同行、相辅相成,达成"家国情怀和工匠精神""道路自信和文化自信""美学素养和生活情趣""设计为民、服务社会"等思政价值体系的构建。教学内容根据教学专题和要求,进行灵活组织和动态调整。(图4)

图4 "交通景观艺术设计"课程思政名师系列讲坛

将思政教育融入专业教学的全过程,拓展与创新"集中+自学""授课+讲座""线上+线下""理论+实践""专业+公益""学分+综合评价"等丰富多彩的"双线联动"教学方法。其中,既建设体现"两路"精神的事迹及作品、名家大师生平和作品等课程思政案例教学资源库,利用学习强国、学习通等线上教育平台开展线上思政教学活动,也结合课程专业教学内容,组织"著名设计师作品案例解析""交通环境艺术与文化讲授"等线下思政教学环节进行线下教学,实现课程教学质量的优化。(图5)

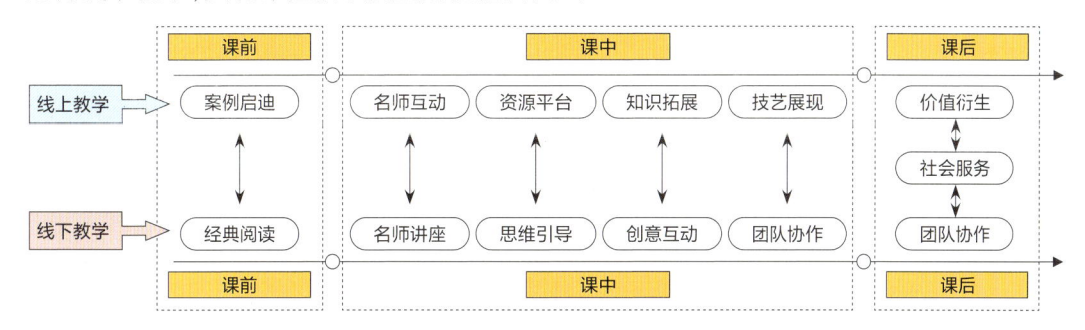

图5 "交通景观艺术设计"课程思政"双线联动"的教学方法

在"艺术+交通"跨学科背景下注重将思政教育与传授知识、能力培养融为一体,探索实践"理论讲授+名师讲座+阅读经典+创意互动+实战项目+社会实践"的"六位一体"课程思政教学路径。

理论讲授:围绕"艺术+交通"典型案例进行中华优秀文化艺术、工程伦理、文化教育、职业理想和社会责任感等方面的教育。

名师讲座:邀请行业一线专家进课堂、举办专题讲座和开设前沿微课,了解国家发展战略和行业需求、前沿动态。

阅读经典:组织专家编制阅读经典书目,精心布置经典书目阅读任务,灵活开展学习研讨,并将其纳入课程考核体系,读书笔记作为平时成绩的组成之一。

创意互动:发挥校内外课程导师的引导作用,强化规范意识,培养严谨务实的工作作风。

实战项目:树立设计为人民服务的意识,建立完善导师工作室管理办法和学生学分认定办法,将实际设计项目导入课堂。

社会实践:帮助学生深入社会、了解民生,增强社会责任感,提高学生综合能力。

三、案例成效

"交通景观艺术设计"课程以艺术学科为基础,结合学校优势和特色,将交通工程技术知识与环境艺术知识相融合,将交通工程设计逻辑思维与环境设计艺术创新思维相融合,将交通工程设计规范与环境设计艺术创意相融合,强化学科交叉与融合,构建"艺术+交通"跨学科课程的理论知识框架。充分挖掘环境景观设计与交通领域的跨专业多学科交叉内容,打造了"艺术+交通"的跨学科融合品牌特色。

通过课程培育了学生专业认同感、文化自信和正确的艺术观、创作观。学生思想品质、专业素质得到了较大提高,行业认可度持续提升。毕业生持续进入中交、中建等大型国企央企,实现了就业质量稳步提高。

课程教学成果荣获2021年全国第六届大学生艺术展演优秀案例二等奖、2020年重庆市大学生艺术展演优秀案例一等奖。

课程实践强调在真实情景中的实践育人,强调实践与社会的关联度。学习的充分关联度可揭示知识内隐的意义,将学生、学生作品与真实的社会环境、社会需求、社会评价进行关联,学生通过社会实践去真正了解社会需求,进入社会历练,获知社会反馈,从而获取知识背后的精神文化与价值。因此,学生与社会需求进行交流互动,学生实践作品被社会检验、评价、接受、应用,学生透过社会反馈对设计作品进行改进、完善、反思,在提升设计思维、设计表达能力的同时,磨炼心智、感悟"真"知,将所知所学服务于社会大众,真正做到学思践悟、知"行"合一。结合实践教学内容,组织学生参加了巴南区二圣镇集体村艺术美乡村活动、重庆高速路服务区同心扶贫实践、"礼善美德建乡村,精准扶贫振乡村"以及"三下乡"等社会实践。

课程实践教学成果荣获2019年世界大学生桥梁设计大赛双一等奖,2019年全国大学生"茅以升公益桥——小桥工程"设计大赛双特等奖,2021年世界大学生桥梁设计大赛双三等奖,全国服务区创新创意设计大赛一等奖;学生"雾都桥绘"设计项目荣获第七届中国国际"互联网+"大学生创新创业大赛重庆赛区金奖;《红色筑梦——高速公路服务区空间活力激发计划》荣获重庆市银奖;等等。

(一)案例1:以赛明智、以赛植情

"交通景观艺术设计"课程——桥梁艺术设计专题学科竞赛模块。

课程教师带领学生参与以"爱心助力扶贫、实践增长才干"为主题的"茅以升公益桥——小桥工程"设计大赛,主要解决村民出行、生产交通和农村孩子上学等问题,用智慧与知识助力脱贫攻坚。(图6—图9)

图6 课程教师带领学生参加"交通景观艺术设计"学科竞赛获双特等奖

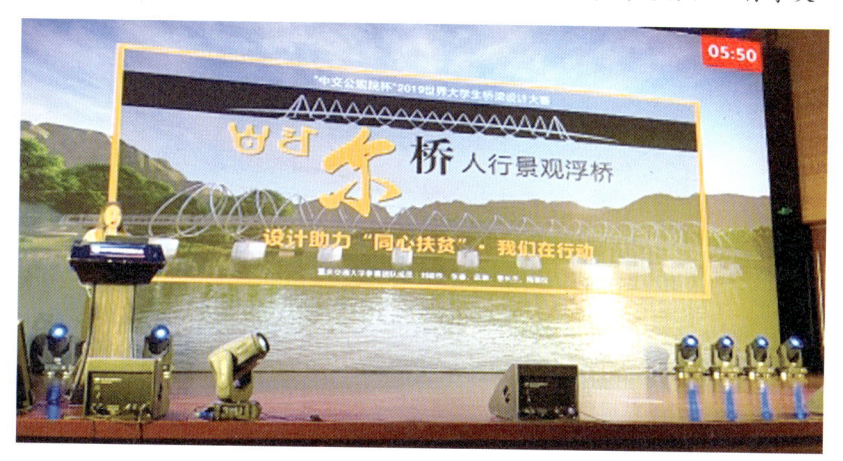

图7 学生参赛作品展示(一)

图8 学生参赛作品展示(二)

图9 学生参加2019世界大学生桥梁设计大赛现场总决赛暨颁奖典礼

(二)案例2:实践务实、实践求真

2020年"十校结百村 艺术美乡村"乡村景观绿道设计实践活动。

课程教师带领学生参与2020年重庆市委宣传部公益项目"十校结百村 艺术美乡村"巴南集体村乡村绿道设计实践,真正做到了用专业知识和设计为人民和社会服务,用设计助力乡村振兴。(图10)

图10 课程教师带领学生参加"十校结百村 艺术美乡村"乡村景观绿道设计实践活动

(三)案例3：以文化人、以文育人

2020年讲好"桥都"故事,传播桥梁文化。

重庆素有"桥都"美誉,桥梁已经成为重庆现代城市景观中不可或缺的一部分,是重庆城市形象的重要象征之一。为了树立同学们的文化自信、设计自信,同时更好地传播重庆桥梁文化与艺术,课程教学团队以"雾都桥绘""渝见桥"等大创项目、"互联网+"项目为依托进行教学。

"雾都桥绘"是依托重庆"桥都"形象和桥梁资源,且融入VR景观互动技术,"科普性与艺术性"兼具,"浸入式与体验式"皆有的桥梁景观艺术绘本。它一方面致力于对重庆桥梁文化的传递,重庆城市形象的传播,另一方面通过对桥梁知识的科普,完善国民的综合素质,提升青少年的科技、人文等素养。以视觉化、艺术化、故事性的方式传播桥梁文化,讲述重庆故事,展现大国工程形象,传递中国的科技自信和文化自信。该项目获评市级第七届中国国际"互联网+"大学生创新创业大赛重庆赛区金奖、2020年重庆交通大学大学生创新创业训练计划项目,并且,项目入围重庆市版权局、重庆市教育委员会举办的2020首届重庆高校"版权杯"文化创意设计大赛并荣获二等奖。

"渝见桥"项目聚焦重庆"桥都"形象和桥梁资源,挖掘重庆桥梁文化与景观艺术内涵。利用景观动画、微视频的内容特征、传播形式,依托学校鲜明的交通特色、"桥梁+艺术"特色的多个跨学科平台和跨学科跨校企教师团队系列科学和教学研究成果,集合"重庆的桥+重庆人+重庆城"的故事,并转化为大众文本与流行符号,由此创造社会价值,让桥梁在大众化中"生动"起来。

课程学生来自艺术设计学院、土木工程学院、河海学院等跨学科专业。在专业性、设计性、趣味性、通识性中,一方面,了解和丰富重庆的城市文化内涵;另一方面,让学生探索重庆桥梁文化与艺术走出专业群体的范围,走向大众尤其是贴近青少年群体,实现交通工程建设助力大国工程形象深入人心。

四、未来计划或启示

课程结合学校优势和特色,以"艺术+交通"跨学科视域塑造课程特色。持续探索"艺术+交通"新文科设计人才培养,在交通工程和艺术设计教育的交融中,注重将价值塑造、知识传授及能力培养融为一体,实现学生个体发展与社会发展的统一,文化基因、设计个性和工程语言的统一。

(一)挖基因——跨学科"4+4"课程思政融合

本课程思政教学突破原有思政教育和专业教育的"两张皮"状况,避免了在教学设计中单一地寻找课程思政教育与专业教育的契合点,而是基于"艺术+交通"跨学科融合课程特点,充分挖掘交通工程领域与艺术设计领域的思政基因,创新构建专业教学与思政教育相结合的"4+4"融合育人课程思政教学目标,对艺术设计专业的跨学科专业课程的思政融入具有积极的借鉴和推广意义。

(二)优课程——多专题、全过程思政融入

持续围绕交通领域的行业亟须,设置了三个方向的教学专题,并结合各专题的项目特点,挖掘课程专题内容的思想内涵、价值点。结合教学目标与课程的综合能力要求,紧扣专题教学过程中的各个教学环节,与思政教育有效融合,将思政教育融入专业教学的全过程。为艺术设计专业课程的思政全覆盖教学改革提供经验。

(三)拓渠道——多维度思政教育的融汇

持续"双向同构"的教学内容、"双线联动"的教学方法与"六位一体"的实现路径,进行课程教学内容的切入,以及课程的总体实施。有效避免原有专业课程中思政教育的单一性,课堂讲授的唯一性。为未来思政教育的多维度介入,提供经验与案例参考。

对标加快建设世界一流企业财务管理体系的要求 打造又红又专的"金课"
——"财务管理案例"一流本科课程示范案例[①]

顾飞 孙芳城 黄辉 崔飚 钟廷勇

重庆工商大学

一、案例介绍

财务管理是企业管理的中心环节,是企业实现基业长青的重要基础和保障。培育具有全球竞争力的世界一流企业,促进企业实现有质量、有效益的发展,德才兼备的高素质财务管理人才是关键。为此,自2011年起,重庆工商大学就在以"全案例"教学系统改造传统课程教学范式的基础上,面向财务管理专业本科学生,开设以启发思考、提升能力、激发创新、培养志趣为重点的"财务管理案例"专业拓展课程。课程以立德树人为根本,以全真的财务管理案例为载体,以高阶的专业实践问题为主线,以"一体两翼三结合六协同"课程育人体系为支撑,帮助学生在"教学做合一"的协同共振中,强化"诚信精业、理财兴邦"的专业价值信念,突破了前序课程间条块割裂的知识边界,促进了学生对专业知识的融会贯通与集成运用,推动知识向能力转化,使其逐步建构起解决复杂专业问题的价值判断、实践能力、数据思维、创新意识与国际视野,为其后续的专业学习与未来的职业发展夯实素质与能力基础。(图1)

[①] 本案例为重庆市高等教育教学改革研究重大项目"高校高质量党建引领育人的探索与实践——以重庆工商大学为例"(项目编号:221023)、重庆市高等教育教学改革研究一般项目"基于内生性融合的'财务管理案例'课程思政有效教学模式探索与实践"(项目编号:213208)、重庆市研究生教育教学改革研究一般项目"基于培养造就德才兼备高层次人才的会计专业硕士内生性融合课程思政体系化建设与探索"(项目编号:yjg223108)、重庆市2022年本科高校课程思政示范项目(综合类项目)——重庆工商大学"财务管理学"课程的阶段性研究成果。

图1 课程教学团队"坚持为党育人、为国育才",协同推进课程思政与一流本科课程建设

二、案例详述

(一)科教融汇提升团队的人才培养能力

课程教学团队坚持教书育人,依托3项以"财务管理案例"为直接研究对象的省部级教改教科项目(图2),以科教融汇赋能课程建设与教学改革,积极推进课程思政研讨、教学要件建设、教学模式创新、课程考核改革以及校企协同育人等教改创新实践,力求做到"教学思想有高度、教学内容有深度、教学互动有热度、教学反馈有效度"。团队教师相继获得"全国会计先进工作者"、教育部首批"课程思政教学名师"、"重庆市青年专家工作室领衔专家"、"重庆英才·青年拔尖人才"等荣誉称号,4人入选"重庆市高校黄大年式教师团队",并获得重庆市高校教师教学创新大赛二等奖等教学奖项。

图2 "财务管理案例"依托省部级教改教科项目,以科教融汇赋能课程建设与教学改革

(二)推动线上线下混合式教学设计创新

1.以"三融合"重塑二元式教学结构

课程教学坚持思政、理实、科教"三融合",以财务管理理论与方法的案例仿真分析及

其情境化应用为教学设计的主导逻辑,基于"德知能一体,教学做合一"的课程思政内生性融合理念,探索构建了"教学案例"与"做案例"双向嵌合、分步进阶、同频共振的二元教学结构。依托"教学做合一"的交互式教学结构,课程集成整合应用前序相关专业课程的知识、理论和方法,促进条块化割裂的专业知识向综合性的实践创新能力转化,并将专业价值判断内生性地融会贯通于其中,凸显了课程的价值引领性与创新性、高阶性、挑战度。(图3)

图3 "财务管理案例"课程教学设计的框架结构图

（1）"教学案例"：依托中国财务案例升华专业性认知。(图4)

"教学案例"部分,课程以财务管理基础、筹资与资本结构管理、投资与并购管理、营运资金与股利分配管理四大模块为主体,辅之以当下热点案例,依托案例情境中的知识线、情节线、问题线、思维线交相呼应的系统性教学设计,培养学生扎根中国企业财务管理实践,运用财务管理理论与方法分析、推理、判断、解释、应对专业现实问题的素质与能力。

图4 课程注重引导学生聚焦国家发展战略,扎根中国企业财务管理实践开展案例教学

（2）"做案例"：立足中国财务实践强化创新能力培养。

"做案例"部分,任课教师作为"研学伙伴",依托以案例小组为单位的"研学共同体",

将案例分析实践分步式地嵌入教学全过程,以案例行动学习培养学生从事财务预测、决策、计划、控制和分析的专业综合能力。通过预设的"学中干""干中学"双向互动教学增效机制,强化学生对财务管理本质及其内在规律的专业知觉与理性认知,引导其立足中国企业财务管理实践,把案例写在祖国大地上,为解决高阶性的专业现实问题,提供扎根中国企业经营管理实践、适应经济高质量发展要求的个性化解决思路、专业化实施路径以及本土化经验启示。

2.以"双线"共振搭建"无边界课堂"

课程主动适应网络时代教学新生态,提出了"课堂无边界、学习无时限、能力无极限"的全新教学理念。在教学组织设计上,坚持小班化教学,依托国家级经管实验教学示范中心、国家级虚拟仿真实验教学中心"在线博弈教室"、"智能财务共享实验室"的智能化教仪设备,开展研讨式、情景化、竞合式案例教学创新实践,并以"研学共同体"为案例教学组织的关键节点,探索搭建"无边界课堂",突破传统课堂的时空局限,促进了师生之间线上"教学案例"环节的常态化互动以及"做案例"环节的个性化辅导,有效地促进了师生在课堂内外、线上线下开展合作研学与自主学习。通过合理运用现代信息网络技术,赋能教学组织创新,提升课程教学的质量和能效。

(三)"六化"集成建好课程内容与资源

1.课程内容结构化,全程教学案例化

课程形成了突出价值引领,由模块化集成的"教学案例"(以教材为基础,动态典型案例为补充)和分布式嵌入的"做案例"(以案例分析、研究、赛事为拓展)两大部分有机融合的"全案例"、结构化课程内容二元交互架构。

2.教学资源集成化,校企共建项目化

课程形成了包括授课讲义、原创开发案例、案例研究文献、在线测试、多媒体课件、法规资料以及"全球案例发现系统""中国管理案例共享中心"等案例库在内的集成化教学资源体系。同时,依托教育部产学合作协同育人项目、校企合作横向课题推进了财务管理科研成果与案例教学资源的项目化对接与实时性转化。

3.课程共享协同化,资源交互多元化

课程形成了案例设计资源与"财务管理学"等相关专业课程共建共通、与会计专业硕士案例研学接续联动、与财务管理一流专业建设协同推进的资源共享机制,并通过网络教学平台、"课程伴侣"APP、课程微信群、案例赛事与科创基金指导等多渠道实现了师生之间的教学资源适时交互。

(四)以教学法集成创新构建课堂新生态

课程集成采用讲授法以及启发式、探究式、讨论式、参与式、项目式、竞合式等多种教学法,依托校企合作平台,推进原创性案例开发与研学,择机实施"移动课堂"全真场景化案例教学。课程自创"九阶案例教学法",引导学生在"学习—分享—质疑—反思—归纳—反馈"的闭环式案例研学过程中,实现问题牵引与自主学习、理论认知与实践升华、创造学习与高阶探究的深度融合,进而扭转"教师讲、学生记、满堂灌"的课堂沉默状态,营造充满活力、激发创新的课堂教学生态。(图5)

图5 课程依托"案例研学共同体",激发学生合作研学与自主学习的热情

(五)以"一体化"考核评价赋能教学达成

课程考核秉持"德知能一体化"的综合性考核评价原则。过程性考核占比40%,观测点为课堂考勤、案例预习、互动问答、小组讨论、网络学习、赛创加分;期末案例报告考核占比60%,由团队与个人量化评分(2:8)构成,采用"小组自主选题、教师启发把关"的个性化考核创新模式,观测点为学习态度与团队协作、资料搜集及其整合应用、案例洞察与分析论证、逻辑思维与语言表达、创新创意与可视化分享。"德知能一体化"的考核机制,突出了价值引领、强化了知识应用、促进了能力转化,为优化教学产出提供了行动导向与机制保障。

三、案例成效

（一）坚持问题导向实现"四大突破"

课程经过十二年的改革与探索，有效地解决了财务管理专业课程教学中突出存在的"重专业、轻德育""重讲授、轻创新"，学科专业"知识割裂""轻管理、弱技术""产教隔离""教学做脱节""科教分离"等教改重难点问题，实现了"价值引领性融合、知识关联性构建、能力过程性转化、学生主体性激活"四大突破，为落实立德树人根本任务，全面提高财务管理人才自主培养质量夯实了课程教学基础、拓展了专业融合路径、探索了教学创新范式，孵化培育的课程思政内生性融合育人体系教学成果，获得重庆市教学成果奖二等奖。

（二）立足目标导向提升"两大成效"

课程立足落实立德树人根本任务与努力提高人才培养能力的目标，主动适应党和国家事业发展对德才兼备高素质财务管理人才的需要，以服务学生成长为中心，"十二年磨一剑"，致力于打造又红又专的"金课"。学生对教师教学的满意度高、对课程学习的获得感强、对价值引领的认同性好，其价值判断、专业思维、知识应用、实践能力和创新意识得以进一步强化，课程教学质量评价高于同类专业课程平均水平，是毕业生回访印象最深的课程之一。教学团队的自主人才培养能力得以提升，4人次获得"全国先进会计工作者"、首批国家级"课程思政教学名师"、"重庆市青年专家工作室领衔专家"、"重庆市会计领军人才"等荣誉称号，荣获国家级教学成果奖二等奖、重庆市教学成果奖特等奖、重庆市高校教师教学创新大赛二等奖等教学奖11项。课程获评首批国家级、重庆市课程思政示范课程以及重庆市一流本科课程，充分地发挥了对首批国家级、重庆市一流本科专业建设点——重庆工商大学财务管理专业课程群建设的示范引领作用。（图6）

图6 获评课程思政示范课程、教学名师和团队

"基础会计学"基于业务场景的会计逻辑构建

幸素园　杨矛　余伦芳　孔莉　蒋弘

重庆工商大学

一、案例介绍

"基础会计学"是我校首批国家级和重庆市线上线下混合式一流课程、国家级和重庆市课程思政示范项目,在教学模式改革、教学内容重构和教学方法创新等方面进行了全方位的改革探索。本课程为达成业务场景下建立起学生基本会计逻辑的教学目标,构建了集微课、真实案例视频、虚拟商业场景动画多维一体的可视化、立体化教材和教辅资源体系;在教学实践中应用任务驱动型教学法,采用翻转课堂激发学生自主学习的原动力;全面重构课程评价体系,形成建立在学生输出基础上的过程性评价体系。课程教学凸显学生"能力本位"的培养目标,将理论知识技能化,将简单实操能力化,真正实现"教""学"相长,夯实基础会计原理"三基"的同时,构建学生专业学习的全新思维模式,实现知识体系的"创新性",知识应用的"高阶性"和分析解决实务问题的"挑战度",以达成本课程的知识要求、能力要求和素养要求。

二、案例详述

(一)课程团队建设与能力提升

为了进一步打造高水平一流师资队伍,教学团队指定了定期教研活动和教学观摩活动。提倡师资的挂职锻炼和出国访学,提高教师的实践能力,开阔国际视野;在年轻博士中开展了老带新一对一帮扶活动,帮助青年教师尽快进入教学状态。团队的整体教学能力和教学研究能力都得到了大幅度提升。

(二)课程内容与资源建设及应用

基于国家级金课"两性一度"的建设要求,课程组率先在教学内容上进行了全面重构。传统的基础会计教学注重会计基本理论、基本方法和基本操作技能的讲授,教学内容多采用单个经济业务的会计核算案例,注重会计分录编制和会计流程执行。囿于这种教学内容的局限性和传统教学模式的限制,学生对知识点往往一知半解,仅限于完成借贷分录,形成的是解题性思维,难以构建会计业务和真实企业运营的逻辑连接,对会计准则的理解也难以深入。尤其是大数据时代基础会计核算逐渐被技术取代的背景下,课程内容很难真正符合企业经营管理和财务决策支持的需要。因此,"基础会计学"的教学内容应从"重核算轻分析"转向"重管理、重决策支持和会计核算逻辑",构建全新内容体系。(图1)

思政目标	理论教学内容	可视化创新
会计理论的传承与创新——文化自信	课程引入:会计产生和发展、会计本质与核算基础	原创动画视频:从结绳记事到借贷记账
会计诚信与职业谨慎	基础理论:会计对象、会计要素与会计信息系统	真实案例剪辑视频:如瑞幸、海航融资案例
创新思维和辩证思维	理论应用:基于制造业业务流程与核算流程的逻辑连接的商业循环与会计循环	原创动画系列视频:虚拟创业的商业循环与会计循环——《小桑果创业记》
终身学习理念、可持续的科学发展观	技能提升:信息化时代会计核算流程的线上操作	原创动画视频:信息化、财务共享时代会计信息系统和传统核算的比较
诚信精业、职业道德与会计人应承担的社会责任	延伸拓展:作业练习巩固业务核算,真实案例的分析讨论强化应用和思辨、创新	真实案例视频:聚焦时事热点和上市公司真实案例

图1 "基础会计学"课程内容的全新架构

1.重构课程内容,课程体系逻辑化:融入思政目标、夯实理论基础、注重实务应用、强调输出表达

会计本质是提供客观公允的决策有用信息,"会计诚信"和"谨慎专业"的职业理念应当从专业学习的基础阶段就开始树立。将课程思政融入专业教育,有助于学生形成诚信精业、遵纪守法的职业信仰和职业态度,培养学生关注热点时事、会计案例和会计学科发展的兴趣,形成正确的价值观和职业操守,并培养终身学习理念。

课程的"三基"是会计后续专业学习的基石,结合大数据和人工智能发展的趋势,弱化原有课程体系中手工记账的会计核算流程内容,增加线上实验操作,强化大数据和财务共享时代会计信息系统的生成逻辑,对会计"三基"的具体内容进行了提档升级。

而在教学中用完整真实的案例替代单一核算举例,学生更有代入感,能够提升学生的学习兴趣和真正的实务应用能力,构建起分析和解决问题的能力。

同时,为突出"能力本位",教学内容新增了大量以案例为主的教辅资源和讨论话题,通过布置任务导入学习内容,强调学以致用和表达输出,并针对学生的预习反馈,教师再有针对性地进行讲解和拓展,实现知识的融会贯通,构建学生的知识逻辑框架,提高了学生的自主学习能力。

2.丰富教学资源,核算业务场景化:以原创动画视频模拟企业真实业务和会计核算全流程

课程组创新性地采用原创动画的方式,在教学内容上通过模拟学生创业全流程,增加了企业筹建、生产准备、产品生产和销售的商业实践的具体业务内容,并和相关会计核算建立起业务流程、会计核算流程和运营决策的内在逻辑连接,打破了时空对传统课堂教学的内容限制。(图2)

图2 《小桑果创业记》原创虚拟商业场景动画截屏

3.强调知识应用,课堂举例实务化:以真实案例应用于教学和课后延伸阅读,提高学生解决实际问题能力

传统的基础会计教学内容中,往往采用单一业务的核算进行举例分析,前后例题没有业务上的延续性,而课后练习也以单个习题为主,学生很难通过学习真正理解并运用会计理论知识解决企业运营的实际问题,支持经营管理决策。因此,在教学内容上,课程组摈弃了单一核算举例的做法,采用模拟企业成立和运营全流程的方式,加上真实的上市公司案例,并辅以线上实验系统,建立起业务流程的模拟场景和分析解决会计实务问题的真实场景,学生的学习效果和思维能力提升显著。

(三)线上线下混合式教学设计创新

传统的基础会计教学采用讲授式教学法,忽略了学生的学习感受和需求,学习质量缺乏过程把控和评价反馈机制,学生的自主学习能动性不够。因此,线上线下混合式教学的目标聚焦于提高学生的自主学习能力和研究能力,充分利用线上平台,在理论阶段的学习中,以问题探究的方式创设一个有利于学生进行探究发现的良好教学情境,通过任务驱动法、讨论法、自主学习法、模拟教学法等综合方法的结合运用,驱动学生的学习能动性,再通过线下教学和实践环节巩固、提升学习效果和学习质量;同时在实操环节,应用线上的场景化实验平台,融合商业实践中的业务流程和会计核算流程,建立学生知识体系理论和实践之间的逻辑关联。

1.线上教学在理论教学中的应用

课程在传统的线下课堂讲授的基础上,增加了线上课前预习环节。通过发布线上动画视频和微课视频,带入相关知识点的虚拟商业环境,让学生直观感受业务流程,同时学习该场景下涉及的会计核算相关知识点及会计核算流程,并通过课堂的输出进行小组汇报。根据汇报的情况,教师重点讲解知识要点,并用思维导图厘清各知识点之间的逻辑关系,帮助学生全面构建会计基础理论框架。

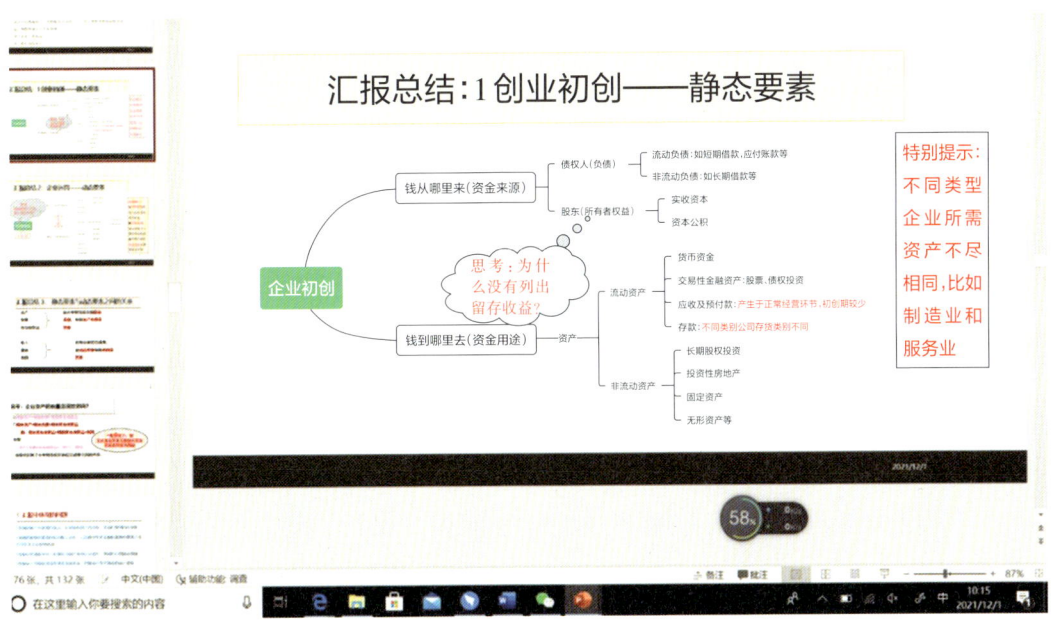

图3 线下课堂汇报和总结PPT截屏

另外,线上模式在理论教学环节还体现在课后拓展环节。通过发布真实案例视频,引导学生关注和会计实务相关的热点事件,以鼓励提交心得体会或者线上提问互动等方式,帮助学生将理论运用于实践,并提示有关会计诚信、职业谨慎等专业理念。(图3)

2. 线上教学在实操环节中的应用

此外,为了解决理论学习不足以构建学生真实会计场景的问题,还增加了线上模拟会计流程的操作环节,让学生在虚拟的业务场景中完成会计分录的编制和会计信息系统的生成流程。

(四)课程教学的组织实施

1. 翻转课堂教学法的全面应用

基础会计学课程目前全面采用翻转课堂的方式,学生自学和观看动画、微课和案例视频后进行课堂汇报,教师讲解知识难点和汇报中体现出的问题,对学生反馈的难点进行有深度的讲解和强化,同时加强课程思政和职业观、价值观的引领。将传统的"以教为主"的教学方法真正递进到"教学相长"的阶段,强化学生的自主学习能力和总结归纳能力。(图4)

2. 现代化教学手段的全面应用

(1)充分利用信息技术手段开展各种形式的线上教学。

图4 翻转课堂课前环节和课中环节展示

尽管基础会计的教学近年通过微课和慕课等方式开始了线上教学的探索,但还是流于形式化,仅限于课堂知识点的录制,并没有真正构建线上教学的逻辑体系。因此,课程团队结合国家鼓励万众创新创业的背景,制作学生自主创业的全部商业场景系列动画,录制了课堂主要知识点的微课视频,自行剪辑课后实际案例视频,并用二维码的方式呈现,全面推进了教材和教辅资源的立体化、网络化,将学生的碎片化时间利用起来,随时随地引导和激发学生的自主学习和思考应用能力,并辅以线上实验操作系统提高学生的实践操作能力。(图5)

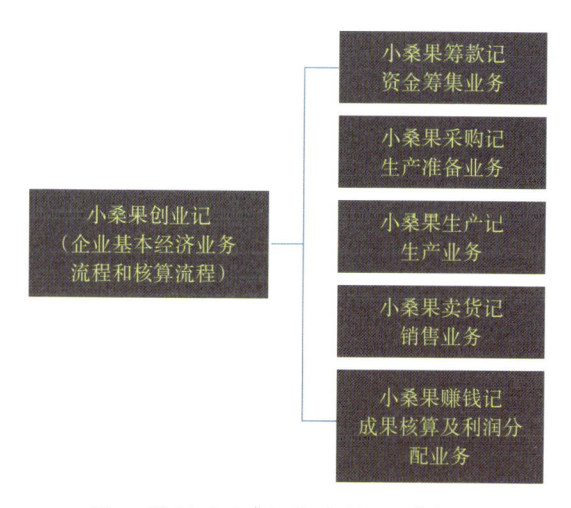

图5 原创动画《小桑果创业记》构思

(2)充分利用信息技术手段实现即时互动和学习反馈。

课前,通过在线教学平台发布问卷,调查学生预习的知识难点;课中,采用雨课堂、企业微信等工具进行投票和提问,及时反馈学生的问题;课后,通过在线教学平台布置作业、案例视频和延伸阅读资料,并设置线上讨论,实现以生为本,全面互动。

(五)成绩评定考核亮点及特色

本课程注重教学过程的全方位考核,强调学生的能力本位,注重考核学生的输出能力和综合应用能力,将基础的会计逻辑放置于商业运行的实践中,因此成绩评定的标准由期末考试(50%)和平时成绩(50%)两个方面构成,均按照百分制计分。其中平时成绩注重多维度过程考核,由课堂考勤(20%)、作业(10%)、线上场景化实验页面考核(60%)、学生自学表现(10%)组成。

课程成绩评定的特色在于全方位多维度对学生的学习效果进行考查,学生对知识的理解更深入,学习能力明显提升。

三、案例成效

(一)案例特色与创新

1.业务内容场景化

从单一摘要式核算举例转化为企业经济业务流程实景,模拟商业环境中的真实业务会计处理的线上操作,强调业务流程和会计处理的逻辑关系。让学生掌握相应会计核算流程的同时,了解业务流程。

2. 线上线下融合化

本课程理论课和实验课都采用了线上线下混合式教学模式。线下教学模式注重对基本理论和基本方法的讲解，着重对知识点的透彻理解，以实现课堂时间的高效利用与提高学生的专注度。线上教学模式主要是与互联网下的慕课、微课相结合，通过多媒体、网页、实训平台、资源库等多种教学工具进行即时、互动教学。学生可以随时通过手机和网络浏览教学资源，上传提交作业，发邮件对课程难点进行询问，教与学互动日常化、常态化。

3. 课程考核多元化

通过线下课堂讨论、在线作业答疑和线上实务操作等多维度评价完成过程性考核。理论课程的平时成绩由出勤、课后作业、定时作业与其他四部分构成。实验课的页面类考核成绩由系统根据每笔业务流程和账务处理流程的完成情况评分，体现了全过程考核的特征。考核结果客观、公平、合理。

（二）案例实施成效

1. 学生对本课程的满意度高

2015—2019年，本课程的学生评教平均分数均在90分以上，绝大多数的学生认为本课程对其工作和后续学习有帮助，是最受欢迎的十大课程之一。在毕业生的回访调查中，本课程也多次被校友们评为满意度最高的课程。

2. 改革成效显著

(1) 教学内容进一步丰富。教材编写中增加了信息化会计处理流程的内容，实训环节实现场景化业务，与会计人才培养目标更为契合。

(2) 构建线上实训平台并全面应用。2018年秋季学期以来，线上实训全面替代手工记账，效果显著。

(3) 考核方式更为全面合理。目前课程的考核方式注重过程性考核，如实验过程考核由系统自动评分，更为客观，考核结果公平。

3. 课程社会评价

课程分别于2020年和2021年被评为国家级线上线下混合式一流本科课程和国家级课程思政示范项目，并在教育部网络开放空间和"在线学习"进行了课程展示，获得了专家、同行的认可和广泛肯定的社会评价，应用效果好。

四、未来建设计划

为了培养厚基础,强能力,具备社会主义核心价值观,复合型、应用型和具备国际化视野的会计人才,未来课程将持续进行以下改革和建设。

(一)进一步优化师资结构

师资队伍结构进一步优化,形成年龄、学历、职称、学缘结构合理,教研能力突出的国际化、高水平的教学团队。同时,进一步提高教师实践能力和职业素养。

(二)进一步丰富教学资源,推进教学环境建设

录制与课程重点内容相关的微课,进一步完善教学真实场景案例。加强校企合作,进一步完善实训平台教学资源。营造教学资源数字化、教学手段多媒体化、教学过程多样化、学习过程自主化的教学环境。

(三)多种教学方法综合使用

在翻转课堂教学法的基础上,使用多种教学方法,关注学生的学习效果,建立适时反馈机制。

(四)更充分地使用各种教学手段

对重要知识点创新引入短视频等学生喜欢和易于接受的方式进行强化和巩固。

"大学体育——排舞""443"课程体系创新与实践

于乐　程蕾　杨焱　陈彦西

四川外国语大学

一、案例介绍

我校"大学体育——排舞"作为重庆市线上线下混合式一流课程,10年改革实践中构建了"443"课程体系。即提出了"知识驱动,文化驱动,能力驱动,竞争驱动"四驱育人的教学理念,建立了"教授、浸润、展演、赛事"四位一体的教学模式,让学生在教授中掌握和运用体育运动知识技术技能,在浸润学习中领略和建立体育文化精神,在展演中培养和训练综合能力,在赛事竞技中激发和提升竞争、创新意识;并将思政元素融入教学全过程,让学生在舞动传唱中增强体质、提高审美素养、培养坚强的意志品质,在合作学习中激发创新意识,在团队活动中升华家国情怀;完善了"过程、应用、结果"三元多维的评价体系,更合理地对学生的学习情况进行综合评定。通过以上改革,本课程取得良好效果:不但促进了团队教师专业发展,建立了良性的课程体系,更推动了我校体育"健体育魄"根本育人任务的实现。

二、案例详述

(一)排舞课程内容与资源建设及应用情况

1.排舞课程内容

排舞课程由"教授、学习、展演、比赛"四个主要内容组成,课内的"教与学"以学生为中心因材施教,注重参与式学习、互动式学习、信息化学习。课外的"展与赛"让课程得以延续,排舞课程设置了校运会大型排舞展演活动,以及校级排舞体育文化节活动等。

2.资源建设与应用

(1)课程教学资源:多媒体课件、课程教案、考试题库、教学网站。

(2)课外拓展资源:利用微信公众号发布历年排舞推广曲、历年全国比赛视频、历年原创曲目舞谱及视频等。

(二)课程团队建设

课程教学团队由4名优秀排舞专业教师组成,其中教授1人,副教授3人;全部具有排舞国家级教练员资质;排舞国际级裁判1人,国家级裁判3人。团队成员长期从事一线本科教学、市级排舞培训和竞赛组织工作,具有丰富的教学和实践经验。

(三)线上线下教学创新设计

针对教学改革重点问题,立足新文科及学校培养目标,教学团队构建了"443"课程建设体系,确定了"知识驱动,文化驱动,能力驱动,竞争驱动"四驱育人的教学理念,从教学模式重构、教学内容完善、教学评价改革三个方面进行了创新,构建了"教授、浸润、展演、赛事"四位一体的教学模式,更新了融入思政元素的教学内容,完善了"过程、应用、结果"相结合的多元评价体系。

(四)创新实施路径

1.奠定"四驱育人"教学理念

"知识驱动"——课程育人:从课程育人着手,通过多维度地传授体育相关知识技术技能、传播体育精神,帮助学生在体育锻炼中享受乐趣、增强体质、健全人格、锤炼意志,实现大学体育"健体育魄"的根本育人任务;"文化驱动"——思想育人:通过创办排舞文化节,培养学生正确的审美素养和取向,深刻融入"爱国情、强国志、报国行"的思想观、价值观;"能力驱动"——实践育人:通过排舞课程引导和鼓励学生参加排舞推广、排舞创编、排舞展演等社会实践活动,让学生深入地认识社会,增强对社会和国情的了解,找到自己成才的目标和方向,培养学生的社会责任感;"竞争驱动"——赛事育人:通过排舞校赛、排舞市赛、排舞国赛、排舞国际赛,培养学生竞争意识,塑造其面对困境永不放弃、勇往直前的意志品质,引导学生正确看待成功与失败,形成正确世界观和价值观。

2.构建"四位一体"教学模式

"四位一体"教学模式由"教授、浸润、展演、赛事"四个环节组成,即每周1次45分钟的运动舞蹈技能教学课;每周2次、每次30分钟的课外锻炼学习;不定期进行校运会排舞展

演或院系活动排舞表演,每学期1次班级测试赛;每年1次校级赛事,每年2—3次市赛国赛。(图1)

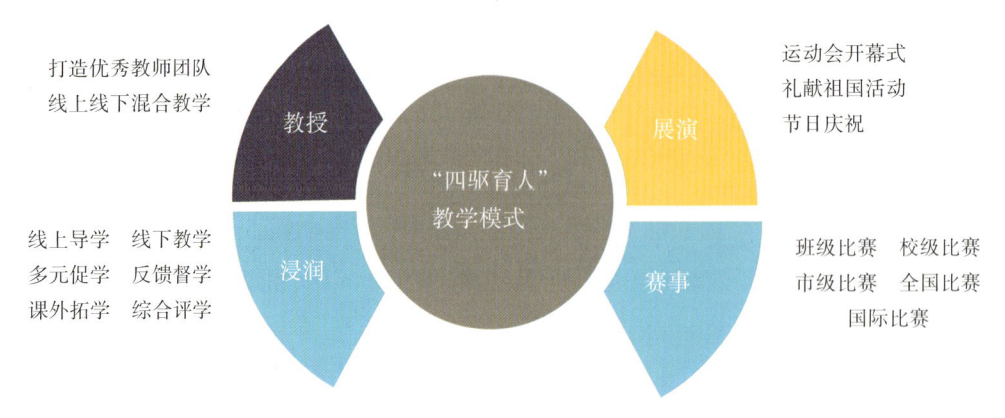

图1 "教授、浸润、展演、赛事"四位一体教学模式

3. 优化完善教学内容

课程紧跟时代步伐,不断更新教学内容,提高学生的学习热情。课程开设之初,我们以经典、传统的排舞曲目为主;随着国内对排舞项目理解的不断加深,课程中更注重引导学生对风格的理解和把握;当前课程思政的提出,教学内容上,选取以弘扬中华民族文化、爱国元素为主的曲目,教师在排舞动作和音乐主题的关联解析中,结合学生的认知实际,激发学生歌颂祖国、舞动祖国的积极情绪生成,让学生在舞动传唱中增强体质、提升审美素养,培养坚强意志品质、爱国主义精神,增强民族自信与文化自信,从而有效地实现排舞教学显性和隐性双重目标。(图2)

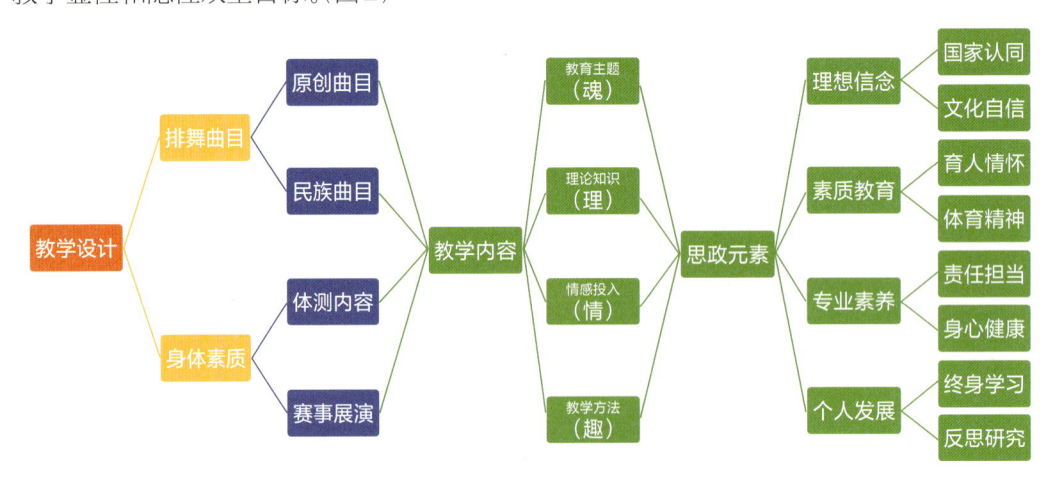

图2 融入思政元素的课程内容设计图

4. 完善"三元多维"评价体系

改革后,课程评价由40%的过程评价(包括课堂导学参与、课堂参与、课后互动参与、

出勤情况和身体素质)与60%的专项技能评价(包括技能考核和以赛代考)组成。过程评价中增加课程思政内容的评价,提倡学生以赛代考,用参与课程赛事来代替传统的课堂考试,鼓励学生参与课外体育活动。完善排舞课程学习过程考核和评价机制,结合校内外排舞比赛,组织班级学生参加,人人参与,人人在舞台上展示自己最美的一面,让学生体会到排舞课程结合思政元素后带来的成就感和获得感,进一步激发学生参与的兴趣,更好地掌握动作技术和技能。(图3)

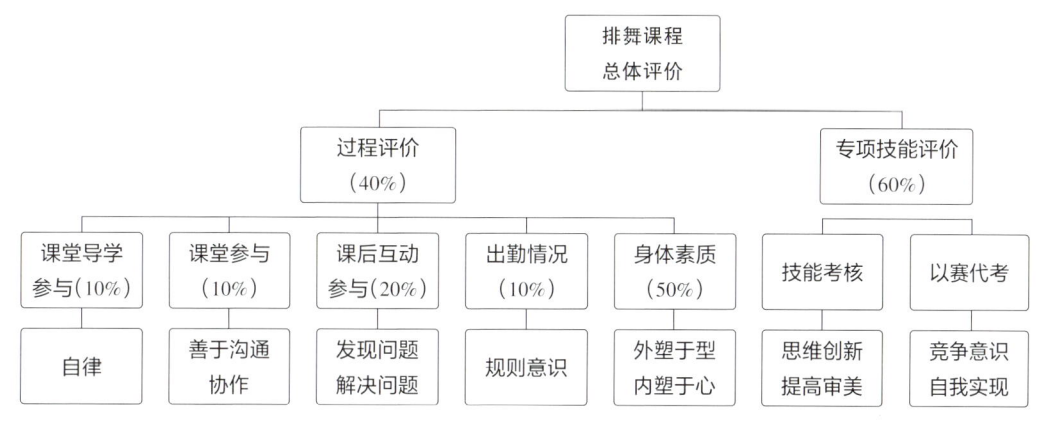

图3 课程评价体系

三、案例成效

(一)排舞课程与教学改革解决的重点问题

1.改变其结构单一、西化为主的问题,完善排舞课程"四驱育人"教学内容

以往排舞在线课程大都以曲目建设为中心,结构化设计单一,适合于学生在线灵活学习的颗粒化辅助体育教学资源不足。排舞课程教学曲目也多为西方作品,削弱了学生对民族排舞文化的自信心,内容缺乏整合性。改革的重点之一,就是从身体素质、舞蹈素养、曲目选择、思政融入等方面入手,充实教学内容,实现四驱育人。

2.改善教授形式单一、互动不足的问题,推进排舞课程"四位一体"教学模式

排舞课程线下教学模式长期以来都是教师教、学生跳;线上教学则互动性不够,直接影响了学生运动技能的形成与身体素质的提高。为此,改革重点要构建"以学生为中心""教授、浸润、展演、赛事"四位一体的教学模式,从线上线下、课内课外、校内校外,多方位推进育人目标的实现。

3.改进考核形式单一、效果不佳的问题,创新排舞课程"三元多维"评价模式

以往课程评价多以曲目考核为主,缺乏对学生参与过程、技能运用能力的评价。因此创新排舞课程评价,结合"过程、应用、结果"三个方面综合评定,推动学生知识学习和运用相融合,也是课程改革重点解决的问题。

(二)课程取得的成果与成效

1.打造课程品牌,增加参与人数

通过校内2018、2019、2021年排舞文化节,我们已经搭建起以排舞体育文化建设为核心,课堂普及为资源培养逻辑起点和主渠道,排舞赛事及文化节为传承发展内驱要素,社会服务与公益培训作为外延因素的螺旋模式发展机制,排舞已经成为深受我校广大师生喜爱的体育项目,课内外师生参与度大。(图4)

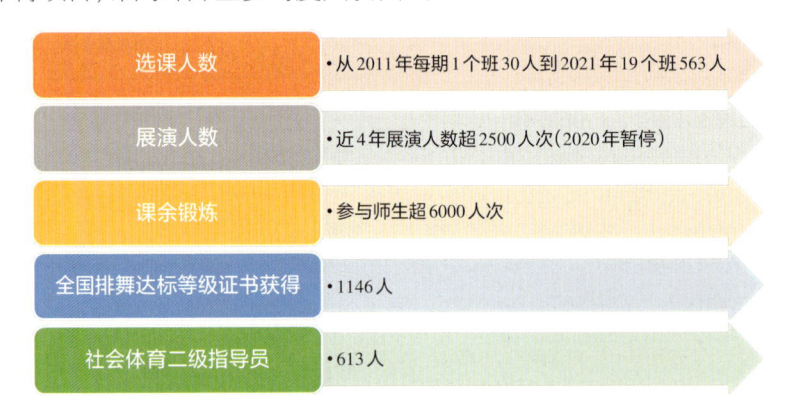

选课人数	从2011年每期1个班30人到2021年19个班563人
展演人数	近4年展演人数超2500人次(2020年暂停)
课余锻炼	参与师生超6000人次
全国排舞达标等级证书获得	1146人
社会体育二级指导员	613人

图4 课程参与人数

2.加强师资培训,打造优秀团队

经过不断努力,团队4名成员有教授1人,副教授3人,从年龄年构上看,45岁以上1人,40—45岁3人,从专业能力上看,有排舞国际级裁判1人,国家级裁判3人,国家级教练员4人。打造了一支结构合理、业务能力较强、在重庆乃至全国排舞界均有一定影响力的师资团队。

近五年团队成员获重庆市总工会"巾帼文明岗"1人次,重庆市"教书育人楷模"荣誉称号1人次,全国排舞推广杰出贡献奖4人次,全国优秀教练员20人次。团队被评为全国排舞推广先进集体1次。

3.创新教学理念,构建一流课程

自2011年以来,我们紧跟时代步伐,不断加强课程建设,深化课程改革,课程建设获得丰硕成果。(表1)

表1 课程建设成果

序号	获奖时间	成果名称(内容)	奖项类别与等级	颁奖单位	参赛教师排名
1	2016年	校级教学成果奖(排舞)	二等	四川外国语大学	第二
2	2019年	特色教学团队建设		四川外国语大学	第三
3	2020年	扬帆"塑魂·蒙正"工程,领航排舞课程思政育人	思想政治工作培育建设精品	四川外国语大学	第二
4	2020年	重庆市第六届高校教学微课比赛	三等奖	重庆市教育委员会	第二
5	2021年	重庆市2021年思政课程与课程思政(学科德育)优秀案例	三等奖	重庆市教育科学研究院	第二
6	2021年	重庆市混合式一流课程"大学体育—排舞"		重庆市教育委员会	第一
7	2021年	重庆市2021年本科微课教学比赛	二等奖	重庆市教育委员会	第一
8	2022年	重庆市高校教师教学创新大赛	正高组二等奖	重庆市教育委员会	第一

4. 丰富科研成果,支撑课程实践

团队教师出版排舞专著、教材5本;主持省级教改课题1项,省体育局排舞推广课题1项,校级教改课题4项、排舞科研课题2项;发表相关教改论文十余篇。

5. 优异竞赛成绩,凸显教学成果

作为体育教学课堂的延续,课程教学水平的集中展现,我校排舞队在省级、国家级、国际级比赛中获得了优异的成绩。(表2)

表2 校代表队参加各级赛事获奖情况

比赛等级	获奖时间	比赛名称	获得名次	授予单位
市级比赛	2013—2021年(连续九年)	重庆市大学生排舞比赛甲组	团体第一名	重庆市教育委员会
全国比赛	2014—2021年(连续八年)	全国排舞联赛总决赛高校普通院校组	团体第一名	国家体育总局体操管理中心
国际级比赛	2017年	UCWDC世界排舞锦标赛	国际组原创集体项目第一名、个人项目第一名3人、个人第二名3人	UCWDC世界排舞协会
国际级比赛	2018年	"中国杯"排舞国际公开赛	自选曲目第一名	国家体育总局体操管理中心
国际级比赛	2019年	"中国杯"排舞国际公开赛	原创曲目第一名	国家体育总局体操管理中心

四、持续建设计划

持续突出学校体育的功能与价值,将健康体适能实验室引入课堂,建立健康与健身深度融合机制;继续推进教授、学习、展演、比赛一体化,做到排舞课程都能给予学生学以致用、学以展现的平台,促进校园排舞体育文化及全民健身氛围;务实完善排舞课程信息化建设、课程线上延续活动的开展与评价体系,引导学生树立正确健康观、提升健康素养并形成健康行为和生活方式,完成学校体育与终身体育无缝衔接过渡的使命。

"时政+思政"线上线下混合式英语视听说课程

魏涛　刘玉梅　张国玺　陈广猛　梁萍

四川外国语大学

一、案例介绍

"时政视听说(1)"是为英语专业高年级本科生开设的一门线上线下混合式英语视听说课程,旨在使学生提高英语听说综合运用能力,具备各类时政专题、外交学和国际政治通识知识,提升独立分析、解决问题的能力,增强思辨能力,坚定"四个自信",并激发学生的爱国情怀。

本课程线上线下主要学习内容包括听力通关微课、口语示范微课、师生访谈微课、时政专题线上线下视听说练习、学生作品展示和师生交流分享。课程按照内容和语言融合式学习模式设计,既注重英语听说技能的提高,又重视英语与外交学、国际政治等社会科学学科和百科知识的相互交叉。同时充分挖掘时政专题中的思政元素,运用思政微课和论坛发挥思想政治教育功能,取得了良好的教学效果。

二、案例详述

(一)团队建设

时政英语视听说课程团队于2012年创建,以新文科学科融合为指引探索外语教育改革新路径,打造具有创新性、高阶性和挑战度的英语视听说课程,以满足我校跨学科、复合型英语人才的迫切需求。

1.打造教学团队

创建了由英语和国际政治专业教师组成的高学历跨学科团队,包括教授、副教授和讲师,梯队合理。团队合力自编教材,重点打造英语听力技巧微课和"一带一路"、大国外交等国际关系时政专题。

2.提升教研能力

以研促教,完成校级教改项目5项,发表教改论文5篇。同时组织教师参加在线课程和课程思政培训8次,提升了教学团队的整体教学水平与政治素养。

(二)课程内容

课程内容分为两大模块,即听力通关和时政专题,通过微课、测试、讨论、展示等线上活动科学增负,提高了课程的挑战度。

1.基础篇:听力通关

听力通关22节微课讲解听力与词汇、语音、语篇的关系和听力辅助技巧,并配有针对各个听力难点设计的专项练习。(图1、图2)

图1 听力难点专项练习课程视频截图(一)

图2 听力难点专项练习课程视频截图(二)

2.实战篇:时政专题

时政专题按照教学大纲、新文科理念和学生的兴趣选材,广泛收集国内外英语媒体节目中政治合格的时政报道,按专题分类后进行视听说任务设计,并紧跟时政热点逐年更新,旨在通过宽题材、高强度的视听说练习帮助学生提高英语听说综合运用能力,系统学习各类专题知识。同时充分挖掘素材中的课程思政元素,通过英语教学与课程思政的深度融合发挥育人功能。

表1 "时政视听说(1)"课程思政元素

时政专题	课程思政目标
奥运会、太空探索、人工智能	爱国主义教育:激发民族自豪感和爱国热情
抗击疫情、抗震救灾	社会主义教育、集体主义教育:了解社会主义制度的优越性,树立社会主义制度自信和以集体主义为导向的人生价值观
国庆阅兵、国际关系	国防教育:树立捍卫祖国权益和独立、国家主权和领土完整的意识,展现大国外交
"一带一路"、气候变化	国家形象塑造:展现中国积极参与全球治理,践行大国担当的形象
恐怖主义专题	民族团结教育:树立维护民族团结的意识

(三)资源建设

本课程已建成400多个G的各类时政专题视频资源库,包括新闻、访谈、辩论、纪录片、电影、卡通等多种题材的多模态视听素材,从中精选优质视听素材用于线上线下教学。

1.线下资源

线下教学素材包括18个时政专题的126个视听说练习视频和自编教材《时政英语视听说教程》。

2.线上资源

线上教学素材包括45个原创微课、18套自编线上听说习题和相关视频素材,以及教师推介的时事新闻、学生个人新闻播报作品和小组作品视频。

(四)应用情况

1.校内应用

2008—2018年,我院1966名学生学习了本课程线下教学部分。2019年和2022年秋季学期,我院2017级、2018级和2019级共683名学生和国际关系学院48名学生分别在重庆高校在线课程开放平台和学银在线完成了本课程线上线下的全部学习环节。

2.校外应用

2019—2022年,共有4000多名校外学习者通过重庆高校在线课程开放平台、学银在线和中国高校外语慕课平台学习了本课程线上教学内容。其中本课程在学银在线的页面浏览量已超过1365万次。

(五)线上线下混合式教学设计

本课程设计为"以学生为中心"的双层慕课环形模式。XMOOC以知识输入为中心，CMOOC运用课程平台满足学习者互动交流、群组讨论和作品展示的社交需求。各个模块环环相扣。(图3)

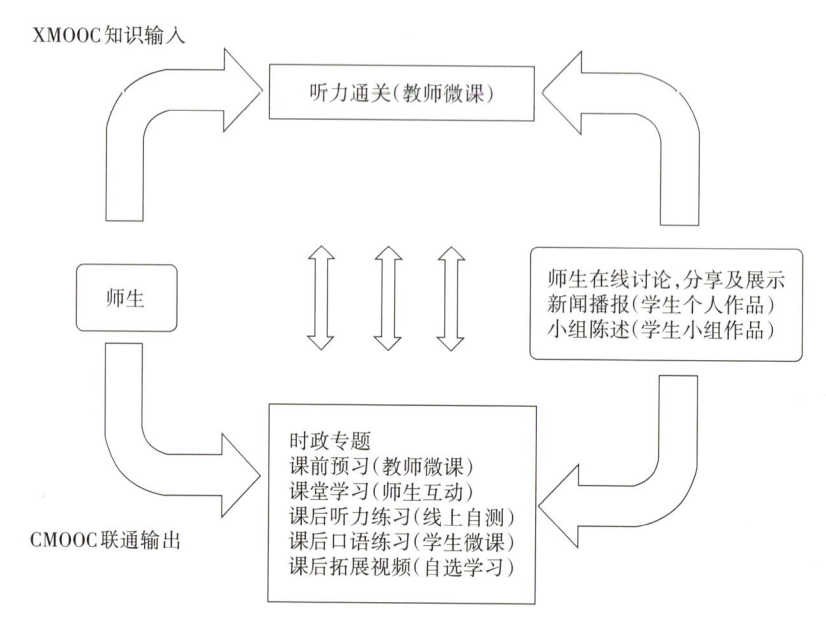

图3 双层慕课环形模式教学设计示意图

1.听力通关:完全在线型模式

听力通关微课设计为完全在线型模式，锻炼学生在教师引导下自主学习、自我建构和相互分享知识的能力。

2.时政专题:补充型模式

时政专题设计为补充型模式，通过线上资源拓展课程的广度和深度。每个专题由课前预习、课堂学习、课后听力练习、课后口语练习及课后拓展视频五个密切关联的部分构成。每个专题通过课前线上导入微课和热身视频提出问题，教师在课堂引导学生协作应用和分析问题，课后学生通过线上听力单元测验巩固拓展，并参考线上优秀学生口语示范微课和优秀学生作品解决问题。同时提供线上拓展视频供学生自选学习。

听力通关微课大部分例子来自时政专题，教师每周组织的新闻播报、交流分享、时事论坛等线上活动围绕听力策略和时政话题展开。

(六)课程教学内容及组织实施

课程教学组织与实施以视听练习为输入，以口语产出为导向，通过问题引领、任务驱动和信息化手段提升学生的学习积极性和能动性。协作探究式学习和项目式学习贯穿预习、讨论和作品展示等各环节,培养学生深度分析、勇于创新的能力和团队精神。学习任务凸显个性化学习,分为个人任务和小组任务、必做题和选做题。(图4、图5)

图4 学生口语示范微课截图(一)

图5 学生口语示范微课截图(二)

1.听力通关自学步骤

(1)自定步调学完讲解听力技巧的微课。

(2)完成在线微练习。

(3)参与教师组织的在线交流分享。

2.时政专题教学步骤

(1)课前。

个人预习:观看专题导入微课和相关视频了解专题词汇和背景知识。

小组预习:思考课堂口语讨论问题。

(2)课堂。

口语前测。

通过课堂翻转和参与式、研讨式、协作式学习应用和分析问题。

(3)课后。

线上听力后测及自选拓展学习。

观摩口语示范微课、学生新闻播报及小组陈述优秀作品,完成口语练习。

参与每周线上时政论坛,教师回帖点评结合学生互评。

(七)成绩评定考核

学生最终成绩评定采取多元化评价:线上平时成绩占比30%,其中观看微课和练习视频占比70%,章节测验占比20%,线上讨论占比10%;线下平时成绩占比30%,其中口语前测占比30%,课堂表现占比50%,考勤占比20%;期末闭卷考试占比40%;另外,加分项个人和团队优秀作品额外奖励占比5%。

三、案例成效

(一)创新特色

1.重构多模块课程结构

以创新理念重构了融合英语词汇、语音理论与听说实践的多模块课程结构,其中系统讲解听力技巧的听力通关微课在同类课程中独树一帜。

2.整合跨学科教学内容

以新文科指导思想整合跨学科教学内容。时政专题按英语和外交、国政等多学科知识融合式学习模式设计,提升了课程的高阶性。

3.精编多框架时政专题

以时事为纲,运用多种编排手法呈现时政专题全貌。教学设计通过精心编排自然凸显当代中国在政治、外交、经济、科技、国防、体育等领域的巨大成就,尤其注重引导学生思考全球性议题中的中国角色、中国责任、中国贡献。例如,新冠专题将中国、意大利、美国的抗疫措施进行对比编排,凸显我国抗疫成就。

4.创新课程思政模式

以时政促思政,通过精心编排的时政专题、思政微课、时事论坛、线上线下师生互动在教学中进行显隐结合的思政教育,构建了多模态、立体化的课程思政模式。

(二)教改成效

通过课程改革,学生提高了英语听说综合能力,拓宽了知识面,激发了爱国情怀,在演讲和口译比赛中屡屡获奖,英语专业八级考试过关率也逐年增长。

(三)解决的问题

(1)听力教材陈旧。通过逐年更新教学素材提高了学生的学习兴趣。

(2)教学方法单一。通过线上线下多样化学习任务满足了学生多元化学习需求。

(3)教学时数偏少。通过在线练习、论坛、作品展示等线上教学活动和线上拓展学习资源实现了课堂的有效延伸和补充。

(4)思政教育薄弱。通过精选的教学素材和精心编排的时政专题激发了学生的爱国情怀,树立了"四个自信",提高了学生的思辨能力。

(四)教改成果

1.2019年所获成果

本课程线上教学部分"时政英语视听说"被认定为重庆市高校精品在线开放课程。

"新词2"微课获得第五届外语微课大赛全国决赛三等奖。

2.2020年所获成果

本课程被认定为重庆市高校线上线下混合式一流课程。

国庆阅兵教案被评为重庆市高校在线课程建设与应用优秀案例。

3.2021年所获成果

本课程和团队被认定为重庆市2021年高校课程思政示范项目及重庆市高校课程思政教学名师和团队。

课程团队两名教师主持、参与的"新文科背景下'1332'高素质复合型国际事务人才培养体系创新与实践"教学成果获得重庆市教学成果奖二等奖。

4.2023年所获成果

"时政视听说(1)"课程被教育部认定为第二批国家级线上线下混合式一流本科课程。

四、未来计划或启示

(一)团队建设

吸纳更多跨学科背景的博士加入团队,打造更多跨学科时政专题。

邀请更多学生助教加入团队,提高在线互动和答疑的频度。

通过参加课程培训、教学比赛、校际交流、研讨会等活动提升团队教学科研能力。

（二）资源建设

持续更新授课素材，重点打造能体现新文科理念的跨学科专题。

制作更多专题先导片和思政微课，增强课程的吸引力，强化价值引领。

出版本课程自编教材，开发可动态更新的电子教材，逐步实现教学资源共享。

（三）改革方向

探索线上线下混合式教学的最佳模式以提升教学效果。

优化课程思政模式，在教学中自然融入理想层面的精神指引。

"中国思想史及经典文本选读"混合式教学

张婷　夏歆东

四川外国语大学

一、案例介绍

"中国思想史及经典文本选读"是四川外国语大学国家级一流本科英语专业课程，也是英语学院重庆市重大教改项目"'中国文化走出去实验班'教学改革探索"（2015—2017年）核心成果。

本课程综合利用线上线下混合式教学的优势，引导学生细读中国思想经典英文译本，挖掘有益于中国当代话语建构的思想资源，培养学生用优雅的英文讲好中国古典哲学和思想的能力，使学生具备到国内外著名高校继续深造的综合素质和学术写作能力，从而为培养具有文化自信和家国情怀、能为中国文化"走出去"贡献力量的高水平英语专业人才打下坚实的基础。

二、案例详述

（一）课程团队建设与能力提升

"中国思想史及经典文本选读"课程团队由四川外国语大学英语学院中国文化走出去实验班核心教师组成，他们拥有比较文学、哲学、英语语言文学的专业学术背景，长期从事"中国文化思想经典"相关课程的教学和教改工作。课程团队精心设置了本课程的主要内容、体系框架，积极投入线上课程建设，在中国高校外语慕课平台建成"中国文化导论及经典文本选读"课程，出版教材《中国文化经典选读》（北京大学出版社2017年出版），该教材的英文版由加拿大Royal Collins出版公司于2022年出版。（图1）

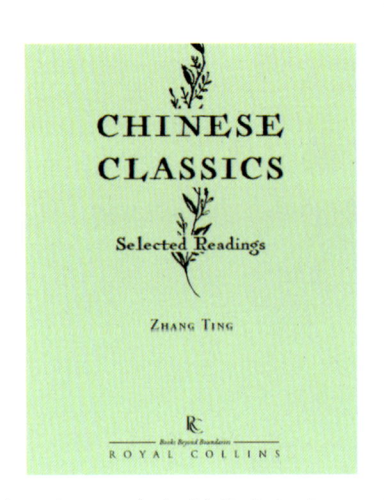

图1 《中国文化经典选读》英文版于2022年出版

(二)课程内容与资源建设及应用

"中国思想史及经典文本选读"以全英文讲授中国思想史经典,如《易经》《尚书》《论语》《孟子》《荀子》《道德经》《庄子》《太极图说》《成唯识论》等,将线上课程的22个中短视频融入线下实体课堂,为学生提供技能、文化、思维三个层面的教学资源。

技能层面:用纯正英文描述中国思想史的发展脉络、重要篇目、主要思想线索、重要概念和核心话题。

文化层面:将中国思想史中的重要概念,包括阴阳、五行、仁、礼、乐、天命、道、德、齐物、太极、生生、教化、浩然之气等纳入当今世界文化视野进行讨论。

思维层面:将中国思想史中的重要命题,如易象思维、天人合一、为政以德、教化性善、道与罗格斯等纳入与西方哲学相关概念的比较视野,发掘传统文化与重塑当代中国思想话语、文化主体性的思想资源。

(三)线上线下混合式教学设计创新

本课程的线上线下混合式教学以教学内容、作业、测试等环节的线上线下双向耦合为特征。

教学内容双向耦合:(1)线上视频背景性文化知识预习+线下专题性讲授;(2)线上视频专题讲授+线下课堂讨论;(3)线上视频知识复习+线下知识拓展。

作业双向耦合:(1)线下资料阅读+线上作业及讨论;(2)线下口语讨论+线上书面表达。

测试双向耦合:(1)线下知识总结+线上常规测试;(2)线下小组项目+线上项目呈现、互评。

(四)课程教学内容及组织实施

本板块以《易经·乾坤卦》的教学为例展示本课程线上线下混合式教学的内容和组织实施。

1. 教学内容

(1)线下课堂文本内容:《中国文化经典选读·第一章·第一节〈易经〉选篇》《扩展阅读·〈易经·序言〉》。

(2)线上视频内容。

"中国文化导论及经典文本选读"之视频1.2.1《伏羲与〈易经〉》(*The Descendants of the Dragon: Fuxi and Yi Jing*),1.3.1《〈易经〉的结构和内容》(*The Structure and Content of I Ching*),1.4.1《〈易经〉阅读的基本要素》(*How to Read the Hexagram and Line Statements*),1.5.1《乾卦的例读》(*How to Read the Qian Hexagram*),1.6.1《坤卦的例读》(*How to Read the Kun Hexagram*)。(图2)

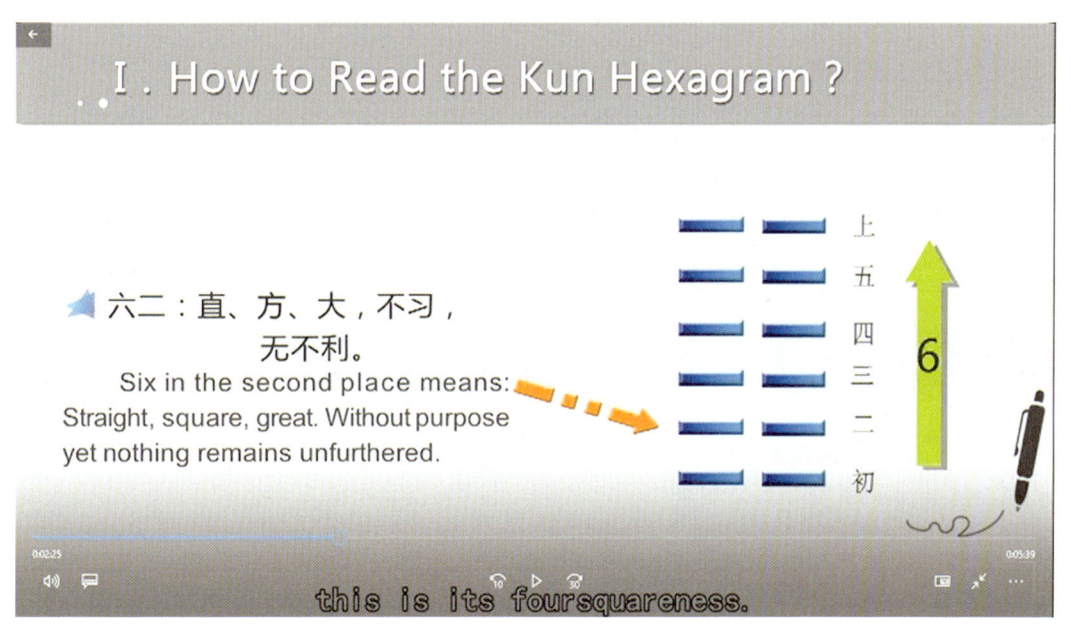

图2 在线视频《坤卦的例读》

2. 教学步骤

(1)教学内容双向耦合。

线上视频背景性文化知识预习+线下专题性讲授。学生课前阅读文本材料《中国文化经典选读·第一章·第一节〈易经〉选篇》,预习线上视频1.2.1《伏羲与〈易经〉》(*The Descendants of the Dragon: Fuxi and Yi Jing*)和1.3.1《〈易经〉的结构和内容》(*The*

Structure and Content of I Ching),完成视频后的测试1.2.2和1.3.2。线下课程第1、2课时,教师带领学生回顾预习的主要知识点——《易经》的文化起源、基本结构和内容;在此基础上与学生共同细读文本材料《中国文化经典选读·第一章·第一节〈易经〉选篇》,在精读选篇中英对照文本的基础上学习、讨论《易经》的卦名、卦辞、爻辞、结构意义、卦辞和爻辞中的重要隐喻及其阐释。(图3)

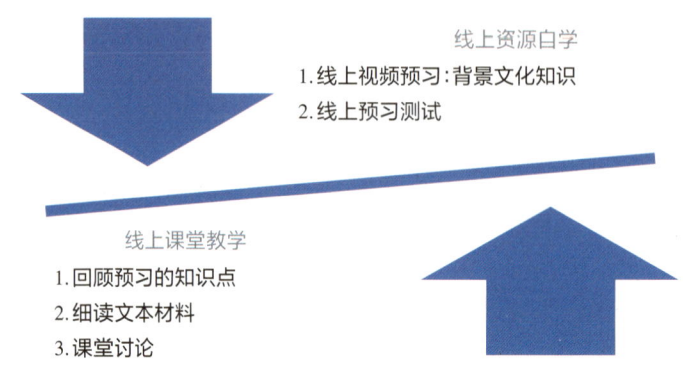

图3 教学步骤一:线上预习+线下专题1

(2)线上视频专题讲授2+线下课堂讨论2。

课后作业要求学生观看1.4.1《〈易经〉阅读的基本要素》(How to Read the Hexagram and Line Statements),1.5.1《乾卦的例读》(How to Read the Qian Hexagram),1.6.1《坤卦的例读》(How to Read the Kun Hexagram),这些视频以专题方式进一步深入讲授《易经·乾坤卦》的卦名、卦辞、爻辞、结构意义、卦辞和爻辞中的重要隐喻,学生线上学习这三个视频并完成线上测试1.4.2、1.5.2、1.6.2,深化第一步骤的学习内容,为下次课的线下讨论做好知识准备。

第二周线下课程第3课时,教师组织学生进行全英文的课堂讨论,主要议题包括:(1)从《易经》卦辞和爻辞中可以看到中国古代哲学发展的起源,这其中体现出怎样的天人关系和宇宙意识?(2)乾卦和坤卦表达了怎样的哲思?它们在中国的儒道文化中有怎样的体现?

(3)线下拓展专题3+线上书面讨论3。

线下课程第4课时带领学生细读文本材料《扩展阅读·〈易经·序言〉》,总结文章的主要内容并进行课堂口语讨论:荣格从《易经》观察到中国人怎样独特的心智特征?它与西方人的心智有何区别?

课堂文本阅读和讨论结束后,要求学生完成在线书面讨论——《易经》所反映的中国人的思维方式——荣格的视角,鼓励学生进行批判性思维和写作,对荣格的观点进行评述。

（五）成绩评定考核

平时考查和期末考试相结合，平时考查占总评50%（课堂讨论50%+线上学习50%），期末小论文占50%。

三、案例成效

（一）案例特色与创新点

本课程的教学理念为：技道相和、"知识、思维、技能"三位一体，立足传统思想经典文本的细读，挖掘传统思想中关键概念的文化历史脉络，并将其纳入中西比较、古今相契的大视野，通过中西思想史上相似概念的辨析，探讨中国思想在翻译、传播中的流失转化，通过对传统思想资源的"同情之理解"挖掘其重塑当代思想话语的可能性和价值。

本课程充分发挥线上线下混合式教学模式的优势，将课程目标分解为重点突出而又相互耦合、互动、支撑的小任务。教师组织学生进行线上预习、撰写电子读书笔记、线上写作、展示项目成果，使学生进入课堂前有备而来，离开课堂后有技能、知识、思想的复习、整理、融通和拓展，从而克服传统文化类课堂时空的有限性，使线下教学更有针对性、更深入、更细密。（图4）

线上线下混合式教学拓展课堂空间

图4 本案例特点

（二）教学改革成效及解决的重难点问题

目前国内外的文化类课程多以知识讲授为主，能将知识、思维、技能高效融合的课程比较罕见。本课程尝试三位一体教学的可能性，主要解决了文化类课程存在的以下问题：

突破了传统文化类课程无法兼顾知识、思维、技能等多重教学目标的局限性。本课程充分利用混合式教学的综合优势，融文本视频自学、线上讨论、线下专题讲授、课堂讨论、线上拓展于一体，用内容（文化、思想）带动技能（翻译、写作、口语、辩论）训练，以文本细读、概念辨析等分析性思维融合中西文化的比较性思维，培养学生古为今用、中西互融的创造性思维。

解决了传统文化类课程知识容量大、难度高，无法在有限课时内完成内容量的难题。教师通过学生的线上预习发现问题、找准教学突破口，使线下课堂的文本细读、知识讲授和课堂讨论有重点和针对性，线上书面讨论则巩固前期所学的知识点，并使学生将知识、讨论转化为成形的思想成果。

解决了传统文化课程教学形式单一、无法充分调动学生主动性和创造力的问题。本课程充分利用传统书籍、线上课程视频、网络讨论板块、在线测试等多种学习和测试途径，最大限度地激发学生的学习积极性和创造力。

（三）取得的主要成效、成果

自本课程开展教学以来深受学生好评，成为中国文化走出去实验班的核心课程。本课程2020年受北京大学出版社主办的"创新、融合、改革——新文科背景下外语学科建设与教学高级研修班"所邀，向全国外语院校汇报了相关教学模式，深受同行的认可和好评。

此外，本课程助益中国文化走出去实验班人才培养。多名毕业生考取包括北京大学、复旦大学、中国人民大学、北京外国语大学、上海外国语大学、上海大学、河北大学等知名大学的研究生，并在国内外著名专业学术刊物发表与中国历史、文学、文化相关的优秀论文多篇。

四、未来计划或启示

在未来的教学中，本课程将继续以服务"中国文化走出去"之国家战略为旨归，探索如何从中国思想经典文本的英文阅读入手，培养"家国情怀深厚、中西人文素养精深、英语语言技能扎实、能够用西方修辞讲好中国故事"的英语专业人才；从课程思政的高度入手，解决传统英语专业偏重语言技能训练和西方文化知识传授，忽略中国文化和传统教育的痼疾，引领学生建立文化自信，从古代典籍中挖掘有益于中国当代文化、哲学话语建构的思想资源；此外，本课程还将继续在英语专业内探索专业融通、学科融合的新文科发展路径，与文史哲课程合作，进一步提高本课程的知识容量和思想含量。

"交替传译"混合式教学：
以译为桥、互联互通[①]

李希希

四川外国语大学

一、案例介绍

"交替传译"是四川外国语大学翻译专业本科核心课程、国家级一流本科专业建设点的重要支撑课程，入选重庆市线上线下混合式一流本科课程、重庆市课程思政示范项目。历经五十余载传承与建设，课程已从以"教"为主转向以"学"为中心，从线下教学走向线上线下混合式教学，从单一教学模式发展为多模态、多任务的，虚实体验相结合的创新型课程，并逐步探索出以"5P"教学为特色的混合式教学模式。

课程坚持"立德树人"根本任务，以培养具备娴熟口译实践能力，具有家国情怀、国际视野的高素质职业化口译人才为目标。在讲授口译基本理论和技能原理，培养学生听解、记忆、笔记、表达等交替传译基本技能的同时，融思政于课堂，重视核心价值引领。

二、案例详述

（一）夯实团队建设，以能力提升为目标

师资建设是课程建设的先导。课程团队以制度建设为抓手，建立健全课程管理制度，先后制定了集体备课制度、每月一会制度等规定；以课程建设为核心，通过讲座学习、集中培训、调研交流等方式提升教师混合式教学能力；以教学改革为契机，探索"交替传译"课程思政与混合式教学相结合的模式路径；以团队合作为依托，成功申报"成渝地区双城经

[①] 本案例为重庆市高等教育教学改革研究一般项目"以'译员能力'培养为核心的职业化口译人才培养体系研究"（项目编号：202323）阶段性成果。

济圈口译课程虚拟教研室";以社会服务为己任,为西南地区重大外事活动提供口译服务。团队通过合作共研、以教促学等方式提升了整体教学、实践与研究能力。目前,课程团队中高级职称者占比60%,博士(含在读)占比40%。

(二)丰富课程内容,以思政元素为核心

内容建设是课程建设的核心任务。本课程依据"技能分解+时事专题+素质提升"的主线设计教学内容。

课程内容设计秉持"立德树人"教育理念,融思政教育于口译教学全过程,以培养学生的口译实践能力、职业道德素质、家国情怀与国际视野。依据译员能力构成特点与口译认知加工过程,设计口译技能教学模块以凸显口译教学特点;以新文科为引领,参考《习近平谈治国理政》并结合区域语言服务行业需求,设计口译练习单元以对接社会需求;依据译员职业伦理构成要素设计口译职业伦理教育模块以提升译员职业素质。(图1)

```
                "交替传译"课程内容
        ┌───────────┼───────────┐
    口译技能知识    口译能力实训    职业素质提升
    Preparation     Practice     Professionalism
        │              │              │
    口译听解       中国政治        职业知识
    口译记忆       中国经济        职业情感
    口译笔记       中国文化  交替   职业意志
    口译表达       中国教育 + 传译  职业准则
    口译协调       中国科技  练习   职业规范
    口译策略       中国农业        职业道德
    ……            ……             ……
```

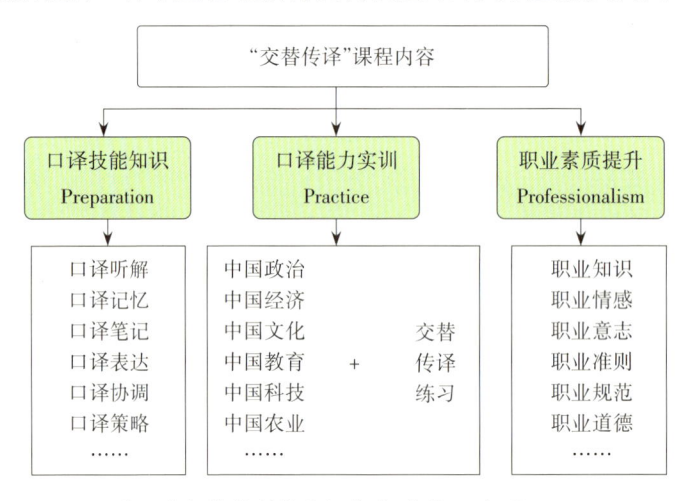

图1 "交替传译"课程内容设计示意图

(三)强化资源建设,以线上线下为平台

资源建设是课程建设的有力支撑。本课程依托"线上资源+虚拟仿真"的形式开展资源建设。通过建设重庆市高校精品在线开放课程"英汉口译基础"传授口译技能知识,提供互动交流平台,促进自主学习;通过建设《习近平谈治国理政》及相关口译语料资源库,积累思政素材,丰富练习材料;通过建设"渝新欧沿线区域国家商贸联络及会议口译虚拟仿真实训中心",借助虚拟现实技术对接语言服务行业需求,提供口译实践机会,提升译员综合能力与职业道德素质。目前,本课程的线上课程已推广至全国近20所高校,最近一期选课人数近3000人;口译练习语料库涵盖政治、经济、文化、教育、医疗、商务等18个主

题;虚拟仿真实训系统包括听解训练、记忆练习、表达训练、会议实训等多个练习模块。(图2)

图2 "交替传译"课程资源建设示意图

(四)创新教学设计,以"5P"混合式教学模式为特色

模式创新是课程建设的重点内容。本课程根据口译教学特点和混合式教学优势建构了以"译员能力"培养为核心的"5P"混合式教学模式。(图3)

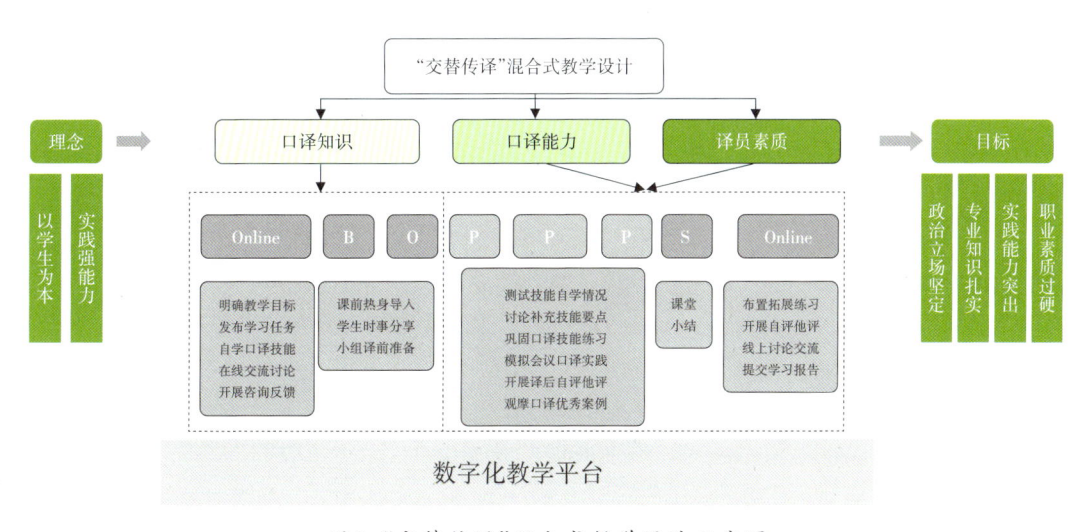

图3 "交替传译"混合式教学设计示意图

线上知识自学(Preparation)。课前学生通过"英汉口译基础"课程学习口译技能知识,完成课前作业。

课堂学习分享(Presentation)。学生运用线上课程所学口译技能,结合单元主题完成课堂译前分享,全班同学就相关主题时事交流讨论。

课堂技能强化(Practice)。通过课堂口译强化练习、案例分析、同伴互评、教师点评等方式巩固线上所学口译技能,查漏补缺。

课堂口译实战(Professionalism)。通过模拟会议口译、虚拟仿真实训、口译观摩赏析等方式强化口译实践能力,提升译员职业道德素质和综合能力。

课后互评讨论(Peer Review)。学生课后在线上课程平台完成口译作业,并进行自我评估、学习观摩与同伴互评。

(五)重视实施过程,以译员能力培养为重点

过程实施是课程质量的重要保障。课程团队构建了以学生为主导、教师为引导的多模态教学方式,形成了以自主式、合作式、探究式为主的学习方式。在教学中,依据本课程知识、能力和素质目标的达成,将教学流程分为以下三个环节。

第一,知识分享。通过混合式教学、翻转课堂、课堂展示、小组讨论等环节开展口译技能知识和单元主题知识学习。

第二,能力强化。通过情景练习、模拟会议口译、虚拟仿真实训等方式强化口译实践能力。

第三,素质提升。采用口译观摩、案例分析、多元评价、以赛促学等方式提升译员综合素质。

(六)突出过程评估,以多元评价为手段

学习评估是检验教学效果的有效工具。本课程主要采用形成性评估与终结性评估相结合的评价方式。在教学中实施多元评价,将线上课程学习、课堂实践、课后学习等各个环节按照一定比例纳入考核环节。

三、案例成效

自2019年起,本课程开展线上线下混合式教学改革,已完整培养四届学生。自实施混合式教学改革以来,本课程在学习效果、育人成效、教改成果以及推广效应方面成果突出。

（一）学习效果显著

学生学习成绩提升明显且学生间的成绩差距缩小。通过对比线下教学和线上线下混合式教学开展以来的学生成绩情况，教学团队发现学生课程测试成绩有了明显提升。较之"5P"混合式教学模式开展前，高分数段（90分以上）学生明显增多，班级整体水平有所提升。方差分析和散点图显示学生间的成绩差距在缩小，低分数段（60—70分）学生明显减少。此外，学生对本课程的反馈较好。从调查问卷和课后反思日志中发现，学生学习积极性明显提升，学习方法有所改进，学习进步明显。

（二）育人成效突出

交替传译能力是口译人才培养中的核心能力，在各类资格证书考试中均占有重要位置。经过本课程的学习，多名学生在学习期间考取了全国翻译专业资格水平考试二级交替传译和三级交替传译证书。多位学生在全国口译大赛、"儒易杯"中华文化国际翻译大赛、全国商务英语翻译大赛等各类比赛中表现突出。本课程的学生亦受邀参加《习近平谈治国理政》三进专题多院校英语口译大赛"并取得佳绩。近年来，多位学生考入北京外国语大学、上海外国语大学、外交学院、广东外语外贸大学、厦门大学等知名院校继续口译学习深造。通过融思政于课堂，开展线上线下混合式教学，学生不仅掌握了口译基本技巧，亦树立了国际话语译介的责任感、对外传播的使命感和荣誉感。

（三）教改成果丰富

课程团队在改革中不断思索和总结，形成了系列成果。团队获重庆市教学成果奖三等奖（2021年）、重庆市教学成果奖一等奖（2017年、2013年）。团队教师曾获第六届"外教社杯"全国高校外语教学大赛重庆赛区特等奖、重庆市第二届高校教师教学创新大赛一等奖等荣誉。近年来，课程团队共承担重庆市哲学社会科学规划项目、重庆市高等教育教学改革研究项目、全国翻译专业学位研究生教育研究项目等各类项目12项，在《外国语》《外语界》《中国外语》等核心期刊发表论文15篇。

（四）推广效应明显

本课程有效解决了口译教学中的痛点问题，有机融合了思政元素，形成了良好示范作用。其中，线上课程目前已覆盖重庆各大高校并辐射至全国。课程团队多次在国内学术会议、全国高校来访活动中分享建设经验。课程负责人先后受邀在北京外国语大学、重庆邮电大学、电子科技大学等多所高校分享"交替传译"课程思政建设经验。

四、未来计划

本课程今后五年的持续建设计划主要包括以下方面。

持续建设在线资源。优化在线课程平台功能,提高在线学习便捷度与参与性;实时更新"交替传译"练习语料,进一步扩充多模态口译练习语料库;建设"交替传译"教学案例库与学习者语料库。

打磨教学模式方法。优化教学方法,打磨教学环节,进一步检验"5P"混合式教学模式的效果,促进线上学习与线下教学的有机衔接;依托"成渝地区双城经济圈口译课程虚拟教研室"开展课程研讨与教学创新。

探索实践教学创新。加强与校内各单位、校外各语言服务企事业单位合作,为学生创造更多口译实践机会,实现课堂学习与课后实践的有机衔接;通过举办各类口译赛事,以赛促学。

夯实课程团队建设。通过团队内部教学研讨、校外调研交流、邀请专家讲座、参加网络课程等多种方式促进团队成员口译教学与研究能力的进一步提升。

凝练推广教学成果。积极思考教学成果的凝练,申报各级各类教学改革项目,撰写和发表相关成果,促进教学改革成果的推广与应用。

虚实融合　混合交互
——FGD口译教学案例

张鹏　陈宇翔　秦勤　黄钰洁　张烨颖

四川外国语大学

一、案例介绍

焦点小组讨论(FGD)口译课程是在我国翻译事业发展新格局下，基于新时代国际传播需要和地方经济文化特色而打造的一门线上线下混合式口译入门级课程。

为培养具有家国情怀、世界眼光且语通中外的翻译人才，本课程借助虚拟仿真技术、移动智能教学助手及课外口译实践平台，帮助学生夯实口译基础，提高双语转换能力和跨文化交际能力，引导学生树立全球视野、厚植家国情怀，培养学生的职业道德素养、沟通素养和团队合作素养。

本课程采用CMOOC和XMOOC两种慕课模式进行课堂翻转，以口译基础知识和基本技能学习为纵向并行构件，FGD口译场景模拟为横向交互构件，专业教学与思政教育相融合，实现了多样化、个性化和沉浸式的口译教学，打造了虚实融合、混合交互的FGD口译模式。

二、案例详述

(一)课程团队建设与能力提升

课程团队集合了我校口译经验丰富、本地化翻译服务能力强、创新教学水平高的师资力量。团队成员分别在中华人民共和国外交部、欧盟口译司、联合国维也纳办事处、北京外国语大学、上海外国语大学接受过专业口译培训。团队建设注重师资队伍梯队的合理性并注重培养后备教师，从而避免"课囿于人"的问题，确保了口译教学的质量和延续性。

课程团队由教学和口译双优型教师组成。团队曾荣获2017年重庆市教学成果奖一等奖。团队教师曾荣获权威授课大赛国家级特等奖、一等奖、三等奖以及重庆市特等奖等多个奖项。团队教师多次参与西南地区重大外事活动和国际会议的口译工作,是一支高水平的口译教学和实践队伍。(图1)

图1 团队教师口译实践活动剪影

(二)课程内容与资源建设及应用

课程内容与资源建设立足三个方面。第一,落实知识目标、能力目标和素质目标这三大课程目标任务。第二,打造学生自主学习和师生互动平台。第三,体现时代性、创新性和挑战度。具体包括六个方面:(1)整合FGD口译案例,建立了案例资源库并汇编成可持续性更新的云教程。(2)建立并更新口译思政教学案例库,孕育口译思政教改项目3个。(3)加强校内校外资源联动,开展口译实践平台建设,拓展了教学维度。(4)绘制VR场景,让学生身临其境地进入虚拟现场完成口译任务。(5)持续更新线上XMOOC资源,完善线上学习系统。(6)利用移动智能教学助手,搭建CMOOC云班课师生互动平台。

课程应用情况:线上课程辐射40余所高校4500余名学生。云班课和重庆高校在线开放课程平台互动累计达到1万余次。共有五所高校的教师采用本课程线上资源进行翻转教学。

(三)线上线下混合式教学设计创新

本课程基于社会建构主义设计混合式教学,运用创新教学技术,延伸教学场景,打造人工智能时代的创新课堂,实现了多样化、个性化和沉浸式口译教学。线下侧重FGD模拟和实践,线上侧重口译基础知识和技能的学习。线上线下均融入思政教学。

线下课堂借助虚拟仿真实验系统进行课堂导入;正课内容侧重口译技能实操和FGD模拟;课外口译实践作为支撑,安排在FGD全程模拟之后进行。

线上采用XMOOC和CMOOC两种模式,其中XMOOC借助重庆高校在线开放课程平台,提供优质视频教学资源,侧重口译基础知识和技能的讲解及专家演示,便于学生自定步调进行线上异步学习;CMOOC主要借助移动智能APP搭建云班课讨论平台并结合云教材,进行实时讨论和答疑,实现线上同步学习。

这种虚实结合、混合交互的设计为学生提供了一个学习口译的协作平台和社交情境。教学团队根据学生水平,设计虚拟口译场景和FGD访谈主题,搭建不同层次的支架,让学生有机会在不同情境中通过协作交流、分析、反思和实践来完成对翻译知识、能力和素质的建构。

(四)课程教学内容及组织实施

本课程根据布鲁姆分类法来确定课程结构、单元目标,并根据具体目标来确定教学环境、模式和方法。

课程结构包括五大模块:知识模块、技能模块、示范模块、模拟模块和实践模块。知识模块通过线上线下混合进行,线下课堂聚焦FGD特点、流程和策略等基础知识;线上微课涵盖口译的历史、工作模式、种类、质量标准,以及译员的文化意识和行为准则等基础知识。技能模块同样采用线上线下混合模式,侧重意义听辨、记忆、笔记、表达等口译四大核心技能。示范模块针对口译技能进行专家示范,主要采用线上异步学习模式,便于学生反复观看专家的口译示范并做深入对比和分析。模拟模块在线下课堂展开,学生在教师的引导下进行互动和FGD口译模拟。实践模块安排在课程最后,教师通过行业对接让学生走出校园,亲身观摩和体验真实的FGD口译。

知识、技能和示范模块的教学选材涵盖具有中国特色、体现中国精神、蕴藏中国智慧的优秀文本、音频和视频。

课程根据不同模块的特点,采用视频和面对面讲解、头脑风暴、情景模拟、角色扮演、情境比较、案例教学法、项目教学法、专家演示、论坛讨论、问题学习法等多种教学方法,实现多元化教学目标。

具体实施步骤为:线下课堂导入采用VR创造的口译情境对XMOOC内容进行检查,采用源语复述和双语转换来巩固慕课内容,实现课堂热身;正课聚焦FGD口译模拟,从专项、综合到全程模拟循序渐进;作业布置和课后讨论则通过云班课智能小助手进行(CMOOC)。

(五)成绩评定考核

本课程采用多元化评价方式。形成性评价和终结性评价各占50%。形成性评价包括线上学习(占总成绩20%)和线下学习(占总成绩30%)。线上包括慕课视频内容学习(9%)、慕课平台作业(1%)、云班课作业(5%)和慕课学习效果测试(线下进行,5%);线下由FGD模拟表现(20%)、课堂出勤(5%)、实践表现(5%)几个维度构成。终结性评价则是线下期末考试。(图2)

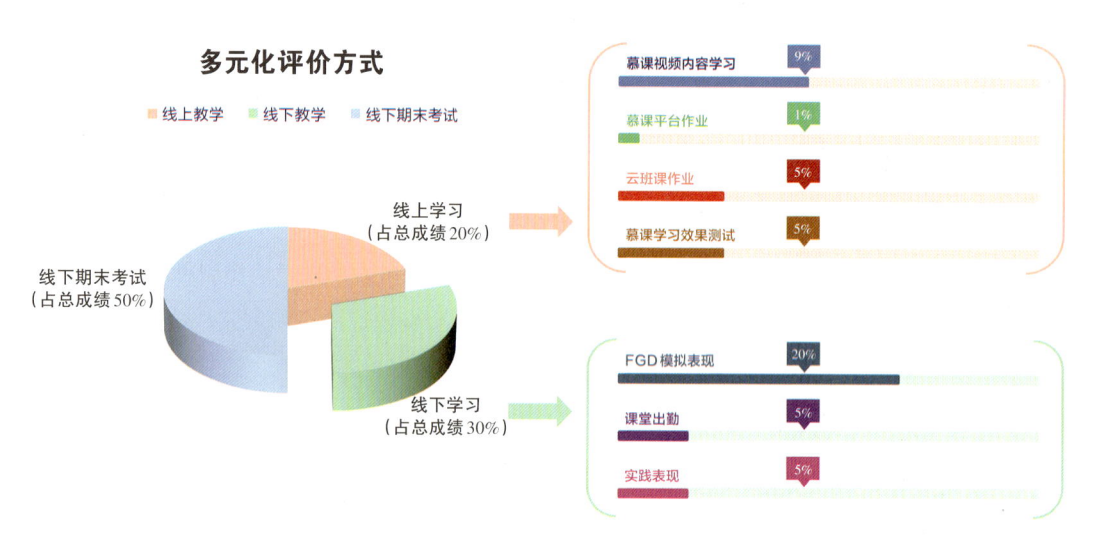

图2 FGD课程成绩评定考核

三、案例成效

(一)案例特色与创新点

1.课程设置创新

本课程设置填补了国内翻译专业本科口译课程设置空白,探索出了地方高校口译入门级课程建设的新路径。本课程针对地方高校生源英语口语表达能力弱的情况,以功能性口语表达和口译能力提升为教学突破口,对口语课程和高阶口译课程进行了有机衔接。

2. 技术运用创新

首次在口译基础类课程中融入VR技术和人工智能教学助手，适应不同的教学场景。移动教学APP投票功能让教师快速得到学生的反馈结果；云教材突破纸质教材局限，随时更新内容；课程不再是简单的线上线下混合，而是虚实结合，混合交互地呈现出人工智能时代的创新课堂。

3. 模拟和实践创新

线下教学活动分校内和校外两个部分。校内，教师聚焦学生薄弱环节，选用真实FGD案例进行创新改编，让学生采用交传的方式进行FGD口译模拟；校外，教师重视行业对接，为学生提供观摩学习的实践平台，打破了口译教学只在高年级走出课堂的传统。

4. 思政教育"润物细无声"

源语复述环节采用"讲好中国故事"、"老外在中国"和具有家国情怀的视频资源；知识技能板块选取时政视频并结合译员的职业道德进行讲解；专家示范板块选用"一带一路"、"渝新欧"等具有国际影响力的中国名片作为素材。

（二）解决的重难点问题

解决课程设置体系不合理的问题。传统口语口译课程设置体系中，大一注重语音；大二侧重公共演讲；大三侧重会议口译。这种设置易使学生还未完全掌握功能性英语表达就进入主题性英语学习，以致对功能性英语口译的学习不够全面。本课程作为功能性英语口译课程，能更好地衔接口语和高阶口译课程。

解决课堂教学与行业实际需求对接不畅的问题。传统的本科口译教学侧重正式而忽略非正式的口译形式。FGD口译已成为口译行业的常见形式，它体现了一定的行业学科融合，但被课堂教学所忽略。本课程的开设填补了这一空白。

解决基础口译类课程以教师为中心的问题。通常，只有口译工作坊、商务口译、交替传译等高年级口译课程才有更多的课堂互动和模拟。本课程作为口译基础课程，通过优化课程设计，在入门阶段就实现了"师生互动"和"生生互动"：在线下焦点访谈中，让学生担任FGD主持人，选定讨论焦点，组建访谈小组，参与访谈设计；线上搭建互动平台，打造"以学生为中心"的口译课堂。

解决基础口译课程只重视基础知识和技能，而忽略课堂思政的问题。本课程在技能教学中巧妙融入思政，为培养德才兼备的口译人才夯实基础。

(三)教学效果

学生评价:线上课程取得五星好评,线下课程评价排名居全校前5%。

同行评价:西南地区五所院校的同行采用本课程在线资源进行翻转教学并对课程予以高度评价。

专家评价:荣获重庆市翻译学会专家书面好评。

(四)教学成果

优化了学生的学习方式,提升了学习效果、课程参与度与满意度;培养了学生的口译实践能力、国际视野、创新精神、合作精神和职业道德观。

为学生高阶段口译学习打下坚实基础,促成他们在权威口译大赛中斩获大奖:荣获省级及以上口译大赛奖项多达43个,获奖人数与级别位居全国前列。

教学团队的授课能力也得到提升,荣获授课大赛国家级特等奖1个、一等奖1个、三等奖2个;重庆市特等奖3个、一等奖2个、二等奖1个、三等奖1个;校级奖励5个。

四、未来计划或启示

本课程之后的建设重点为以下三个方面。

(一)提升师资队伍口译实践和教研综合能力

深入开展"传帮带"教研活动。通过校本研训、主题式培训、主题沙龙等形式进一步创新教师的教育理念,激发教师信息化交流和学习的热潮。

坚持教师"走出去、引进来"的指导原则,鼓励团队教师与校外同行进行交流,邀请校外专家进行指导,提高教师的学术水平,从而进一步实现以研助教、教研互促。

建立激励机制,实现教师口译实践能力可持续性发展。

建立兼职教师队伍建设长效机制,补充团队中的行业元素,使团队多元化发展。

(二)提升课程质量

升级XMOOC教学内容,打造国家级一流课程。

更新CMOOC云教材内容,打造国家级云教材。

完善混合式教学模式。在现有模式基础上深化研究,提出能够更好解决地方院校翻译人才培养中出现新问题的途径,进一步提升线上线下混合金课的质量。

(三)加速成果共享

推广数字化教学材料,分享FGD口译VR资源、云教材及XMOOC资源和教案。

分享智能化移动教学助手的使用经验和CMOOC教学经验。

定期梳理阶段性成果并公开发表,推进深层次理论探讨。

信息可视化设计数说文化与生活
——四川美术学院"信息架构与可视化"线上线下混合式课程案例

吕曦　汪泳　曾真　任宏伟　谢成开

四川美术学院

一、案例介绍

在互联网、信息化、数字化快速发展的时代背景下,四川美术学院面向设计类专业开设"信息架构与可视化"课程,倡导设计教学对接国家与社会需求,强调专业技能、知识方法与同理心、责任感、价值观并重融通,强化学生兼具家国情怀、责任意识、创新能力的综合培养。

通过课程培养学生问题解决、艺科融通、社会服务能力。(1)问题解决。面向国家与社会需求,以问题为导向,学习信息设计基本理论,掌握数据挖掘、信息组织、可视化方法与工具知识,外化专业知识与技能,内化同理心、责任感、价值观培养。(2)艺科融通。面向大数据、信息化业态发展,打破专业和技术壁垒,跨学科专业交叉学习,具备设计思维、技术手段、逻辑架构、艺术再现、审美表达、团队协作等综合能力。(3)社会服务。面向社会大众的文化传播与科普宣传,以信息实现有效沟通,以设计传达价值意义,用可视化实践讲述新时代语境下的中国故事,践行文化自觉,坚定文化自信。

二、案例详述

(一)课程团队建设与能力提升

课程负责人在美国纽约州立大学访学(2005年6月)和清华大学美术学院访学(2009年10月)期间,专注于信息与交互设计研究;2010年,与香港理工大学联合开设"信息架构与可视化"设计工作坊;同年,在本校首次开设"信息可视化设计"专业核心课程,是全国设计类高校开展本课程的先行者之一;2011—2016年,课程团队"以数据驱动设计、以实战带练教学、以合作培育课程",同上海通用汽车、四川人民医院等构建合作实践课题;2018年,课程团队与德国波茨坦应用科学大学合作"全球变暖可视化"项目,成果在国际美术教育大会上汇报;2019—2022年,团队立项"信息与交互设计案例库"等教改项目。团队中3位教师陆续获得博士学位,学生张佳帝被北京大学大数据分析与应用技术国家工程实验室录用为可视化交互设计师;课程获评重庆市本科高校课程思政示范课程,课程团队被评为重庆市本科高校课程思政教学名师和团队。

(二)课程内容与资源建设及应用

1.课程内容建设

包括信息设计基础理论、信息架构与组织方法、信息可视化设计等理论内容;互联网、大数据等行业应用和前沿技术等跨学科内容;相关国内外案例、学生优秀作品以及各类命题的实践实训内容。

2.资源建设及应用

(1)教学资源:出版《信息可视化概论》教材;完成"信息可视化设计"在线课程;打造围绕中国传统文化、环境保护、疫情数据、安全健康等主题的实践教学案例库。(图1)

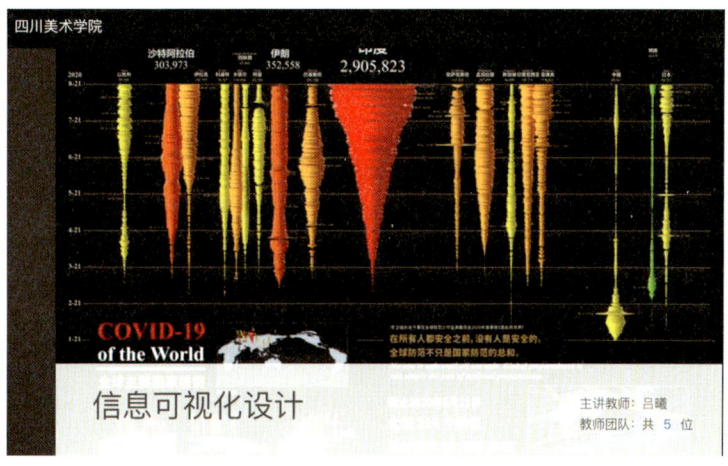

图1 《信息可视化概论》教材与"信息可视化设计"线上课程

(2)平台资源:国家级实验教学示范中心、川美—阿里巴巴原创智造中心、川美—华为云图工作室、川美—重庆脑科学与艺术中心等。

(3)技术资源:深圳矽递科技股份有限公司、深圳国泰安教育技术股份有限公司等提供大数据挖掘与分析、Z-Space VR、脑电、动作捕捉等相关技术工具。

(三)线上线下混合式教学设计创新

1.理论方法:线上自修+线下教学

学生线上自修基础理论,通过单元试题与微信互动等,引导学生进行问题探究;线下教学回顾,详解和拓展相关知识点;课堂快题训练,引导学生在实操中达成理论与实践的贯通。

2.设计实践:课内讨论+课外实操

课内教师主导问题分析、头脑风暴、分组汇报及点评总结;课外实操加强学长辅导和企业技术支持,使用爬虫、动作捕捉、脑电等技术方法探索数据采集与设计表达。(图2)

图2 课外实操与技术运用

(四)课程教学内容及组织实施

1.课程教学内容

主要包括以用户体验为中心的信息设计、可视化类型与应用范畴、信息架构与组织方法、可视化设计方法、信息图表设计、爬虫技术及大数据分析方法、动作捕捉技术及实操方法、实践选题解读与案例分析等内容。

2.组织实施

(1)强化"先自学"。根据课程内容逐段开放在线课,以问题为导向引导学生进行自主性的理论学习和反思;线下开展重难点问题详解、讨论和实践训练。

(2)构建"选题池"。针对课程目标,结合国家战略、社会需求、企事业单位或科研机构课题来组织和更新课程实践选题。

(3)引入"学长说"。开展高年级学长个人实践课题分享、设计实操、技术指导等伙伴式教学,带动和激发学生主动学习。

(4)带入"能量包"。科研机构及行业导师讲授诸如生态环境、生命安全、身体健康、数据挖掘、传感技术等跨学科知识与前沿技术。

(5)对接"实战营"。结合社会服务、科普推广、专业大赛和实际应用,检验学生学习和实践成果。

(五)成绩评定考核的亮点及特色

教师团队讨论评定,强调"态度—过程—结果"并重原则。

命题实践效果评定,强调"准确—生动—有效"并重原则。

学生考勤、自主学习、投入度占10%。设计实践占90%,其中线上占20%,最终设计实践占70%。主要考量设计过程中的学习力、探索力、沟通力、协作力,最终设计实践作品的完整性、创新性、审美性、应用性。

(六)同行评价

卡内基梅隆大学设计哲学博士、同济大学辛向阳教授评价"教学过程中,诸如健康医疗、生态环保等主题的选择和灵活运用,很好地把能力训练和人才成长中的价值观教育结合在一起,同时也为毕业生在复杂多变的职业和社会环境中运用所学知识提供了很好的示范"。中国美术学院副校长韩绪教授评价"在信息时代,真正把专业与学术融入民生和基层,为科学的普及和传播提供了新的启发"。

三、案例成效

(一)案例特色与创新点

1.案例特色

(1)逻辑+创意,艺术与科技互鉴共行。搭建理性思维与感性表达的平衡统一,实现视觉创意、人文艺术与数据技术、信息技术的融合创新。

(2)数智+生活,现实与理想互动共融。面向社会大众开展文化传播与科普宣传,以信息实现有效沟通,以艺术讲述中国智慧,以设计传达价值意义。

2.创新点

(1)整合专业技能服务社会民生的理念创新。

将文化自觉和社会责任意识融入课程教学全过程,践行可视化设计实践服务社会发展、行业应用与人民需求。

(2)贯通"教—产—赛—展—用"的组织创新。

强化线上+线下教学组织,以课题链接教学端与应用端,以技术植入深化交叉跨界,构建"教—产—赛—展—用"的融通模式。

(3)面向中国文化与中国现场的传播创新。

以数据与信息可视化、数字媒体艺术为方法手段,讲述新时代现场的中国故事,打造面向社会大众的可视化科普与体验。

(二)教学改革解决的重难点问题

1.贴近社会,强调教学响应国家战略及地方需求

围绕国家战略和社会需求展开教学组织、课程选题与设计实践。近期融入"数字抗疫""健康科普""气候变暖"等话题。(图3)

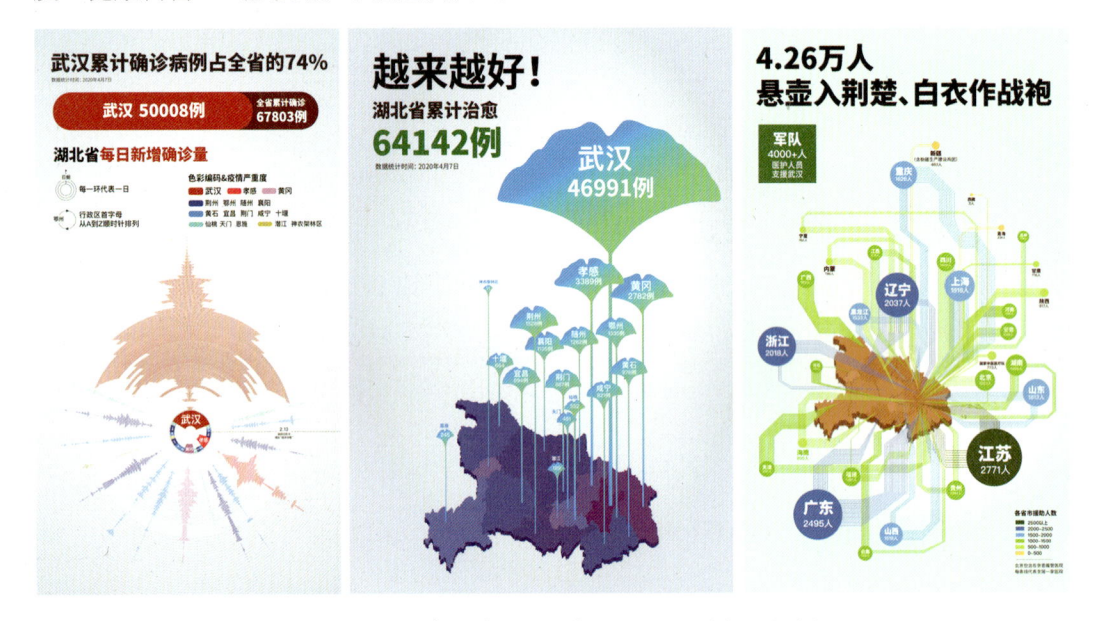

图3 新华网"武汉专题"信息可视化设计(张佳帝)

2.打破壁垒,强调人才培养响应跨界交叉发展需求

引导艺术类院校学生打破传统图形思维定式,强调逻辑思维转换和跨学科知识体系构建,加大前沿技术、技能、工具等的学习和实操力度。(图4)

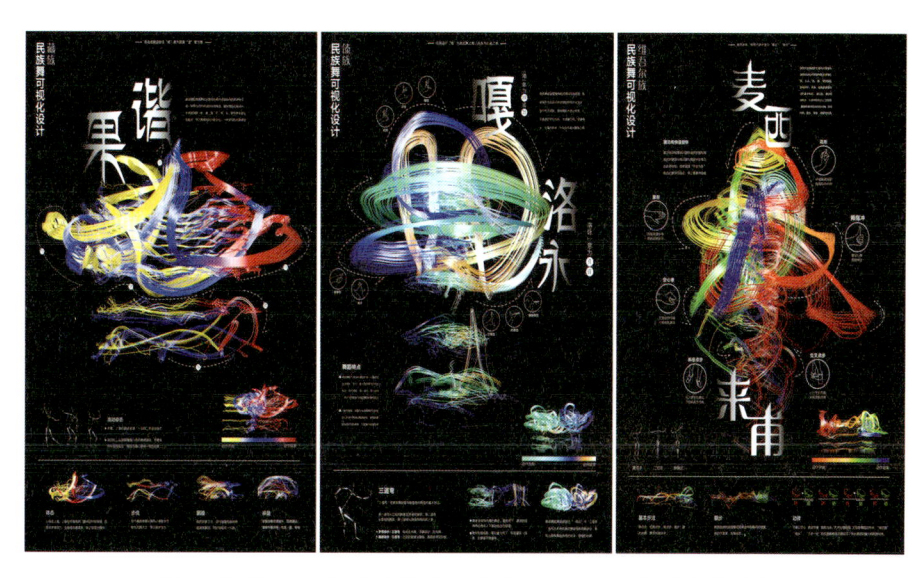

图4 少数民族舞蹈动作捕捉数据可视化设计（张宇豪）

3.服务生活,强调实践课题响应行业发展适应需求

开展与各企事业合作课题,以可视化科普、数据大屏、数据界面等实践,创新用户体验,展示美好生活。(图5)

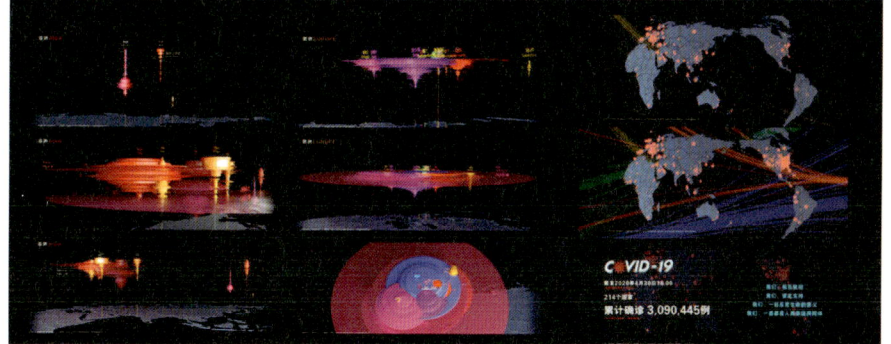

图5《COVID-19数字图迹》全球疫情数据可视化大屏设计(吕曦、曾真、唐荣凌、韦敬馨)

(三)取得的主要成效与成果

1.教学成果示范

本课程获批2021年重庆市高校线上线下混合式一流本科课程、2022年重庆市本科高校课程思政示范课程;课程成果获重庆市教学成果奖一等奖;课程团队获重庆市本科高校课程思政教学名师和团队;完成译著教材《信息可视化概论》;《信息架构及可视化设计课程实践与研究》《信息视觉化设计》《当代展览中的信息可视化设计——以"设计介入精准扶贫案例展"为例》等教研论文在CSSCI、EI会议等核心期刊发表。

2.专业赛展获奖

课程作品获中国可视化与可视分析大会艺术可视化学生竞赛金、银、铜奖等7项;全国高校数字艺术设计大赛一、二、三等奖8项;在中国计算机学会CAD&CG专委会与阿里云等联合举办的"疫情数据可视化公益行动"中获得金、铜奖等6项,并获优秀指导教师奖、优秀组织单位奖。

3.课程经验辐射

课程团队围绕教学体系、学术研究、课程成果等,在"第四届哲学·艺术·科学高峰论坛""第二十三届计算机辅助设计与图形学学术会议""第七届中国可视化与可视化分析大会""第九届中国计算机图形学大会"等学术论坛、会议上做学术报告。

2.科普公益推广

与中共重庆市委宣传部等联合主办"垃圾分类·'艺'起行动"公益广告创意设计大赛;与重庆大坪医院、重医附一院开展医疗科普视频设计;与重庆脑与智能科学中心合作开展脑神经科学可视化设计,面向公众进行科普推广;开展"设计战疫"云上工作坊,用数据可视化作品"数说"中国抗疫故事,获人民网、光明网、中央统战部、《重庆日报》、重庆电视台等媒体广泛报道。

"实验动画"课程案例

王茜濡

四川美术学院

一、案例介绍

本案例围绕"思政+动画",以培养专业能力与引导价值观发展为根本任务,构建三大板块内容:动画基础理论知识、动画创作语言及表现、动画创作实践。课程内容将动画原理、风格探索、艺术手法表现、软件技术等基础知识点穿插于社会主义核心价值观主题的动画创作实践中,开拓思维与转化知识,创新视觉语言,探寻动画跨领域创造性转化的规律,培养学生基础知识与跨领域应用思维,构建具有动态性、过程导向性的混合教学内容。本案例通过线上线下混合式教学,引导学生用动画艺术创新性活化思政、动画新技术服务社会,促进学生浸润价值理想、提高技术技能、增强个性和创新精神发展,为培养思政与能力交叉、科技与艺术交叉、产业与专业交叉的动画及相关专业高级应用型人才提供软实力积淀。

二、案例详述

(一)课程团队建设与能力提升

围绕"实验动画"课程的教学目标,本团队组织构架合理,将教学内容与教学方法作为建设的主要阵地,提升教师教育教学、科研及课程信息化技术等方面的能力。本团队具有丰富的教学经验和较高的学术造诣,积累了丰富的动画创作和跨学科教学实践经验。(图1)

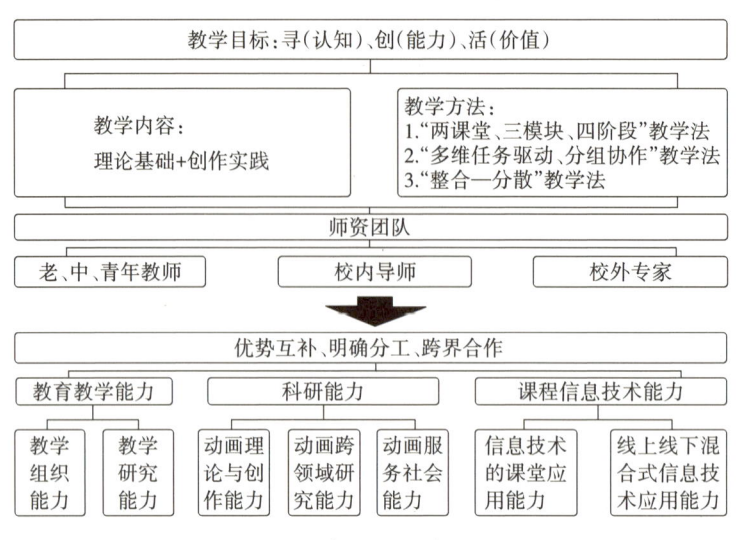

图1 课程团队建设及提升示意图

（二）课程内容与资源建设及应用

1.课程内容建设

本课程围绕思政育人目标,以师生同创同作为切入点,构建学生主动参与、师生双向互动的探究创新为主的线上线下混合式课堂教学模式,积极开拓思维与转化知识,创新视觉语言,活化科技应用印记,探寻动画跨领域创造性转化的规律,培养学生基础知识与跨领域应用思维,构建具有动态性、过程导向性的混合教学内容,对课程动画基础理论知识、动画创作语言及表现、动画创作实践三大板块进行了重构,深化"产学研转创用"一体化和浸润式的教学实践。

(1)"寻"（认知）。

本课程选择典型的中华优秀传统文化、充分体现时代性的视觉素材为内容框架,让学生形成对传统文化精神和社会主义核心价值观内涵的认知,厘清文化内涵与动画创造性转化的内在契合关系,掌握国内外经典动画作品的概念设计、视听语言、动画原理等创作理论。

(2)"创"（能力）。

本课程引导学生将文化内涵渗透在动画的创意构思中,掌握实验动画的思路、方法及艺术表现的要领,熟练运用专业工具、软件,自主创新实践动画新技术、新方法,重点培养学生针对具体需求创建动画项目的能力,包括动画创意性概念的策划、视觉要素设计与艺术表现的能力。

(3)"活"（价值）。

本课程以动画为媒介，通过创新艺术与技术，正确引导学生思想，树立科学价值观，培养学生的创新素质，与时代同向同行，以国家地方发展需求为导向，创作出关切民生、传递正向价值观的优秀作品。

2.课程资源建设及应用

本课程资源建设重点是提升线上线下课堂知识点与教学案例的丰富性与匹配性。课程部分资源随着技术、社会审美等变化逐渐缺乏先进性和代表性，需调整。线上教学资源重点拓展已形成的示范案例资源；线下教学以创作实践为主，重点拓展动画与社会紧密相关的创新研究资源。

目前线上与线下课程资源建设及应用情况：线上，本课程在超星尔雅等网络平台开展教学，以第八期课堂为例（表1）；线下，课程配套国家级动画实作教学基地、产学研实验平台、重庆动漫产业人才培养基地，为课程提供优质校内外实践教学平台。

表1　线上课程资源统计表（第八期）

课程基础数据	授课视频总数量	35个	视频总时长	379分钟	课程资源总数	295个
	测验和作业的习题总数	495道		考试题库总数	251道	
课程课外学习资料	非视频资源总数	33个		课程公告总数	5次	

（三）线上线下混合式教学设计创新

本课程围绕动画基础理论知识、动画创作语言及表现、动画创作实践三大板块内容进行教学设计，体现为四点（图2）：

```
                         混合式教学设计
    ┌─────────────┬─────────────┬─────────────┬─────────────┐
    信息线上传递    思政素养传承    传统文化案例开发    双导师制
       +              +              +              +
    线下翻转师徒带    自主创新实践    进课堂实战项目    对标行业
```

| 多元化信息技术线上传递动画理论知识 | 线下翻转课堂师徒带带做动画创作示范 | 以学生为中心的分组辅导与集体评议，自主创新实践动画新技术、新方法 | 引导学生将思政内涵渗透在动画的创意构思中 | 选择体现优秀传统文化、时代性的视觉素材，引导学生对传统文化精神和社会主义核心价值观内涵的认知 | 通过进课堂的实战项目形成新的案例开发报告，提升学生的认知和实战能力 | 校内导师与行业导师结合，让学生在实践中亲历生产过程，对标行业，无缝衔接就业的校企协同育人，提升学生创新创业能力 |

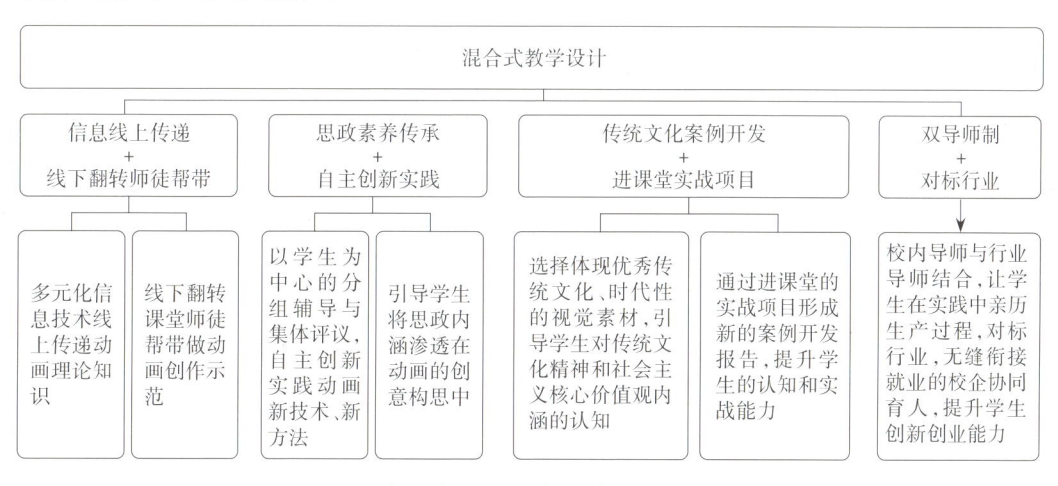

图2　线上线下混合式教学设计示意图

1."信息线上传递+线下翻转师徒帮带"

课程通过线上线下混合式教学,以多元化信息技术线上传递动画理论知识,线下翻转课堂师徒帮带做动画创作示范。

2."思政素养传承+自主创新实践"

课程开展以学生为中心的分组辅导与集体评议,引导学生将思政内涵渗透在动画的创意构思中,自主创新实践动画新技术、新方法,提升动画创新探索的能力。

3."传统文化案例开发+进课堂实战项目"

本课程选择体现优秀传统文化、时代性的视觉素材,增强学生正向价值观的认知,厘清文化内涵与动画创造性转化的内在契合关系,结合动画概念设计、视听语言等创作理论,提升学生的认知和实战能力,融合实战项目形成新的案例开发报告。

4."双导师制+对标行业"

本课程依托本校的动漫及数字产业学院,校内导师与行业导师结合,让学生在实践中亲历生产过程,对标行业,无缝衔接就业的校企协同育人,提升学生创新创业能力。

(四)课程教学内容及组织实施

1.课程教学内容

本课程的教学内容主要包括基础理论与创作实践。(图3)

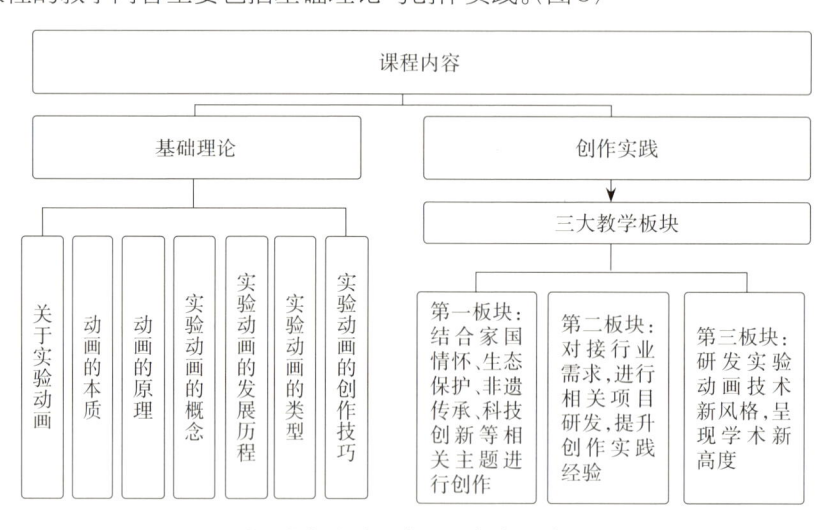

图3 "实验动画"课程内容示意图

2.组织实施

围绕课程教学内容,以"课程思政+两课堂+案例教学+创作实践"为课程实施主体。以下为课程具体实施情况。

(1)导学板块(6学时)。

初步了解实验动画:线上预习学习资料,线下补充疑难知识,导学板块使学生适应两课堂教学法。

思政植入:对应社会发展需求,通过动画作品引领价值、引领审美。

线上:实验动画的类型、实验动画的创作技巧。

线下:动画视觉元素的实验与思政的融合创新;动画艺术语言与表达的探索、动画技术的实践创新。

(2)实验动画前期设计板块(22学时)。

掌握动画基础知识:翻转课堂将讲授、引导、协作等多种教学方法融合;线上实验动画的类型、创作流程、技巧等基础知识学习;线下师徒帮带精准解决疑惑与瓶颈。

思政植入:动画艺术转译社会主义核心价值观相关内涵。

线上:动画的本质、动画的原理、实验动画的概念。

线下:分组、集中讨论创作主题;确定主题,形成前期设计阶段;前期调研PPT汇报、点评修改。

(3)实验动画中期设计和后期制作板块(30学时)。

实验动画创新与探索:"案例开发+实战项目"通过线上学习经典案例借鉴方法,线下"多维任务驱动、分组协作"教学法让学生在团队合作中完成实验动画创新与探索。

思政植入:对应社会发展需求,通过动画作品引领价值、引领审美。

线上:实验动画的类型、实验动画的创作技巧。

线下:动画视觉元素的实验与动画的融合创新;动画艺术语言与表达的探索、动画技术的实践创新。

(4)教学总结板块(2学时)。

创作汇报:学生作业集中放映,讲解创作心得。本课程创作主题丰富,涵盖社会主义核心价值观、社会服务、动画本体探索、动画技法拓展等。

思政植入:挖掘优秀传统文化,融入时代精神,"以美为媒"讲好中国故事,用动画艺术转译社会主义核心价值观,服务地方社会的发展。

线上:理论总结。

线下:最终作品汇报。

(五)成绩评定考核

本课程成绩评定考核分为三部分,主要由考勤成绩、平时成绩、期末成绩组成,同时考核合作小组成员的个人工作量。(图4)

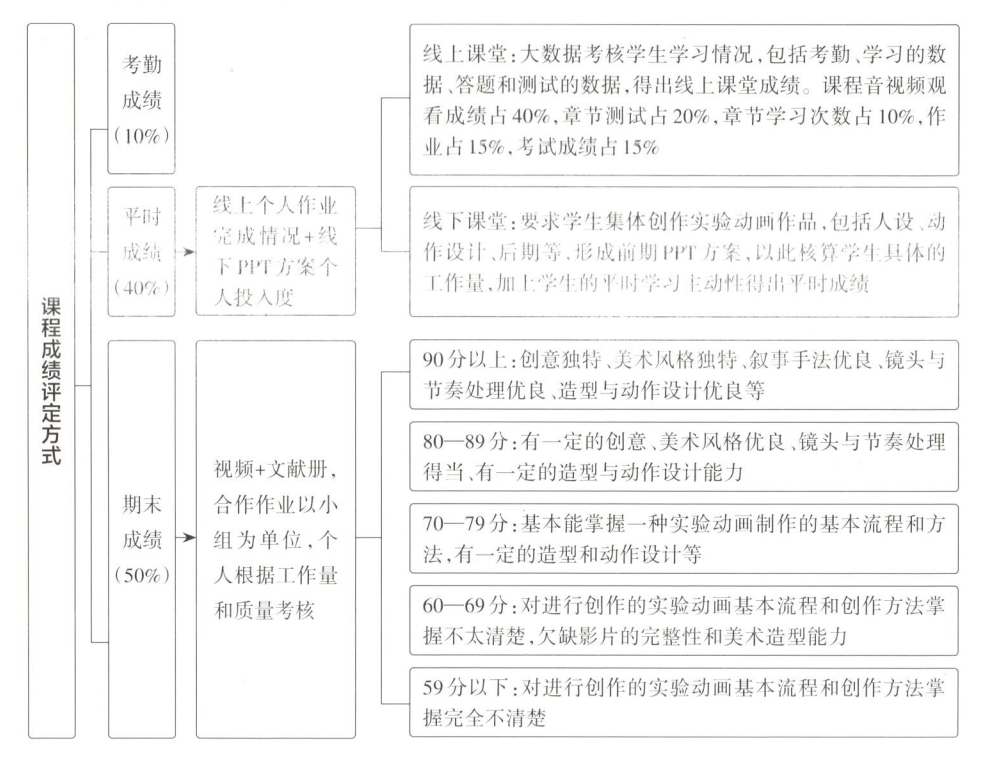

课程成绩评定方式:
- 考勤成绩(10%)
- 平时成绩(40%):线上个人作业完成情况+线下PPT方案个人投入度
  - 线上课堂:大数据考核学生学习情况,包括考勤、学习的数据、答题和测试的数据,得出线上课堂成绩。课程音视频观看成绩占40%,章节测试占20%,章节学习次数占10%,作业占15%,考试成绩占15%
  - 线下课堂:要求学生集体创作实验动画作品,包括人设、动作设计、后期等,形成前期PPT方案,以此核算学生具体的工作量,加上学生的平时学习主动性得出平时成绩
- 期末成绩(50%):视频+文献册,合作作业以小组为单位,个人根据工作量和质量考核
  - 90分以上:创意独特、美术风格独特、叙事手法优良、镜头与节奏处理优良、造型与动作设计优良等
  - 80—89分:有一定的创意、美术风格优良、镜头与节奏处理得当、有一定的造型与动作设计能力
  - 70—79分:基本能掌握一种实验动画制作的基本流程和方法,有一定的造型和动作设计等
  - 60—69分:对进行创作的实验动画基本流程和创作方法掌握不太清楚,欠缺影片的完整性和美术造型能力
  - 59分以下:对进行创作的实验动画基本流程和创作方法掌握完全不清楚

图4 课程成绩评定方式示意图

三、案例成效

(一)案例特色与创新点

1.教学理念

"思政+动画"教学理念的持续深化。课程将思政融入课堂教学建设,引导学生立足实验动画进行创作,创作出符合时代特色价值取向的作品。

2.教学方法

"课程思政+两课堂+案例教学+创作实践"的螺旋模式教学法。线上、线下两课堂,以学生为中心,"思政+动画"理念为指导思想,师徒帮带深入探索动画创作实践。

3.教学内容

学习社区理论模型构建下的课程结构重组,助力认知、能力和价值三维提升。本案例重构课程动画理论、创作、实践三大板块，构建具有动态性、过程导向性的混合教学内容模型。

4.教学改革与社会服务

以课程引导学生形成社会主义核心价值观内涵的认知，传递正向价值观，打破动画学科限制，开展线上线下校内外教学，跨学科融合不同领域的经验，教学成果多种方式转化。

（二）教学改革成效

1.教研成果

本课程入选国家智慧教育公共平台，获得重庆市第一届高校微课教学比赛二等奖，被评选为重庆市高校精品在线开放课程、四川美术学院优质通选课，出版教材一本。

2.人才培养

学生作品入围社会主义核心价值观动画短片扶持创作活动并获省级及以上奖项，不少学生毕业后顺利入职彩色铅笔动画公司、视美动画公司等知名动画企业。

3.教学资源建设

教学资源在动画基础理论知识基础上，丰富了典型创作实践案例，同时增加了动画多元化创作的示范。

4.示范性

超过330所学校选择了本课程线上课堂，包括吉林动画学院、鲁迅美术学院、西安美术学院等知名艺术院校。

5.服务社会

学生作品参加国内外展览比赛、形成创新创业项目、参与社区服务活动展演等。

（三）解决的重难点问题

教学设计上，重点解决专业显性与思政隐性教育结合难问题；教学内容上，重点解决传统文化案例开发与进课堂实战项目动画创造性转化难问题；教学资源上，重点解决线上课堂知识点相关教学案例的丰富性与匹配性问题；教学考核上，重点解决课程教学内容与行业需求脱节问题。

（四）取得的主要成效、成果

1.课程作品展演

社会主义核心价值观系列作品入围国家级、省级比赛展览，医学科普系列动画作品在医院、学校及社区播出。

2.创新创业项目转化

课程作品《肠道内镜动画模拟系统》参加重庆市创新创业比赛获二等奖。

四、未来计划或启示

(一)今后五年课程的持续建设计划

在突出专业院校动画专业特点的基础上,重点增加鉴赏审美内容建设,适应不同领域学习者,线上课堂方便不同学校、专业学生选课,体现我校人文素养教育水平。

增加创新创业教学案例课程内容,如课程师生团队相关项目,增强课程产学研融合、创新创业示范作用。

(二)需要进一步解决的问题

进一步完善线上教学网络课程,充实网站教学资源。

教学团队持续学习行业先进理念、技术,保持教学、研究的优势。

优化教学成果转化效率,增加成果转化方式,助力学生课程成果服务社会。

(三)改革方向和改进措施等

持续推进线上线下混合式教学改革,提升教学效率,多元化教学方法。

教学团队突破学科限制,实现跨界合作、跨界融合。

建立教学成果转化平台,优化校内外实践基地、校企合作企业人才转化效率,促进多方联合培养,提升学生就业优势。

以技为本，以美为媒
——课程思政背景下"影视摄影技术"课程案例

翟建东　曾巧　郭宇　陶宇

四川美术学院

一、案例介绍

2020年5月28日教育部印发的《高等学校课程思政建设指导纲要》提出："要深入梳理专业课教学内容，结合不同课程特点、思维方法和价值理念，深入挖掘课程思政元素，有机融入课程教学，达到润物无声的育人效果。"课程是育人的核心和载体。

"影视摄影技术"课程是动画专业编导方向大学本科二年级的一门专业必修课。"影视摄影技术"课程紧扣"三全育人"和一流本科课程建设实施方向，依据学校"国内一流、国际知名"的办学定位和"立足重庆，服务西南"的服务面向，依据国家新文科、新工科建设需求，将其置于新文科、新工科学科交叉融合中展开，以学校"高素质、创新性、实践型艺术人才"培养目标进行课程教学。

二、案例详述

（一）课程团队建设与能力提升

1. 以学生为中心的团队建设

建立课程团队协作机制，以学生的学习为中心。以影视动画学院编导方向专业教师为主导，在知识结构上适当吸收如摄影技术史、影视策划、美学等方面相关课程及学科前沿理论，丰富课程内容，拓宽学生影视摄影相关知识的视野。通过"教与学""学与思""学与作"搭建理论与实践结合的课程教学体系，将各环节的学习落到实处。

2. 团队建设立体化、多维度

整合影视动画学院影视策划、影视摄影、后期制作、影视特效等专长的教师,搭建一支专业相近、技能互补的教师团队,提高课程的教学质量。按照影视与艺术、艺术与科技、创新与应用三大板块结构课程内容,将"影视摄影技术"课程不同板块内容分配给每位教师,也可以由多位教师共同承担部分板块内容,形成由课程教学目标指引下的课程板块、教学单元、教学点组成的梯级课程教学结构。

3. 团队分工职责化、精细化

经过前期的分工,教师团队将课程的板块内容与专业架构、实作要求、社会需求衔接起来,进行课程内容研究和教学设计研究。根据"影视摄影技术"课程每个板块的授课知识点,以授课内容为导向,适时采取教学案例、情景教学、实践教学等教学方法,线上线下教学相结合,最大限度实现教师特长能力的发挥、课程内容的多元拓展。

(二)课程内容与资源建设及应用

1. 课程内容

(1)课程结构包括三大板块:影视与艺术、艺术与科技、创新与应用。

(2)课程内容涉及三大学科:美术学、戏剧与影视学、数据科学与大数据技术。

2. 资源建设

本课程依据教学目标和改革要点优化课程供给,进行资源建设。

(1)线上资源。一是自建系列微课(部分获国家级、省级奖)(图1);二是各大知名院校、业内名人的相关在线教学资源(补充知识跨域);三是将线下实作优秀影视作品、虚拟拍摄等师生同作案例作为线上资源的更新。

图1 自建系列微课获奖证书

(2)线下资源。一是学院开放的教学实验平台,如重庆动漫影视高清数字技术支持平台;二是学校已建成的学院开放的教学实验平台及21个实验室,45个工作平台,以及专业设备和集群化教师工作室;三是"当代艺术家影像数据库"在建平台。(图2、图3)

图2 线下课堂教学

图3 线下课堂教学实践

(三)线上线下混合式教学设计创新

"影视摄影技术"课程是针对影视动画学院影视动画编导、影视制作专业开设的一门专业应用课程。课程主要以影视摄影原理及运用技巧为基础,训练学生动手操作能力,以理论与实践相结合的方式,使学生掌握影视摄影的基本技巧、思维方式和艺术处理手段。基于此,课程采用了线上线下混合式教学模式进行教学环节设计:第一,学生自主进行导学环节的微视频学习、在线讨论,教师在线答疑;第二,课堂教学环节中进行分组互动和项目实践、分组创作选题PPT汇报展示;第三,教师参与学生项目实践指导、技术指导,答疑解惑。本课程通过线上线下混合式教学设计,实施全程学习评价体系,形成过程导向和实践成果并重的课程评价方法。

1."导学、自学、互动"的课前环节设计

教师通过学校网络课程平台布置自主学习任务,要求学生在规定时间内完成在线学习,通过讨论区进行讨论或者向教师提问,教师汇总讨论区的热点问题,及时了解学生对知识点的掌握情况,使课堂教学内容更具有针对性。通过导学、自学、互动环节,培养学生的自主学习能力。

2."三板块、一选题、五环节"课中教学设计

三板块:课程围绕影视与艺术、艺术与科技、创新与应用三大板块内容展开。一选题:回应时代社会发展与需求,在不同级的大二学生中分别针对一个选题展开教学,如2019年围绕"重庆市级非遗影像"项目、2020年和2021年围绕"艺术家文献影像工程"项目、2022年围绕"廉洁文化视频建设"项目展开选题策划与项目实践。五环节:将讲解重难点环节、小组讨论环节、创作实践环节、展示点评环节、知识总结环节融入教学过程。

3."在线答疑、个体辅导"课后教学设计

课后是知识的巩固与拓展环节。教师要求学生对点评后的作品进行修改,对有需求学生进行"个体辅导",在学生作品中选取优秀作品作为课程教学案例,供本届、下届学生学习。

(四)课程教学内容及组织实施

1.课程教学内容

(1)线上教学。线上课程共完成自建系列微课272分钟,引入名校、名家课程448分钟。共分为三个章节:第一章"影视摄影",第二章"电影场面调度",第三章"数字影像创作"。知识点涵盖了影视选题策划与创意、数字影像艺术表现、电影场面调度、影视表达与技术实现、可视化预览等。

(2)线下实作。围绕重庆大数据智能化创新发展背景,建设"当代艺术家影像数据库",其相关成果将支撑重庆艺术内容生产建设和数字化传播。利用教学实验平台展开实地拍摄、XR虚拟拍摄、后期制作等技术工程。对标行业技术标准及规范制定技术要求,教师同步呈现成果或示范。

2.线上教学内容组织实施情况

课程作为本校线上线下混合式教学课程,目前共有五个年级完成在线学习,章节学习次数总量为12682次,同时课程在线资源对公众免费开放,页面浏览量达到近13万次。(图4)

图4 线上课程数据统计页面

（1）线上以理论讲授为主，通过自建教学视频、案例、相关在线教学资源提供丰富的教学理论，学生自主学习影视摄影理论与技术前沿、艺术表现等多学科知识。可根据需求自选扩展学习和深度学习，实现按需学习、科学增负。

（2）设置线上专题讨论区域作为理论知识的深度补充，通过线上专题式讨论引导学生独立思考和主动探究，自觉深入进行扩展学习和探究学习。

3.线下教学内容组织实施情况

（1）以回应时代社会发展与需求为创作选题，围绕社会服务、文化传承和艺术文献影像库建设，建构了创新选题、实战拍摄、新技术运用和艺术性表现等多位一体的影视摄影实践方向。

（2）以师生同作形成示范，以社会采用、参加各类比赛、创新创业为目标，促进师生深度互动并激发学生学习积极性。优秀实践案例将作为课程案例补充至线上教学资源。

（五）成绩评定考核等方面亮点及特色

1.线上考核

线上考核成绩共30分，包括课程视频（40%）、章节测验（20%）、章节学习次数（5%）、讨论（5%）、作业（15%）、签到（10%）、课堂互动（5%）。系统按照各项成绩的权重给出线上最终成绩。（图5）

图5 线上成绩权重分布

2.线下考核

线下考核包括考勤和最终结课作业两个部分。线下考核成绩共70分,其中考勤20分、结课作业50分。

3.课程成绩评定亮点

课程最终成绩(100分)=线上考核成绩(30分)+线下考核成绩(70分)。

结课作业评定以社会采用和学术获奖、参展为优先,课程教学团队成绩由结合创意、制作水平及学习态度集体评定。

三、案例成效

(一)案例特色与创新点

1.教师团队跨界组合,实现线上线下无缝对接

组成美术学、设计学、戏剧与影视学跨界教师授课模式,带动学科交叉融合,发挥资源优势互补。线上形成联动、集群、融合的系统理论知识体系,线下形成创新、创意、创作的实战演练,实现"课程融通化,作品产品化"。

2.师生同作学用一体,实现课内课外融通

通过以研促教、以赛促学,将教师科研课题、社会实践项目、参赛项目等引入课程。课程教师团队、集群化教师工作室联通课内课外、线上线下,对接行业标准,围绕服务重庆、西南经济社会发展,建设一支解决实际问题的、面向社会服务的课程教师团队,以衔接课程与行业需求,学生获得了较强的学习获得感。

3.注重科技与艺术融合,建构多圈层课程体系

结合新文科、新工科建设背景,以影视集群融合、技术融合、交叉融合建构"创新""创意"等多圈层课程体系,聚合新技术、新业态,注重培育学生跨学科思维能力。

4.思政+艺术协同创新,呼应新时代教育要求

围绕"使各类课程与思想政治理论课同向同行,形成协同效应"新要求,以"服务国家发展战略""服务社会需求"为选题,以社会服务和文化传承为方向,引导学生关切国家大事,以主流价值观引领校园文化,培育家国情怀,浸润价值理想。

(二)教学改革成效及解决的重难点问题

1.教学改革成效

一是促进教师成长,课程建设趋于完善。教师在教学改革中不断探索新方式、新手段

更好地应用于教学工作,使教师在课程建设中不断学习,不断成长。

二是强化主动学习,师生同作成果示范作用强。强调"以学生为中心"和"师生同作"的教学理念,发挥教师引导和学生自主学习、探究学习的积极性,师生共同创作。

2. 解决的重难点问题

本课程以问题为导向,重视在课程中运用教学手段和项目教学方式解决课程人才培养目标问题,主要从"突破学科界限,提升创意能力"解决学生的艺术表现、创意能力问题;"对接产业需求,融入科技前沿"解决产业需求和创新创业技能问题;"打破时空限制,融通学做一体"解决学生主动学习、师生同作问题;"提升育人功能,重视价值引领"解决课程育人功能问题。

3. 取得的主要成效、成果

近年通过"影视摄影技术"课程,师生共拍摄"中国艺术文献影像志"素材近10万分钟,约100 TB,收录国内知名艺术家25名,已有23部纪录片在新华网、凤凰艺术网等一线艺术网络平台及中华世纪坛、中国美术馆等知名艺术机构展播。(图6)

图6 师生同作"中国艺术文献影像志"系列纪录片部分海报

四、未来计划或启示

围绕"创新""创作""创意"等课程核心,探索"影视+艺术+科技"教学模式和服务国家战略发展、对接行业发展需求,以课程思政推动创作思政,在课程教学中注重培育学生家国情怀,达成传承中国文化这一目标。本课程将从三个方面持续深入展开"影视摄影技术"课程建设。

(1)注重课程价值引领。专业知识传授和价值引领同频共振,把课堂变成思政与专业无缝衔接的浸润育人空间。

(2)服务国家创新发展。围绕国家发展战略和地方经济建设,创建具有美院特色的标志性成果,践行文化传承与传播义务。对接新产业、新业态,转变摄影服务面向和技术内涵,线上创新整合多学科理论知识呈现方式,突破学科边界。线下引导学生关注行业前沿,运用新技术新手段解决新问题。

(3)构建课程创新评价机制。以学生作品社会采用情况、学术参展获奖情况作为评教和成绩考核的重要权重。

价值引领，分级教学，知识共享，效能优先
——"艺术与文化"课程案例

郭昕　俞方洁　匡景鹏　宋钦清

四川美术学院

一、案例介绍

（一）基本教学

本课程为四川美术学院本科二年级上期必修课程，本课程既加强和深化前序课程"世界艺术史"，又为后续课程"艺术概论"的学习奠定基础，课程目标见图1。

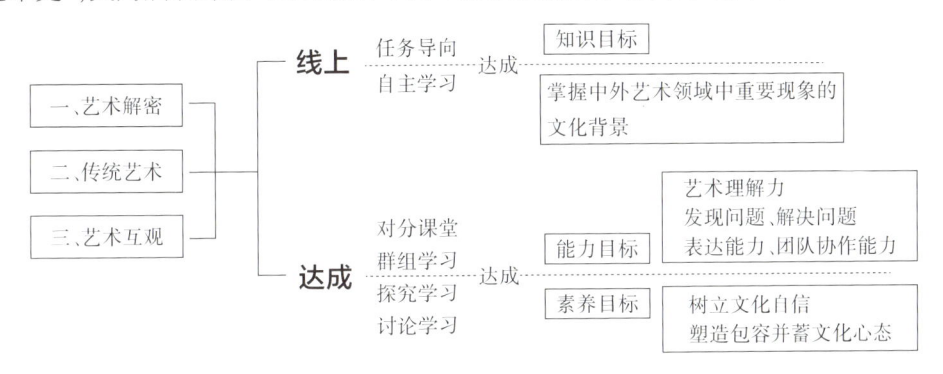

图1 课程目标

（二）服务社会

课程通过中国大学MOOC、学银在线等平台对社会开放，并入选教育部国家高等教育智慧教育平台，目前课程在线浏览量超过800多万次。

（三）教学研究

完成重庆市教改项目"艺术类学生人文课程体系建构的改革和研究"，探索以在线教学方式将艺术人文课程融入大学生通识教学。

(四)教学奖励

课程获评国家级线上线下混合式一流本课程、重庆市精品在线开放课程、重庆市一流课程;课程负责人获重庆市高校在线课程建设与应用先进典型、重庆市高校微课教学比赛一等奖、重庆市教学成果奖二等奖等荣誉。

二、案例详述

(一)课程团队建设与能力提升

课程组聚焦团队建设与能力提升,荣获"重庆市优秀基层教学组织"称号,具体举措如下:

1.根据混合式教学需要,打造"成长型"教学共同体

(1)从最初的校内选修课到校内必修课再到面向社会开放,伴随授课人数持续大规模增长,课程主讲教师规模不断增长;(2)从传统课堂教学到混合式教学,对教学设计能力、教学组织能力都提出了新的要求,课程组教师通过进修学习、教研教改、互听互评等方式建构共同进步持续成长的教学共同体。

2.聚焦教学效能提升,建设"创新型"课程组

(1)课程团队教师近三年申报各级各类教学研究改革项目8项。(2)注重将科研成果转化为教学资源,每学期通过集体研讨、集体备课,与时俱进更新教学内容。(3)相互督促,积极更新线上教学资源、教学案例、试题库。

(二)线上线下混合式教学设计创新

利用混合式教学的教学优势,实现教学"分级教学"的模式创新,精准对标个性化学习需求,实现学习过程自主选择自我增负。(1)基础教学板块,该板块为基本教学内容,包括线下教学和线上教学微课、PPT、必读书目等教学资源,并根据教学重难点设置测试题,是课程所有学习者均需学习的必修部分。(2)扩展学习板块,该板块根据学习需求,自选学习,针对完成基础教学板块的学生,激发出相关专题学习兴趣的学习爱好者,该板块通过线上教学平台,引入国内外知名院校相关专题精品教学视频,便于学生进行拓展学习。(3)深度研习板块,自选学习内容,该板块针对经过基础学习和扩展学习后,有志于在该领域展开持续深入研究的学习者。该板块充分利用线上教学平台的海量资源优势,遴选相关学术著作和研究论文作为在线阅读资源,便于学生迅速进入相关研究领域。(图2)

```
分级教学　按需学习

深度研究 | 专题精研者 | 相关领域学术研究书籍
扩展学习 | 专题爱好者 | 国内外知名院校相关专题教学视频
基础教学 | 普通学习者 | 微课视频、教学PPT、教学必读、章节测验
```

图2　分级教学

体现混合式教学的线上资源优势,知识共享,精细配置,实现教学内容的组织创新。获重庆市一等奖的课程配套自建微课向全社会开放;同时,根据教学内容的需要,从线上海量资源中为各章节挑选最优质最合适的课程资源,其中包括共享相关研究书籍以及北京大学、清华大学、伦敦大学、中国艺术研究院等院校和学术机构的相关教学视频。

发挥混合式教学中线上教学与线下教学各自的优势,在教学组织上,遵循规律,精益效能,实现教学效能最大化。(1)线上课程实现知识的摄入,线下课程有针对性地解决问题,强化能力训练,进行高认知学习,符合认知的基本规律。(2)线上课程是个体独自学习,线下通过多种群组互助学习方式,最大限度地发挥师生的能动性,符合教学基本规律。(3)一周线上课程学习,一周线下课程复习,七天以内进行复习,符合记忆的基本规律。

(三)课程内容与资源建设及应用情况

1.课程内容

(1)课程结构包括三大章节板块:艺术解密、传统艺术的文化解读、文化视域下的艺术互观。(2)课程内容涉及四大艺术门类:视觉艺术、听觉艺术、视听艺术、想象艺术。(3)课程涵盖中西两大文化体系。(图3)

```
一、艺术解密 ── 线上 引发兴趣　开阔眼界
              └ 线下 发现问题　解决问题

二、传统艺术 ── 线上 理解中国传统艺术
              └ 线下 研究传统文化物质　体会传统文化魅力

三、艺术互观 ── 线上 了解中西文化的差异性
              └ 线下 提升跨文化理解能力、研究能力
```

图3　课程内容

2.资源建设

(1)每章分为基础教学、扩展教学、深度教学三个层级,各层级根据不同学习需求配备学习资源。(2)线上教学视频包括自建配套微课以及各大知名院校相关在线教学资源。(3)课程配有相关在线阅读书籍、扩展学习视频等。(4)课程配备了专业的信息技术团队。

3.应用情况

(1)校内已有4个年级共6000余名学生完成课程在线学习。(2)课程作为不多的艺术类省级精品课程,以在线方式对重庆市高校开放。(3)课程在线资源通过国家级平台对公众免费开放,页面浏览量达800多万次,来自几十所国内院校的学生在线学习了本课程。

(四)课程教学内容、组织实施及教学方法

1.课程教学概况

以14周为学习周期,包括线上教学、线下教学两个环节,两个环节交替进行,单周线下教学,双周线上教学,最后一周线下结课,共包括6周12学时线上教学、8周16学时线下教学。(图4)

图4 混合式教学安排

2.线上教学内容及组织实施

(1)线上教学内容根据进度定时发放,学生在规定时间内自学完成学习任务并完成线上测试,达成课程知识目标。(2)学生可根据不同层次的需求自选扩展学习和深度学习,实现按需学习、科学增负。(3)设置线上讨论区域,任课教师根据每周线上、线下讲授内容给出线上讨论题目,学生回帖参与讨论,教师根据学生的讨论情况在线下课堂进行答疑,引导学生自主深入探究学习。(4)发布专题讨论题,结合下周上课内容,设置预习思考内容,督促学生查找资料、自主思考,使学生学会学习。

3. 线下教学内容及教学方法

（1）线下教学内容是在线上课程内容基础上的拓展和延伸，选择具有代表性的艺术现象进行文化学阐释，通过理论导入和个案分析相结合的方式，不仅对艺术与文化的关系进行深入解读，更凸显研究意识，让学生在课题内容讲授中习得研究路径和研究方法。（2）线下教学组织实施立足于以学生为主体，主要通对分课堂、群组学习、探究学习、讨论学习等教学方法，在师生共建课堂的过程中进行高认知学习，达成课程能力目标与素养目标。

（五）课程成绩评定方式

课程的考核设计包括形成性评价与总结性评价两个部分。其中形成性评价65分，总结性评价35分。强化形成性评价，一方面有利于教师及时获得教学过程中的连续反馈以便随时调整教学计划、改进教学方法，另一方面也引导学生注重学习过程，改变以应试为目的的学习态度和学习习惯。

形成性评价65分包括线上成绩40分（其中，线上测试18分、线上讨论12分、视频完成度10分），线下成绩25分（其中，课堂讨论10分、课堂互动5分、考勤10分）。总结性评价35分为结课论文。（图5）

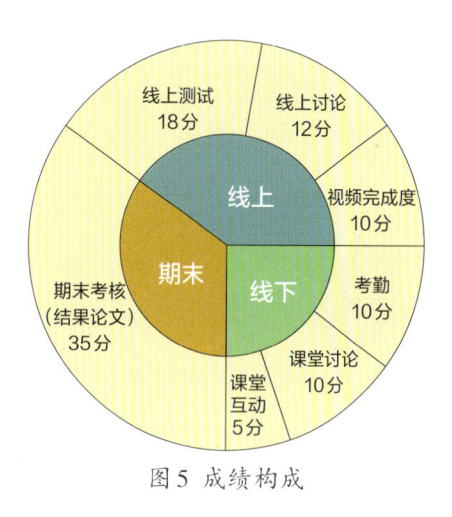

图5 成绩构成

三、案例成效

（一）案例特色与创新点

打造"分级教学+知识共享+效能优先"的线上线下混合式新型课程。

以学生为中心，通过自主选择、分级教学，精准对标每位学习者的学习需求。优质的学习内容能激发学生学习的自主性，课程通过分级教学，满足不同的学习需求，鼓励学生自主选择、自我增负，打破传统课程"一锅端"的教学状况。

以信息技术为手段，通过线上课程平台，实现知识共享。线上课程平台具有开放性特征，通过知识共享，实时更新教学内容、整合教学资源，改变传统课堂主讲教师"一言堂"的局面。

以教学规律为依托，通过混合式教学，实现教学效能的最大化。设计精良的混合式教学将线上教学与线下教学的优势最大化，以符合学习规律的教学安排实现教学效能最大化。

(二)教学改革成效及解决的重难点问题

一转化——转化教学理念,将过去以教师讲授、知识灌输为主的陈旧理念,转化为以学生为主体,以个性化学习需求为导向,教师发挥引导作用,着力进行能力培养的教学理念。

三丰富——丰富教学内容,改变过去以纸质书本为单一内容的教学,打造样式丰富(教学视频+PPT+线上书籍+线下书籍)、资源丰富(依托校内资源,借力校外资源)、门类丰富(美术、音乐、舞蹈、影视、建筑、文学等)的三丰富教学内容。

一变革——变革教学方式,改变"满堂灌"的讲授式教学方式,线上与线下教学间隔进行,互为补充,最大限度地发挥线上教学与线下教学优势。具体而言:(1)线上教学以任务引导、学生自学的方式,通过丰富多样的内容解决学生知识层面的摄入与积累问题,培养学生的自学能力和发现问题的能力;(2)线下教学针对线上学习的内容进行复习、内化、深化与应用,在教师的引导下,以师生互助、生生互助、组内互助、组间互助的方式,师生共建课堂,培养学生解决问题的能力及表达能力、协作能力等,进行高认知学习。

(三)教学创新效果及成果

1.教学创新提高了教学效能

(1)线上学习课后测正确率及任务点完成率均高达90%以上。(2)线下学习中群组互助学习贯穿整个教学过程,结课调查问卷显示,在探究与讨论中学生的自主学习能力、协作能力、发现问题与解决问题能力均明显增强。(3)历年评教结果均为优,学生对课程的满意度高达93%以上。(4)社会认可度高,全国几十所学校选修本课程的线上内容,累计页面浏览量达800多万次。

2.课程在历年的建设中取得的教学、教研成果

(1)课程获批省级精品课程、省级一流课程、国家级一流课程,微课建设获省级一等奖,课程团队及课程负责人均获省级表彰。(2)在全国艺术院校中第一次进行了覆盖全校本科生的混合式教学模式探索,主持省级教改课题多项,发表相关教育教改论文多篇。

四、未来计划或启示

(一)教学内容更新

内容建设需与当下艺术、文化现象紧密结合,与最新研究热点结合,及时更新线上线

下教学内容,同时,通过问卷、评教、教学平台反馈、线下调研等方式,甄选出学生感兴趣的艺术话题、文化现象,引入线上线下讨论范畴,突显课程的时代性、思想性、前沿性。

(二)教学资源建设

课程组教师通过集体备课、集体磨课,加强线下教学资源以及线上试题库、教学微课、学习辅助资料等线上教学资源建设,提升挑战度,以利于自主学习和科学增负;并鼓励学生在线上教学平台建立话题资料库,形成师生共建课程资源。

(三)强化社会服务

借助教育部国家高等教育智慧教育平台等国家级在线教育平台,使课程服务于更多高校。

"大学物理学"线上线下混合式课程建设[①]

陈琳　胡南　周密　韦建卫

重庆理工大学

一、案例介绍

大学物理学是理工科专业重要的必修公共基础课,结合我校"应用研究型大学"的办学定位和"高水平新工科"建设要求,秉承"悟理、求真、创新、致美、悦行"的课程理念,团队构建了大学物理学线上线下混合式课程教学体系。经过多年的建设,"大学物理学"线上线下混合式教学课程被认定为重庆市线上线下混合式一流课程、市级课程思政示范课程等,教学成果显著。混合式教学进行了教学设计上的创新,提出线上"问题导向+线上任务",线下"翻转课堂+综合课题"的课后综合性提升的教学模式,并通过打造CFME四维融合实现课程思政在各个环节的软着陆。(图1)

图1 重庆市一流课程证书;市级课程思政示范课公示表

[①] 重庆市高等教育教学改革研究一般项目"基于大数据驱动的《大学物理学》混合教学评价体系的构建"(项目编号:233342)、校级本科教育教学改革重点项目"基于线上教学大数据统计的〈大学物理学〉教学质量监控体系的构建"(项目编号:2121ZD13)、西南地区物理学术竞赛类教育教学改革研究项目"CUPT模式融入大学物理混合式课程"(项目编号:SWPTJG2205)。

二、案例详述

(一)课程团队建设与能力提升

大学物理学线上线下混合教学课程团队成员有13人,其中教授1人、副教授7人,获博士学位者6人。课程团队积极开展教学改革研究,特别是以课程建设为中心,围绕"一流课程""课程思政""课程评价"等方面做了大量的工作,形成了系统的大学物理课程思政育人体系。近5年,团队主持教改项目12项,发表相关教研教改论文10余篇。团队教师教学业务能力扎实,多次在各类教学技能竞赛中获奖。此外,课程团队所在教研室与西南大学大学物理教研室、成都理工大学大学物理课程团队建立了长期的合作交流关系。(图2)

图2 团队教师获奖证书

(二)课程内容与资源建设及应用

1. 课程内容

课程内容包含质点力学、刚体力学、振动和波、波动光学、电磁学和近代物理学。结合混合教学模式,课程设计了基础知识模块、应用或跨学科应用模块、章节体系模块、课题探索模块,形成了阶梯式横纵向的课程内容体系。

2. 课程资源建设与应用情况

(1)课程资源建设。

线上资源建设：课程形成了以74个短时长"校本微课"为主，198个同步课堂"校本录频课""校外优质资源"相结合的多层次、多平台、菜单式视频课程学习体系。校本微课是课程学习通平台的配套学习视频，录频课为可选择性补充。此外，团队自制习题解答课18个，拓展视频42个。在线中英文题库2500题，在线课后练习30余个，自制在线篇章自测题10余套，作为课程平台的辅助资源。

线下资源建设：结合包括CUPT在内的各类物理竞赛项目、科研基地等进行线下团体大作业题库资源建设。例如结合CUPT的题目"蜡烛动力漩涡机""网球塔"，又或者结合合适的运动项目比如乒乓球、滑板等打造"运动会中的物理知识"等团体合作的作业库。思政资源建设：结合课程内容和价值目标，梳理思政教育元素以及教育方法和载体途径。打造"CFME四维融合"[内容(content)；组织形式(organizational form)；方法(teaching method)；环境(teaching environment)]的课程思政建设模式。

(2)应用情况。

自2020年混合课程开课以来，学习通开设课程上、下各4期，共计选课人数15343人，页面累计浏览量1147万次，课程师生互动7.6万次。其中校外班级4期，共计1182人，来自全国200多所不同的高校。

(三)线上线下混合式教学设计创新

1. 线上"问题导向+线上任务"

线上主要采用引导性自学，基于视频和各类教辅资源，完成物理基本概念定理定律的学习，教师设问并引导学生开展相互置疑和讨论活动，之后完成笔记、闯关作业、问卷等线上任务。

2. 线下"翻转课堂+综合课题"

教师设计线下"高阶题目""综合题目""跨学科问题"等，采用小组讨论、研讨辩论、专题讲解等形式内化和深化知识。

3. 课后综合性提升

课后结合知识学习布置应用型大作业，通过"实践应用+竞赛科研"，实现基于信息技术高度融合的"以学生为本"的课程教学。

4.课程思政贯穿整个混合式教学设计

混合式教学模式通过构造思政内容,打造线上、线下、课内、课外等多种思政元素融入环境,增加融入手段等,在混合式教学的各个环节实现课程思政融入的软着陆。

（四）课程教学内容及组织实施

在实施过程中,课程内容要进行"树"化重组。教学内容注重"两性一度"、能力培养和课程思政。线上引导自学内容包括注重记忆、理解、应用的物理概念、定理定律、典型题例模块;线下课后提升包括注重分析、评价与创造的习题练习、应用、综合分析等模块。(图3)

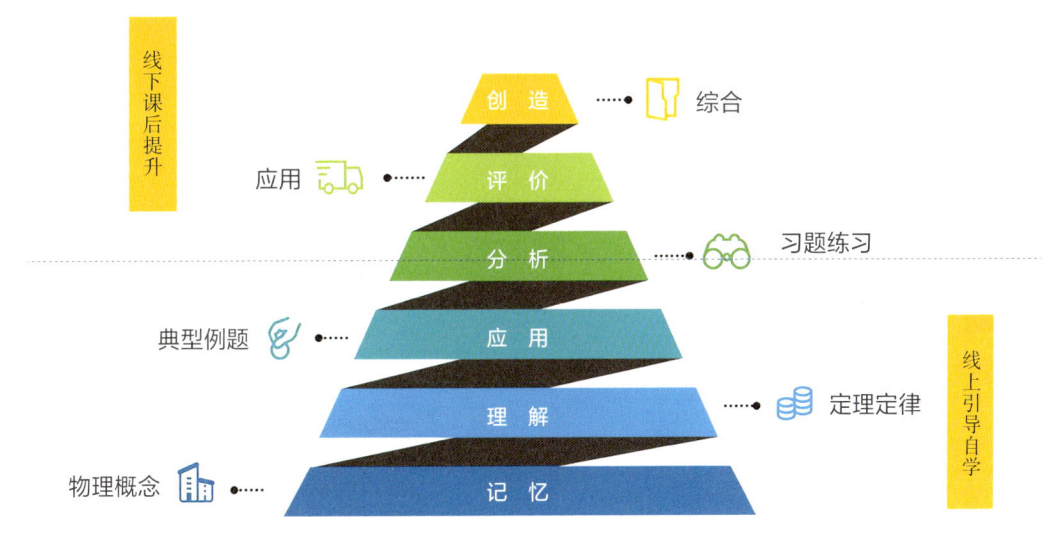

图3 课程教学内容模块

教学安排为一堂线上课一堂线下课交替进行,周期性完成教学内容。混合式教学模式主要采用BOPPPS教学设计。线上提前布置学习任务,明确学习目标,学生通过"线上视频学习、教程阅读、查阅资料、问题思考、作业习题"完成本节物理概念、定理定律、典型例题的学习。课堂教学课前开展提问、抢答、问卷、翻转课堂等形式的课前测,作为线上线下的衔接,及时反馈自学效果。教师课堂教学以实践应用问题为主线,以问题导向式学习方式,采用讲授、小组讨论、演示实验、实践练习等教学手段,提升课程知识的高阶迁移能力。小节后完成纸质作业,篇章学习完成篇章知识思维导图和篇章随堂测。通过"课前思考、线上习题、课后作业、篇章随堂测"、"学期PPL项目"、"4+1"教学任务激励,提升学生学习积极性。此外,在实施过程中结合思政目标,将对应的思政元素通过语言表达、媒体技术、问题驱动、实践训练的方式在线上、线下各个环节进行多次、互补的软融入,从而达到最佳的融入效果。(图4)

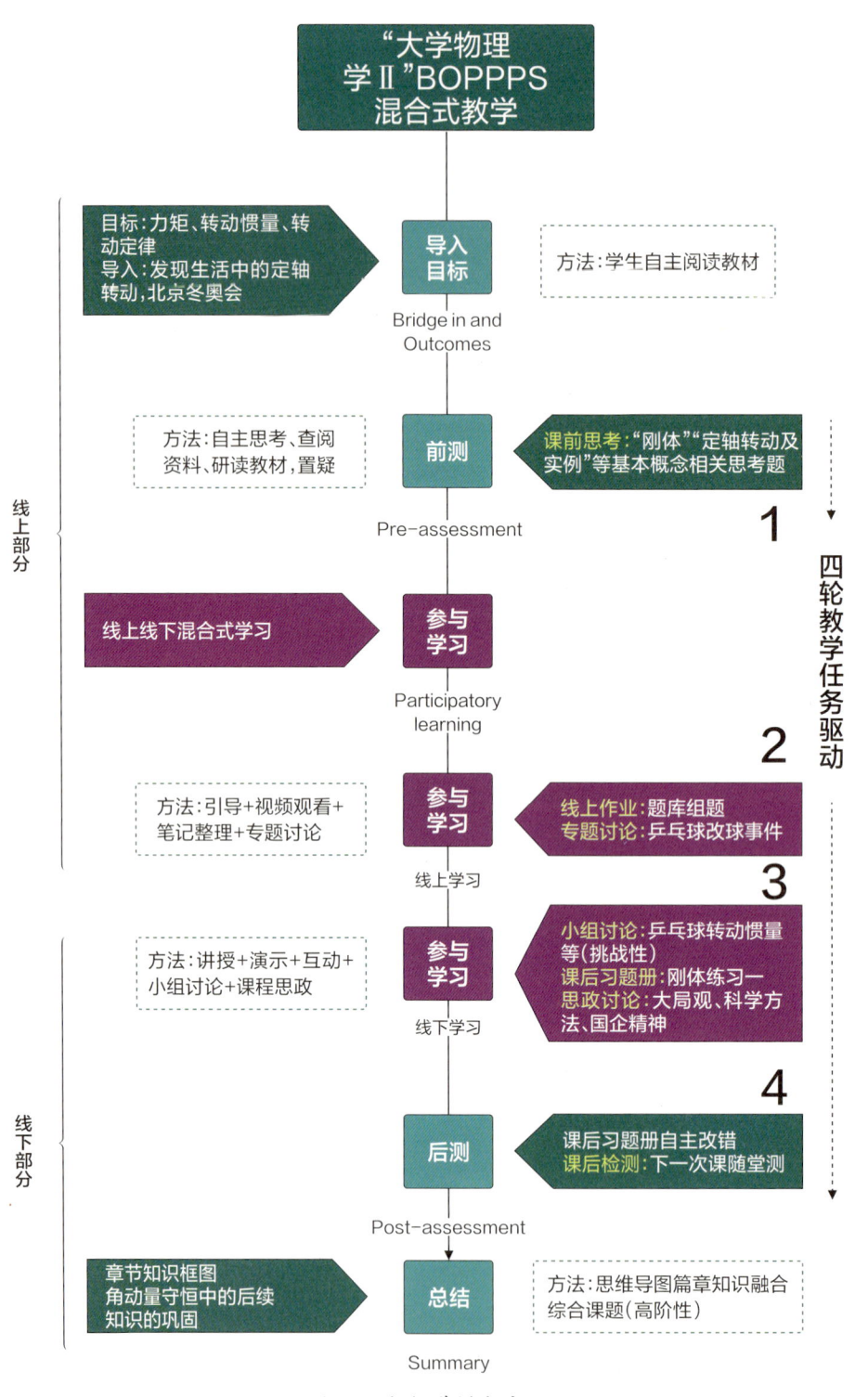

```
                    ┌─────────────────┐
                    │  "大学物理      │
                    │  学Ⅱ"BOPPPS   │
                    │  混合式教学     │
                    └────────┬────────┘
                             │
  ┌──────────────────────┐  ┌┴──┐   ┌──────────────────────┐
  │ 目标:力矩、转动惯量、│  │导入│  │ 方法:学生自主阅读教材│
  │ 转动定律             │──│目标│──│                      │
  │ 导入:发现生活中的定轴│  └───┘   └──────────────────────┘
  │ 转动,北京冬奥会      │  Bridge in and
  └──────────────────────┘   Outcomes
```

图4 混合教学模式实施

(线上部分 / 线下部分)

- 导入目标 — Bridge in and Outcomes
  - 目标:力矩、转动惯量、转动定律
  - 导入:发现生活中的定轴转动,北京冬奥会
  - 方法:学生自主阅读教材

- 前测 — Pre-assessment
  - 方法:自主思考、查阅资料、研读教材,置疑
  - 课前思考:"刚体""定轴转动及实例"等基本概念相关思考题 ①

- 参与学习 — Participatory learning
  - 线上线下混合式学习

- 参与学习 — 线上学习
  - 方法:引导+视频观看+笔记整理+专题讨论
  - 线上作业:题库组题
  - 专题讨论:乒乓球改球事件 ②

- 参与学习 — 线下学习
  - 方法:讲授+演示+互动+小组讨论+课程思政
  - 小组讨论:乒乓球转动惯量等(挑战性)
  - 课后习题册:刚体练习一
  - 思政讨论:大局观、科学方法、国企精神 ③

- 后测 — Post-assessment
  - 课后习题册自主改错
  - 课后检测:下一次课随堂测 ④

- 总结 — Summary
  - 章节知识框图
  - 角动量守恒中的后续知识的巩固
  - 方法:思维导图篇章知识融合综合课题(高阶性)

四轮教学任务驱动

图4 混合教学模式实施

(五)成绩评定考核

课程最终成绩由50%的平时成绩和50%的期末卷面成绩组成,课程真实度系数保障平时学习与期末考试情况基本一致。(表1)

表1 成绩评定表

总成绩		内容	规范
平时P(50%)	线上学习(30%)	微课学习	按进度完成视频
		专题(含思政专题)讨论	积极参与讨论发言
		线上作业	选择填空
		笔记(可选)	基本点
		其他(可选)	任课教师自主设计
	线下学习(20%)	翻转课堂、小组讨论纸质作业、随堂测小论文、综合项目(含思政综合课题)完成等	任课教师自主设计
期末卷面J(50%)		终结性考试	闭卷
课程最终成绩=P×50%×D(真实度系数)+J×50% 【真实度系数D=1(J>60)或D=0.9(40<J<60)或D=0.7(J<40)】			

三、案例成效

(一)案例特色与创新点

1.课程育人理念创新

提出"悟理、求真、创新、致美、悦行"的课程育人教学理念,让学生学会"自主学习知识",教师善于"培养提升能力",思政坚持"引领强化素质"。

2.教学模式创新

从线上到线下,实现课程难度梯度衔接、能力培养循序渐进、素质引领有的放矢;做到教学过程记录完整、教学效果反馈及时、教学评价要素齐全。构建全时段、全环境、全方位的线上线下有机混合教学模式。

3.教学资源和教学方法创新

特色校本资源与校外优质资源有机结合,分层分类,保障线上教学质量;"问题导向+线上任务""翻转课堂+综合课题""实践应用+竞赛科研",实现基于信息技术高度融合的"以学生为本"的课程教学;打造"CFME四维融合"课程思政建设模式。

(二)教学改革解决的重难点问题

传统课堂教学时空受限无法满足教学的需求。固定的时间和空间,教师很难完成知识拓展,缺少教学互动,信息时代的学生对单一教学形式失去兴趣。

传统教学资源不足,对学生能力、素质培养欠缺。传统教学资源无法满足多样性物理知识的呈现,不利于学生解决复杂问题能力和高级思维的培养。

传统教学模式与现代教育理念脱节。传统教学模式下学生自主性学习、探究性学习无法实现,以学生为中心的个性化教学难以贯穿。

传统物理教学重知识、轻育人。传统教学缺乏明确的育人理念,物理课程思政元素发掘不充分。

(三)教学改革成效

混合教学认可度高、辐射范围广。我校三学期共6576名学生参与了混合教学,学期平均成绩从67.5分提升到76.2分,不及格率下降了3.1%。

教学正向反馈机制建立,人才培养质量提升。线上课程教师、学生相互发帖讨论,课前课后习题测试、学习笔记汇总等,利用数据驱动精准化教学,形成教学正向反馈机制,个性化教学保障课程"两性一度"目标的实现,全面提升人才培养质量。

物理"大作业"促进优秀人才的培养。跨学科"物理拓展课题"的研究培养实践动手能力,同时选拔优秀学生参加竞赛进入科研团队。多名学生在各类大学生物理创新实验竞赛中取得优异的成绩。

四、未来计划或启示

(一)构建思维融合的思政教育案例库

基于构建的大学物理学课程思政三条主线,将思政元素进行梳理、分类、提炼总结,有针对性地进行思政元素的融入,形成系统可操作的适合混合式教学模式的具体思政融入案例,最终建立与时俱进、不断更新的"CFME四维融合"课程思政教育案例库。

(二)建立教育大数据驱动课程教学监管模型

收集线上线下教学大数据,挖掘教育大数据背后的教学规律,建立相关模型,优化混合教学策略,实现教学全过程的教学质量监控,实时指导教学行为、改变教学策略,提高课程教学质量。

(三)课程资源推广应用

在立足本校教学的基础上,推广应用我校课程平台,发挥课程建设在同类型高校的积极作用,建立相互贯通的高校育人体系,扩大课程服务对象和辐射范围。

体系创新+科教融合的"信号与系统"课程
——重庆理工大学线上线下混合式课程案例

杨凡　余成波　黄杰　王培容　彭醇陵

重庆理工大学

一、案例介绍

"信号与系统"是重庆理工大学面向电子信息类专业学生开设的一门核心专业课，一直以课程团队的模式进行课程建设与组织教学。课程团队及时将学术研究、科技发展前沿成果引入课程，持续更新研究性、创新性、综合性内容。

课程以确定性信号和线性时不变系统为主要研究对象，讲解基本理论和应用分析方法和基本原理。"信号与系统"课程坚持知识、能力、素质有机融合，采用线上线下混合式教学强调理论联系实际，培养学生解决复杂问题的综合能力。形成了科教融合，特别是以"无人机+信号处理"为特色的"信号与系统"创新课程。

2010年，"信号与系统"获批重庆市精品课程；同年，精品课程"信号与系统"网上课程上线。2013年，"信号与系统"获批重庆市高校精品资源共享课。2022年，"信号与系统"新版线上精品课程完成制作，策划上线。本课程相关改革成果获重庆市教学成果奖一等奖1项，三等奖1项。

二、案例详述

（一）教学团队

在余成波教授等老一辈教师的带领下，课程团队不断壮大。杨凡、余成波老师长期致力于本科教学工作，建设了课程知识体系，探索了章节安排、重点与难点梳理、多样化考核等教学方式。黄杰老师在本课程的基础上，开展了"信号处理"本研教学一体化建设，按照信息类本科与研究生教学特点和知识需求,整合了两个阶段的优质课程资源,完善了本课程教学体系。王培容老师探索线上线下混合式教学与虚实结合的实验教学方式,建设了"信号与系统"网上课程资源和层次化的课程实验内容。彭醇陵老师长期投身一线教学,将自身丰富的教学与科研经验转化为课程资源,注重科教融通。杨凡老师将信号与系统的理论应用到无人机学生创新科研活动中,通过专题研讨、创新实验、挑战性项目等方式,深化学生对课程知识的理解及运用,培养学生解决复杂工程问题与自主创新能力。

2001年,《信号与系统分析基础》由重庆大学出版社出版;2004年,《信号与系统》由清华大学出版社出版;2006年,"信号与系统"课程获院级优秀授课奖;2008年,《信号与系统》获校级优秀教材三等奖。

(二)特色经验

"信号与系统"是电子信息类专业课程,具有理论性强、实践要求高的特点。因此,课程始终注重知识结构的构建、理论与实际结合、思维模式训练,增加课程的知识性和趣味性,提升实践性和开放性。教学团队以OBE理念为教学核心,紧密结合工程实践和科研专题,不断对教学手段和教学方法进行创新,实现线上为主、线下为辅的混合式教学,培养学生解决复杂工程问题与自主创新能力。

1.发掘教学手段,教书育人,增强学生自信

在课堂教学中,提出现代手段与传统手段有机结合,以讲授基本理论和方法为重点,采用多媒体技术辅助讲解具有动态性质的知识点和扩充知识面,着力解决学生思维上的"难点"与"盲点",提高了教学效果。

在平时的课堂练习和作业中,加大了学生应用MATLAB等现代信号处理工具软件去学习和理解"信号与系统"这门课程内容的力度,例如,"信号在不同域的表示形式""周期信号在频域中的性质""无失真传输的条件"等比较抽象的专题,都会配置相应的课堂演示和课外作业,帮助学生建立对"信号与系统"这门课程的直观印象,加深学生对抽象理论知识的认识,激发学生的学习动力,培养学生自信心。并且根据不同专业和应用领域,有针对性地进行案例讲解和讨论,培养学生的系统观、创新思维,以及综合利用所学知识分析复杂系统的能力。(图1)

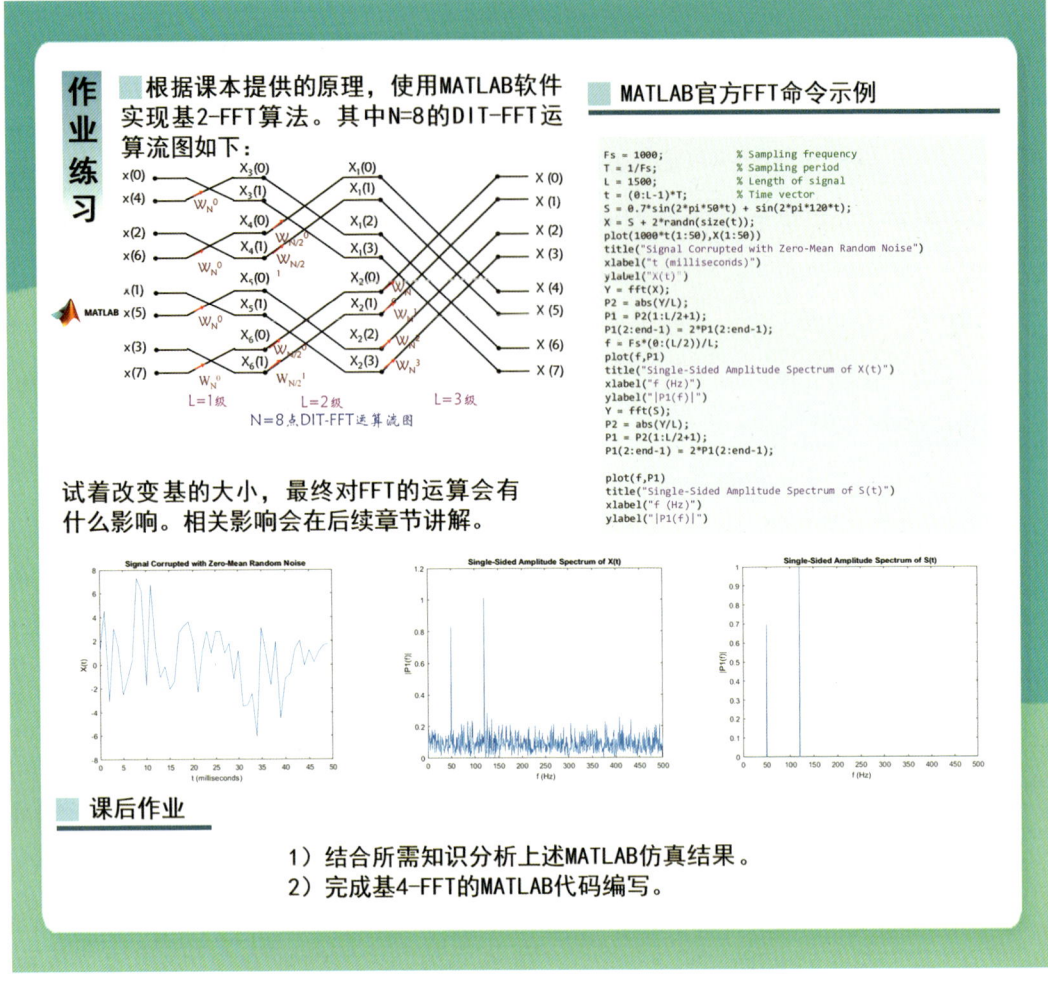

图1 课外练习——应用MATLAB工具软件处理复杂信号

2. 优化课程内容,承前启后,构建知识体系

教学团队根据多年的教学经验和本校教学的实际情况,绘制了"信号与系统"这门课程的教学导图。教师可参照"信号与系统"课程基本结构——学习方法指导教学,学生也可以根据自身情况参照教学导图来制定自己的学习计划。教学导图更加立体方便地建立了师生"教"与"学"的桥梁,有助于教学活动的展开。(图2)

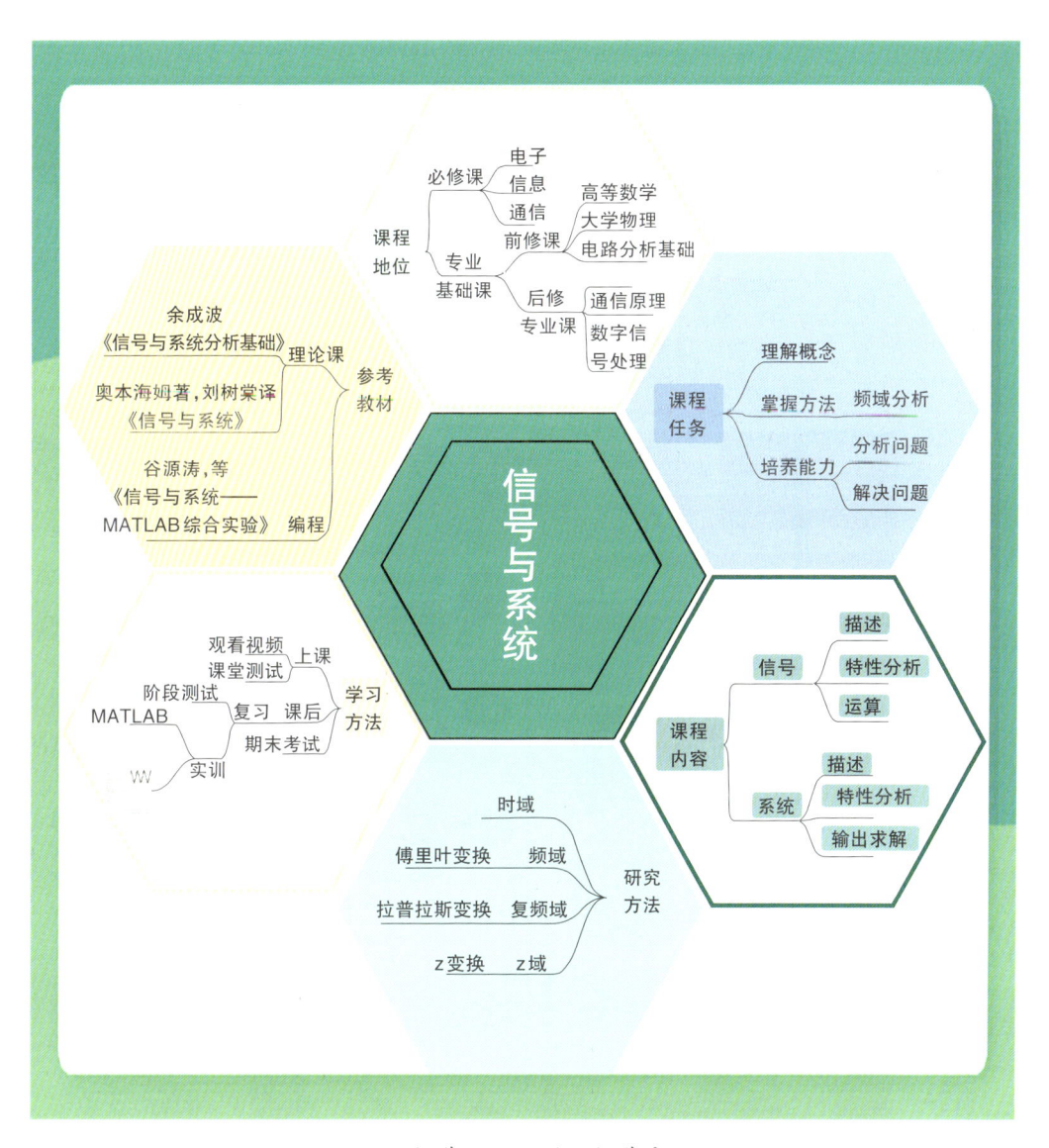

图 2 教学团队绘制的教学导图

在讲授"信号与系统"理论课程的过程中,教学团队根据教学导图优化课程内容,全面梳理了"信号与系统"的所有知识点,绘制了课程知识结构的全系列图谱,帮助学生快速构建知识体系,也方便教师在教学中有针对性地优化教学内容。学生了解并掌握知识点间的关系,将所学知识构成有机的整体,有利于学生对后续通信原理以及数字信号处理等专业课程的学习,提升学生的综合能力。

为了打造"内涵到外延"式的教学,教学团队非常注重课内相关课程知识点与工程实践和科研专题的衔接,并按照应用领域的划分对"信号与系统"这门课程从横向和纵向进行了梳理。在教学中,每一节配有应用案例、计算机仿真、测试题、动画和源代码,学生每

学完一节的知识后,可进行课堂测试检验学习效果,循序渐进,达到理论与应用的紧密结合。(图3)

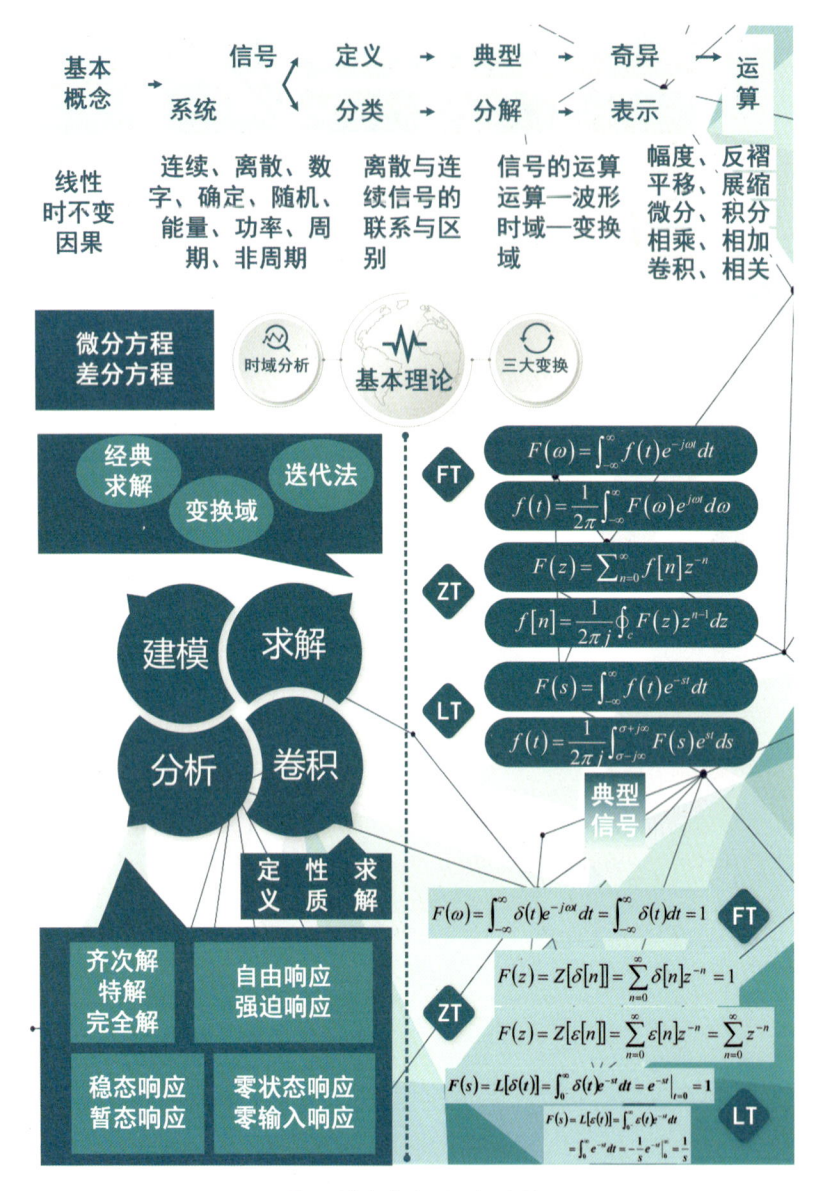

图3 课程知识点关联图

3.丰富实践教学,科教融合,培养工程实践能力

在"信号与系统"理论课开设的同时,引入新的实验教学思想,把理论教学和实验教学有机结合,使实验教学成为理论教学的延伸。运用科研成果,以专题实验的形式融入本课程的实践教学中,达到科教融合的目的,并加深学生对本课程基本理论的理解,有效地提高了学生的实际动手能力、解决实际问题能力和创新能力,达到了从理论到实际,并且不

断深化实践教的学效果。

将"信号与系统"中"信号的频域分析"、"信号的滤波"以及"系统的稳定性"等内容有机应用到"无人机飞控与机器视觉"学生创新科研活动中,每年定向开展"无人机"与"信号处理"系列创新学术讲座和学生创新科研活动(图4)。每年参与的学生人数500余人次,学生将相关科研成果应用到各级学科竞赛中,如全国大学生电子设计竞赛、大学生创新创业训练计划项目、"挑战杯"全国大学生课外学术科技作品竞赛、iCAN国际创新创业大赛等赛事,获得国家级奖项30余项,省部级奖项50余项,切实将"信号与系统"的课程理论融入了科研与实践中,科教融合,有效地培养了学生的工程实践能力。

图4 "无人机"与"信号处理"系列创新科研活动

4.实践混合式教学,线上线下,提高学习效果

充分应用网络和现代教学手段促进学生自主学习,数字化和信息化的教学环境有助于提高学生的知识吸收效率,为学生提供电子教案、MATLAB案例、理论教学和实验教学大纲、重难点辅导、实验指导等,促进学生自主学习,启发学生的探索精神,并提高学生多通道学习知识的能力。

经过几十年的辛勤耕耘,"信号与系统"教学团队面向国家对新时代电子信息人才多元化的要求和学生个性化发展的需求,始终注重教书育人、课程建设、教学探索与改革,致力于信号处理课程与实验体系的建设和完善。紧跟当代科学技术发展的步伐,在教学中引入DSP新技术、MATLAB技术、无人机信号处理技术。理论联系实际,以产出为导向,将科研成果转化为教学资源加入教学,特别注重加强学生的实践能力与创新能力培养,依托实验教学示范,完善课程实验教学资源,建设信号与系统层次化实验教学体系,支撑课程教学。

三、案例成效

(一)教学创新

在"信号与系统"课程的考核方法改革中,注重对学生知识运用能力的考核与创新能力的培养,强调学生的综合素质。采用多种形式进行测试,特别注重应用知识解决实际问题这类以产出为导向的能力考核。

理论课教学成绩评定由三部分组成:期末考试占总成绩的70%;讨论占总成绩的15%;平时作业与实验占总成绩的15%。尽可能公正地评价学生的学习成绩。

积极鼓励学生参与课外创新实践和相关竞赛,并将课外创新实践纳入课程设计。按照课程设计的要求在考勤、实做、设计报告合格的基础上确定成绩等级,并最终计入学生成绩。以参加竞赛获得的奖项等级为平时成绩的加分项,这种"课内+课外"联动的方式,极大地激发了学生的学习热情,并自然地完成了以产出为导向的工程教育理念。(图5)

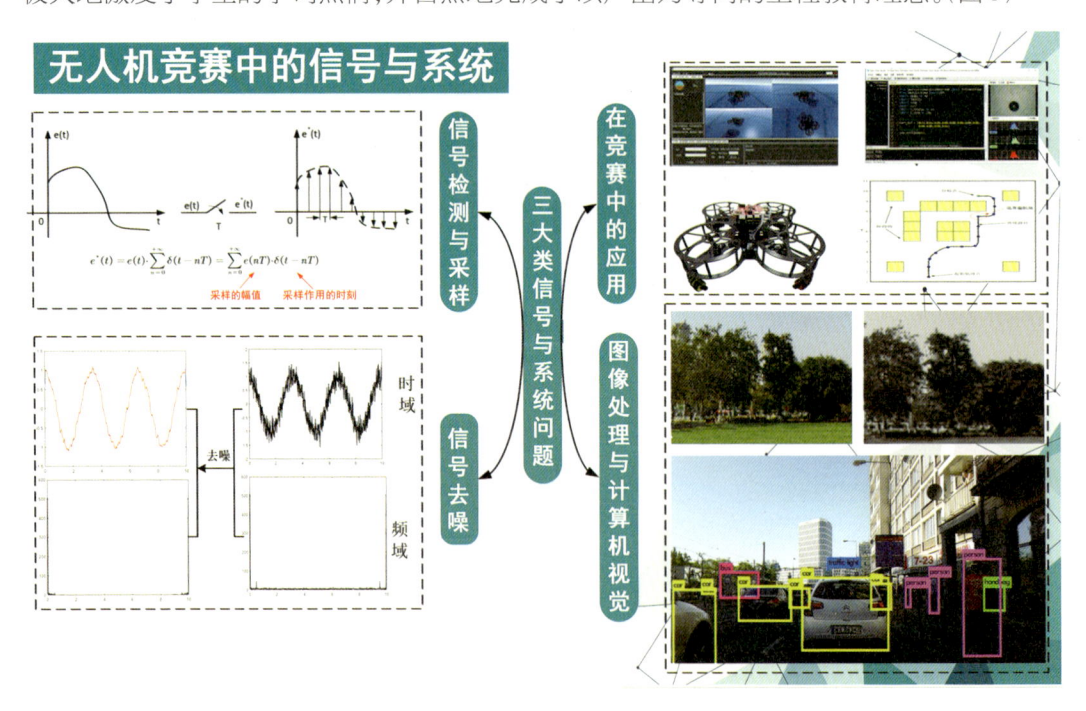

图5 积极鼓励学生参与课外创新实践和相关竞赛

（二）主要成效

1."信号与系统"课程线上线下混合式教学

教学团队十分重视教学方法与教学手段的改革，注重将学科前沿研究成果有机地融入课堂教学，采用"启发式"、"渗透式"和"讨论式"等教学方法，增加师生之间的交流与互动，让学生更积极主动地思考。在线下课堂构建学生对本课程体系的立体认识，牢固掌握理论知识，教师通过提问与学生互动，引入经典案例加深学生对知识的理解，通过总结学生课后作业的薄弱环节，有针对性地开展线下辅导答疑；对于较为抽象难懂的理论，在线上的教学中利用网络和多媒体的优势，采用基于MATLAB的"信号与系统"软件实验包进行实验和实验演示教学。期末考核的试卷更偏向于理论应用，让学生更注重基本概念和知识点的应用。近两年的数据说明"信号与系统"课程内容虽然枯燥、抽象，但学生的学习积极性及自主性有很大提高，教学质量显著提升。（图6）

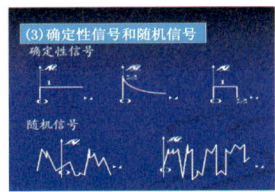

图6 "信号与系统"线上线下混合教学情况

2."信号与系统"理论课程+无人机创新实践

教学团队探索了一套将"信号与系统"的课程教学融入学生创新科研与实践的路子。针对"信号与系统"课程的特点，对实践教学环节进行了大胆的改革，借鉴电子信息工程系无人机创新实验室的教学平台，构建了"信号与系统"与"无人机信号处理"有机结合的层次化、综合化、创新性的递进式实践教学体系，对培养学生的创新能力与意识起到了重要作用。

四、未来计划或启示

(一)强化启发式教学,不断提高教学效果

按照知识创新的思路和理念展开教学活动,努力尝试和推进由问题而来(发端于问题)到问题而去(终结于问题)的教学方式,实现在思考解决问题的过程中激发学习兴趣、传授新知识、提高新认识,在探讨问题中发现规律、提出理论并指导实践和应用。

(二)注重课程思政,打造具有职业素养的专业课程

在未来的课程建设中,将注重思政教学,将专业能力培养与专业情感教育融为一体,用科研成果激发学生学习专业的热情,让学生在学习掌握实验技能中陶冶专业素养,在自主实验过程中激励探究兴趣,在实验研究的团队协作中升华工程师的职业情怀,培养学生规范、严谨、协同、创新的优良作风。

(三)打通教学—科研—成果转化之路

为了保障课程的可持续发展,未来将探索科研成果的教学转化途径,即"知识、设备、过程"三层转化模式。通过知识转化,将科研成果引进课堂、编入"信号与系统"实验指导书;通过设备转化,开发科研设施的教学应用价值,并逐步自研自制专用教学实验装置,达到全方位、高质量地支撑托举专业教学的目的。

"线上线下、虚实结合"的"工业机器人技术及应用"混合式教学模式探索与应用

谢双义　邹政　马婧华　余永维　张晓宇

重庆理工大学

一、案例介绍

"工业机器人技术及应用"是机电专业的核心课程。本课程以重庆理工大学机械工程重点学科、"机械设计制造及其自动化"国家一流专业、"机械电子工程"重庆市一流专业为依托，基于"以学生为主体""以产出为导向"的教学理念，构建"线上线下、虚实结合"的混合式教学体系，实现人才培养"两性一度"的课程目标。

课程坚持课堂思政，立德树人。课程教学紧密结合国家及行业发展需要，培养学生家国情怀及职业素养。基于"慕课+课堂"教学模式，开展线上线下理论教学，创新混合式教学知识点大纲，将传统课堂教学和网络化教学创新融合，实现优势互补。结合机器人真机及虚拟仿真平台，开展虚实结合的机器人实验教学。以产出标准为导向，构建多元、全面、可测量的课程评价体系，注重过程管理，教学评价数据用以优化教学内容，实现教学组织、活动的改进。

通过本课程的学习，使学生能够熟悉工业机器人的结构、运动和控制特点，掌握工业机器人运动分析、结构设计和集成应用的基本方法，建立系统分析和综合的概念，同时也为后续专业课程、毕业设计与就业打下坚实基础。

二、案例详述

（一）课程团队建设与能力提升

课程团队成员分工明确，教学科研水平高，经验丰富，年龄知识结构合理，教学效果显

著。团队成员近两年来共发表教研论文5篇,主持重庆市教委课程思政建设示范项目1项,重庆理工大学课程思政建设项目3项,重庆理工大学教学改革重点项目1项,重庆理工大学本科教育教学改革研究项目2项。

(二)课程内容与资源建设及应用

1.课程思政建设注重系统架构和立体化渗透

采用挖掘思政点、梳理思政线、整合思政面的"点线面"三维设计模式,将专业知识点与思政元素进行有机结合。从各个知识点中挖掘思政元素,如创新精神、职业道德、家国情怀等,并对其进行分类、编号,由此建立专属课程、体系标准的思政案例库,将其融入教学大纲与教案设计。

2.优化课程实践内容,加大实践场地建设

在原有机器人实践基地基础上,引入工业机器人虚拟仿真实践项目,通过虚实结合的实验教学,提升学生对工业机器人的感知及实践操作能力。(图1)

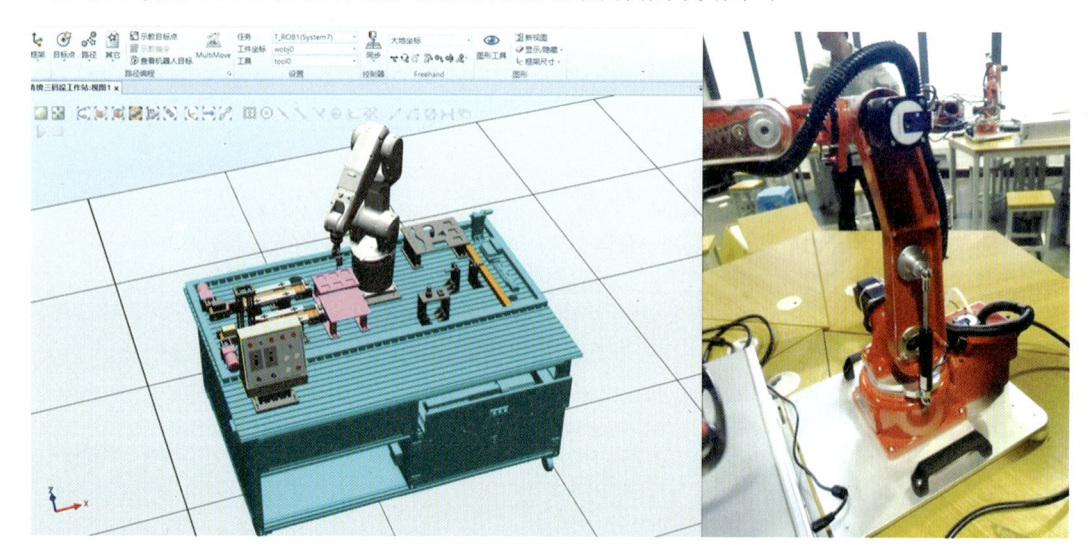

图1 工业机器人虚拟仿真与真机实验

3.上线慕课资源

借助慕课及网络资源,学生可以合理安排学习时间开展自主学习,帮助教师有效减少理论教学时长与负担,从而将教师教学转移到重难点知识的讲解以及对学生实践能力的培养上。(图2)

图 2 已制作的慕课资源

(三)线上线下混合式教学设计

针对课程原有教学过程中存在的课时分配不合理、实践条件不足、重知识传授轻能力培养、无三观引领等问题,梳理课程知识点,明确各知识点难易程度和最佳教学方式,划分线上教学、课内教学、课内实践与课外自学部分,在此基础上确定慕课录制内容。通过压缩理论教学课时、添加思政元素、开设网上第二课堂、优化实践板块,形成"以学生为主体""以产出为导向"的教学理念,构建"线上线下、虚实结合"的混合式教学体系。通过线上线下混合式教学改革激发学生学习的主动性,通过线上自主学习和线下互动学习相结合,提升学习效果,使学生达到课程目标和课程支撑的毕业要求。

(四)课程教学内容及组织实施

本课程的教学内容安排分为理论教学与实践教学两大部分。其中,理论教学32学时,包含绪论、机器人的本体结构及控制系统、机器人运动学、机器人动力学、机器人轨迹规划、机器人语言与编程、工业机器人集成及应用等内容。实践教学为16学时,分为基于Robot Studio的工业机器人虚拟仿真及工业机器人真机实操两部分内容。(图3)

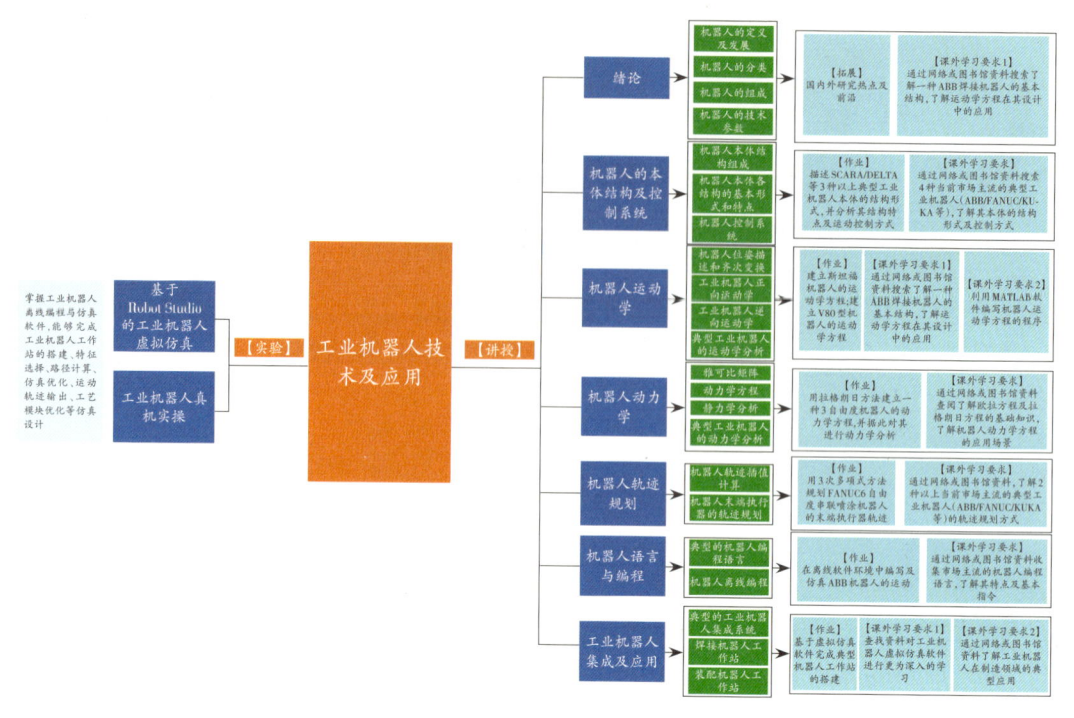

图3 课程教学内容安排

"线上线下、虚实结合"的混合式教学实施过程由PDCA循环[PDCA即Plan(计划)、Do(执行)、Check(检查)和Act(处理)]与翻转课堂构成。(图4)

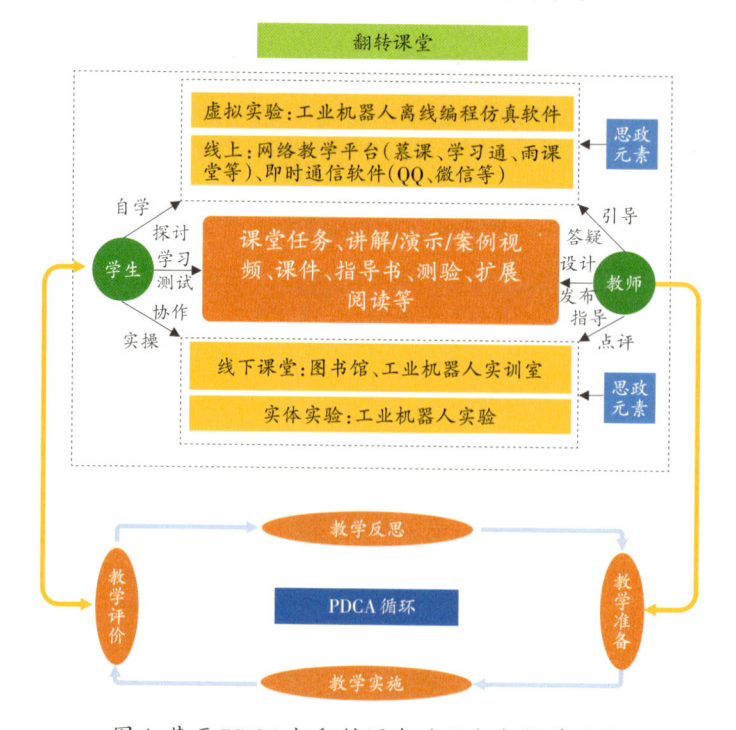

图4 基于PDCA与翻转课堂的混合式教学设计

1.PDCA 循环

教学准备：本阶段的主要工作为教学内容设计，准备包含视频、动画、测验题、虚拟仿真平台等在内的丰富的网络教学资源。

教学实施：基于翻转课堂理念，将整个授课过程分为课前、课中、课后三个阶段。在课前和课后，教师对学生进行积极引导，让学生借助网络资源完成线上学习，并利用闲余时间对学生普遍提出的问题进行解答；在面对面的线下授课过程中，教师组织学生进行集中学习。

教学评价：借助网络平台丰富的应用功能有效开展学生评教和教师评教工作，有效掌握学生学习及教师授课效果。

教学反思：对教学过程中存在的优点及缺点进行归纳总结，以改进教学方法与教学重难点，完善整个教学过程。随后，进行下一轮的 PDCA 循环，使教学过程呈螺旋式的上升循环。

2.翻转课堂

依托线上线下教学平台，实行翻转课堂教学，将整个教学过程分为课前自学、课中巩固以及课后拓展三个阶段。

（1）课前自学：教师借助网络平台，通过发布数字化资源进行课前教学准备。以任务为驱动，以案例为载体，激发学生主动学习的意愿，让学生带着问题进行预习。

（2）课中巩固：教师将企业真实案例或教师的科研项目作为任务导入，构建教学情境，并根据学生课前学习情况，对学生普遍反馈的问题进行重点讲解。

（3）课后拓展：当完成本节课的教学后，教师布置更具挑战性及创新性的学习任务，促使学生进行更深入的学习，进一步拓展学生的自主学习能力。

（五）课程成绩评定

以产出标准为导向，构建科学的课程评价体系。课程考核由过程性和终结性评价构成，多元、全面、可测量。注重过程性管理，教学评价数据指导教学内容优化，改进教学组织活动。(图5)

过程性评价。过程性评价包括平时成绩及利用网络平台进行的在线学习成绩。通过过程性考核，让学生巩固平时所学的理论知识。

终结性评价。将理论和实操相结合，在实操考核中培养学生动手操作能力和技能，培养学生职业素养。在理论考试中重点考查学生解决复杂工程问题的能力。

图5 课程成绩评价构成

三、案例成效

（一）案例特色与创新点

1.案例特色

在分析课程特点和教学现状的基础上，构建"线上线下、虚实结合"的混合式教学体系，基于OBE理念，以学生为中心，采用项目导入、任务驱动、实践操作验证理论等教学法，结合学习通、慕课、多媒体等教学平台，将企业真实案例和教师的科研项目融入教学过程，增加创新实践性教学环节，与学生积极互动，创造轻松有趣的学习氛围，激发学生学习兴趣，培养学生创新思维和动手能力。同时，探索思政教育课内与课外相融合、知识点学习与价值观引导相融合的创新教育理念，拓展思政教育的广度与深度，启发学生在价值观层面的思考和成长。

2.案例创新点

引入智能机器人先进技术，将企业真实案例和教师科研项目引入课程教学过程，落实科研育人，培养学生的科研意识和主动创新精神；构建虚实结合的实践教学模式，将虚拟仿真实验与真机实操有机结合，通过线上线下形式对实验任务进行合理分解与分配，搭建高效学习课堂；课程教学引入课程思政，借助真实案例，增强思政教育感染力，构建"点线面"三维设计模式，培养学生精益求精的工匠精神以及爱岗敬业、团结协作的职业素养。

（二）解决的重难点问题

1.优化教学内容

合理安排线上线下教学内容及比例，通过建立线上慕课课程资源，让学生更多地了解工业机器人最新技术及在工业生产中的应用，培养学生学习本课程的兴趣。综合国内外优秀的工业机器人教材，进一步优化各章节的教学内容和教学方式，适度提升课程的深度。

2.改进教学方法

探索线上和线下混合式教学规律，研究线下互动课堂的教学模式，充分利用学习通及慕课等信息化教学工具进行辅助教学，做到线上线下学习的有机结合。加强课前和课后自主学习的要求，培养学生独立思考和分析解决问题的能力。

3.优化考核方式

研究适合线上学习效果的考核方式，优化和调整线下学习的考核方式，注重过程性评价和终结性评价的有机结合，使其能够更好地促进学生自主学习，更好地反映学生学习的总体效果。

（三）改革成效

课程思政探索育人效果主要通过学生课后的案例感想进行反馈。在学生提交的感想中，多数学生表示增强了专业认知，学习到了工业机器人从业者崇高的家国情怀及工作态度，大多数学生表示此教学模式对自身有着强烈的吸引力。在每次真机实操中，学生职业素养显著改善。此外，学生解决复杂工程问题的能力得到显著提升，有力支撑了课程目标的达成。

线性代数"BOPPPS+PAD"混合教学示范案例

吴艳秋　王良伟　陈彦恒　张京友

重庆三峡学院

一、案例介绍

线性代数以大学数学课程基本要求为标准、"学生中心、立德树人"为理念、金课的"两性一度"为方向、信息技术为手段，进行课程创新。课程团队以解决课程真实"问题"为导向，在BOPPPS教学模型和PAD对分课堂研究基础上，实践探究出适合本课程学情的"BOPPPS+PAD"混合教学模式。基于混合教学模式的实践和推广，归结出"课前+课中+课后"的"4+6+2"混合教学流程，探究出基于大数据的"课前+课中+课后"三维动态评价方式，形成"2:1:1:1:5"多元考评方案，并以"基础+提升+思政"3个模块重构课程内容，构建"一度两性三评四育"的课程架构。本课程已被认定为市级精品在线开放课程、市级线上线下混合式一流课程、市级课程思政示范项目，并被推荐申报国家级一流课程。

二、案例详述

（一）课程团队建设与能力提升

坚持一线教学，近5年课程团队教师承担了不同专业类的线性代数课程教学，共计2000余学时。

坚持理论研究，近5年团队教师主持参与和本课程密切相关的教研课题10余项，主编线性代数课程教材1部，发表课程相关教学论文10余篇。

坚持学习研讨，近半年团队教师先后参加与课程相关的学习培训10余人次。

坚持以赛促教，团队教师积极参加校级、省部级和国家级教学竞赛与荣誉申报，近5年获校级及以上荣誉近30人次。

坚持示范引领,近3年团队教师优秀教育事迹被《重庆日报》、上游新闻、学校微信公众号相继报道10余次。

(二)课程内容与资源建设及应用

1.线上资源:建成省部级精品在线开放课程,线上资源强调"基础",资源持续更新中

(1)视频库:涵盖行列式、矩阵、线性方程组、n维向量、方阵的对角化和二次型6个模块基础知识,共计61个视频资源,时长557分钟。

(2)习题库:考查学生对6个模块基本知识点掌握情况的学习测验、课前测验和随堂测验累计达到94次,习题总数424个。

(3)讨论库:发布本课程重点、难点、疑点等讨论话题67次,回复发帖总数累计达到9万余人次。

(4)课件及配套文档资料库:方便学生自学的课件、知识图谱、学习资料等非视频资源113个。

2.线下资源:在线上资源"基础"上,线下资源重在"提升+思政",资源持续更新中

(1)自编教材:课程拥有自编教材以及配套的习题辅导,教材中囊括了有一定学习难度的例题选讲和考研题选,兼顾高阶性和挑战度。

(2)提升资源库:讨论问题库、考研专题提升资源、大学生数学竞赛试题库和建模竞赛案例库,兼顾"两性一度"。

(3)思政案例库:形成以人文素养、科学精神、辩证思维和应用创新四个维度为主体,显性与隐性教育相统一的"四位一体"思政育人体系。(图1)

图1 "四位一体"思政育人体系

(三)线上线下混合式教学设计创新

团队教师在BOPPPS教学模型和PAD对分课堂研究基础上,实践探究出适合本课程学情的"BOPPPS+PAD"混合教学模式。混合教学按照"课前+课中+课后"三个环节展开,以BOPPPS教学模型为框架进行设计。(图2)

课前线上学习,以自建省部级精品在线开放课程资源为线上学习资源,通过自主学习任务单(O)—自主学习线上资源—适当笔记—搜集困惑4个流程展开。

课中面授提升,以课前学习反馈为基础,通过前测(P)—[反馈并讲授(B)—内化吸收—去疑、讨论](P)—后测(P)—总结(S)6个流程进行,主要环节采用PAD对分课堂模式展开。

课后分组任务,按照知识应用案例分组任务—平台发布共享(P)2个流程进行。

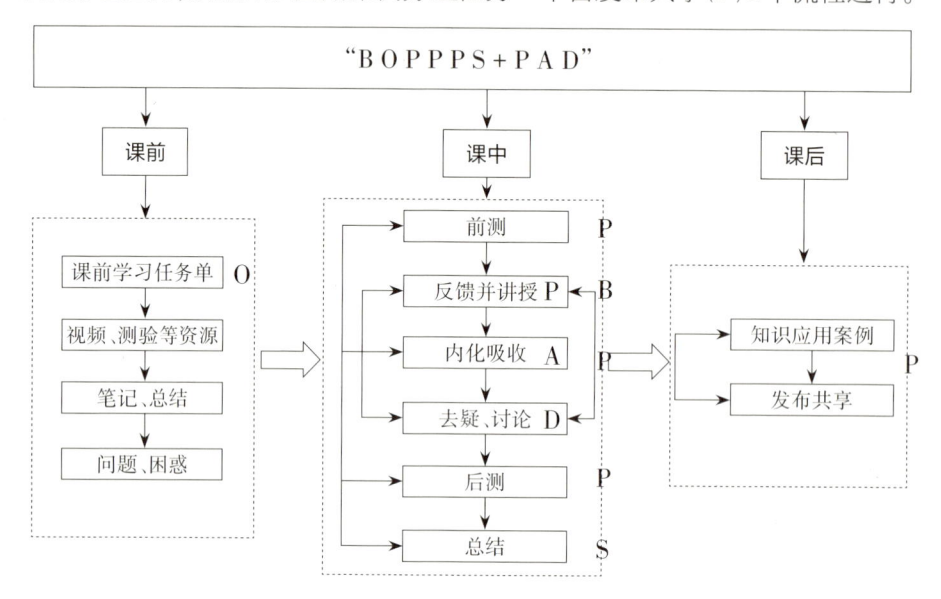

图2 "BOPPPS+PAD"混合教学模式(4+6+2混合流程)

(四)课程教学内容及组织实施

1.课程教学内容

以"两性一度"金课为建设方向,以"基础+提升+思政"3个模块重构课程内容,构建"一度两性三评四育"的课程架构,其中线上资源重在"基础",线下资源重在"提升+思政",形成人文素养、科学精神、辩证思维和应用创新"四位一体"的思政育人体系,构建以文塑人、以人育人、以哲明人、以用树人"四位一体"思政育人案例库。(图3)

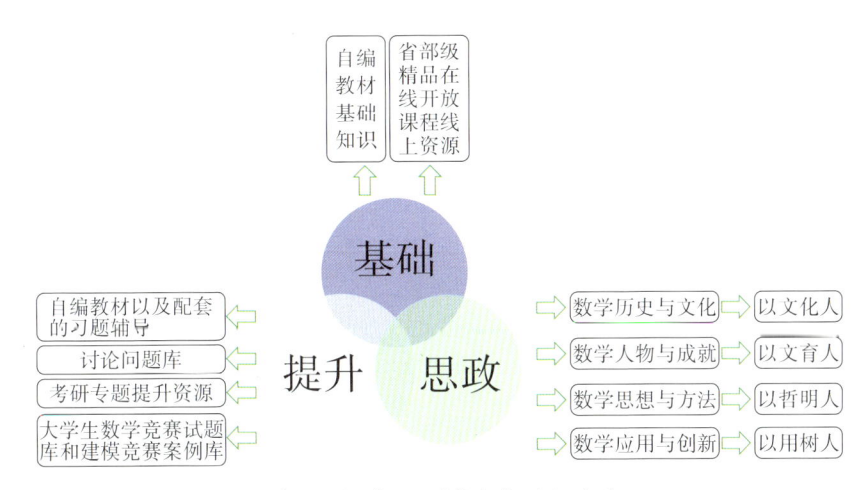

图3 "基础+提升+思政"重构课程内容

2. 课程组织实施

(1)逐步试点改革。混合教学改革采用课程负责人率先试点,再采用"班级—专业—院系—学校"路径逐步进行。经过3年的混合教学探索,探究出适合本课程学情的"BOPPPS+PAD"混合教学模式。

(2)混合教学保障。课程拥有保障混合教学开展的混合式教学进度表、融入课程思政的完整教案、混合教学课件等教学材料;制定了保障混合教学的教师工作职责、课程积分管理制度、纸质作业批改标准等制度。

(3)"4+6+2"混合教学流程。以"BOPPPS+PAD"混合创新模型为整体设计框架,归结出"课前+课中+课后"的"4+6+2"实施流程,保障混合教学的实践和推广。

(五)成绩评定考核

以评价检测为动力点,分析教与学过程的不足,持续改进课程评价方案,主要经历了4个改进过程。(图4)基于"课前+课中+课后"三维动态数据,形成2:1:1:1:5创新考评方案,该评价方案利用学习通等智慧教学平台覆盖教学全过程,使教学效果可记录、多主体性教学评价有据可循,得到学生普遍认同,具有广泛的推广价值。(表1)

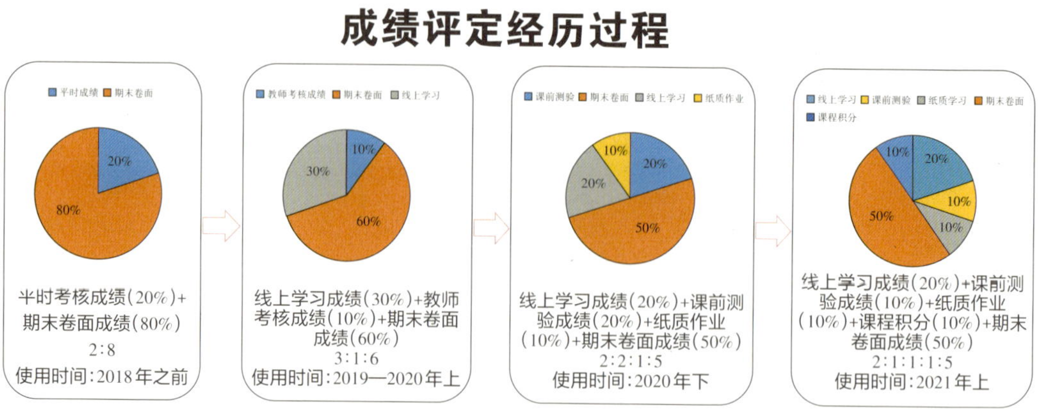
成绩评定经历过程
平时成绩 期末卷面
20%
80%
半时考核成绩(20%)+
期末卷面成绩(80%)
2:8
使用时间:2018年之前
教师考核成绩 期末卷面 线上学习
10%
30%
60%
线上学习成绩(30%)+教师
考核成绩(10%)+期末卷面
成绩(60%)
3:1:6
使用时间:2019—2020年上
课前测验 期末卷面 线上学习 纸质作业
10%
20%
20%
50%
线上学习成绩(20%)+课前测
验成绩(20%)+纸质作业
(10%)+期末卷面成绩(50%)
2:2:1:5
使用时间:2020年下
线上学习 课前测验 纸质学习 期末卷面
课程积分
10%
20%
10%
10%
50%
线上学习成绩(20%)+课前测
验成绩(10%)+纸质作业
(10%)+课程积分(10%)+期末
卷面成绩(50%)
2:1:1:1:5
使用时间:2021年上

图4 课程评价持续改进的4个发展过程

表1 过程性、阶段性、多主体性2:1:1:1:5考评方案

评价分类			评价指标	占比
2	过程性评价20%	对个人评价	课前线上任务点完成情况	6%
			章节自学自测	7%
			参与课前讨论	4%
			分组任务	3%
1	过程性评价10%	对个人评价	课中前测	10%
1	过程性评价10%	组间、组内教师评价	课堂各项活动参与度、讨论问题参与完成度、课中后测(具体细节见课程积分管理制度)	10%
1	过程性评价10%	教师评价	知识应用案例分组任务	5%
		组员评价	完成情况	5%
5	终结性评价50%		期末卷面考试	50%
总计		过程性评价50%+终结性评价50%		100%

三、案例成效

(一)案例特色与创新点

探究出"BOPPPS+PAD"混合教学模式,归结出"课前+课中+课后"的"4+6+2"实施流程,保障混合教学的实践和推广。

以"基础+提升+思政"3个模块重构课程内容,构建"一度两性三评四育"的课程内容架构。

形成人文素养、科学精神、辩证思维和应用创新"四位一体"的思政育人体系,构建以文塑人、以人育人、以哲明人、以用树人"四位一体"思政育人案例库。

基于"课前+课中+课后"三维动态数据,形成2:1:1:1:5创新考评方案,形成过程性、阶段性和多主体性相结合的多元评价模式。

注重第二课堂建设，拥有大学生数学竞赛试题库和建模竞赛案例库，鼓励学生参加数学竞赛和建模竞赛。

注重专业对接，团队5名教师根据不同专业群的需求，授课侧重点会有所差异，拥有与专业融合的应用创新思政案例。

（二）教学改革成效及解决的重难点问题

1.教学改革成效

（1）人才培养。

教学改革实施以来全校课程及格率提高10%；学生考研数学基础通过率提高6%，近5年通过参加全国大学生数学竞赛获得省部级及以上奖励90余项，参加全国大学生数学建模竞赛获得省部级及以上奖励30余项。

（2）教师获奖。

2022年团队荣获市级课程思政教学名师和团队，2021年课程负责人以"探索矩阵乘法的'灵光'之旅"微课获重庆市微课比赛三等奖，此外，连续两年获课堂创新教学大赛副高组重庆市三等奖和校级一等奖。团队成员近5年获全国教育硕士优秀教师、重庆市教书育人楷模、教育系统先进个人、"巴渝学者"（青年学者）、市级高校中青年骨干教师等荣誉称号，先后获2019年和2020年校级十佳教师，连续三年荣获教学质量一等奖。

（3）示范辐射。

①课程服务。在线课程服务本校学生，同时也面向其他高校开放，依托市级在线开放课程平台开放，累计选课人数达到8000余人，回复发帖总数累计达到9万余人次。在线课程曾在学习强国中展播，取得了一定的辐射效果。

②示范引领。坚持不懈的课程改革带动了其他数学课程的教学研究，目前"高等数学""概率论与数理统计""高等代数"成功立项市级一流课程；近2年教务处邀请主讲教师参与学校课程评审5次；近3年团队成员优秀教育事迹被《重庆日报》、上游新闻、学校微信公众号相继报道10余次。

2.教学改革解决的重难点问题

（1）解决课程学时供给量与课程目标高要求间的矛盾问题。

（2）解决知识传授与价值塑造、能力培养脱节问题。

（3）解决传统考核重结果轻过程、重知识轻能力和素养问题。

(4)解决课程难度较大与学生薄弱基础的矛盾问题,学生可根据学情个性化学习基础知识。

(5)解决学生被动学习格局问题,增加学生主动参与、主动探究学习的机会。

(三)取得的主要成果

2014年以来,课程建设成果显著,其中2018年、2019年和2020年先后获批市级月度在线名课、市级精品在线开放课程和市级线上线下混合式一流课程等,2021年被推荐申报国家级线上线下混合式一流课程,2022年立项市级课程思政示范项目。(图5)

图5 2014年至今的课程建设成果

四、未来计划或启示

第一,持续改进线上教学资源。根据线上平台数据反馈,深入开展混合式教学实践探究,不断优化、完善线上教学资源供给,保证线上教学内容年更新率达到10%以上。

第二,完善思政案例库。坚持虚拟教研室集体教研,新增以文化人、以人育人、以哲明人、以用树人"四位一体"思政育人映射点,完善思政案例库。

第三,深入优化本课程与后续工科专业课程之间的联系。与各专业课教师合作,打造跨学科、跨课程教研小组,不断优化课程设计,增加带有专业特色的专业融合应用案例。

第四,持续优化第二课堂建设。制定相关的激励机制,促进学生第二课堂参与度,每学年举办与课程建设内容相关的数学科普性文化讲座不少于5场。

第五,不断优化、调整课程教学模式。以充分达成教学目标,充分调动学生线上和线下课程参与度为宗旨,结合学情不断优化"BOPPPS+PAD"混合教学模式和"4+6+2"教学流程。

第六,不断完善课程考核方式。以促进学生能力和素养达成为更高目标,进一步优化考评方案,让考核方式更精细更科学。

"概率论与数理统计"课程"4S4R"线上线下混合式案例

宋晓倩　涂正文　黄华平　贾松芳　伍习丽

重庆三峡学院

一、案例介绍

"概率论与数理统计"是我校理工科专业公共基础课,主要培养学生运用概率统计思想发现问题、解决问题的能力,为后续专业课学习提供数学理论基础。课程组遵循"学生中心、问题导向、持续改进"的教育教学理念,构建了"4S4R"混合式创新举措。"4S"即案例引入阶段(case introduction stage)、理论探究阶段(theory study stage)、实践应用阶段(practical application stage)、拓展提升阶段(expansion and development stage),"4R"即重整课程目标(course objectives reorganization;)、重构内容体系(content system reconstruction)、重塑教学形态(teaching forms rebuilding)、重设评价方式(evaluation system redefinition)。该模式有效解决了课程教学存在的问题,全面提升了学生的实践创新能力。本课程已获批校级线上线下混合式一流课程、重庆市线上线下混合式一流课程。

二、案例详述

(一)课程团队建设

课程负责人从事本课程教学多年,教学过程中注重文理交叉融合、理论与实际结合,融入课程思政,自编完成带有思政特色的案例式教学设计,建立了"概率论与数理统计"课程思政案例库。目前已完成5轮混合式教学实践,按照教育部"两性一度"、金课标准,逐步实现了"课堂活起来,学生忙起来,教学严起来"。

课程负责人获第五届全国高校青年教师教学竞赛理科组"三等奖",第五届重庆市高校青年教师教学劳动与技能竞赛"一等奖(理科组第一名)",第二届重庆市高校教师教学创新大赛"一等奖",第三届重庆市高等教育研究与教学改革优秀论文评选"二等奖",重庆三峡学院首届课程思政教学竞赛"一等奖"、首届课程思政教学案例"一等奖"等各类教学竞赛奖8项(一等奖3项,二等奖4项,三等奖1项)。获校级优秀共产党员、优秀教师、师德师风优秀教师等荣誉称号,入选校级第一批及第七批"双师双能型"教师。加入国家高等教育智慧教育平台虚拟教研室。近3年,主持及主研省部级科研教改项目5项,校级项目4项,主持及主研市级一流本科课程2门,发表教改论文6篇,出版著作1部。指导本科生获全国大学生数学竞赛等学科竞赛获省部级以上奖10余项。

(二)创新资源建设

课程组经过多方改革、实践、创新、反思,建立了丰富的线上线下课程资源:修改了4版课程大纲,完成了带有课程思政特色的"概率论与数理统计"4S教学设计,引用MOOC平台优质教学视频,自建完善了"概率论与数理统计"线上题库,预设了前测、课堂测、后测及章节测验,上传了数学实验及数学建模训练题目。

为了解决课程建设中长期存在的痛点问题,课程组遵循"学生中心、问题导向、持续改进"的教育教学理念,经过多轮次改革研判实践,构建了"4S4R"混合式创新举措,课程建设思路如图1:

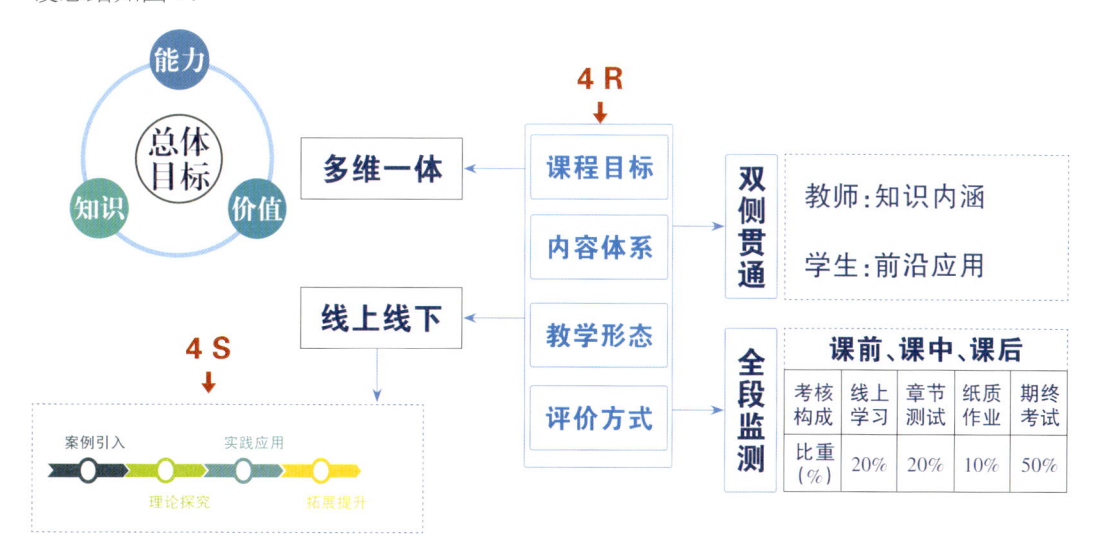

图1 "4S4R"线上线下混合式课程建设思路

1.重整"多维一体"的课程目标

总体目标:落实立德树人根本任务,培养具有扎实数学知识、深厚数学素养、实践创新能力的优秀人才,为学生专业课程学习、个人成长和发展打下良好的数学基础。

知识目标:使学生掌握课程的基本概念、原理和方法。通过对随机数据的处理和分析,解释随机现象隐藏的统计规律性。

能力目标:使学生具备将复杂的实际问题转化为概率统计问题,以及用随机思想与方法解决问题的能力,培养学生善于归纳、类比、联想的创造性思维能力。

思政目标:使学生养成"随机视角观世界,样本统计探规律,透过现象看本质"的思维习惯,培养探索未知、追求真理、勇攀科学高峰的责任感和使命感,建立数学素养和科学精神,体会数学知识中蕴含的辩证唯物主义思想,形成正确的世界观、人生观、价值观。

2.重构"双侧贯通"的内容体系

教师内挖:课程团队教师深入挖掘知识来源及思想内涵,注重文理交融、理实结合、学科交叉及专业知识与育人元素的有机衔接和融合,力争润物无声地融入课程思政元素,并建立了"概率论与数理统计"课程思政案例库。(表1)

表1 课程思政育人目标及内容

育人目标	课程思政建设内容
文化自信	1.思政元素融入中国故事、中国数学家的故事,激发民族自豪感及增强文化自信 2.挖掘知识内涵与中华传统文化的关系,例如条件概率可解释"三人行,必有我师",清代郑燮《题竹石》中"咬定青山不放松,立根原在破岩中。千磨万击还坚劲,任尔东西南北风"正是随机现象的体现。全概率公式部分化整为零、积零为整的思想恰如中华传统文化中的"勿以善小而不为,勿以恶小而为之"等
科学精神	1.从数学史出发,介绍数学知识的发展变迁过程,培养学生追求真理、勇攀科学高峰的责任感和使命感 2.数学软件操作与实验培养学生严谨认真的治学态度 3.培养学生探索精神、求实精神、创新精神、批判精神
思维方法	1.融入唯物辩证法的思想:量变与质变、具体与抽象、特殊与一般、有限与无限等辩证思想 2.引导学生树立正确的世界观、人生观、价值观
科学伦理	1.学以致用,培养学生科技强国、科技报国信念 2.遵循事物发展的客观规律,不拔苗助长违背规律 3.教学案例中涉及的实验,例如事件的独立性中导弹射击问题,要教育学生尊重生命、共建和谐地球,培养学生健康的生态伦理观;二项分布中,通过保险问题、比赛赛制案例,培养学生公平公正地看待问题的能力 4.数学即财富,创造财富的方法和初衷以及可能产生的一系列后果需要遵循一定的社会规范
美学修养	概率公式中蕴含大量公式美、对称美、符号美、简洁美

学生外拓：结合核心知识网络，打破教材原有知识体系，线上PBL完成预设的学科前沿论文、实践案例。团队授课教师精心筛选内容合理、难度适当的论文，每章推送相关科研论文1篇，学生小组线下线上及时讨论沟通并小组合作完成研讨报告。

3.重塑"线上线下"的教学形态

课程团队精心设计各种教学活动，通过线上线下"4S"教学阶段：案例引入阶段(case introduction stage)、理论探究阶段(theory study stage)、实践应用阶段(practical application stage)、拓展提升阶段(expansion and development stage)，让学生积极参与师生互动、学生与学习内容互动、学生与同伴互动，解决学习参与度不高，缺乏学习兴趣的问题。

4.重设"全段监测"的评价方式

在整个课程教学过程中全学段纳入学生成绩评定系统，线上学习积分、课堂互动及章节总结、专题研读等均在考核中有体现，注重过程性评价，将学生结课后参加数学竞赛、数学建模竞赛等赛事的成绩纳为学年奖学金评定依据。

（三）教学组织实施

课程组积极尝试多种教学组织形式，推动课程改革，探索出一套适合本校学生学情的教学组织形式(图2)。

图2 教学组织实施设计图

课前自学：教师通过QQ群发布本周教学任务表、线上章节测验时间，学生通过超星学习通智慧教学平台完成自学，定时进行线上章节测验，教师批阅并及时反馈；学生自查再消化；课前3分钟进行再检验，教师通过数字化教学平台数据了解学生学习难点，借助教学平台有计划有目的地设置课堂教学活动环节：讨论题、问卷题、抢答题、选人回答题。

课堂探究：针对课前自学平台的数据分析出现的难点问题及重点知识，配套发布预设的随堂练习、选人、抢答、问卷、讨论等线上活动，深入探究。（图3）

图3 预设课堂投屏问卷、选人、讨论、测验

课后升华：课程组成员通过QQ课程群及时进行在线答疑，在课后推送数学优质讲座，每周公布线上积分前20名，及时反馈学习效果，调动学生学习积极性。学生小组合作，互助完成章节知识点图谱，完成专题研讨及拓展问题并线上提交。（图4）

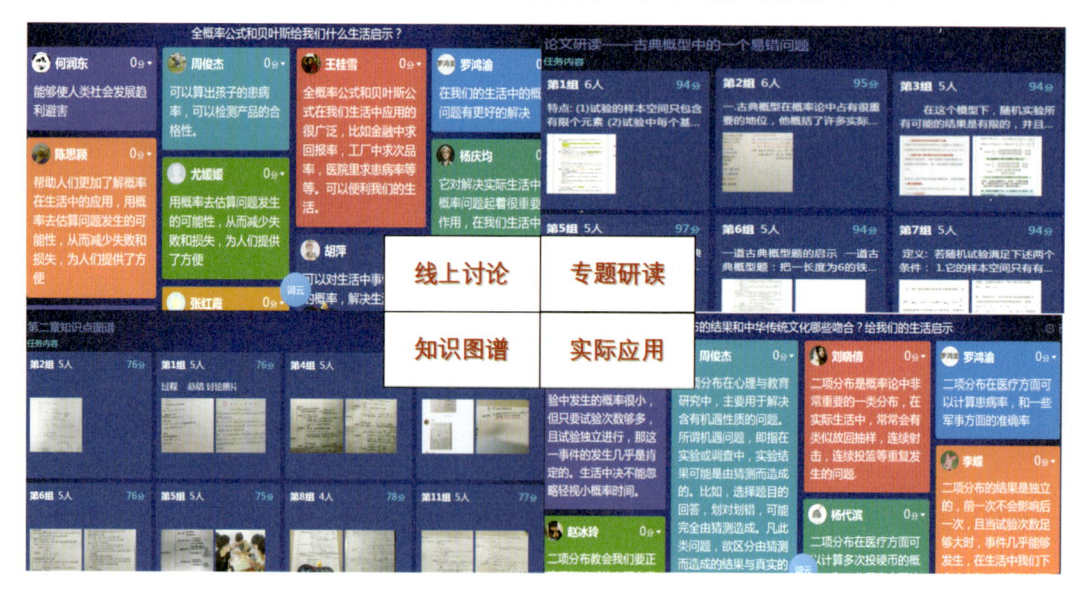

图4 学生课后线上活动

（四）成绩评定考核

课程考核注重过程性考核和终结性考核。学生出勤、课堂讨论、汇报展示、线上学习、章节测验、线上活动、章节总结、作业、期末考核等学习活动全学段纳入考核评价体系。

三、案例成效

(一)学生学习效果提升明显

学业成绩显著提高。对比期末卷面成绩发现,混合教学班的平均分明显高于传统教学班,并且涨幅大。

课程满意度极大提高。本课程承载着启智润心的作用,2021级结课问卷调查显示,98%的同学认为课程中渗透的思想方法对学习其他学科有很大帮助,学生评教优秀。学生评语显示本课程线上自学自测,锻炼了自己的自律能力,启发了思维。

(二)学生科研创新能力凸显

近三年团队教师指导学生获得大学生数学竞赛、数学建模竞赛等国家级、省部级数学竞赛奖70余项。

(三)教师教研水平明显提高

团队教师教学获奖丰硕。获得国家级教学竞赛二等奖2项、三等奖1项,重庆市教学竞赛一等奖4项、二等奖2项、三等奖1项,校级教学竞赛各级别奖20余项。

团队教师教研成果丰富。本课程已被认定为市级线上线下一流本科课程。课程团队教师主持及主研省部级一流本科课程3门,主持及主研重庆市教委教改项目、重庆市教委教育综合改革项目等11项,主持省部级重点教改项目1项、青年教改项目2项,校级教改项目5项,构建市级教学案例库1个,出版著作1部,发表与研究成果相关的论文30余篇,获校级教学成果奖三等奖2次。建立了概率论与数理统计课程思政案例库,完善了带有课程思政特点的高等数学教学设计。

团队示范引领作用彰显。课程负责人连年受到学校教师节表彰奖励,团队教师多次受邀到校外做示范教学,在周边高校形成了一定的辐射作用,教学模式已推广到本校其他理工科专业教学当中。

四、未来计划或启示

(一)搭建课程虚拟教研室

今后可探索搭建地方本科院校"概率论与数理统计"课程虚拟教研室平台,实现跨地域、跨院校、跨专业促进课程教学研究改革;提高教师教育教学水平和信息化能力,挖掘文理交融、交叉学科、新工科建设相关资源,积累课程素材。

(二)交叉学科模块化教学

本课程面向理工科开设,随着新工科建设及数字化教学的不断深入,学科交叉内容愈加突出,"概率论与数理统计"课程中有很多前沿拓展与物理、化学、生物、经济、建筑等有很大关联,可在不同专业背景挖掘相关前沿拓展问题及思政资源,形成模块化教学。

(三)立足金课,锻造金师

积极参加教育部、市教委及其他教师发展中心等组织的培训及能力提升项目,将先进教育理念及课程思政实施方法形成系统性理论,培养具有国际视野的教学名师,力争将课程团队教师培养成政治素质强、教育站位高、国际视野宽、五术要求精的"金师"。

服务营销"三联五融五整合"混合式教学改革与实践[1]

陈国毅　张尚民　童洪志　颜帮全　李佛关

重庆三峡学院

一、案例介绍

服务营销是市场营销专业主干课,是一门突出专业技能性和岗位指向性的课程。结合我校"立足三峡、研究三峡、服务库区"的办学特色,本课程秉承"思政引领、教研融合、实战赋能、双线混融"的教育理念,基于"建构性教学观",整合构建了"理论与实践、技能与需求、科研与教学、专业与思政、中英双语"五方面教学内容的融合,创新构思"线上资源5E整合+线下教学5C整合"的体验式教学设计,实现了线上与线下、理论与实际、课内与课外紧密联系的"三联"目标。

实践表明,"三联五融五整合"模式解决了传统单一教学中的"痛点"问题,学生学习自主性、自觉性明显增强,专业好评度提高,近三年有20多人次在国家及省级竞赛中获奖,教学团队获得10余项教学荣誉。本课程2021年被认定为重庆市线上线下混合式一流课程,2022年获评重庆市高校课程思政示范课程。

---

[1] 本案例为重庆市研究生教育教学改革研究项目"后疫情时代旅游管理硕士研究生双线混融教学模式探索与实践"(项目编号:yjg223131)、重庆市高等教育教学改革研究项目"后疫情时期商科类课程双线混融教学模式研究"(项目编号:223297)及重庆三峡学院高等教育研究项目"双一流背景下地方高校优势学科集群建设的影响因素及实现路径研究"(项目编号:GJ202210)、重庆市2022年本科高校课程思政示范项目(综合类项目)——重庆三峡学院"服务营销"课程的阶段性成果。

二、案例详述

(一)课程团队建设与能力提升

课程团队包括教授2人、副教授3人。依托"十四五"市级重点学科——旅游管理,近五年团队共主持教研项目10余项,斩获校级教学成果奖一等奖1项、二等奖3项,负责重庆市在线精品课程1门,重庆市一流课程4门。团队撰写科研教研论文20余篇。

(二)课程内容与资源建设及应用:五融

1.课程内容

以服务业岗位需求为导向,以资格考试为依据,通过模块化设计,重构课程内容。整合形成了"服务理念、服务市场分析、服务营销组合策略、服务质量管理"四个知识模块,同时紧扣服务定位和服务策划这一核心能力,引入真实工作任务,做到五方面融合。

(1)基本理论与商业实践融合。课程不仅讲授常规服务营销基本理论,还开发本地化、特色化的案例。团队陆续调研了九州通万州分公司、家宜超市、云阳江来旅游公司、巫山旅游投资集团等一批本地专精特新企业案例,通过课堂探究、集体思辨等方式再现企业运营中的实际问题,提出多种解决方案,是满足高阶性、创新性、挑战度人才培养的有效途径。(图1)

图1 融入理论与实践的案例教学

(2)专业技能与岗位需求相融合。课程与"推广与促销""零售学"等课程形成联动,2018—2020年带领学生赴九州通万州分公司、摩奥服饰等公司开展线下教学,参与现场服务调研、策划及投诉处理等工作;2020年后,利用教育部产学合作项目平台模拟中国联通、社区超市的商务数据分析实践;全程利用营销策划大赛平台让学生走进娃哈哈、燃力士、光能等知名企业进行推广策划;培养学生的创新思维与动手能力,实现人才培养与行业需求的无缝衔接。(图2)

图2 融入技能与需求的实践教学

(3)科研成果与教学内容相融合。指导学生参与教师主持的"三峡库区中小企业发展"等课题文献资料的搜集处理,同时组织学生参与到"互联网+""三创赛"等学科前沿比赛中。学生接触洞悉产业发展动向,实现"科研反哺教学,科研指导教学"。

(4)专业教育与课程思政相融合。课程布局了"1234"思政内容体系,做到"一单元、两主题、三维度、四思政"相契合,即每个学习单元确立两个课程思政主题、找准四个课程思政契合点,整体内容从"个人理想、职业素养、家国情怀"三个维度全方位育人,完成本课程思政体系的构建。(图3)

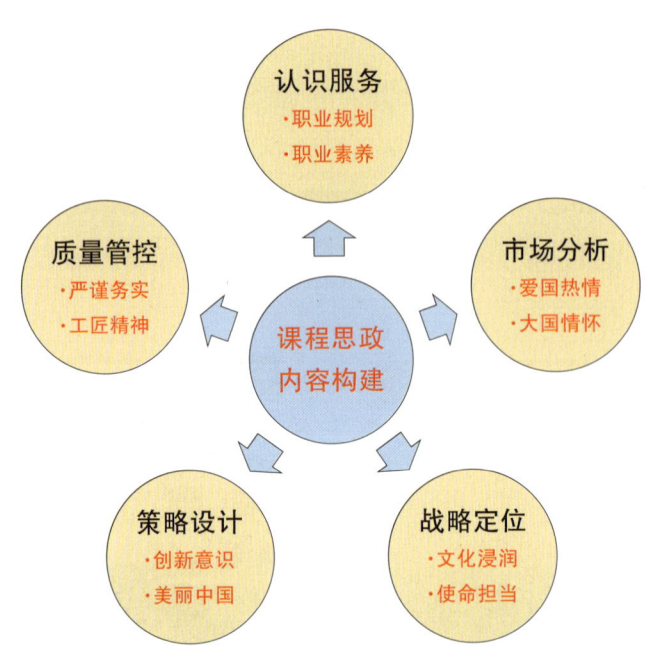

图3 课程思政内容体系

(5)中英双语融合教学。课程借鉴莱斯特大学、香港理工大学等知名大学课件,开发了一套完整的英文版本课件、讲义、测试题及考核标准,适时进行双语教学,帮助学生在了解本土市场的同时加深对经典理论的理解,消除语言理解偏差。

2.课程资源建设及应用情况(表1)

表1 课程资源及应用情况表

自建及自有资源	资源与应用情况
线上资源	
学习通在线课程"服务营销"	视频31个,时长620分钟,拓展阅读100分钟
课程习题库	习题200多道,模拟检测题6套,用于线上与云教材
对分易学习平台	辅助线下教学,已开设网络班课5期
线下资源	
课程案例库	本地案例10个;收集整理案例30个;每年新增5—10个。根据课程内容和分组选用
课程项目库	企业项目10个,模拟情景8个。每年新增2—3个,根据课程内容和分组选用
课程文献库	文献累计210余篇(每年新增30篇)。读书笔记、读书分享会
自主开发课程教学工具	《服务营销案例分析框架画布》等

课程也引入了国家精品在线开放课程"服务营销"、学习强国APP等相关资源,学生可以在电脑端、手机端随时观看,实现可视、可学、可移、可互动。

(三)线上线下混合式教学设计创新:5E+5C整合

课程以服务理念培养和服务营销能力提升为核心,逐步形成了"线上资源5E整合+线下教学5C整合"的双线混合体验教学设计。

1.线上资源5E整合

线上依托学习通平台进行5E整合,帮助学生掌握四大知识模块的30个理论知识点,增强线上教学内容的丰富度和时效性。

(1)理论拓展(Theory Extend):以微课形式拓展提供服务承诺、服务补救以及数字营销前沿等新的理论知识点。

(2)文献拓展(Material Extend):提供最新的超值服务理念、服务质量测评、服务流程设计等文献阅读,吸引前沿思考。

(3)案例拓展(Case Extend):提供区域内零售超市、餐饮、教育培训机构、金融企业等中小型服务企业的商业素材,扩宽视野。

(4)讨论拓展(Discussion Extend):引入新近发生的新闻事件诸如"商家辱骂游客事件""疫情下的旅游复苏"等邀帖讨论,在线思辨。

(5)测验拓展(Test Extend):提供各章节对应测试题,在线自动评分和解析,学生可以实时自我检测。

2.线下教学5C整合

依托心理学家皮亚杰的构建主义学习理论,结合美国乐高公司的实践课程教育理念,本课程采用5C体验式教学法组织课堂教学。

(1)角色扮演(Cosplay):游戏体验,建立知识点联系。

(2)案例讨论(Case study):互动体验,引发问题反思。

(3)项目作业(Composition of project):探究体验,激发系统思考。

(4)创业大赛(Competition test):操作体验,落实动手能力。

(5)综合实训(Comprehensive practice course):实践体验,注重理实融合。

(四)课程教学内容及组织实施:三联

综合运用多种教学方法和手段,实现"三联",即线上联结线下、理论联系实际、课内联合课外,助力学生实现专业成长。结合四大知识模块和七个能力教学目标要求,将教学过

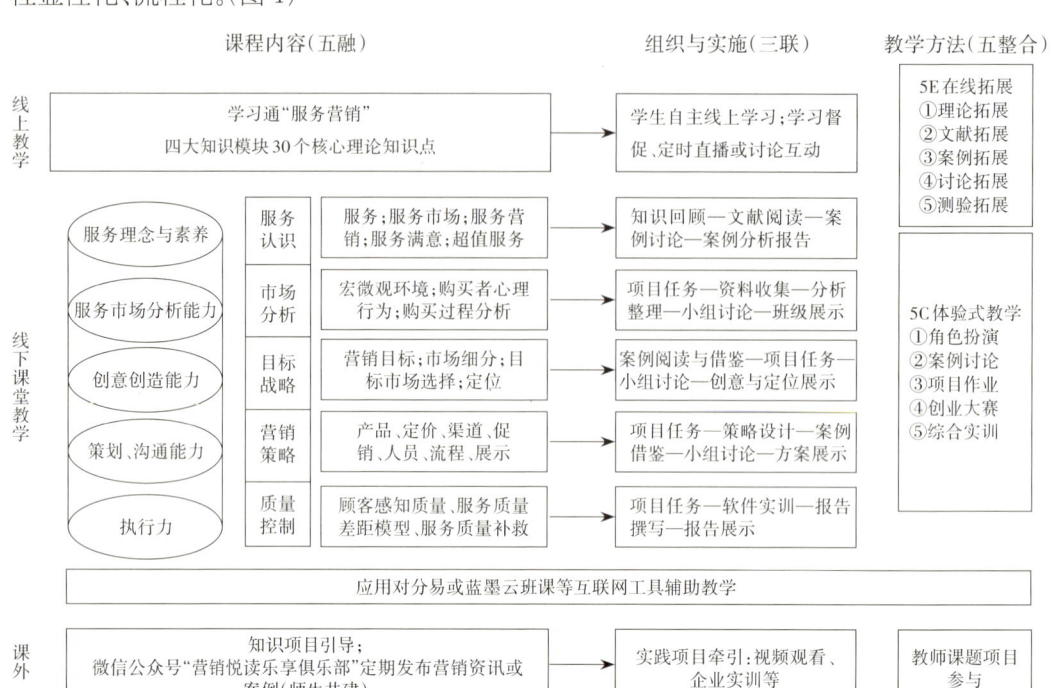

程显性化、流程化。(图4)

图4 教学组织设计

线上联结线下：学生在线上提前预习知识点，自主检测学习效果，教师则通过线上数据分析实现精准定教，同时借助雨课堂等工具开展交互研讨式教学，着重传授解决问题的途径和方法。

课内联合课外：一是师生共建"营销悦读乐享俱乐部"微信公众号，将课堂理论与课外实际有机结合；二是指导学生参与市场调研大赛、"互联网+"等相关专业竞赛；三是带着知识参与教师服务营销相关课题申报与调研。

理论联系实践：一是企业实训，组织学生到万州本地企业实训；二是基于实训数据，课程教学团队集体备课，为学生精心挑选和设计一些运营实际问题进行组织研讨，不强调答案唯一性，具有高阶性、创新性和挑战度；三是课程结业以小组为单位对目标企业进行精准策划，创建"自由组队、分组调研、创新汇报、三方点评"的教学范式。

（五）成绩评定考核等方面的亮点及特色

课程成绩评定由三部分组成：①线上成绩（30%）；②线下课堂表现成绩（20%）；③线下期末考试成绩（50%）。（表2）

表2 成绩考核构成

考核构成	过程考核50%						结果考核50%
	线上30%			线下20%			
	视频学习	在线讨论	在线测试	线下互动抢答	线下课堂作业	课外拓展报告	
比重(%)	10%	10%	10%	5%	5%	10%	50%
实施依据	根据在线时长	根据发帖回帖情况	实际测试分数	根据实际考勤	根据课堂作业完成情况	根据小组汇报情况	期末考核

三、案例成效

(一)案例特色与创新点

(1)结构有新度,设计有亮度。基于岗位要求,知识模块化,能力显性化。课程以服务营销岗位需求为导向,按照服务营销工作流程顺序,重新整合了教学内容,形成了四大知识模块。

(2)资源有宽度,体验有真度。基于混合教学,总结出了线上资源5E整合+线下教学5C整合教学模式,5E让课程资源可视、可移、可学,5C让教学过程丰富生动。

(3)理论有深度,实践有力度。立足应用转型,知识融通实践,理论联系实际。课程不仅重知识探索,也聚焦商业实际,指导学生进入万州本地企业现场学习,组织学生参与营销策划大赛、市场调研大赛等各类专业竞赛,关注区域发展,服务地方经济。

(二)教学改革成效

(1)课程满意度提升,专业自信心增强。从2016至2021年,本课程学生评教分数由89.81分提升至97.33分。其中,73%的学生认为参与课程学习收获很多,并且96%的学生表示愿意继续参加类似教学活动。

(2)学生学习成果斐然。近3年来,参与过服务营销课程学习的学生在"互联网+""三创赛"等比赛中获得省部级及以上奖励20余项。新的教学模式提升了学生参与各种竞赛活动的积极性,取得了较好的成绩。

(3)教师教学能力得到提升。近3年来,教学团队成员获得学校"十佳教师"1人次,优秀教师3人次,教学优秀三等奖及以上6人次。团队发表教改论文9篇,获得教改项目、教学质量工程项目等项目21项(其中,市级项目15项)。

四、未来计划或启示

多年的教学改革使教师与学生共同成长,本团队未来将对"三联五融五整合"教学模式作进一步探索。

(1)线上线下教学资源更新迭代。根据平台数据反馈和线下教学开展情况,不断优化、完善线上教学资源的供给,保证教学资源年更新率达到15%及以上。

(2)教学团队的提升发展。充分发挥旅游管理重点学科的学科优势,邀请校内外知名专家,特别是企业高级管理专家加入教学团队,进一步扩宽学生视野。

(3)新商科背景下的课程群融合发展。在新商科建设和高等教育全面提质创新背景下,本课程将紧紧围绕社会需求,与其他老师合作,及时创新教育教学理念,打造跨学科、跨课程的课程群教研小组,不断优化课程设计。

"纪录片创作"课程线上线下混合式教学改革探析[①]

韩永青　李天福　李芹燕　杨家兴　韩宇峰

重庆文理学院

近年来,"互联网+教育"成为高等教育信息化发展的热点,如何利用现代信息技术,探索与改革课程教学模式成为时代命题。习近平总书记在党的二十大报告中指出要深化教育领域综合改革,为新时代高等教育改革提出了全新要求。随着国家级一流本科课程建设工作的展开,基于线上课程着力构建线上线下混合式教学模式成为课程教学改革的新方向,即将线上网络教学和线下课堂教学进行对接,以实现两种教学形式的优势互补,弥补单一线下课堂教学的不足。重庆文理学院国家级(线上)一流本科课程"纪录片创作"教学团队积极开展线上线下混合式教学改革探索与实践,取得了显著的教学改革成果。

一、课程教学团队建设

2020年2月,成立文化与传媒学院纪录片教育与研究中心,下设"1551"纪录片工作室、"1551"纪录片研究室。"1551"纪录片工作室有10名成员,共同负责线上课程教学,其中的3名成员负责线下课程教学。近年来,教学团队分批次选派成员参加课程教学专项培训10多次,例如东亚影视人类学研究所纪录片创作课程培训、上海戏剧学院纪录片创作课程培训、周兵工作室纪录片创作全流程培训、王杨与薛明工作室纪录片创作方法培训、重庆市高校课程思政示范课程培训等。

[①] 本案例为重庆市高等教育教学改革研究重点项目"学科交叉、校企协同的融媒体复合人才培养机制研究与实践"(项目编号:2021108)阶段性成果。

二、课程教学改革介绍

(一)课程内容与资源建设及应用

1.课程内容

基于"理论学习为基础,实践学习为核心,案例学习为辅助"的课程建设理念,构建了"3446"课程内容体系,将课程内容整合为3个内容板块,其中理论学习内容包含4个模块,实践学习内容包含4个模块,案例学习内容包含6个模块。

2.资源建设

中文版课程为国家级(线上)一流本科课程、国家精品在线开放课程、国家高等教育智慧教育平台课程"纪录片创作",依托重庆高等教育智慧教育平台以及学堂在线国内教学平台开放;英文版课程为国际化在线开放课程"Documentary Production",依托学堂在线国际教学平台开放。

配套教材为"国家级(线上)一流本科课程、国家精品在线开放课程、国家高等教育智慧教育平台课程'纪录片创作'配套教材"《纪录片创作教程》,由课程负责人主编。教材为特色应用型教材,内容包括"理论基础篇""实践应用篇""案例分析篇"三个部分,共10章。

线下翻转课堂教学场所为学校智慧教学示范教室,学生团队纪录片编辑场所为重庆市非物质文化遗产教育传承实验中心——学校传媒实训中心,学生团队纪录片展示考核平台为学校多功能影视观摩厅,卓越学生团队作品展示观赏平台为学校多功能学术报告厅。

学校传媒实训中心建有纪录片数字化资源存储与展示平台,储存课程团队收集的中外经典纪录片作品1000多部(集),其中内容涉及中华文明史、中国近现代史、党史、新中国史、改革开放史、社会主义发展史等课程思政资源方面的纪录片500多部(集)。

3.资源应用

以上课程资源均应用到课程教学中,极大满足了学生的学习和创作需求。其中线上课程资源辐射应用到校外,中文版已有23个省(自治区、直辖市)300多所高校35000多名学生选课学习,英文版已有全球10多个国家3500多名学生选课学习。

(二)线上线下混合式教学设计创新

1.教学模式

基于"理解纪录片理论知识、掌握纪录片创作技能、具备纪录片创新能力"的课程教学目标,构建了"PCP-I"混合式教学模式,即对课前预习(P-Preview)、翻转课堂(C-

Class)、课后创作(P-Production)实施一体化(I-Integrated)设计和运行。

2. 教学实施

课前预习是翻转课堂成功的必要条件,是促进学生对知识的理解和提高课堂教学效率的保障。学生基于授课教师提前布置的预习任务,每周提前1—2天学习线上课程和配套教材相应章节内容,记录好遇到的问题,为线下翻转课堂学习做好准备。

授课教师需要充分发挥线上课程教学平台自身具备的SPOC功能,连通教室屏幕端和学生手机(或IPAD)屏幕端,将线上课程教学平台与教室融为一体,形成智慧教学环境,选择线上课程和配套教材中的重要知识点进行"点状"深化和拓展。

在线下翻转课堂教学中,针对内容涉及中华文明史、中国近现代史、党史、新中国史、改革开放史、社会主义发展史等课程思政资源方面的纪录片,精选部分纪录片片段,灵活穿插于课堂讲授中,以培养学生高度的政治认同、浓厚的家国情怀和深厚的文化素养。

项目制教学的目的是通过实践项目将课程内容无形地融入其中,让学生主动且自发地进行学习。课程要求学生团队结合教学进度,基于团队创作项目在课后开展纪录片创作实践,遇到问题可以在线上课程"答疑讨论区"提问,也可以联系授课教师见面指导。

3. 教学方法

为了配合线下翻转课堂教学,基于线上课程Revise(修改)、Remix(再混合)的特性,构建了"2R"组合教学方法,即学生可以在"答疑讨论区"中"置顶专区"的"主题帖"下回帖并随时修改完善,其他学生可以在回帖后面跟帖并随时修改完善,极大地调动了学生主动思考的积极性。

为了深度改变课堂教学面貌,在线下翻转课堂教学中,构建了"头脑风暴"教学方法,即学生根据授课教师设置的前沿话题"焦点",由学生代表现场组织讨论,学生依据自己对话题"焦点"的理解自由发言,极大凸显了学生在课堂教学中的中心位置。

为了深化学生对纪录片创作技能的理解,构建了"案例分析"教学方法,即在线下翻转课堂教学中,一方面有机穿插中外经典纪录片进行案例分析,另一方面在课程内容中专门设置案例学习内容板块(共6个模块)进行专题教学,极大地提高了学生学习纪录片创作技能的效率。

4. 教学研讨

课程团队定期开展教学研讨活动,讨论线上课程开设、课程资源更新、学生发帖及跟帖回复、线下翻转课堂实施、教学方法改进、课程思政教学、学生团队纪录片创作指导、学生团队纪录片考核以及线上线下教学中出现问题的反思和解决等。

（三）课程教学内容及组织实施

1. 教学内容

为了充分落实"PCP-I"混合式教学模式设计，遵循"学生中心、需求导向、能力本位、学做合一"的现代教育范式，课程团队将教学内容划分为4个部分，即线上课程教学、线下翻转课堂教学、学生团队纪录片创作指导、学生团队纪录片考核（不占课时）。

2. 教学组织

基于"组织严密、分工合作、注重质量、稳步实施"的教学工作思路，构建了"1035"教学组织体系，即"1551"纪录片工作室10名成员负责线上教学，其中的3名成员负责线下翻转课堂教学和学生团队纪录片创作指导，其中的5名成员负责学生团队纪录片考核。

3. 创作实施

要求学生以4—5人为标准，组建学生团队，在3名授课教师指导下，从第5周开始，在12周时间内，各学生团队分别创作完成10分钟左右的纪录片，检验学生"理解纪录片理论知识、掌握纪录片创作技能、具备纪录片创新能力"的情况。

（四）成绩评定考核

1. 考核体系

混合式学习效果评价需要根据评价对象的特点和逻辑结构构建指标体系。因此，构建了"3423"成绩考核体系，即设置了3个考核板块，其中在线学习考核依据4个指标实施，翻转课堂学习考核依据2个指标实施，学生团队纪录片考核依据3个指标实施。

2. 成绩比例

课程综合成绩满分为100分，其中在线学习成绩占20%，翻转课堂学习成绩占30%，学生团队纪录片创作成绩占50%。在线学习成绩为课程平台系统计分，翻转课堂学习成绩为授课教师课堂计分，学生团队纪录片创作成绩为纪录片展示时考核小组计分。

（五）课程特色与创新

1. 课程特色

以课程建设为基础，融合新文科建设要素，形成了体系完整、特色鲜明的"1551"纪录片创作人才培养模式，即在1个人才培养目标统领下，将5个实践教学环节及对应的5类成果联结起来，以1个反馈为标准持续改进课程教学质量。基于此，不断将课程教学改革引向深入。

2. 课程创新

从学校历届学生团队创作的纪录片中精选出15部优秀作品，从清华大学"清新传媒"在线平台的学生团队纪录片中跨平台链接15部优秀作品，嵌入线上课程，不仅为专题教学提供了高质量案例，也为学生团队开展纪录片创作提供了高标准学习对象。

由5名课程团队成员组成的成绩考核小组，在集中观看各学生团队创作的纪录片时，除依据评分标准进行打分外，还要对各学生团队创作的纪录片进行逐一点评，确保了考核过程的透明性和考核结果的公平性，也确保了学生的课程学习成效得到及时反馈。

三、课程教学改革成效

学生对课程的评教结果每年均为"优秀"，历届学生对课程教学效果给予高度评价。清华大学雷建军教授认为本课程教学对国内高校同类课程教学起到了良好示范作用，芬兰坦佩雷大学Sirkku教授认为本课程教学具有向国际同行推广的重要价值。课程每年举办一次"卓越学生团队作品展"。部分毕业生入职中央广播电视总台、湖南卫视、光线传媒、腾讯网等媒体单位，有些毕业生已成长为所在单位的业务骨干。2021年4月，上游新闻、华龙网、重庆日报网、新华网、人民网等对课程教学改革成效进行了专题报道。

四、结语

"纪录片创作"课程实施线上线下混合式教学改革以来，产生了很多教学改革成果。入选了国家高等教育智慧教育平台课程、国际化在线开放课程、教育部在线教育研究中心"拓金计划"课程、重庆市高校（线上线下混合式）一流本科课程、重庆市高校课程思政示范课程等。教学团队入选重庆市课程思政教学名师和团队，成员主持和主研教育部产学合作协同育人项目等各类项目30多项，发表教研教改论文20多篇，主（参）编教材6部。教学成果荣获国家级、省（市）级各类奖项10多项。在未来，课程将以"高阶性、创新性、挑战度"为指引，争取建设为国家级（线上线下混合式）一流本科课程和国家级课程思政示范课程。

基于"一中心,三融合"的混合式"电力电子技术"教学案例

任晓霞　田亮亮　夏继宏　高君华　廖长荣

重庆文理学院

一、案例介绍

"电力电子技术"是国家"双万计划"电气工程专业的核心专业课程、重庆市线上线下混合式一流课程及重庆市课程思政示范课程,也是学生走向电能变换及能源管理行业的主要支撑课程之一。课程主要内容是电力电子器件特性、四大变流电路工作原理及分析方法、电力电子装置及系统。

根据课程理论难度深、应用性强的特点,课程团队基于建构主义理论,"以学生为中心",深度融合信息技术,翻转课堂融合对分课堂,通过线上线下融合,理论实践融合,软件硬件融合的"三融合",形成了基础知识理解、单元模块应用、综合设计实现、创新应用突破"四环递进"教学模式。本课程让学生在层层递进、环环相扣的教学活动中发现问题、解决问题,逐步培养学生解决复杂问题的工程思维以及科学严谨、精益求精的专业素养。

二、案例详述

(一)课程团队建设与能力提升

本课程团队是重庆市课程思政示范团队。团队成员有教授2人,副教授1人,高级实验师1人,讲师1人。课程团队梯队合理,教研模式成熟,对课程建设及教学改革充满热情。

课程团队通过教学改革及产学研合作等各类项目,与企业联合,将课程内容改革为理实一体化的交直流变换综合项目。建设过程中,获各类教改项目20余项,其中重庆市教

学改革重大项目1项,重点项目1项,一般项目2项。基于本工程项目制的案例模式,立项《电力电子技术》教材1部;基于本案例教学模式参加教学比赛,获重庆市普通高校课堂教学创新大赛一等奖、二等奖各1项,获重庆市青年教师讲课比赛一等奖1项,全国电子学会组织的电子类案例及教学比赛一等奖3项,二、三等奖多项。目前,"电力电子技术"课程教学内容已整合为五大教学项目,建成了融合课程思政内容的"电力电子技术"在线课程,形成了可推广的线上线下混合式教学模式,课程建设为重庆市线上线下混合式一流课程及重庆市课程思政示范课程。

课程负责人任晓霞老师为"重庆市最美女教师",永川区优秀教师,国家"万人计划"教学名师王汝言工作室学员,国家级虚拟教研室成员,重庆市线上线下混合式一流课程负责人,重庆市课程思政示范课程、示范团队负责人,重庆文理学院教学名师。

(二)课程内容与资源建设及应用

1.课程教学内容建设及应用

依据工程认证标准,根据课程案例应用性强的特点,教学团队根据岗位群能力要求,融合行业新器件、新技术,通过产学研协同育人将电力电子新技术从脱离实践的纯理论教学内容凝练为电气工程"交直互换"理实一体化教学项目。深入挖掘理实一体化项目案例的思政元素,将与电力电子技术相关的终端供配电前沿知识、行业标准、职业规范、"西电东输"边疆电力行业情况及就业前景、科学家学者事迹等思政元素与专业知识内容深度融合。(图1)

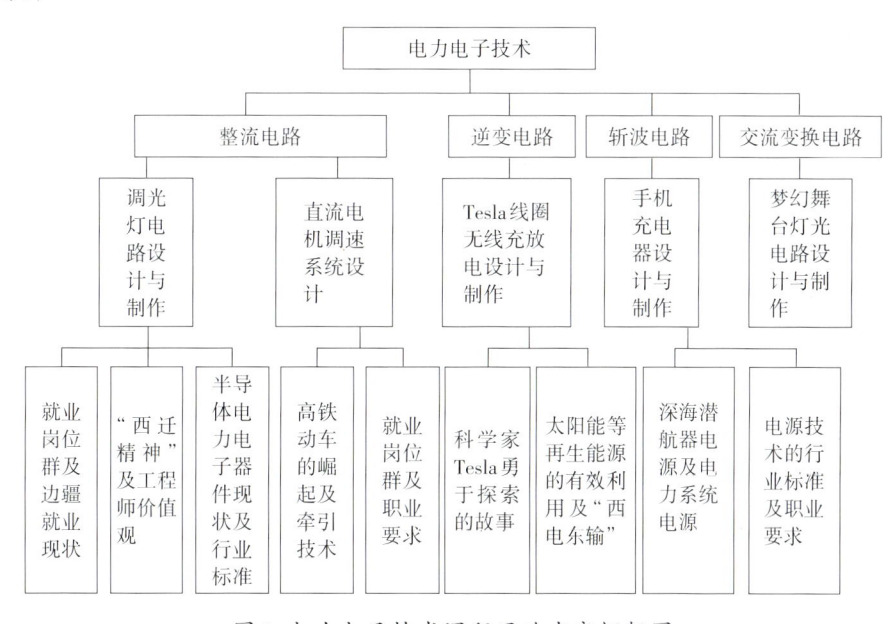

图1 电力电子技术课程思政内容框架图

2.课程教学资源建设及应用

本课程实施有完备的专业实验室、综合实验室、创新实验室,可以很好地支撑理实一体化教学。图书资料及电子设计大赛题库丰富,PPT、教案设计合理,产教融合度高,在线课程资源已具规模。在线课程框架完整、内容丰富,教学视频及资料涉及学科前沿、理论要点详解、实践设计、调试及工程案例拓展模块,建有题型多样、包含900多道题的试题库。线上教学融入在线测试、投票问卷、作业与小组任务、头脑风暴、分组讨论、在线直播答疑等丰富的教学活动。

(三)线上线下混合式教学设计创新

1."翻转+对分"混合式模式新,线上线下互促课堂更高效

本课程秉持"以学生为中心,以成果为导向"的教育理念,根据课程应用性及有一定难度的特点,结合布鲁姆的"目标分类法"及陶行知的"做中学,学中做"教育理论,采用"翻转融合对分"的混合式教学设计。(图2)

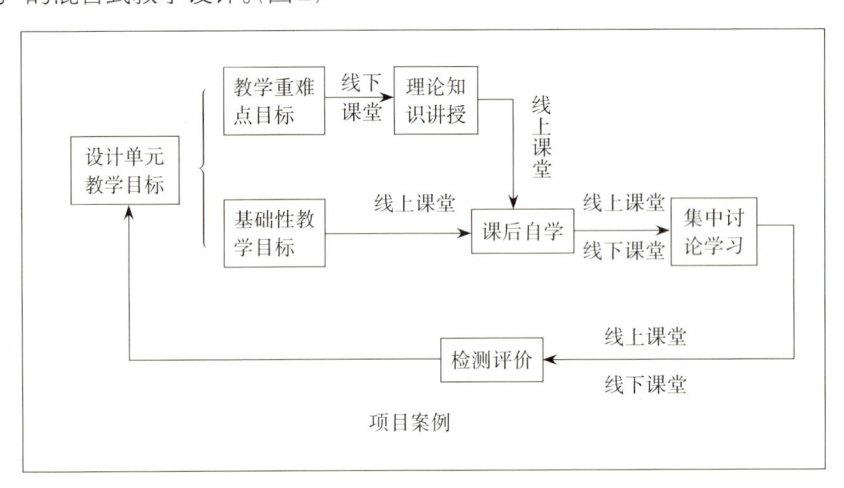

图2 基于目标分类法的"翻转融合对分"混合式教学设计

以项目为载体,根据课程目标内容进行分类,对理论难度较大的逆变电路设计方法及综合应用型实践内容,采用对分课堂的形式,先进行课堂面授讲解及引导,然后再设计线上及课外教学活动,引导学生内化吸收;针对容易进行知识迁移的器件及逆变电路基础内容,通过翻转课堂的形式,采用线上及课外自主学习活动设计,先探究,再面授深化。

2."四环递进"教学模式好,理论和实践结合更紧密

秉持"做中学,学中做"的教育理念,根据项目案例需求,将交直流变换综合项目分解为基础知识理解、基础实做探究、课堂合作探究、综合实践深化拓展等基础单元项目环节,基于原有的知识,通过线上课堂,进行自主基础实做,完成迁移及探究,结合线下课堂教师

引导深化认知、学习方法,随后,线上线下结合,在理论学习的基础上,进一步综合实践,从而形成各个单元教学目标层层递进、环环相扣的教学模式。(图3)

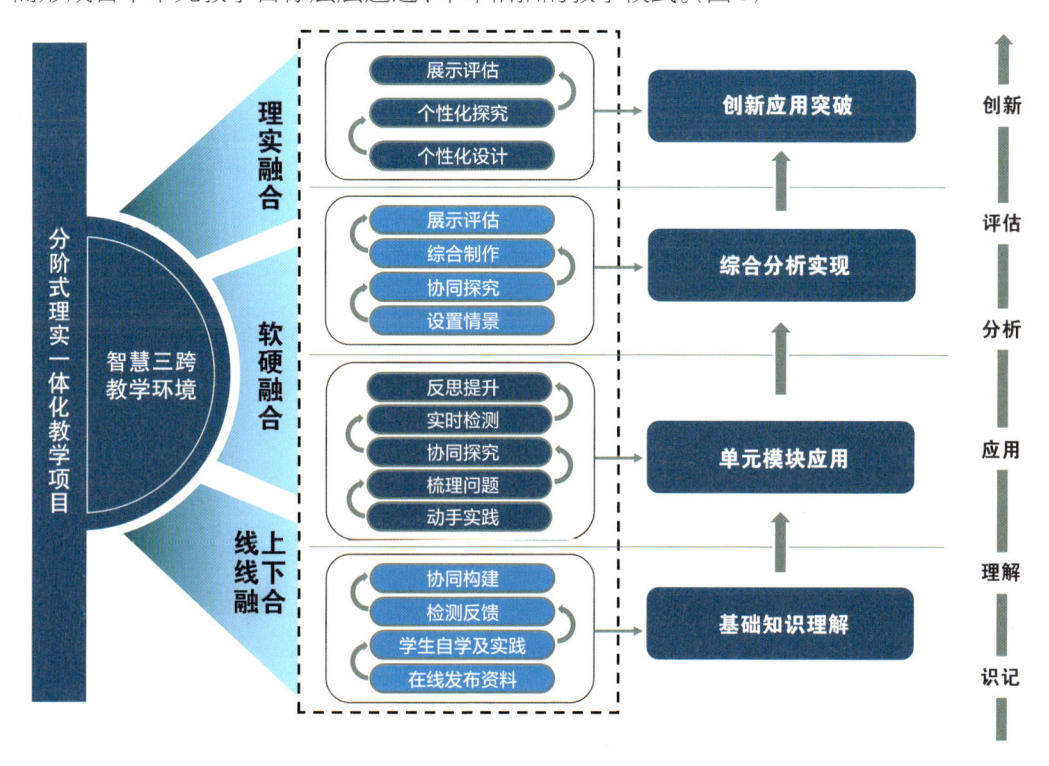

图3 "四环递进"的教学模式设计

该教学模式设计让学生从实践入手,在原有知识层面上自主形成一定的认知,然后基于此认知的指导进行综合项目实践,在实践的过程中不断深化认知,认知又反哺实践,实现知行合一,避免学生出现"鱼牛"现象。

(四)课程教学内容及组织实施

1.线下课堂、线上自学、综合实做"三方并举"

线下理论及实践课堂教师根据教学内容需求,有机地融合课程思政内容。除此之外,课程采用在线课堂,将大量行业标准、职业规范及与创新竞赛相关的内容上传到网络课程,让学生在好奇心的驱使下,将专业内容与思政内容学习融合在一起,增强及培养学生的好奇心、自主解决问题的能力及合作探究精神。具体线上线下混合式教学方法及实施方式如图4所示。

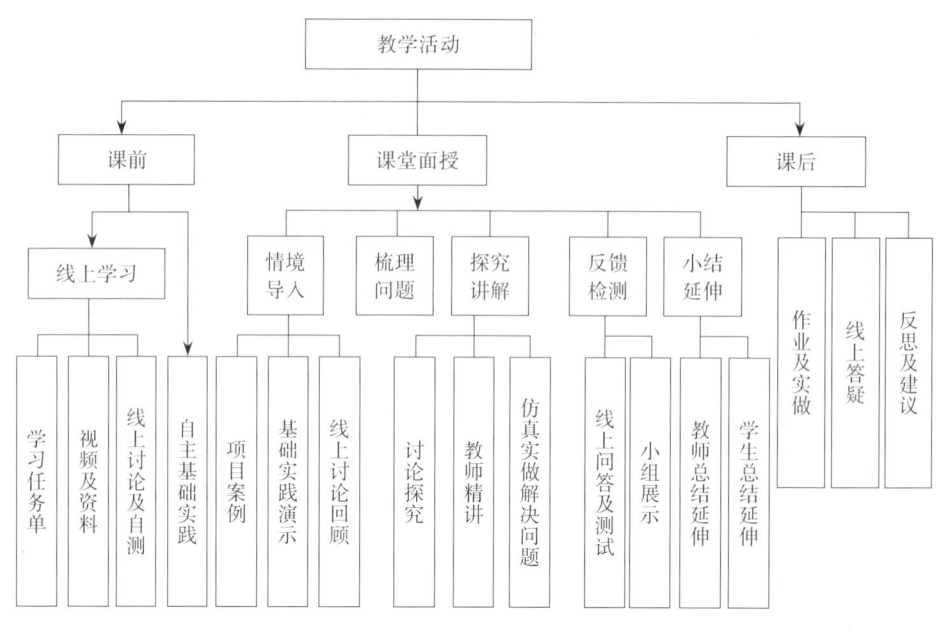

图4 线上线下结合的"活页式"教学组织实施过程图

2. 第一课堂与第二课堂"相辅相成"

采用走出校园的形式将思政教育拓展延伸到课外，通过家电维修下乡、电力科普下乡，了解边疆电力问题、智慧农业问题等第二课堂实践环节，将课程、思政教育与现实生活紧密相连。（图5）

图5 课程思政融入第二课堂

3. 理论实践一体化"四环递进"

本课程以项目为载体，理论与实践相融合，通过自主探究验证实验，小组合作探究，实践制作作品及综合深化拓展，层层递进、环环相扣，培养学生发现问题、解决问题的能力，以及科学严谨、坚持不懈、精益求精的科学素养与工匠精神。

(五)成绩评定考核

改革原有以期末考核为主体的考核方式,使用过程性评价为主的多元化考评机制,注重能力方面的考核。考核评价主要包括课程前测、后测、在线学习讨论情况、实做情况、知识综合应用拓展情况等。前测、后测及综合测试采用教考分离的方式。

通过设计项目学习单、评价表,以及在线课堂的自学预习及课后检验考核,加强对学生平时教学过程及能力的考核。

另外,注重赛学互促,鼓励学生采用省级及以上比赛获奖、撰写专利及公开发表论文等形式,进行考核加分。通过多元化的考核评价手段,学生学习效果显著提升。

三、案例成效

(一)案例特色与创新点

教学内容上,以学生为中心,能力为本位,针对应用型人才培养的校情及学生理论学习困难的学情,打造工程化理实一体教学项目,将"职业规范"、"西迁精神"及"服务边疆"价值观、"行业标准"、素质拓展与课程内容"五位一体"有机融合,让学生在"做中学,学中做"。

教学模式上,注重目标分类,翻转融合对分,线上线下融合、理论实践融合、软硬融合的"三融合",采用活页式教学活动设计,促进学生个性化学习。形成了基础知识理解、单元模块应用、综合设计实现、创新应用突破"四环递进"教学模式,打造了个性化高效课堂。

采用多元化过程考核评价方式,以赛促学,提升学生工程素养。将传统的期末试卷考核改革为线上过程性学习、项目实物制作、线下课堂过程学习、竞赛获奖、论文及期末考试结合的多样性、多元化考核评价方式。强调将理论转化为工程项目实践能力的考核,鼓励以赛代考。

(二)教学改革成效及解决的重难点问题

本课程改革亦存在一些重难点问题。针对这些问题,课程团队采用一定措施和手段,取得了较好的成效。(表1)

表1 教学改革成效及解决的重难点问题

问题	解决方法	成效
案例内容难度大,学生理论应用难结合	采用理实一体化工程案例;采用"一中心,三融合"的"四环递进"教学模式	学生从基础实做入手,学习理论知识,再综合实做,深化理论知识的理解及应用,在降低枯燥理论学习难度的同时,提升学生工程实践水平及工程素养
课时量不足,理论实践难兼顾	线上线下结合,软件硬件结合	让基础的理论及实践内容通过线上课堂完成,通过仿真的方式加深对理论及电路的理解,增加课堂的延伸度
内容难度较大,学生很难自学,翻转课堂发散性太强,混合式课堂不高效	翻转课堂融合对分课堂	对分课堂增强了教师对学生的引导,解决了理论难度较大,翻转课堂发展性太强的问题,课堂变得更高效
期末一次性评价方式不科学	采用线上线下结合的形成性评价方式,以赛促学	结合平台数据的形成性评价让考核评价增加了反馈的实时性及科学性,更注重能力考核

(三)取得的主要成果

1.课程建设成效显著

"电力电子技术"课程被评为重庆市线上线下混合式一流课程、重庆市课程思政示范课程、重庆市高校在线课程建设与应用示范案例、质量工程特色课程。受到福州大学、重庆邮电大学等同行专家的一致认可,得到学生的一致好评。重庆工贸职业学校等学校选用了融入课程思政元素的"电力电子技术"课程后,也取得了很好的教学效果。

2.线上学习活跃,成绩提高

教学案例融合了课程思政元素,教学内容更加丰富,与实际工程和社会结合得更加紧密,学生获得感更强,学习的兴趣及参与度进一步提高。最近一期选课人数166人,学生到课率100%,访问率高,讨论活跃,线上作业、任务点完成度及成绩明显提高。

3.学生获奖人数显著增加

融合思政元素后,学生对教师的评价更好,学习成绩明显提高,参加电子设计大赛人数明显增加,获奖数量明显提高。近五年来,学生参加各类比赛获奖达30余项,获专利20余项,学生科研立项50余项。(图6)

图6 学生获奖证书

4.学生能力提高,就业率好

课程加入思政元素后,本专业学生在疫情情况下就业率达98%以上,就业立足于重庆,服务新疆,为重庆、新疆的电力及信息之路做出了贡献。

四、未来计划或启示

本课程思政元素的嵌入,线上线下相结合的项目制教学,翻转融合对分、边实做边探究"四环递进"的教学模式,增加了学生的能动性,激发了学生的学习兴趣,缩短了项目授课的课时量,拓宽了学生知识面,锻炼了学生整合旧知形成新知的学习能力。但是时代促进电力电子技术的不断发展,学生的学情也在不断变化。本课程后续将继续从以下几个方面进行完善。

对器件的应用方面,进一步加强引导及在后续课程中强化,增强学生对半导体器件原理基础及应用的综合理解。

进一步关注培养学生设计硬件电路方面的方法及思维,后续通过拓展综合环节,结合线上课堂,进一步强化。

进一步收集国内外先进技术,增强学生新一代工程师的责任感。促进学生为我国无线充放电事业做出自己的贡献。

"德艺双修 育人传薪"
——"中国古典舞身韵"课程案例[①]

陈亚芳　汪琳琳　隋剑飞　郑岩　孙林

重庆文理学院

一、案例介绍

"中国古典舞身韵"课程是我校舞蹈学专业学科基础必修课程。课程团队为本专业学科带头人及骨干教师,专业能力过硬,具有丰富的教学经验及较高的学术水平。大一新生正处于应用能力提升、价值观念形成的关键期,课程目标紧扣我校应用型人才目标,从知识传授、能力培养、价值塑造入手制定"三模块、六能力、三品质"目标,按照金课标准,结合"四新"建设,遵循"两性一度",突显"价值引领"和"美育功能"。根据艺术类学生理论基础弱、实践能力强、创新精神足的特点,本课程秉持"学生中心"理念,运用以文化人、以艺通心的专业优势,开启"线上导学+线下研学+课后促学"一体化进阶式教学设计,构建"践、析、创、思"四维融通模式,创新"三式五法",形成鲜活行走的思政课堂、交叉融合的专业课堂、知识延伸的平台课堂,以"线上云思政、线下育思政、平台践思政"方式培养产教对接、学用融合、知行合一、协作创新的舞蹈专业人才,帮助学生树立正确的艺术观,真正实现"德艺双修、育人传薪"。

二、案例详述

(一)课程团队建设与能力提升

课程团队坚持以教促研、以研促改,每学年同行专家、学生评教均为优秀。主持主研

[①] 本案例为重庆市高等教育教学改革研究项目"乡村振兴背景下舞蹈学专业从'软实力'走向'硬动能'的人才培养体系探索与实践"(项目编号:213290)阶段性成果。

教育部协同育人项目、重庆市高等教育教学改革研究项目、重庆市教科规划项目等各类项目10余项。出版著作6部,发表论文20余篇,荣获国家级二等奖1项、省部级一等奖1项。主持横向项目累计到账78万元,指导学生参演实践活动100余场,指导学生参加重庆市各类舞蹈比赛获得指导奖、创作奖等40余项,多次荣获"教学示范岗""双师型教师""优秀教师"等称号。

(二)课程内容与资源建设及应用

1.课程内容

线上选用学堂在线慕课"中国古典舞身韵教学法"、云教材"案例资源库",线下选用普通高等教育"十五"国家级规划教材《中国古典舞身韵教学法》,完成"初级—技法导学与自学、中级—技法演练与分析、高级—技法创编与实践"三个模块。

2.资源建设及应用情况

第一,线上学堂在线慕课"中国古典舞身韵教学法"视频34个、其他资源69个、作业41次,参与考试226人,发帖979次,互动交流情况较好,学生完成率达100%;第二,课程有效衔接线下教学,充分利用信息技术手段,建立云教材"案例资源库"、云班课教研平台,上传讲解视频、示范案例40个;第三,开设课程短视频平台,发布作品251个;第四,课后搭建课程平台,已签订8个实训基地,形成学科竞赛、文艺会演、产学融合的实践教学链条。

(三)线上线下混合式教学设计创新

1.创新模式,提质课程

借助我校市级一流专业"音乐学(师范)",开启"线上导学+线下研学+课后促学"一体化进阶式教学设计,构建"践、析、创、思"四维融通模式,实现美育养性、德育化人。(图1)

图1 一体化进阶式教学设计

2. 理实并重,强调应用

紧扣我校应用型人才培养目标,创新"三式五法",开展合作、探究、互动、评价教学活动,实现专业技法与实践应用双向互动,深度激发能动性。(表1)

表1 "三式五法"教学方法

以兴趣为导向的"三式"		
授导式	研讨式	案例式
分解短视频示范表演	小组研讨合作探究	案例赏析分析评价

以学生为主的"五法"				
圆圈讨论法	镜面教学法	双师引导法	小组协作法	平台实践法
圆圈站位	模拟教学	校外导师	分工组织	竞赛会演
全视角动态	互为指导	校内教师	互评互促	产学融合

3. 平台实践,铸魂育人

课程平台实行"教学、实训、比赛"一体化建设,与多所单位建立合作机制,与中小学开展美育育人项目,做到产学融合、定向培养;以"线上云思政、线下育思政、平台践思政"方式让学生在实践中厚植爱国情怀、坚定理想信念,通过审美体验、人文熏陶、情感浸润、思政引导,实现专业课主渠道育人。

(四)课程教学内容及组织实施

1. 线上导学

完成学堂在线慕课"中国古典舞身韵教学法"图文、视频、作业、考试四个单元;结合"案例资源库"讲解短视频,梳理知识重难点;运用云班课教研平台开展创编作品双师指导,有效衔接线下课程。(表2)

表2 线上教学内容与组织安排

线上教学内容与组织安排	
学习内容: 第一章 序章 课程导学 第二章 中国古典舞身韵理论及概述分析 第三章 基础动律元素 第四章 中国古典舞身韵"平圆"动律 第五章 中国古典舞身韵"立圆"动律 第六章 中国古典舞身韵"上、下八字圆"动律 第七章 中国古典舞身韵"八字圆"动律	思考问题: 1.基本元素 2.动作特点 3.动律特征 4.审美特性 学习任务: 图文、视频、作业、考试单元

续表

线上教学内容与组织安排	
教学目标： 培养学生自学能力，熟练掌握动作规范要求、身韵动律与基本元素，汲取前沿知识，奠定专业基础，支撑学科交义	融合线下信息技术： 1.云教材"案例资源库" 2.云班课教研平台 3.课程短视频平台
课程思政：提升对中国传统文化的审美意识，以生动的艺术形象、强烈的感染力塑造人文底蕴、人文情怀，培养"乐于善学、勤于反思、勇于创新"三种品质	

2. 线下研学

采用"三式五法"创新方法，杜绝传统的单一技法训练模式，构建"践、析、创、思"四维融通模式，深入开展实践演练、分析思辨、创编实践、思政融入。（表3）

表3 线下教学内容与组织安排

教学组织实施	教学方法	设计意图
环节一：模拟教学。两人一组互为"教师"，相互指导与讲解动作要求，教师从旁引导	镜面教学法	提升讲解能力 增强应用能力
知识目标（应用）： 1.能够清晰讲解要求，准确示范动作 2.能够有效使用镜面教学法，发现问题、解决问题 3.模拟教师教学场景，提升专业志趣，培养职业素养		

学生互为"教师"

教学组织实施	教学方法	设计意图
环节二：案例赏析。赏析经典红色案例作品《红》。教师引导学生思考：演员最初在水底的挣扎是一种什么情绪？最后腾跃而起时，又是什么情绪？这些情绪的转变与技法的变换，各自代表什么含义？这部作品的特点是什么？ 象征意义是什么？ 道具在作品中呈现的作用是什么？ 舞蹈与科技的结合有什么样的创新之处？	案例式 授导式	塑造时代精神 汲取前沿知识

续表

教学组织实施	教学方法	设计意图
能力目标(分析、评价)： 1.引导学生进行思考、总结、评述、表达自己的观点 2.正确分析作品,掌握当代艺术发展前景,汲取前沿知识及跨学科知识		
环节三：小组展示、评价 第一小组构思：青年一代在"心中的红"的指引下茁壮成长、奋力拼搏 第二小组构思：运用道具红绸塑造当代大学生的革命道路,将拼搏、创新精神薪火相传 小组互评：作品中对"红"的表达是否深入、真切？道具运用是否有效、突出？指出创编中的亮点和不足 教师点评：作品重在表达情感与内涵,以"舞"塑人,既要展现当代大学生在革命道路上的拼搏精神与责任担当,又要突出新时代新青年不畏艰难、勇往直前的奋斗精神,用真实情感打动观众,引起情感共鸣,思想升华,道具融入要合理、有效,增添画面色彩,丰富主题思想	小组协作法 研讨式 平台实践法	坚定理想信念 培养爱国情怀
价值塑造目标(课程思政)： 1.了解党史与革命道路历程,以舞蹈话党史,亲身感受红色精神的引领 2.能够用生动的艺术性、强烈的感染力展示作品,弘扬团结奋进的中国精神		

3.课后促学

借助课程平台以践促学、以赛促学,引入基地项目制,开展教学实战化,让学生在实践中培养应用能力,坚定文化自信,建立师生共同体,培育未来文艺家。(表4、图2)

表4 课后促学内容安排

序号	内容
1	赏析大型民族舞剧《永不消逝的电波》
2	结合校外编导的意见,小组反思、总结及完善创编作品
3	选取优秀作品上传至课程短视频平台
4	运用平台实践法,在舞台上表演课程创编作品

图2 平台展示创编作品

（五）成绩评定考核等方面亮点及特色

本课程从源头反思、于过程反观，根据线上线下内容、教学真实活动，构建多维度评价体系，评价标准由线上考核（20%）、过程性评价（40%）与终结性评价（40%）共同构成，保证考核的合理性、客观性、全面性。（表5）

表5 课程考核评价标准

线上考核（20%）			
考核方式	分值	考核内容	考核目标
线上答题	20%	图文、视频、作业单元	自学能力
过程性评价（40%）			
考核方式	分值	考核内容	考核目标
课前导学	10%	案例赏析、课前问答	思辨能力
课堂互动	10%	交流、研讨、协作	分析能力
小组协作	10%	分工组织、组间互评	协作能力
课后作业	10%	创编作品、作品反思	创新能力
终结性评价（40%）			
考核方式	分值	考核内容	考核目标

三、案例成效

（一）案例特色与创新点

课程制定"三模块、六能力、三品质"目标，通过"线上导学+线下研学+课后促学"一体化教学设计，改革成效显著。

课程思政深度融入，激发学生的民族自豪感和荣誉感，培养艺术家品格，真正实现"德艺双修、育人传薪"。

（二）教学改革成效及解决的重难点问题

一是通过培养学生对中国传统文化的审美意识，树立正确的艺术观，解决教学理念重技术、轻人文的问题；二是通过线上理论框架，线下三个模块，解决教学内容存在单一化、程式化的问题；三是创新"三式五法"，解决教学方法陈旧、单调的问题；四是构建"践、析、创、思"四维融通模式，让文化、艺术、技术交叉融合，解决教学活动缺乏联动创新的问题。

(三)取得的主要成效、成果

1. 学生

参演中央电视台15频道春节晚会、全国"荷花奖"舞剧《刘三姐》、全国大学生艺术展演、全国"桃李杯"展演等实践活动100余场,荣获国家级奖项3项,省市级奖项40余项。在"美育进乡小"活动中形成教育扶贫观念、服务基层意识,激发社会责任感。

2. 教师

课程负责人荣获重庆市高校教师教学创新大赛一等奖,立项省级一流课程、教研教改项目等。课程团队出版著作6部,主持省级项目10余项,发表论文20余篇,获国家级、省市级奖项40余项。成立乡村振兴舞蹈发展研究所,搭建"情暖乡村"文化艺术服务团等实践平台,引入基地项目制,开展教学实战化。

3. 社会影响

学生课程喜爱度达97.41%,考研率逐年上升,先后考入加拿大西蒙弗雷泽大学、广西艺术学院、重庆师范大学等院校;毕业生就业率高达95%以上,用人单位满意度达100%,自主创业者成效显著,受到业界一致肯定;课程短视频平台"舞之蕴韵",作品获赞20万,课程单位荣获中国舞蹈家协会"2021年度优秀人才培养单位"称号,充分发挥了高校美育教育的先导作用。(图3)

图3 获评"2021年度优秀人才培养单位"

专业适配、实践赋能的"工程图学基础"混合式教学创新与实践

田美子　何芳　刘阁　万浩川　张霖

长江师范学院

一、案例介绍

本课程是面向食品科学、生物工程、环境科学专业的专业基础课程。为有效解决本课程各专业授课内容雷同、学生实践能力不强等问题,课程组确立了"专业适配、实践赋能"的改革思路。重构"三阶"内容体系,重塑融入"专业适配+思政育人"的教学内容,调整各专业教学内容,匹配地方产业案例,挖掘思政案例和美育点,有效提升课程内容的专业适配度。区别设置"三阶"体系的线上线下学习时间与活动,搭建"课前导学—课中研学—课后促学"的混合式教学模式;自主构建"EG"教学模型,辅助学生打破几何与工程之间的壁垒;构建师生学习共同体,促进教学资源迭代优化;联合内涵实训、以赛促学、产教融合,提升学生的工程实践能力。通过教学改革,近三年课程教学目标达成度及学生参与率逐年提升,学科竞赛成绩突出,课程建设成果丰硕,改革举措受到高度评价,已在本校工科学院及部分兄弟院校推广应用。

二、案例详述

(一)重构"三阶"内容体系,重塑融入"专业适配+思政育人"的教学内容

1.重构内容模块,构建"三阶"学习体系

结合认知规律,将基本体等10章课程内容整合为4个公共基础模块(国标要求、计算机绘图、投影基础、机械制图)和2个专业适配模块(工艺图形、工程表达),划分为"知识与技巧—方法与能力—素养与发展"三阶内容体系,构建"夯实图学基础—解决工程问题—

提升工程素养"进阶式学习过程。

2.调整各专业教学内容,提升课程内容的专业适配度

改变过去不同专业授课内容完全相同的情况,根据不同专业的人才培养需求,调整专业适配模块(工艺图形、工程表达)中的教学内容,并选用匹配各专业的地方特色产业教学案例,增强学习内容与各专业的支撑度。

食品科学专业:侧重食品加工工艺流程及工厂布置图等,匹配榨菜生产加工设备等地方产业案例。

生物工程专业:侧重酿造工程工艺流程及工厂布置图等,匹配小曲白酒酿造设备等地方产业案例。

环境科学专业:侧重管道图等化工工艺图,匹配榨菜废水处理设备等地方产业案例。

3.搭建"三维"思政体系,实现德育引领、美育渗透

设计"工匠精神—价值引领—专业素养"三维思政体系:在国标要求、计算机绘图模块嵌入"国标遵守"等案例,塑造工匠精神,挖掘"规矩之道"美育点;在投影基础、机械制图模块嵌入"中国航天"等案例,培养职业道德、爱国情怀,挖掘"图学之美"美育点;在工艺图形和工程表达这两个专业适配模块,则是分专业匹配"0防腐剂涪陵榨菜"食品安全、"中国白酒史"酿造工艺、涪陵榨菜"废水不废"环保理念等提升专业素养的思政案例,并挖掘"工程魅力"美育点。

(二)设计"三阶"混合式教法,实训竞赛工程案例共同赋能学生实践能力

1.动态调整"三阶"线上线下时间配比,区分设计学习活动

针对"知识与技巧—方法与能力—素养与发展"内容体系,区别性设置线上线下学习时间,区分性设计线上线下活动,依托自主构建的在线课程资源,学生线上课前导学,线下课中研学,线上线下课后促学,网状衔接、持续改进。

2.结合学情分析,"以学定教"匹配任务,强调个性化学习

根据学生的立体感基础及课前测试情况,分析学情,"以学定教"式匹配不同难度的学习任务,按照"习题练习—工程案例—竞赛题目—工程项目"四个难度梯度进行任务分配,基础欠佳的同学着重夯实基础,基础较好的同学注重能力发展。

3.融合内涵实训、以赛促学、工程实例提升学生的工程实践能力

课程内设实训(测绘实训、上机实操),通过轴测绘表达等实训提升学生理论联系实际的能力;以机械成图大赛参赛试题、机械创新设计大赛获奖作品为教学案例,以赛促学、以

赛代练、融赛为考,以实际竞赛案例提升学生实践能力;结合地方特色产业,依托专业挖掘"榨菜包装机"(食品)、"榨菜污水处理机"(环境)等实际工程项目,产教融合,提升学生解决工程实际问题的能力。

(三)共同打造多维学习资源,构建师生学习共同体

1.打造线上线下多维资源,持续更新优化迭代

自建在线课程,线上资源涵盖微视频、情景主观题、课件、客观题、不同专业工程案例等。结合学科竞赛,线下资源涵盖绘图练习、开放讨论题、设备及车间图学案例等。

2.课程资源服务学习全过程

依托线上线下资源,新学期开展线上测试164次、互评作业508份,讨论发帖2495次,线上考试1次;混合式小组任务学习24项、讨论8次、专题学习汇报3次。

(四)关注对学生的发展性评价,构建多元化评价方式

采用过程性评价与终结性评价相结合、线上线下相结合的多元评价方式,关注对学生工程能力的发展性评价。

对初阶知识评价:采用线上线下客观题和主观题考核的方式,占比30%,包括线上学习、互动讨论,重在考查知识点掌握情况。

对中阶能力评价:采用课堂互动考核方式,占比45%,包含分组讨论、翻转课堂、案例研讨等。制定评分量规,生生互评与教师评价各占50%,所有评价可追溯。

对高阶素养评价:采用项目设计的方式,占比25%。包含拓展报告、竞赛项目及工程案例解析报告等。

三、案例成效

(一)案例特色和创新点

调整不同专业的教学内容,选用匹配专业的教学案例,提升专业适配度,有效解决原本课程不足以支撑各专业人才培养需求的问题。改变过去不同专业统一授课模式,调整不同专业本课程的教学内容及侧重,结合地方产业,以匹配专业的环境机械、食品机械、生工设备为教学案例,增强课程服务专业的适配度。

构建"工匠精神—价值引领—专业素养"三维课程思政体系,思政引领、美育渗透。为有效解决学生对工程技术人员的认同感模糊,以及社会责任感和使命感不强的问题。设

计"工匠精神—价值引领—专业素养"三维课程思政体系,在国标要求等四个公共基础模块,嵌入"国标遵守"等思政案例,并挖掘"规矩之道""图学之美"等美育点;在专业适配模块,则是分专业设计提升学生专业素养的思政案例,并挖掘"工程魅力"美育点。

(二)教学改革成效

学生对本课程认可度高,充分释放学习动能。学生评教95分以上。通过学生自评和老师监测,学生的创新能力、解决复杂问题的能力、讨论活动参与度、绘图能力等均有明显提升。

课程目标达成度高,学生工程实践能力显著提高。近三年课程目标达成度、学生参与度连年升高。学生工程实践能力显著增强,以本课程为出发点进一步拓展,立项国家级大创项目8项,获"互联网+"竞赛等级别奖18项;获省市级竞赛奖60余项,获批食品机械、环境机械等发明专利20余项。

课程外部评价好,教学改革成效得到认可。教学督导评价"优秀",重庆大学朱小飞教授认为本课程的改革专业结合度高,注重工程能力培养,教学效果好。

四、未来计划或启示

(一)优化迭代教学内容,拓展课程与专业全方位适配体系

紧跟智能制造及专业发展,更新学科前沿知识,持续挖掘思政元素,更新教学资源库。拓展课程与专业全方位适配体系,加强机器人学院制图教师与各专业教师合作,开展"双师同课"等探索,搭建实习实践、教学竞赛等全方位服务专业的适配体系。

(二)加强课程模式的示范推广

结合教务处教师发展中心开展示范教学活动,针对其他工科专业进行推广。凝练教学模式制定相关培训专题,进行西南地区应用型本科高校的宣传推广。

凸显地方特色的"食品化学""双螺旋"混合式一流课程建设与应用

周琴　卢春霞　孙钟雷　王慧超　冯晓汀

长江师范学院

一、案例介绍

"食品化学"是我校食品科学与工程专业(国家级一流专业建设点)的专业基础课,课程组基于OBE理念构建了凸显地方特色的"双螺旋"混合式教学模式。该模式以学生多样个性化学习链与教师多元启发式教学链为双主链,通过线上线下学习活动耦合,围绕课程目标的中轴线,使课程的混合式教学整体呈"理解—分析—应用"的低、中、高三阶螺旋式上升。课程组重塑教学内容,构建了中国特色食品科技伦理"一二三"课程思政体系,以"课程思政+地方特色"的方式全方位融入教学,并设计实施了"线上课堂—混合课堂—课后拓展"三个环节的混合式教学活动,整体提升了学习挑战度。本课程将川渝地区丰富的食品资源充分融入教学,系统开展了中国特色食品科技伦理课程思政教育,让学生在混合式交流互动中求真思辨,培养学生成为有温度、有情怀、有担当的新时代食品工程师。

二、案例详述

(一)课程团队

课程团队为重庆市课程思政示范教学团队,授课教师均为国家级一流专业建设点"食品科学与工程"专业团队教师。课程负责人周琴为重庆市课程思政教学名师,近五年一直承担"食品化学"等课程的教学任务;近年来围绕食品化学科教融合与产教融合综合开展多项教学研究,主持"食品化学"重庆市混合式一流课程1门、重庆市课程思政示范课程1门;参编重庆市特色专业重点教材1部;以本课程教学改革实践参加重庆市高校教师教学创新大赛、重庆市高校青年教师教学竞赛等获得二等奖2项、三等奖1项、优秀奖2项;建设的本课程线上资源获得重庆市本科高校微课教学比赛三等奖3项;获得校级各类教学竞赛特等奖1项、一等奖3项、二等奖5项。

团队教师孙钟雷主持重庆市食品科学与工程特色专业1个,获重庆市教学成果奖二等奖,获国家级"大学生挑战杯优秀指导教师"、涪陵区"模范教师"等称号;卢春霞为重庆市学术技术带头人及后备人选;王慧超主持重庆市教改项目1项。

(二)课程内容与资源建设及应用

1. 课程内容

食品的七类主要成分的结构、理化性质,食品在生产、加工、贮藏、代谢过程中发生的变化,及其对食品品质和安全属性的影响与应用。

2. 资源建设

线上除视频、课件、题库、文献等资源外,另建有川渝食品案例库、中国特色食品科技伦理课程思政案例库;线下资源整合了川渝产学研基地、创新实践作品库等。

3. 资源应用

课程基于OBE理念,依托教学资源开展食品化学典型问题任务驱动的混合式教学活动,显著提高了学生的学习挑战度,如依托线上线下资源开展线上测试、互评作业,混合式互动;线下开展混合式小组学习任务、讨论、辩论、专题学习汇报等。(图1)

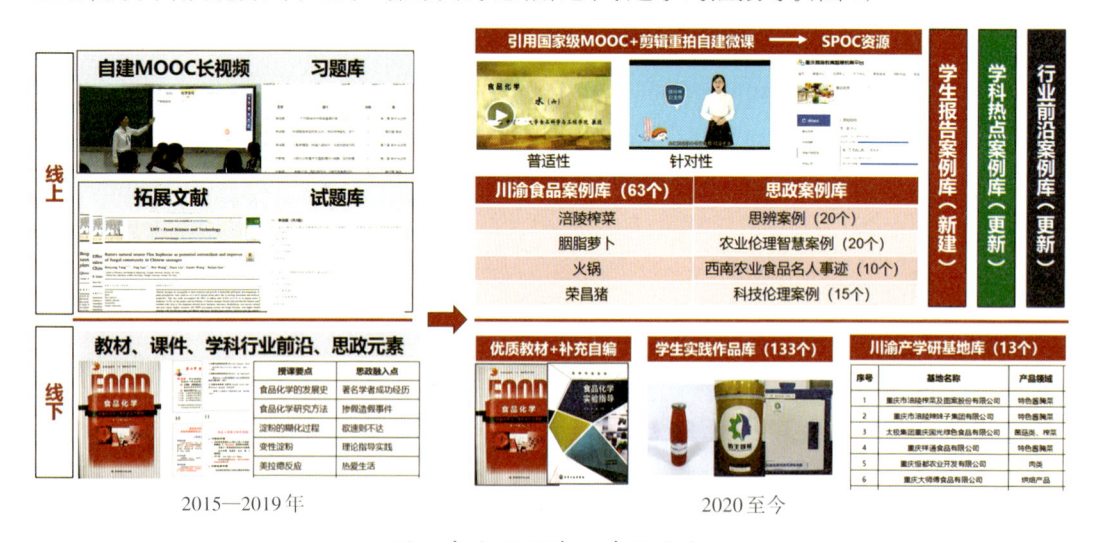

图1 部分课程资源建设迭代

（三）线上线下混合式教学设计创新

根据课程目标，课程组基于OBE理念构建了凸显地方特色的"双螺旋"混合式教学模式。该模式以学生多样化学习链与教师多元启发式教学链为双主链，通过线上线下学习活动耦合，围绕课程目标的中轴线，使课程的混合式教学呈"理解—分析—应用"的低、中、高三阶螺旋式上升。（图2）

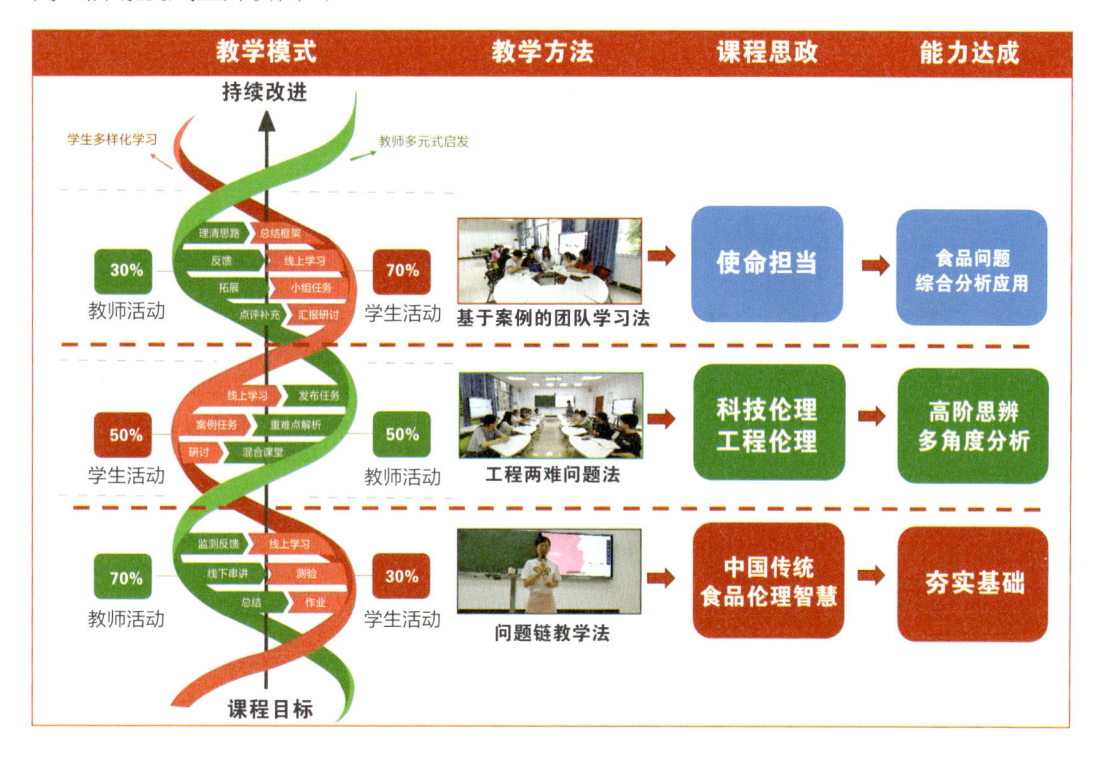

图2 "双螺旋"混合式教学模式示意图

（四）课程教学内容及组织实施

坚持"立德树人"，重塑了融入中国特色食品科技伦理思想和地方特色的教学内容。课程组将八个章节的教学内容根据学生的学习特点划分为"理解—分析—应用"三阶模块，分别融入中国特色食品伦理智慧、科技伦理判断与选择、家国情怀与使命担当。每个模块以两个重点地方特色案例为载体，嵌合三个课程思政契合点，整体构建了中国特色食品科技伦理"一二三"课程思政体系，即"一模块、二案例、三思政契合点"。每一章内容则以"结构—性质—变化—影响—应用"为知识逻辑主线，设计了"川渝地方特色案例+思政融入"的"双线"并行教学设计，以"课程思政+地方特色"的方式融入教学内容。（图3）

（1）理解模块：包括食品化学概述、食品组分的结构性质，以"水分子结构"等知识为代表,以涪陵榨菜等川渝发酵食品案例为载体,融入中国传统农业与食品伦理智慧,树立文化自信。

(2)分析模块:包括糖化学、脂类化学,结合学科热点,以"火锅老油"等前沿的地方性争议食品问题为载体,强化思辨分析,培养正确的科技伦理判断与选择能力,突出前沿性。

(3)应用模块:包括维生素矿物质、食品中天色素等,结合高新技术以"PSE肉"等行业典型问题为载体,链接本地食品企业需求开展基于学科交叉的创新实践,侧重培养应用理论解决食品问题的能力,强化服务地方的家国情怀、使命担当,突出高阶性和创新性。

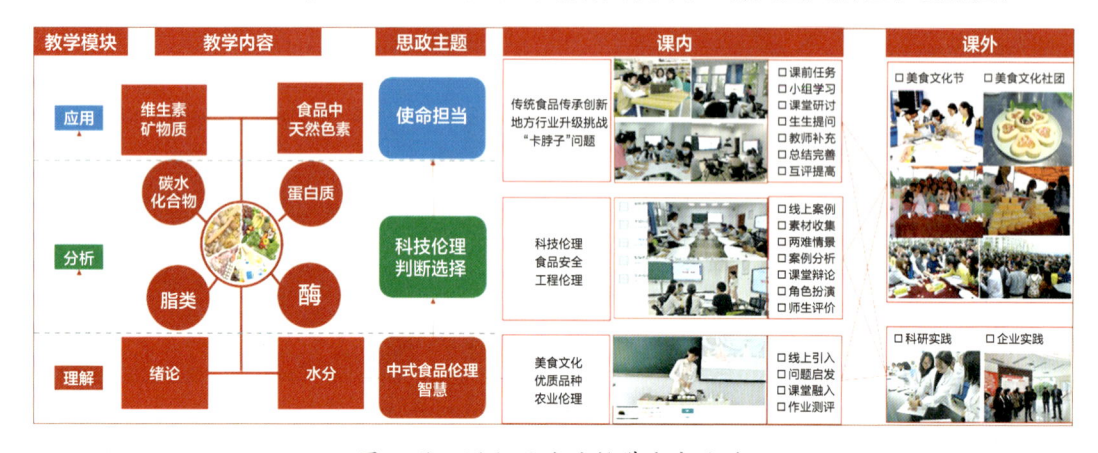

图3 融入课程思政的教学内容体系

教学设计遵循逻辑主线,实施渐进式混合教学活动。根据每一章节内容的知识逻辑主线,遵循"案例引入—问题确定—分析原因—解决问题—拓展迁移"的教学逻辑进行组织实施,总体设计"线上课堂—混合课堂—课后拓展"三个环节渐进的混合式教学活动,并随课程螺旋推进的三个阶段,逐步提升线上学习时长、学生活动比重及学习任务难度,最终提升学习挑战度。(图4)

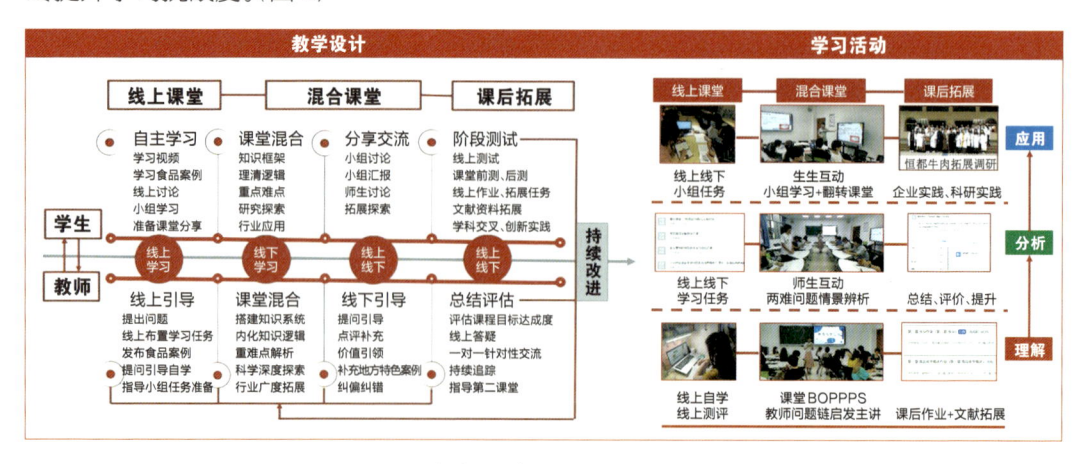

图4 混合式教学活动的设计与实施

（五）成绩评定考核

课程组构建知识、能力、思政教育并重的"五化"考评体系，即考核内容综合化、考核过程全程化、考核形式多样化、评价主体多元化、评分体系标准化。（图5）

"五化"评价	评价形式	评分占比	评价方式	评分依据	持续改进
内容综合化	视频课件（线上）	15%	平台自助	学习记录	即时反馈及时改进
过程全程化	自学测验（线上）	5%	平台自助	标准答案	
形式多样化	课堂讨论（混合）	2.5%	教师APP打分	评分量规	
主体多元化	PBL专题学习	15%	自评(10%)+组间互评(40%)+教师评价(50%)	评分量规	
评分标准化	作业（线上）	5%	互评(50%)+教师评价(50%)	评分标准	阶段反馈整体迭代
	阶段测验（线上）	7.5%	APP自动+教师评价	评分标准	
	期末测验（线下）	50%	教师评价	评分标准	

图5 "五化"考评体系

三、案例成效

（一）特色与创新

将川渝地区的丰富食品资源充分融入课程教学，高度契合地方食品行业人才需求。课程组将川渝地区食品案例融入教学内容，教学实施结合地方争议性食品问题，课后拓展紧扣地方食品企业需求，课程思政激发科技报国、服务地方的使命担当。课程的混合式教学全方位结合地方特色，直接服务"成渝地区双城经济圈"和乡村振兴战略。

系统开展了中国特色食品科技伦理体系的课程思政教育，培养有温度、有情怀、有担当的新时代食品工程师。课程组构建了以中国特色食品伦理思想为主的"一二三"课程思政体系，教学实施注重设计食品争议两难问题，引导学生进行沉浸式案例分析，在强化思辨分析的同时培养科技伦理判断与选择能力，使学生形成正确的食品科技伦理价值观。

基于OBE理念构建了"双螺旋"混合式教学模式，在多样化交流互动中求真思辨。以学生多样化学习链与教师多元启发式教学链双链螺旋，通过任务驱动的线上线下学习活动耦合，引导有关争议食品问题的分析辩论，全面强化理性、思辨、突破、创新，有效提升学生思辨分析能力。

(二)解决的重难点问题

课程经过混合式教学改革,主要解决三个方面的问题:一是学生针对食品问题的思辨分析能力不足,缺乏食品科技伦理判断与选择能力;二是学生习惯于被动接受理论知识灌输,缺乏应用食品理论解决问题的意识和能力;三是毕业生的食品理论基础知识与西南食品行业脱节,对川渝食品资源不够熟悉。

(三)取得的主要成效和成果

学生及同行对本课程评价高。95.6%的学生表示会继续选择混合式教学的方式学习。课程也获得了同行的广泛好评,例如被国家级教学名师评价认为"本课程充分利用川渝地区丰富食品资源,开展的混合式教学效果好,课程思政教育特色突出,在地方高校的食品专业课程教学中具有示范引领作用"。

课程示范推广效应较好。本课程教学模式适应地方高校尤其是西南地区地方高校的食品类专业教学推广。课程线上资源被北京农学院等20余所院校学生选修,推广教学经验指导建设混合式课程8门、省部级混合式一流课程1门。

混合式教学改革成效显著。一是课程目标达成度提高,近三年课程目标达成度均在0.770以上;近三年考研录取率高。二是学生学习参与度高。三是学生思辨分析与创新实践能力显著增强,学生总结本课案例并进一步拓展,立项国家级大创项目3项,获"挑战杯"等竞赛国家级等级奖8项、获省部级竞赛奖40余项。(图6)

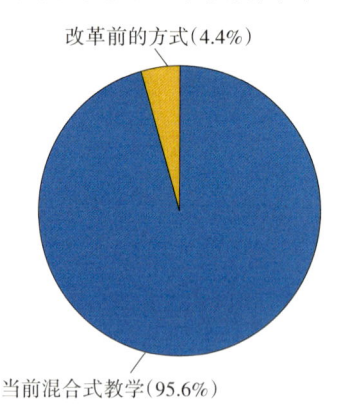

图6 学生对当前混合式教学满意度

四、未来计划或启示

今后将继续坚持工程教育认证的"学生中心,产出导向,持续改进"理念,重点从以下三方面持续建设改进。

(一)持续优化课程教学理念及资源

以发展"成渝地区双城经济圈"为契机,以"川菜国际化""川菜渝味标准化"的产业发展方向为依托,在建设新工科及新农科背景下,根据国家及社会发展新形势持续更新课程资源、教学设计和课程思政体系及食品案例。

(二)进一步增强课程推广示范应用

加强与西南地区同生态高校和食品企事业单位的交流合作,共同研讨新形势下西南地区食品专业基础课程教学持续性创新改革方向,推进本课程的教学模式在同生态院校中的进一步应用。

(三)进一步完善分层次教学的实施

在现有基础上,进一步针对学生学习能力及未来去向优化分层次教学方式,保证教学底线的同时,根据新时代学生的特点进一步加强个性化的学习辅导。

"C语言程序设计""四阶段四层次多维度评价"混合式教学设计与实践

李柳柏　曾俊　胡志竹　陈曦　王晓云

长江师范学院

一、案例介绍

随着新兴产业技术的快速发展和应用,现代产业边界日益模糊,新科技和新平台的前瞻布局对信息技术(IT)人才的知识、能力、素质提出了更高要求。

课程围绕学校"高水平应用型师范大学"的办学定位,以新工科建设为契机,对接重庆市特色专业"计算机科学与技术"的发展目标,面向西南地区IT软件技术相关企事业需求,培养"人文素养深厚、工程素质扎实、软件能力突出、创新品质优秀"的IT软件类高素质工程技术人才。"C语言程序设计"是国家教指委规定的计算机类专业的核心课程,也是学生大学阶段接触到的第一门编程课程。

本课程在建构主义学习理论指导下,将课程思政与课程资源有机融合,采用"四阶段四层次多维度评价"的线上线下混合式教学,全面提升学生解决复杂软件工程问题的能力。强化全过程育人理念,培养精益求精的大国工匠精神,激发学生科技报国的家国情怀和使命担当。

二、案例详述

课程以"内容知识点多、学生编程基础差、工程素养不高、课程评价不精准"为逻辑起点,以西南地区IT行业企业软件相关岗位所需的知识框架、能力矩阵和素质要求为导向,学校、企业和思政课教师"三师协同",设定了如下课程目标。

(1)知识目标:辨析编程语法逻辑,应用数组与函数、指针和结构体、编译与文件等知识设计基本算法,明确规范编码的原则和方法。

(2)能力目标:能够从多维度分析、设计、编码、测试、评价和决策程序算法,在工程训练中构建深刻剖析问题的能力、解决复杂软件工程问题的能力和主动协同合作的能力。

(3)素质目标:端正积极主动的学习态度,弘扬求真务实的工作作风,具有精益求精的工匠精神,树立科技强国的使命担当。

将学习内容重组为线上线下两个部分,采用"四阶段四层次多维度评价"的线上线下混合式教学,通过"线上—慕课学习、线下—案例剖析、混合—工程训练、综合—创新创业"四个阶段,夯实编程基础、解决编程问题、提升工程思维、提高创新创业素养,通过全过程多维度评价方式,引导学生达成知识探索、能力构建、品质塑造和价值引领四个层次的学习目标。(图1)

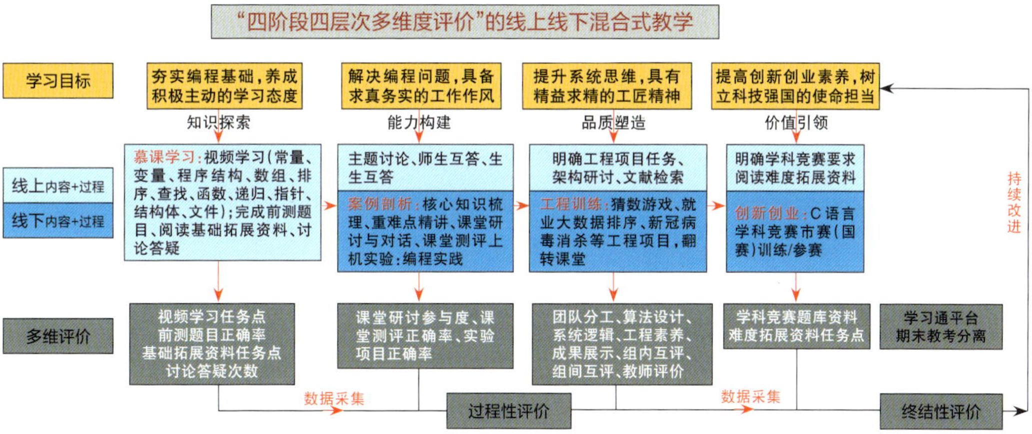

图1 "四阶段四层次多维度评价"教学总体设计

(一)系统设计八类资源课程,落实"点线面体"课程思政体系

学校、企业和思政课教师"三师协同",从课程大纲、教学内容、案例素材、实验项目、教学手段、课程评价等多角度入手,系统设计了八类资源课程,将思政元素有机融入课程教学全过程,满足了"互联网+"背景下学生泛在学习的需求,落实了"点线面体"课程思政体系。

(1)微课视频:自建48个基础知识慕课视频,用于线上慕课学习,切入课程思政"点"。(图2)

(2)教学案例:制作基础应用案例、科研成果转化为教学资源的创新性案例、行业应用的综合实践案例等共15个,用于线下课堂案例剖析,贯穿课程思政"线"。

(3)实验项目:基于模块设计8个实验项目,供学生线下编程实验使用。

(4)工程案例：设计猜数游戏、就业大数据排序、新冠病毒消杀游戏等工程项目，学生利用团队协作和翻转课堂完成项目，构造课程思政"面"。(图3)

(5)题库资源：设计题库，含试题2000余道，用于课前课后测试。

(6)拓展资源：整理文档、图片、动画等拓展资源100余个，供学生课余拓展学习使用。

(7)讨论主题：设计讨论主题20余个，促进师生、生生线上线下交流。

(8)学科竞赛题目：更新竞赛题目近100道，供学生线上线下选择性训练，筑牢课程思政"体"。

- 第3章 顺序结构程序设计
  - 3.1 数据输出函数printf和putchar
  - 3.2 数据输入函数scanf和getchar
  - 3.3 算法及其表示
  - 3.4 顺序结构程序设计——不积跬步无以至千里

- 第4章 分支结构程序设计
  - 4.1 if语句——天天向上的力量
  - 4.2 switch语句——珍惜时间
  - 4.3 分支结构的嵌套——节约用水

  【分组任务】C语言程序设计—翻转课堂—新冠病毒消杀游戏

- 第5章 循环结构程序设计
  - 5.1 while和do while语句——我爱记单词
  - 5.2 for语句——天上不会掉馅饼
  - 5.3 break和continue语句——爱心募捐
  - 5.4 循环嵌套
  - 5.5 循环结构综合——求100—200的全部素数

  【分组任务】C语言程序设计—翻转课堂—就业大数据处理

  【分组任务】C语言程序设计—翻转课堂—猜数游戏

图2 部分线上慕课视频　　　　图3 线上发布的工程案例

(二)采用"四阶段四层次"线上线下混合式教学，提升学生解决复杂软件工程问题的能力

四个阶段分别为"线上—慕课学习、线下—案例剖析、混合—工程训练、综合—创新创业"，通过递进式螺旋上升培养，夯实编程基础，解决编程问题，提升工程思维，提高创新创业素养，提升学生解决复杂软件工程问题的能力。

1.线上慕课自主学习

学生线上学习基础知识慕课视频、阅读基础拓展资料，完成前测题目，养成积极主动的学习态度；教师引导学生主动学习，精确掌握学情。

2. 线下课堂案例剖析和编程实验

引导学生深刻剖析案例,梳理核心知识、突破重难点、课堂研讨与对话,打破课堂沉默;以实验项目为主线,构建用编码解决问题的能力,弘扬求真务实的工作作风。(图4)

图4 学生课堂讨论

3. 利用翻转课堂实施工程训练

分别以章节知识、课内知识、课内+课外知识为节点,利用翻转课堂完成猜数游戏、就业大数据排序、新冠病毒消杀游戏等工程项目,难度逐步提升,学生分别以2人、3人和4人组队完成项目任务,在工程训练中提高团队协作意识,锤炼出精益求精的工匠精神,树立关心国家大事的大局观念。(图5)

图5 李柳柏教授上课

4. 学科竞赛综合训练

学生人人参与C语言相关学科竞赛训练,教师人人当导师,引导学生学习有难度的拓展资源。全面提升学生创新应用的能力,注重科学思维方法的训练和科学伦理的教育,树立科技强国和科技报国的使命担当。

(三)实行多维度过程化考核改革,让学生忙起来

采用过程性评价(70%)+终结性评价(30%)的多维度评价方式,过程性评价考查线上视频、前测题目、拓展资料、讨论互动、课堂测评、课堂研讨、期中测验、线下实验项目、工程项目、翻转课堂等;终结性评价采用教考分离,由其他高校C语言资深教师命题组卷。采用全过程数据分析,考查学生知识构建、专业认同、编程等能力,以及工程素养、家国情怀、社会责任等,形成层次丰富的多维度评价方式,落实了学生的主体责任,让学生真正忙起来,提升了学习的实效性。

三、案例成效

"C语言程序设计"和"四阶段四层次多维度评价"的线上线下混合式教学改革,有效地解决了课程的教学问题,应用效果明显,特色和创新点突出。

(一)特色和创新点

系统设计立体化课程资源,全过程沉浸式融入思政育人元素。深度提炼知识体系中蕴含的思想价值和精神内涵,合理拓展课程的广度、深度和温度,有机融入教学全过程,如慕课资料"不积跬步无以至千里、天天向上的力量、珍惜时间、天上不会掉馅饼、节约用水、保守国家秘密"、工程项目"就业大数据排序、新冠病毒消杀游戏"等,社会主义核心价值观内化于心。

依托真实项目实施翻转课堂,提升解决复杂软件工程问题的能力。以企业真实的工程项目为依托开展翻转课堂,真题真做,提升了课程的高阶性、创新性和挑战度,满足新工科背景下对学生解决复杂软件工程问题的能力需求,提升工程思维,锤炼敢于开拓创新的品格,社会主义核心价值观外化于行。

基于全过程数据分析开展多维度评价,适应学生个性化发展需求。通过全过程数据采集和分析,从课程知识、编程能力、综合素养等方面进行多维度评价,实时掌握学生学习的动态,为学生个性化的学习需求提供依据,为课程的持续改进提供有力的数据支撑。

(二)取得的成效、成果

学生对课程的认可度高。学生线上任务点完成率为100%,讨论发帖和回帖等累计互动51532次,线下课堂积极参与活动,讨论热烈,以学生为主的课程评教均为优秀。

同行专家评价高。重庆市计算机类专业教指委的多名教授认为:"'四阶段四层次多维度评价'的线上线下混合式教学设计系统性强、教学组织合理、实施效果好。"

课程目标达成度高。2020年秋期和2021年秋期,计算机类专业学生的期末考试成绩比普通班平均高10分,比前三届的平均成绩高8分。

学生学科竞赛成绩优秀。近三年学生获得全国大学生数学建模竞赛国家级一等奖1项、蓝桥杯全国软件和信息技术专业人才大赛(C语言组)国家级奖项20余项、中国计算机设计大赛国家级奖项8项,获得省部级及以上奖励共200余项,比前三年多60余项。(图6)

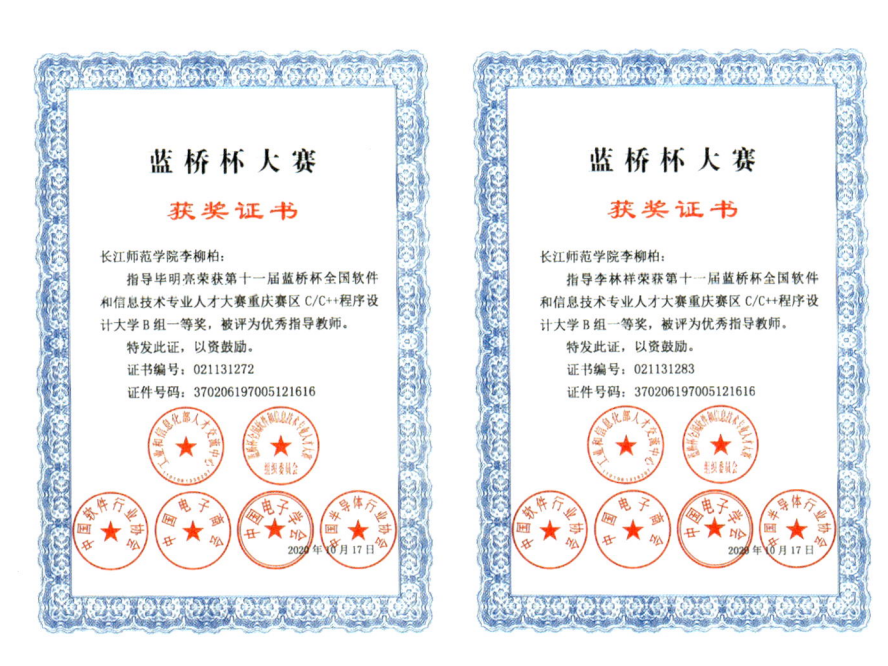

图6 学生蓝桥杯（C语言）部分获奖证书

教师团队教研成果丰硕。获得重庆市名师、重庆市第二批黄大年式教师团队、重庆市"C语言课程群虚拟教研室"等荣誉，在科学出版社出版C语言教材2部，获评重庆市一流课程2门，获得学科竞赛优秀指导老师10余项、重庆市教学成果奖二等奖2项、重庆市高校教师教学创新大赛二等奖，立项重庆市级教改项目5项，发表教研论文10余篇。（图7）

图7 重庆市一流课程证书

四、未来计划或启示

课程始终以"提升学生的基本编码分析和应用能力、设计和开发的创造能力、科学的评价能力,锤炼敢于开拓创新的品格,发扬精益求精的工匠精神,培养关心国家大事和人类命运的大局意识"为导向,以精细化的混合式教学活动为突破,促进学生主动探究和建构,系统训练工程思维和科学思维。

1. 产学研融合共建课程

发表相关教学研究论文,利用成渝地区双城经济圈"C语言课程群虚拟教研室",校企、校校团队协作共建课程资源、共研教学难题、共培师资队伍、共享教学成果,全面提升课程质量和思政育人功能。以教学热点和难点为依托,在成渝地区开展多样化的线上线下混合式教研活动,提升课程的示范性和引领性。

2. 优化课程评价手段

有效利用"一平三端"采集过程数据,精确掌握每个学生线上线下的学习动态数据,厘清共性问题和个性问题,建立增值性评价模型,为个性化教学和因材施教提供大数据支撑。

3. 出版立体化教材

梳理基于工程项目的教学案例和课程思政资源,出版"互联网+"立体化教材,辐射本专业程序设计类课程、IT专业群其他课程和同类高校相关课程,在成渝地区应用型高校中推广使用。

案例生活化、生活绿色化、绿色艺术化
——"艺术与绿色生活"课程思政案例[①]

杨恩德 欧潮海 彭丰 郑真 杨琳

重庆科技大学

一、案例介绍

"艺术+科技"教学团队以改造"美术鉴赏""空间陈设艺术"等传统文化艺术素质课程为基础,于2017年原创并深度开发"艺术与绿色生活"线上线下混合式课程。新时代将新文科要求融入新工科内涵,结合学校"三性一型"办学定位,融汇各教研平台相互支持,革新传统文艺素质类内容;"课程思政、专业知识、素质拓展、生活实践"四位一体,倡导"案例生活化、生活绿色化、绿色艺术化"的绿色生活方式,用绿色理念和艺术方法培养理工学生的感性素质,提升文科学生的理性素养,为培养应用型创新型拔尖人才服务。

案例以"衣、食、住、行、用"五大方面建构体系,将"课程思政"浸润于"课程内容"中,增长艺术与技术的知识和技能;结合大学生生活实际,以多维度"生活艺术绿色化"育人;全方位探究绿色生活方式,提高"理解与鉴赏、动手与实践"能力;并举"养成教育与终身学习习惯、审美和创新",培养有责任感和使命感公民的情感、态度和价值观。

二、案例详述

(一)课程团队建设与能力提升

课程团队持续改革丰富课程建设,有机整合累积优质教学资源。经历了三阶段。

在第一阶段,课程初创建设奠定师资和线上教学环境基础,在超星慕课中心原创开发

[①] 本案例为重庆市高等教育教学改革研究一般项目"基于理工科院校的《艺术与绿色生活》美育课程建设研究与实践"(项目编号:213346)阶段性成果。

配套在线内容,立项建设"教学成果培育项目"。

在第二阶段,形成在线"课程任务平台+线下实践体验+面授"的教学模式,先后获得市教委、校教改课题,为课程提供教改支持,运用国家级、省部级、校级平台开发课程配套实践体验基地。

在第三阶段,一系列认定、获奖和社会反馈为课程建设提供可持续发展条件。课程组获全校唯一"示范教学包"。

选修本课程受众规模逐年增长、教学模式深受学生好评;课程团队成员先后获得校级、市级首届高校教师教学创新大赛一等奖、二等奖,参加各类课程思政教学培训50多场次并主办和分享6场次;本课程获市级"本科生一流课程、课程思政示范项目"及研究生教育校级思政示范课程。(图1)

图1 "示范教学包"收录证书

(二)课程内容与资源建设及应用

1.导学

了解学生生活习惯、专业背景信息,解读教学根本任务、绿色艺术审美生活的知识架构体系及其课程思政内涵和素质教育意义。

2.体系

(1)掌握"衣"文化与绿色生活内容。讲解行业繁荣的污染代价、可持续发展方向,用案例引导绿色艺术化穿衣及人物形象设计。(2)掌握绿色"食"文化及生活知识。用和、度、美三个层次引导绿色生活的食智慧与食前沿,以及与食相关的艺术设计审美应用。(3)掌握"住"居环境的绿色生活知识。用文化、艺术、生活三维度诠释建筑、室内、景观人居环境,引导绿色生活方式理念。(4)掌握绿色出"行"与智能交通。从绿色、智能、徒步艺术三个角度串起文明标志、交通灵魂、社会时尚主线,践行智造、智能、智慧出行理念。(5)掌握绿色化"用"品和"用"法。解读实用与艺术的结晶、巧纳精放、迎接多元化未来等内容,倡导"用"的可持续性发展。

3.总结

从艺术与绿色视角开阔视野,实现理论认知,参加线下活动,体验现代"绿色生活方式"。

(三)线上线下混合式教学设计创新

三个突出特点的线上线下教学方式以"知识解读、实例分析、生活审美"层层推进。

第一,突出线上知识解读,启发思考。强调知识点多样性、案例线交叉性、审美面多元性。用视频介绍背景知识,弹题引导自主思考,讨论区发布与主题相关的热点话题,活化对应章节知识点的现实意义。

第二,突出线下教学实例分析。注重学生自主性表达,根据学生多样性学科专业特点因材施教、多层面创新,鼓励思维百花齐放。巩固知识点精讲和审美实践调研结合,分享实践心得汇报,进行课堂答疑解惑。优选课题进入工作坊,学生根据兴趣报项目、进竞赛,全链条培养审美能力。

第三,突出实践环节的生活审美设计活动。提高对身边衣、食、住、行、用事件的生活化绿色意识。解决课程建设中的理念和效率问题,将课程思政充分融入生活话题。

(四)课程教学内容及组织实施

"衣、食、住、行、用"五个部分,课程导学和总结采用面授交流形式各2学时;五部分线下交流2学时,学生自主完成线上任务2学时,在线答学生问和主题讨论4学时;机动安排学生校内外基地实践4学时,老师全程指导。

(五)课程考核等方面的亮点及特色

线上线下结合多元全过程考核评定成绩。线上成绩占40%、线下成绩占60%(平时成绩+结课作业)。构成分布如下:视频观看占15%、线上讨论占10%、线上作业占10%、访问量占5%、课堂互动占15%、互评占5%、单元作业占20%、审美报告占40%。使用课程中心平台进行线上线下、校内校外、学生老师多角度、全过程记录的教学评价方式,实现多元且动态化的考查考核形式。由单纯的知识学习到提升能力和素质,反响良好。(图2)

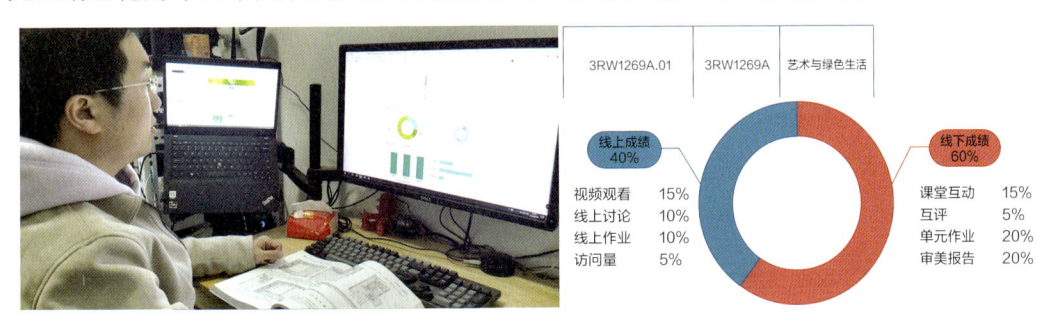

图2 实验教师处理线上线下全过程评价数据

此评定方式缓解了教师一人一节课讲到底，枯燥地讲，被动地听，一支粉笔、一本书，一张黑板一节课，以及学生一卷一考定终身的尴尬现象。

三、案例成效

（一）案例特色与创新点

"三自共融"教学模式与"五性一体"教学内容。实施以学生为中心的线上线下自觉自主自律全新模式架构，集"思政性、时政性、知识性、科普性、生活性"五性一体的创新课程内容，使学生从最基本的生活需求层次出发，掌握现代绿色生活方式的基本原理和知识体系，解读并践行艺术的生活化应用与现实体验，浸润无声地延伸到高层级需求，不断提升美好生活品质。（图3）

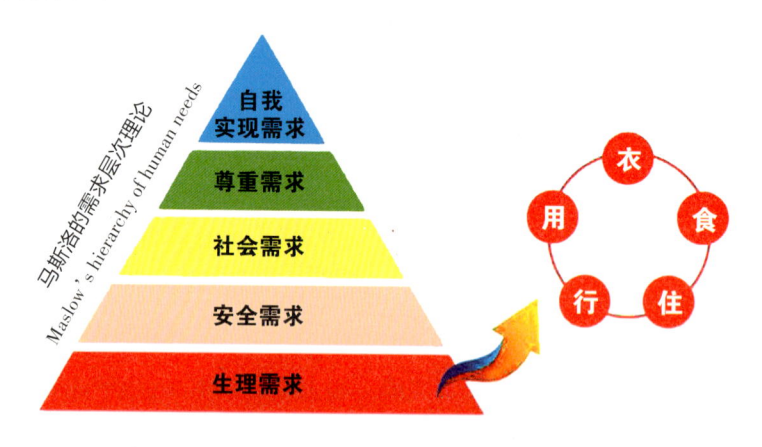

图3 "五性一体"的特色课程内容创新理论依据

"线上线下"教学活动和"多人多元"教学组织。由具有不同专业背景的五位老师以报告的形式进行线上线下解读、交流、互动、讲授、讨论，分组协同创新完成一门文艺素质课程。几部分内容相对独立而又形成课前、课中、课后的"三段九步"完整闭环。把学情分析和资源发布、精讲知识结构和针对性问题讲评、发现兴趣引导和个性化作业指导等环节有机结合起来。

"三突出"教学方法与手段和"多维全程"教学评价。突出线上教学知识解读、线下教学实例分析、生活化审美实践环节。实现线上线下、课内课外、学生老师多角度、全过程记录的教学评价方式，直接发布于课程中心用于后续学生选课参考。

改变"课程+思政"的浅层次"两张皮"现象，将其融入日常生活，形成课程内核的有机整体。

(二)教学改革成效及解决的重难点问题

1.改革成效

(1)改革成效关键词之一"升":提升学生的学习创新能力。

选课学生涵盖理、工、管等七大门类学科,人数从100人/年逐年增长至约300人/年。(表1)

表1 近几年选课人数基本情况表

课程名称	授课学期	授课学时(小时)	授课对象	总人数(人)
艺术与绿色生活	2019—2020-01/02	32/32	本科/硕研	98/24
	2020—2021-01/02	32/32	本科/硕研	104/117
	2021—2022-01/02	32/32	本科/硕研	29/100
	2022—2023-01/02	32/32	本科/硕研	239/80

教学评价平均满意率为95%以上,普遍认为满足了学生多样化学习需求,大大提高了学生自主学习能力及创新实践能力;提升了教师的教学水平和质量。教学团队定期组织教师学习教学理论、应用技术、组织竞赛工作坊研修等,并获得诸多成绩与荣誉。(图4)

图4 教学团队部分获奖证书

(2)改革成效关键词之二"广"。

近10所高校的评审专家对课程系列改革给予充分肯定和高度评价。负责人受邀在近15所学校进行主题报告、担任课程建设评审专家、完成多门课程建设评审工作等。(图5)

图5 课程负责人杨恩德教授作一流本科课程主题报告

2.解决的重难点问题

(1)解决问题之宏观层面。

线上线下结合,改革传统的"各讲各的,各学各的"教学模式,并适应互联网时代新生代的认知特点,解决当前高层次应用型人才培养教学模式化和社会对个性化人才需求之间矛盾的问题。

(2)解决问题之微观层面。

对课程内容进行与时俱进更新、师资团队建设、课程教学过程管理、学生创新素质培养等方面的改革,改变教学评价方式单一、缺乏多元化的形成性评价等一系列问题。

(三)取得的主要成效、成果

2018年初,立项校级教学成果培育项目,这既是课程建设的起点,也是重要的转折点。年中,立项校级"艺术与科技教学团队"。年底,在超星慕课中心原创开发"艺术与绿色生活"配套在线资源。

2019年,本课程先后获市、校级教改课题项目。课程使用学校国家技能大赛集训基地、市创新文化研究中心、绿色可持续设计研究院等平台开发出课程配套实践体验基地,逐步形成有自身特色的"在线课程任务平台+线下实践体验+面授"的教学模式。

2020年中,本课程获评超星平台"示范教学包"课程,也是全校唯一获评超星平台"示范教学包"的课程。同年,教学团队获校级首届教师教学创新大赛正高组一等奖第一名。

年底,获重庆市高校教师教学创新大赛二等奖。

2021年至今,课程团队扩大本硕选修受众规模,每年分别在研究生和本科生中开设三个班次以上课程,颇受好评。年中,再获市、校级教改课题项目,同时获校级教学成果奖二等奖;课程先后被认定为重庆市一流本科课程、重庆市课程思政示范项目、校级研究生课程思政示范项目等;课程负责人获得"师德标兵"等荣誉称号。

四、未来计划或启示

(一)持续增强教学软硬实力

其一,完善教学课件,丰富案例库等。使学生充分使用网络资源领悟课程思政内涵和知识体系,提高学习效率。

其二,改进教学内容与方法。吸收素质教育新知识,以宽口径、厚基础原则进行教学内容改革。

其三,强化考核体系和规范教学管理制度。持续完善以多个项目进行的过程考核,加强教学过程控制和监督,提高教学质量。

(二)进一步加强教学团队建设

引进青年博士加入教学团队,培养其对课程进行线上线下深化建设和开放。

(三)不断改革教学方法

与时俱进持续更新课程思政教学内容,不断创新和完善在线平台智慧建设及线下实践基地的拓展,不断优化线上线下教学节点的关联,并加强推广。

校外专家进课堂，用"四性"缩小"四类"差距
——"钢结构原理"线上线下混合式案例[①]

万虹宇　晏致涛　孙毅　钟永力　刘欣鹏

重庆科技大学

一、案例介绍

"钢结构原理"课程针对教学与实践脱节、培养目标与新工科要求脱节、学生学习受时空限制等问题，以"教学资源"和"教学团队"为切入点，邀请优秀学长和行业专家与教师一起讲好钢结构故事，在四方面进行创新改革：①优化教学目标，用课程"系统性"缩小教学目标与行业及企业预期的差距；②重构教学内容，用课程"挑战性"缩小教学内容与行业及学科前沿的差距；③升级教学资源，用课程"应用性"缩小教学内容与行业及工程实践的差距；④创新教学评价，用考核"创新性"缩小教学评价与能力及素质评价的差距。上述改革使本课程教学团队能力、学生应用能力和资源应用推广等均获得提升，并使本课程获批重庆市一流本科课程。

二、案例详述

（一）课程团队建设与能力提升

"钢结构原理"课程教学团队由一群热爱教学的中青年教师组成，其在积极探索、进行教学改革时充满活力。教学团队成员学历均为研究生学历，职称涵盖教授、副教授、高级工程师、工程师等，科研成果丰硕，研究能力强。

本课程建设时间长，教学团队成员一起经历试题库建设、市级精品视频公开课建设、

---

① 基金项目：重庆市教育委员会教育教学改革研究一般项目"匹配学习风格的自适应在线开放课程'钢结构原理'的建设与课堂翻转"（项目编号：193239）、"资源与师资协同驱动，建设'新工科'视域下专业核心课程"（项目编号：233426）。

超星学银在线课程建设、重庆市2021年度本科一流课程打造等,教学能力稳步提升,课程资源建设取得丰硕成果,课程教学效果良好。(图1)

图1 "钢结构原理"课程建设历程及教学团队能力提升示意图

(二)课程资源建设及应用

本课程基于3项校级教改项目和1项重庆市教改项目,建设线上线下混合式课程,不仅优化了教学大纲、教学质量评价标准、教学评价设计等传统教学资源,还出版了立体化教材,建成在线课程,创立自媒体宣传频道,建成立体化教学资源系统,助力课程教学。(表1)

表1 "钢结构原理"课程教学资源统计表

序号	资源类型	资源名称	资源用途	资源建设时间	资源明细
1	传统资源	试题库	线上教学 线下教学	2009年	单项选择题、填空题、简答题、计算题共计2000多道
2		传统教材	线下教学	2015年	《钢结构基本原理》
3		多媒体课件	线上教学 线下教学	2018年	涉及6个章节、78个知识点、67个PPT课件
4		教学质量资源	指导教学	2009—2023年	教学大纲、教学标准、教学评价
5	新型资源	立体化教材《钢结构学习指导与解题训练》	线上教学 线下教学	2020年	教材一本,在线集成学习系统一套,线上试题3000道
6		案例库	线上教学 线下教学	2018年	案例20个:传统案例12个、思政元素案例8个
7		教学视频	线上教学	2018年	微视频、微音频67个
8		教学模型	线下教学	2017年	螺栓群模型5个、焊缝模型3个、钢结构模型2个、桥梁模型3个

续表

序号	资源类型	资源名称	资源用途	资源建设时间	资源明细
9	新型资源	演示动画	线上教学线下教学	2018年	螺栓抗剪机理动画5个、构件屈曲动画3个、框架梁柱屈曲动画2个
10		三维全景模型	线下教学	2019年	钢屋架各类节点8个
11		测评系统	线上教学	2019年	学习风格测评系统1套、力学基础测评系统1套
12		试验装置	线下教学	2018年	钢桁架静力试验装置1套
13	线上学习平台	线上学习中心	线上教学线下教学	2018年	超星线上平台(学银在线)
14		自媒体平台	线上教学	2018年	微信公众号：钢结构大课堂
15				2020年	喜马拉雅平台：钢结构世界

(三)课程教学设计创新

本课程教学设计在新工科视域下，通过校企合作，以"资源"和"师资"为关键切入点，从教学目标、教学内容、教学资源和教学评价四个方面系统构建满足新工科要求的土木工程专业核心课程教学模式。(图2)

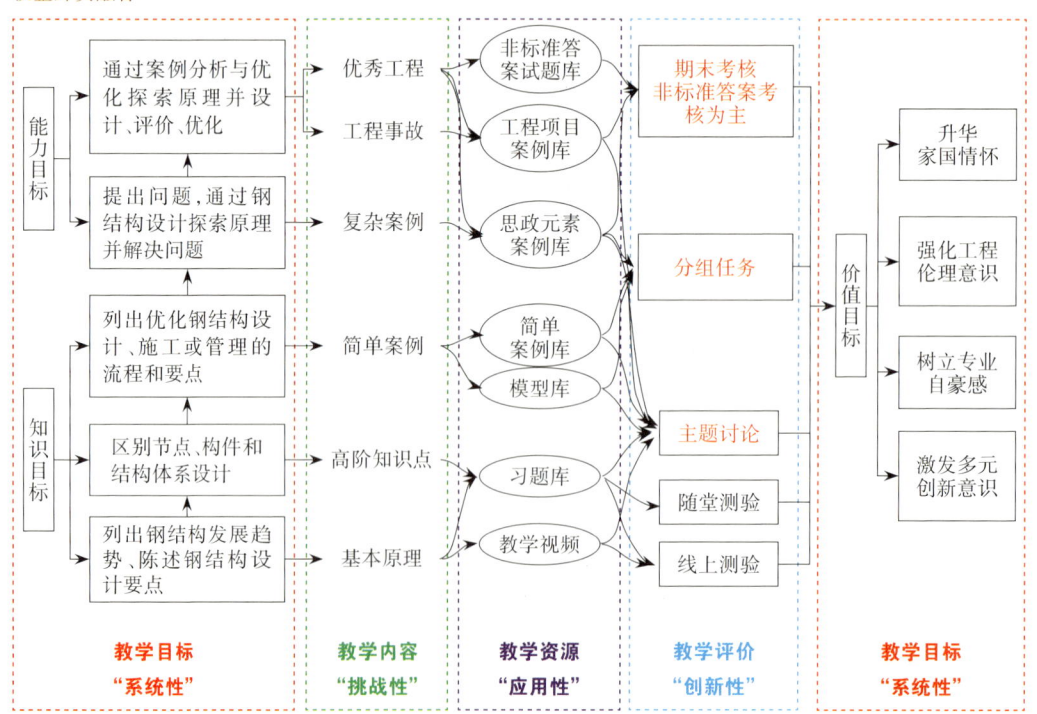

图2 "钢结构原理"课程教学设计示意图

1. 用课程"系统性"缩小教学目标与行业及企业预期的差距

提升课程"系统性"是指将教学目标升级为解决复杂项目或综合性项目的能力以培养学生的综合素质。通过校企合作由企业专家团队与专职教师共同制定教学目标(图2),教学目标关注学生解决实际复杂工程问题能力的培养,"资源升级"和"师资扩充"有利于高阶教学目标的实现。随着优秀学长和行业专家进课堂等活动的开展,学生了解钢结构行业对人才的真实需求,制定适合自己的学习计划,重建学习内驱力。

"钢结构原理"课程通过提升教学目标"系统性",增强课程对学生实践与创新能力的考核,缩小教学目标与行业及企业预期的差距。

2. 用课程"挑战性"缩小教学内容与行业及学科前沿的差距

提升课程"挑战性"是指在教学内容中增设复杂案例、工程事故、优秀工程的分析与讲解(图2),为学生呈现钢结构领域内,学科交叉下的钢结构设计(如中国天眼的钢结构项目)或学科前沿研究(如高性能钢材研究进展)。教学内容增设依托校企合作下的"资源升级"和"师资扩充"。教学团队专职教师将科研成果转化为教学资源,为学生介绍学科前沿知识;团队企业专家凭借敏锐的行业洞察力搜索学科交叉案例,为学生介绍学科交叉下钢结构设计与优化。

"钢结构原理"课程通过提升教学内容"挑战性",增加综合性和复杂性案例分析,缩小教学内容与行业及学科前沿的差距。

3. 用课程"应用性"缩小教学内容与行业及工程实践的差距

提升课程"应用性"是指在教学资源中增设复杂案例、工程事故、优秀工程等教学资源(图2),为学生还原真实钢结构工程的设计环境。教学资源的优化依托校企合作下的"资源升级"和"师资扩充"。高阶案例来自合作企业的真实案例,企业及行业专家和优秀校友带领学生进行沉浸式学习,接触真实钢结构工程案例,在企业环境下学习企业先进技术,部分考核任务可在企业资源支撑下完成。

"钢结构原理"课程通过提升教学资源"应用性",增设真实工程案例资源,缩小教学资源与行业及工程实践的差距。

4. 用考核"创新性"缩小教学评价与能力及素质评价的差距

提升考核"创新性"是指在教学评价中引入主题讨论、基于PBL分组任务的案例分析与评价、设计优化等以非标准答案考核为主的评价(图2),将课程评价重心回归到解决实际问题的能力评价和综合素质评价。教学评价创新依托校企合作下的"资源升级"和"师资扩充"。教学团队专职教师和行业专家共同精心设计评价题目和制定评价标准,使考核与评价根植于实际工程和钢结构企业文化,既满足高等工程教育的人才培养标准,又满足土木工程行业和企业对卓越工程师的预期标准。

"钢结构原理"课程通过提升考核"创新性",设计非标准答案考核评价,缩小传统教学评价与能力及素质评价的差距。

(四)课程教学内容组织及实施

"钢结构原理"课程教学内容涵盖六个章节,课程教学采用线上线下混合式教学模式,由课前、课堂、课后三阶段组成。课前发布导学任务引导学生完成线上自主学习,并通过单元测验检测学习效果。课堂应用各类教学法开展主题讨论、分析探索,引导学生完成分组任务和实践练习。课后发布作业通知,引导学生完善主题讨论、作业和分组任务,教师通过主题讨论板块与学生保持沟通。(图3)

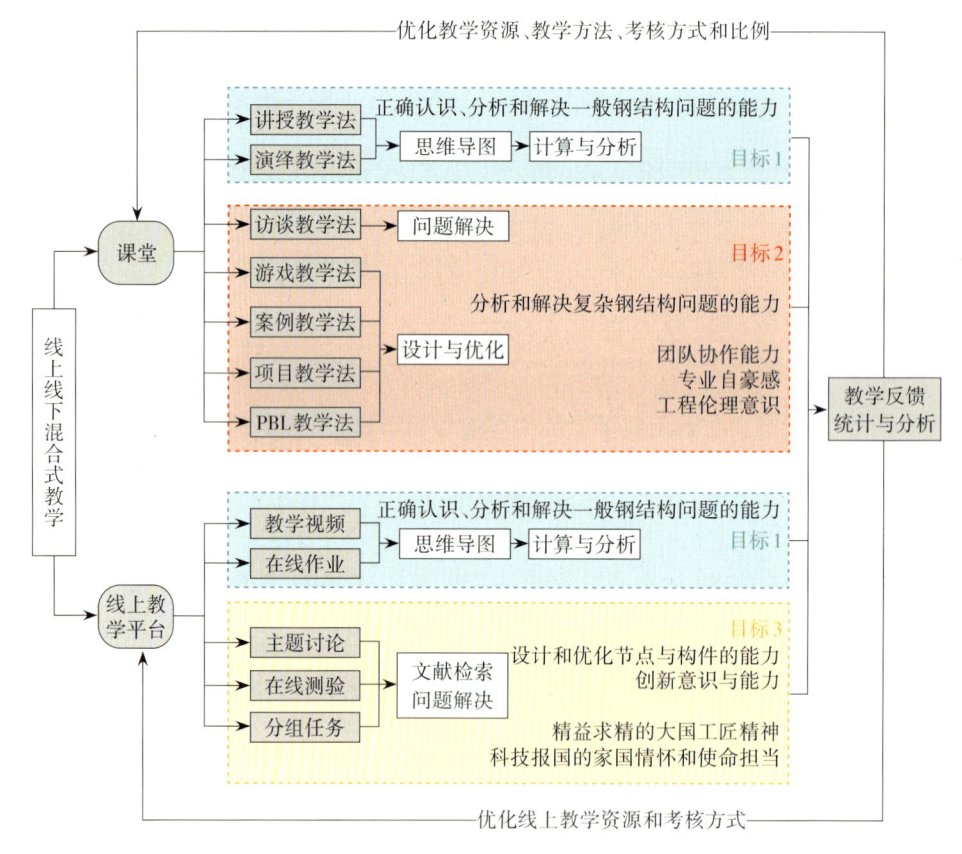

图3 课程教学内容组织与实施示意图

(五)课程评价设计与创新

"钢结构原理"课程采用非标准答案考核创新教学评价。平时评价包括平时作业A1—

A7(14%),考核学生计算和分析简单钢结构问题能力。分组任务B1—B5(15%)和主题讨论C(11%),考核学生解决综合性复杂问题的能力及创新能力。期末考核(60%)以非标准答案考核为主,思维导图考核学生整合知识点、构建知识框架的能力;综合计算分析题涵盖简单钢结构问题分析计算、设计方案综合评价及方案优化,能力评价涉及低阶到高阶各层次。

三、案例成效

(一)特色与创新点

优化教学目标,"系统性"缩小教学目标与行业及企业预期的差距。
重构教学内容,"挑战性"缩小教学内容与行业及学科前沿的差距。
升级教学资源,"应用性"缩小教学内容与行业及工程实践的差距。
创新教学评价,"创新性"缩小教学评价与能力及素质评价的差距。

(二)解决的重难点问题

课程以"升级教学资源""壮大教师队伍"为切入点:

与行业专家共同制定满足新工科要求的教学目标,解决了课程教学目标与行业及企业预期存在差距的问题。

与行业专家共同重构教学内容,解决了教学内容与行业及学科前沿存在差距的问题。

与行业专家共同升级教学资源,解决了教学资源与行业及工程实践存在差距的问题,同时解决了学习受限于时空的问题。

引入形式多样的非标准答案考核,解决了教学评价与能力素质评价存在差距的问题。

(三)主要成效与成果

课程改革获行业专家认可,申请省部级和校级教改项目若干项,创建自媒体频道,校企合作编著教材,教师教学改革成果见表2所示。

线上课程累计开设8期,惠及国内10余所高校共计1136位学生,学生评价良好,改革推广应用效果好。

表2 "钢结构原理"课程改革成果(教师成果)列表

序号	成果大类	成果类别	时间(年)	成果名称
1	教改项目	校级教改	2018	匹配学习风格的自适应学习系统在"钢结构原理"混合式教学中的研发与实践,已结题
2		省部级教改	2019	匹配学习风格的自适应在线开放课程"钢结构原理"的建设与课堂翻转,已结题
3		校级教改	2020	"钢结构原理"课程思政示范课认定
4		校级教改	2021	基于具象化与项目化结合的钢结构教学改革
5	教学质量工程	市级精品公开课	2014	钢结构建筑的艺术价值和力学魅力
6		应用型特色在线课程	2018	第一批校级应用型特色在线课程
7		"全国生态文明信息化教学成果"	2018	"全国生态文明信息化教学成果"遴选,D级
8		重庆市一流本科课程	2021	重庆市一流本科课程(线上线下混合式)
9	论文	教改论文	2017—2020	累计发表教改论文5篇
10	教材	校企联合编著教材(立项)	2022	《钢结构设计与施工优化及案例剖析》
11	教学成果奖	校级第五届教学成果奖,二等奖	2021	"两性一度"标准下钢结构课程群建设新探索
12	自媒体平台	微信公众号	2018	钢结构大课堂
13		喜马拉雅平台	2020	钢结构世界

学生在课程结束后仍积极参加学科竞赛,参与企业或专职教师的科研项目,基于工程项目或科研项目开展科学研究与探索,保持终身学习的热情,产出成果见表3所示。

表3 "钢结构原理"课程改革成果(学生成果)列表

序号	成果大类	成果类别	时间(年)	成果名称
1	学科竞赛	全国大学生结构设计竞赛	2013—2020	第七届至第十四届全国大学生结构设计竞赛,共获6次三等奖、1次二等奖
		全国大学生结构设计信息技术大赛	2021	获得二等奖1次(第三届)
			2022	获得三等奖1次(第四届)

续表

序号	成果大类	成果类别	时间（年）	成果名称
2	大学生创新创业训练计划	省部级	2015	竹木结构性能研究与教学模型库建设
3		校级	2017	自嵌固砌块研究
4		校级	2019	基于结构概念课程的教学演示模型与演示实验的设计与开发
5		校级	2021	相机参数设置对摄影测量精度的影响
6		国家级	2022	废弃混凝土在ALC墙板中的研究与应用
7	专利授权	实用新型专利	2017	带预警标识的螺栓模拟装置等
8			2020	一种钢板焊接仿真模型等

四、未来计划

课程教学团队将在以下四个方面进行持续性改革。

(1)依据土木工程行业发展动态和研究成果,持续优化教学目标,培养适应行业需求,面向未来的土木工程师。

(2)依据优化后的教学目标,实时重构教学内容,使其具有挑战性,确保教学内容与教学目标的一致性。

(3)依据重构后的教学内容,持续升级或增补优质教学资源,制作更多动画、模型、案例等非传统资源,助力课程教学。

(4)依据教学目标和教学设计,深化考核评价设计出能真实反映学生能力水平、激发学生学习热情和创新热情的考核评价方法。

期望"钢结构原理"课程关于教学目标、教学内容、教学资源、教学评价四方面改革的经验能给更多工科类课程的教学创新和改革提供参考,让更多学子实现自主、高效、沉浸式学习。

传感器与测试技术基础

黎泽伦　周传德　文成　吕中亮　沈颖

重庆科技大学

一、案例介绍

重庆科技大学的"传感器与测试技术基础"课程是机械类专业的基础课,面向机械设计制造及其自动化、机械电子工程、智能制造工程等专业开设,每学年参课学生约500人,授课总学时约24000学时,课程教学总学时为48学时,实施过程中安排线上16学时,线下32学时。本课程以项目驱动式教学为基础,利用线上课程资源和教材载体来转变教师与学生的角色,其中教师被定义为导师、支持者和共同学习者角色,线上学习以基本知识点为核心,课程学习中段以师生互动为关键,课后阶段以个性化辅导为重点,构建了教师导学、学生研学和工程实践的"导—学—练—研"的教学方式。本课程于2021年获批重庆市一流本科课程(线上线下混合式课程)。

二、案例详述

(一)课程团队建设与能力提升

2008年"传感器与测试技术基础"课程被确立为重庆科技大学机械类专业核心课程并相继开展课程团队建设,经过十余年的发展已形成教授2名、副教授3名的固定教学团队。

课程团队于2009年开展"项目驱动实践教学"培养工科学生工程综合能力的研究与

[①] 本案例为重庆市高等教育教学改革研究重大项目"地方高校产业学院运行机制的研究与实践——以环境与再生能源装备学院为例"(项目编号:211027)、"全面实施工程项目化教学改革,培养一流应用型本科人才——以机械类专业为例"(项目编号:213353)阶段性成果。

实践;2013年结合工程教育专业认证,基于产出导向优化课程目标并开展达成度分析并持续改进;2016年大幅提高工程实践训练和现代工具(含软件)综合使用,分课程和实验两大模块,取得了较好的教学效果,获得4项教育部产学合作协同育人项目支持;2017年提出《实践性强课程"导学练研"教学模式的探索与实践——以机械工程测试技术为例》的教学改革,探索线上线下、课前课后混合式教学模式;2018年,"智能+"背景下机电专业课程体系改革研究获得重庆市教育委员会重点项目支持。经过十余年的教学积累,课程团队的教学能力与实践能力都得到了较大提升。

(二)课程内容与资源建设及应用

"传感器与测试技术基础"是机械类专业的基础课,内容涉及工业自动化、机械加工和交通运输等领域中各类常见物理量的传感测量原理以及信号调理、信号分析等。课程的教学资源已在重庆科技大学课程中心上线,内容包含知识清单、基础自学、拓展深化以及实践训练等板块。目前线上教学资源包括:知识点22个,微课视频22个,电子课件16个,案例教学15个,虚拟动画31个,实践项目20个,还有练习题、实验指导书和教学大纲。线下教学资源包括:机械与振动测试实验室、传感器实验室、实践项目库20个(含测试平台、采集装置等)、项目开发软件2套。(图1)

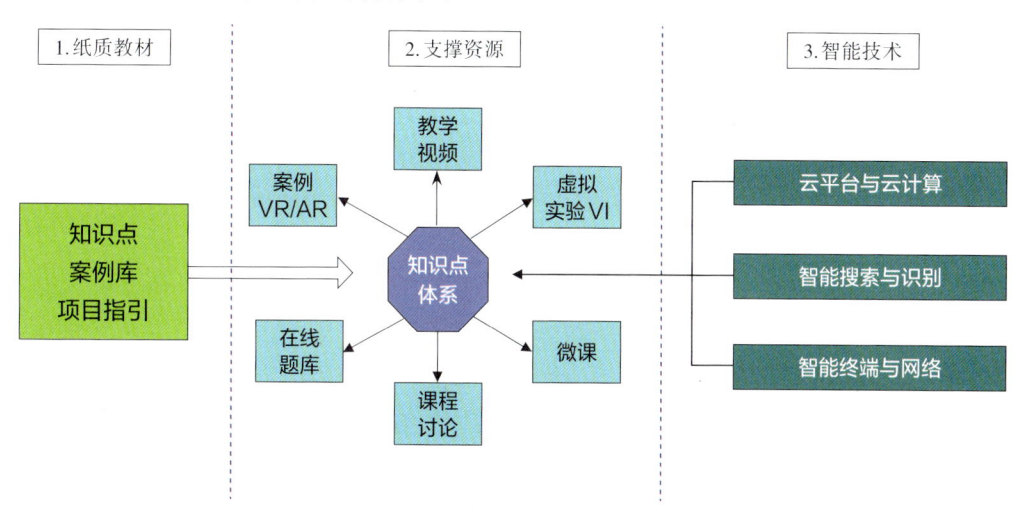

图1 "智能+"富媒体教材示意图

本课程依托全国高校机械工程测试技术研究会西南地区分会和重庆科技大学,搭建资源整合和学术交流平台,在西华大学机械工程学院、重庆大学机械与运载工程学院、重庆理工大学机械工程学院、重庆邮电大学先进制造工程学院等开展紧密的教学和科研合作交流。

本课程开展校校合作，与西华大学、陕西理工大学、四川轻化工大学等西部地区9所应用型高校合作，联合主编出版《机械工程测试技术》《传感器与检测技术基础》教材2部。

同时本课程开展校企合作，与宏华集团、重庆机电、长安汽车等企业合作，收集并整理工程案例入库，策划并持续深入在项目制教学和工程环境下育人。

(三)线上线下混合式教学设计创新

本课程采用线上线下混合式教学模式，通过在线学习、案例剖析让学生了解基本知识点；通过课堂教学、案例教学、实践教学使学生掌握机械测试系统的架构与应用；通过综合作业、项目实践培养学生分析问题、解决问题的能力。

本课程以项目驱动为基础，利用线上课程资源和教材载体，构建了"导—学—练—研"的线上线下、课前课后混合式教学模式，以任务为主线、教师为主导、学生为主体，激发学生的学习兴趣，在项目实践中培养学生分析问题、解决问题的能力，以及自主学习、与他人协作，经济环境评价、方案优化等非技术因素方面的能力。(图2)

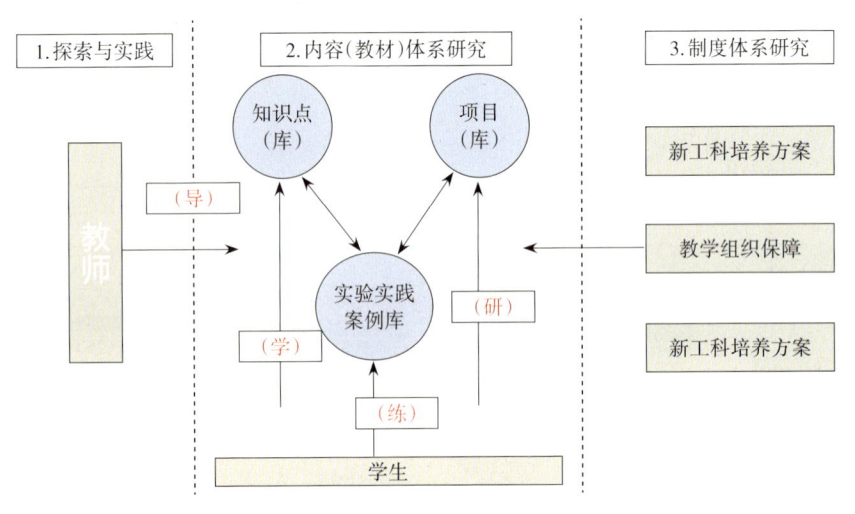

图2 "导—学—练—研"教学模式示意图

本课程配置传感器实验室、旋转转子实验室、振动噪声实验室、故障诊断实验室、综合实践实验室、虚拟仿真实验室等，学生可以成组预约实验实践或借用设备开展项目训练。

本课程建设有课程知识体系和课程资源网，包括主要知识点解读、重点内容的案例剖析、难点内容的动画或虚拟仿真以及课程的全部微课和学习资料等，图3为学生利用课程网络资源在线学习的相关数据。

图3 课程网络资源在线学习的相关数据

（四）课程教学内容及组织实施

本课程教学内容的总学时为48学时，在组织实施过程中安排了线上学时16个，线下学时32个。其中线上学习以课程知识点和案例为入口，阐述了系统的构成、功能的分析和选型的辩证；以源自企业，具有一定复杂/综合的工程项目为出口，按照"布置—方案—

实施—讲解—点评"为阶段开展项目制线上线下混合式教学,培养学生的自主学习能力和工程实践能力。(图4)

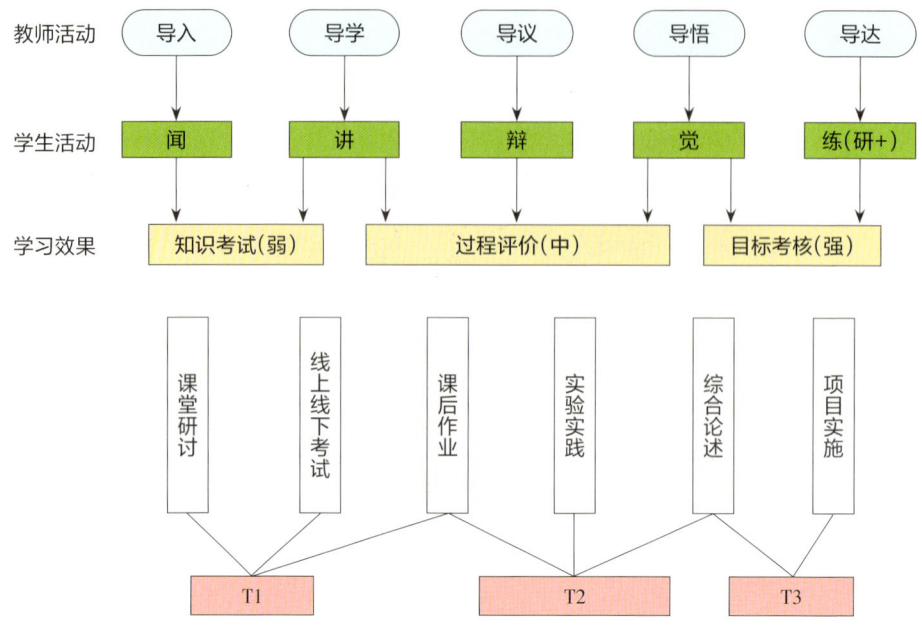

教师活动	导入	导学	导议	导悟	导达
学生活动	闻	讲	辩	觉	练(研+)
学习效果	知识考试(弱)	过程评价(中)		目标考核(强)	

课堂研讨、线上线下考试 → T1
课后作业、实验实践 → T2
综合论述、项目实施 → T3

图4 课程教学组织

(五)成绩评定考核

本课程采用多元化、过程性的评价方式,关注学生专业知识的学习与灵活运用,以及学生在学习过程中与同学之间的合作精神、反映出来的情感与态度。评价方式有阶段性学习测验、实验实践过程、专题讨论、项目实施与学习记录、综合考核(非标)等。课程建立以线上知识学习+线下实践训练为主的"两考一评"成绩评定方式,包括知识点及理解应用的学习线上考试、侧重工程应用及理论分析的课程线下考试和基于项目制教学的综合线下评价。课程围绕课程目标,对不同环节赋予不同分值,依托大数据教学管理系统和课程中心云平台实施,跟踪分析实施效果并持续改进。(图5)

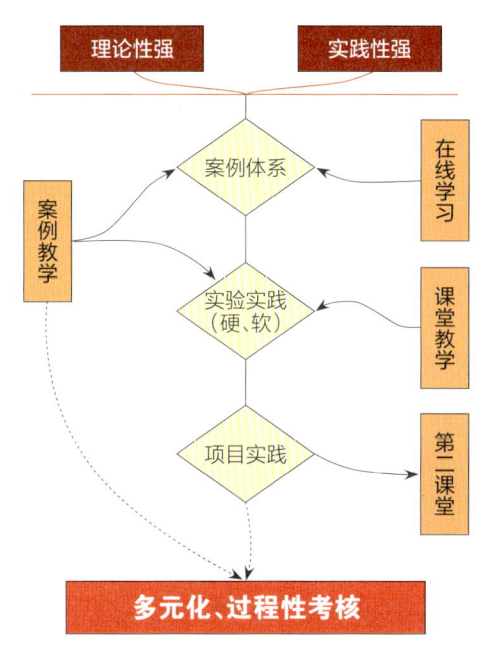

图5 课程特色及教学流程

三、案例成效

(一)案例特色与创新点

1.案例特色

机械测试与机械设计、机械制造并列构成机械专业三大板块,"传感器与测试技术基础"课程的地位十分重要,它既是理论性(信号处理)很强的课程,也是实践性(智能制造、智能产品、智能运维)很强的课程。通过线上线下混合教学模式,实现授课形式多样化,考核方式多元化,师生互动虚实结合,增强学生的工程实践能力、现代工具使用能力和创新能力,提高学生的学习产出实效。

2.创新点

(1)构建线上线下混合教学模式,创新"导—学—练—研"中的教与学。

基于课程特色和课程目标,在项目驱动、"智能+"课程体系、工程教育认证、社团化学生科技创新等项目研究基础上,以在线课程网站及相关资源为支撑,构建教与学互动的"教师导—学生学—案例练—项目研"的模式。

(2)建设应用型高校"智能+"的课程资源,支撑线上线下混合教学。

校校合作编写应用型人才培养的富媒体教材,校企联合丰富案例库和项目库,硬件与软件结合建设实验实践条件,区域合作建成在线课程网站及其微课、动画、案例和项目等,并借助"智能+"技术手段支撑线上线下混合教学。

(3)完善多元化、过程性评价机制,落实以学生学习为中心。

建立基于学习效果的多元化、过程性考核评价方法,以学生线上知识学习+线下实践训练为主的"两考一评",即知识点及理解应用的学习线上考试、侧重工程应用及理论分析的课程线下考试和基于项目制教学的综合线下评价。引导学生由浅入深地进入学习过程,实施并推动向以学生学习为中心的教学组织转化,培养学生的自主学习和拓展探索能力,达成全面评价和课程目标。

(二)取得的主要成效、成果

同行专家评议和学校教学质量报告评价:基于"导—学—练—研"的"传感器与测试技术基础"线上线下混合教学模式,通过知识掌握程度、工作环节能力和项目实施效果的全程多元化考核评价,引导学生由浅入深地进入学习过程,实施并推动向以学生学习为中心的教学组织转化,培养学生的自主学习和拓展探索能力,提高实践性强课程的教学质量。

本课程在校学生评教良好,位于学院课程前5名,也是毕业校友访谈中印象最深的课程之一。近3年,学生科技训练项目校级以上12项,其中国家级科技创新项目2项,转换毕业设计12项并参加了中国机械行业卓越工程师教育联盟"精雕杯"毕业设计大赛,省部级竞赛奖励8项,获得教育部、重庆市教育改革项目6项,作为本专业核心课程支撑机械电子工程专业入选2020年国家一流专业。

四、未来计划或启示

(一)教学资源尤其是案例库和项目库与时俱进、持续改进,以适应技术变化和学生特质

基于"智能+"更新富媒体教材,能够将线上线下的资源打通,即将传统的纸质阅读与新兴的网络阅读打通,为学生营造跨媒体阅读的新体验。

探讨基于互联网技术的远程虚拟实验系统,实现线下"实物实验室"与线上"虚拟实验室"相结合的实验训练教学。

面向智能制造、智能产品和智能运维，遴选优化案例库和项目库，并遵从时代特质、学生特质进行与时俱进的编辑。

(二)课程内容环节做到衔接与打通，构建更加融合、更加节俭的课程体系

做到与微机原理及应用、机械控制工程基础、工业机器人、故障诊断等前后课程、同步课程的内容和方法进行一体化设计，支撑专业的三级项目体系建设，支持课程的无缝衔接与叠加，实现在有限时间内的均衡分配，达到最佳学习效果。

(三)使"教与学"更高效，不断丰富"导—学—练—研"的模式内涵

面对新高考和新生代大学生，机械类专业的学生特质与高考分段可能会逐年发生改变。要抓住新时代学生的特质，在教师与学生的教学互动及学生学习的实效方面，不断丰富"导—学—练—研"的模式内涵。

应用牵引　创新驱动："单片机原理及应用"的"3+2"教学新模式[①]

李作进　聂玲　柏俊杰

重庆科技大学

一、案例介绍

"单片机原理及应用"是一门量大面广的专业课程,传统教学模式面临学时少、内容多、难度大等问题,由此导致学生工程应用与创新能力欠缺的现象较为突出。根据近几年的课程教学反馈,教师"教"与学生"学"主要存在以下几个问题:

(1)任课教师反馈:课程刚开始学生的整体学习兴趣较高,随着课程的深入,部分学生的学习兴趣逐渐降低,其中近30%的学生学得吃力,表现为实验动手能力差,部分学生甚至不动手,最终导致考试成绩不理想,学生整体应用能力不强。

(2)学生反馈:近50%的学生感觉课程难,老师每节课讲授的内容多、讲得好,但我们没学好,做实验时单片机系统软硬件设计困难,其中20%—30%的学生感觉非常难学甚至不想学。

针对以上课程教学中的痛点,构建了"应用牵引,创新驱动"的教学理念,以培养学生工程应用与创新能力为目标,以一流课程建设为契机,以课程资源建设与教学创新为抓手,建设了"单片机原理及应用"的"3+2"教学新模式的重庆市一流本科课程。课程融合线上线下混合式教学、案例法教学、无缝切入课程思政元素、复杂工程案例探讨、多元化非标准考核等手段,构建了基于三个层次的案例和双师资的教学模式,聚焦学生工程应用与创新核心能力培养的课程特色与教学创新模式,以满足创新型国家建设对高素质应用型人才的重大需求。

[①] 重庆英才计划资助:cstc2021ycjh-bgzxm0071、重庆科技大学本科教育教学改革研究重点项目(项目编号:202010)、重庆市研究生教育教学改革重大项目资助(项目编号:yjg211015)。

二、案例详述

(一)课程团队建设与能力提升

本课程教学团队由8位专业课程教师和3位企业导师组成,其中教授3人、副教授3人、讲师2人、企业高级工程师1人。团队负责人为"重庆英才·创新创业领军人才",专业教师均有企事业工作实践经历,其中3位教师具有国外访学经历。教学团队专业结构合理,教学梯队优化,注重专业知识更新,每学期均通过线上线下参加专业技能和教学创新培训。

(二)校企协同制定课程教学目标与共建教学资源

1.引入企业资源,制定面向工程应用的知识、能力、素质"三维"课程教学目标

使学生掌握单片机的片内硬件资源、工作原理及应用技术,片外接口技术等专业知识。

面向不同专业对应的工程领域,如测控、机电、物联网等领域,使学生具有通过单片机技术解决信号采集、显示以及控制等问题的能力,具备单片机系统软硬件设计、仿真、分析与解释数据的能力,能对工程设计中出现的复杂工程问题进行正确表述、提出初步解决方案。让学生具备基本的工程素质和强烈的爱国情怀,在基于单片机技术的工程设计中能综合考虑社会、经济、安全、法律以及文化的潜在影响。

2.校企协同共建重庆市精品在线课程资源

本课程为重庆市首批精品在线课程,在线视频资源包括单片机片内硬件结构及原理、片外接口技术和单片机系统设计工程案例71个在线视频,时长共978分钟;习题与试题库共有2350道题;配套了"单片机口袋板"实验例程,能够满足本课程开展线上线下混合式教学。

3.校企合作共建课程实验平台

2017年,本课程教学团队研制了单片机口袋实验板,经过4次迭代更新,口袋板的性能稳定、功能丰富,能够满足课程实验教学,学生上课期间人手一块可随时随地进行实验,已经在兄弟院校和电商平台推广销售近6000套。

2018年,联合企业工程师共同开发了"HTML5-NET单片机实验箱",共100套,用于学生课外创新和创业大赛。

校企共建"智能感知"实验室,于2020年12月投入使用。实验台含有各类传感器、显

示与控制单元、单片机模块(共30台套),能够开展远程在线实物实验,主要用于单片机类课程群的综合/创新性实验和实训。

(三)遵循"两性一度"标准,创新教学模式

结合本课程以往传统教学模式下,教师"教"与学生"学"主要存在的几个痛点,近3年对课程教学模式进行了创新设计,主要体现在以下几点:

(1)利用本课程的在线精品课程资源,采用线上线下混合式教学;
(2)案例法教学贯穿整门课程;
(3)科研成果转化为复杂工程教学案例,培养学生解决复杂工程问题的能力;
(4)在课程教学中融入思政元素;
(5)采用多元化课程考核,激发学生自主学习的动力。

1.合理分配线上线下学时,重构教学内容

线上16学时用于在线课程资源的学习(含4学时的Keil、Proteus单片机开发与仿真软件教学的基本实验)。线下翻转课堂理论教学20学时,重点分析单片机内部硬件结构、特殊功能寄存器的设置和片外接口设计。线下12学时在实验室指导学生完成综合/创新性实验,培养学生单片机综合设计能力。

2.全程案例教学,创新混合式教学模式(图1—图3)

学生在线自主学习、师生线上互动、线上测试,使学生掌握单片机开发的基本知识与技能。

线下翻转课堂,案例法驱动课程教学:在连续2小节90分钟的课程中,结合学生线上学习的情况,通过30分钟翻转课堂,探讨课程的重难点;通过30分钟探讨2—3个基本案例,提高学生单片机开发与设计的能力;最后通过一个30分钟的复杂工程案例分析,培养学生工程与创新能力,引入思政元素激发学生的爱国情怀。

通过教师科研成果转化的高阶教学案例引导学生线下完成综合/创新性实验和设计性作业,锻炼学生的工程实践与创新能力。

图1 线上线上混合式教学环节

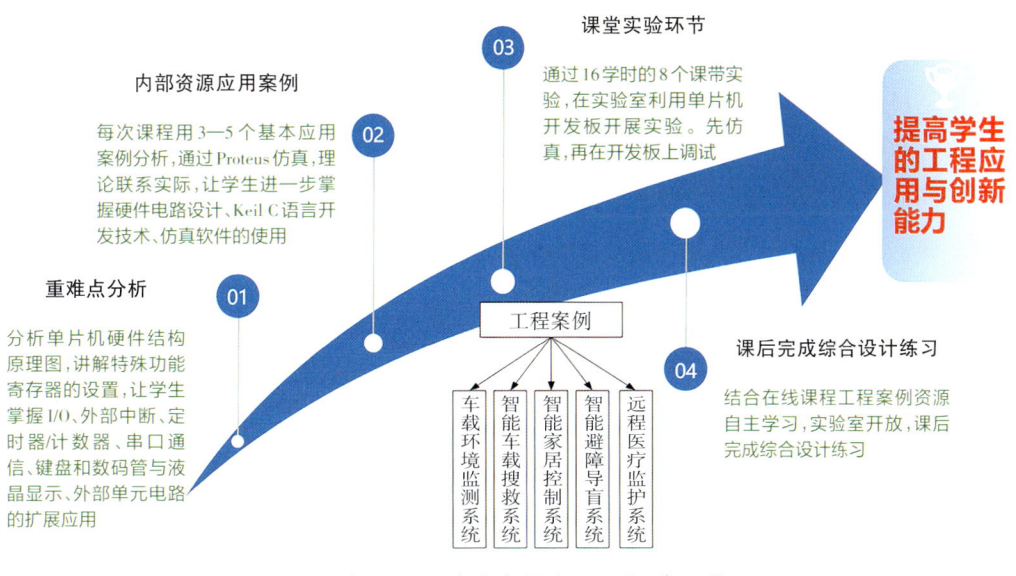

图2 案例法教学贯穿整个课程教学环节

图3 无缝切入课程思政教学环节

3. 多元化考核成绩评定，强化过程考核和非标准考核

线上测试及基础作业（占10%）：重点考核学生掌握基本知识与基本技能的情况，以及考核学生自主学习的能力。

非标准答案作业及作品设计（占30%）：重点考核学生文献查阅与分析问题的能力、文档撰写能力、工程应用与创新能力、工程与社会能力。

实验考核（占20%）：重点考核学生单片机系统设计与调试的能力、文档撰写能力和团队协作能力。

期末考试（占40%）：采用非标准答案开卷考试，重点考核核心知识的应用能力。

三、案例成效

本课程48学时，授课内容多、难度大、动手能力要求高。在传统教学模式下，学生的"学"与教师的"教"面临两难，自主学习能力不强，最终导致学生理论知识掌握不够和工程应用与创新能力不强的问题。针对上述核心教学问题——让课程易学、提升学生的工程应用与创新能力，通过教学资源建设和教学创新改革，在课程教材、实验设备、教学案例等方面取得了突出的教学成效，构建了本课程的特色与教学创新模式。

自2017年以来，本课程的精品在线资源已被南昌大学、重庆交通大学、西华大学等200多所高校的5180位学生选用。课程面向校内测控技术与仪器、自动化等9个专业，已开展了8期线上线下混合式教学，学生自主分析问题和解决问题的能力得到了显著提升。2021年，本课程的教学改革成果被评为第五届校级教学成果奖二等奖——以工程能力培养为导向的"单片机原理及应用"课程建设及教学创新实践。

（一）创新教学改革实践，教学成效突显

1. 校企联合开发实验设备，协同编写6本教材

与海口丰润动漫单片机微控科技开发有限公司等企业联合，开发"HTML5-NET STM32单片机实验箱"100套、"STC89C52单片机开发板"500套，联合研制"单片机综合实训台"2套，改善了专业实践教学条件，同时已被企业推广到国内多所高校使用。

与南京润众科技有限公司联合研制"互联网+"智能感知实验台30套，已应用于课程综合实践教学和创新。

与企业一线工程师联合编写了6本面向应用型人才培养的单片机课程教材（其中专著1本）。

2.校企联合开发用于教学的工程案例库,显著提升了学生基于单片机技术的工程应用与创新能力

开发了智能门禁管理系统等100余项工程案例用于课程教学,实施了全程工程案例式教学。

全程案例式教学驱动课程学习,增强了学生的单片机系统设计的工程应用与创新能力,教学效果显著。以重庆科技大学测控技术与仪器专业为例,近5年在"蓝桥杯""合泰杯"等"单片机类"设计竞赛中,获得的国家级/省部级奖励数量300余项;立项国家级/省部级创新创业项目100余项;近5年毕业学生中从事电子技术服务或开发类岗位的占比达82.56%。

(二)构建了"3+2"课程教学创新模式

通过本课程的综合创新教学改革与实践,形成了三个层次案例贯通和双师资联动的"3+2"教学模式,提升了学生"工程应用与创新"的核心能力。

1.三个层次案例教学贯通整个课程,培养了学生的工程应用与创新能力

线上资源有大量的"Proteus"仿真基础案例,学生可按照葫芦画瓢的动态仿真设计,把"死"案例变为"活"案例,激发学习兴趣;在线引导学生掌握单片机片内硬件资源及应用、片外接口技术。

线下翻转课堂环节,结合工程案例,教师通过"Keil+Proteus"与学生互动研讨系统方案、软硬件设计、调试及数据分析,培养学生的工程应用能力。

教师的科研成果转化为高阶教学案例,如FBG传感网络波长解调系统的设计,能开阔学生学术视野、激发创新精神,进一步培养其解决复杂工程问题的能力。(图4)

2."授课教师+企业导师"双师资联动,提升学生工程应用与创新能力

与企业导师共同研制HTML5-NET单片机实验箱和"智能感知"实验台,联合开发实验项目和工程案例用于课程教学。在线下实验教学中,企业工程师与授课教师共同指导学生,引入企业标准,规范系统电路与代码设计,培养工程意识,提升学生单片机系统设计与创新能力。

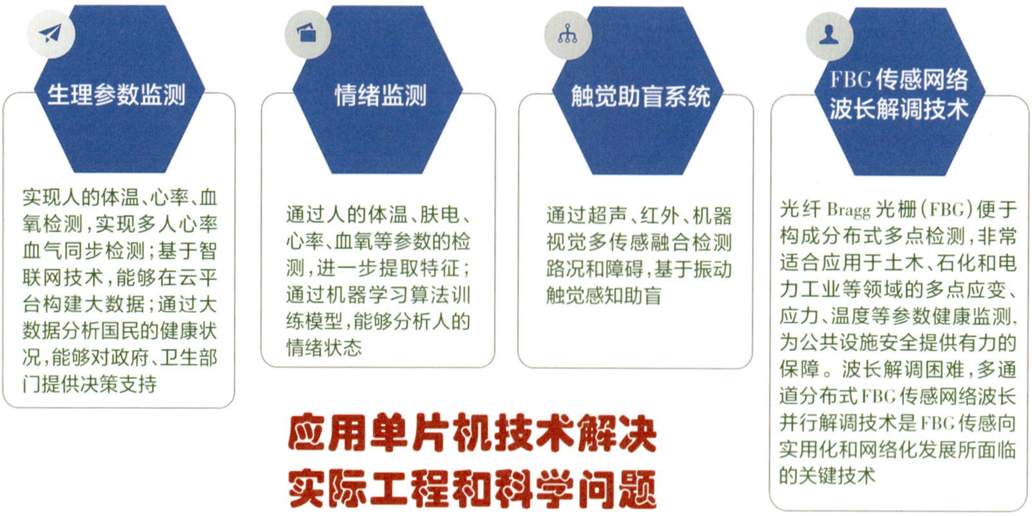

生理参数监测	情绪监测	触觉助盲系统	FBG传感网络波长解调技术
实现人的体温、心率、血氧检测，实现多人心率血气同步检测；基于智联网技术，能够在云平台构建大数据；通过大数据分析国民的健康状况，能够对政府、卫生部门提供决策支持	通过人的体温、肤电、心率、血氧等参数的检测，进一步提取特征；通过机器学习算法训练模型，能够分析人的情绪状态	通过超声、红外、机器视觉多传感融合检测路况和障碍，基于振动触觉感知助盲	光纤Bragg光栅（FBG）便于构成分布式多点检测，非常适合应用于土木、石化和电力工业等领域的多点应变、应力、温度等参数健康监测，为公共设施安全提供有力的保障。波长解调困难，多通道分布式FBG传感网络波长并行解调技术是FBG传感向实用化和网络化发展所面临的关键技术

应用单片机技术解决实际工程和科学问题

图4 科研成果转化为复杂工程教学案例

四、未来计划或启示

（一）持续优化教学资源，凝练课程特色，与兄弟院校加强交流

1.进一步加强校企合作，优化教学资源建设，推广用于本课程教学的设备，提升教学成效

加强校企合作，共同开发来源于工程实际的"单片机系统开发工程案例"，持续更新、开发单片机系统综合/创新性实验项目，每学期对课件、视频、试题库和案例库更新比例高于10%。在本课程资源的基础上，增加STM32单片机的教学资源，构建一个高低搭配的单片机在线开放课程群。持续改进并更新设计用于本课程教学的"单片机口袋板"，配套更加丰富的实验例程和指导书向兄弟院校推广。

2.持续探索教学改革，优化教学模式，凝练教学特色，并在兄弟院校交流、推广

加强教学团队的混合式教学组织能力，以学生为中心，以工程应用与创新能力产出为导向，通过线上基本案例、翻转课堂工程案例和课后高阶前沿案例驱动整个课程的教学，在强化课程两性一度的同时让学生乐学、易学。

持续优化多元化考核评价模式，提高在线学习与互动、线上测试、作业与实验等过程性考核比例，全面采用非标准答案作业与非标准答案试卷考核，重点考核学生的单片机技术应用、软硬件程序设计能力。向兄弟院校推广本课程的"3+2"创新教学模式，组建课程联盟，共同提高学生的学习主动性、积极性和单片机系统开发设计与创新能力。

(二)持续改进,打造国家级一流金课

本课程是重庆市首批精品在线课程和重庆市一流混合式课程,在今后的教学中持续创新改革,进一步融合线上线下混合式教学、案例法教学、无缝切入课程思政元素、复杂工程案例研讨、多元化非标准考核等手段,持续优化教学创新模式,大力促进学生工程与创新能力的培养,提升教学质量。

本课程的在线课程资源建设和教学创新模式将进一步持续改进,课程教学团队将继续努力向一流金课奋力迈进。

以家国情怀育家国英才
——"家庭教育学"线上线下混合式教学改革案例

雷静　张家琼　杨兴国　杨宇孛　胡昊

重庆第二师范学院

悠悠家国梦,浓浓父母恩。家庭是国家的基石,家国情怀是一个人的立身养德之本,家国英才是实现中华民族伟大复兴的宝贵资源。

一、案例介绍

"以家国情怀育家国英才"是"家庭教育学"的课程理念,也是进行教学改革的价值旨归。在"三全育人"背景下,本课程深入挖掘课程思政元素,以双线式设计,讲述"爱的八次方",在传授知识的同时做到价值引领和知识传授的统一,培养学生对家国的深情大爱,以及对家国的责任感和使命感。本课程采用"线上云+线下情"双线混合教学思维模式,通过线上自学、线下翻转融合运化,让学生内化知识,迁移经验,从而实现云景互通,上下灵动。

本课程是为学前教育专业大三学生开设的一门专业必修课程,是一门教导师范生指导家长如何教育孩子的课程。本课程建设团队专业能力强,在课程设计、目标设置、内容组织、教学环境、方法选取、课程评价等方面做了有益的探索,使本课程呈现出融合性、情景性、生成性三个特点。本课程从五个向度展开课程教学改革,力求团队建设有温度、资源建设有广度、教学设计有深度、内容组织有厚度、成绩评定有力度,取得了一定成效。

二、案例详述

"家庭教育学"是学前教育专业的专业必修课程,它运用现代教育学、心理学、社会学、伦理学以及系统科学的方法,从宏观上阐述家庭教育的普遍规律,又从微观上论述家庭教育的具体操作技能与艺术,探讨一般家庭的子女教育工作和特殊家庭的子女教育工作,是学前教育专业的学生必须学习的一门重要课程。下面将从团队建设、资源建设、教学设计、内容组织及实施、成绩评定五个方面详细介绍本课程的建设情况。

(一)团队建设有温度

课程团队建设的重心是构建共同体。本课程团队成员的理念、情感始终保持在同一水平线上,对家庭教育有浓厚兴趣,对家国有深厚情感。团队成员如家人般聚集在一起,建设了一个有温度的家庭教育之家。

1.团队成员素质高

本课程团队成员中有教授2名、副教授2名、讲师1名,博士4名,专业素养过硬,科研能力强,已成功申报国家一流专业(学前教育专业)。团队成员在教学中注重理论联系实际,通过翻转课堂,教师课程教学共同体,趣味实训等形式来促进学生的专业发展,已对数百个家庭进行团体或个别家庭教育指导讲座,对家庭教育学有深刻的理解。

2.团队运作能力强

团队采用圆环式模型展开运作,围绕核心任务,展开系统思考和连环工作,在课程目标设定、教学设计思路、资源建设、课程内容的选择与实施、课程评价的创新等方面展开了深入探讨,形成了课程建设合力。

(二)资源建设有广度

资源建设的重点是寻找适宜的平台。本课程以超星学习通平台为载体,线上资源是课程团队教师原创或编辑的课程资源,资源包含152个任务点,有视频、音频、文档等资源类型。截至2022年,本课程已经开设5个学期的线上线下混合教学,其中线上累积页面浏览量为1298109次,累计选课人数1214人,累积互动次数41855次。

(三)教学设计有深度

教学设计的着力点是挖掘课程深度。本课程团队在进行顶层设计时,以问题为导向,从方向、目标、线索三个方面进行深入探究。

1.聚焦问题找方向

本课程进行教学改革要解决的重点是学生如何学的问题,主要包含四个具体问题:一是资源如何配置;二是平台如何交互;三是师生如何互动;四是课程思政元素如何融合。

2.精准分析定目标

本课程团队结合我校办学定位、学生情况、专业人才培养要求,从知识、能力、素养三个维度设置了课程目标。

知识目标:掌握课程的理论框架、核心概念和基本原理。

能力目标:掌握并灵活运用家庭教育的有效方法,掌握新型的家校共育以及亲子沟通的技巧。

素养目标:树立家国一体,以家国情怀育家国英才的教育理念,具备一定个性化的家庭教育话语体系。

3.巧妙安排勾线索

本课程采用双线式课程设计,从课程目标、内容、实施、评价四个维度展现了线上线下混合教学的设计思路。(图1)

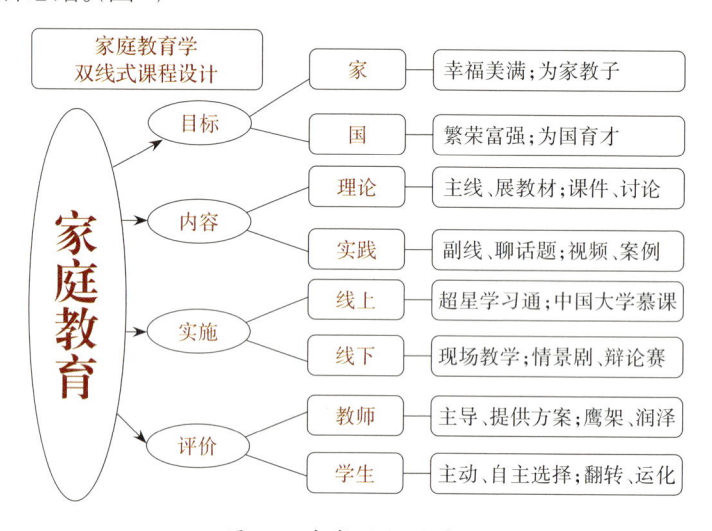

```
家庭教育学
双线式课程设计
          ├─ 目标 ─┬─ 家 ── 幸福美满;为家教子
          │       └─ 国 ── 繁荣富强;为国育才
家庭教育 ─┼─ 内容 ─┬─ 理论 ── 主线、展教材;课件、讨论
          │       └─ 实践 ── 副线、聊话题;视频、案例
          ├─ 实施 ─┬─ 线上 ── 超星学习通;中国大学慕课
          │       └─ 线下 ── 现场教学;情景剧、辩论赛
          └─ 评价 ─┬─ 教师 ── 主导、提供方案;鹰架、润泽
                  └─ 学生 ── 主动、自主选择;翻转、运化
```

图1 双线式课程设计图

线上线下教学的内容是依据课程目标,遵循课程内容的内在逻辑合理分配的。(图2)

课时分配

2022春季学期总课时34节,其中线上教学12节,线下教学22节

线上教学
- 专题二:我国家庭教育的演变(2课时)
- 专题四:影响家庭教育的主要因素(上)(2课时)
- 专题五:家庭教育的基本原则(上)(2课时)
- 专题六:家庭教育的方法(上)(2课时)
- 专题八:亲子沟通训练(上)(2课时)
- 专题九:不同年龄段不同类型的家庭教育指导(上)(2课时)

线下教学
- 专题一:绪论(2课时)
- 专题三:家庭教育的目的、任务和内容(2课时)
- 专题四:影响家庭教育的主要因素(下)(2课时)
- 专题五:家庭教育的基本原则(下)(2课时)
- 专题六:家庭教育的方法(下)(2课时)
- 专题七:家庭劳动教育(4课时)
- 专题八:亲子沟通训练(下)(2课时)
- 专题九:不同年龄段不同类型的家庭教育指导(下)(2课时)
- 专题十:家庭、学校、社区共育合作(4课时)

图2 课时分配图

(四)内容组织有厚度

内容组织的着力点是积累课程厚度。以"家国一体,家国情怀"为逻辑起点,构建了课程内容及组织实施的课程立方体。

内容精要融大爱。为了达成预设的课程目标,在教学内容的组织上打破了以一本书上一门课的局限,以十个专题的形式融合统整教学内容。为体现课程内容精要,采用简洁的语言以"爱的八次方"串联课程内容。在教学内容中巧妙融入课程思政元素,从教学日历、教案上体现课程思政与专业课程的自然融合,通过"抗疫故事""诗词话家国""话说三观"等话题把教书育人融为一体。

组织实施显情怀。在组织实施方面做了如下处理:线上教学主要提供系统的理论讲解视频,完整的教学课件以及大量家庭教育案例小视频。线下教学是现实情景中的师生互动与碰撞。线下课堂教学会利用实训室的场地、教玩具等打造出真实的家庭环境,通过家庭小剧场,让学生现场即兴表演家庭教育情景剧,师生讨论,分析其中包含的原理,点评表演者运用的方法和技巧。在线下的课堂教学中,还进行了辩论赛或专题讨论,热点问题讨论以及家庭劳动教育。(图3)

图3 家庭劳动教育学生作品图

由于线上教学解决了部分理论学习的问题,于是线下教学就有更多时间进行沉浸式体验、具象化操作,让学生对该门课程的学习由浅入深、由表及里,在知识内化的过程中形成能力与素养。(图4)

图4 线上线下学生任务图

(五)成绩评定有力度

成绩评定体现学生的学习力及课程指导力。家庭教育学课程的终极价值追求是促使学生获得家庭教育指导能力,由此设计了多元化的课程评价方案。本课程考核方式为考查,包括平时成绩和期末考核两个部分,总分为100分,其中平时成绩包含线上学习任务点学习、作业、讨论等,占40%;线下期末考核家庭教育情景剧或微电影、微讲座、家庭教育漫画、绘本,占60%。多元化的考核方式让学生有了更多的选择权和自主权,从而提升了行动力。

三、案例成效

(一)课程特色

本课程在建设过程中呈现出三个特点:

(1)融合性。线上线下从混合到多学科的交叉融合、教学内容的多层次融合。

(2)情景性。家庭教育情景剧的反复呈现让学生的学习有情景式代入感,能产生深刻反思,从而挖掘学生学习的深度。

(3)生成性。在线上讨论和线下分享中,学生会融入自己的家庭教育经验,其中很多感人的亲情故事能引发学生共鸣,由此生成新的讨论主题,拓展学生学习的边界。

(二)教学改革创新点

本课程运用信息技术在课程体系、教学内容和教学方法等方面做了如下改革,并取得了显著成效。

1.整合资源,重置框架

本课程将依据课程教学大纲,结合线上线下混合教学特点,把课程框架分为知识与讨论两条逻辑线,铺设知识讲授与话题讨论双线学习轨道,建立了一套完整的"线上云+线下情"双线混合教学思维模型。

2.平台交互,弹性互动

利用超星学习通平台发布课程任务点,上传课件、微课视频等,让学生自主学习,完成知识框架中设定的任务;利用课程QQ群进行讨论。利用线下教学平台表演情景剧,举行辩论赛、专题讨论及开展家庭劳动教育等。

3.师生换位,翻转共生

教师通过预设话题,鼓励学生自主查阅相关资料。另外,线上或线下的翻转课堂让师生角色瞬间互换,通过录播、直播让师生轮流做主播,让师生教学相长,和谐共生。

(三)教学改革成效

本课程进行教学改革要解决的重点问题是"学生如何学"。由此教师从资源提供者变为学习引导者,学生从被动学习者变为主动探索者。

1. 变革方法激活力

本课程采取本演示法、体验法、讨论法等多种学习方法,让学生在多样感官参与下全方位探寻家庭教育的真谛。本课程提出了"运化课堂"的理念,提倡用"做中学"的教学形式引导学生搬运知识、转化经验,把抽象的理论变为可迁移、印证、互补的具象作品。

2. 变革评价显成效

要了解课程教学效果,除了分析学生成绩,还要了解学生对课程的反馈。有学生说道:"'爱的八次方'以框架形式,让我们真正把书读薄了。"也有学生说道:"多元化的自主考核方案给了我们更多选择的机会,极大地尊重了学生意愿。"还有学生把课程所学灵活运用,进行寒暑假社会实践,或参加教师技能比赛、亲子教玩具设计比赛、大学生创新创业方案设计等比赛,取得了优异成绩。

四、未来计划或启示

今后五年,本课程将建立在线资源库,编写一本《家庭教育学》线上线下混合式教学教材,录制一套与教材配套的完整教学视频。

课堂教学改革的实质是思维方式的变革。未来五年,本课程将着力探索家庭教育的最佳路径和有效方法,进一步完善"线上云+线下情"双线混合教学思维模型。通过线上自学,线下翻转,融合运化,让学生内化知识,迁移经验,从而实现云景互通,上下灵动。线上线下混合教学,我们在路上。

培养"知童善教"的乡村小学全科教师
——"儿童发展与教育心理学"探索与实践

程翠萍　李学容　龙承建　杨桂云　刘杰

重庆第二师范学院

一、案例介绍

"儿童发展与教育心理学"是小学教育专业学位课程,为培养"知童善教"的乡村小学全科教师奠定基础,是重庆市一流本科课程和重庆市课程思政示范课程。课程团队立足乡村小学全科教师岗位需求进行混合式教学改革,通过教育情怀、科学精神与职业理想并重的课程思政,以学生为中心的BOPPPS-P教学模式创新,OBE理念下课程教学内容的重构,注重过程性和表现性的课程评价改进,着眼"两性一度"的课程资源拓展,"以爱育爱"的课程金师团队锻造,有效解决了"单向讲授多、交流互动少,理论学识多、实践应用少,传统观点多、前沿领域少,知识增长多、素养提升少"等传统教学的痛点问题,形成了"关注儿童,启发全科师范生为理解而学;关注情境,促进全科师范生为迁移而研;关注乡村,引导全科师范生为中国而教"的课程特色。经混合式教学探索,本课程教学质量显著提高,受到学生和学校一致好评;学生专业知识与能力、综合素质得到发展,教师教学和研究能力不断增强。

二、案例详述

(一)教育情怀、科学精神与职业理想并重的课程思政

本课程将价值塑造、知识传授和能力培养密切融合,确立了以培养全科师范生服务乡村教育振兴的教育情怀,学为人师,行为世范的职业理想,求真务实、尊重儿童的科学伦理

精神为课程思政目标,以"固奉献价值观、养心理学思维、育儿童中心理念"为三条思政教学主线,分层次、有计划、潜移默化地将思想政治教育元素融入专业课程教学的全过程。

根据这三条主线,课程团队设计了不同课程模块的思政落脚点和实施方式。教师职业心理模块通过教育名家、教学名师成长故事,增强全科师范生对教育的责任感和使命感;儿童心理发展模块结合当前乡村儿童家庭教育和学校教育的热点问题与鲜活案例,帮助全科师范生树立"爱儿童、为儿童"的教育理念;儿童学习规律模块利用经典心理学实验阐释儿童学习规律,培育全科师范生保护儿童身心健康的科学伦理和开拓钻研的探究精神。(图1)

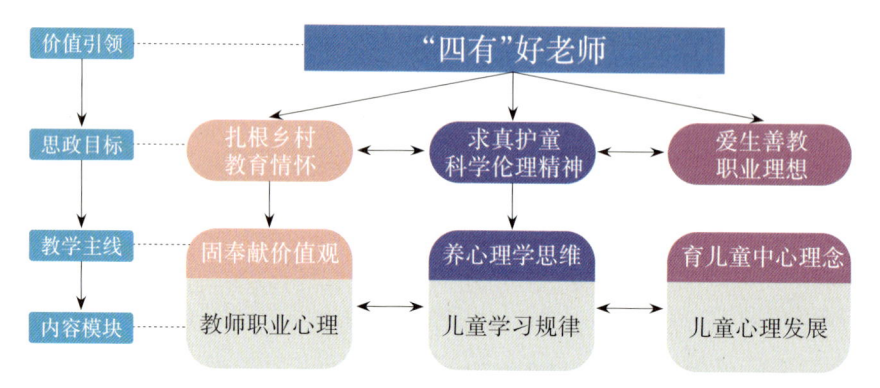

图1 课程思政设计思路

(二)以学生为中心的BOPPPS-P教学模式创新

本课程秉持以学生为中心的教学设计理念,采用BOPPPS-P模式进行混合式教学,其中线上和线下学时各占比50%。BOPPPS-P模式包含课前自主学习、课堂互动学习、课后总结反思三个主要环节,教师利用渐进式、多层级的线上和线下教学活动促进全科师范生深度学习,形成解决儿童发展与教育复杂问题的能力。(图2)

图 2 BOPPPS-P 混合式教学模式

课前,基于线上智慧树平台完成导入、目标和前测环节,引导学生自学和客观题自测,为课堂教学设计提供依据。课上,通过实体课堂开展参与式学习,利用学习小组实现生生互动,引发学生深度思考;再依托智慧树平台完成主观题后测,并布置拓展性、个性化作业;之后师生根据课堂测评结果和学习收获进行总结点评。课后,学生走近儿童生活和学习的真实场域,开展儿童教育教学实践活动。

(三)OBE理念下的课程教学内容重构

本课程在OBE理念下,按照儿童发展与学习的实践逻辑重构了教学内容体系,缩短了理论知识与教育情境的距离。其中,心理发展模块依据儿童发展的"生理基础—具体领域—个体差异"横向布局,学习心理模块按照儿童"学是什么—为什么学—学什么—如何学—如何延伸"纵向排列,每个章节均落脚到卓越小学全科教师"如何做"的教育教学应用要点(教学心理模块),全面落实了以学习效果为中心的教育理念。

(四)注重过程性和表现性的课程评价改进

本课程评价将过程性评价比重提升至70%,利用智慧树学习平台(线上课)和学习通平台(线下课)共同记录学习进度、学习习惯、互动问答、章节测试等学习行为,实现了全科师范生学习过程的可视化,增加了儿童教育实践项目在形成性评价中的比重,以及教育教学应用主观性试题在终结性评价中的比重,以走近真实场域的观察、访谈、实验等表现性评价形式,全方位考查全科师范生解决儿童成长现实困难的知识、能力和素养,突出课程"教—学—评"的一致性。(图3)

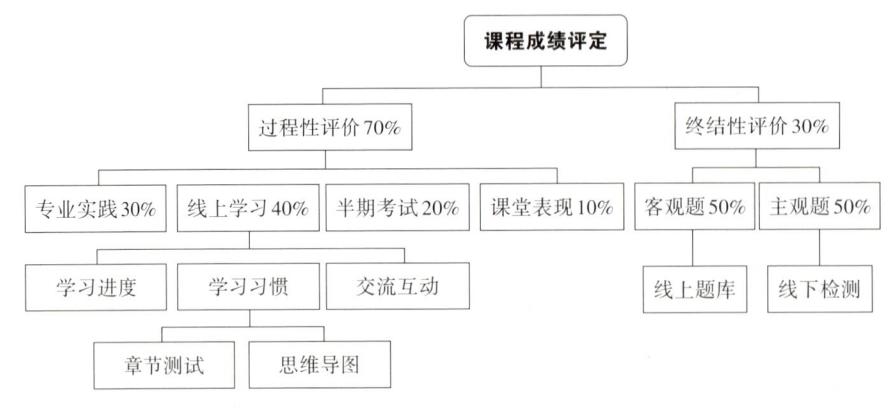

图 3 混合式教学课程评价方案

(五)着眼"两性一度"的课程资源拓展

本课程在原有教学视频、多媒体课件、自编教材、测试题库等立体化资源的基础上,建设了有高阶性、创新性和挑战度的课程资源库。第一,联合行业一线优秀小学教师,整理了一系列鲜活的综合性小学生教育教学案例库,拓展了学生学习内容的广度和深度,培养了学生解决复杂问题的综合能力和高级思维。第二,定期分享国内外教育类、心理类重要期刊学术文献集,给学生提供最前沿的教育与心理学科研究成果,引导其进行探究式与个性化的学习。第三,积累了与儿童发展、教育相关的公众号文章、新闻热点等超链接库,帮助学生了解当今时代儿童教育的热点和痛点,以此加大学生学习的投入和挑战。

(六)锻造"以爱育爱"的课程金师团队

本课程团队中具有高级职称的教师占比80%,具有博士学位的教师占比80%,双师型教师占比100%,每学期承担的课堂教学任务平均超过180个学时。课程团队建设中,不仅倡导教师成为学科深厚、专业精湛的经师,更注重塑造团队教师具有心系国家发展的育人大格局和"以爱育爱"的教育情怀,成为培根铸魂的人师。通过"青蓝"师徒结对指导、定期开展学术研修和思政理论研讨、提供24小时爱心热线为学生排解心理困扰等实践举措,本课程团队成功入选重庆市课程思政示范教学团队以及学校教书育人示范岗,组织建设了成渝地区小学教育专业建设虚拟教研室。

三、案例成效

(一)案例特色与创新点

1.关注儿童,启发全科师范生为理解而学

本课程确立了全科师范生掌握儿童心理发展和学习心理规律——"懂儿童"的课程目标,以儿童成长逻辑设计课程的内容框架和实施计划,建设了综合性儿童教育教学案例库、儿童教育热点超链接库等课程资源,课程考核评价所用素材主要来源于儿童的日常生活和学习经历,以此启发全科师范生树立全面、深入理解儿童的学习目标。

2.关注情境,促进全科师范生为迁移而研

本课程贯彻了全科师范生解决儿童心理发展与学习情境实际问题——"善教育"的课程目标,教学过程中通过创设真实、具体的儿童教育教学情境,将枯燥的心理发展和教育心理理论学习转化成项目式、体验式、建构式的合作探究活动,并提供儿童教育心理前沿学术文献集、儿童教育相关公众号等课程资源,训练其钻研、解决儿童心理发展与教育教学问题的能力,促进全科师范生从课程理论知识到儿童教育实践情境的迁移。

3.关注乡村,引导全科师范生为中国而教

本课程落实了涵养扎根乡村的教育情怀——"爱乡村"的课程目标,结合全科师范生定向重庆各区县乡村小学就业的实际,教学过程有机融入重庆乡村文化特色、乡村儿童生活与学习情况、乡村教师发展路径等思政素材。在课程形成性评价中也设计了走近乡村、走近儿童的课外实践任务,潜移默化地引导全科师范生投身中国乡村教育振兴事业。

(二)教学改革成效及解决的重难点问题

本课程在"互联网+"教育背景下,针对小学教育(全科教师)专业培养目标及全科师范生发展需求,开展了卓有成效的混合式教学改革。通过课程思政渗透、教学设计创新、教学内容重构、教学评价改进、课程资源拓展和课程团队优化,有效解决了传统课堂存在的单向讲授多、交流互动少,理论学识多、实践应用少,传统观点多、前沿领域少,知识增长多、素养提升少4个问题。

本课程经过混合式教学改革,使得全科师范生的专业知识、能力、素质得到了全面发展。其一,线上平台和线下课堂的师生、生生互动合作较为频繁,仅线上学习累计互动就达7.88万次;其二,全科师范生主动参与儿童生活与学习的教育实践活动显著增加,人均每学期不少于3次;其三,全科师范生儿童相关学术文献和教育热点阅读量明显提升,人均

每学期不少于20篇;其四,全科师范生爱生善教的职业理想、求真护童的科学伦理、扎根乡村的教育情怀有一定增强。同时,教师的思想引领道术、教学设计技术、人际沟通艺术等也取得了进步。(图4)

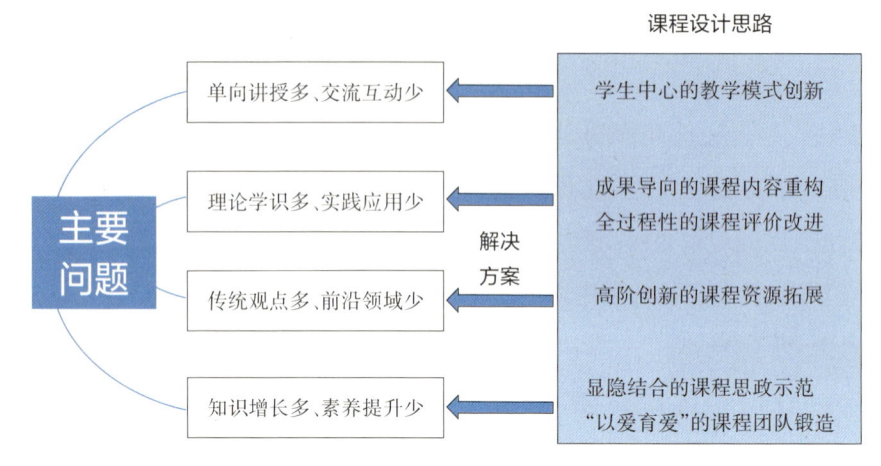

图4 主要问题和解决方案

(三)取得的主要成效、成果

本课程成功入选重庆市一流本科课程、重庆市课程思政示范课程,基于学生学业成绩的总体目标达成度超过85%,教师教学质量得到学生、教学督导和同行的认可,综合评教成绩排在学院同类课程前10%。

在校全科师范生在科研项目申报和专业技能竞赛中取得了优异成绩,并积极开展留守儿童教育志愿服务和教学实践。

合格全科毕业生100%赴重庆各区县乡村学校从教,其中34名同学入选近两年的"马云乡村师范生计划",20名同学入选"为中国而教"公益项目,1名同学获评"重庆市基层就业优秀大学生人物"。

课程团队教师围绕本课程内容的研究获得主持省部级项目8项,在核心期刊发表6篇教研论文,出版学术专著2部;荣获重庆市教学成果奖二等奖,入选重庆市高校教指委委员、重庆市教师教育专家库成员。

本课程在新时代小学教育专业特色课程建设研讨会上推介课程建设经验,受到西华师范大学、成都大学、乐山师范学院、重庆三峡学院、四川民族学院等十余所高校教师的肯定。

"警械武器使用"数字化教学创新应用与实践[①]

王振华[1]　张忠发[1]　刘彦飞[1]　刘欣[1]　唐志敏[2]

1.重庆警察学院　2.重庆市公安局特警总队

一、案例介绍

自媒体时代,对警察合法、规范使用武器提出了更高要求。警察使用武器事关生命大事。"警械武器使用"课程教学训练,一定要根据一线民警的实战需求,把法律法规与武器使用技战术相结合,优化设置训练科目,提高警察依法使用武器的能力,降低警察使用武器的职业风险。课程团队借鉴了国际上先进的警察训练理念和发展趋势,结合目前我国反恐维安形势,通过优化课程教学内容,改进教学方法,有针对性地进行了课程创新与实践。

二、案例详述

(一)课程团队建设与能力提升

课程教学团队秉持"立德树人、忠诚育警"的初心,按照公安的政治属性,把政治建警摆在第一位,按照公安工作面临的新形势、新要求,把"忠诚基因"融入教学,融入师生血脉。同时采用"公安院校+实战单位"的实战型教学团队建设,共同开展课程开发、集体备课、项目训练、质量评价等教学科研活动,提升团队整体实力。在教学组织上,校内教师与驻校教官共同编制教学大纲、共同授课,加强实战教学的力度,解决教学与实战脱节的问题,把一线最需要、实战最有效的技战术方法,通过"实地、实景、实战"教授给学生,增长学

[①] 本案例为重庆市教育委员会高等教育教学改革研究项目"基于知识图谱的警务指挥与战术本科一流专业建设与人才培养研究"(项目编号:212132)阶段性成果。

生实战技能,提高课堂教学成效。团队关注学生之间的个体差异性,打破"齐步走"的格局,采用分层递进、因材施教的方法,在促进人人成功的指导思想下,通过对学生的分层教学、分层练习、个别辅导、分层评价,达到不同层级的学生产生接受效应和共振效应,使每一个学生都能在原有基础上获得充分发展。

(二)课程内容与资源建设及应用

教学内容方面。本课程内容侧重实战,突出近距离应用射击训练,并结合警察执法的热点、难点问题,在保障执法安全的前提下,做到又快、又准。探索符合实战需要的技战术方法,使教学内容能够满足现实需求。

教学模式方面。根据学生个性特点,理论知识采用"警械武器使用知识图谱APP"和"课程伴侣——优慕课平台"+"实战化"教学模式,将现代教学技术与实际操作相结合,有效组织课堂教学。利用彩弹对抗实训室等教学设施和实验实训场所,进行小班制教学,保证实验实训项目开出率达到100%。

教学组织方面。校内教师与驻校教官共同编制教学大纲、共同授课,加强实战教学的力度,解决教学与实战脱节的问题,把一线最需要、实战最有效的技战术方法,通过"实地、实景、实战"教授给学生,增长学生实战技能,提高课堂教学成效。

教学评价方面。采用以能力为中心的课程考核方案,注重理论与实践、定性与定量、过程性评价和结果性评价相结合。学生成绩的构成多样化,包括线上测试、线上参与度、学生互评、平时作业、课堂提问、实践实训操作、期末考试等各方面内容。

教学团队方面。采用"公安院校+实战单位"的实战型教学团队建设,共同开展课程开发、集体备课、项目训练、质量评价等教学科研活动,提升团队整体实力。

(三)线上线下混合式教学设计创新

1.充分运用现代教育教学技术,解决教学与实践中的操作性和互动性瓶颈问题

改变教师中心论,将现代教育教学技术融入教学,把技术与传统的教学方法相结合,发挥技术的优势,形成有效的引导方法。本课程教育教学技术的有效运用,顺应了当前科技强警和公安信息化建设的公安工作发展趋势,通过在线课程、VR仿真训练系统、智慧教室,强化课程在教学和指导实践中的效用,促进课程自身内容和扩展内容的有机互动。

2.构建了警械武器使用知识图谱APP应用于教学实践(图1)

该平台迭代完善后,既能应用于公安培训与教育行业,又能成为实战单位的作战利器。"警械武器使用一流本科课程建设与公安知识图谱APP创新应用"获得第二届校级教

学成果奖一等奖。知识图谱，是显示知识发展进程与结构关系的一系列各种不同的图形，用可视化技术描述知识资源及其载体，挖掘、分析、构建、绘制和显示知识及它们之间的相互联系，作为知识工程的重要内容，是智库建设的核心所在。相关功能体现在如下几个方面：

（1）能够满足学校的所有专业课程以知识图谱的方式打造在线课程，能够实现知识互联，学生可以通过查询快速获取不同专业的不同知识之间的关系，通过该关系快速进行学习扩展和提升，实现从"大数据"到"大知识"的转变。

（2）课程通过知识图谱的展现，让学生按照时间进度进行提前预习，也可以按照学生自身情况量身定制一套学生自己的学习计划，学生可按照自己的专属计划进行学习。

（3）学生在APP中输入自己需要的学习大纲，APP将学习大纲的实体和关系进行智能提取，为学生快速推荐学习路径。

图1 警械武器使用知识图谱APP（首页）

（4）教师可以对课程节点进行直播，在线开课，学生可以通过课程节点进行在线学习。

（四）课程教学内容及组织实施

本课程教学团队创新理念，紧跟高等教育发展潮流，主动融入公安改革大局，主动进行实战化教学改革，较好地解决了警械武器使用教学内容与公安实际脱节的问题。教学团队在教学训练中，结合法律、法规适应性训练，从解决当前困扰民警执法中使用警械武器的痛点和难点出发，重点在教学模式、教学内容、实训科目、教学组织、教学评价和教学团队等方面，对本课程进行了大胆的改革和实践。考虑到目前国内反恐维安形势，为根本解决目前困扰一线民警的现实问题，教学团队创新理念，主动和国际接轨，借鉴国际上先进的警察训练理念和发展趋势。本课程在教学内容和学生的能力培养方面，契合了我校"成人、成警、成专"的人才培养模式。

三、案例成效

警察使用枪械，事关生命大事，应该合法、规范。通过对基础一线民警和实战单位的调研，发现一些民警不愿佩戴枪支巡逻、执勤，在执法实践中使用警械武器还存在一些问题。"枪在手,心在抖"是部分基层民警的心理写照。一线民警提出,在使用警械武器教学训练中要把法律法规与警械武器使用结合起来,优化训练科目的设置,提高警察依法使用警械武器的能力,降低警察使用武器的职业风险。本课程教学团队,与国际接轨,借鉴国际先进警察训练理念,结合目前我国反恐维安形势,通过优化教学内容,改进教学方法,较好解决了困扰基层警察使用武器的实际问题。

(一)借鉴国际训练经验,合理安排教学阶段

第一阶段,通过教学训练,首先使学生成为枪械安全操作者。第二阶段,在学生初步养成良好的用枪习惯后,通过训练使其成为一名射手。第三阶段,学生学习使用警械武器的法律法规,重点是合法使用枪械的程序、条件。第四阶段,要求学生不仅能合法用枪,而且能在与犯罪嫌疑人的真实对抗中取得胜利。

(二)构建课程知识图谱,用于实践教学活动

教学团队以知识图谱技术为中心,通过软件编程,根据章节提炼分级知识点,知识点之间用关系链接形成网络,用可视化技术描述知识资源及其载体,挖掘、分析、构建、绘制和显示知识及它们之间的相互联系。作为知识工程的重要内容,构建了"警械武器使用"课程公安知识图谱,用于实践教学活动。并在"警械武器使用"课程建设的基础上研发了智慧警院智训之公安知识图谱工厂APP。

(三)坚持实战化教学理念,实现"警务实战化"

坚持"教、学、练、战"一体化,树立"为实战需要培养人才、用实战效果检验成效"的理念,把实战化要求和战斗力标准贯穿教学训练的全过程,使教学与公安实战无缝对接,加大实践教学比重,推进教学向实务工作能力提升,将课堂搬到现场进行实景实情教学,真正实现"警务实战化"这一特定教学目标。

四、案例成果

课程主讲教师在2018—2020年度重庆市高校在线课程建设与应用工作中,被评为在线教学创新应用先进典型。"警械武器使用"课程于2022年被重庆市教育委员会评为重庆市一流本科课程。(图2)课程主持人获得2021年重庆高校教师教学创新大赛正高组三等奖,获得2021年重庆警察学院教学创新大赛一等奖,获得2022年重庆警察学院线上教学说课比赛二等奖。(图3)本课程成果获得2021年重庆警察学院教学成果奖一等奖。培养

的学生参加全国公安院校教学技能大赛,荣获本科组二等奖2项和三等奖6项;"一种手枪供弹装置及手枪"获得国家级实用新型专利1项。

图2　获评重庆市一流本科课程　　　　图3　获教学成果奖

目前,学校已将其作为重点建设课程向学校各专业及全国公安院校推广。

枪械是警察的第二生命,是打击和震慑暴恐犯罪、维护社会和谐稳定的钢铁防线。进入新时代,加大警械武器使用课程教学改革,是贯彻落实公安部党委关于开展民警使用武器专项训练行动部署的需要,是践行法治理念、锻造公安铁军的需要。服务公安实战,教学改革永远在路上。

新媒体推广网络调研
——产品调研[①]

刘娉　弋玮玮　赵铁燕　何竞

重庆工程学院

一、案例介绍

"新媒体品牌推广"课程属于网络与新媒体专业的专业课程，课程分为四个项目阶段性模块：新媒体推广网络调研、图文推广、短视频推广和网络广告推广。每个项目模块都围绕新媒体平台下关于企业品牌在完成品牌宣传中的一般工作任务流程，通过理论讲解、实践训练、案例植入等方式对新媒体推广进行实操，学生能够具备新媒体推广和信息的收集与整理、新媒体策划与制作、平台筛选、内容发布以及效果预估、监测与评价等实践能力，同时培养学生行业信息敏感度、新媒体技术应用能力及互联网法律意识。本案例为"新媒体品牌推广"课程中的两节课程，属于第一个项目阶段"新媒体推广网络调研"中最后一个部分。

二、案例详述

（一）课程团队建设与能力提升

教学团队具有高级职称、中级职称的正态分布，一半教师具有企业实践经验，有助于后期课程实践内容的开展和案例引导。中、青年龄段的师资分布有助于案例的广度提升和对学生兴趣点的把控。

[①] 本案例为重庆市高等教育教学改革研究项目"新文科背景下泛动画艺术人才培养模式的创新与实践"（项目编号：223448）阶段性成果，重庆工程学院校级金课课程"新闻采访与写作"建设项目阶段性成果。

(二)教学设计创新

通过课堂案例和新媒体产品,巧妙融入思政案例。

递进式任务点打卡,通过任务逐级升级任务难度和综合度,从而达到该专业的能力技能,做到教师对教学环节达成效果的实时验收。

利用翻转课堂模式提前发布拓展阅读资料,让学生自主思考并参与讨论(引入的思政案例由学生发现其中的价值观表现),整合课堂时间的同时也延展了学生对课程的认知。

(三)课程内容与资源建设及应用

本课程的教学内容为新媒体推广网络调研——产品调研。其教学目标如下。

知识目标:掌握产品调研的含义和方法;使用SWOT分析法、波士顿矩阵分析、百度指数工具法进行产品调研。

技能目标:能够使用SWOT分析法、波士顿矩阵分析法和百度指数工具进行产品调研;根据企业需求进行竞品调研。

思政目标:培养学生"知己知彼、百战不殆"的儒商经营观念;引导学生树立数据思维,建立企业品牌意识和责任心,树立民族自信心。

素养目标:能够团队协助,共同完成课程任务;通过资料收集和分析,提高学生数据收集、分析能力。

在课程资源建设及应用方面,教学设备主要应用多媒体设备、QQ学习群、超星平台案例库、网络平台资源。

(四)教学方法改革

教学过程中以OBE教学理念为中心开展情境式教学、任务驱动式教学、小组讨论、启发式教学。

(五)课程教学内容及组织实施

结合教学内容,依次执行3个实践任务。同时凸显课程思政的教学内容和资源,教学环节的设计,教学方法和手段,考核评价方式皆以融合课程教学案例呈现,并植入教学过程的组织与实施等。具体内容见表1:

表1 教学内容与教学设计

时间	教学内容/任务	教学特点	教学环节说明
10分钟	**课前准备** **一、博古通今习儒商：** 	案例分享 思政指导核心：	超星签到
5分钟	通过"学生分享"和"教师引导"的方式，学生潜移默化地接受儒商文化的熏陶，锻炼学生的表达能力、自学能力及团队合作能力 **案例：**以传统儒商精神，铸企业文化之魂 **二、导入实训任务：** 教师发布本节课学习任务：对选题项目主推产品和竞品进行调研分析，明确自身产品的优劣势，有针对性地提出新媒体运营和推广策略 **设计意图：**依托企业真实项目进行课中实训操练，让学生"做中学，学中做"	利用儒商精神，倡导企业社会责任和未来可持续的发展 项目任务化：分工与合作，锻炼学生的项目实践能力	课程预热 教学案例引入，启发学生思考 任务启动和发布 引入知识点学习的重要性
5分钟	**三、组织任务实施：** **任务1 使用SWOT分析法进行产品调研** **1.任务描述：** 以项目库中的案例为范本，进行产品SWOT分析	思政引导： 利用案例数据体现社会主义核心价值观的重要性	新课讲授 知识点引入
5分钟	**2.课堂讨论：** 思考：为什么要进行产品调研？产品调研中可以用哪些方法搜集数据？		课堂讨论
5分钟	**3.知识点巩固讲解：** 根据学生课前自学自测情况、出现的问题以及薄弱环节，教师重点讲解以下知识点：		
5分钟	(1)产品调研的含义 (2)产品调研的方法 (3)产品调研的步骤 (4)SWOT产品调研法 **教学重点：**使用SWOT分析法进行产品调研 **设计意图：**通过知识点讲解，解决学生在翻转课堂过程中遇到的问题，强化教学重点 **4.实践锻炼强技能：** 教师组织学生以小组为单位，采用ME-WE-US和外交大使的活动形式，集思广益，共同完成实训任务		解决重难点
10分钟	**任务步骤：** 1.教师介绍ME-WE-US和外交大使的活动方法 2.进入"ME"环节，每个学生对选择的产品进行调研，整理SWOT表格	情景模拟化：学生在小组安排中的角色担当和责任意识	任务实践

续表

时间	教学内容/任务	教学特点	教学环节说明
5分钟	3. 进入"WE",小组共同讨论,得出完善的产品SWOT分析表 4. 进入"外交大使",每个小组派出一个外交大使,去其他小组分享成果 5. 进入"US",小组根据小组分享,完成产品SWOT分析表 6. 教师总结点评,小组互评	学生讨论过程	
5分钟	设计意图:以小组合作的方式完成本节课实训任务,教师进行实时指导,通过"做任务"强化学生采用SWOT分析法进行产品调研的职业技能与职业素养		
5分钟	任务2 使用百度指数进行产品调研 1. 任务描述: 根据主推产品,在百度指数中进行关键词指数搜索,将搜索结果整理成文字,进行产品调研	思政指导核心:利用3·15节目中出现的指数,引入企业社会责任担当	知识点引入
10分钟	2. 课堂讨论: (1)结合课前自学讨论:百度指数调研是一种直接调研还是间接调研?为什么? (2)搜集方便面行业报告,分析总结方便面产品不同于其他行业产品的特点 3. 知识点巩固讲解: 结合课前自学知识点,教师引导学生复习用百度指数进行产品调研的相关知识点: (1)百度指数认知 (2)百度指数产品调研方法 4. 实践锻炼强技能: 教师组织学生以小组为单位,采用ME-WE-US共同完成实训任务	情景模拟化:利用任务完成的角色转换,锻炼学生在小组安排中的角色担当和责任意识	课堂讨论 解决重点 任务实践

续表

时间	教学内容/任务	教学特点	教学环节说明
5分钟	任务步骤:(略) 设计意图:以小组合作的方式完成本节课实训任务,教师进行实时指导,通过"做任务"强化学生合法合理、科学严谨进行网络调研的职业技能与职业素养	思政指导核心:"白象"企业案例分析,由学生总结案例给予的启示,建立民族自信心	
5分钟	任务3 竞品调研分析 1.任务描述: 利用新媒体平台,为近期主推产品寻找1个竞品,并在产品包装、产品价格、产品特色等方面进行竞品分析		知识点引入
5分钟	2.课堂讨论: (1)请思考并讨论总结新媒体平台"微信""QQ"两种产品的不同特点 (2)你认为"白象来了"案例在竞品分析中的优势是什么? 《白象方便面火出圈的三个原因,每一个都让人称赞》 《白象为什么突然火了,学会这四个逻辑思维你也可以!》		课堂讨论 思政案例导入
10分钟	3.知识点巩固讲解: 结合教材案例以及课前自学知识点,教师引导学生回顾竞品调研分析的知识点: (1)竞品调研的含义 (2)竞品调研的流程 (3)竞品调研的方法 4.实践锻炼强技能: 教师组织学生以小组为单位,采用ME-WE-US共同完成实训任务		解决重难点 任务实践
5分钟	任务步骤:(略) 教学难点:准确定位企业产品,进行竞品调研分析,并提出合适的产品运营建议 设计意图:以小组合作的方式完成本节课的实训任务,教师进行实时指导,通过"做任务"强化学生"产品为本"以及合法合理、科学严谨进行产品调研的职业技能与职业素养 课程小结:以课后平台分享的方式总结本次调研过程需要掌握的知识点;课后讨论在企业品牌树立中国货产品营销策略的启发,并在超星平台讨论区互动	情景模拟化:利用任务完成的角色转换,锻炼学生在小组安排中的角色担当和责任意识 思政任务思考:家国情怀对于当代大学生的重要性	课程总结 内容反思 超星讨论区考核 互动结果

（六）成绩评定考核

课程考核主要由两个部分组成：

第一，课程考核综合参考（超星积分）=随堂回答+课后讨论区互动（含个人回答、其他同学点赞和教师送小花加分）。

第二，思考总结融入平时作业呈现（后期提交作业中体现）。

三、案例成效

（一）案例特色与创新点

案例围绕社会主义核心价值观，同时具有时效性和典型性，针对新媒体领域展开案例分享，对学生在讨论和思考过程中有更多启发，使其集中了解关于新媒体行业中的产品特色，强化本课程在专业领域中的专注度。

（二）教学改革成效及解决的重难点问题

通过知识点讲解，解决学生在翻转课堂过程中遇到的问题，强化教学重点。

以小组合作的方式完成本节课实训任务，通过"做任务"和"反馈回复"环节进行节奏把控，学生对课堂任务有明确的任务意识，并对课程学习有课内外的延续。

以小组合作的方式完成本节课实训任务，教师进行实时指导，通过热点话题进行职业技能与职业素养的教学思政，激发学生的自信心，思政效果更好。

（三）取得的主要成效、成果

1.主要成效

通过开展课程思政和以OBE理念为核心的项目模拟化教学，在案例讨论中引导当代大学生的责任意识，让学生清醒意识到企业责任、个人担当的重要性。

2.主要成果

通过课程学习，学生将课程作业进行转化并参加2022年第14届全国大学生广告艺术大赛，在重庆赛区取得了优异成绩。（表2、图1）

表2 参加2022年第14届全国大学生广告艺术大赛获奖情况

作品类别	命题名称	作品名称	作者	获奖等级
策划案	娃哈哈	遨游在自己的宇宙	夏凯茜 代陈凤 刘鸿	二等奖
策划案	娃哈哈	娃哈哈非常可乐	张明强 林沁 刘宴波 龚正虹 余海波	二等奖
策划案	芭莎女孩喝纤茶	我的纤茶 我的范	李雪梅 盛思宇 鲁瑶艺潇 陈刚	优秀奖
短视频	HBN	熬夜党拯救计划	曾秀婷 甘功彬 陈涛	优秀奖

图1 2022第14届全国大学生广告艺术大赛获奖证书

四、未来计划或启示

课程组结构需要继续强化中、青年教师队伍的优势,通过教研探讨,更好地将新媒体专业领域的市场动态做及时调整,使课堂案例更加精练和集中。

进一步加强课程学习任务在各类比赛或者商业项目上的转化,让学生通过对综合能力考验较高的平台来审视自己的学习能力,从而激发后期的自我学习持续度。

"普通教育学"
——"一动一静、一专一广"的双平台混合式教学模式实践

王萌

重庆对外经贸学院

一、案例介绍

本课程于2015年开始尝试混合式教学模式改革，2020年在已有基础上确立了以"学习通"为主平台、"西席之地"微信公众号为辅助平台，以"中国大学慕课网——河海大学教育学课程"为在线课程的线上线下混合式教学体系。2021年不断深化课程体系，贯彻落实课程思政，不断加强课程体系的思想性、科学性、专业性和实践性的融合实践。

二、案例详述

（一）课程拟解决的问题

（1）教育学课程重教育理论传授、轻教育能力培养的倾向。
（2）在教学时数有限的前提下，教学效率低的问题。
（3）学生相对缺乏自主学习意识和科学学习能力的问题。

（二）课程内容与资源建设、应用、组织实施情况

1. 一个核心指导体系

本课程以立德树人为根本，以理想信念教育为核心，以社会主义核心价值观为引领，以《高等学校课程思政建设指导纲要》《中国教育现代化2035》《教师教育振兴行动计划（2018—2022年）》《中学教育专业师范生教师职业能力标准（试行）》等文件作为课程建设、实施之圭臬，明确课程目标、指明课程方向，坚持知识传授与价值引领相统一、显性教育和隐性教育相统一。

2. 一门在线课程——"教育学原理"

本课程以河海大学版为基础进行扩充，建设平台为"学习通"，由河海大学三位教育学教授主讲，在线课程已运行两年，开课三次，学生5459人，与本课程教材匹配度高，较好地发挥了线上教学功能。

3. 一套兼具思想性与实践性的线上线下教学活动方案

为推进习近平新时代中国特色社会主义思想"三进"、弘扬社会主义核心价值观和中华优秀传统文化，深化师范生的职业理想、职业道德教育，培养思想品德优良、基础理论扎实、具有创新精神和实践能力的高素质复合型人才，本课程结合教学内容设计了"'西席之地'教育论坛""教育时评""案例分析""教育情景剧""微辩论""经典实验再现""课堂导入语设计""教案评析""今天我评课""线上微论坛""写给十年后成为教师的我的一封信"等线上线下教学活动方案及多元化的教学评价体系，使学生在丰富多元的教学活动中思考问题、解决问题，深化对教育理论知识的理解，在基于信息化形式的小组合作、自主学习、任务驱动下不断完善信息素养、学科规范化表达意识与能力，在认知冲突、思维碰撞中辨明，领会社会主义科学教育观和师德精神的真正内涵，在亲身实践中涵养师德观念、完善教学能力素养，实现"两性一度"和"课程思政"深度融合。

4. 一个辅助教学平台——微信公众号"西席之地"

自2015年注册运行至今已6年，关注人数约6900人，公众号涵盖"教师资格考试真题库""学生原创习题库""教师教学改革活动展示""学生作业展示""最新教育资讯"等辅助教学板块，发文300余篇，单篇文章点击率最高达1600人次，较好地起到了为教育教学服务的功能。（图1）

图1 "西席之地"微信公众号内容截图

5.一个在线课程资源平台——百度网盘账号

目前,网盘已有"课程视频、文档资源""课程大纲、教案、进度表""课程题库""课程文献资源""国家教师资格考试考情分析研究""国家教师资格考试资源库"等相关资源15G以上。

6.一所教师观摩学习友好学校——重庆市中华路小学教育集团渝中区望龙门小学

友好关系于2015年建立,截至目前,该友好学校已为教研室教师提供外出学习观摩机会5次,分享一线教育资源10G,共同完成教改论文一篇,开展主题讲座一次。(图2)

图2 望龙门小学骨干教师马蓓蓓做"双减"主题讲座

7.一项特色品牌活动——全校师范生学科思维导图大赛

该项比赛为"一室(教研室)一品(品牌)"项目活动,为培养学生的自主学习能力,掌握科学的学习方法,特设立该项比赛,并于2019年6月成功举办第一届,比赛反响热烈,学生参与度高,涌现出大量优秀作品,有助于推动教育学课程教学改革,提高教学质量,实现科学育人的课程目标。

8.一个多元化评价体系

本课程采用多元化评价体系即过程性评价与结果性评价相结合、教师评价与生生互评相结合、行为目标评价与表现性评价相结合。在平时成绩考核中,课程制定了较为精细易操作的过程性评价细则,做到评价有依据,从而避免由于评价指标的模糊泛化而影响成绩评定的客观性。丰富过程性评价形式,通过参与讨论、原创习题投稿、课堂互动等形式对学生进行考核,其中两次大型课堂活动采取表现性评价目标进行小组考评。而期末考核则主要为结果性评价,考核以国家教师资格考试为模板进行随机抽题式闭卷机考,合理提升课程难度,激发学生的学习动力和专业志趣。(表1、表2)

表1　课程评价体系表

超星学习通板块(60%)			课堂教学板块(40%)		
项目	记分细则	权重	项目	记分细则	分值
观看教学配套视频	所有视频观看完毕可获满分	30%	互动	互动形式： 1.课堂积极回答问题，参与互动，一次加3分，10分为上限 2.课下提出预习或复习时遇到的学习问题，一次加3分，10分为上限(截图)	上限10分
章节测验	完成课后章节测验得分的平均分	10%	投稿	向"西席之地"微信公众号投稿，稿件为原创练习题、教育时事分享等，必须为原创。被采纳一次加5分	上限10分
提交思维导图和真题分析	规定时间内提交，取每次成绩的平均分	35%	大型课堂活动(2次)	按各小组实际得分计分	上限20分
在"讨论"版块提出关于本课程的学习话题	发表一个讨论或回复一个讨论均可得25分，获赞1次加2分，上限100分	25%	出勤	旷课一次扣5分	全勤10分
该部分由超星系统自动核算分数，总分100，再折算60%			该部分直接记分不再折算，满分40分，超出仍以40分记		
学生平时成绩计算公式为：超星学习通板块分数(60%)+课堂教学板块分数(40)=平时成绩总分(超出100分以100分记)，平时成绩与期末考试成绩比例为5∶5					

表2　成绩评定表

考核类型	考核总评占比	评价类型	考核方式
平时考核	50%	过程性评价	过程性评价体系(见前文)
期末考核	50%	结果性评价	随机分配式闭卷考试

三、案例成效

(一)案例特色与创新点

1."一动一静、一专一广"的双平台混合式教学模式

以学习通(动、专)为混合式教学主平台，以"西席之地"微信公众号(静、广)为辅助平台。学习通平台具有动态化的特点，能对学习活动的进行实时共享，及时对学生学习动态

做专属个性化反馈。而微信公众平台,具有更广泛的传播面,能有效实现生生共享,信息存续性较强,便于搜索,能稳定储存开放式课程资源,具有静态性的特征。如此一来就能充分融合不同教学介质的优势特点,凸显教学的动态生成性、延续性,让课程不断自我延展,使显性课程与隐性课程交相渗透,深入浅出地围绕学生的生活与社会实际展开教学,真正实现"以生为本"的课程价值诉求。

2.具有时代性的品牌课堂活动——"西席之地"教育论坛

本课程在教学设计中,重视知识传递、能力培养和价值融入,做到润物细无声,围绕"普通教育学"第二章"教育与社会的发展"设计了系列课堂活动,每年主题均以近期国家教育时事为蓝本设计主题探究任务,以2021—2022年第二学期为例,本期教育论坛主题为"'双减'政策之我见"。

此次教学活动的教学设计思路主要围绕2021年教育部发布的"双减"政策,结合第二章"教育与社会的发展"知识要点,通过组织学生以"双减"政策之我见为主题,以小组为单位,自选一至两种评论视角:政治、经济、文化、人口,通过自主学习、小组合作的形式,表达自己对"双减"政策对社会各方面影响的分析与评论。

通过此次活动,在主题任务驱动下学生能更好地了解和掌握教育与社会政治、经济、文化、人口之间的辩证关系,特别是政治、经济在教育发展中所起的决定性作用,及教育在促进社会发展中所起的关键作用;使学生在小组合作过程中,形成团结协作的工作能力,在信息搜集、整理、分析、提取、输出的过程中完善信息素养和在文本(发言逐字稿)创作与课堂展示过程中形成学科规范化表达意识和能力;在认知冲突、思维碰撞中加强学生的批判性思维和思辨能力,不断内化"双减"政策内涵的认识,理解何为"公平而有质量的教育",理解投入西部教育的重要意义和价值,从而牢固"四个自信"。(图3)

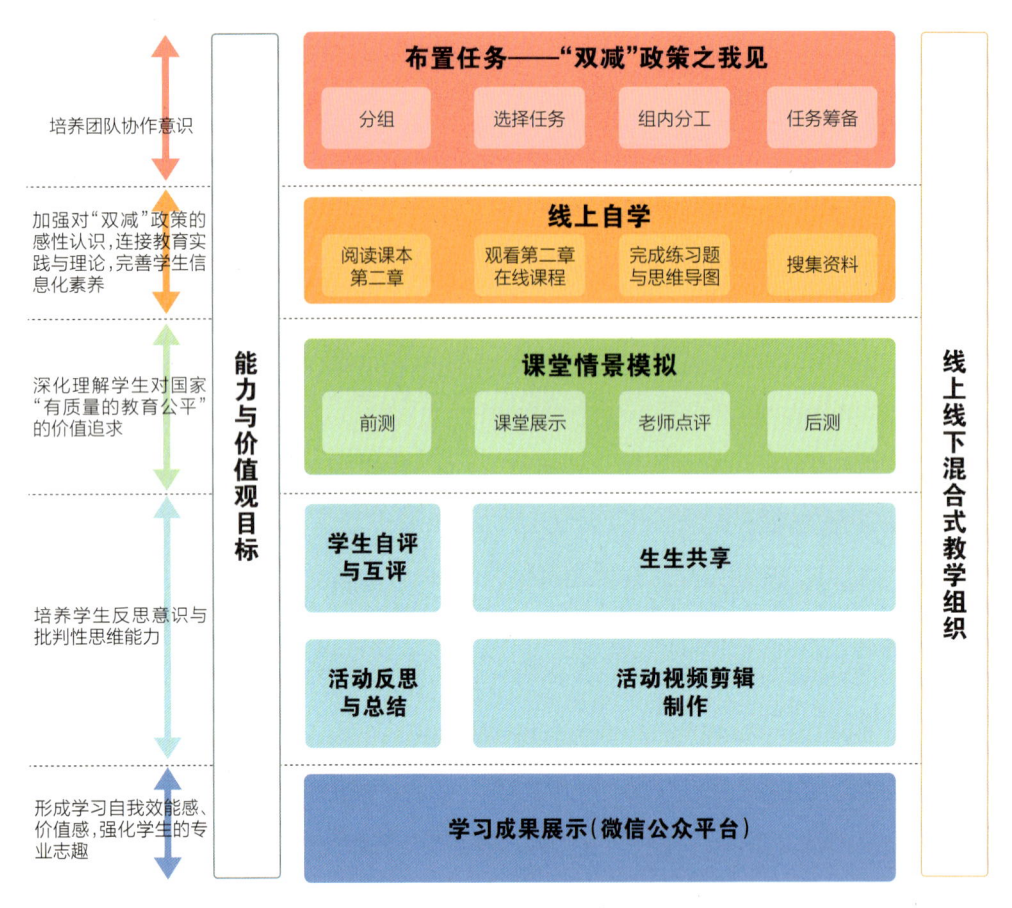

图3 "西席之地"教育论坛教学设计流程图

（二）取得的主要成效与成果

1.取得的主要成效

本课程广受好评，在2016—2018年度校级课程评估中，被评级为优质课程。

2.教学科研成果

（1）教学成果。本课程于2021年获评重庆市一流课程，2022年获评重庆市本科高校课程思政示范项目。课程负责人王萌于2019年12月获重庆市教育委员会举办的"重庆市普通本科高校课堂教学创新大赛"三等奖，于2021年获校级课程思政教学设计大赛一等奖，主编教材《普通教育学》（同济大学出版社，2016年版），获重庆市民办教育协会2018年"优秀成果三等奖"。

（2）科研成果。课程负责人王萌主研重庆市教育科学"十三五"规划课题"教师资格证国考下师范类专业教育课程改革研究"（2018年），主持校级"中青年骨干教师培养计划"教改重点项目"基于混合式学习理论的教育学教材建设研究"（2018年），主持校级教改项目

"微信平台支持下的混合式教学模式应用研究——以教育学'教育与社会的发展'为例"（2016年），出版专著《现代教育学理论研究》（延边大学出版社，2017年版）。

四、未来计划或启示

本课程建设的总体目标是初步搭建起基于学习通平台的教育学混合式课程体系，完善学习通在线课程资源体系建设，并与线下教学进行有机衔接，实现线上线下教学一体化。

（一）教育学混合式课程目标体系构建

进一步解读各级方针政策，在总课程目标的基础上，对本课程各章节内容进行目标重建，完善各级目标的适切性、时效性和融合性。

（二）教育学混合式课程内容建设（线上、线下）

基于课程目标，分章节对课程内容进行解构，课程内容进行线上线下板块划分并进行有机组织，编写在线课程学习手册，确保线上线下教学的有机衔接。科学设计课堂教学板块，强调课程教学的思想性导向、实践运用导向和能力培养导向，保证课堂教学效率最大化和最优化，保障学生学习主体地位。

（三）完善教育学混合式课程评价体系

以章节为单位，通过问卷、阶段性前后测，个别访谈等形式了解混合式课程的实施情况。

（四）教育学课程团队建设

建立跨学科、跨校、跨区的课程教研工作团队，使有混合式教学、课程思政特色的教研活动常态化、制度化、主题化，将教研成果转化为教学实践、教学研究成果，形成体系化的混合式教学设计方案集。

基于国才考试的"高级商务英语"线上线下混合式研究模式

贺静　王玉云　胡骏　朱斌谊　谭钦菁

重庆对外经贸学院

一、案例介绍

"高级商务英语"是重庆市线下一流课程,也是商务英语本科高年级的专业核心课程,还是英语语言能力与国际商务活动相结合的课程,总课时为136课时,共计8学分,其特点是兼具理论知识的渗透性与实践操作的规范性。

作为校级特色专业建设和应用型人才培养创新实验区建设的核心课程,课程建设的理念是"学生中心"的教育观和"实践导向"的培养观,核心指导思想是在教与学的过程中培养对语言知识与商务知识的科学性与实用性的领会,商务技能的直观性与创新性的运用,以及职业软技能的熟练度与先进性的示范。

课程建设的内容主要包括课程与教学内容的动态更新、教学手段与教学方法的信息化、教学各环节的学生中心及教学资源的智能化。

二、案例详述

(一)课程团队建设与能力提升

近五年来,本课程师资队伍在培养课程教师团队方面总体采取"外引内培"的政策。在鼓励引导有商务实践经验的语言类青年教师大胆转型、"英商结合"的同时,也逐步引进一些科班出身且具有海外留学背景的专业人才。

同时,本课程师资队伍"以老带新"的氛围浓厚,一些有教学和实践经验的资深教师总是不遗余力地为青年教师提供指导和教学建议,关心和帮助他们成长。

再者,学院每年组织外出交流、线上线下研修班,以及专业教学比赛,多鼓励青年教师参加,帮助他们在交流和讨论中汲取营养,创新教学设计,提升教学水平,推动青年教师日益成长为推进高级商务英语教育教学改革发展生力军。

除此之外,学院鼓励学生参加学科竞赛(如重庆市高职院校学生职业技能竞赛、全国商务英语竞赛等),给师生提供一个学习的机会,锻炼教师队伍,以赛促教、以赛励学。在课堂中多注重引导和鼓励学生参与学科竞赛,将"以赛促教、以赛励学"贯穿于课堂实践教学之中,注重培养学生的实践能力。(图1)

图1 专业教学比赛获奖证书

(二)课程内容与资源建设及应用

1.课程内容更新改革,解决"教什么"的问题

本课程对《国际人才英语教程(中级)》的内容进行课程化改造,深化产教融合,践行课证融通,让学生语言与商务知识和能力的习得与职业能力的养成合为一体,提升课程学习效率。

2.本课程同时践行"体验式学习"理念,注重学生深度参与,强调学生自我感悟和发展

在教学过程中,通过设定不同职场情境,代入不同的人物角色,并以视频的形式呈现职场任务,使学生沉浸到职场情境中,感知和内化所需职场技能。学生通过完成各项活动参与并体验任务完成流程,从而发现、学习和掌握职场任务所需的思辨能力、组织能力、沟通能力、分析问题和解决问题的能力、跨文化交际能力,从而实现个人综合职场能力的提升。

(三)线上线下混合式教学设计创新

1.线上课堂:任务驱动教学法

依托教师自建的全英文MOOC(商务英语进阶),通过超星学习通推送视频、音频及PPT,设置任务点及截止时间,让学生在规定时间段内线上完成章节内容相关理论知识学习;通过线上小测检验学生线上学习效果,核心内容在线上(轻直播/讨论)发帖讨论,教师查看线上学习记录并归纳整理学生的学习问题。采用任务驱动教学法,大幅扩充学生的阅读量,教师引导学生找到解决问题的方案,激发学生的学习兴趣、调动学生学习的积极性与自觉性,充分利用线上平台(后台大数据+讨论区)了解并满足学生需求。

2.线下课堂:项目教学法+体验式教学法

(1)线下课堂采用项目教学法,培养学生团队合作能力。

课前:通过学习通发布项目要求,教师采集数据开展学情分析。课中:学生以小组为单位,以项目形式展示线上所学知识,开展小组自评并完成小组间互评,最后教师总评。课后:教师依据学生项目完成度制定下一步学习计划,布置新项目。项目式教学,学生自主学习的兴趣大大提高,有效实现课前—课中—课后闭环,驱动由"教"向"学"的转变。

(2)运用体验式教学法,增强学生的体验感和获得感。

依托校级职业软技能孵化中心,针对自我管理、团队合作、沟通交流、数据分析、问题解决等六类职业通用技能,开发线上视频课程和线下商务英语实践周,定期把学生带到龙头企业实地参观学习,并把成渝两地出口加工区、开放实验区、服务外包示范园和国际物流公司从事对外贸易工作的专家请到课堂,开展专题案例讲授和微型讲座,大大提高学生在实践课堂的体验感。(图2、图3)

图2 商务英语教学实践周企业实地考察

图3 教学实践周教师风采

(四)课程教学内容及组织实施——课程教学内容四融合

1."国才考试"口头任务与书面任务相融合

本课程主要涉及《国际人才英语教程(中级)》相关内容,其中口头沟通任务包括解说数据、回复留言、报告信息、专题发言,书面沟通任务包括会议纪要、研判材料、撰写提要、撰写邮件四个人的板块。口头与书面任务交叉融汇可以促进相关技能的互相转化。

2.融合职业导师课程

"高级商务英语"(国才)课程建设线上资源支持提供职业导师课程,包含企业实践课程、招聘技巧培训课程以及创新创业辅导课程。这有利于实现人才培养与行业岗位人才需求的对接,让高年级学生尽早了解真实职场,适应职场。

3.跨学科跨课程相关知识技能的融合

不拘泥于教学大纲,实时引入动态知识。例如,在学到 Discuss the new demands for improving the robot《讨论改良机器人的新要求》一个单元时,引入科大讯飞双屏翻译机作为动态课程知识,要求学生在课外查阅《经济学人》等外刊关于翻译机器人的相关文章和报道,课上英文讨论,引领学生了解翻译机器人发展动态,深入解析其与处理跨国事务的关系。

4.课程思政与案例讨论相融合

从新文科建设的视角选取中国企业对外经济合作的案例,把中国企业参与"一带一路"建设、海外投资及中国企业和跨国公司的博弈与合作过程中产生的最新案例引入课堂,强调中国企业在全球经营中的责任与担当,让学生主动分析讨论成功的中国企业案例,让"中国企业故事"扎根学生心中。

(五)成绩评定考核

1.教学评价立体化

课程考核分为平时的形成性评价(40%)与学期末的终结性评价(60%)两种方式。以形成性教师评价、学生互评构成校内评价,参加职业资格认证接受社会评价。

2.考核方式

成绩构成:平时成绩(40%)+期终考试(60%)。

平时成绩由课堂表现、线上作业、线下作业及小组团队合作四个部分构成。

(1)课堂表现包括每个小组整个学期之内的抢答、举手、案例分析 presentation、随机抽答次数及回答问题正确率,占总成绩的10%。

(2)线上作业指每位同学每周的三个任务(每学期共48个任务):The Economist 短句翻译、夏说英闻晨读shadowing、课外商务阅读占总成绩的10%。

(3)线下作业包括每位同学每两周完成的一篇商务英语写作或者翻译任务,占总成绩的10%。

(4)小组团队合作是整个学期的60个知识点,分成三次,以知识点嵌入团队案例分析、市场调研或营销任务的形式,学生以小组为单位共同完成挑战,占总成绩的10%。

期终考试以口语考试和闭卷形式进行,考试形式参照国际人才考试(中级),考试内容以每学期教材所涉及话题为主。

三、案例成效

(一)案例特色与创新点

1. 教学内容创新

"高级商务英语"课程"课证融合",通过将《国际人才英语教程(中级)》进行课程转化,以"产出教学"教学法和"体验式学习"理念为线上线下课堂设计理念,为学生提供职场素养知识,注重培养学生的批判性思维,并融入课程思政内容,如职业操守和道德、企业社会责任与担当等,引导学生深入社会实践、关注现实问题,培养学生职业素养。

2. 教学模式创新——混合式"4+4+4"的课程模式

针对传统课程给学生留下批判性与反思性的空间不够的问题,"高级商务英语"从时间与空间上对课程做了重新配置:每个单元的12个学时分为4学时线上课堂学习、4学时讨论交流、4学时实践闯关,倒逼课堂讲授在内容与形式上进行变革,从单一的知识传授转向引导学生观察分析真实案例、陈述观点、团队合作完成任务。从基础到高阶递进,从传统的被动式的"教师教"到主动式的"学生学",真正做到"以学生为中心"。

3. 教学评价创新

课程评价解决"怎么判定是否教好、学会?"的问题。我们设定的评价标准分为校内评价、社会评价、同行评价三个层次。校内评价主要以学生互评、教师评、期末考三种形式的形成性评价,给学生提供阶段性的反馈;社会评价主要是国际公司认可的国际人才英语考试(简称"国才考试")认证,检验学术学习与商务实务的融合程度;同行评价是全校、全市、全国三个级别的商务技能大赛和实践大赛,把学生放在大的平台上,充分激发学生的创新潜力。

（二）课程建设聚焦的重点问题及解决方案

1.解决学用分离的问题，提出教学"三化"

通过"教学内容场景化、教学过程职业化、教学实训结构化"，帮助学生在课程学习过程中，熟悉知识与技能的职业运用场景。

2.解决商学分离的问题，提出课证一体

将专业课程的学习与职业资格证书[本课程对标"国才考试"（中级）]考试相结合，通过课程与教学内容的改革，将认证考核内容充分融入课程学习当中。在不增加课程学时、不挤占实践实训的同时，提高学生职业资格证书获取率。

3.解决场景分离的问题，提出实践通关

在课程学习的一学年里，将八大核心职场商务技能（解说数据、报告信息、专题发言、会议纪要等）设计为八个课堂实践项目，分别放入两个学期，由学生以小组的形式在固定时间内组队完成。将商务知识、商务技能、职业技能有机结合起来，以一种最适合学生兴趣，符合学生个人学习能力、思维模式、行动能力的方式完成学习任务。

四、未来计划或启示

当前，"稳就业"位居"六稳""六保"政策之首；全国高校毕业生人数持续增长，2022年毕业生人数预计高达1067万人，同比增长167万人。如何培养学生运用英语完成各类职场任务的核心能力，促进商务英语专业学生向职场转型，成为教学的重中之重。

通过前期的"高级商务英语"教学实践经验可知，学生还是更倾向于"实景"教学，喜欢职场真实案例；且教师团队参与度较高，对教师来说充满挑战的同时，也充满新鲜感和教学乐趣。

目前来看，课程建设需要进一步解决的主要问题，是商务英语专业的应用性要求与课程内容的理论化之间的矛盾。一方面，商务英语专业的教师大多语言能力强，而商务实践能力弱，对真实场景的商务实务缺乏具体细节的深度了解；另一方面，合作企业对帮助学校提高人才培养质量、优化课程与教学内容的动力和意愿严重不足。

未来，持续深化产教融合，践行课证融通，仍是本课程的深耕方向。

基于"解我、知本、爱国、践实"的日语"诵讲辩"教学

陈朝琰　谭培培　尹辰玥　张莎

重庆外语外事学院

一、案例介绍

本案例是在《普通高等学校本科专业类教学质量国家标准(外国语言文学类)》指导下,对《普通高等学校本科外国语言文学类专业教学指南(试行)》的深入理解与特色化,是重庆外语外事学院"日语演讲与辩论"课程教学建设过程中的探索与实践。其紧跟重庆外语外事学院培养应用型、复合型、国际化开放型日语人才的办学定位,通过对中日两国在语言文化、思维模式、社会人文等层面的对比,提升学生调查、分析、思考、讨论、总结的能力素养。在此过程中,实事越辩越明,中国特色和优势得到润物细无声的内化,学习者能自发坚定"四个自信"、能坚持解决问题时的跨文化思维、能坚持用外语讲好中国故事、传播中国声音。

案例基于以下四个关键词,实现人才培养的既定目标,推动课程建设的系列化、有效化。

(一)解我

帮助学生定位所处环境、现有知识能力体系和认知条件;帮助学生认识外界、了解自我、树立自信,能为自身发展规划独一无二的脚本。

(二)知本

将"家""国""我"的概念融为一体。延伸"我"的定义——发掘学生出身、家乡的特点;拓展"我的话语"特色——强化5W1H原则下的语言表达特色化和标准化的结合;深入理

解"家国"状况——通过各种调查研究的方法,确保演讲和辩论内容数据及事例的客观、合理、有力。

(三)爱国

引入公共演讲文本的对比分析,以习近平《在庆祝中国共产党成立100周年大会上的讲话》和马丁·路德·金在1963年《我有一个梦想》的中、日、英文版文本作为材料。通过讲析演讲类型、题材选择、讲稿结构、风格形成、时代背景和实事展望,使学生掌握演讲知识与技能的同时自然而然地厚植爱国主义情怀。

(四)践实

将诵读、演讲和辩论的技能点融通至课堂内外、线上线下的多种实践活动。开辟学生在案例中习得知识、技能和情感的空间,赋予学生砥砺成长的可能性。

二、案例详述

(一)课程团队的组建与发展保障

1.团队搭建、发展与壮大

2020年9月课程新开时,由1名教师担任5个班级的主讲教师。2021年9月,第二轮课程实践时,任课教师增加到3名,面向8个教学班。2022年9月,团队打造了由4人构成的讲授、研究、课程拓展的成员结构。有望在学生班级人数增长的情况下多线程发展。

2.科研教改助力案例教学与研发能力提升

课程团队成员主持的多项教改和科研项目,如"输出优化导向型个性化口语测评模式改革探索""基于'JF日本语教育Standard 2010'的高年级日语精读课翻转课堂模式研究""自我决定论指导下的日语专业高年级学生学习动机调控策略研究——基于PAC分析法的纵向考察""'文化自信'视域下外语教学跨文化能力培养模式建构及应用能力"等支撑起本课程从理论到实践的强基逐梦规划。

(二)课程资源的建设、重构及应用

1.搭建实践型"学—练—赛"体系

(1)不断充实理论框架,完善文字素材、音视频教学资源。随着教材建设的开展和不断深入,不断充实和完善课程与案例的支撑结构。

(2)资源使用的体系化、模块化探索。搭建了一套符合我校日语专业学生学习水平和培养目标的"正音—朗读—校己—选题—构思—调查—表达"的方案。嵌套"学—练—赛"的组合,将原本剥离的演讲与辩论两个部分的教学内容,融入教与学的各模块,每个模块强化不同的重点,形成学以用、用中得的习得路径。(图1)

搭建实践型"学—练—赛"体系

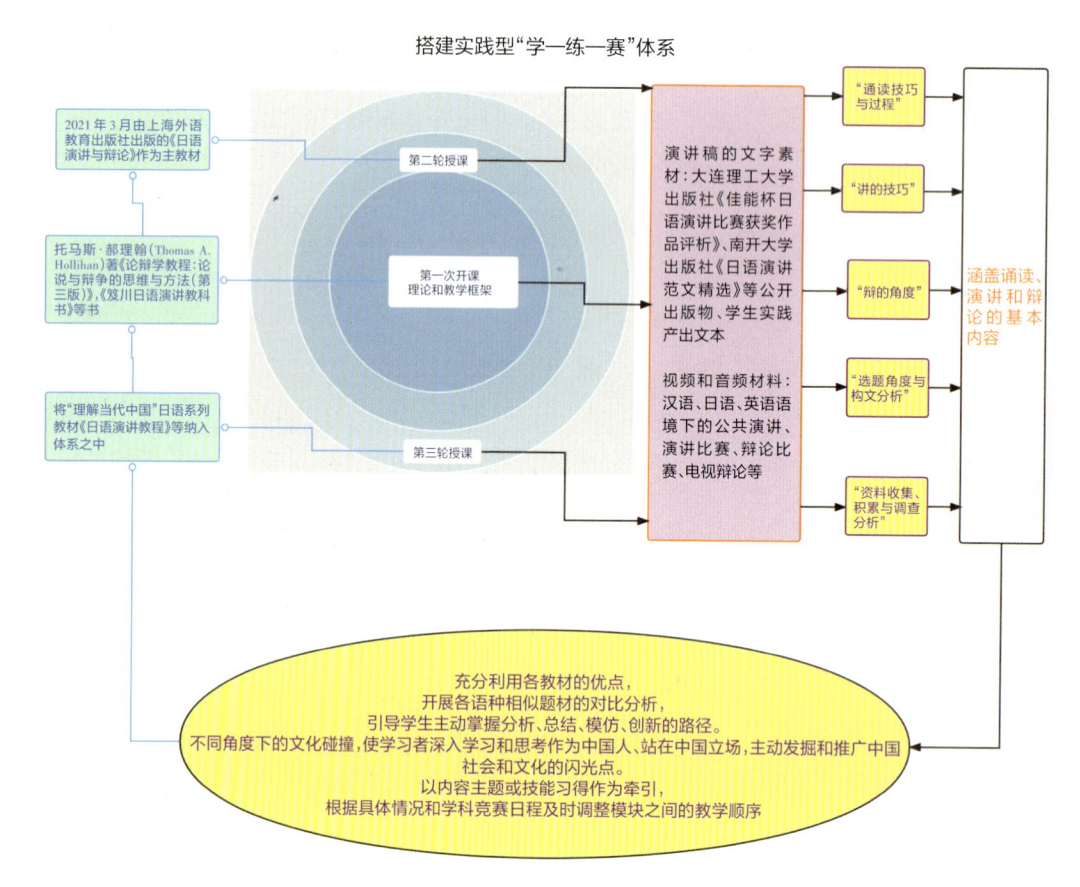

图1 教学资源体系来源和模块设定

2.课程开发的解构和本地化

本案例着重使用具有本土意义、参与者视角的材料。参与课程学习的学生作品,包括手抄报、文字原稿、音视频等,均进入资源库,作为课程运行和更新的重要积淀。

在新题材入选方面,以"自我介绍——认识自我、介绍我的家乡"为例,基于本专业学生大多来自重庆及西南其他地区的事实,突出西南地区社会人文特色。多层次挖掘"女性代表——秦良玉""6月5日炸不垮精神""三峡库区移民奉献家国"等人物、历史、社会事件的内涵,引发学生的认同感和思考。课程资料库将不断加入本土的社会热点事件,如2022年8月川渝地区高温干旱和重庆人民的救火驰援等事件,使之成为"身边的活课堂"。

(三)口语输出课程的线上线下混合式教学探索

线上平台主要采用超星学习通软件。经过2018级和2019级两个年级在2020年、2021年连续两年的实践和推广,客观上在面对新冠肺炎疫情最集中、呈点状爆发的两年中变化多端的教学需求,起到最优解决方案的作用。

1. 理论与技巧讲解、范文范例线上化

采用翻转课堂的形式,布置课前阅读、写作、诵读、鉴赏、分析的任务。

2. 学习过程电子化

将语音练习的过程和成果电子化并在平台上分享。教师可以以及时交流的方式,或延时分析检验学生练习成效。学生之间也可以形成自我反思、生生互评的良好循环。

还采用形式较为接近真实线下课堂的线上课堂实录,布置流程口述、反思口述,了解学生调研的过程和状况。

3. 线下实践远程化

近两年的各类演讲比赛、辩论比赛因客观原因,呈现了线上、多媒体或线上线下混合式等倾向。为适应远程化的趋势,课堂练习中也加入了视频拍摄与编辑、线上口语输出的技巧强化等环节。

4. 线下教学多样化

打破唯一空间和班级划分的限制。平行班师生共享线上资源和投屏数据分析的同时,也可以到教室、图书馆、学生活动中心等场所,进行跨班级比拼。通过日常教学选拔出班级代表队,以模块的核心技能作为比拼要素。消弭第一课堂和第二课堂间的生硬割裂。

(四)课程教学内容及组织实施

1. 教学设定

教学对象为日语专业三年级上的学生。教学目标为"通过诵、讲、辩三大环节的对应模块学习,使学生掌握生长在中国,珍爱我家乡;回望历史,创造未来的事实依据和情感自信",重点在于把握诵读有感情,演讲有依据,辩论有角度。教学内容为"国际交往过程中,第一次见面的自我介绍、推介家乡和美丽中国"。

2. 教学流程

(1)课堂翻转模式,强化发音模仿、文本对比和主题讨论准备。(图2、图3)

图 2　翻转课堂模式

图 3　翻转任务

(2)优化教师的课前、课中工作。线上公布语音语调、流畅度,语气氛围与原稿内容的契合度,感情表达等各方面的评判标准。提前了解学生投票选出最优组的情况和课前作业的优秀典型。课前进行文字或语言的点评,课中对其进行集中特点的分析和展示。课中引导生生互评和优秀代表现场展示,并以关键词投屏的方式进行现场头脑风暴。要求学生使用思维导图将3—5组关键词构词成句,并使用收集到的数据和实例进行段落构成,并口头发表。(图4)

图4 课中头脑风暴及词云分析

(3)课后作业和反思实效化。分小组根据本课的内容拍摄一组时长5分钟左右的短片。要包含国际交往过程中,第一次见面的自我介绍、推介家乡和美丽中国的对话内容。并使用外语文字或语音描述短篇特点、所解决的问题。

(4)有效利用成绩评定和考核的正向效应。课程期末的考核分演讲和辩论两个环节,两个环节的成绩分别占期末总成绩的一半。其中形成性考核分为自我评价、教师评价和生生互评三个大的板块,比例分别为25%、25%和50%。可按教学内容和具体情况进行调整。线上线下的评分体系,可以利用问卷星,也可以利用超星平台进行实时或延时呈现。

三、案例成效

(一)重视学生的自我评价、自我反思

从评价机制、构成处进行反映。从学习过程的复盘口述等方面深化学习主动性和积极性。学生在诵读的过程中,还制作了手抄报,将有感触的文段以语音和文字结合的形式进行呈现。这是教师布置的工作以外的自发行为。学生反馈手抄报比赛是近年的另一种

展现学习成果的形式,正好和本课堂的课前预习相结合,可以说这也是本案例中第一课堂与第二课堂融合的上佳例证。

(二)重视教赛结合

通过班级小组间的推选、打磨,班级间的比拼,讲评推选出的学生能够有自信地参与校外的演讲比赛。获得第十六届"中华杯"全国日语演讲比赛西南赛区三等奖,"首届成渝双城高校日语短视频大赛"二等奖和三等奖等竞赛成绩。

四、未来规划

(一)强化录播和数字化推进

基于线上线下混合式课程的线上内容,打造长期可使用的录播课程,形成更加体系化的理论和技巧解说。固有文字资源也尽可能多地数字化。

(二)强化教师的引领作用

强化教师在线上部分,即对实用场景的设计、实践活动的引导,评价与激励机制的建立与执行。强化教师在线下调动学生主动性和潜力的方法。

(三)强化模块化建设

将粗放式的模块精细化。2周左右为一个单元,将一次示范课程做大做强为7—8个示范课程。

(四)强化系列课程的辐射和孵化

"中日社会文化对比""中国文化概论"属于本校日语专业中关注跨文化交际能力、关注中国社会和文化亮点,关注新文科建设背景下中文和外语运用能力的系列课程,"日语演讲与辩论"的构架和评价模式等在团队成员的实践下,可实现移植和培养。

基于混合式教学模式的课程思政育人体系建设
——"英语阅读与写作"为例[①]

罗琳　张旭宁　朱陶　李静　杨芳

重庆移通学院

"英语阅读与写作"课程建设以新文科教育理念为指导,立足重庆移通学院信息产业商学院办学定位,以信息产业类商务英语为特色,注重专业知识与理想信念教育有机结合,遵循知识探究、能力建设、人格养成的三位一体教书育人理念,以重庆市精品在线开放课程为抓手,将移动社交平台与SPOC有机结合,将线上教学资源与线下课堂教学实践有机结合,创设线上线下课堂空间齐发力的全动员全过程全覆盖的立体化课程教学模式,强调国际胜任力与思政素质有效融合,充分体现"以学生为中心",实现课程"英语读写知识+商务英语职场技能+社会主义核心价值观"三位一体课程思政教育目标,是英语专业探索英语与商科融合的新文科课程教学改革的成果。

一、混合式教学模式有效优化课程思政教学目标实现路径

课程旨在培养"爱祖国、晓国情、通商科、精英语、强能力",具备深厚英语读写知识、具有较强外语商务专业素养和实操能力,又具有家国情怀、国际视野、创新精神和使命担当的堪当民族复兴大任的高情商英语复合应用型人才,明确从教到育的课程思政核心理念,确立三位一体五方面的课程思政教学目标。

课程线上线下混合式的教学设计全程融入课程思政教学目标,根据课程目标的指引、课程内容的分布、教学方式的设计,有效融入思政内容,并进一步在混合式教学交互中建构、生成,通过线上线下混合式教学评价体系,及时检测、验证、反馈思政内容的内化、迁移、应用效果。

[①] 本案例为重庆市高等教育教学改革研究重点项目"课程思政视域下基于SPOC的英语专业读写课程创新教学模式研究——以《英语阅读与写作》为例"阶段性成果。

课程教学团队基于国家、社会、个人的发展要求和目标,深入挖掘教材思政素材,融入中华优秀传统文化、革命文化、社会主义先进文化等思政元素,构建"线上+线下"的多元互动教学模式。这一模式能有效发挥教师在教学中的主导作用、学生在学习中的主体作用,在创新的协作互动式教学模式下,教师积极启发、引导,学生主动探究,在教学过程中形成合力,助力达成培养学生以文化自信和批判思维为主体的英语阅读和写作能力、商务英语职场实践技能和跨文化交际能力,实现课堂教学以情动人、以文化人、以德育人的教育目标。

二、线上线下混合式教学资源建设和应用

(一)线上线下混合式教学平台建设

课程团队精心打造线上精品课程,不断更新教学内容,提供持续的线上教学支持,全过程赋能混合式教学,聚焦课程思政,提升育人成效。

线上学习活动和线下课堂教学活动相契合,从语言水平、思维理解、情感渗透都体现了由易到难、由浅入深的润物无声的进阶过程。学生通过线上学习,针对思政话题,积累了语言素材,培养了感性认知,建立了情感纽带,从而在进阶话题的课堂教学中,能听有所获,学有所用,能更主动、更自信地参与到课堂讨论互动中,畅所欲言,锻炼语言技能、表达思想。教师可以通过线上讨论结果的数据分析,了解学生的语言水平、情感倾向、价值取向,有的放矢地设计课程思政教学活动,改进教学方法,提升课程思政育人水平。

(二)混合式教学平台建设助力"英语阅读与写作"课程教学内容体系的整合和优化

1. 优化整合课程教学模块

课程形成背景知识、阅读讲解、阅读技能、写作技能、公文写作实训5大模块,6个单元,以教材为基础,以线上微课和教学资料为载体,与课堂教学内容契合互补,增加大量与信息产业商务实践相关的商业性质的文章阅读和应用文写作资料,将理论知识教学与职场实践能力训练有机结合。

2. 优化整合课堂教学与学生自主学习资源

课程开发了体现课程能力培养体系的分级自主学习读物,从语言难度和题材两个方面进行分级,覆盖文学作品、信息产业大咖自传、商业著作等近现代具有代表性的作品。学生进行自主选读和学习,在教师的指导下进行线上线下交互式的协作式互动活动。

（三）混合式教学模式助力传统线下课程教学模式改革

"以学生为中心"，将移动社交网络平台与SPOC有机结合起来，打造基于在线开放课程平台的英语读写一体化线上线下交互协作互动式教学模式。基于平台功能，设计线上线下交互式教学活动，将线下课堂教学的时间和精力转向更高价值的活动中，将教学活动聚合成一个包含阅读、交流、阐释、讨论、写作、批评、反馈等多环节、多角度、有梯度、有深度、有广度的认知过程。

三、线上线下混合式教学设计创新：从教到育的课程思政实践路径

课程铸造从教到育的线上线下课堂空间齐发力的立体化课程思政建设模式，加强师生引导实现"全动员"，完善课程教学体系实现"全覆盖"，畅通教学渠道贯穿"全过程"。

（一）混合式教学赋能线下第一课堂，实现读写知识+实践技能+价值引领的有机融合

课程基于线上线下混合式教学模式，通过读、议、写、评、思五个步骤法，将课前、课中、课后教学活动有效整合，从而培养英语读写知识和职场实践能力，同时，强化学生职业道德观、思维能力、跨文化意识、社会主义核心价值观的理解、践行能力，实现课堂教学以情动人、以文化人、以德育人的课程思政教育目标。

1. 研读

价值引领融入知识传授和能力培养中，课程以《习近平谈治国理政》（中英文）、学习强国、《人民日报》《中国日报》等权威文本和媒体报道为源泉，教学过程中挑选思想性强的优秀文本和视频，形成思政元素资源库，供学生研读、观看。

2. 议论

在研读过程中激发学生情感关切点，实现师生、生生的充分交流和讨论，凝练与知识、技能教学点相关的思政元素话题集锦，提升课程思政融合效果，达到润物无声的育人效果。

3. 写作

在研读、议论中指导学生以笔为镐，深入挖掘、理性思考、审慎批判，形成用英语讲中国故事系列作品，提升学生以文化自信和批判思维为主体的跨文化传播能力。

4.评价

将教学过程纳入学生自评、生生互评、教师评价多维度评价体系,实现对学生学习表现、成果的过程性评价。让学生评价参与教学评价体系能激发学生的教学参与度,促进学生积极管理和调整自身学习,培养学生的思辨能力和判断能力,增强学生的合作精神、责任感和自信心。

5.反思

引导学生进行积极主动的反思,培养学生对西方意识形态传播模式的审美敏感性、以文化自信和批判思维为主体的英语阅读和写作能力。积极反思能让学生不被动地、无意识地全盘接收外来文化理念,而是学会确立主体意识,培养民族文化自觉性和敏感性,树立文化自信。

(二)拓展线上教学课堂,基于移动社交平台和SPOC平台有机结合,完善线上线下交互协作互动式教学模式

依托重庆高校在线开放课程平台的线上课程"英语阅读与写作",将移动社交网络平台与SPOC有机结合,提供大量线上和线下交互式教学活动设计,让思政元素渗透到课前、课中、课后教学过程中的每一个环节,在师生互动互评、生生互动互评的交互过程中得以沉淀和升华,从而达到润物无声的育人效果。

四、课程评价与成效

课程线上线下混合式的教学设计全程融入课程思政教学目标,依据从教到育的育人目标,构建课程思政育人模式下的多元化、全程化评价体系。此评价体系有利于促使教师改进教学方法,提高育人成效,促进学生积极管理和调整自身学习。

(一)评价多元化,突出学生教学主体地位,提升学生学习主动性,强化课程育人成效

该评价体系充分发挥学生主动性,实行学生自评、生生互评、教师评价等多维度评价,并将评价结果纳入结课考核标准,让学生评价参与教学评价体系能激发学生的教学参与度,促进学生积极管理和调整自身学习,培养学生的思辨能力和判断能力。

（二）评价全程化，突出教学过程指导和监管，促使课程育人环节起实效

课程评价侧重学生的学习过程，而不是单纯的考试成绩，实现对学生学习表现、成果的过程性评价，结合期末考试这种结果性评价形成全程化考核。考核贯穿整个课程实施阶段，采集线上线下课堂平台的学习信息，通过学生的考勤、线上课程学习、讨论发帖、随堂检测、课堂讨论、课外活动参与质量、课程阅读与写作任务完成质量、期末考试等多种形式进行多元评价，能够较全面、多方位地了解学生对课程模块的掌握情况。课程团队教师借助线上平台，准确把握学生课程参与度，使形成性考核更为客观科学。

基于BOPPPS理论的"工程项目管理"课程创新实践

周梦娇 潘显兵 刘贵容 徐桂霄 陈明燕

重庆移通学院

一、案例介绍

"工程项目管理"是工程管理专业的一门线上线下混合式课程,以"培养大国工匠精神"为核心,培养学生的创新和实践应用能力。(图1)

(1)知识传授:通过学习工程项目管理的基本理论,掌握工程项目管理的方法和措施,能够针对具体的工程项目进行简单的项目管理分析。

(2)能力培养:具备将理论知识与实践相结合的能力,能够运用工程项目管理的相关理论,在工程项目实践中进行BIM技术应用的能力。

(3)素质培养:能够形成工程项目管理的逻辑思维方式,能够进行简单的BIM技术设计与创新,具备解决复杂工程问题的素养。

(4)人格养成:具备科学精神和爱国情怀。

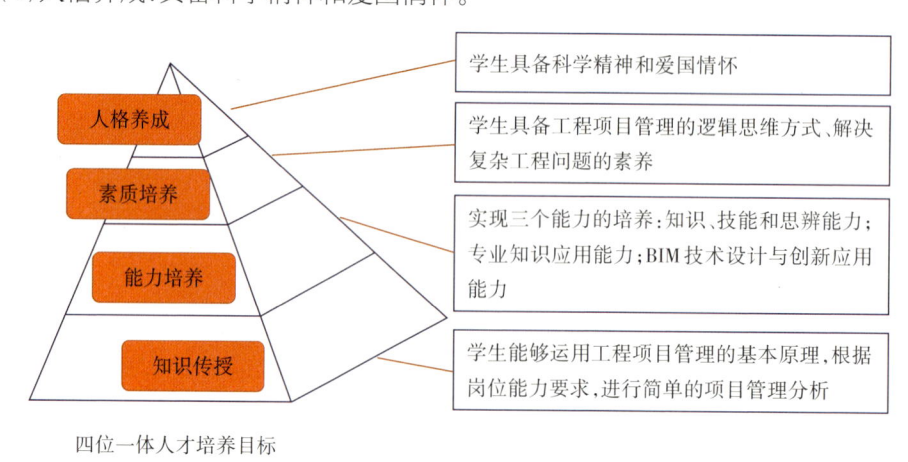

图1 课程培养目标

二、案例详述

(一)课程团队建设与能力提升

近5年,团队成员主要承担"工程项目管理"课程教学和教研任务。团队成员积极参与各类教师能力和课程建设培训,定期组织教研教学例会,同时围绕课程积极进行教学改革和教学研究,申报教育部产学研用协同育人项目2项、省部级教研教改项目5项,发表相关教研教改论文10余篇。团队成员组织学生参加各类全国BIM应用技能大赛、BIM毕业设计大赛,并获全国一等奖、二等奖、三等奖等多项奖励。

(二)线上线下混合式教学设计创新

本课程以学生学习效果为中心,以结果产出为导向,以问题任务为驱动,组织混合式教学。

1.混合式教学总体设计

根据课程内容的难易程度,将教学内容分为三部分组织:基础部分主要是学生线上自学;进阶部分除了部分学生线上自学外,主要是课堂讲授和课堂互动等;提高部分包括课堂讲授、分组讨论和案例分析等。利用本团队建成的在线开放课程,采用线上线下学习相结合的教学模式。课堂教学组织采用探究式、主题式、项目式教学方法,理论与实践相结合,采用抛锚式教学策略,引导学生独立思考、自主学习。以学生为中心,因材施教,因内容施教,更加高效地培养学生的创新综合能力。(图2)

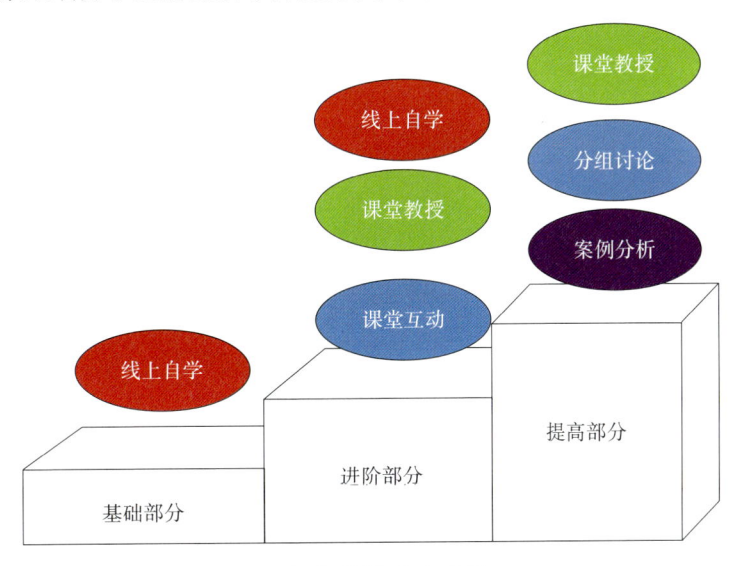

图2 混合式教学总体设计

2.采用BOPPPS理论设计教学过程

BOPPPS理论是围绕课程教学目标、以学生为中心进行教学设计,课堂教学一般分为六个教学环节:新课引入、课堂目标、课前测、互动式学习、课后测和课堂小结。教学环节设计强调互动式学习、加强师生互动、重视学生反馈。

3.以结果产出为导向开展案例式教学

结合工程中的重大问题和典型案例,以结果产出为导向开展案例式教学,采取"知识要点+工程案例+优秀传统文化+思政元素"的教学设计模式,培养对复杂工程问题的解决能力和高阶思维,加强学生对BIM创新设计的兴趣,融于课程思政元素,进行价值引领。

(三)课程内容与资源建设及应用

1.课程内容与资源建设整体思路

"工程项目管理"课程2021年3月在重庆市高校在线开放课程平台第一次开课,2022年3月第二次开课。在教学资源建设上,以"培养大国工匠精神"为课程教学目标,建设了课程思政和工程典型案例两个课程资源库,围绕"岗位核心能力培养"设计课程体系,根据职业资格标准设计项目式教学,力求线上线下通力合作,将教学资源高度融合。(图3)

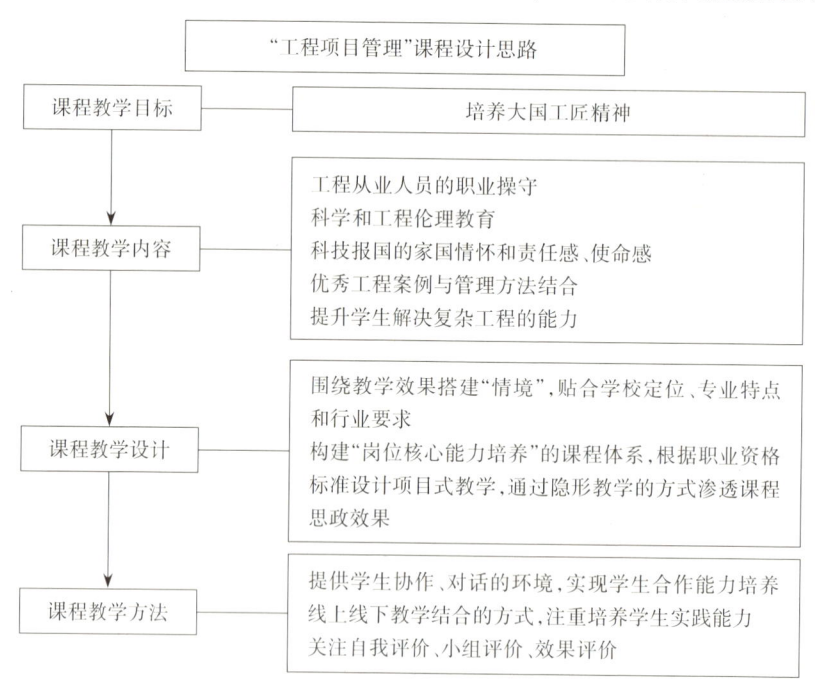

```
              "工程项目管理"课程设计思路

  课程教学目标 ──── 培养大国工匠精神

                   工程从业人员的职业操守
                   科学和工程伦理教育
  课程教学内容 ──── 科技报国的家国情怀和责任感、使命感
                   优秀工程案例与管理方法结合
                   提升学生解决复杂工程的能力

                   围绕教学效果搭建"情境",贴合学校定位、专业特点
                   和行业要求
  课程教学设计 ──── 构建"岗位核心能力培养"的课程体系,根据职业资格
                   标准设计项目式教学,通过隐形教学的方式渗透课程
                   思政效果

                   提供学生协作、对话的环境,实现学生合作能力培养
  课程教学方法 ──── 线上线下教学结合的方式,注重培养学生实践能力
                   关注自我评价、小组评价、效果评价
```

图3 工程项目管理课程设计思路

2.线上、线下通力合作,课程资源融合应用

本课程在重庆市高校在线开放课程平台公开开课,线上资源有完善的各章节重点知

识点视频、课件、测试及作业等,同时在该平台自建云班课,作为日常课堂教学的辅助学习手段,实现学生的学习、交流、练习、测试等功能,也为教师的教学设计与教学评估提供参考。利用QQ群、微信进行日常通知、信息分享、答疑等。

(1)课前。学生提前学习线上教学视频和PPT,完成线上线下重点知识点的学习、练习与测试;教师根据学生线上学习情况制定、调整教学方案。

(2)课中。利用重庆市高校在线开放课程平台,用于课堂教学签到、课堂测试、课堂讨论等教学环节的互动。师生面对面或利用在线资源,围绕章节主题进行项目式研讨,重在理解、综合、评价、应用。

(3)课后。学生在线完成作业、讨论和各章节测试,并可在线发帖回帖,提供并获得反馈;教师在线评价、反馈、答疑、反思。

(四)课程教学内容及组织实施

本课程结合BOPPPS理论和线上线下混合式教学模式,提炼出"一个中心、两个课程资源库、四个教学环节、四个实施步骤"的教学设计思路和内容。

一个中心:课程以"培养大国工匠精神"为主线,引导学生重视专业课,学好专业课,培养和树立社会责任感。

两个课程资源库:一是结合学校定位、办学特色、社会主义核心价值观、工程从业人员职业操守、优秀工程实例、工程伦理教育、绿色创新等,师生共建思政教育资源库;二是探寻与大国工匠精神相契合的点,有针对性地进行工程案例和实践案例的搜集和筛选,不断丰富和更新课程专业资源库。

四个教学环节:在实际授课的过程中,采取循序渐进的方式,从基础知识到工程项目实施与控制,再到工程实践,最后转化为解决复杂工程的能力,以学生为中心,创新教学方式,提高学生的综合素质。

四个实施步骤:课前,要求学生做好预习;课中,教师开展项目式教学,将关键知识点与工程案例相结合,培养学生工程思维和专业知识应用能力。课后,完成平台讨论、作业等,并结合学科竞赛、校企合作、大咖面对面等活动,培养学生实践创新、吃苦耐劳的品质。

(五)成绩评定考核

本课程实施混合式教学改革后,为更好地体现过程考核,通过多维度的反馈来评估学生的课程学习效果,并且提高了过程考核的比例。(图4)

图4 利用多维度的反馈评估学习效果

综合成绩=平时成绩(30%)+在线教学平台表现(20%)+期末统一笔试成绩(50%)。其中,平时成绩(30%)=课堂表现(10%)+章节作业(10%)+课堂小组汇报(10%)。(图5)

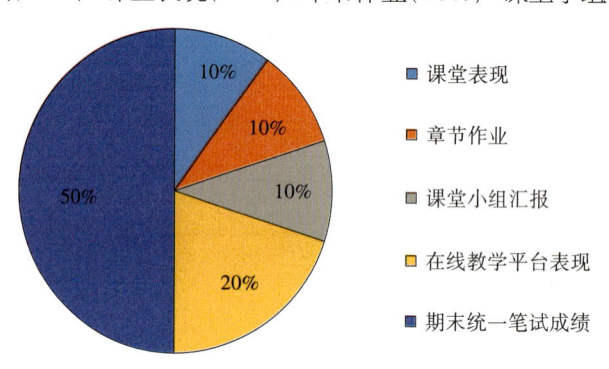

图5 多元成绩构成

三、案例成效

(一)案例特色与创新点

一是将专业课程学习与大学学习方法、思辨能力、职业道德、综合素养培养等有机结合。将职业技能分解成若干个教学项目,每个教学项目设计若干教学情境,将教学内容中的知识点、技能要求、任务内容等融合到教学情境中,使学生融入项目教学全过程,提升学生的思辨能力、职业道德和综合素养。

二是运用混合式、探究式、主题式、项目式等教学方法,有效提高学生的学习热情和学习效果。本课程采用线上线下结合的模式,利用线上资源由学生自主完成预习、复习、反复学习重难点,课堂利用平台使互动多样化,使课堂更加活跃,学生参与度高。

三是实现了教学流程的翻转和不同形式交流与学习的融合。加大启发式和讨论式教学比重,在讲课中注意问题的设想、提出、处理等,引导学生思考、讨论、探究;课堂教学多提问、多互动,促进学生主动学习、大胆表达。

四是积累了较为丰富的教学资源、教学经验和学生学习成果。

(二)教学改革成效及解决的重难点问题

1. 教学改革解决的重点问题

(1)理论讲授为主,实践教学不足。本课程理论性较强,传统课堂强调以教师讲授为主,缺乏有效的实践教学的载体和实施方法,对学生来讲略显枯燥难懂。

(2)综合能力培养和高阶思维锻炼不足。本课程的授课对象是大三学生,具备更高的能力和需求,传统教学方式对复杂工程问题的解决能力培养和BIM创新设计的高阶思维锻炼不足,缺乏对创新能力的兴趣引导和价值引领。

2. 教学改革成效

(1)实现了从专业学习到专业素养的提升。将关键知识点与工程案例、大国工匠精神、优秀传统文化相结合,教学内容更加丰富,学生上课的积极性更高,在培养学生工程思维和专业能力的同时完成工程伦理教育,提高学生的专业素养。

(2)从"学习型学生"到"探究型学生"的转变。教学中采用多样化教学方法和手段,不断改革教学内容,大力发展学科竞赛,使学生对专业课程的学习拓展到课外,鼓励学生进行BIM技术设计与创新应用,培养学生自主探索式学习。

四、未来计划或启示

(一)进一步完善教学内容和课程体系改革

为了使教学内容和课程体系能更好地满足应用型本科人才培养,在理论和实践教学中要实时更新、补充新知识和新成果。针对课程建设资源库,在建设过程中及时更新、补充,还要提供答疑环节,方便学生自主学习。

(二)进一步探索教学方法和教学手段改革

贯彻"教为引导、学为主体、用为目标"的原则,在教学中继续学习和探索适合应用型工程管理人才培养的教学方法和手段,总结和验证新方法,并加以推广。强化理论教学环节,设计更多能调动学生积极参与、综合运用的项目;开发创新的实践任务,符合实际工作需要,指导和鼓励学生独立分析问题、动手解决问题。

(三)进一步加强对外交流

课程建设要与同类院校进行交流,要积极听取行业、企业专家和一线工作者的建议和意见,验证成果,去弊存利。

(四)持续提供保障

学校将从政策、制度、环境、资金等方面对一流课程建设提供支持,鼓励课程建设、实施、改进、完善等。

基于"病例推演—多元课堂—精准评价"的心血管病混合式教学创新与实践[1]

晋军　王江　贾倩羽　卞士柱　杨杰

中国人民解放军陆军军医大学

本课程从课程设计、组织、质控等方面深度融合信息化技术进行了创新与实践，以能力习得规律、能力层级秩序、能力场景类型创新"典型案例—疑难病例—实战演练"螺旋进阶推演式案例教学为主线；LBL引导学员搭建学习框架，夯实理论知识；创设问题情境案例，并采用CBL、PBL、TBL"多元课堂"教学方法，呈现先进性和互动性；赋予学习过程内驱力与创造力，逐步构建个体化学习体系。以"群体化与个体化学习方案精准制定""基于大数据课程持续精准改进""全过程多维度评价指标与教学质效精准匹配"的"三精准"评价模式实现"教、学、管、研、测、评"一体化混合式课程高质效运行。

一、课程建设与教学改革解决的重难点问题

本团队始终秉承问题导向建设课程，"螺旋进阶"病例推演式教学法、"多元课堂"教学法及"三精准"评价模式解决了课程持续精准改进的问题；智慧化教学平台在线课程、临床智慧教室及案例教学系统解决了群体化课程与个性化学习的难题。信息化、全过程、多维度教学效果评价，解决了评价改进与医师岗位胜任力提升精准匹配的难题。

---

[1] 本案例为重庆市高等教育学会高等教育科学研究课题项目"临床医学'教学赋能'混合式课程建设实施方案的研究"（项目编号：223522）、重庆市研究生教育教学改革研究重点项目"'健康中国'战略背景下培养高层次应用型医学人才课程构建探索与实践——以心血管病为例"（项目编号：yjg232048）、重庆市2022年本科高校课程思政示范项目（医学伦理项目）"心血管系统疾病"、陆军军医大学精课建设项目"心血管系统疾病"阶段性成果。

二、课程建设与教学改革的方法

（一）课程团队建设与能力提升

1.师资思政元素、信息化工具、先进教学手段运用能力提升

教师教学能力优化是实现"两性一度"的基本条件。混合式课程需运用信息化技术，BOPPPS课堂设计原则穿插CBL、PBL、LBL、TBL等多元教学方法，同时将思政元素层层融入专业课程，对教员有更高的知识储备要求。团队强化师资培训，提升了教员综合运用教育学、心理学，综合设计思政元素和教学内容，课堂实施及现场把控的能力，并能开展在线课程设计与实施、运用信息化工具于线下课堂。

2."三跨"师资教研能力提升

教师教研能力是提升课程"挑战性"的核心。与重庆、贵州、昆明、青海、西藏等地的高校及教学医院跨学科、跨院校、跨区域"三跨协同"建立了虚拟教研室，开展了教学研究、改革实践、示范推广等活动，逐渐形成师资梯队分类培养机制，注重青年教员教学能力培养，骨干教员代职锻炼，名医名师进入课堂。实践扁平式、矩阵式柔性虚拟管理，充分调动教学活力。

3.混合式课程管理能力提升

优化管理能力是提高课程质效的保证。团队定期组织培训、研讨、分享活动，持续学习并预判教学发展趋势，洞察教学与专业前沿变化并及时更新理论、技能。混合式教学团队需要更为科学、细化的分工，课程管理团队担负教研、教学组织、数据分析、复盘、调整计划等任务。

（二）课程内容与资源建设及应用

1.层层融合思政元素，贯穿螺旋进阶案例，重塑教学内容

课程思政促进课程思想价值提升。系统梳理课程各章节思政映射点，收集教员临床工作亲身感受、英模事迹和新闻报道等资源建立数字化思政教育平台，围绕坚定学员理想核心，以政治认同、家国情怀、文化素养、医学伦理、道德修养为重点，培塑学员"医者仁心"的理想信念。"螺旋进阶"案例教学让临床专业课程理论与实践紧密结合，符合学习发展曲线，团队复盘临床真实病例，建立难度递进、螺旋进阶的案例集、病例库，以病例推演式教学培养学生解决复杂问题的综合能力和高级思维，学习结果具有探究性和个性化。调整课程内容，紧贴诊疗指南更新与技术、装备迭代，反映前沿性和时代性。主要知识脉络和

重难点突出,模块化课程题库更易实现更新迭代。新增高原心脏病、肿瘤心脏病学、心脏瓣膜病、感染性心内膜炎以及心血管疾病康复等内容,将传统心血管系统疾病线下课程16章扩充到线上资源23章。(图1、图2)

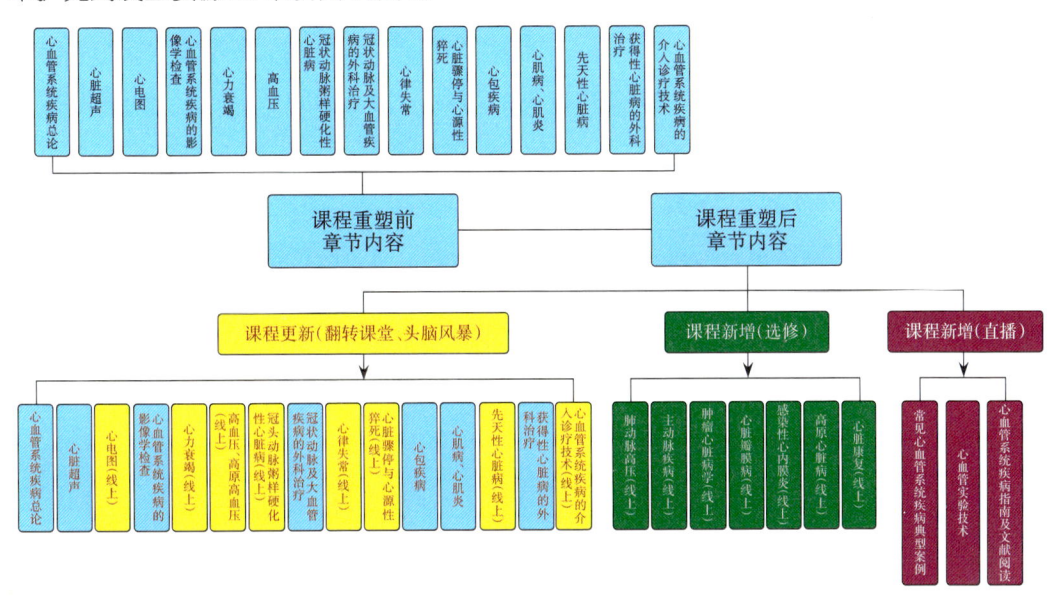

图1 课程内容结构图

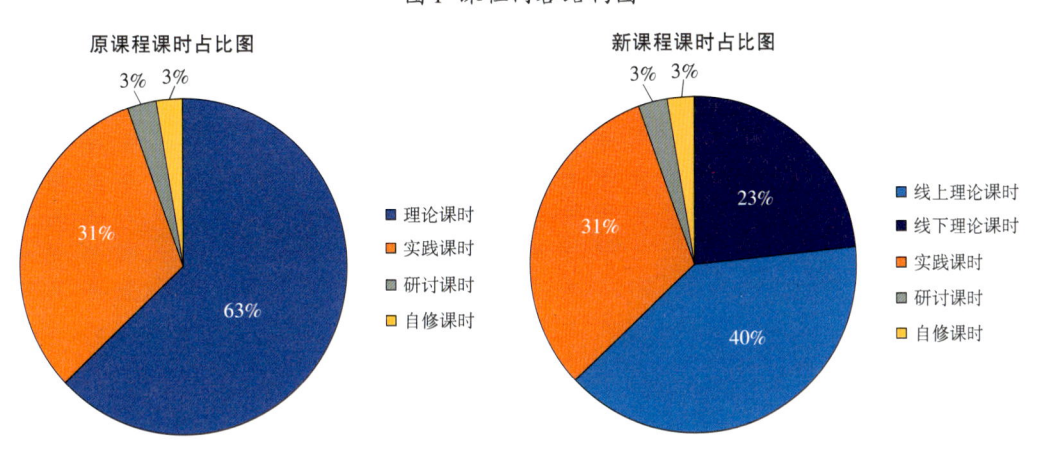

图2 课程改革对比图

2.信息化技术深度融合临床课程资源建设

智慧教学平台资源丰富,互动迅捷。智慧教学平台保障信息化教学实施,将混合式课程从辅助性教学方式转变为主导性、常态化教学方式。包含章节194个;章节练习171次;任务点307个,其中视频资源53个(12小时33分);音频40个;文档20个;图片477张;考试4次;题库1024题;作业9次;在线课堂活动56项;课程公告181次。实现线上学习个体化,设置在线助教,提升线上平台互动响应速度。

设计智慧教室功能分区,适宜临床专业教学及学员容错训练。设计建设了适宜临床教学的多功能智慧教室,包括智能模型练习区、小组讨论区、手术直录播区、阅片区、书籍阅览区等,模拟临床诊治与操作,向学员提供容错练习的机会,通过提前练习、反复练习、强化练习提升学员操作能力。

研发闯关式案例教学应用程序"医者荣耀"辅助学员强化学习。螺旋进阶案例搭载微信小程序,将理论与实践"一体化",引导学员利用碎片时间从知识层面提前实践、反复实践、强化提升,让枯燥的知识巩固过程更有趣。系统获发明专利授权及软件著作权。

(三)线上线下混合式教学设计创新

1. "教、学、管、研、测、评"一体化混合式教学设计创新

"三精准"评价找准教学质控痛点,以评促教精准优化课程。"螺旋进阶"病例推演教学法及"多元课堂"教学法深度融合信息技术,聚焦前沿临床医学教育教学手段。在线数字化系统全流程、全维度记录教学过程,实时化、图表化追溯复盘学情轨迹;信息化管理效率迅速提高;数字化的教学管理全面、精准,为持续改进提供真实可靠的数据支撑,促进精准教学改革。

2. "同步""异步"混合式教学设计创新

线下与直播板块"同步"群体教学,线上课程板块"异步"个体化教学,"同步、异步"教学满足了不同素质及知识背景学员的需求,体现了分层教学的先进性、适用性。

3. 构建学员个体化学习体系教学设计创新

增加了自主学习占比,引导学员体验式、参与式、情景式、闯关式学习,学会主动并有效深度学习。"问题—解答/实践"构建学员个体化学习体系,提升表达、沟通、服务等综合能力,并运用临床智慧教室及智能操作模型反复容错练习,促学员形成自成长能力及终身学习能力。

(四)课程教学内容及组织实施

混合式课程整体设计流程:在线教学平台—制作视频—建立题库—配套作业—课程实施计划—课堂教学设计。

课堂教学设计流程:课前导学案—课前自主学习—学习评价(在线测试)—课堂活动(讲授/提问/引导/小组讨论/案例分析/角色扮演/访谈/辩论等)—课后任务方案—实践过程—成果展示—总结—评价。

课前自学设计:学习目标—学习内容(分类知识为陈述性知识/基础、结构化知识—程

序性知识/关键、解决问题的能力)—课前目标—课前任务(学生自学:资源、方式、组织、场所;学习效果自测:问卷、测试、开放性问题)。

自主学习目标分解:陈述性知识/程序性知识—认知策略/操作技巧—学习习惯/培养目标实现。

(五)成绩评定考核等方面的亮点及特色

成绩评定考核综合化、智能化、客观化。课程进行了考试改革,由"标准答案"评价标准转变为"非标准答案+知识运用"综合学业评价,评价手段从人工评价转向智能化评价,评价依据从主观经验转向客观理性数据。

三、案例成效

(一)特色与创新点

确立了提升医师岗位胜任力的方法路径。创建了"课程目标设置—教学内容重组—教学模式选择—教学资源拓展—教学效果评价—岗位胜任力提升"的方法路径,对临床专业课程建设具有较大借鉴意义。

创新提出了可复制推广的医学课程模式建设的思路举措。建立了"典型案例—疑难病例—实战演练"螺旋进阶病例推演式训练系统,着力培养学员从易到难、由简入繁的临床思维能力,反复训练、容错训练解决了毕业学员"水土不服"的问题。

创建了可持续提升医师岗位胜任力的支撑体系。体系包括线上线下混合式课程资源、管理及激励制度、课程思政库、信息化教学辅助工具、虚拟教研室、顶尖师资,多角度、多维度支撑实现课程"两性一度"、育人铸魂。

(二)教学改革成效及成果

基于4年混合式课程建设,课程获评国家一流课程、军队精品课程、陆军精品课程、陆军培育精品课程、大学金课。获国家教学发明专利授权、软件著作权2项,获重庆市高校教师教学创新大赛二等奖,军队级教学成果奖一等奖。培养学员获全国高等医学院校大学生临床技能竞赛西南西北赛区"特等奖"、全国总决赛"二等奖";本科生发表SCI论文30余篇、中文论著近200篇;23人获创新研究资助100余万元。

四、未来计划或启示

发挥混合式课程优势,领衔西部高校"心血管系统疾病"课程型虚拟教研室,围绕"两性一度",探索课程质控及优化,重点从以下几方面突破。

跨学科、跨校、跨区域建设虚拟教研室,整合优化国内顶尖师资、教学资源,制定混合式课程建设指南、虚拟教研室运行方案及管理制度,以大数据驱动教学管理优化。加强教研、教学能力提升交流,领衔西部地区高校及教学医疗单位共同建设课程,打造精品教学资源库,加强培训。

紧跟技术发展前沿,优化智慧教学平台,将真实病案建设为螺旋进阶式病例库;通过智慧教学平台分析学情,指导教员制定个体化培养方案,构建学员个体化学习体系;迭代案例式教学系统,紧贴临床、优化体验。

优化评价指标与方法,把控课程建设及人才培养质效,"即时评价"与"延时评价"结合,"过程性评价"与"终结性评价"相结合,"目标达成"与"绩效激励"相结合,制定教学评价方案。

课程依托学银在线、军职在线全国开放共享,凝练课程建设模式,共享教学资源,实现学历学位教学与毕业后继续教育无缝衔接。

"多院校—学科融合"培养通科型高原医学人才的混合式课程建设创新与实践[①]

王江 晋军 黄岚 张钢 贾倩羽

中国人民解放军陆军军医大学

我国高原地区面积约占国土总面积的26.0%,是我国经济、国防建设的重要战略地区。然而,高原特殊环境会造成人体机体异常从而影响劳动能力,亟须加强高原医学卫生人才培养。针对国内高原医学相关课程建设滞后、课程建设单位少、地域跨度大,团队创构了"多院校—学科融合"线上线下混合式课程建设模式,交叉融合了医学、生物学、药学、地理学、民族学等多种学科,通过信息化教学工具将高原医学先进科研、临床成果快速应用到教学中,以学生为中心,改革了传统课堂教学,运用教学方法创新加强了多学科思维及实践融合、技术与理论融合、跨专业能力融合。课程内容侧重机体适应—损伤规律、特发疾病发生与防治,培养具备在高原地区从事健康促进、疾病预防等宣教能力,并具有高原医师岗位胜任力及自成长能力的通科型医学人才。

一、课程建设与教学改革解决的重难点问题

一是新医科教育理念创新与教学改革相对滞后存在矛盾,主要体现在教学方法单一、内容更新滞后;二是课堂与高原临床诊治需求脱节,非高原环境授课缺乏直观性;三是毕业后学员因高原缺乏优质继教条件,更新知识技能的途径不畅通,制约了毕业后能力的提升。

[①] 基金项目:重庆市高等教育学会高等教育科学研究课题项目"临床医学'教学赋能'混合式课程建设实施方案的研究"(项目编号:223522)、重庆市研究生教育教学改革研究重点项目"'健康中国'战略背景下培养高层次应用型医学人才课程构建探索与实践——以心血管病为例"(项目编号:yjg232048)、陆军军医大学精课建设项目"高原疾病学"。

二、课程建设与教学改革的方法

(一)课程团队建设与能力提升

1.创建课程型"多院校—学科融合"教研团队

本课程"跨学科、跨院校、跨区域"协同青海、西藏、云南等地的多家高校及教学医院从事高原医学研究的权威学科带头人、名师、专家、学者,组建课程型虚拟教研室,由国家及省部级一流课程负责人开展教学示范课,发挥教学名师的引领作用,通过教学示范、思政示范、线上教研、集体备课、校际交流等方式,团队教学能力稳步提升。共同开展多中心的教改研究,研究新型基层教学组织建设模式和运行方案,制定了《高原疾病学虚拟教研室建设指南》《高原疾病学在线课程建设指南》《高原疾病学在线课程教学设计大纲》,形成优化课程的长效机制。互通有无,搭建在线教学平台,将最新高原医学研究理论与实践成果应用于教学,始终保持课程的先进性、前沿性。

2."七以促教"提升高原医学专业教师综合素质

(1)以管促教:多渠道保障教师教学理念先进,综合能力持续提升。以卓越学术为引领推动教师发展,团队严格落实系列教师培训制度及监管。

(2)以培促教:注重强化领军人才和教学标兵培养相结合,实施青年教员岗前培训、助教规范化培训,强化教学基本功、信息化教学能力。

(3)以研促教:开展虚拟教研室教研活动,吸取各教研室优势、特长。

(4)以学促教:强化导师制,带领学员开展特殊环境现地教学与实践,形成教学相长的师生发展共同体。

(5)以实操促教:通过高原现地帮扶和医疗救援行动等方式,提升教师对高原实际情况的熟悉程度,找准高原卫生实际问题。

(6)以赛促教:参加各级各类教学创新、教学标兵、课程思政等比赛。

(7)以评促教:实施全员全程教学督导,畅通反馈机制,落实绩效考核。

(二)课堂教学设计创新

"高原疾病学"课程虚拟教研室联合制定了课程教学计划,从知识、技能、态度、价值观等多维度明确能力素质要求,运用冰山模型及洋葱模型理论,整合交叉专业;基于标准化、系统化、个性化原则,以情景化、形象化、综合化、思政融合化的高原病例分析创建了"课程目标设置—教学内容重组—教学模式选择—教学资源拓展—教学效果评价—岗位胜任力提升"的方法路径,进行了教学流程再造和课堂教学结构重组,实现课程高阶性。创新"记忆—理解—应用—分析—评价—构建"螺旋进阶案例教学形式,运用CBL、PBL、LBL、TBL优化课堂教学方法,引导学员搭建学习框架,提升学生对课程的参与度、学习获得感,构建学员自身知识体系。

(三)课程内容与资源建设及应用

以培养高原医师岗位胜任力为核心,结合高原卫生防护需求,搭建"高原疾病学"在线资源,包含78个章节、任务点章节47个、视频21个、文档等16个、题库622题、考试2次、作业6次、讨论话题58个。课程向学员永久开放,每年更新20%,解决毕业后学员在高原地区继教后续乏力的问题。生动挖掘课程思政元素并融入教学设计,在课程思政中落实立德树人根本任务。按照"症状—机制—诊断—治疗—预防"认知规律组织教学内容,系统阐述使学员掌握高原特发病及常见病的诊断、治疗和预防,掌握高原健康宣教、康复疗养相关知识。按照高原常见病和特发病、高原专用诊疗装备实操化训练板块化课程,更为注重技术赋能。

(四)教学方法改革

从明确教学目标、设计教学活动、建设教学工具等方面进行改革创新,主要训练学生发现问题能力、审辩思维能力和创新能力的生成。

"目标—任务"教学活动模式:将教学目标由低到高分为初级认知目标(记忆、理解)、高级认知目标(应用、分析、评价、创造);将知识点归类为事实、概念、程序、思考4个维度,并匹配记忆、总结、操作、评价教学活动形式。

"高阶—综合"病例演练模式:建立高原常见临床病例库并将其数字化,将高原病防治新理论、新技术、前沿成果引入课程,完善配套的教学大纲、教案、教学设计、教学课件等教学资源。通过综合病例演练,实现学员知识—能力—素质目标。

"模拟—容错"多功能技能训练模式:在平原、高原教学医院建设智慧教室远程教学平台,设计多功能智慧教室功能,适宜临床专业教学及学员容错训练。通过提前练习、反复练习、强化练习提升岗位胜任力。实现异地智慧教室共享系统与资源,指导开展新技术、新业务,强化高原医学专业技术人才的培养。

"教学工具—前沿动态更新"精准匹配模式:紧贴学科发展前沿,编写了3部高原相关指南共识,配套课程出版《高原缺氧与用氧》《高原常用医学防护及科学用氧指南》《高原科学用氧电子教程》等教辅教材及题库。依托微信,结合php和web端相关技术开发在线闯关训练系统。创设问题情境或基于特定案例,由简入繁、由易到难螺旋进阶训练更符合学习发展曲线。

(五)课程教学内容及组织实施

将课堂知识划分为课堂外学习知识、课堂内内化知识，以任务导向串联课堂内外学习要求。打破传统课堂模式，基于BOPPPS课堂设计串联CBL、PBL、TBL改革课堂教学，增加参与性、综合性病例演练，加大学生学习投入，科学"增负""高阶"，让学生体验学习挑战。开放任务清单式引导，让学员从"主导者"角度展示交流、协作探究、讨论病例、完成作业。

(六)情景式、全环节融入课程思政

数十年来，团队骨干教员500余人次赴高原开展讲座、教学查房、技术帮扶等培训活动1000余场次。牵头组建高原病防治队，出动师生100余批1000余人次赴高原提供医疗卫生服务，受益人群近100万人次，发放宣教资料20余万册。制定了相关规范化治疗及训练方案，编写了国标及系列教程。教员执行任务、现地教学、帮扶宣教等亲身经历，将思政从课堂搬到现场，通过情景还原，生动再现红色基因中蕴含的力量，深受学员欢迎。

(七)成绩评定考核

提升过程性成绩占比至40%，期终闭卷笔试占比为60%。在线课程平台全轨迹、多维度生成实时图表化360°学情分析，评价要素全面。借助数据针对性持续改进课程，精准评估学员岗位胜任力，评价依据从主观经验转向客观理性数据，评价方式从关注总结性评价转向关注过程性评价，评价主体由单一教师主导转向自我评价、同伴评价以及利益相关主体共同参与，评价内容从关注学科成绩转向关注个体全面发展，评价手段从人工评价转向智能化评价。

三、课程成效、成果及推广应用

"高原疾病学"课程校内评教优良率100%，课程实践推动学员平均学分绩点逐年提高；毕业学员在高原边防军医岗位上勇于奉献，为国防事业做出了突出贡献。课程应用单位评价"课程教学内容先进、教学方式灵活，注重高原临床实际问题解决、紧贴专业前沿发展，符合国家及军队需求，教学效果良好"。建设模式在西藏、青海、云南等地的院校及教学医疗单位推广应用，共享线上课程资源。通过课程资源共享、教学互动、医疗技术"传帮带"，提高了应用单位的教学效果。

四、未来计划或启示

为建设高质量混合式课程,培养"扎根高原、忠诚奉献"使命意识坚定,具备岗位胜任力、自成长能力的通科型高原医学人才。团队计划从以下方面持续优化课程:

(一)推进信息技术融合螺旋进阶案例教学方法

以学生为中心、以学习结果为导向;以岗位胜任力达成为标准,进一步深化多学科融合交叉,制定信息化教学实施标准和虚拟教研室建设管理指南及标准,加强信息技术与课堂、课程的结合;加速高原病防治案例库建设,推进医教研成果转化应用。

(二)实践螺旋进阶案例式学习方式

将来源于教学团队诊治的真实案例建设为螺旋进阶式高原病例库;制定群体化及个体化培养方案,基于教育学原理进行课堂改革,提升课堂教学质效;以任务为导向,引导学员建立个体化知识构建体系,形成学员岗位胜任力及自成长能力。

(三)拓展非标准化、综合性评价方式

将"思政目标达成"与"知识—能力—素质能力达成"相结合、"即时评价"与"延时评价"相结合,"过程性评价"与"终结性评价"相结合,"教学质效"与"绩效激励"相结合,制定教学评价方案。

基于 ADPG+AOI 流程的"管理学原理"线上线下混合式教学案例

于会宾　王冬　鲁美丽　顾伟

中国人民解放军陆军勤务学院

一、案例介绍

"管理学原理"课程团队利用学院"勤务酷课学习平台"建成"管理学原理"在线课程，整合超星学习通管理类在线课程和线下资源，开展线上线下混合式教学。课程旨在帮助学员理解管理基本原理、掌握管理基本方法、培养管理基本思维，进而具备解决部队管理实际问题的能力。课程坚持立德树人，将忠诚奉献等思政教育元素融入教学全过程；坚持为战育人，使人才培养供给侧同未来战场需求侧精准对接；坚持综合培塑，创新提出基于 ADPG+AOI 流程的教学流程，推进教学方法手段和教学内容持续更新。

二、案例详述

（一）团队及课程情况

团队在管理学教学实践及教学改革方面取得丰硕成果。课程于2019年入选学院重点课程；2021年11月，入选重庆市一流本科课程；2022年5月，被评为学院"金牌示范课"；2022年7月，被评为重庆市本科高校课程思政示范项目，同时，教学团队被评为教学名师和团队；2022年8月，入选陆军院校精品课程。

（二）课程内容与资源建设及应用

1. 课程内容重构

内容设计按照能力对接岗位、知识支撑能力的要求，遵循由浅入深、循序渐进的认知规律,依据"知识传递——融通应用"的思路,将课程内容整合优化为"基本理论+基本职能"两大模块。通过讲授管理基本理论,搭建知识框架体系。按照管理理论体系,安排管理与管理学、管理者的角色与技能、管理环境与管理原则、管理理论的形成与发展等教学内容。通过介绍管理基本职能,对接部队管理实践。按照管理职能划分,安排决策、计划、组织、领导和控制等职能的原理与方法等教学内容,以军队管理实践需要为牵引,既遵循管理理论的科学性,又注重管理实践的艺术性。(图1)

图1 课程模块

2.资源建设及应用

一是信息平台搭建。采用多种信息化教学手段补充课前、课中、课后的教学,同时使用酷课在线学习平台、微课、超星学习通、微信等多种新媒体,激发学员自主学习的兴趣。二是课程教材建设。在使用全国统编教材的基础上,出版《管理学原理与实务》自编教材和《管理学原理案例库》作为辅助教材,使授课内容彰显军队特色。三是线上资源制作。建立多媒体电子教材与网络教程相协调的多层次、立体化资源体系,制作微课12部,上传习题660道。四是教研基地建设。与军、地多家单位形成良好的教学科研互动机制,建立了管理类课程专业学教研基地。

(三)线上线下混合式教学设计

根据学情和教学重难点,结合军校教学实际,依托酷课在线学习平台,探索线上线下混合式教学改革。(图2)

1.线上阶段

线上阶段包含ADPG四个环节,即自主学习(Autodidacticism)、合作探究(Discussion)、陈述观点(Presentation)和归纳难点(Generalization)。

(1)自主学习。

教员明确学习任务,提前提供自学资源及工具指南,发布任务和学习路线图,引导学员进行线上自主学习。鼓励学员积极提出疑问,自主探索教学内容中的重难点加以记录,为后面的教学环节做好准备。

(2)合作探究。

学员分组对线上所学内容的疑点、问题和线上作业进行研讨。通过对小组任务的设置,引导学员查阅文献,自主寻求解决途径。同时设置线上讨论专区,鼓励学员在讨论区发帖提问、跟帖互助。教员在线上参与讨论,形成良性教学互动,给学员以思维空间和时间,激发其学习兴趣。

(3)陈述观点。

引导学员用数据或举证表达自己的观点,在线上寻找与知识点相关的管理案例来证明自己的观点,积极鼓励学员对经典理论提出质疑。

(4)归纳难点。

学员小组归纳学习中的疑问和难点,作为线上教学阶段的重要成果进行提交。教员需要进一步通过对所归纳难点的研判,把握学员对学习内容的整体理解和掌握情况,为线下教学环节的开展确定方向。

2.线下阶段

在线上完成的内容需要通过线下的活动衔接。线下阶段包含AOI三个环节,即答疑解惑(Answer)、能力导向(Orientation)、反思促学(Introspection)。

(1)答疑解惑。

教师结合学员的线上讨论,围绕教学目标,从以下三个方面进行有针对性的剖析:点评观点,对学员线上发表的观点进行分析点评;分析论点,结合时事和学员身边事,对学员的举证和论证方式进行点评;指出盲点,强调多元视角,鼓励学员从多个角度分析和看待管理问题。

(2)能力导向。

课堂中重点运用经典战例、部队管理案例,鼓励学员运用相关管理学原理解释其中的管理现象,并使用管理方法解决部队管理实际问题,在不断复盘中巩固提升理论知识,实现学用相长、知行合一。

(3)反思促学。

通过课后作业和"第二课堂"实践活动等课后任务,保证课前、课中、课后的师生互动,为学员提供反思、总结、升华所学知识的机会。鼓励学员运用思维导图构建管理学知识体系,将培养和拓展学员的管理思维贯穿整个教学过程。

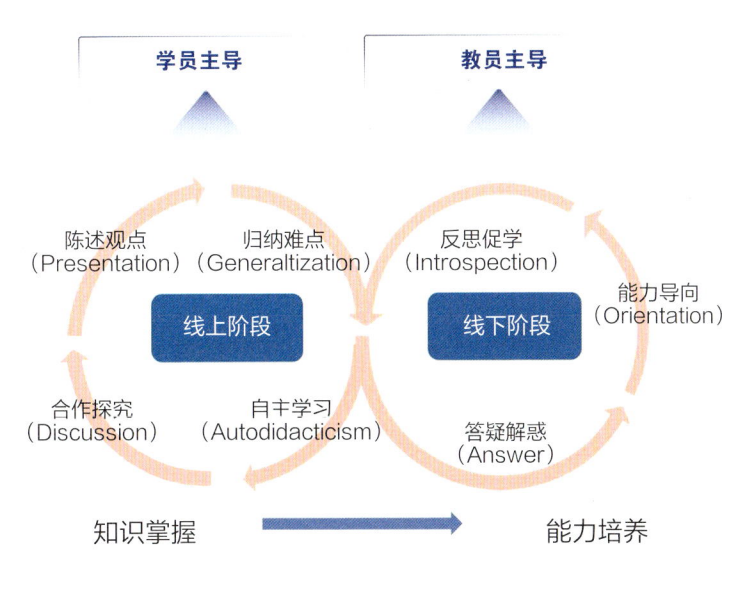

图2 线上线下运行过程

（四）课程教学内容及组织实施

1. 课程教学安排

在内容设计上，将课程内容整合优化为两大部分：基本理论和基本职能。基本理论部分主要介绍管理的概念和属性、管理对象与环境、管理机制与方法等，让学员系统地了解当代管理学面临的问题和任务，为以后的学习和实践奠定理论基础。管理职能部分重点讲授计划、组织、领导、控制四大职能的原理与方法，提高学员的计划与决策能力、组织与人事能力、激励与沟通能力。

2. 组织实施过程

依托互联网，综合使用酷课等多种新型教学平台和媒介，开展信息化教学。组织线上学习小组，在组内管理线上教学资源的学习、在线测试、线上讨论；丰富线上、线下互动形式，鼓励不同小组间互相答疑与指导教师答疑互补，提高学员学习的主动性；提前安排专题任务或教学讨论专题，开展翻转式教学，及时关注学员反馈。

（五）课程考核与成绩评定

1. 考核方式设计

采用过程性考核和终结性考核相结合的综合考核。过程性考核包括出勤率、线上任务点、小组研讨、课堂问答、课后作业、线上章节测试等；终结性考核采用闭卷笔试的形式，考核学员管理理论知识的掌握情况及在管理实践中的运用能力。过程性考核成绩占总成

绩的40%,终结性考核成绩占总成绩的60%。(图3)

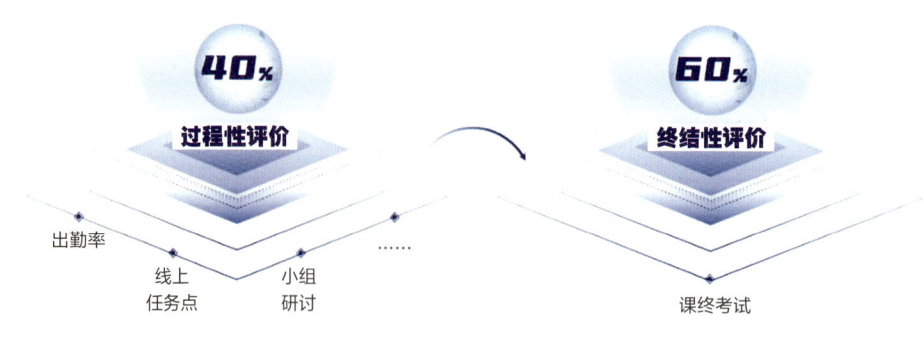

图3 考核方式

2.考核内容设计

管理概述部分占10%,管理理论的形成与发展占20%,决策职能占20%,计划职能占15%,组织职能占15%,领导职能占15%,控制职能占5%。"掌握"的内容占60%,"理解"的内容占30%,"了解"的内容占10%。(图4)

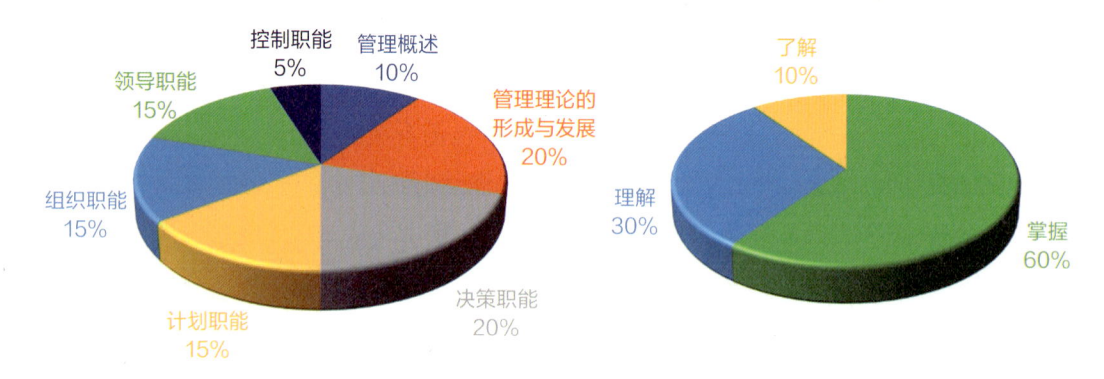

图4 考核内容设计

三、案例成效

(一)案例特色与创新点

1.坚持铸魂立德,教学过程全面贯彻课程思政理念

以课程专业知识为基础深入挖掘课程思政元素,将社会主义核心价值观、军人核心价值观等合理融入知识传递过程,引导学员固化家国情怀、军人使命。

2.坚持为战育人,教学内容进一步向实战化聚焦

紧扣任职岗位需要,将当前国防和军队建设的重点、热点问题等领域管理中的实际经验等纳入教学内容,突出管理的实战化应用。

3. 坚持以学员为中心,教学模式方法不断改革创新

在教学中坚持以学员为中心的教学理念,结合管理类课程特点,创新提出"ADPG+AOI流程",采用多种信息化教学手段开展教学。

(二)教学改革解决的重难点问题

解决了课程思政融入不深的问题。课程深入挖掘课程思政元素,引导学员秉持家国情怀、践行军人使命。

解决了教法和模式单一的问题。采用与学情相契合的案例式、讨论式、情景式等灵活多样的教学方法,特别是根据部队管理特色,积极推广"一日班长"制度,为每名学员提供锻炼实际管理能力的机会。

解决了考核方式不够科学的问题。进一步精选考核内容,调整试题难易度和区分度,借助在线任务完成率、线下课堂参与度形成激励机制。高度关注课程考核及结果分析,发挥其优化教学、促进学习的导向作用。

(三)教学改革取得的主要成效、成果

1. 管理学课程建设及教学改革方面

近年来,课程先后被评为重庆市高校一流本科课程、重庆市本科高校课程思政示范课程、陆军精品课程;依托课程申请重庆市高等教育教学改革研究重点项目2项;获评重庆市职业院校技能大赛教学能力比赛一等奖1项。

授课质量方面:团队成员最近一个学期学员评教授课质量优秀率达到85%以上。学员考试成绩方面:从最近一学期考试统计结果可以看出,学员基本掌握了课程的主要内容,达到了课程教学设计的目标要求。(图5)

图5 总体成绩分布图

2.其他教学及科研方面

近几年来,团队成员建成国家级一流本科课程1项,获军队教学成果奖二等奖2项,获全军任务规划应用创客大赛二等奖1项;出版管理学教材1部,案例集1部,主编、参编其他教材及专著4部;立项有关管理学的省部级教改项目4项,校级教改项目3项;公开发表管理学教学研究论文5篇;为军委、陆军机关、基层部队提供咨询报告10余份。

四、未来发展计划

继续严格遵循教育教学基本规律,不断拓展深化管理学的内在要求,强化课程铸魂性、为战性、高阶性、创新性和挑战度,全面实现课程全要素精品建设目标。

一是教学内容上,根据"姓军为战"的要求,使课程更加适应于新时代军队管理发展的需要,进一步优化教学内容,结合教学实际新变化适时调整,努力建成全军精品课程。

二是教学模式上,探索一套更加适用于军事院校的线上、线下及混合式的教学模式,充分发挥教员和学员的双主体作用,调动学员学习的积极性、主动性,引领学员从被动学习向主动学习转变。

三是教学方法上,进一步提升研讨式、情景式、案例式等多样化教学方法的应用效果,借力多种资源平台,打造出具有推广意义的多维度体系化教学方法,为同类课程建设发展提供参考借鉴。

以学员学习能力为导向的"营房建筑学"混合式课程建设与实践探索[①]

李蒙 何韵 寇佳 彭良涛 李震

中国人民解放军陆军勤务学院

一、案例介绍

"营房建筑学"是我院本科层次的专业背景课程,已通过中央军委组织的评审、作为军队院校课程代表被选送至教育部参加第二批国家级一流本科课程认定。

作为一门建筑专业的入门级课程,"营房建筑学"始终围绕"开好局、起好步"的理念,发挥好专业启蒙作用,全程培育学员绝对忠诚的政治立场与献身军事设施事业的理想信念。课程秉持以培养学员学习能力为中心的教学设计理念,帮助学员系统学习营房的基本知识、设计方法与组成原理,既为后期培养扎实的专业背景功底打下基础,也为掌握勤务技术、学会勤务管理创造良好的先决条件;基于学员学习风格的差异性开展混合式教学,引导学员自学能力养成,能自主探寻学习方法;关注工匠精神的培养,强化工程规范标准和法规意识;积极养成创新思维和创新能力,提高学员的技术分析水平、工程实践技能,增强军事设施勤务保障能力。

二、案例详述

(一)教学设计理念

本课程围绕学员学习能力的培养,以线上教学为主战场、线下分级授课为主阵地,通过课程知识体系结构化重塑,探索培育学员对专业知识的建构能力与应用技能。

[①] 本案例为重庆市高等教育教学改革研究重点项目(项目编号:222190)、重庆市研究生教育教学改革研究一般项目(项目编号:yjg213153)阶段性成果。

1. 以课程思政为根本，突出课程铸魂性

通过梳理火神山医院等案例、使学员在学习快速建造技术的同时，深切领会党中央以人民为中心的理念，坚定理想信念、听党话、跟党走；把国家标准和规范渗透到整个课程的教学中，不仅注重培养学员的工匠精神，更注重确保每一位学员知法懂法，知敬畏、存戒律、守底线，形成法规意识，强化职业道德；同时引入全过程咨询、建筑师负责制等前沿内容，让学生了解党和国家的大政方针，增强理论自信；通过古建筑构造案例加强学员对国家和民族的认同感、归属感和自豪感，提升文化自信。

2. 以学员学习风格为基础，凸显课程针对性

本课程借助大卫·库伯(Kolb)的学习圈理论、在正式课前通过问卷对各班学员的个人学习风格及特点进行初步认识，了解其倾向性。而后在课程设计中通过有针对性的内容组织与方法加以引导，帮助学员形成相对完整的学习过程。（图1）

图1 某班学员学习风格的差异性倾向调查结果

3. 以能力培养为导向，推动课程创新性

本课程将设计环节作为重点，除了功能流线等基本设计方法外，还着重培养学员在空间关系、造型处理、总图布置等方面的技能，还对标概念性方案设计深度来训练学员的制图与表达水平，以帮助学员养成工程设计的基本意识；同时，在线下授课环节中也注重通过启发和引导来培养学员分析、分类、比较、辨析的能力，使其具备勤务技术管理基本素质。

4. 以线下分级授课为支撑，强化课程为战性

根据学员学习风格的差异性，以课程的知识点(节)为单位、采用"重点"、"归纳"和"扩展"分级授课策略。"重点"针对重要知识点，在课堂上对知识内容进行深度剖析；"归纳"指在课堂上通过概念图进行脉络梳理，不再具体展开，这种策略对学员线上自学的要求最高，适用于难度较低或者非重点的节次内容；而"扩展"注重对难点进行集中讲解攻克，并扩展相关前沿、补充内部信息。除了介绍国内建筑业热点问题以外，还聚焦军事设施建设前沿，将营区"两化"建设等内容全部安排在线下重点讲授，让学员了解当前及未来一段时间内军事设施建设的发展方向，以补充线上教学。

5.以线上知识融合为核心，优化课程高阶性

在教学设计上，课程以概念地图为核心来组织课程内容，通过划分层级、建立知识点（以及要点）之间的联系来形成完整的知识网络结构，促进知识体系的融合，避免因为线上课程时间的"碎片化"造成内容的"碎片化"。每一个知识点的小结也专门绘制概念图以进行总结。同时还可以向学员传递主动建构、归纳知识的观念，使学生学会学习，夯实基础，在后续专业课程学习中持续发力。（图2、图3）

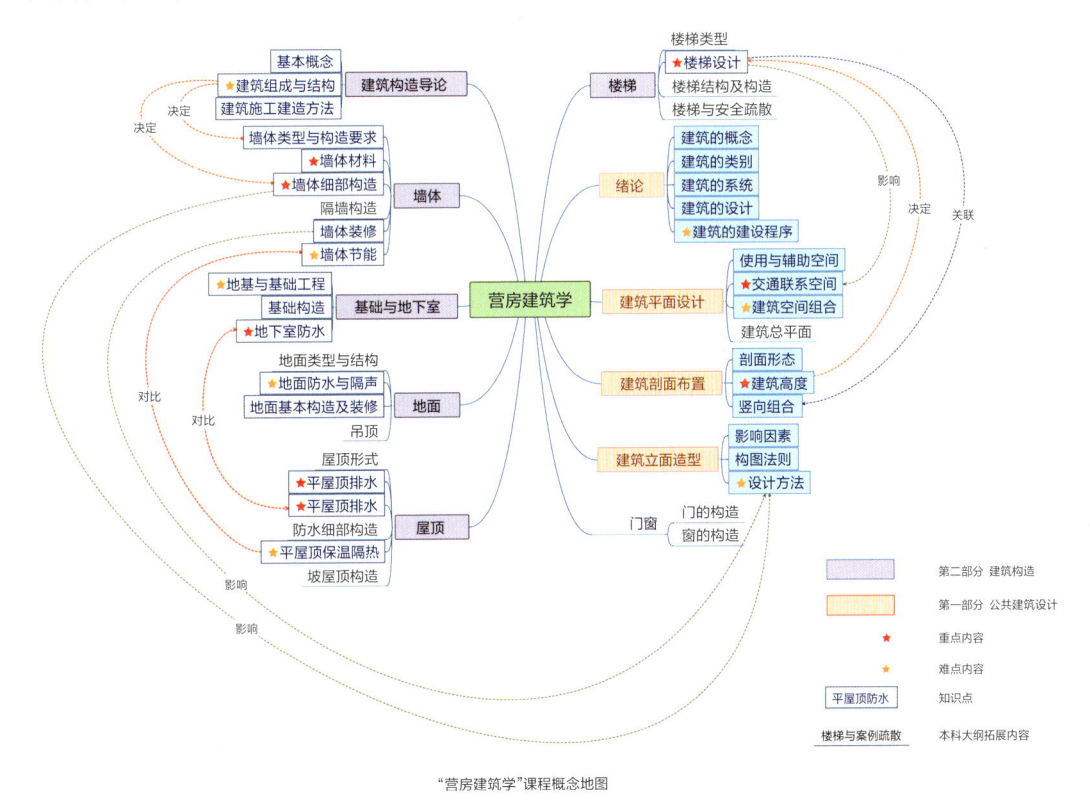

图2 "营房建筑学"课程概念地图

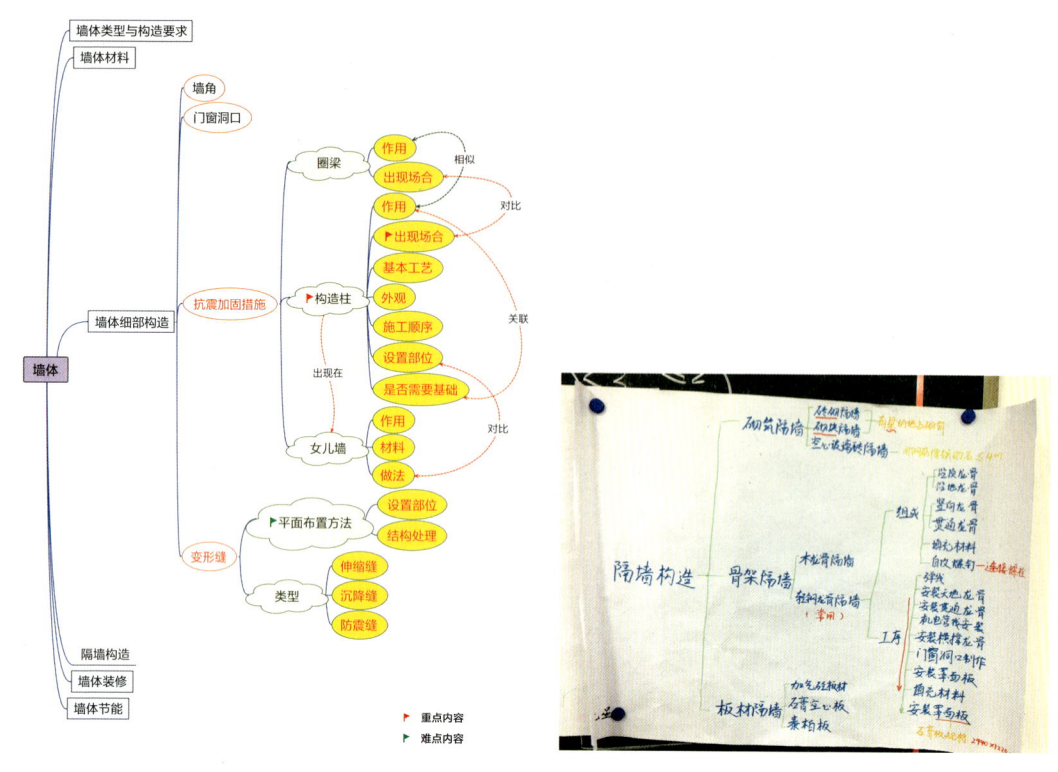

图3 课程知识点概念图(左)与学员绘制的概念图(右)

6. 以学科交叉为依托,探索课程挑战度

本课程超前引入施工技术、项目管理、工程造价以及建筑设备等内容,通过学科交叉赋予课程一定挑战性,同时强化与后续课程的衔接,有助于学员系统全面地接触营房建筑基础知识。

(二)课程内容与资源建设及应用

本课程总学时40学时,其中线上自学与线下授课各占50%。课程选用团队自建的"营房建筑学"慕课作为线上资源。该慕课已在军职在线平台以及互联网学堂在线平台上运营。慕课课程包含9章共62个知识点内容的视频,视频时长总共大约623分钟,能够与线下课程内容形成有效映射。每个知识点均为学员明确了具体的学习目标,对重难点内容进行了强调,并对知识结构体系进行了系统梳理。

课程团队还将"雨课堂"作为连接线上授课与线下教学的桥梁,主要用于发布课前学习任务、布置课后作业、线上直播教学以及上传课件。

(三)课程组织实施

每个知识点教学的组织实施主要由线上、课堂、课后、反馈环节组成。线上的功能主要以导学、自学为主。课前在慕课平台发布导学任务、提示下次课堂授课要求(授课策略),并对下次课的知识点进行梳理、对重难点进行总结,同时要求学员完成预习作业。这些都通过雨课堂直接通知到每位学员。此前疫情期间则主要借助雨课堂+腾讯会议实现线上直播教学,以实现课堂授课的功能。

在课堂授课方面,根据分级课堂授课策略,公共建筑设计、楼梯与屋面以"重点"授课策略为主,注重培养学员的功能布局、竖向空间布置、立面造型等基本建筑设计技能;墙体、门窗等章节以"归纳"策略为主,强调知识的化繁为简与厘清脉络;基础与地下室等章节存在较多难点,并与当前军事斗争前沿联系紧密,因此以"扩展"策略为主。课后作业以抄绘与设计为主,锻炼学员的实际动手能力。

学习过程中为获取最真实的学员学习效果,课程还采取接地气的基于微信平台的匿名调查问卷方式,分别从授课内容难度、逻辑性、语言吸引力、进度等方面让本科学员进行评价,以此为依据对资源进行针对性优化调整。

(四)成绩评定考核

课程依据混合式学习规律,采取多样化评价的方式。终结性考核占60%,形成性考核占40%。其中,形成性考核采取课程设计与慕课学习相结合的方式,两者各占20%。

课程设计为完成一个2500m²左右的营连宿舍方案设计(要求达到概念性方案深度);慕课学习直接采用学堂在线平台"营房建筑学"慕课总成绩。该慕课总成绩的组成包括视频单元(15%)、讨论单元(5%)、作业单元(50%)和慕课的期末考试单元(30%)。

三、案例成效

(一)教学改革成效

通过理顺课程内容,丰富教学手段,学员学习积极性得到较大提升。2名学员在"高教杯"全国大学生先进成图技术与产品信息建模创新大赛中获奖,3名学员在第一届"山地筑境"杯成渝地区高校建筑大类专业本科课程设计竞赛中获奖。

课程改革在信息化教学资源建设等方面取得了突出而具有推广价值的成果。"营房建筑学"慕课资源目前注册人数近13000人,超过该平台上92.24%的全国高校慕课课程;发帖回复率100%;讨论区人均互动次数每人12次,超过93.71%的同平台课程。

（二）取得的主要成果

依据本课程成果,团队成员完成重庆市高等教育学会重点课题1项、重庆市教改课题2项,全国教育科学国防军事教育学科规划课题等,获学院教学成果奖一等奖1次。本课程慕课已经通过中央军委的评审被选送教育部参加第二批国家级一流本科课程认定。

以学员为中心的"经济学基础"课程教学模式创新实践

张秉慧　李天龙　徐立丽　苑敏　韩俊峰

中国人民解放军陆军勤务学院

一、案例介绍

"经济学基础"课程是管理科学与工程专业生长军官本科学员的专业基础课，是学院重点课程和精品课程、陆军精品课程培育项目和国家级一流本科课程。本案例选自微观经济专题厂商理论部分，以线上线下混合式教学模式展开。线上通过酷课在线学习平台、超星学习通、中国大学MOOC和两个虚拟仿真系统进行，实现战争相关成本概念具体化。线下运用案例教学、BOPPPS、翻转课堂等启发式教学方法，加强师生互动，引导学员设计出有效保障作战目标实现和有力支撑作战计划的后勤保障方案，并完成方案的虚拟推演，真正做到融会贯通。

二、案例详述

（一）课程团队建设

优化项目团队力量结构。团队成员学历层次较高，职称结构合理，理论基础扎实、教学经验丰富、教研成果丰硕，能及时将最新成果和方法手段引入课堂，促进教学改革创新。通过集体备课、资料共享、送学培训、比武竞赛等形式，持续锻造教员教学能力，不断提升综合执教水平。近3年来，项目团队获军队级、院级教学成果奖8项；全军任务规划应用创客大赛奖1项；国防科技创新大赛军队（种）级奖2项；国家级、市级、军种级等教学竞赛奖10项。（图1）

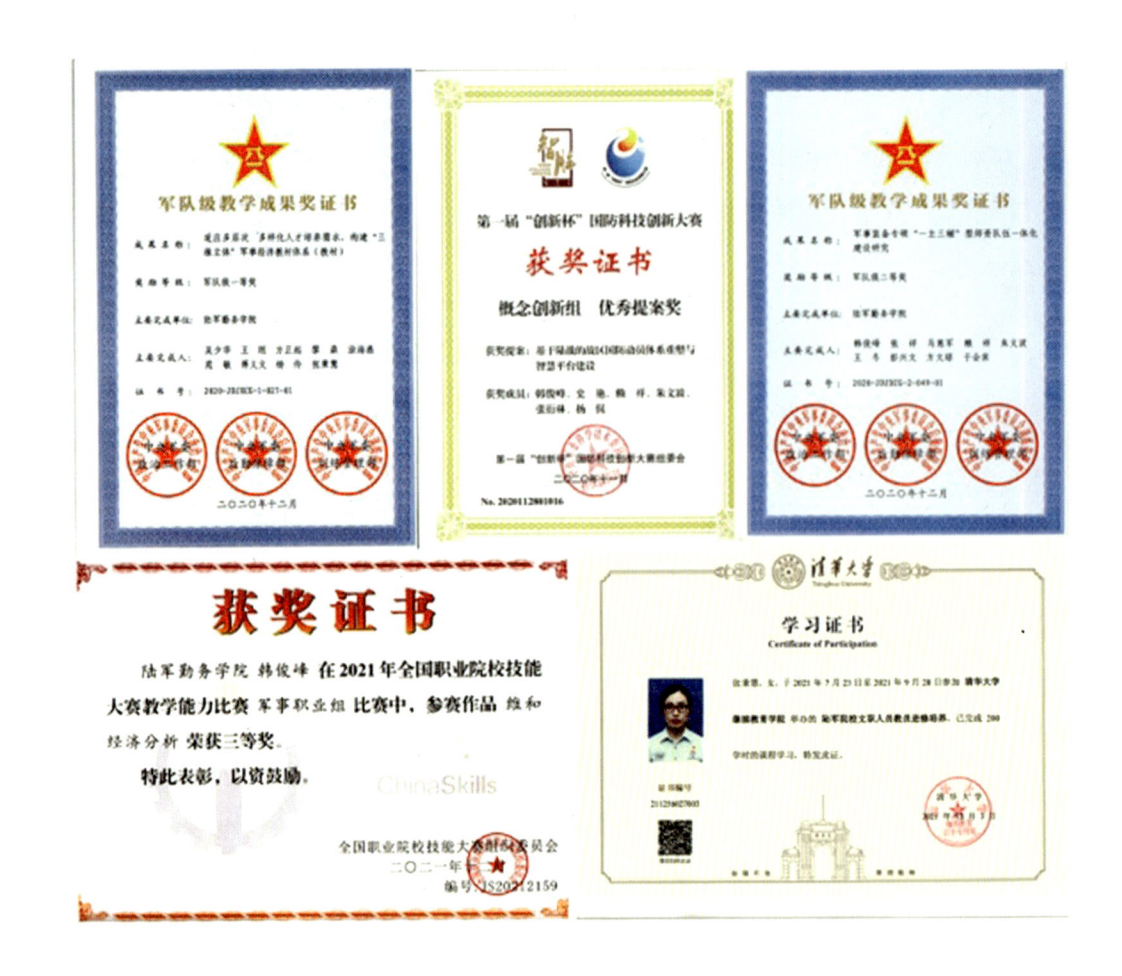

图1 项目团队部分教研成果获奖证书和培训证书

发挥平台基地支撑功能。所在单位有国家重点学科、应用经济学博士后科研流动站、国家经济动员办公室、军队重点实验室和全军性学术研究平台5个"国字号""军字号"品牌,具备虚拟仿真教学、集中研讨及学术交流等功能。目前,已与重庆军代局、陆军试验训练基地和中国兵器工业第五九研究所等单位建立了教学科研互动机制,下一步将正式建立应用经济学专业教研基地,实现"联合育人、开放育人、全程育人"目标。

建立多层立体教材体系。着眼服务高素质国防经济人才培养需求,建立了主干教材与辅助教材相结合,纸质教材与电子教材相统一,基本教材与讲义、案例相补充,平面教材、多媒体电子教材与网络教程相协调的多层次、立体化教材体系。

(二)课程内容与资源建设及应用

1.课程内容建设及应用

在传承经济学主体框架的基础上,坚持学员需求牵引,在教学内容上聚焦核心、适时更新，坚持面向战场、面向部队，围绕实战搞教学，着眼打赢育人才，使培养的学员符合部队建设和未来战争需要。在教学方法上，突出案例教学、虚拟仿真教学，模拟典型实例的关键环节，引导学员从国家、企业等角度对保障打赢战争的活动进行经济分析，增强运用经济学理论分析研判非战争军事行动的能力。在平台支撑上，综合运用国防费综合应用与管理数据库、战争经济资源配置仿真实验及辅助决策系统等平台资源，将枯燥的理论转化为简易的经济实验模块，纠正对经济学的片面理解，最终实现经济学理论与作战实践深度融合。（图2）

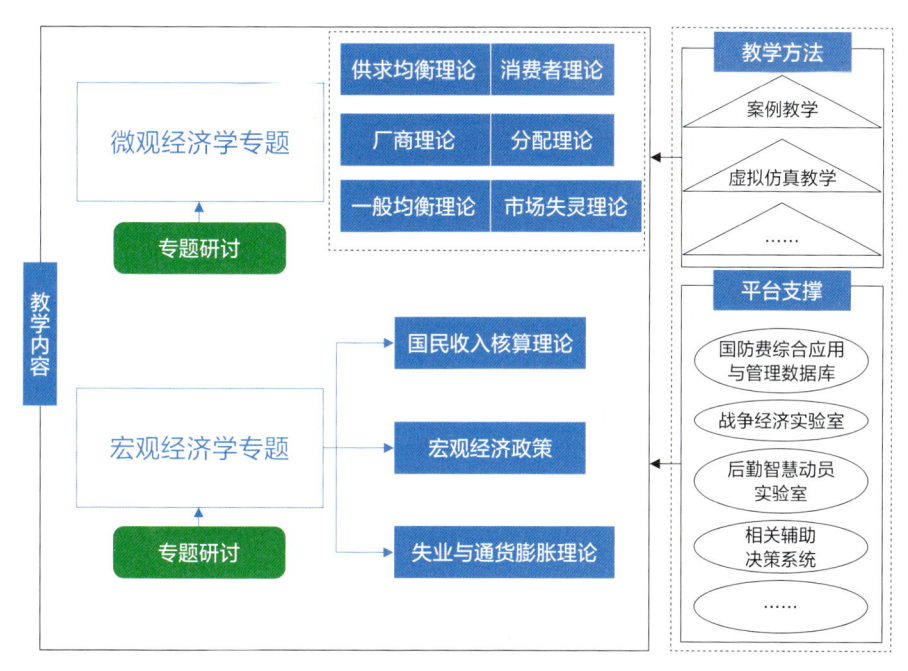

图2 课程教学内容、方法与平台支撑

2. 课程资源建设及应用

有效提升团队综合能力。成员赴清华大学、北京大学等知名高校参加教学骨干培训、课程思政专题培训等15次，1名通过新教员考核。申报军队（种）级、市级等教改项目8项，国家级、军队（种）级等精品课程9项，为教学提供深厚的研究基础。

科学选择优质教材资料。结合教学对象及目标，选用高鸿业著《西方经济学》作为基本教材，萨缪尔森著《经济学》等经典文献作为参考资料、梁小民著《经济学是什么》等浅显书籍作为预习资料。同时，建立教材备用库，精选文献资料，形成分层次、有特色的优质教材资料体系，为教学提供坚实的理论支撑。

及时编写配套教学资源。对标教学考核需要，组织团队成员编写了《习题册》《案例选编》，通过超星学习通和酷课平台建立了习题库、试卷库和资料库，建成了一整套教学资源体系,为教学提供了有力的资源保障。

不断完善教学场地设施。紧贴实践教学和实战化需求,加大了实验教学力度,建立了集实战教学、互动演练、资源共享于一体的经济学实验室,完善了多媒体、专业教室,引入了经济学沙盘教学系统,建成了配套齐全的教学场地和设施设备,为教学提供了完善的条件保障。

(三)线上线下混合式教学设计创新

根据人才培养方案要求,细化教学目标、梳理内容与标准,围绕"军队院校实战化"要求采取线上线下混合式教学,充分体现军队院校的教学要求和特点。线上通过课前布置预习任务和课后作业,了解学员学习情况和知识掌握程度。线下采用参与式、互动式等教学方法引导学员自主探索,培塑其经济学素养和综合分析能力。通过引入国防及军事案例,深化学员运用经济学思维分析国防和军队建设中的经济管理现象和解决实际问题的能力。充分融合现代经济管理中的科学、应用和文化价值,树立学员的家国情怀以及当代军人核心价值观。

教学设计创新体现在以下四点:一是"润物细无声"式渗透课程思政。每个教学环节都贯穿课程思政,潜移默化地将"道"像"春雨"般传递。二是"以学员为中心探究式学习"教学理念。安排线上和线下学习任务,充分调动学员积极性和主动性。三是"线上线下互动"注重与生活、科研等融合。通过问题导向、教员启发、分组讨论、交流互动、强化迁移等引导学员参与思考,并联系生活和科研做到学以致用。四是BOPPPS+PBL混合教学模式。参照"BOPPPS"模型,在参与式教学中增加问题导向式分组讨论、启发式教学、翻转课堂等,注重过程性评价。(图3)

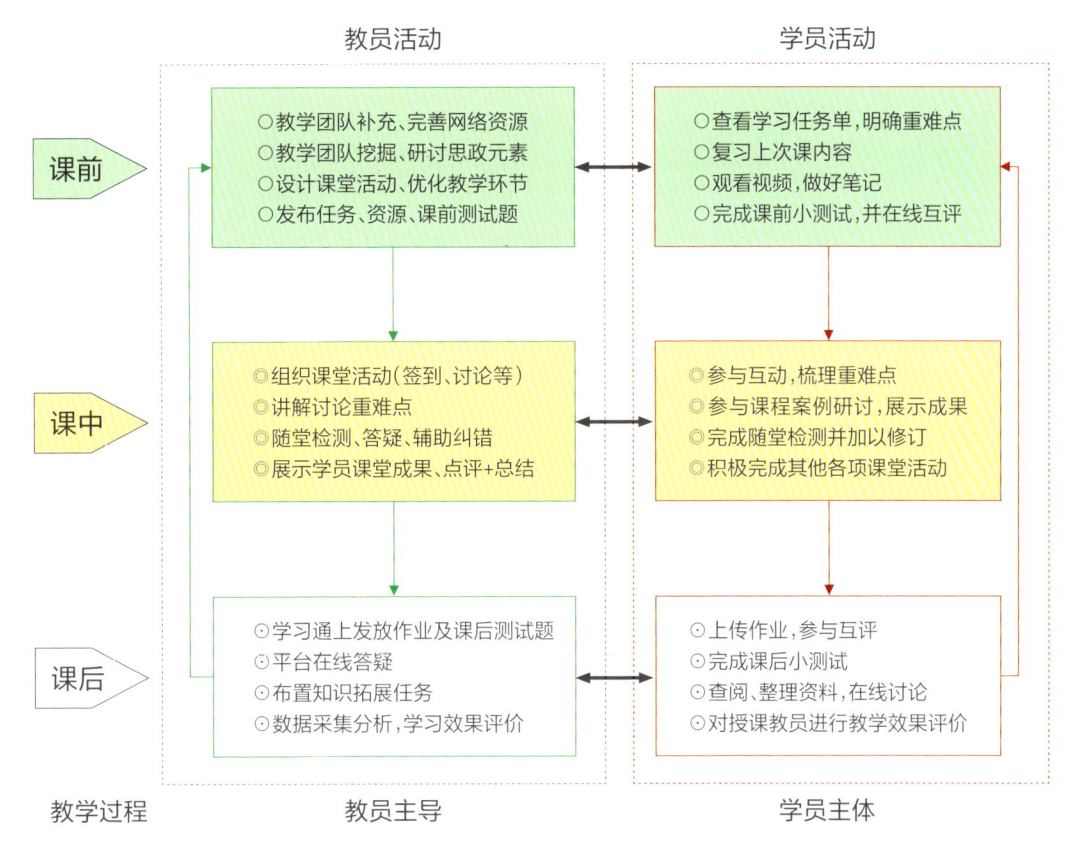

```
教员活动                                         学员活动

        ┌─────────────────────────┐          ┌─────────────────────────┐
课前   │ ○教学团队补充、完善网络资源  │ ←——→  │ ○查看学习任务单,明确重难点 │
        │ ○教学团队挖掘、研讨思政元素  │          │ ○复习上次课内容            │
        │ ○设计课堂活动、优化教学环节  │          │ ○观看视频,做好笔记         │
        │ ○发布任务、资源、课前测试题  │          │ ○完成课前小测试,并在线互评 │
        └─────────────────────────┘          └─────────────────────────┘

        ┌─────────────────────────┐          ┌─────────────────────────┐
课中   │ ○组织课堂活动(签到、讨论等) │ ←——→  │ ○参与互动,梳理重难点       │
        │ ○讲解讨论重难点            │          │ ○参与课程案例研讨,展示成果 │
        │ ○随堂检测、答疑、辅助纠错  │          │ ○完成随堂检测并加以修订    │
        │ ○展示学员课堂成果、点评+总结│          │ ○积极完成其他各项课堂活动  │
        └─────────────────────────┘          └─────────────────────────┘

        ┌─────────────────────────┐          ┌─────────────────────────┐
课后   │ ⊙学习通上发放作业及课后测试题│ ←——→  │ ⊙上传作业,参与互评         │
        │ ⊙平台在线答疑              │          │ ⊙完成课后小测试            │
        │ ⊙布置知识拓展任务          │          │ ⊙查阅、整理资料,在线讨论   │
        │ ⊙数据采集分析,学习效果评价 │          │ ⊙对授课教员进行教学效果评价│
        └─────────────────────────┘          └─────────────────────────┘

教学过程         教员主导                              学员主体
```

图3 以学员为中心的线上线下混合式教学过程环节设计

(四)课程教学内容与组织实施

以厂商理论为例。线上要求学员自主学习成本论的相关知识,并通过后勤保障仿真训练系统和态势感知系统完成作业想定,督促学员掌握相关原理,进而培养经济学思维,提升经济分析能力;线下通过案例教学、分组讨论等方法,列举与战争相关的军事收益、社会收益和经济收益,运用规范分析与实证训练相结合的方式,加深学员对战争、成本、收益等概念的理解。为更好地体现过程性检验,编写了《作业想定仿真实验教学设计表》。(图4)

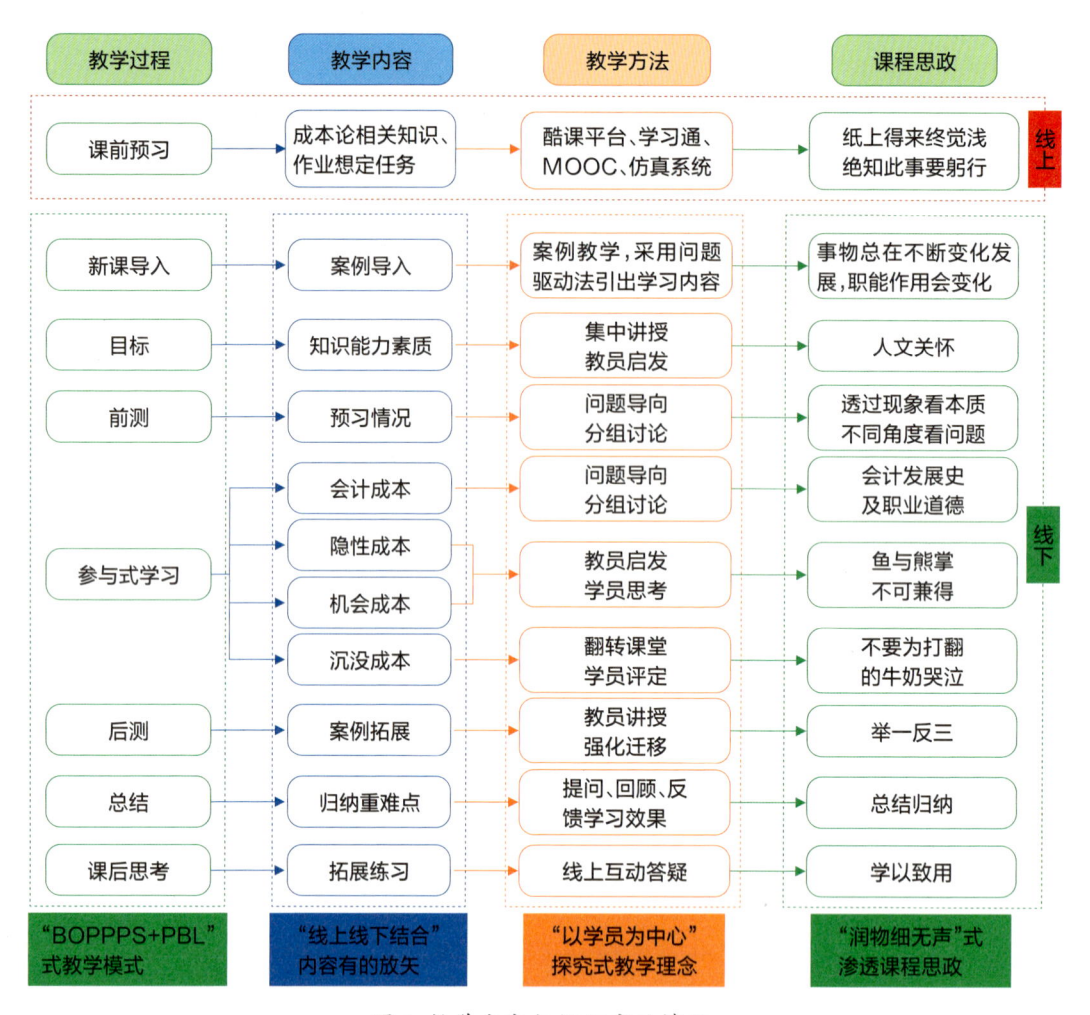

教学过程	教学内容	教学方法	课程思政	
课前预习	成本论相关知识、作业想定任务	酷课平台、学习通、MOOC、仿真系统	纸上得来终觉浅绝知此事要躬行	线上
新课导入	案例导入	案例教学,采用问题驱动法引出学习内容	事物总在不断变化发展,职能作用会变化	
目标	知识能力素质	集中讲授 教员启发	人文关怀	
前测	预习情况	问题导向 分组讨论	透过现象看本质 不同角度看问题	
参与式学习	会计成本	问题导向 分组讨论	会计发展史 及职业道德	线下
	隐性成本	教员启发 学员思考	鱼与熊掌 不可兼得	
	机会成本			
	沉没成本	翻转课堂 学员评定	不要为打翻的牛奶哭泣	
后测	案例拓展	教员讲授 强化迁移	举一反三	
总结	归纳重难点	提问、回顾、反馈学习效果	总结归纳	
课后思考	拓展练习	线上互动答疑	学以致用	
"BOPPPS+PBL" 式教学模式	"线上线下结合" 内容有的放矢	"以学员为中心" 探究式教学理念	"润物细无声"式 渗透课程思政	

图4 教学内容与组织实施情况

(五)应用及推广的亮点及特色

线上线下混合,强化理解。积极探索未来战场和任职岗位需要与经济学教学内容相结合的模式,通过线上线下混合等方式对经济学案例进行深入分析,综合理论学习效果选择适当的方案,加深学员对知识点的理解。

以案例为依托,紧跟前沿。深挖案例本身所蕴含的思政元素,紧跟学科前沿,将最新研究成果及时纳入教学,保持理论的先进性和时代性,聚力提升学员经济学素养,提高对前沿知识和热点问题的把握能力。

以条件为支撑,加强互动。依托中国兵器工业第五九研究所等科研单位不断丰富案例,运用后勤动员实验室等多屏互动平台开展参与式教学,突出案例应用性和实战性,提升学员的经济分析能力,更大限度地实现课程育人。

以学员为中心,科学考核。适当增加形成性评价的比重,注重过程性检验,通过监测线上作业情况、观看MOOC视频等方式将全过程纳入考评范围,做到考核内容全面、方式合理,突出以学员为中心的教学理念。

三、案例成效

(一)案例特色与创新点

一是以重庆市课程思政示范项目为契机,深挖案例思政元素。利用课程获评国家级一流本科课程和重庆市本科高校课程思政示范建设项目的契机,逐步以案例库建设为突破口,实现案例教学中课程思政全覆盖,深挖相关知识点中所蕴含的人文素养和家国情怀。结合学院特色"两红精神"育人元素,从历史与时代的视角打造精品案例,提升课程思政的深度与效果。

二是以国家、军队、省市教学竞赛为牵引,突出案例实战导向。近两年来,以国家、军队、省(市)级教学竞赛为牵引,聚焦未来战场和任职岗位需要,突出军队院校与地方高校开设同类课程的区分度,在案例内容的优化、组织上下功夫。将经典战例、专项军事行动、部队管理经验做法等纳入其中,专门打造了维和经济分析、国防动员供给与需求分析等案例。

三是以学科平台和教研条件为依托,提升案例科技含量。借助5个"国字号""军字号"品牌和"十四五"规划实验室等平台资源,针对战场环境复制高成本、实战演训高消耗、作战条件难重复等属性,引入虚拟仿真教学,综合运用多种方法和技术推动理论与实践、虚拟与现实相结合,深化巩固所学理论,提高学员自主分析与团队协作解决经济现实问题的能力。

(二)教学改革成效及解决的重难点问题

持续推进教学方法改革。灵活开展实例分析、虚拟仿真、启发式教学等多种新式教学方法,加强了交流互动、激发了智力潜能,同时将思政教育有机融入了教学实施过程。

不断丰富教学配套资源。利用多媒体技术和网络教学资源,探索改进授课模式,探寻课程改革路径,通过选送教员参加教学研讨班和学术会议等提升其综合素质。

创新运用全程考核模式。将一次性结课考核改革为全过程考核,更加突出能力考核,在教学过程中分阶段、按模块将教学目标、学习内容量化,着力提升学员分析解决问题的能力。

（三）取得的主要成效、成果

形成性评价注重学习态度、过程和思政效果，终结性评价强调学习结果和能力素质检验。考核全过程规范管理，落实课程思政要求，关注学员价值塑造，考核优秀率更高，督导和学员评教结果更好，示范辐射和服务部队作用明显。（图5）

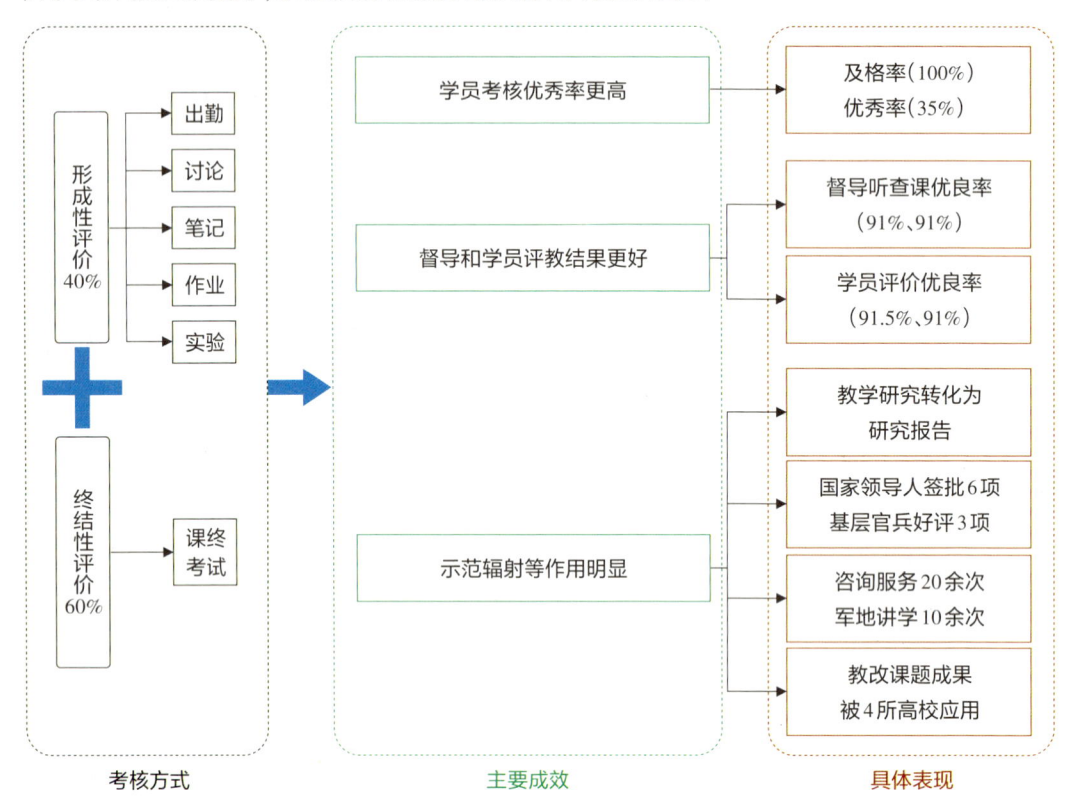

图5 考核方式及案例教学效果

四、未来计划

2021年，教学团队被评为学院优秀教学团队。下一步，在课程已有的建设基础上，教学方法要充分用好优质线上资源，增加线上线下混合式教学和虚拟仿真教学的比重；教学内容要紧贴经济理论前沿和军队实战需求，及时引入经典战例和实际经验，关注经济热点和军改重点；教材建设要重视与思政元素融合，引入更多思政特色案例；教学团队要加强对外交流学习，与军地名校建立教学科研互动机制，接下来将正式建立应用经济学专业教研基地，聘任部队（企业）导师，更好地实现"三全育人"；实践教学要切入时代热点、家国情怀等主题并组织研讨交流，引导学员形成正确的人生观和良好的军事职业素养。